Wolfgang Kraushaar

Die blinden Flecken der
68er-Bewegung

Klett-Cotta

MIX
Papier aus verantwortungsvollen Quellen
FSC® C014496
www.fsc.org

Klett-Cotta
www.klett-cotta.de

Printed in Germany
Cover: Rothfos & Gabler
unter Verwendung eines Fotos von © ullstein bild – Wolfgang Kunz
Gesetzt von Dörlemann Satz, Lemförde
Gedruckt und gebunden von GGP Media GmbH, Pößneck
ISBN 978-3-608-98141-4

Bibliografische Information der Deutschen Nationalbibliothek
Die Deutsche Nationalbibliothek verzeichnet diese Publikation in der Deutschen Nationalbibliografie; detaillierte bibliografische Daten sind im Internet über http://dnb.d-nb.de abrufbar.

Inhaltsverzeichnis

Einleitung

Flecken begleiten uns im Alltagsleben; genauer gesagt, sie verfolgen uns seit Kindesbeinen auf Schritt und Tritt und geben uns auch als Erwachsene nicht unbedingt Ruhe. Mal geht im Restaurant etwas daneben und verunreinigt das Tischtuch, mal ist ein Behälter undicht und hinterlässt hässliche Stellen, mal ist es ein Schreibutensil, das kleckst. Früher war es der Füllfederhalter, der regelrechte Katastrophen im Kleinformat herbeizuführen in der Lage gewesen ist, heute ist es eher – obwohl auch dieses Gerät im digitalen Zeitalter zu einer vom Aussterben bedrohten Spezies gehört – der Kugelschreiber, der manch unschöne Überraschung bereitzuhalten vermag.

Flecken sind abstoßend, unansehnlich, hässlich, ja zuweilen abscheulich. Nicht umsonst gelten sie als Störquellen, die es möglichst rasch wieder zu entfernen gilt. Jedenfalls war die Kindheit früher so organisiert, dass die Kleinen geradezu dressiert wurden, dem Fleck möglichst keine Überlebenschance zu bieten. Überall, wo das Malheur passiert war, galt es mit Unterstützung der unterschiedlichsten Hilfsmittel einzugreifen. Für diese Aufgabe sind Fleckenentferner zuständig. Wer etwa in der Abteilung Haushaltsmittel eines Supermarkts danach Ausschau hält, der wird mit einem kaum zu überschauenden Angebot konfrontiert. Obwohl es sich bei Fleckenentfernern um traditionelle, wenn nicht gar konventionelle Mittel handelt, so sind sie doch zu keiner Zeit wirklich aus der Mode gekommen.

Es gibt verschiedene Typen von Flecken: es gibt weiße, es gibt schwarze, es gibt dunkle und es gibt blinde Flecken. Am geläufigsten sind vielleicht jene, die auf die Redewendung vom »weißen Fleck auf der Landkarte« zurückzuführen sind. Wer Landkarten vergangener Jahrhunderte zur Hand nimmt, dem wird rasch klar, wie groß in manchen Erdteilen wie Afrika oder Australien etwa Gebiete waren, die als »weiße Flecken« und damit als unerschlossen galten. Von ihrer Tendenz her waren die Küstengebiete am ehesten mit Zeichen versehen, die auf Bewohnt- oder Belebtheit zu schließen schienen, und je mehr man sich ins Zentrum vorwagte, umso stärker dünnten sich die Angaben aus, bis sie schließlich in völlig unbestimmte, im Urzustand der Kartographie als »weiß« verbliebene Zonen erschienen. Dass dies nicht gleichbedeutend mit der Nichtexistenz von Menschen, Tieren, Pflanzen und der Natur insgesamt war, wusste man natürlich schon in der Vergangenheit. Nicht umsonst war deshalb häufiger die Rede von einer »terra incognita«. Es bedeutete, dass dieses Gebiet, diese Region oder dieses Land durchaus etwas aufweisen konnte, etwa unbekannte, früher zumeist noch als Volksstämme bezeichnete Ethnien, eine reichhaltige Fauna oder nur eine blühende Vegetation. Dass es auf der Landkarte weiß markiert war, bedeutete lediglich, dass es für eine derartige Zone im Auge des Betrachters nichts zu verzeichnen gab. Das konnte sogar ihren Reiz ausmachen. Nicht umsonst galt etwa Zentralafrika, insbesondere der Kongo, in früheren Jahrhunderten als geheimnisvoll. Heute jedoch, wo es in den Zeiten von Google Earth so gut wie keine unerschlossenen Gebiete auf der Erdkugel gibt, wird die Rede von dem oder den weißen Flecken fast nur noch in einem übertragenen Sinne verwendet. Sie figuriert durchweg als eine Metapher für unbekannte Wissensgebiete.

Wer hingegen von dunklen Flecken in einem physiologischen Sinne spricht, dem geht es nur allzu häufig um Alarmsignale für bestimmte Erkrankungen. So können in der Dermatologie etwa dunkel bis schwarz eingefärbte Hautpartien als mögliche Hinweise für die Entstehung eines Melanoms angesehen werden, also für eine bösartige Veränderung der Zellstruktur, die zu einer Krebserkrankung führen kann. In einem übertragenen Sinne stehen dunkle Flecken für etwas Negatives oder aber zumindest Bedrohliches. Sie gelten zumeist als Warnhinweis für irgendein Unheil. Insofern stellen sie den Vorboten eines drohenden Unglücks dar. Ganz ähnlich ist es um die Rede von den braunen Flecken bestellt. Vor dem Hintergrund der deutschen Geschichte geht es hier nur noch selten etwa um Obst, dessen Verfallszeit überschritten ist. Seit dem Ende des Nationalsozialismus ist damit in erster Linie eine politische Symptomatik gemeint – die Gefahr einer als Bedrohung der Demokratie wahrgenommenen Renazifizierung.

Am interessantesten aber ist vielleicht die Rede von dem oder den »blinden Flecken«. Auch hier lässt sie sich in ihrer Verwendung zunächst zwischen verschiedenen Gebieten unterscheiden. Die Rede ist von der Augenheilkunde und von der Psychologie oder Sozialpsychologie. In der Ophthalmologie, wie die das Auge betreffende Heilkunde unter Medizinern genannt wird, existiert ein blinder Fleck in einem wortwörtlichen Sinne. Damit wird jene Stelle des Gesichtsfeldes bezeichnet, auf die sich die Austrittsstelle des Sehnervs im Außenraum projiziert. Da sich an dieser Stelle keine für die Erkennbarkeit nötigen Lichtrezeptoren der Netzhaut befinden, entsteht ein sogenannter blinder Fleck. Das bedeutet, dass es in dieser Region zu einem Ausfall des Gesichtsfeldes kommt. Das Tückische an diesem Phänomen besteht aber darin, dass der blinde Fleck überhaupt nicht als Mangel zur Kenntnis genommen wird. Denn das Gehirn überdeckt den Ausfall, indem es ein vollständiges Blickfeld liefert. Diese Merkwürdigkeit vom blinden Fleck war von dem französischen Physiker Edme Mariotte de Chazeuil bereits im Jahre 1660 entdeckt worden. Das Gründungsmitglied der Akademie der Wissenschaften hatte sich eingehend mit der Funktion der Netzhaut für das Sehvermögen beschäftigt. Seine Entdeckung vom blinden Fleck des Gesichtsfeldes präsentierte er bald voller Stolz dem Hofe von König Ludwig XIV. Mühelos ließ er eine Münze aus dem Gesichtsfeld des Sonnenkönigs »verschwinden«.

Ganz anders verläuft dagegen das Verständnis vom blinden Fleck in psychologischer Hinsicht. Hier geht es um Ausfallerscheinungen des Selbsts oder Ichs, das nicht mehr dazu in der Lage ist, alle Teile seiner Persönlichkeit unbeeinträchtigt wahrzunehmen. In der Psychoanalyse etwa ist in diesem Zusammenhang die Rede von einem Abwehrmechanismus, mit dem sich das Subjekt vor der Einsicht in für dieses schmerzhafte Eigenheiten oder Erlebnisse bewahren will. Die beiden US-amerikanischen Sozialpsychologen Joseph Luft und Harry Ingham sind Mitte der fünfziger Jahre auf die Idee gekommen, den blinden Fleck im Selbstbild eines Menschen durch das sogenannte Johari-Fenster zu illustrieren, in dem bewusste und unbewusste Persönlichkeits- und Verhaltensmerkmale im Verhältnis zwischen einem Einzelnen und anderen beziehungsweise einer Gruppe dargestellt werden. Damit soll vor allem der Unterschied zwischen Selbst- und Fremdwahrnehmung aufgezeigt werden. Die Differenz macht den blinden Fleck im Auge des Selbst aus. Verstanden werden soll darunter all das, was vom Betroffenen aus gesendet und vom Empfänger wahrgenommen wird, ohne dass sich der »Sender« dessen bewusst ist. So viel zur Typenlehre der Flecken und zu den Besonderheiten im Zusammenhang mit der Rede von den blinden Flecken.

Heutzutage von »blinden Flecken« zu sprechen, ist längst zu einem Gemeinplatz geworden. Das gilt in objektiver wie in subjektiver Hinsicht. In beiderlei Hinsicht bedeutet es zunächst nicht sehr viel mehr, als auf Erkenntnislücken zu verweisen und auf diesem Wege zugleich neue Erkenntnisziele zu markieren. Wer in einer Angelegenheit nach »blinden Flecken« sucht, der erweckt jedoch nur zu rasch den Eindruck, als ginge es ihm in Wirklichkeit darum, »dunkle Flecken« ausfindig zu machen, um die es immer dann geht, wenn das Ziel darin besteht, etwas Belastendes und insofern etwas Negatives herauszufinden. Doch das muss keineswegs so sein. Zwar ist nicht auszuschließen, dass bei der Untersuchung derartiger Flecken gewissermaßen dunkle Stellen zum Vorschein kommen, grundsätzlich aber gilt, dass der Erkenntnisprozess ergebnisoffen verlaufen sollte. Das gilt selbstverständlich auch für einen vielschichtigen, nur schwer eingrenzbaren und mit Deutungsangeboten geradezu überladenen zeithistorischen Komplex wie den der 68er-Bewegung.

Zum 50. Jahrestag eines so bedeutenden wie bis auf den heutigen Tag nachhaltig wirksamen Ereigniszusammenhanges nicht etwas zu schreiben, um ihm im übertragenen Sinne eine weitere Girlande zu flechten, bedarf keiner näheren Begründung. Insbesondere deshalb nicht, weil in Teilen der Öffentlichkeit bereits seit Langem ein gewisser Überdruss existiert, mit diesem Thema ein weiteres Mal behelligt zu werden. Die Episoden, so heißt es nur allzu häufig, seien bis zum Überdruss erzählt, die dabei verwendeten Narrative längst erstarrt und die Geschichten hingen einem mehr oder weniger zum Hals heraus.

Diese Wahrnehmung mag in mancher Hinsicht vielleicht sogar zutreffen und keineswegs bloß einem Abwehreffekt geschuldet sein, der die zur Polarisierung geradezu einladende 68er-Bewegung freilich von Anfang an begleitet hat. Jedoch wird damit verdeckt, dass die Erforschung immer wieder zu Neuigkeiten und zuweilen sogar – wie die 2009 gelungene Enttarnung von Benno Ohnesorgs Todesschützen Karl-Heinz Kurras als einem ehemaligen Stasi-Spitzel in der Westberliner Kriminalpolizei eindrucksvoll unterstrichen hat[1] – zu spektakulären Überraschungen geführt hat. Natürlich kann das allgemein Aufsehenerregende nun kein Kriterium sein, um zu klären, welche Forschungsfragen in einem bestimmten Gebiet überhaupt zu erörtern sind, jedoch zeigt es auf, wieviel Ungeklärtes in den Untiefen der damaligen Zeit vielleicht noch immer schlummert.

Als ich mich vor inzwischen vierzig Jahren zum ersten Mal näher mit dem Thema Studentenbewegung/68er-Bewegung befasste, verfolgte ich damit eher politische als etwa – wie man einem auf Grund der lebensgeschichtlichen Überschneidungen nur zu rasch meint unterstellen zu können – historische oder gar autobiographische Gründe. Mir war aufgefallen, wie restringiert seinerzeit das Verständnis von der Entstehung, vom Verlauf und den Folgen einer sich ursprünglich radikaldemokratisch begreifenden, aber nur zu bald in totalitarismusverdächtigen ML-Organisationen erstarrten Bewegung geworden war. Dagegen wollte ich etwas ganz Elementares und nur wenig Deutungsbedürftiges setzen – eine Chronologie. Das Resultat war der Anhang zu einem seinerzeit außerordentlich erfolgreichen, von Peter Mosler verfassten Taschenbuch, das unter dem Titel »Was wir wollten, was wir wurden – Studentenrevolte zehn Jahre danach« erschien.[2] Damals galt als Schlüsseljahr ja nicht etwa 1968, sondern mit 1967 das Jahr zuvor und die Redeweise von den 68ern und der 68er-Bewegung befand sich noch in den Kinderschuhen.

Hätte mir damals jemand zu prophezeien gewagt, in wie vielen Punkten die Geschichte dieser Studentenbewegung, die ja schon rasch über die im Titel des Bandes so herausgestellte Trägerkohorte hinausgegangen war und sich nicht umsonst als eine *außerparlamentarische Opposition* manifestiert hatte, zu korrigieren und zu ergänzen gewesen wäre, hätte ich ihm sicher widersprochen und ihn insgeheim wohl für einen Spinner gehalten. Doch genau das geschah und ich selbst wurde noch bevor ich für drei Jahrzehnte am Hamburger Institut für Sozialforschung arbeitete und zusammen mit Reinhart Schwarz dafür sorgte, dass mit dem Aufbau eines Archivs auch für besonders wichtige empirische Grundlagen einer solchen Forschungsarbeit gesorgt wurde, zu jemanden, der den Dingen nun unbedingt auf den Grund gehen wollte. Was dabei u.a. herausgekommen ist, möchte ich an einigen wenigen Fällen, die freilich von weitreichender Bedeutung waren, illustrieren.

Als mit Rudi Dutschke der unbestrittene Wortführer der 68er-Bewegung völlig überraschend am Heiligabend 1979 an den Spätfolgen des Attentats starb, war der Schock groß. Nachdem die Nachrufe gedruckt, die Reden bei der Beerdigung auf dem Dahlemer Friedhof gehalten und die Szenen der Trauerfeier im Auditorium Maximum der Freien Universität, von peinlichen Auftritten esoterisch anmutender Öko-Fundamentalistinnen unterbrochen, vorüber waren, schien sich ein Bild von der Ikone der 68er-Bewegung herauszukristallisieren, das sich mehr und mehr den vier Grundprinzipien der nur wenige Tage später in Karlsruhe gegründeten Partei der *Grünen* fügte – ökologisch, basisdemokratisch, sozial und gewaltfrei.[3]

Gegen dieses Bild eines grün angehauchten, christlichen Pazifisten regte sich jedoch schon bald darauf erheblicher Unmut.[4] Einer der markantesten Einwürfe stammte von dem seinerzeit in der JVA Moabit einsitzenden Ex-Kommunarden Fritz Teufel. Die *tageszeitung* publiziert am 15. Januar 1980 einen von Teufel verfassten Nachruf. Darin griff er Dutschkes Ausspruch am Grab von Holger Meins noch einmal auf und schrieb: »Ohne das Attentat, meint Erich Fried, hätte

Rudi Ulrike Meinhof vom bewaffneten Kampf abgehalten. Ohne das Attentat, meine ich, wäre Rudi vielleicht selbst diesen Weg gegangen und hätte dem bewaffneten Kampf in den Metropolen, ebenso wie Ulrike, entscheidende Impulse geben können.«[5] Das kam bei einem Mann, der schon 1970 seine Rolle als »Polit-Clown« öffentlich aufgegeben hatte und fünf Jahre später mit einer Pumpgun bewaffnet festgenommen worden war, aus berufenem Munde und war mehr als deutlich.

Nach Teufels Einspruch dauerte es nur zwei Wochen, bis ein Dokument auftauchte, das Dutschkes Verhältnis zum bewaffneten Kampf nicht nur in einem anderen Licht, sondern auch auf einer anderen Grundlage darstellen sollte. Es ging um das geheimnisumwitterte »Organisationsreferat«, das Dutschke, der den Text zusammen mit Hans-Jürgen Krahl, dem intellektuellen Kopf des Frankfurter *Sozialistischen Deutschen Studentenbunds* (SDS), verfasst und auf der SDS-Delegiertenkonferenz im September 1967 im Studentenhaus der Frankfurter Universität gehalten hatte. Es hatte bis dahin als verschollen gegolten.[6] Es ist sogar behauptet worden, dass die beiden Verfasser jedem, der den Versuch unternehmen würde, es abzudrucken, mit einer einstweiligen Verfügung gedroht und sich sogar die letzten noch in der Schweiz verfügbaren Tonbandaufnahmen besorgt und möglicherweise vernichtet hätten.[7] Offenbar gab es im SDS ganz allgemein, vielleicht aber auch seitens der beiden Urheber selbst massive Bedenken, ihre Überlegungen weiter zu verbreiten. Mir selbst waren diese Vorbehalte zu diesem Zeitpunkt noch unbekannt. Ich hatte es in dem seinerzeit vom SDS-Bundesvorstand gegründeten Verlag, in dem ich zuvor zwei Jahre gearbeitet hatte, entdeckt und dafür gesorgt, dass es im Februar 1980 in der Frankfurter Studentenzeitung *diskus*, zu deren Herausgebern ich einige Zeit gehört hatte, abgedruckt und dort auch ausführlich kommentiert wurde.[8]

Aus verschiedenen Gründen gilt das »Organisationsreferat« auch heute noch als ein, wenn nicht gar als *das* Schlüsseldokument aus der Geschichte des SDS, jener 1946 von der SPD gegründeten und 1961 aus ihrer Mutterpartei herausgeworfenen Organisation, die in der außerparlamentarischen Bewegung als ihr entscheidender Motor fungierte. Weder zuvor noch danach hatte es einen Redebeitrag gegeben, mit dem in einer vergleichbaren Weise ein theoretisch hochelaboriertes Konzept für eine strukturelle Neuorganisierung offeriert worden wäre. Allerdings war dies mit einer Konkretisierung verknüpft gewesen, wie sie eher zu der zweieinhalb Jahre später gegründeten RAF als zu einem Hochschulbund gepasst hätte, der ja ursprünglich über sozialdemokratische Wurzeln verfügt hatte. Angesichts dieser Brisanz war es alles andere als Zufall, dass sich beim ersten großen Symposium über die Geschichte des SDS, das im Sommer 1985 an der Freien Universität stattfand und durch Porträts von Dutschke und Krahl eingeleitet wurde, die heftigsten Debatten gerade um jenes so lange verschollene Dokument drehten.[9]

Erst im September 1967 hatte es Dutschke also gewagt, mit seinem Konzept des bewaffneten Kampfes an eine größere Öffentlichkeit heranzutreten. Auf der unter der Fahne des *Vietcong* im Frankfurter Studentenhaus einberufenen SDS-Delegiertenkonferenz legte er das »Organisationsreferat« vor. Die entscheidende Aufforderung an die SDS-Delegierten lautete: »Die ›Propaganda der Schüsse‹ (Che) in der ›Dritten Welt‹ muss durch die ›Propaganda der Tat‹ in den Metropolen vervollständigt werden, welche eine Urbanisierung ruraler Guerilla-Tätigkeit geschichtlich möglich macht. Der städtische Guerillero ist der Organisator schlechthinniger Irregularität als Destruktion des Systems der repressiven Institutionen.«[10] Das mochte zwar schlechtes Soziologendeutsch und mit bedeutungsschweren Vokabeln völlig überfrachtet gewesen sein, die mit ihm verbundene Absicht wurde dennoch verstanden und traf einen Nerv.

Es konnte nicht verwundern, dass das Referat überaus gespalten aufgenommen wurde. Ein Teil der Delegierten feierte es mit frenetischem Applaus, ein anderer Teil reagierte mit strikter Ablehnung. Der Vertreter der als »traditionalistisch« geltenden und der illegalen KPD nahestehenden Bonner SDS-Gruppe, Hannes Heer, etwa scheute sich nicht einmal, den berüchtigten, drei Monate zuvor von Habermas in Hannover erhobenen Vorwurf aufzugreifen und

Dutschke als einen »Linksfaschisten« abzukanzeln. Dies änderte jedoch nichts daran, dass es dem von Dutschke und Krahl repräsentierten antiautoritären Flügel auf dieser Delegiertenkonferenz erstmals gelang, die Mehrheit zu stellen und sich mit eigenen Kandidaten bei den Wahlen zum Bundesvorstand durchzusetzen.

Mit der posthumen Veröffentlichung des »Organisationsreferates« war, wie sich 1980 nur zu bald zeigen sollte, ein regelrechter Knoten geplatzt. Es war einer der ersten blinden Flecken, der benannt und zumindest ansatzweise aufgehellt worden war. Dutschke schien nun auf einmal derjenige gewesen zu sein, der erstmals und in aller Öffentlichkeit zur Bildung einer »Sabotage- und Verweigerungsguerilla« und damit vielleicht sogar zu einer Art Stadtguerilla, zumindest aber zu einer Vorform derselben aufgerufen hatte.[11] Wer von nun an behauptete, dass die RAF nichts mit der 68er-Bewegung zu tun gehabt hätte, lief Gefahr, sich lächerlich zu machen. Die Details dieser Verbindung mochten vielleicht noch ungeklärt sein und möglicherweise immer noch ganz überwiegend im Dunkeln liegen, das Faktum selbst ließ sich nun aber nicht mehr bestreiten.

Mir war später klar geworden, dass es im Zusammenhang mit Dutschke zumindest noch einen weiteren gravierenden blinden Fleck geben musste. Neben dem Thema »Guerilla und Gewalt« war das der »Nation« eine derartige Blindstelle. Dieser Eindruck verstärkte sich maßgeblich während einer Gedenkveranstaltung.

Als zu Dutschkes 10. Todestag im Frankfurter Club Voltaire einige seiner früheren Weggefährten wie die beiden ehemaligen SDS-Mitgliedern und nun schon seit Längerem in Hannover lehrenden Soziologen Klaus Meschkat und Detlev Claussen mit Dutschkes Witwe Gretchen und ihren drei Kindern im Dezember 1989 zusammentrafen, war es naheliegend, warum dieses Thema auf einmal eine solche Rolle spielte. Schließlich war nur wenige Wochen zuvor die Berliner Mauer gefallen. Die DDR befand sich seitdem in Auflösung und ihre einstige Staatspartei SED nannte sich bald in PDS um. Es gab also gute Gründe, darüber zu spekulieren, wie der selbst aus der DDR stammende Rudi Dutschke wohl auf die Implosion des poststalinistischen Regimes, den Zusammenbruch der Staatssicherheit, die Transformation einer totalitären Staatspartei und die sich abzeichnende deutsche Einigung reagiert hätte. Und nicht weniger abwegig war es, sich an die deutschlandpolitischen Initiativen zu erinnern, die Dutschke in den siebziger Jahren gestartet hatte und die bei fast allen seinen Mitstreitern auf Kopfschütteln und Unverständnis gestoßen waren.

Wenn ich mich recht erinnere, dann hat Klaus Meschkat, der ja ebenfalls aus der DDR stammt, als Erster einen Text über diesen Komplex verfasst. Mich beschäftigte das Thema vor allem deshalb, weil sich innerhalb weniger Monate eine der folgenreichsten Niederlagen der Linken abzeichnete. Nur zu konsequent schien es zu sein, dass die Grünen nach den ersten gesamtdeutschen Wahlen die Quittung für ihr deutschlandpolitisches Versagen erhalten hatten und aus dem Bundestag geflogen waren. Mich interessierte vor allem die Frage, ob es bei Rudi Dutschke, der ja eine nur schwer zu überschätzende Rolle bei der Gründung der grünen Partei gespielt hatte, Ansätze gab, die ein solches Versagen hätten verhindern oder zumindest schmälern können.

Da Gretchen Dutschke im August 1990 nach Deutschland kam, um im Hamburger Institut für Sozialforschung über eben jene Rolle zu forschen, die ihr verstorbener Mann in dem Prozess spielte, der die Grünen in die Parlamente geführt hatte, bekam ich Gelegenheit, auch den handschriftlichen Teil des Dutschke-Nachlasses nach Hinweisen zum Komplex deutsche Einigung genauer durchzusehen. Dabei erlebte ich eine Überraschung nach der anderen. Insbesondere wurde mir bewusst, dass die sogenannte nationale Frage nicht erst nach Dutschkes Genesung in den siebziger Jahren für ihn eine Rolle gespielt hatte, sondern bereits sehr viel früher. Selbst auf dem Höhepunkt der Studentenrevolte im Sommer 1967 hatte er eine maßgebliche Initiative gestartet, die Wiedervereinigung Deutschlands in strategische Überlegungen zur revolutionären Umwälzung Westberlins einzubetten.

Als ich Gretchen Dutschke im Herbst 1990 mit meinen Ergebnissen konfrontierte, reagierte sie zunächst mit Abwehr und Misstrauen. Insbesondere kreiste unsere interne Debatte um die Frage, ob ihr Mann der Autor eines im Juli 1967 im *Oberbaumblatt* veröffentlichten Aufsatzes sein könnte, in dem ein »R. S.« unter der Überschrift »Zum Verhältnis von Organisation und Emanzipationsbewegung« gefordert hatte, dass ein rätedemokratisch organisiertes West-Berlin »ein strategischer Transmissionsriemen für eine zukünftige Wiedervereinigung Deutschlands« werden müsse.[12] Ich war der Meinung, dass bereits der sprachliche Duktus für Dutschkes Autorenschaft spräche. Nun, es dauerte nicht lange, bis ein letzter Rest an Unklarheit beseitigt werden konnte. Gretchen Dutschke war im Nachlass auf eine von ihrem Mann selbst verfasste Gliederung zu einer Publikation jener Schriften gestoßen, die am besten seinen eigenen politischen Werdegang hätten dokumentieren können. Der Titel lautete »Gegen den Strom«. Und einer der ersten Texte, die dort aufgeführt wurden, war eben jener 1967 unter Pseudonym verfasste Text aus dem *Oberbaumblatt*. Damit war die Sache entschieden. Kurz darauf hielt ich in Essen einen Vortrag über »Die heimliche Dialektik von Internationalismus und Nationalismus« und 1992 erschien der Text dann unter dem Titel »Rudi Dutschke und die Wiedervereinigung« in gekürzter Form in der Institutszeitschrift *Mittelweg 36*. Er ist in dieser Fassung im vorliegenden Band noch einmal nachzulesen.

Als sich dann zum Ende der neunziger Jahre hin die Anzeichen verdichteten, dass sich eine ganze Reihe ehemalige 68er als Nationalisten und gar als Neonazis entpuppten, mangelte es auch nicht an Versuchen, Dutschke für diese Revision einzugemeinden und als Vorläufer ihres eigenen Kursschwenks auszugeben. Wie weit manche dabei zu gehen bereit waren, zeigte eine zum Jahreswechsel 1998/99 von den drei ehemaligen SDS-Mitgliedern Horst Mahler, Günther Maschke und Reinhold Oberlercher herausgegebene »Kanonische Erklärung zur Bewegung von 1968«,[13] in der die Rebellion mit dem Volksaufstand vom 17. Juni 1953 in der DDR verglichen und zum »zweiten deutschen Aufstand gegen eine Besatzungsmacht« umgedeutet sowie die RAF in die Tradition der Urburschenschaft eingebettet und in »Waffen-SDS« umbenannt worden war. Ihre wichtigsten Punkte bestanden darin, dass sie die Rolle von DDR-Flüchtlingen in der Revolte über die Maßen hervorhoben; der politischen Ausrichtung, insbesondere eines Teils des Westberliner SDS, eine nationalrevolutionäre Option unterlegten; den Protest gegen den Vietnamkrieg einseitig in eine antiamerikanische Willensäußerung umdeuteten; die außerparlamentarische Opposition unter antiwestlichen Vorzeichen als eine quasi-nationale Widerstandsbewegung interpretierten und auch nicht davor zurückschreckten, aus Rudi Dutschke einen Protagonisten des Nationalen zu machen, d.h. ihn posthum zum Nationalrevolutionär zu ideologisieren versuchten.

Gegen diese Usurpation des einstigen Wortführers der Revolte und die damit einhergehende folgenreiche Umdeutung der 68er-Bewegung war 1999 von verschiedenster Seite mit Vehemenz Einspruch erhoben worden. Insbesondere ein Kreis ehemaliger SDS-Mitglieder in Berlin hatte sich gegen diesen Vereinnahmungsversuch zu wehren versucht und unter dem Titel »Nationalisten waren wir nie!« eine gemeinsame Erklärung herausgegeben.[14] Dabei hatte man sich allerdings in ihrer nur allzu verständlichen Abwehrhaltung auch zur Einnahme von Positionen verleiten lassen, die einer genaueren Überprüfung nicht standhielten. So wurde etwa behauptet, Dutschke sei »entschiedener Internationalist« gewesen. Das war er sicher. Mit der gleichen Berechtigung ließ sich allerdings hinzufügen, dass er auch ein nicht weniger entschiedener Verfechter der deutschen Frage gewesen sei. Genau das aber war ausgelassen worden, um offenbar eine besonders eindeutige Position in der Verteidigungshaltung zu erzielen. Insofern war ihre Feststellung, »[e]ine nationale Frage stellte sich für uns nicht«, nur solange zutreffend, solange sie Dutschke von dieser Behauptung ausnahmen.

Der in den neunziger Jahren ausgebrochene Streit um die innerhalb der 68er-Bewegung über Jahrzehnte hinweg verdeckte beziehungsweise tabuisierte Rolle der nationalen Frage zeigte ein weiteres Mal, welche blinden Flecken es in diesem Zusammenhang gab und wie wichtig es gewesen wäre, sich ihr genauer zu widmen.

Da es am Hamburger Institut für Sozialforschung unser Bestreben war, insbesondere solche Dokumente ausfindig zu machen und sichern zu wollen, die nur zu leicht hätten verschwinden können, weil sie sich in privater Hand befanden, keinen Gruppierungen, Parteien oder sonstigen Organisationen zugeordnet werden konnten, hatten wir uns als erstes um den Nachlass von Rudi Dutschke bemüht, der schon längst nicht mehr in Berlin oder sonstwo in der Bundesrepublik lagerte, sondern in Boston, der Hauptstadt des an der Ostküste gelegenen US-Bundesstaats Massachusetts, und als zweites um die Hinterlassenschaft der legendären *Kommune I.* Von dem letzteren Bestand wussten wir zwar, dass er in den Räumen der Anwaltskanzlei von Hans-Christian Ströbele untergebracht war, der zusammen mit seinem Kollegen Klaus Eschen zu Beginn der siebziger Jahre einige der Kommunarden vor Gericht vertreten hatte. Den Auftrag, den Aktenbestand zur Übergabe an unser Archiv vorzubereiten, hatte dann – ohne dass ich davon informiert gewesen wäre – ihr einstiger Kopf Dieter Kunzelmann erhalten. Das war, wie sich später herausstellte, eine ziemlich blauäugige Entscheidung gewesen; denn damit hatte man, indem man ihm die Kontrolle über hochbrisantes Aktenmaterial überließ, das ihn möglicherweise auch selbst hätte belasten können, in gewisser Weise den Bock zum Gärtner gemacht. Das ließ sich jedoch, als ich davon erfuhr und diese Arbeit fast abgeschlossen war, nicht mehr ändern.

Eine weitere wichtige Quelle waren Dokumente aus dem Bestand des ehemaligen Ministeriums für Staatssicherheit des mittlerweile untergegangenen SED-Staats DDR. Im Jahr 1994 hatte dazu ein denkwürdiges Treffen in der Berliner Wohnung der einstigen Bürgerrechtlerin Bärbel Bohley stattgefunden. Die Kollegin, die den Auftrag hatte, in unserem Archiv den RAF-Bestand aufzubauen, war mit Christiane Ensslin die ältere Schwester der RAF-Mitbegründerin Gudrun Ensslin. Sie hatte Bohley kennengelernt und sich mit ihr angefreundet. Für einen Abend war dann von ihnen ein Gespräch über die 68er-Bewegung und die RAF verabredet worden. Von Ensslins Seite bin ich mit dazu gestoßen und von Bohleys Seite der

Beauftragte der Stasi-Unterlagen und spätere Bundespräsident Joachim Gauck. Nachdem wir uns bis tief in die Nacht darüber unterhalten hatten, wie weit die Arme der Stasi-Krake wohl gereicht haben könnten, war klar, dass wir seitens des Instituts wohl zwei verschiedene Forschungsaufträge bei der »Gauck-Behörde« stellen würden: einen zur Frage, ob und inwieweit der SDS und andere Organisationen der 68er-Bewegung vom MfS unterwandert worden sein könnten, und einen anderen dementsprechenden hinsichtlich verschiedener linksterroristischer Gruppierungen, genauer der RAF, der *Bewegung 2. Juni* und der *Revolutionären Zellen*. Nachdem wir die entsprechenden Anträge gestellt hatten, konnte unsere Forschungsarbeit auch auf diesem Sektor beginnen.

Eine ganz besondere Rolle spielte in diesem Zusammenhang dann der Fund eines extrem dichten und umfangreichen Aktenbestands, der durch Vernehmungen des Kommunarden und Terroristen Michael »Bommi« Baumann zustandegekommen war. Dieser war am 9. November 1973 beim Versuch, von der Tschechoslowakei aus mit dem Zug in die DDR einzureisen, am Grenzort Bad Schandau festgenommen worden, weil er den Grenzern gefälschte Ausweispapiere vorgehalten hatte. Er wurde dann in das Zentralgefängnis der Staatssicherheit in Hohenschönhausen transportiert und dort sechs Wochen lang verhört, besser gesagt wie eine Zitrone ausgequetscht. Er fertigte in dieser Zeit u.a. ein über hundert Kurzbiographien umfassendes »Who's Who des bewaffneten Kampfes« an, das mit brisanten, für einen Geheimdienst in vielfacher Hinsicht verwendbaren Informationen gespickt war. Wer besaß welche Waffe, wer war an welchem Überfall oder Anschlag beteiligt, wer war mit wem liiert und hatte welche sexuellen Präferenzen?

Ein anderes, eher unscheinbares Dokument aus Baumanns Stasi-Akte wussten wir zunächst nicht angemessen zu würdigen. Es bestand aus einer vom MfS vorgefertigten Liste von terroristischen Anschlägen in West-Berlin. Sie begann mit dem 10. November 1969, jenem Tag, an dem frühmorgens eine Reinemachefrau einen in einem Coca-Cola-Automaten des Jüdischen Gemeindehauses in der Charlottenburger Fasanenstraße versteckten Sprengkörper entdeckt hatte. Die Stasi hatte die Namen der Tatverdächtigen dieses und der anderen Anschläge jeweils in Klammern dahinter gesetzt. In diesem Fall waren dort die Namen »Dieter Kunzelmann / Ina Siepmann« zu lesen. Bemerkenswert war jedoch, dass die beiden maschinenschriftlich getippten Namen durchgestrichen und von Baumann handschriftlich durch »A. Fichter« ersetzt worden war. Mir war der Nachname zwar bekannt, nicht jedoch, für wen die Abkürzung des Vornamens in Frage gekommen wäre. Da ich mit Dr. Tilman Fichter den ehemaligen Berliner SDS-Landesvorsitzenden seit 1977 kannte, war es naheliegend, ihn zu fragen, ob es sich bei dem ominösen »A.« vielleicht um seinen Bruder handeln könnte. Als er mir telefonisch bestätigte, dass es sich dabei wohl tatsächlich um seinen Bruder »Albert Fichter« handeln müsse, ging es eigentlich nur noch darum, ob dieser bereit sei, mit mir über den Aktenfund zu reden.

Ich wusste zunächst nicht, ob der Genannte sich noch oder wieder in Berlin beziehungsweise in Deutschland aufhielt. Sein älterer Bruder versprach mir, ohne mir dabei irgendwelche Einzelheiten zu verraten, ihn zu kontaktieren und ihn zu befragen, ob er zu einer Auskunft bereit sei. Es dauerte schließlich drei Wochen bis ich eine Antwort erhielt. Sie lautete: Ja, er wäre. Es dauerte dann noch einmal wesentlich länger, bis es zu dem angestrebten Treffen kam. Im Juli 2004 war es schließlich so weit. Treffpunkt war ein Kurort im Schwarzwald.

Mir war etwas mulmig dabei, als ich mich ihm näherte. Schließlich gab es vor Ort keinen Vermittler und ich besaß keinerlei Informationen über das Vorleben des als verdächtig Genannten. Gegenüber stand mir ein 60-jähriger Mann mit einem blonden, zu einem Pferdeschwanz zusammengebundenen Haarschopf. Sein Gesichtsausdruck schien den Anflug eines Lächelns zu verraten, vielleicht aber war es auch nur Ausdruck einer Verlegenheit. Unmittelbar nach der Begrüßung fragte er mich, ob wir uns nicht duzen könnten. Da ich merkte, dass das eine Art Vertrauensbeweis wäre, willigte ich kurz entschlossen ein. Damit schien – noch bevor das Gespräch überhaupt begonnen hatte – der Damm bereits gebrochen sein. Albert Fichter redete nicht lang drum herum, sondern gab ohne irgendwelche Ausflüchte zu, dass er es tatsächlich gewesen sei, der am Vormittag des 9. November 1969 die von ihm präparierte Bombe während einer Gedenkveranstaltung für die Opfer des Judenpogroms von 1938, der sogenannten Reichskristallnacht, ins Jüdische Gemeindehaus getragen und dort mit einem Zeitzünder versehen deponiert hatte. Allerdings sei ihm zu diesem Zeitpunkt weder das Datum noch der Anlass der Veranstaltung bekannt gewesen. Ihm hätte man lediglich erklärt, dass es sich um ein »Zionistentreffen« handeln würde. Da er sich selbst als »Antizionist« verstanden habe, sei er bereit gewesen, den Bombenanschlag auch durchzuführen.

Damit hatte er zwar sein Motiv benannt, gleichzeitig aber betont, dass die Idee zu diesem Anschlag nicht von ihm selbst, sondern von Dieter Kunzelmann gestammt habe, in dessen Auftrag er schließlich gehandelt hätte. Als sich dann herausstellte, dass die Bombe doch nicht explodiert war, sei dieser wütend geworden und habe ihn wüst beschimpft und ihm auch persönlich gedroht. Die Vermutung, dass Kunzelmann an der Tat beteiligt oder wenn schon nicht der unmittelbare Täter, so doch der Drahtzieher dieses antisemitischen Mordanschlags gewesen sein könnte, hatte es bereits seit Jahren gegeben. Als im Herbst 1998 dessen Autobiographie erschien, waren nicht wenige überrascht, dass er darin den Bombenanschlag ausführlich zur Sprache brachte. Dabei erweckte er ganz den Eindruck, als könne er jeglichen Verdacht an einer Mitverantwortung ausräumen. »Jedem Linken hätte eigentlich klar sein müssen,« hatte es dort geheißen, »dass eine derartige Aktion keinerlei Sympathien für die legitimen Anliegen der Palästinenser zu wecken vermochte; ganz zu schweigen davon, dass sie sich angesichts der deutschen Vergangenheit von selbst verbietet.«[15] Damit schien er jedes Verdachtsmoment von sich zu weisen. Durch die abschließende Behauptung, dass es merkwürdig sei, wie wenig die Ermittlungsbehörden zur Aufklärung unternommen hätten, war klar, worauf er eigentlich hinauswollte. Am ehesten müsste es sich am 9. November 1969 um eine »Inszenierung von Geheimdiensten« gehandelt haben. Doch welche Geheimdienste, was für eine Inszenierung, in wessen Auftrag und zu welchem Zweck? Das waren Fragen über Fragen. Doch der Nebel, den er über der ganzen Angelegenheit schon so lange ausgebreitet hatte, schien sich durch Fichters Aussage endlich zu lüften. Ich war nun dazu in der Lage, mit dem Geständnis des unmittelbaren Täters und dessen Hinweisen auf seinen Hintermann ein Buch zu schreiben, mit dem dieser Fall endlich aufgeklärt werden konnte.[16] Seitdem war das Phänomen des linken Antisemitismus nicht länger mehr ein blinder Fleck auf der Landkarte der bundesdeutschen Linken und der Bundesrepublik Deutschland insgesamt.

Nun war auch klar: Was sich als Stadtguerilla in der Bundesrepublik Deutschland ausgab, hatte nicht erst, wie lange Zeit behauptet worden war, mit der sogenannten Baader-Befreiung im Mai 1970 begonnen. Vielmehr hatte dieses sich als so folgenreich erweisende Kapitel bereits ein halbes Jahr zuvor eingesetzt, genauer an jenem 9. November 1969, mit dem Bombenanschlag auf die Teilnehmer einer Gedenkfeier, mit der der jüdischen NS-Opfer gedacht werden sollte. Am Anfang des heroisch beschworenen bewaffneten Kampfes stand nicht das Wort, sondern die Tat – die judenfeindliche, die antisemitische Tat.

So viel zu drei besonders markanten Beispielen, in denen ich bereits im Laufe der Jahre mit dem Titelthema zu tun hatte. In dem hier vorliegenden Band, der insofern eine Fortsetzung darstellt, geht es zwar nicht ausschließlich um blinde Flecken, aber doch um eine ganze Reihe nicht weniger markanter. Zu nennen sind:

- die maßgebliche Rolle der Romantik für die damaligen Akteure in fast jeder nur denkbaren Hinsicht und das obwohl sich die meisten von ihnen als klassenkämpferisch und damit als völlig unromantisch verstanden haben dürften;
- die Frage, warum gerade nach dem Bau der Berliner Mauer und damit auf dem Höhepunkt der deutschen Spaltung von einem

DDR-Flüchtling wie Rudi Dutschke die Dritte Welt für die Protestbewegung entdeckt worden ist und die damit geopolitisch betrachtet so etwas wie das eigentliche Herzstück der Revolte werden konnte;

- der spektakuläre Plan, während des Schah-Besuchs am 2. Juni 1967 in West-Berlin ein Attentat auf den iranischen Despoten durchzuführen, eine Geschichte, von der kaum jemand etwas wusste, obwohl es einige Zeitungen gegeben hatte, die seinerzeit davon berichteten, und die von denjenigen, die davon eigentlich etwas wissen mussten, gehütet worden ist wie ein Gralsgeheimnis;
- die folgenreiche zeitliche Koinzidenz zwischen der nach Ohnesorgs Tod gerade im Entstehen begriffenen Studentenbewegung und dem mit einem israelischen Sieg endenden Sechs-Tage-Krieg, der nicht nur den Nahen Osten geopolitisch verändert hat, sondern auch die ideologische Weltordnung der bundesdeutschen Linken;
- die lange Zeit verborgene Tatsache, dass die Parlamentarismuskritik der APO von einem ehemaligen italienischen Faschisten formuliert worden war, der nicht nur die vollständige Ablehnung der repräsentativen Demokratie propagiert hat, sondern sich dabei gleich auch noch auf präfaschistische Theoretiker aus der Mussolini-Ära berief;
- die unterschätzte Rolle Hans Magnus Enzensbergers in Bezug auf die studentische Revolte, der nicht einfach nur ein »teilnehmender Beobachter«, wie er das im Nachhinein einmal meinte herunterspielen zu können, sondern auch ein bedeutender Mitakteur, in mancher Hinsicht sogar eine Art Joker war;
- die immer wieder heruntergespielte oder vollständig abgestrittene Rolle der Gewaltaffinität bei führenden Exponenten der 68er-Bewegung wie Dutschke, Kunzelmann und Teilen des antiautoritären Flügels im SDS, aus denen sich schon bald die ersten Ansätze zum viel beschworenen bewaffneten Kampf und damit die Protagonisten des linken Terrorismus in Gestalt der RAF entwickelten;
- die eigentlich überraschende und deshalb auch klärungsbedürftige Rolle einer so affirmativ wirkenden massenkulturellen Kraft wie

der Popmusik für Protest und Rebellion, die in ihrer kommerziellen Ausrichtung zunächst überhaupt nicht zu der von den Akteuren an den Tag gelegten antikapitalistischen Einstellung zu passen schien, dann aber zu deren besonders wirksamen Ausdrucksform wurde;
- die späte Einholung des innerhalb der 68er-Bewegung libertär besetzten Sexualitätsdiskurses durch die Debatte über sexuellen Missbrauch von Jugendlichen und Kindern, die im Nachhinein zumindest eine kaum zu entschuldigende Naivität mancher 68er im Umgang mit den schwächsten Gliedern der Gesellschaft verriet, die seinerzeit zugleich als die eigentlichen Hoffnungsträger eines grundlegenden Wandels idealisiert worden waren.

Bei alledem sollte man allerdings nicht dem Trugschluss aufsitzen, dass die bloße Addition von auf diesem Wege aufgehellten blinden Flecken auch unbedingt ein Gesamtbild der 68er-Bewegung ergibt. Die hier versammelten Aufsätze sind nicht etwa Puzzleteile eines imaginären Ganzen, sondern sehr viel eher historiographische Sonden, mit denen es möglich ist, in bislang verborgene Tiefendimension der damaligen Bewegung vorzustoßen, und dadurch möglicherweise Teile ihres bislang vorherrschenden Verständnisses erschüttern und vielleicht Anstoß zu einer zwingenderen Neuinterpretation bieten zu können.

Die romantische Revolte

Je größer der historische Abstand zur 68er-Bewegung anwächst, umso stärker wird dem Betrachter bewusst, wie sehr sie mit romantischen Motiven gespickt gewesen ist. Wofür die damaligen Akteure, die sich möglichst politisch und klassenkämpferisch interpretieren wollten, nur wenig Sinn hatten, das tritt im Nachhinein umso deutlicher hervor. Und dass die in der Wahrnehmung so unterschlagene Romantik eine enorme Rolle gespielt hat, gilt mit Deutschland keineswegs nur für eines ihrer Stammländer, sondern zugleich auch für eine ganze Reihe anderer Länder, in denen die damaligen Rebellionen und Aufbrüche zumindest soziokulturell und massenmedial eine ganze Ära geprägt haben. Man denke nur etwa an die Hippie-Bewegung in dem geographisch so fernen, zugleich aber in utopischer Hinsicht so nahegelegenen Kalifornien, in der ein deutscher Schriftsteller wie Hermann Hesse mit Prosawerken wie »Siddharta« und »Der Steppenwolf« zum Kultautor hat werden können. Wenn es aber in dieser Zeit eine Bewegung gegeben hat, der eine poetische Signatur einbeschrieben war, dann ist es die gewesen, die nicht weiter klassifiziert werden musste und bereits in ihrer Zeit selbst schlicht als »Pariser Mai« bezeichnet worden ist. In dem Namen waren die »Stadt der Liebe« und der Frühlingsmonat eine Allianz eingegangen, die ihre Energie nicht aus irgendeinem politischen Bündnis bezog, sondern aus ihrem aktivistischen, in jeder nur denkbaren Hinsicht romantisch aufgeladenen Glutkern.

Ein Zitat aus einem Briefwechsel belegt, wie »romantisch« die Zeit in der an der Seine gelegenen Metropole auf ihrem Höhepunkt wohl besetzt gewesen sein muss. »Lieber Herr Professor Adorno, hier ist heute sehr schönes Wetter, und man lebt in einer Art Rauschzustand [...] Die alte französische Universität kracht in allen Fugen. Unzählige Fakultäten und Universitäten haben ihre Autonomie proklamiert und sind von Studenten und Professoren besetzt. Man schläft dort, isst, feiert, diskutiert Tag und Nacht, die Studentenrestaurants, Schwimmbäder, Auditorien sind Arbeitern geöffnet. Es ist ein wahrhaft fourieristischer Zustand.«[1] Dies schrieb die Doktorandin Elisabeth Lenk ihrem akademischen Lehrer Theodor W. Adorno am 15. Mai 1968 aus Paris. In ihrer Dissertation ging es um André Breton, die führende Figur des Surrealismus, der sich zusammen mit seinen Gefährten an einer Aufhebung der Romantik versucht hatte. Zwei Jahre zuvor hatte Lenk, die sich innerhalb des Frankfurter SDS einen Namen als Theoretikerin gemacht hatte, die Einleitung zu der von Adorno herausgegebenen und von dem Utopiker Charles Fourier geschriebenen »Theorie der vier Bewegungen« verfasst.

Zwei Tage später, am 17. Mai 1968, setzte sie ihren Bericht fort und schrieb an Adorno weiter: »Das Quartier Latin ist eine immense Wandzeitung. In der Sorbonne ist ein grundsätzliches Manifest zu sehen, das unter anderem vorschlägt, die Bildungskrise dadurch zu beseitigen, dass ab sofort jeder lehren kann, der sich dazu berufen fühlt und der der Kritik der Lernenden standhält; Aufhebung aller Titel, aller Prüfungen oder sonstiger Bildungsnachweise [...] man diskutiert in der Regel bis Morgens früh, die Nacht ist, im Moment jedenfalls, abgeschafft [...] Das Komischste [...] ist, dass es selbst Polizisten gibt, die vom Taumel der Anarchie erfasst sind.«[2] Rauschzustand, Autonomie, Anarchie, die Verwandlung des Alltagslebens in ein endloses Fest – das alles sind Schlüsselvorstellungen der Romantik.

Rousseau als insgeheime Zentralfigur der 68er

Auf den ersten Blick ist Karl Marx die zentrale theoretische Autorität der 68er gewesen. Von ihm und seiner Kritik der politischen Ökonomie stammten die Fundamente der damaligen System- und Gesellschaftskritik. Die 68er-Bewegung verstand sich zugleich auch als eine Renaissance und Rehabilitierung des Marxismus, nicht zuletzt wegen der zahlreichen deutsch-jüdischen Theoretiker, die sich auf Marx berufen hatten und von den Nazis vertrieben worden waren.

Auf den zweiten Blick könnte es allerdings sein, dass es einen Philosophen gab, dessen Name in den Seminaren, auf den Teach-ins und den Vollversammlungsdebatten kaum gefallen ist, der für sie möglicherweise jedoch kaum weniger wirkungsträchtig gewesen sein könnte. Denn das insgeheime Motto der 68er-Bewegung hätte eher »Zurück zur Natur« lauten und von Jean-Jacques Rousseau als von Karl Marx stammen können. Und dies in zweifacher Hinsicht:

Zum einen im Hinblick auf die Suche nach einer ursprünglichen Subjektivität wie sie in dem gegen die bürgerliche Familie gerichteten Kommunemodell zum Vorschein gekommen ist; zum anderen im Hinblick auf die Suche nach einem in seiner Legitimität nicht mehr weiter hinterfragbaren, also scheinbar selbstevidenten politischen Subjekt, das zunächst als »Basis« und später ganz allgemein als »Volk« bezeichnet wurde. Nicht ohne Grund hatte sich die Emphase für die neuen Vergemeinschaftungsformen mit der für die Basisdemokratie verbunden und eine derartige Wirksamkeit entfaltet.

Die Verknüpfung dieser beiden Rekurse auf vermeintlich Ursprüngliches, stiftete einen Subtext, der als die Suche nach *der ersten Natur* bezeichnet beziehungsweise charakterisiert werden kann. Bereits der abtrünnige Freud-Schüler Wilhelm Reich, der mit seinen Büchern über »Die Massenpsychologie des Faschismus« und »Die sexuelle Revolution« damals zu den besonders einflussreichen Autoren zählte, war in seiner Begeisterung für die ursprüngliche Triebnatur ohne es zu ahnen ein heimlicher Jünger Rousseaus. Das Gesellschaftliche sollte von seinen als faschistisch, kapitalistisch und imperialistisch unterstellten Prägungen freigemacht werden, um es als etwas restituieren zu können, was in seiner vermeintlich puristischen Totalität nicht mehr weiter in Frage zu stellen war. Auf diesem Wege, der sich für Marx ebenso wie die meisten seiner neomarxistischen Schüler verboten hätte,[3] stellte sich jedoch häufig das Gegenteil dessen ein, was ursprünglich intendiert war.

Für den Calvinisten Rousseau existierte ein grundsätzlicher Dualismus: der zwischen Kultur und Natur. Die Natur war für ihn gut und durchweg positiv besetzt, die Kultur dagegen negativ. Seine Philosophie war anthropologisch begründet; sie stellte eine Verehrung des Natürlichen und zugleich eine radikale Kulturkritik dar, in vielerlei Hinsicht die Vorwegnahme des Kulturpessimismus, der erst im 20. Jahrhundert seine finstersten Blüten bot. Die Seelen der Menschen, argumentierte er, seien umso mehr verdorben worden, je mehr die Wissenschaften und die Künste vervollkommnet worden seien. Besonders empörten ihn Anzeichen von Heuchelei und Missgunst unter den Mitmenschen. Die bei Hofe gepflegte Etikette und Höflichkeit hielt er für völligen Schein, den es zu entzaubern gelte. Die höfische Gesellschaft von Versailles war für ihn der Gipfel der Verlogenheit. Die dort gepflegte Hochkultur erschien ihm geradezu als Perversion. Im Gegensatz zu ihr lobte er das einfache Leben und empfahl in jeder nur denkbaren Hinsicht eine Rückbesinnung zur Natur.

Der Mensch war in seinen Augen ein Naturwesen, das sich von seinen Ursprüngen entfernt hat und deshalb alles daran setzen muss, dorthin wieder zurückzukehren. Er schrieb: »Alles, was aus den Händen des Schöpfers kommt, ist gut; alles entartet unter den Händen des Menschen. Er zwingt einen Boden, die Erzeugnisse eines anderen zu züchten, einen Baum, die Früchte eines anderen zu tragen. Er vermischt und verwirrt Klima, Elemente und Jahreszeiten. Er verstümmelt seinen Hund, sein Pferd, seinen Sklaven. Er erschüttert alles, entstellt alles – er liebt die Missbildung, die Monstren. Nichts will er so, wie es die Natur gemacht hat, nicht einmal den Menschen. Er muss ihn dressieren wie ein Zirkuspferd. Er muss ihn seiner Methode anpassen und umbiegen wie einen Baum in seinem Garten.«[4]

Mit diesen Zeilen beginnt Rousseau das Erste Buch seines Erziehungsromans »Emile«, weniger ein übliches Stück Prosa als ein Traktat, mit rund tausend Seiten allerdings auch ein Monstrum von Traktat. Darin beschreibt er die fiktive Erziehung eines Jungen. Sie beginnt im frühen Kindesalter und endet mit 25 Jahren durch die Eheschließung. Um allen äußeren, als künstlich und damit verfälschend betrachteten Einflüssen zu entgehen, wird Emile in seiner Kindheit konsequent von allen kulturellen Determinanten abgeschottet. Da die natürlichen Anlagen gegeben sind, kommt es dem Erzieher lediglich darauf an, die urwüchsige Natur des Kindes möglichst optimal zur Entfaltung zu bringen. Jegliche direkte Einflussnahme auf diesen Prozess gilt es zu vermeiden, im Grunde ist sie verpönt. Ziel aller Erziehung ist seinen Worten nach »die Natur selbst«, genauer die Herausbildung sozialer Instinkte. Rousseaus pädagogisches Ethos verweist im Kern bereits auf eine Anti-Pädagogik.

In einem Streitgespräch mit dem Pädagogen Bernhard Bueb, der vor einigen Jahren mit seinem Pamphlet »Lob der Disziplin« in der Öffentlichkeit großes Aufsehen erregt und sich als ein ehemaliger »romantischer Schüler Rousseaus« bezeichnet hatte,[5] wurde der starke Einfluss des Klassikers der Pädagogik auf die 68er-Bewegung von keinem Geringeren als Daniel Cohn-Bendit, der wie kein Zweiter die im Mai 1968 sich in Paris zutragende Revolte repräsentiert und vielleicht sogar personifiziert hat, im Nachhinein bestätigt: »Das Menschenbild der Linken war sehr von Rousseaus Theorie geprägt: Der Mensch ist an und für sich gut, und die Gesellschaft ist böse, und es geht nur darum, die Gesellschaft gut zu machen, die Entfremdung zu beseitigen. Dann wird der gute Mensch automatisch zum Vorschein kommen. Dies aber ist falsch.«[6]

Und Cohn-Bendit war nicht nur der wichtigste Sprecher der französischen Studentenbewegung, sondern arbeitete auch jahrelang in einem Kinderladen der Frankfurter Universität. Was sich während des Pariser Mai kurzfristig politisch nicht hatte erreichen lassen, das sollte nun auf die nächste Generation übertragen und in der Form antiautoritärer Erziehung langfristig umgesetzt werden.

Rousseau, Agnoli und die Basisgruppen

Doch Rousseau war nicht nur das insgeheime Vorbild für die Kinderladenbewegung, die Kritik der bürgerlichen Erziehung und der aus ihr resultierenden Anti-Pädagogik. An den Idealen des Ahnherren der »klassischen« Demokratie- und Staatstheorie orientierte sich im Kern auch das politische Denken vieler 68er. Parlamentarismus und Parteienstaat standen für die Entfremdung demokratischer Institutionen von den Interessen der Bevölkerung. Das dem Parlamentarismus zugrundeliegende Prinzip der Repräsentation wurde massiv in Frage gestellt. Gesucht wurde nach Alternativlösungen für die Ausübung politischer Herrschaft.

Das Zauberwort jener Tage lautete daher nicht ohne Grund schlicht und einfach »Basis«. An den Universitäten, die ja derselben marxistischen Terminologie nach ein Hort des Überbaus und damit ideologischer Herrschaftsausübung verdächtig waren, schoss 1968/69 eine »Basisgruppe« nach der anderen aus dem Boden – auf die Basisgruppe Soziologie folgte die Basisgruppe Germanistik, auf diese die Basisgruppe Medizin und so weiter. Und von den Universitäten, so war zeitweilig die richtungweisende Vorstellung, sollten die Basisorganisationen auf die Stadtteile, die Betriebe und schließlich von den Städten auf das Land übergreifen und auf diese Weise eine praktische Alternative zum Parteienstaat formieren.

Für diese Veränderung in der politischen Grundorientierung stellte Johannes Agnolis Traktat »Transformation der Demokratie« das theoretische Modell dar. Der Berliner Politikwissenschaftler, im Übrigen ein aus Südtirol stammender ehemaliger Mussolini-Faschist, hatte darin ganz allgemein festgestellt, dass »das Identitätsverhältnis zwischen Regierten und Regierenden« dem demokratischen Gedanken zugrundeliege.[7] Hinter seiner Argumentation steckte also, ohne dass dies mit einem einzigen Wort erwähnt worden wäre, unverkennbar ein rousseauistischer Kern.

Wie eng Rousseau seine Vorstellung einer Identität von Regierenden und Regierten fasste, hatte er bereits in seinem aus dem Jahre 1755 stammenden »Diskurs über die Ungleichheit« zum Ausdruck gebracht. In einer Widmung, die dem Werk vorangestellt und an seine Genfer Mitbürger gerichtet war, hieß es: »Ich hätte mir gewünscht, in einem Land geboren zu sein, in dem der Souverän und das Volk einerlei Interesse haben, damit alle Bewegungen der Maschinerie [gemeint war hier der Staatsapparat; W.K.] auf die allgemeine Gültigkeit abzielen. Dieses kann nirgends anders sein, als wo der Souverän und das Volk in einer einzigen Person vereinigt sind. Folglich würde ich nur wünschen, unter einer mit Weisheit gemäßigten demokratischen Regierung geboren zu sein.«[8]

Indem Agnoli von der von Rousseau propagierten Identität von Regierten und Regierenden ausging, musste er das auf dem Repräsentationsgedanken basierende parlamentarische System verwerfen. Daraus resultierte auf der einen Seite eine prinzipielle Gegnerschaft zum Pluralismus[9] und gegenüber den Parteien als ihren konkreten politischen Manifestationen.[10] Auf der anderen Seite wohnte dieser Vorstellung die Gefahr inne, totalitarismusverdächtigen Alternativmodellen wie dem Rätesystem, das bekanntlich keine Gewaltenteilung kennt, das Wort zu reden.[11] Unter Agnolis Vorannahmen hing die Beurteilung der bundesdeutschen Demokratie nicht von irgendwelchen Problemstellungen ab; sie war keine gradualistisch zu beantwortende Frage nach einem »besseren« oder »schlechteren« Funktionieren demokratischer Institutionen. Die Verurteilung des Parlamentarismus war vielmehr bereits vorab normativ gesetzt.

Seine Fundamentalkritik bereitete den Boden für eine Trivialisierung politischen Denkens. Was die Vermittlungsorgane demokratischer Herrschaft nicht zu schaffen schienen, das sollte nun *die Gemeinschaft* richten. Eine möglichst unmittelbare Form der Volksherrschaft erschien der 68er-Bewegung und vieler aus ihr entstandener Organisationen als Idealbild. Der Ruf nach Volksentscheiden und Volksabstimmungen wurde in der Folge dann in den siebziger Jahren auch immer lauter.

Romantik und Rebellion

In der ersten Ausgabe der Wochenzeitung *Die Zeit* im Jahr 1968 erschien auf ihrer Titelseite ein Leitartikel der Herausgeberin Marion Gräfin Dönhoff. Er trug den Titel »Die Rebellion der Romantiker« und verfolgte gegenüber der Bewegung, die immer noch als eine auf die Universitäten beschränkte studentische Rebellion erschien, eine Art Doppelstrategie: Würdigung des bereits Erreichten und scharfe Kritik gegenüber einer weiteren Radikalisierung. Das Stichwort Romantik diente Dönhoff dazu, den Aktivisten vage Visionen, idealistische Utopien und mangelnden Realitätssinn vorzuwerfen. So sehr die Rebellierenden Ziele verfolgt hätten, argumentierte sie, die in ihrer Kritik an der Entfremdung in der modernen Welt durchaus nachvollziehbar gewesen seien, so sehr würde nun das bereits Gewonnene wieder aufs Spiel gesetzt.

Sie verglich die Rebellion der Studenten von 1967/68 mit dem von der Jenaer Burschenschaft initiierten Wartburgfest von 1817, die dort für die Gründung eines Nationalstaates und eine freiheitliche Verfassung eingetreten waren, sowie der Jugendbewegung um die Wende vom 19. zum 20. Jahrhundert und schloss mit der Warnung: »Politische Romantik, die nach den Sternen greift, um die leider stets und immer unvollkommene Wirklichkeit zu verbessern, und die gar nicht merkt, wie diese Wirklichkeit dabei ganz ruiniert wird – von dieser Therapie haben wir nun wirklich genug gehabt.«[12] Das Schlagwort von der romantischen Rebellion gehörte fortan zum Kanon der Kritik, mit der sich eine in die Defensive gedrängte bürgerliche Öffentlichkeit der immer heftiger ausfallenden Attacken ihrer Söhne und Töchter zu erwehren versuchte.

Doch Romantik und Rebellion sind nicht einfach in eins zu setzen. Die 68er-Bewegung war keine romantische Revolte in einem *unmittelbaren* Sinne. Der von den Romantikern betriebene Ästhetizismus stand dem Wunsch nach möglichst direkter politischer Aktion diametral entgegen. Die blaue Blume, jenes wohl am häufigsten für die Romantik genannte Symbol, das später dann als Kennzeichen auf die Wandervogelbewegung übertragen wurde,[13] sollte nicht einfach zitiert, sondern eingefärbt und damit – wie eines der damaligen Modewörter lautete – in gewisser Weise »umfunktioniert« werden. Nicht ohne Grund lautete daher eine der eher gruseligen Parolen: »Schlagt die Germanistik tot, färbt die blaue Blume rot!« Hatte Carl Schmitt nicht bereits 1919 festgestellt, dass jegliche politische Aktivität »der wesentlich ästhetischen Art des Romantischen« widerspräche?[14] Und von Walter Benjamin, an dem sich die damalige Kritik an der Germanistik maßgeblich orientierte, stammte der Einwand: »Es träumt sich nicht mehr recht von der blauen Blume. Wer heut' als Heinrich von Ofterdingen erwacht, muss verschlafen haben.«[15] Für einen bloßen Träumer wollte 1968 aber niemand gehalten werden. Es sollte gerade nicht darum gehen, auf irgendeinem Traumpfad der Welt zu entfliehen, sondern eher umgekehrt dem Geträumten zur Wirklichkeit zu verhelfen.

Der Romantizismus auf der Suche nach einer vermeintlich ersten Natur hatte allerdings zunächst einmal verhindert, dass die 68er-Bewegung in der Lage war, ein politisches Realitätsprinzip zu entwickeln. Dagegen ließe sich einwenden, dass sie dies auch nicht unbedingt beabsichtigt hat, schließlich ist es ihr gerade im Gegensatz zur vorgefundenen Realität um das Lustprinzip, die Verwirklichung konkreter Utopien gegangen. Das jedoch ist ein vordergründiges Argument. Denn der 68er-Bewegung war es durchaus darum gegangen, sich machtpolitisch durchzusetzen und entsprechende Erfolge zu erringen. Insofern bleibt der Einwand, dass es ihr an einem politischen Realitätsprinzip gemangelt habe, berechtigt.

Was die konservative Kulturkritik vom ersten Moment an wahrnahm, das traf in einer bestimmten Hinsicht also zweifellos zu. Die damalige Revolte war hochgradig romantisch aufgeladen.[16] Über »68« schwebte eine überdimensionale romantische Wolke. Die Phänomene, in denen sie sich zeigte, waren kaum zu übersehen. Sie zeigte sich in den unterschiedlichsten Formen der Begeisterung für ein Gegenbild zur bestehenden Gesellschaft: Für die Anormalität, das Abenteuer, den Rausch und das Fest; für die Aktion, die Diskussion, die Introspektion und das ewig andauernde Gespräch; für den Traum, die Phantasie und die Utopie; für die Ferne, exotische Länder wie Völker, ob in Lateinamerika, Afrika oder in Asien, insbesondere China und Vietnam. Und nicht ganz zufällig waren für eine kurze Zeit die sogenannten Randgruppen, diese jungen gesellschaftlich Marginalisierten, mit denen man nichts anzufangen wusste und die man nur zu häufig in sogenannte Fürsorgeanstalten gesteckt hatte, als das vermeintlich einzig übrig gebliebene revolutionäre Subjekt auserkoren worden.

Als die Bewegung vorüber war, hat sich diese Wolke dann in den 70er Jahren wie bei einem starken Regenguss entladen und eine romantische Blüte nach der anderen ans Tageslicht befördert. Auch diese Phänomene konnten kaum jemandem verborgen bleiben. Sie verrieten sich in der Faszination für die Arbeiter, die Proleten, bis hin zur Renaissance des Zwanziger-Jahre-Proletkults in der Literatur; für die Ausgegrenzten, die Loser, die Kriminellen und die psychisch Gestörten, ja die im klinischen Sinne Geisteskranken; für das Psychische, die neue Subjektivität und die neue Innerlichkeit; für ein ursprünglicheres, alternatives Leben, das Landleben und das Heimatgefühl; für eine vermeintlich erste Natur im Gegensatz zu einer hochgradig vermittelten, differenzierten, von Institutionen und deren Bürokratien durchzogenen Gesellschaft.

Die Romantisierung der Welt

Was nicht nur Konservative, sondern auch Liberale wie die bereits erwähnte Gräfin Dönhoff jedoch übersahen, war die Tatsache, dass es einen entscheidenden Differenzpunkt zu einer bloßen Neuauflage der Romantik gab.[17] Die neue Jugendbewegung, als die die 68er-Bewegung mit einem gewissen Recht durchaus bezeichnet werden kann, wollte – wie bereits angedeutet – keineswegs bloß ein Traumgebilde bleiben. Sie war unter politischen Vorzeichen angetreten und wollte die Welt nicht nur verschieden interpretieren, sondern sie – wie das Marx bereits in seiner 11. Feuerbach-These formuliert hatte – grundlegend verändern. Und sie wollte zunächst nicht von der Stadt aufs Land flüchten und sich der modernen Welt einfach entziehen. Stattdessen sollte einer in ihren Augen unglaubwürdigen, von der bloßen Sucht nach Konsum deformierten Gesellschaft Paroli geboten werden. Sie verstand sich politisch, wollte praktisch eingreifen, sagte deshalb dem gesamten politischen System den Kampf an und sah sich damit als Teil eines weltumspannenden antikapitalistischen wie antiimperialistischen Kampfes an. Dass sich später, als der politische Aufbruch in die unterschiedlichsten Sackgassen geführt hatte, dann doch Teile der einstigen Bewegung dafür entschieden, der Stadt den Rücken zu kehren, um in die Provinz zu gehen und ein Hochlied auf das Landleben anzustimmen, stellt keinen Widerspruch dazu dar. Im Gegenteil, es bestätigt eher die Existenz einer romantischen Grundströmung, die in den unterschiedlichsten Ausformungen der 68er-Bewegung bereits im Gange war und erst zeitversetzt vollständig ans Tageslicht gelangt ist.

Ohne ein eigenes Bewusstsein davon zu haben, schloss die 68er-Bewegung gleichwohl an die romantische Bewegung an, die nach 1770 entstanden war, im Anschluss an die Französische Revolution ihre Hochzeit erfuhr und sich in den beiden Jahrhunderten darauf als antimodernistisches Reservoir immer wieder aufs Neue zu aktualisieren vermochte. Auch die deutsche Romantik resultierte ja aus dem Freiheitsimpuls, der sich 1789 in Paris mit dem Sturm auf die Bastille Bahn gebrochen hatte und begann – wie das der Historiker Gordon A. Craig einmal formuliert hat – als »Protest der Jugend gegen die Normen der älteren Generation«, die in Kunst und Literatur vor allem gegen die Vertreter der Klassik aufbegehrte. Die Protagonisten der Frühromantik hatten zu Beginn des 19. Jahrhunderts insofern an einer revolutionären Umwälzung partizipieren wollen, jedoch nicht eingreifend, sondern in gewisser Weise nur sublimiert im Sinne einer auf die geistige Sphäre beschränkten Idealisierung. Für das, was in Paris die Jakobiner in Angriff nahmen, existierten in Preußen und den anderen Teilen Deutschlands keine Voraussetzungen, um die Gesellschaft auch praktisch umkrempeln, vor allem in sozialer Hinsicht revolutionieren zu können. Die Diskrepanz zwischen Frankreich und Deutschland hätte daher kaum größer ausfallen können: Während die einen 1789 das Ancien Regime stürzten und eine Revolution sans phrase durchführten, gaben sich die anderen bei Lichte betrachtet wohl eher einem revolutionären Gefühl hin. Das eine betraf die soziale und politische Wirklichkeit, das andere die Innerlichkeit und damit letztlich einen bloßen Traum von Veränderung. Eine historische Zäsur, eine Epochenschwelle stand einem Traumgebilde gegenüber.

Die ursprüngliche deutsche Romantik von Novalis, Tieck, Arnim, Brentano und den Gebrüdern Schlegel war insofern eine Revolte im Geiste.[18] Letztere waren die Söhne eines Theologen, eines Konsistorialrates und Pastors und nach den Worten Karl August Varnhagen von Enses »ein paar ächte Revoluzionsmänner«. Da der Auf- und Umbruch nicht in der gesellschaftlichen Wirklichkeit stattfand, konnte er sich nur kulturell artikulieren lassen, als poetische Figur in einer Welt der Phantasie. Der »Fortschritt« trat zwar in Erscheinung, jedoch nicht als Ausdruck eines faktisch vollzogenen Prozesses, sondern in der Form eines Als-ob. Der Freiheitswunsch ließ sich nur in der geistigen Sphäre ausleben, in der Literatur, im Theater, in der Musik, in der Konversation und der Korrespondenz. Er blieb eine subjektive Figur, ein Wollen, dem es an der politischen Macht mangelte, gesellschaftliche Veränderungen herbeizuführen. Insofern war es zwingend, dass es sich bei der romantischen Revolte nur um ein Phänomen handeln konnte, das sich im Medium der Ästhetik Ausdruck verschaffen konnte.

Weil die Romantisierung der Welt nicht über die Einbildungskraft des Subjekts hinausgelangte, schlug sie letztlich vielleicht auch von einer rebellierenden in eine reaktionäre, staatsverherrlichende Kraft um. Mit Novalis, von dem das Symbol der blauen Blume stammte[19] und der ja bekanntlich Friedrich von Hardenberg hieß, polemisierte bereits die schillerndste Figur der Frühromantik gegen Aufklärung und Fortschritt. Stattdessen setzte er, dessen Vater nach dem Tod seiner ersten Frau eine religiöse Erweckungserfahrung gehabt und sich deshalb der Herrenhuter Brüdergemeinde angeschlossen hatte, auf die Erfahrung einer religiösen Erneuerung.

Der politischen Romantik wohnte insofern nicht von ungefähr eine grundsätzliche Ambiguität inne; sie stellte die Gleichzeitigkeit eines Vor und Zurück dar. Sie versuchte die von ihr erlebte Krisenstimmung – die Diskrepanz zwischen subjektiver Potentialität und objektiver Restringenz – durch eine Fluchtbewegung, einen Rückgriff auf die Vergangenheit, zu lösen. Sie war auf eine ganz eigentümliche Weise revolutionär und reaktionär zugleich.

Die romantische Bewegung ist bekanntlich keine deutsche Erfindung gewesen. Es gab sie in England, es gab sie in Frankreich, Italien, Ungarn, Polen, Russland und anderen europäischen Ländern. In Deutschland jedoch ist sie im 19. Jahrhundert zu einer besonderen Blüte gelangt, zunächst in der Frühromantik, danach in der Hoch- und in der Spätromantik. Die Romantik entstand zunächst in Ländern mit einer protestantisch geprägten Kultur, in England und in Norddeutschland. Sie diente dazu, die Sehnsucht nach den seit der Reformation verlorengegangenen Bindungen an einen ursprünglichen Glauben zu stillen.

In ihrem Kern lässt sich die Romantik somit als die fortwährende Suche nach einer verlorengegangenen Ursprünglichkeit begreifen, der Versuch zur Wiederherstellung eines Eigentlichen, ein Zurück in ursprüngliche Bande. Da auch die Re-Naissance, die Re-Formation und die Vorstellung einer Re-Volution in ihrem Wortstamm rückwärtsgewandt gewesen sind, ist in der jeweiligen Gedankenbewegung eine Parallelität zum Selbstverständnis der Romantik festzustellen.

Novalis und der Pariser Mai

Eines der bevorzugten romantischen Kommunikationsmittel war der Briefwechsel. Nicht ohne Grund hatte Walter Benjamin, der einerseits an die Romantik anknüpfen, sie andererseits aber überwinden und deren Motive einlösen wollte, unter dem Titel »Deutsche Menschen« eine Sammlung an Korrespondenzen zusammengestellt, die den Eindruck einer Arche Noah erweckten.[20] Hier sollte jenen Stimmen, die das bürgerliche Zeitalter auf exemplarische Weise repräsentierten, angesichts der sich abzeichnenden Katastrophen von Nationalsozialismus, Zweitem Weltkrieg und Holocaust Zuflucht geboten werden.

In Benjamin, Adorno, Marcuse und all den anderen Frankfurter Theoretikern glaubte man die geistigen Heroen einer neuen Zeit zu erkennen. Die einst vor den Nazis geflüchteten Sozialforscher, Kulturkritiker und Geschichtsphilosophen, an deren Ideen sich die antiautoritäre Bewegung als ein ebenso politisches wie soziokulturelles Projekt herauskristallisiert hatte, verstanden sich allesamt als Repräsentanten einer gegenwartsbezogenen Form der Herrschaftskritik, zugleich waren sie jedoch auch – wie es Marcuse einmal formuliert hat – »unverbesserliche Romantiker«.

Ein Traum schien im Mai 1968 für einen Moment Wirklichkeit geworden zu sein, eine Vorstellung, die die Frühromantik beseelt hatte. Aus dem von Novalis hinterlassenen Romanfragment »Heinrich von Ofterdingen« stammt die Zeile: »Die Welt wird Traum, der Traum wird Welt.«[21] Und seine wohl berühmteste Forderung lautet: »Die Welt muss romantisiert werden.«[22] Nirgendwo scheint sie 1968 ernster genommen worden zu sein als in Paris. In der Stadt an der Seine blühte eine Wandinschrift nach der anderen auf. Parolen wie »Seid realistisch, verlangt das Unmögliche«, »Unter dem Pflaster liegt der Strand« und »Lauf, Genosse, die alte Welt ist hinter dir her« sind seitdem in den Kanon revolutionärer Ausrufe aufgenommen. Der einstige 68er-Aktivist Richard Faber hat deshalb bereits vor Jahrzehnten festgestellt, dass viele der Pariser Wandinschriften wie Novalis-Übersetzungen anmuten – sie seien »reine, nämlich Hardenberg'sche Romantik«.[23]

Mit Herbert Marcuse hatte sich der wohl einflussreichste Theoretiker der 68er-Bewegung, der während des »Pariser Mai«, wie die Revolte schon bald romantisierend bezeichnet wurde, in der französischen Hauptstadt zufällig eine Konferenz besuchte, schon viel früher auf Novalis bezogen. In seinem 1957 erschienenen Werk »Eros und Kultur«, das später unter dem Titel »Triebstruktur und Gesellschaft« bekannt wurde, zitiert er ein weiteres, berühmt gewordenes Novalis-Postulat: »Aus der produktiven Einbildungskraft müssen alle inneren Vermögen und Kräfte deduziert werden.«[24] In seinem Kapitel über Orpheus und Narziss als den beiden »Urbildern« des dionysischen Lustprinzips verteidigt Marcuse Novalis und prägt bereits einen seiner wichtigsten Begriffe – den der »Großen Weigerung«.[25]

Im Werk des Emigranten, der sich als Neomarxist ebenso wie als Neofreudianer begriff, gab es – wie das der Psychologe Jörg Bopp einmal formuliert hat – einen Kälte- und einen Wärmestrom: »Einerseits benutzte er die nüchternen und kühlen Begriffe der marxistischen Kritik der politischen Ökonomie und die hellen und scharfen Kategorien der psychoanalytischen Triebtheorie; andererseits vertrat er einen politisch-ästhetischen Messianismus, eine Erlösungsmission, die die grundlegende Befreiung des Menschen durch den Menschen forderte. Mit dieser Leidenschaft der Erlösung konnte er die Sehnsüchte der religiös erzogenen Bürgerkinder beleben. Marcuses Theorie war durch jene analytische Kälte und dieses missionarische Pathos für die Studentenrevolte affektiv ungemein aufgeladen.«[26] Diese Mischung machte aus ihm vorübergehend die theoretische Zentralfigur für die revoltierenden Studenten. Auf dem Höhepunkt seiner Popularität erschien er jenen, die ihn im Juli 1967 im Auditorium Maximum der Freien Universität in West-Berlin erwartet hatten, in der Tat wie ein Messias. Er sprach dort vom »Ende der Utopie«, nicht etwa, weil er damit seine politischen Hoffnungen aufgegeben hätte, sondern weil er – genau umgekehrt – mit dem entfalteten Kapitalismus eine gesellschaftliche Voraussetzung für die Konkretisierung der Utopien für gegeben hielt.[27] Im Zentrum seiner Überlegungen stand dabei die Herausbildung einer neuen Subjektivität, die durch den materiellen Reichtum des Systems zwar objektiv möglich geworden sei, aber durch eine repressive Organisierung der Bedürfnisse hintangehalten werde. Das Signal lautete: Geschichte ist machbar, die Gegenwart bestimmbar, das Glück liegt – im Gegensatz zur privaten Idylle – als öffentlich-kollektives zum Greifen nahe.

Romantischer Rückfall? Löwenthal contra Marcuse

Diese geschichtsphilosophische Argumentation stieß bei einer der vier Diskussionsveranstaltungen auf erheblichen Widerstand. Derjenige, der ihn am deutlichsten formulierte, war Richard Löwenthal, ein ehemaliger Kommunist, bekennender Marxist und ebenfalls

Mentor der kritischen Studenten. Rudi Dutschke und Bernd Rabehl etwa, zwei der wichtigsten Berliner Akteure, besuchten seine Veranstaltungen und wurden nicht müde, die Bedeutung seines 1947 unter dem Pseudonym Paul Sering publizierten Werkes »Jenseits des Kapitalismus« zu würdigen.[28] Nun jedoch warf Löwenthal Marcuse und den rebellischen Studenten vor, sie würden die Errungenschaften der parlamentarischen Demokratie für eine durch nichts objektivierbare Utopie aufs Spiel setzen. Das Stichwort des sozialdemokratischen Politikwissenschaftlers lautete kurze Zeit später: »Romantischer Rückfall«. Die studentische Rebellion sei in Wahrheit nicht vorwärtsgewandt, radikalisierte er seine Kritik, sondern *rückwärts*gewandt. Unter dem Deckmantel von Aufklärung und rationaler Kritik würden die »alten Affekte einer antiliberalen und antiwestlichen Romantik« wieder aufleben. Dabei sei die »Tendenz zum Rückfall in die Unmittelbarkeit der Gewalt und der Utopie« nicht zu übersehen. Die »Neue Linke« sei nichts anderes als eine »neo-romantische Reaktion auf das Ausbleiben der proletarischen Revolution in den entwickelten Industrieländern und die Herausbildung einer bürokratischen Industriegesellschaft in der Sowjetunion«.[29]

Die dieser Generalkritik zugrundeliegenden Gedankenfiguren arbeitete Löwenthal in zwei Vorträgen weiter aus, publizierte sie erstmals in zwei Aufsätzen, die 1968 und 1969 in der Zeitschrift *Der Monat* und ein Jahr darauf unter dem Titel »Der romantische Rückfall« als Taschenbuch erschienen. Für ihn, der Deutschland als »Heimatland der Romantik« ansah, drückte sich im romantisch aufgeladenen Protest eine Reaktion auf Industrialisierung, Urbanisierung und Modernisierung aus. Im Wandel von der Gemeinschaft zur Gesellschaft wurzelten seiner Überzeugung nach die utopischen und romantischen Ideen des frühen 19. Jahrhunderts. Die Vorstellung von demokratischen Institutionen und einer modernen Gesellschaft seien mit den napoleonischen Armeen von außen nach Deutschland gebracht worden – und auf erbitterten Widerstand gestoßen.

Resultat der romantischen Protesthaltung seien drei grundlegende Widersprüche: Der zwischen einer »innerlichen« deutschen Kultur und einer »äußerlichen« Zivilisation, zwischen einer »totalen Hingabe an die Gemeinschaft« und einer »totalen Entfaltung der Persönlichkeit«, zwischen einem »Kult der politischen Gemeinschaft« und dem »Kult des genialischen Individuums«. Daraus speisten sich tiefe Vorbehalte gegen den Liberalismus, den Parlamentarismus und die Demokratie insgesamt.

Für Löwenthal war es alles andere als Zufall, dass sich unter den radikalsten Teilen der Neuen Linken auch eine Wiederentdeckung Bakunins abspielte. Der Marx-Kontrahent und Urvater des russischen Anarchismus war für ihn nichts anderes als ein »anti-moderner Gewaltideologe«. Indem er Figuren wie den pauperisierten Bauern, den Gesetzlosen und den Räuber zu »wahren« Revolutionären mache und die »schaffende Lust der Zerstörung« preise, verrate er seine Missachtung der modernen Welt, die Gegnerschaft zu Arbeitsteilung, Rechtsförmigkeit und zur bürokratischen Rationalität insgesamt.

Und in der Tat, als der SDS im November 1968 in der Mensa der Technischen Universität Hannover seine vorletzte Delegiertenkonferenz veranstaltete, versammelten sich seine Mitglieder unter einem Porträt des russischen Anarchisten. Ein Jahr zuvor hatten Rudi Dutschke und Hans-Jürgen Krahl in dem von ihnen gemeinsam verfassten »Organisationsreferat« verkündet, dass die Marxsche Bakunin-Kritik unter den Voraussetzungen des Monopolkapitalismus obsolet geworden sei.[30] Der romantische Anarchist war auf dem Höhepunkt der 68er-Bewegung zumindest in ihrer antiautoritären Mehrheitsfraktion zu einer regelrechten Ikone der Rebellen geworden.

Und war nicht bereits der Euphemismus, mit dem Gruppen und Organisationen die im Strudel der Ereignisse entfesselte Dynamik als »Bewegung« gefeiert hatten, ein Indiz für die Stärke der romantischen Unterströmung, die von marxistischen Theorieelementen nur überdeckt war? Schließlich stellt gerade dieser Begriff einen Vitalismus, eine Anbetung des Lebendigen dar. Die Tatsache, dass allein die Permanenz als ein Garant für die Ziele der Bewegung angesehen wurde, verriet ein weiteres Moment der Dynamisierung. Nichts sollte mehr stillstehen, alles sollte sich in Fluss befinden. Genau das war ein weiteres Ideal der Romantik.

Wer hatte nun aber recht: Der Neo-Romantiker Marcuse oder der Anti-Romantiker Löwenthal? Beide waren überzeugte Marxisten, beide Emigranten, der eine in seinem Zufluchtsland USA geblieben, der andere aus Großbritannien nach Deutschland zurückgekehrt, und beide waren, wenn auch auf höchst unterschiedliche Weise, Mentoren der kritischen Intelligenz, der eine als Philosoph, der andere als Politikwissenschaftler.

Auch wenn man über eine gültige Definition der Romantik fürwahr streiten kann, so lassen sich doch eine ganze Reihe von Eigenschaften benennen, die ihr zuzurechnen sind:

Die Ablehnung der Aufklärung, ihr Anti-Rationalismus, ihr Verzicht auf Kausalität und ihre Anti-Normativität.

Dem stellt sie die Feier eines neuen Gemeinschaftsgefühls, des Kollektivs, der Basis und des Volkes entgegen. Der Rausch, der Traum, das Abenteuer, das Märchen und das Spiel haben Vorrang gegenüber den arbeitsteilig durchrationalisierten Vorgängen in der modernen verwalteten Welt. Oder wie es Carl Schmitt in seiner »Politischen Romantik« formuliert hat: »Das Normale ist unromantisch.«[31] Romantisch ist dagegen alles, was das Alltägliche transzendiert, das Extraordinäre, das Abenteuerliche, die Begeisterung für räumlich entfernte Objekte, das Reisen, die Ferne insgesamt. Zu ihr zählt aber auch das Lob des Ursprünglichen, die Natur-Verehrung, die Sensitivität, die Emotionalität und die Innerlichkeit. Die Priorität, die etwa Marcuse dem Lustprinzip gegenüber dem Realitätsprinzip eingeräumt hat, ist in klassischer Weise romantisch.

Die Romantik spielte insbesondere in jenen subkulturellen Milieus eine dominante Rolle, die der undogmatischen Linken zugerechnet wurden und sich als »umherschweifende Haschrebellen« oder als Sponti-Szene zu etablieren vermochten. Stärker als irgendein Theoretiker hat eine Rockband dem dort gelebten Traum von einer anderen Gesellschaft Ausdruck verliehen. Die Songs einer Band, die bereits mit ihrem eindeutig-doppeldeutigen Namen *Ton, Steine, Scherben* ein unmissverständliches Bekenntnis zur Gewalt ablegte, waren jedenfalls Romantik pur.[32] Den undogmatischen Strömungen innerhalb der Linken – denen die unvergleichliche Stimme Rio Reisers Ausdruck verlieh – galten Marcuses Sympathie zweifelsohne sehr viel eher als dem Mummenschanz der K-Gruppen.

Letztlich jedoch scheint mit Marcuse der Prophet der »Neuen Sensibilität«, des »Qualitativen Sprungs« und der »Großen Weigerung« nicht nur bedrängten Minderheiten, den Bürgerrechtsbewegungen in den USA und den Randgruppen in der Bundesrepublik den Rücken gestärkt zu haben, sondern auch einer Schwärmerei anheimgefallen zu sein. Der Verfechter einer neuen Subjektivität lieferte die Stichworte für eine Revolte, der es in ihrem radikalen Kern jedenfalls nicht gelang, ein politisches Realitätsprinzip zu entwickeln. Löwenthal hingegen konnte nicht wenige seiner Prognosen durch die Entwicklung der siebziger Jahre bestätigt sehen.

Die Grünen als die Romantik-Erben der 68er

Ein Jahrzehnt lang mühte sich eine nach der anderen aus der 68er-Bewegung entstandene Gruppierung ab, einen Weg aus der gesellschaftlichen Isolation zu finden. Erst nachdem sich der Linksradikalismus erschöpft und mit den K-Gruppen und diversen anderen Sekten in immer wieder neue Sackgassen geführt hatte, gelang es den Aktivisten über die Themen Ökologie, Umweltschutz und Ablehnung der Atomkraftwerke bei den *Grünen* eine neue Heimat und damit zugleich auch einen neuen Zugang zum politischen Handeln zu finden. Einerseits schien es geradezu paradox zu sein, dass es die Gefährdung der Umwelt, die Bedrohung der Natur durch eine immer maßloser gewordene Industrialisierung war, die den Post-68er-Strömungen einen Weg zurück ins parlamentarische System und ein politisches Realitätsprinzip gewiesen hat. Andererseits war diese Entwicklung, wenn man sich die hier beschriebenen romantischen Implikationen der 68er-Bewegung vor Augen führt, in gewisser Weise auch durchaus folgerichtig. Denn gerade weil es die Krisenerfahrung im gesellschaftlichen Umgang mit der Natur war, die aus der Sackgasse des Gemeinschaftsradikalismus geführt hat, sind nicht wenige romantische Motive am Leben erhalten geblieben. Diesmal jedoch nicht frei flottierend innerhalb irgendeiner Bewegungsströmung, sondern eingebunden in das parlamentarische System.

Mit Rudi Dutschke und Daniel Cohn-Bendit sind die beiden wohl prominentesten Ex-68er am Gründungsprozess der *Grünen* beteiligt gewesen. In den einstigen 68er-Hochburgen wie Berlin, Hamburg und Heidelberg waren es vor allem die Überreste maoistischer K-Gruppen, die einen erheblichen Einfluss auf die weitere Entwicklung ausübten. Mit Jürgen Trittin, Antje Vollmer und Ralf Fücks etwa kamen später führende *Grünen*-Politiker daher. Ironischerweise waren es dann aber mit den Frankfurtern um Daniel Cohn-Bendit, Tom Koenigs und Joschka Fischer ehemalige Spontis, die den immer noch so fundamentaloppositionell eingestimmten *Grünen* einen realpolitischen Kurs aufdrückten, der sie dann überhaupt erst ministeriabel und machtpolitisch salonfähig gemacht hat.

Als die Partei der *Grünen* am 12. Januar 1980 in Karlsruhe gegründet wurde – Dutschke war tragischerweise am Heiligabend 1979 den Spätfolgen des Ostern 1968 auf ihn verübten Attentats erlegen und am 3. Januar in Berlin zu Grabe getragen worden –, tauchten in den vier von ihr dort manifestierten Grundpositionen zentrale Punkte der 68er-Bewegung wieder auf: In ihrem ersten Bundesprogramm hieß es, dass sich die *Grünen* als sozial, als ökologisch, als basisdemokratisch und als gewaltfrei verstehen würden. Ihr Selbstverständnis war nach den Worten ihrer damaligen Gallionsfigur Petra Kelly das einer »Anti-Parteien-Partei«. Darin kam, wenn nicht gar unmittelbare Ablehnung, so doch zumindest ein erhebliches Maß an Distanz gegenüber dem Selbstverständnis der in der Bundesrepublik etablierten Parteien und der repräsentativen Demokratie insgesamt zum Ausdruck. Und etwa mit dem nach ihrem Einzug in den Bundestag von 1983 bis 1987 in der ersten Legislaturperiode noch praktizierten Rotationsprinzip zeigte sich auch in Form einer konkreten Regelung, dass man es mit dem Selbstverständnis einer Basisorganisation durchaus ernst meinte: jeder *Grüne*-Bundestagsabgeordnete war gezwungen, sich nach der ersten Hälfte der Legislaturperiode, also nach zwei Jahren, aus dem Hohen Haus zu verabschieden und Nachrückern Platz zu machen – im Prinzip jedenfalls. Mit der hoffnungslos romantizistischen und äußert populären Petra Kelly gab es jedoch eine Abgeordnete, die sich dem widersetzte und die gesamten vier Jahre an ihrem Stuhl zu kleben vermochte. Doch die zu diesem Zeitpunkt anstehenden Fragen der politischen Formierung innerhalb des parlamentarischen Systems machten nur *eine* Dimension einer praktizierten politischen Romantik aus.

Für die Klassenkämpfer von einst war das Thema Umweltschutz und damit das Kapitel »Natur« zum politischen Vademecum geworden. Ein politisches Überleben war für jene Radikalen, die sich jahrelang standhaft geweigert hatten, in eine der als »bürgerlich« beziehungsweise »reformistisch« apostrophierten Parteien wie der SPD oder der FDP einzutreten, offenbar nur auf diesem Wege möglich gewesen.

Auf diesem Umweg kam aber auch die Parole »Zurück zur Natur«, die insgeheim ja im Zentrum der 68er-Bewegung – jedenfalls ihrer radikalsten Kräfte – gestanden hatte, nun in gewisser Weise parteipolitisch verbrämt zum Vorschein. Und das war keineswegs eine Art Etikettenwechsel oder gar -schwindel, sondern verwandelte das einstige alle Strömungen und Fraktionen innerhalb der 68er-Bewegung verbindende Projekt Gesellschaftsveränderung in seinen Grundlagen. Nun galten Wachstum, Produktivität und Fortschritt, von denen man sich jahrelang die Voraussetzungen für die Einrichtung einer sozial gerechteren sozialistischen Gesellschaft versprochen hatte, nicht mehr. Diese Imperative einer möglichst optimalen Entfaltung der Produktivkräfte wurden massiv in Frage gestellt und durch eher konservative Werte wie eine subsistenzorientierte Ökonomie, eine Umstellung auf erneuerbare Energien, eine umweltbewusstere Nutzung von Ressourcen und eine Politik der Nachhaltigkeit insgesamt ersetzt.

So sehr viele dieser Zielsetzungen inzwischen auch in Prozesse staatlichen Handelns – man denke nur etwa an die von der Bundesregierung 2011 vollzogene, als »Energiewende« bezeichnete Abkehr von der Kernenergie – eingeflossen sein mögen, so war damit zugleich eine Möglichkeit geschaffen, die utopischen Gehalte der Gesellschaftsveränderung nun auf die Natur als Ganzes zu projizieren und damit erneut eine Form der Romantisierung des Politischen zu betreiben. Mit anderen Worten, die Neo-Romantik war nun kein Emblem einer Außenseiterposition mehr, sondern – nach dem Übergang von Teilen der 68er-Bewegung in die Partei der *Grünen* – auch in der vielbeschworenen Mitte der Gesellschaft angekommen.

1.
Anfänge

Die Entdeckung der Dritten Welt

Im Jahre 1964 ist der kongolesische Ministerpräsident Moïse Tschombé in der Bundesrepublik zu Gast. Am letzten Tag seines Staatsbesuches, dem 18. Dezember, ist auch die für ausländische Gäste zumeist obligatorische Visite an der Berliner Mauer vorgesehen. Der Politiker aus dem durch einen Bürgerkrieg zerrütteten zentralafrikanischen Land, dem vorgeworfen wird, für die Ermordung des ersten Ministerpräsidenten der Republik Kongo, Patrice Lumumba, verantwortlich zu sein, ist zuvor in Bonn bereits von Bundespräsident Heinrich Lübke und Bundestagspräsident Eugen Gerstenmaier, zudem in München von Kardinal Döpfner sowie zahlreichen Vertretern von Industrie und Wirtschaft, empfangen worden. Gegen einen Empfang Tschombés durch den Regierenden Bürgermeister Willy Brandt in West-Berlin haben sich mehrere Studentengruppen ausgesprochen.

In einem Flugblatt, das am Tag zuvor in einer Auflage von 8000 Exemplaren verteilt worden ist, unterziehen der *Afrikanische Studentenbund*, die aus der *Subversiven Aktion* hervorgegangene *Anschlag-Gruppe*, der *Argument-Club*, der *Liberale Studentenbund Deutschlands* (LSD) und der aus der SPD verstoßene SDS den afrikanischen Politiker einer grundsätzlichen Kritik:

»1. Als Katanga-Präsident führt Tschombé Krieg gegen die UNO-Kontingente und die Zentralregierung des Kongo. Damals wurde er von der UNO als Handlanger des ausländischen Großkapitals verurteilt. Warum gilt er heute als Treuhänder des kongolesischen Gesamtinteresses?
2. Aus dem spanischen Exil von Kasawubu zum Ministerpräsidenten berufen, kann er sich gegenüber seinen Landsleuten, die ihn nie gewählt haben, nur noch mit Hilfe ausländischer Söldnertruppen

und militärischer Unterstützung durchsetzen. Wie kann er dann von einem demokratischen Staat als rechtmäßiger Ministerpräsident des Kongo angesehen werden?

3. Der Kongo ist ein reiches Land. Seit Jahrzehnten werden wertvolle Bodenschätze mit modernen Förderungsanlagen abgebaut. Warum muss dann Tschombé heute bei uns um Kapitalhilfe für die Entwicklung des Kongo bitten?
4. Tschombés Söldnerheer enthält südafrikanische und südrhodesische Rassisten, ehemalige französische OAS-Offiziere und ehemalige SS-Leute. Die Taten dieser Söldner wurden auch durch die westdeutsche Presse bekanntgemacht. Warum glaubt man heute, daß diese Söldner ›humanitäre Aktionen‹ durchführen? [...]

Wir fordern die Selbstbestimmung für das kongolesische Volk und protestieren deswegen gegen einen Mann, der offensichtlich gegen das Interesse der kongolesischen Bevölkerung handelt. Wir protestieren gegen jegliche Unterstützung des Tschombé-Regimes durch Repräsentanten der deutschen Politik. Wir fordern den Berliner Senat auf, sich öffentlich von Tschombé zu distanzieren und auf seinen Empfang beim Regierenden Bürgermeister zu verzichten.«[1]

Die Anti-Tschombé-Demonstration

Zu der »Schweigedemonstration«, zu der mit dem Flugblatt aufgerufen und die von der Ordnungsbehörde genehmigt worden ist, versammeln sich am Freitagvormittag bei klirrender Kälte vor dem Eingang zum Flughafen Tempelhof zwischen 600 und 800 Studenten, darunter über hundert aus Ländern der Dritten Welt. Auf Transparenten sind Parolen zu lesen wie »Kein Geld für weiße Söldner – Keine Blutbäder im Namen der Humanität«, »Kongo oui – Tschombé non!« und »Kick him out Willy!«. Doch bald stellt sich heraus, dass sie hier vergeblich auf den Adressaten ihres Protests warten.

Der Staatsgast ist durch einen Nebenausgang geschleust worden und befindet sich in einem Bus bereits auf der Fahrt zur Mauer. Als sich diese List unter den Wartenden herumgesprochen hat, formiert sich eine Gruppe unter ihnen, die die Initiative ergreift und in Richtung Mehringdamm loszieht. Es dauert nicht lange und der gesamte Tross folgt. Ziel ist das Schöneberger Rathaus, wo der Empfang Tschombés durch Brandt vorgesehen ist. Während sich ein Teil der Studenten hinsetzt und die Fahrbahn blockiert, zieht ein anderer weiter und durchbricht eine Kette von Polizisten. Vergeblich versuchen sich die durch diese Taktik sichtlich verunsicherten Ordnungshüter an anderer Stelle neu zu formieren. Ein ums andere Mal werden sie von den »Tschombé raus!« rufenden Demonstranten umgangen oder einfach überrannt.

Als die Spitze des Demonstrationszuges am Schöneberger Rathaus eintrifft, ist der davor befindliche, nach dem ermordeten US-Präsidenten John F. Kennedy benannte Platz von einer Hundertschaft der Polizei abgeriegelt. An dieser Linie, an der die um das Abgeordnetenhaus gezogene Bannmeile beginnt, gehen die Tschombé-Gegner einer weiteren Konfrontation aus dem Weg. Der Zug löst sich auf, jedoch nicht ohne dass es kleineren Gruppen gelingt, über Nebenstraßen doch noch bis zum Haupteingang vorzudringen. Dabei erweist sich der Umstand, dass gerade Markttag und der Platz durch die Obst-, Gemüse- und Blumenstände äußerst unübersichtlich geworden ist, als Vorteil. Als sich eine größere Menge der Studenten direkt vor dem Rathaus erneut zu formieren beginnt, ist die Überraschung bei der Polizeiführung groß.

Als einige Wortführer fordern, zu einem Gespräch mit dem Regierenden Bürgermeister vorgelassen zu werden, versucht einer der Polizeioffiziere den spürbaren Druck abzubauen, indem er einer kleinen Delegation Zugang gewährt. Es sind fünf Studenten und eine mit Nora Schimming aus Namibia stammende Studentin,[2] die zum Pressechef des Senats, Egon Bahr, geführt werden. Diesem gelingt es schließlich, Brandt dazu zu überreden, die Vertreter der Demonstranten zu empfangen. Im Kleinen Sitzungssaal erklärt der Regierende Bürgermeister zur Überraschung der Protest-Delegierten, dass er als Repräsentant Berlins leider gezwungen sei, auch solche Besucher zu empfangen, mit deren Politik er nicht übereinstimme. Zum Abschluss der etwa zwanzig Minuten dauernden Unterredung sichert er ihnen zu, dass er sich dafür einsetzen werde, dass die spontane Demonstration zum Schöneberger Rathaus nachträglich genehmigt würde. Draußen geht es in der Zwischenzeit weniger höflich zu.

Als sich einige Demonstranten auf die Rathaustreppe setzen wollen, werden sie von Polizeikräften höchst unsanft weggezerrt. Bei dem Gerangel werden vier Studenten vorübergehend festgenommen. Kurz darauf wird der umstrittene Staatsgast durch einen Hintereingang ins Rathaus geführt und nach kurzer Zeit bereits wieder hinausgeleitet. Anstatt der protokollarisch vorgesehenen dreißig Minuten hat es der Regierende Bürgermeister vorgezogen, das offenbar auf den Austausch von Höflichkeitsformeln beschränkte Gespräch bereits nach einer Viertelstunde zu beenden. Genau in dem Moment, als Tschombé nun am Hinterausgang erscheint, um sich davonzuschleichen und eilends fortzufahren, kommt es doch noch zur Konfrontation.

Die Demonstranten sind zu misstrauisch, als dass sie sich ein weiteres Mal verladen lassen würden. Ein paar Tomaten, die sich einige unter ihnen noch auf dem Markt besorgt haben, fliegen in Richtung Gast. Von einer wird Tschombé mitten im Gesicht getroffen. In Sprechchören schallt es dem davonfahrenden Fahrzeug »Tschombé raus!« hinterher. Vom Flughafen Tempelhof aus fliegt der als »Lumumba-Mörder« apostrophierte Staatsmann unverzüglich mit einer amerikanischen Militärmaschine nach Brüssel weiter, in die Hauptstadt jenes Landes, das als Kolonialmacht den Kongo lange Zeit ausgebeutet hat und als dessen Komplize Tschombé keineswegs nur in den Augen der Studenten noch immer gilt.

Dutschkes Demonstrationsnotiz

Am Abend notiert einer der Demonstranten, der 24-jährige, aus der DDR stammende Soziologiestudent Rudi Dutschke, in etwas ungelenken Worten in sein Tagebuch:

»War das eine Freude. Die Polizeiführung wie der Bürgermeister Brandt werden schon von den Socken gewesen sein. Die meisten vom SDS wohl desgleichen, allerdings aus ganz anderen Gründen. Wie eine Demonstration umgebaut werden kann. Ich war am Ende, [da] hinter befand sich ein Verkehrspolizist, wir vom ›Anschlag‹ befanden uns insgesamt im hinteren Teil.[3] Nachdem der Tschombé sich über die Besatzer-Ecken der Amerikaner mit seinen Gastgebern davongestohlen hatte zum Schöneberger Rathaus, mussten und wollten wir ihm folgen. Die vom Anfang der Demonstration konnten schlecht beginnen, hatten ca. 15–20 Polizisten vor sich. Und mit der Ordnung halten es die von der SED immer, die vom SDS haben in letzter Zeit an der Uni nichts Subversives von sich gegeben. Nun hinten und spontan zu beginnen war klar, ich sagte Horst,[4] Götz[5] Bescheid, Zustimmung zu erreichen nicht schwer.

Unsere Freunde aus der Dritten Welt sprangen sofort ein,[6] die Deutschen hatten zu folgen. Der Verkehrspolizist war ›okay‹. Nachdem er die ›Hoffnungslosigkeit‹ seiner Lage erkannt hatte, ging er zum ›Stopp‹ des Verkehrs in Richtung Innenstadt über, die Lage war geklärt. Die Polizisten von der legalen Führungsseite der Demonstration konnten nun niemanden mehr halten, die folgten uns einfach, hätten wir umgekehrt genauso gemacht. Das Ziel war ja klar. Alle Stoppversuche der Polizei gingen schief. Es lohnt sich schon, Leichtathlet (und Ringer) gewesen zu sein. Als die Polizisten versuchten, mich allein zu ergattern, offensichtlich war ich denen wegen meiner voll-schwarzen Jeans aufgefallen. Jedenfalls stoppte plötzlich ein Polizeiauto, fünf sprangen raus und wollten mich erwischen. Natürlich rannte ich wie ein Wilder […], Demonstranten halfen blitzartig und die Polizisten hatten erst einmal keine Gelegenheit mich zu erwischen.

Im Gelände waren Holzhäuschen, wohl für Architekten o.ä. Jedenfalls stürzte ich mich nach einem 50-m-Lauf da hinein, ging in irgendeine Tür hinein, niemand war drin, und versteckte mich unter dem Arbeitstisch. Die Polizei ließ nichts von sich blicken, allerdings der Herr, der in diesem Raum arbeitete. Der sass nun vor mir, und was war mit der Demonstration, ich mußte raus, kroch zur Seite raus, entschuldigte mich und die Tür hatte ich schon wieder hinter mir. Hoffentlich bekam er keinen Herzinfarkt.

Ich wetzte mich nun wieder ran an diejenigen, die dem Tschombé wenigstens beim Rathaus einen Denkzettel verpassen wollten. Durch Abkürzungen gelangte ich ca. 2 km vor dem Rathaus wieder nach vorn. Polizei war eigenartigerweise nicht zu erblicken. Als wir nun am Rathaus angekommen waren, war die Lage prekärer. Auf der einen Seite lag vor und neben uns der Wochenmarkt, auf der anderen lag die Rathaustür offen vor uns. Als wir ankamen war keine Polizei zu sehen. Ein schwarzer Kommilitone aus dem OSI[7] wollte rein ins Rathaus stürmen, ich stoppte, weiß nicht recht warum. Auf jeden Fall waren Bewaffnete im Rathaus nicht auszuschließen. Während wir immer mehr wurden, bald um 150 vielleicht, uns zurückhielten, organisierte sich die Polizei, schützte das Rathaus mit dem Tschombé. Der Polizeichef tauchte bei uns hinter dem Gitter auf und bedrohte mich mit Verhaftung, wenn wir uns weiter heranwagen würden. War nicht meine (unsere) Sache, nun war der SDS dran, es ging um eine Delegation. T. F.[8] durfte nicht fehlen (zusammen mit einer südafrikanischen Genossin). In der Zeit kauften viele Tomaten, nicht bloß zum Essen. Unsere Delegation mußte empfangen werden, der Bürgermeister soll Verständnis gezeigt haben.

Der imperialistische Agent und Mörder von Lumumba ließ nicht lange auf sich warten. Wir donnerten voll los, Sch. traf ihn voll in die Fresse. Die Frauen (jedenfalls zumeist) des Marktes brüllten uns zu: ›Haut doch ab in den Osten.‹ Viele von uns sind aber von dort abgehauen! Wird noch manchen Ärger geben über diesen Tag. Manche werden sich absetzen.«[9]

Der 18. Dezember wird nicht nur Ärger zur Folge haben, sondern auch sehr viel weitreichendere Konsequenzen. Der Verlauf der Demonstration ist jedenfalls für alle Beobachter und Kommentatoren eine große Überraschung. In gewisser Weise ist sie durch die Entschlossenheit der Protestierenden, den Staatsbesuch eines von ihnen als Mörder angesehenen afrikanischen Politikers nicht einfach unwidersprochen über die Bühne gehen zu lassen, zu einem Aufmerksamkeitserfolg geworden. Danach, so wird es zumindest dem Berliner Senat am Ende dieses Tages klar geworden sein, dürfte es sehr viel schwieriger geworden sein, Potentaten aus dubiosen Regimen in Empfang zu nehmen. Die Demonstranten haben an der Legitimationsfassade einer solchen Besuchspraxis gekratzt und klar zu verstehen gegeben, dass es nicht einfach reicht, Staatsgästen aus der Dritten Welt die Berliner Mauer zu zeigen. Denn zugleich geht es auch um die Verhältnisse in deren eigenen Ländern und damit häufig auch um die schmutzige Seite ihrer Herrschaftspraxis – um Korruption, Folter und politischen Mord. Die Ereignisse vom Freitag kurz vor dem Weihnachtsfest 1964 haben die Politik in der geteilten Stadt alarmiert.

Das Modell der direkten Aktion

Zusammen mit dem 26-jährigen, ebenfalls aus der DDR stammenden Bernd Rabehl führt Dutschke eine kleine Gruppierung an, die sich nach einer von ihnen herausgegebenen Zeitschrift als *Anschlag-Gruppe* bezeichnet und sich zum Ziel gesetzt hat, den in ihren Augen als zu defensiv eingestellten SDS zu unterwandern.

Wie sich später herausstellte, war die Demonstration gegen den kongolesischen Staatsmann nicht nur der Auftakt zur Radikalisierung des SDS, sondern auch zu einer sich an allen bundesdeutschen Hochschulen ausbreitenden Revolte gewesen, die sich binnen kurzer Zeit sogar zu einer Jugendbewegung auszuweiten vermochte. Auf dem Höhepunkt der Studentenbewegung kommentierte Dutschke, der inzwischen zu ihrem unangefochtenen Wortführer geworden war, die Vorgehensweise noch einmal mit den Worten: »Von entscheidender Bedeutung bei der Demonstration vor dem Flughafen und später auf den Straßen in Richtung Schöneberger Rathaus war die Bereitschaft bei der Mehrheit der Demonstranten zu einer Illegalisierung der Demonstration, war ihre Entschlossenheit zum gemeinsamen Handeln gegen die fetischisierten Spielregeln der Demokratie.«[10] Er glaubte also, dass es sich beim Regelwerk der parlamentarischen Demokratie um Techniken handle, die man nicht unbedingt akzeptieren müsse, sondern in bestimmten Situationen durchbrechen dürfe. Und für diese Durchbrechung der »Spielregeln« sei offenbar eine besondere »Entschlossenheit« vonnöten, eine Haltung, die er als »Bereitschaft zu einer Illegalisierung« von Demonstrationen meinte interpretieren zu dürfen. Damit hatte er angesichts des von ihm unterstellten Modellcharakters der Anti-Tschombé-Demonstration im Nachhinein ein Plädoyer für einen zeitweiligen Bruch mit der Legalität formuliert – erschienen in dem im Mai 1968 sozusagen auf dem Höhepunkt der Revolte herausgekommenen Bestseller »Rebellion der Studenten«.

Der neuartigen, tendenziell illegalen Aktionsform räumte er insgesamt einen außerordentlich hohen Stellenwert ein: »Mit der Anti-Tschombé-Demonstration hatten wir erstmalig die politische Initiative in dieser Stadt ergriffen. In der post-festum-Betrachtung können wir sie als Beginn unserer Kulturrevolution ansetzen, in der tendenziell alle bisherigen Werte und Normen der Etablierten in Frage gestellt werden, sich die an der Aktion Beteiligten primär auf sich selbst konzentrieren und der Aktion ihre Selbstaufklärung über den Sinn und das Ziel der Aktion weiterführen.«[11]

Wenn Dutschke hier von »wir« sprach, dann meinte er seine Genossen aus der *Anschlag-Gruppe* und damit die aus München stammende *Subversive Aktion*. Er hatte es nicht nur vermocht, einer Demonstration eine besondere Dynamik zu verleihen, sondern mit seinem Modell einer direkten Aktion die Protest-Szene und insbesondere den ihm als zu lahm erscheinenden SDS aufzumischen.

Doch wie zutreffend war es eigentlich, den Staatsgast Tschombé als einen »Mörder« zu deklarieren und seinen Besuch in eine Art Spießrutenlauf umzuwandeln? Inzwischen zählt der Fall Lumumba zu den wenigen weitestgehend geklärten politischen Mordfällen.

Lumumbas Ermordung

Der im Dezember 1960 von Truppen Oberst Mobutus gefangengenommene und zunächst in das Militärcamp Thysville verschleppte

Ministerpräsident der Republik Kongo, Patrice Lumumba, war am 17. Januar 1961 zusammen mit zwei Mithäftlingen, dem Sportminister Maurice Mpolo und dem stellvertretenden Parlamentspräsidenten Joseph Okito, nach Élisabethville, die Hauptstadt der abgefallenen und von Moïse Tschombé beherrschten Provinz Katanga, geschafft worden.[12] Während Tschombé im dortigen Palasthotel am Nachmittag einer festlichen Vorführung des Films »Liberté« beiwohnte, wurde er von einem livrierten Diener aufgesucht, der ihm mitteilte, er werde dringend am Telefon verlangt. Am Apparat meldete sich aus Léopoldville Joseph Kasavubu, der Staatspräsident der Republik Kongo. Er erklärte ihm lakonisch, er habe ihm drei »Pakete« geschickt. Sie würden mit einem Flugzeug angeliefert und könnten schon bald in Empfang genommen werden.

Als die Maschine gelandet war, fuhr ein von Gendarmen gesteuerter Jeep heran, der drei Häftlinge in Empfang nahm. Es waren die als »Pakete« apostrophierten Lumumba, Mpolo und Okito, die deutliche Spuren von Misshandlungen verrieten und an ihren Rücken aneinander gefesselt waren. Das Gesicht des kongolesischen Ministerpräsidenten war angsterfüllt, ihm war der Bart abgeschnitten worden, außerdem hatte man dem Kurzsichtigen die Brille abgenommen. Bald darauf wurden die Misshandelten in einen einige Kilometer entfernten Rohbau transportiert, der den Namen »Villa Brouwez« trug und einem belgischen Siedler gehörte. Dort erschien mit Tschombé, Munongo, Außenminister Kimba und Finanzminister Kibwe die Regierungsspitze der Separatisten, um sich offenbar ein eigenes Bild von der Demütigung Lumumbas und seiner beiden Gefährten zu machen. Als Innenminister Munongo die Gefolterten von oben bis unten musterte und anschließend auf den Boden spuckte, war jedem der Anwesenden klar, dass damit ihr Todesurteil ausgesprochen war.

Am späteren Abend verließ ein Fahrzeugkonvoi Élisabethville in nordöstlicher Richtung. Einem Jeep der Polizei folgten drei amerikanische Limousinen und ein Pritschenwagen des Militärs. Auf ihm befanden sich die drei geschundenen Gefangenen. Die Fahrzeuge bewegten sich in Richtung Jadotville (Likasi). Nach rund fünfzig Kilometern verließ der Konvoi die Hauptstraße, bog auf einen Feldweg ab und hielt dort gegen Mitternacht am Rande eines Wäldchens. Im Lichtkegel von Autoscheinwerfern wurden die Gefesselten zu einem Baum geführt. Soldaten hatten ihre Maschinenpistolen in Anschlag gebracht. Belgische Polizisten unter dem Oberbefehl von Kommissar Verscheure gaben das Kommando. Dann gellten mehrere Salven durch die Nacht. Unter den Augen Tschombés und mehreren seiner Kabinettsmitglieder wurden Lumumba, Mpolo und Okito von Schüssen förmlich durchsiebt. Ihre Leichen wurden von Soldaten rasch in eine Grube geworfen und mit Erdreich zugeschaufelt. Zu diesem Zeitpunkt hatten die Katanga-Politiker ihre Limousinen wieder bestiegen und befanden sich bereits auf dem Rückweg nach Élisabethville.

Als sich am Tag darauf der belgische Polizist Gerard Soete dem Tatort näherte, erblickte er schon von weitem eine Hand, die aus der Erde ragte. Er hatte von Innenminister Munongo den Auftrag erhalten, die Leichen samt aller Spuren des Verbrechens zu beseitigen. Zusammen mit einigen Gehilfen grub er die Toten aus, schaffte sie mit seinem Wagen an einen mitten im Wald gelegenen Ort und begann dort, sie mit Messern, Äxten und Sägen zu zerstückeln. Die einzelnen Leichenteile wurden danach in einen Bottich mit Schwefelsäure geworfen. Da sie sich nicht vollständig auflösten, wurde der Rest verbrannt. Lediglich eine Reihe vergoldeter, aus Lumumbas Gebiss stammender Schneidezähne hob sich Soete als Souvenir auf.[13] Es war sozusagen seine ganz persönliche Trophäe von der Auslöschungsaktion.

Die seit Wochen befürchtete beziehungsweise erwartete Nachricht vom Tod Lumumbas ließ die Aktien an der Brüsseler Börse umgehend in die Höhe schnellen, in vielen anderen Ländern löste sie hingegen eine Welle der Empörung aus. Sowohl in westlichen als auch in östlichen Staaten kam es zu einer Vielzahl von Demonstrationen und Protestkundgebungen. Zielscheibe der Kritik war durchweg Katangas Präsident Moïse Tschombé, der weithin als unmittelbar Verantwortlicher für die Ermordung der drei Politiker angesehen wurde, ebenso wie die belgische Regierung, die über besonders enge Beziehungen zur Separatistenregierung in Katanga verfügte und von vielen als geheimer Drahtzieher bei der Anstiftung zu dem Verbrechen angesehen wurde. Die Regierung Katangas vertrat ganz unverhohlen die Interessen belgischer Bergwerksgesellschaften und die Streitkräfte der abgefallenen Provinz wurden von belgischen Offizieren angeführt. Ins Schussfeld der Kritik geriet aber auch die UNO, deren Truppenkontingente offenbar nichts zum Schutz von Lumumba, Mpolo und Okito unternommen hatten. Der sowjetische Delegierte bei den Vereinten Nationen in New York, Walerian Sorin, erklärte nach wiederholten Warnungen und Hinweisen vor einem möglichen Verbrechen verbittert, dass die Besonderheit der Untat von Katanga darin bestünde, dass sie unter der blauen Flagge der UNO geschehen sei.

Lumumbas Biographie

Der 1925 geborene Patrice Lumumba arbeitete nach der Absolvierung einer katholischen Missionsschule zunächst als Postbeamter und Direktor einer Brauerei. Mitte der fünfziger Jahre machte er sich einen Namen im Widerstand gegen die belgische Kolonialherrschaft und gehörte 1958 zu den Mitbegründern der kongolesischen Befreiungsbewegung *Mouvement National Congolais* (MNC). Nach einer vorübergehenden Inhaftierung durch die belgischen Behörden zog es die Regierung in Brüssel vor, Lumumba wegen seiner zentralen Bedeutung zur Kongo-Konferenz in der belgischen Hauptstadt heranzuziehen. Lumumba vertrat dort eine Position, die eine vollständige politische Unabhängigkeit des Kongos und die Bewahrung der Einheit des Landes anstrebte. Nachdem er im Mai desselben Jahres mit der MNC eine deutliche Mehrheit bei den ersten Parlamentswahlen errungen hatte, wurde er nach der Proklamation der Unabhängigkeit zum ersten Ministerpräsidenten der Demokratischen Republik Kongo gewählt.

Im Anschluss an den Abfall der Provinz Katanga und die Ausrufung einer Separatistenregierung durch Tschombé rief Lumumba die Vereinten Nationen zu Hilfe. Doch die Allianz zwischen der alten Kolonialmacht Belgien und der Regierung Tschombé, aber auch dem rasch illoyal werdenden Staatspräsidenten Joseph Kasavubu erwies sich als stärker. Das Auftreten von Oberst Joseph-Désiré Mobutu und die schwankende Rolle der UNO-Truppen kamen dann noch als destabilisierende Faktoren hinzu und führten zur entscheidenden Schwächung der Zentralregierung in Léopoldville. Dennoch schien Patrice Lumumba selbst in der Haft eine weitaus größere politische Ausstrahlung zu besitzen als alle seine Gegenspieler. Da er allein mit seiner Person für Unabhängigkeit und Einheit des Kongo einstand, blieb er für die Rivalen, Moïse Tschombé an der Spitze, eine ständige Gefahr für den Ausverkauf kongolesischer Interessen an die großen ausländischen, überwiegend von belgischem Kapital beherrschten Minengesellschaften. Wegen seiner Ermordung ist nie – weder im Kongo, dem späteren Zaire, noch in Belgien – ein Ermittlungsverfahren angestrengt, niemand vor Gericht gestellt und bestraft worden. Selbst als der belgische Ex-Polizist Soete vierzig Jahre später einem von Thomas Giefer angeführten Kamerateam der ARD Lumumbas vergoldeten Schneidezahn präsentierte, blieb er unbehelligt.

Durch die Nachforschungen des flämischen Historikers Ludo de Witte sah sich jedoch das belgische Parlament in Brüssel veranlasst, im Dezember 1999 einen Untersuchungsausschuss einzurichten.[14] Die Aufgabe lautete, zu klären, ob Mitglieder der eigenen Regierung an den Mordtaten beteiligt gewesen sind. Schon bald zeichnete sich ab, dass nicht nur die belgische Regierung, sondern auch König Baudouin an dem Komplott beteiligt gewesen sein könnte. Aus einem der dem Ausschuss vorliegenden Dokumente ging hervor, dass mit Harold Charles d'Aspremont-Lynden der belgische Minister für Afrikanische Angelegenheiten am 5. Oktober 1960 in einem Brief an die Mission technique belge au Congo (Mistebel) als ihre Zielsetzung festgestellt hatte: »Das Hauptziel, das wir im Interesse des Kongos, Katangas und Belgiens verfolgen müssen, ist zweifellos die endgültige Eliminierung Lumumbas.«[15] Selbst König Baudouin scheint in den Fall verwickelt gewesen zu sein, weil er einen Brief mit handschriftlichen Anmerkungen versehen hatte, in dem von einem Beschluss die Rede war, »... Lumumba vollkommen und möglichst physisch zu neutralisieren.« Diese Feststellung war von Baudouin weder angezweifelt noch problematisiert worden.

Die Hinwendung zur Dritten Welt

Der Begriff »Dritte Welt« ist jüngeren Datums. Er stammt von dem französischen Demographen Alfred Sauvy. Dieser hatte ihn zum ersten Mal 1952 im *L'Observateur* in einem Zeitungsartikel mit dem Titel »Trois mondes, une planète« verwendet.[16]

Seine Absicht war es, den Entwicklungsstand in den zumeist von europäischen Nationen kolonisierten Ländern der Dritten Welt (*tiers-monde*) mit dem Dritten Stand (*tiers-état*) zu parallelisieren. In der Ständeordnung des Ancien Régime umfasste der Dritte Stand all diejenigen, die nicht zu den beiden privilegierten Ständen Klerus und Adel gehörten: freie Bauern, Bürger, Handwerker und die städtischen Unterschichten. Der Abbé Emmanuel Joseph Sieyès vertrat die Ansicht, dass nur dieser Stand den Willen der Nation vertreten könnte. In der Einleitung zu seiner berühmten gleichnamigen Schrift hatte er die Frage »Was ist der Dritte Stand?« ebenso schlicht wie provokant mit den Worten beantwortet: »Alles. Was ist er bis jetzt in der politischen Ordnung gewesen? Nichts. Was verlangt er? Etwas zu sein.«[17] So wie die Unterprivilegierung des Dritten Standes auf nationaler Ebene zur Französischen Revolution geführt hatte, so schien nun ein ähnlicher Weg für die Länder der Dritten Welt auf internationaler Ebene vorgezeichnet zu sein.

Während die Erste Welt die USA und die westlichen Industrienationen meinte und die Zweite die UdSSR und die kommunistischen Staaten und diese Aufteilung insofern für den Kalten Krieg und die Blockkonfrontation stand, meinte die Dritte Welt die sogenannten Blockfreien, jene Staaten, die sich machtpolitisch weder dem Westen noch dem Osten angeschlossen hatten. Im Horizont derjenigen, die diesen neuartigen Begriff verwendeten, stand also die Erwartung eines Aufstands, einer globalen Revolution.[18]

Die Orientierung an den Befreiungsbewegungen war nicht nur

projektiver Natur, sie besaß zeitweilig auch eine ganz konkrete Dimension. So kam es im Sommer 1968 zu einer Kuba-Reise von SDS-Mitgliedern.[19] Der Flug war von der *Brüsseler Konferenz*, einem Zusammenschluss linksgerichteter europäischer Studentenorganisationen, organisiert worden. Das SDS-Vorstandsmitglied Hans-Jürgen Krahl betonte Journalisten gegenüber, dass es über den sozialistischen Inselstaat noch immer »sehr viele romantische Vorstellungen« gebe: »Was für uns bisher nur ein abstrakter Modellfall war, soll damit zur konkreten sinnlichen Erfahrung werden.«[20] Von Kuba könne man zwar lernen, jedoch für Kuba nur wenig tun. Die eigene Bewegung sei für die Fortentwicklung der kubanischen Revolution »relativ unbedeutend«. Dort zu arbeiten, sei kaum etwas anderes als »eine symbolische Handlung«.

Mit Chartermaschinen flogen in der letzten Juliwoche mehrere hundert europäische Teilnehmer von Amsterdam, Barcelona, Basel, Brüssel, London, Luxemburg und Paris aus auf die Karibikinsel. Aus der Bundesrepublik kamen 39 SDS-Mitglieder.[21] Zusammen mit 750 anderen internationalen Gästen waren sie in einem Zeltlager in der Nähe der Hauptstadt Havanna untergebracht, das seinen Namen nach dem Datum des Geburtstages von Karl Marx trug: Campamento 5 de Mayo. Ihre Hauptbeschäftigung in dem Arbeitslager bestand darin, Zuckerrohr zu ernten und Kaffee anzupflanzen.

Unter den Teilnehmern machte sich rasch Enttäuschung breit. Denn der Aufenthalt unterlag starken Reglementierungen. So war etwa eine gemischt geschlechtliche Unterbringung in dem Zeltlager von den Organisatoren nicht geduldet; nach massiven Einwänden wurden lediglich »Verheirateten-Zelte« zugelassen. Und eigene Kontakte zur kubanischen Bevölkerung waren kaum möglich. Spannungen entstanden außerdem auch dadurch, dass SDS-Vorstandsmitglieder wie die Berliner Wolfgang Lefèvre und Bernd Rabehl sowie der Frankfurter Reimut Reiche im Unterschied zu den einfachen Mitgliedern wie Staatsgäste behandelt wurden. Sie waren in Hotels untergebracht, wurden zu Empfängen geladen und von einem staatlichen Verkehrsbetrieb kreuz und quer über die Insel gefahren.

Als die SDS-Delegation zurückkehrte, machten in der Presse unterschiedlichste Gerüchte die Runde. In Bonn tauchte vorübergehend der Verdacht auf, Teilnehmer der Reisegruppe hätten sich auf Kuba militärisch ausbilden lassen. Es kam deshalb im November 1968 im Bundestag zur Beantwortung einer von mehreren Abgeordneten der Unionsfraktion an die Bundesregierung gerichteten kleinen Anfrage. Das Stichwort lautete: »Internationale Studentenbrigaden – subversive Tätigkeit in der Bundesrepublik Deutschland«.[22] Auf die Frage, wie die Bundesregierung »die Teilnahme von SDS-Mitgliedern an revolutionären Schulungskursen in Kuba« beurteilen würde, antwortete Bundesinnenminister Ernst Benda (CDU):

»Mitglieder des SDS haben an einem ›internationalen Arbeitslager mit politischen Seminaren‹ in der Provinz Pinar del Río auf Kuba und an den Feierlichkeiten anlässlich des kubanischen Nationaltages (27. Juli) teilgenommen. Eine Ausbildung in revolutionären Kampfmethoden hat – entgegen den vorher geäußerten Erwartungen mancher Teilnehmer – nicht stattgefunden. Die deutschen Teilnehmer an dem Arbeitslager kehrten Ende August 1968 aus Kuba zurück.«[23]

Damit war weitergehenden Spekulationen zumindest hinsichtlich der SDS-Delegation die Grundlage entzogen. Anders gestalteten sich die internationalistischen Kontakte von SDS-Mitgliedern jedoch bereits ein Jahr später. Nun ging es nicht mehr in die Karibik, sondern in eine Region der Welt, die noch spannungsgeladener war – den Nahen Osten. Das Internationale Sommer-Camp fand im Sommer 1969 auf Einladung der Palästinenser in Jordanien statt.

Vom Frankfurter Rhein-Main-Flughafen aus flog am 17. Juli eine Gruppe von SDS-Mitgliedern mit einer libanesischen Linienmaschine in Richtung Kairo und von dort aus weiter nach Amman. Sie folgten damit Einladungen zweier palästinensischer Befreiungsorganisationen, der von Jassir Arafat angeführten *El Fatah* und der *Demokratischen Front für die Befreiung Palästinas* (DFLP), die auch ihre Tickets stellten. Mit an Bord war der in Hamburg lebende und mit einer Deutschen verheiratete *Fatah*-Funktionär Daud Barakad.

Die rund zwanzig SDS-Mitglieder stammten aus Aachen, Frankfurt, Hamburg und Heidelberg. Nach ihrer Ankunft trennten sie sich und fuhren mit Pkws in zwei verschiedene, im Norden Jordaniens gelegene Ausbildungslager palästinensischer Guerillakämpfer. Die Frankfurter und die Hamburger besuchten ein nahe der syrischen Grenze gelegenes, bei Derra in den Bergen verstecktes Camp der *El Fatah*, die Heidelberger eines der DFLP.

In dem *El Fatah*-Lager wurden die Studenten eingekleidet. Zu ihrer Vorbereitung auf eine paramilitärische Ausbildung wurden sie in olivgrüne Jacken und Mützen gesteckt. Zu den Gästen des Camps gehörten auch US-Amerikaner, Schweizer, Franzosen – darunter der durch seine führende Rolle im Pariser Mai bekannt gewordene Alain Geismar –, mehrere Mitglieder der *Irish Republican Army* (IRA) und eine Gruppe von Schwedinnen. Im Rahmen der Ausbildung, die nicht alle absolvierten, wurden auch Schießübungen mit Kalaschnikows auf Flaschen durchgeführt.

Die Öffentlichkeit erfuhr von dem spektakulären Nahost-Trip zuerst durch eine Meldung des UPI-Korrespondenten Gerry Loughran. Er meldete am 10. August, dass 145 linksradikale Studenten aus verschiedenen westlichen Staaten in Amman eingetroffen seien, um sich der Untergrundbewegung *El Fatah* anzuschließen. Sie wollten einen Monat lang in ihren Trainingscamps verbringen, um die Organisationsstruktur kennenzulernen und im Sanitätsdienst mitzuhelfen. Auch wenn bundesdeutsche Presseorgane dem zu widersprechen versuchten, so setzte sich doch bald die Erkenntnis durch, dass es SDS-Aktivisten gab, die in ihrem Internationalismus bereit waren, sich an die Seite der Palästinenser zu stellen und sich damit in eine antiisraelische Politik einspannen zu lassen.

Die Dritte Welt als Projektionsbühne

Die Länder der Dritten Welt schienen in Lateinamerika, in Asien, in Afrika und im arabischen Teil des Nahen Ostens in gewisser Weise noch die Völker im Urzustand zu repräsentieren. Für die Missstände, die dort existierten, die Verbrechen, die dort verübt wurden, waren sie nicht verantwortlich. Sie spielten jedenfalls die Rolle von durchweg Unschuldigen. Alles Negative war für die Mächte der Ersten Welt reserviert, in der Vergangenheit den europäischen Kolonialismus, in der Gegenwart den US-Imperialismus und den jeweiligen Vasallen-Regierungen, die von den revolutionären Kräften bekämpft wurden. Aus dieser manichäischen Weltsicht konnte es nicht ausbleiben, dass die Guerillatruppen, die sich den Sturz ihres jeweiligen Regimes zum Ziel gesetzt hatten, als Befreiungsbewegungen idealisiert wurden. Alles, was nicht in dieses Bild passte, wurde entweder ignoriert oder aber hartnäckig abgestritten.

Ein bezeichnendes Beispiel für diese Blindheit war der Umgang mit dem Tod von Bundesdeutschen im Frühling 1968 in Südvietnam. Als die Presse die Nachricht verbreitete, dass in einem in der Nähe der alten Kaiserstadt Huế gefundenen Massengrab auch die Leichen von vier Bundesbürgern – zwei Ärzten und eines Ehepaares – aufgefunden worden seien, zog das keine kritischen Fragen nach sich und hatte auch keinerlei Einfluss auf Solidaritätsaktionen mit dem *Vietcong*. Die beiden Mediziner Alois Alteköster und Raimund Discher sowie der Pädiatrieprofessor Horst-Günther Krainick und dessen Ehefrau Elisabeth kamen von der Universität Freiburg und leisteten im Rahmen eines Wiederaufbauprogramms der Bundesregierung humanitäre Hilfe. Sie hatten den Auftrag, beim Aufbau der Medizinischen Fakultät an der Universität von Huế behilflich zu sein.[24] Bei der Besetzung der Stadt durch nordvietnamesische Truppen und den *Vietcong* hatten sie ausgeharrt, um Verletzten zu helfen. Zeugen wollten nun beobachtet haben, wie sie am 5. Februar von Vietcongkämpfern verhaftet und abgeführt worden waren. Seitdem galten sie als vermisst.

Auch als im Mai bei einem Überfall von Einheiten des *Vietcong* der Diplomat Hasso Freiherr Rüdt von Collenberg zusammen mit vier Journalisten aus England und Australien in Saigon erschossen worden war, gab es kein bohrendes Nachfragen. Der 36-Jährige war stellvertretender Botschafter und hatte während der Tet-Offensive als Geschäftsträger die Interessen der Bundesrepublik wahrgenommen.

Diese Blindheit rächte sich am stärksten im Falle der *Roten Khmer*.

Als sich nach deren Sieg 1975 in Kambodscha herausstellte, dass die Machterringung des Pol-Pot-Regimes mit Massenmorden einherging, die mindestens anderthalb Millionen Einwohnern das Leben kosteten, wurde das zunächst als Feindpropaganda von mit den USA sympathisierenden Medien abgetan.

Die Dritte Welt war eine »Projektionsbühne«[25] für romantisch aufgeladene Bilder eines internationalen Befreiungskampfes. Die fernen Guerilleros dienten der 68er-Bewegung als Ersatz für ihre im eigenen Land mehr oder weniger gegenstandslosen revolutionären Hoffnungen. Gegen die Mächte des Bösen waren Antikolonialismus und Antiimperialismus angesagt. Die Befreiungsbewegungen wurden dagegen als das Gute schlechthin angesehen. Ihre politische, moralische oder ethische Integrität in Zweifel zu ziehen, galt als frevelhaft. In der Identifikation mit dem *Vietcong* wollte man selbst in die Rolle einer Partisanengruppe schlüpfen und in der Heroisierung von Che Guevara, Fidel Castro und Ho Chi-Minh sich in die Figuren revolutionärer Führer hineinphantasieren. Indem man sich als Teil internationaler Solidarität verstand, versuchte man zugleich an einem globalen Mythos teilzuhaben und sich auf diesem Umweg einen revolutionären Nimbus zu geben.

Arendts Kritik an der Begeisterung für die Dritte Welt

Das alles war reichlich überspannt und von einer Vermessenheit bestimmt, für die bundesdeutsche Linksradikale offenbar besonders anfällig waren. Wie kaum eine zweite kannte die in die USA emigrierte Totalitarismustheoretikerin Hannah Arendt die Verführungskraft bestimmter philosophischer Traditionen, die in Deutschland aus dem hegelschen Idealismus resultierten, im Marxschen Klassenkampf-Denken weitergewirkt und eine politisch besonders wuchtige Gestalt angenommen hatten. Nicht ohne Grund warnte sie deshalb im November 1967 in einem an einen deutschen 68er gerichteten Brief vor einer »Art umgekehrter Größenwahnsinn«. Gegenüber den Ambitionen, Diktaturen weltweit bekämpfen, Befreiungsbewegungen unterstützen und so Politik für die Dritte Welt insgesamt machen zu wollen, plädierte sie energisch für eine Begrenzung des Denkens ebenso wie des Handelns:

»Keine Frage, es geht uns an, wenn in Persien, Vietnam und Brasilien ›unwürdige Zustände‹ herrschen, aber es liegt wahrhaftig nicht an uns. Das scheint mir, ist eine Art umgekehrter Größenwahnsinn. Probieren Sie einmal, Politik in Persien zu machen, und sie werden rasch davon geheilt sein. Ihre Verantwortung ist zu verhindern, dass in Deutschland unwürdige Zustände herrschen und dass Studenten, die demonstrieren, totgeschossen werden. Damit, fürchte ich, werden Sie bereits alle Hände voll zu tun haben. Politics like charity begins at home. Wenn sich morgen, z. B. – was durchaus möglich ist – nach dem Abzug amerikanischer Truppen aus Vietnam die Vietnamesen gegenseitig die Gurgeln durchschneiden, werde ich mich wenigstens nicht im mindesten verantwortlich fühlen. Politik ist unter anderem ja auch immer noch die Kunst des Möglichen, und die Möglichkeiten der Menschen und der Völker sind immer limitiert. Solche Grenzen nicht anzuerkennen, ist Größenwahnsinn, auch wenn er sich hinter erhabenen Gefühlen verbirgt. Und er ist in der Politik, und nicht zuletzt in Deutschland, sehr gefährlich [...] Worauf es politisch ankommt, ist limitiert denken lernen. Das ist für Leute wie Sie und mich, die aus einer so gewichtigen und großartigen philosophischen Tradition wie der deutschen kommen, nicht ganz leicht, denn es liegt im Wesen des Denkens, Grenzen zu übersteigen.«[26]

Arendt warnte also inständig davor, sich von der Philosophie – zumal der des deutschen Idealismus – dazu verleiten zu lassen, die Grenzen des Politischen ständig weiter auszudehnen und sein Handeln an einer derartigen Vermessenheit zu orientieren.[27] Doch für solche Einwände schien in einer Zeit, als Berichte über Kriege, Aufstände und Gräueltaten sofort auf ein großes Echo stießen, niemand mehr empfänglich zu sein. Ein überbordendes Gerechtigkeitsgefühl schien es nicht mehr zuzulassen, einfach so weiterzumachen zu können, als würde einen das, was Tausende von Kilometern entfernt an Gewalt und Ungerechtigkeit geschah, nicht tangieren.

Ein Resümee

Die Entdeckung der Dritten Welt im Zuge einer sich rasch radikalisierenden Studentenbewegung wirft eine ganze Reihe von Fragen auf: Wie war es eigentlich möglich, dass sich diese Entdeckung als Katalysator einer in Entstehung begriffenen Protestbewegung zunächst in West-Berlin abspielte? Und warum konnte die Öffnung des Interesses in die anderen Kontinente so folgenreich werden? Zu vermuten ist, dass es eine Kombination von Rahmenbedingungen und verschiedener Faktoren war, die dafür maßgeblich werden konnten:

1. Der geopolitische Ort West-Berlins an der Nahtstelle des Ost-West-Konflikts führte zu einer latenten Aufladung des Themas Kolonialismus, vor allem wohl auch deshalb, weil damit die Rolle der USA und ihrer Freiheitsideologie angekratzt und partiell auch in Frage gestellt werden konnte.
2. Die für diesen Prozess außerordentlich bedeutsame Rolle Rudi Dutschkes, der mit seinem politischen Aktionismus in der Lage war, latente Konfliktthemen sichtbar und zum Gegenstand öffentlicher Auseinandersetzungen zu machen.
3. Der Situationismus der *Subversiven Aktion* hatte vor allem zu Provokationen als einer öffentlichkeitstauglichen Aktionsform geführt. Dutschke, der die Grenzen dieser Praxis erkannt hatte, gelang es dann, sie politisch zu transformieren und auf diese Weise ein wirksames Instrument der Intervention und damit der Politisierung zu entwickeln.
4. Da die Mitglieder der *Subversiven Aktion* numerisch viel zu schwach waren, bedurften sie einer Gruppe von Aktionspartnern. Dies schien für sie in erster Linie der aus der SPD hinausgeworfene und damit zu seiner Unabhängigkeit gezwungene Hochschulbund SDS zu sein. Diesen versuchten die Subversiven zu unterwandern, was in West-Berlin partiell gelang, in München dagegen auf ganzer Linie misslang.

5. Das hatte zur Konsequenz, dass mit Dieter Kunzelmann ihre Führungsfigur 1966 von München nach West-Berlin zog, weil er die politischen Rahmenbedingungen in der »Frontstadt« West-Berlin für sehr viel produktiver hielt und deshalb dort auch im Unterschied zu Dutschke, der nach Lateinamerika gehen wollte, mit der Erprobung des an der chinesischen Volkskommune orientierten Kommune-Projekts begann.
6. Die Länder der Dritten Welt spielten in der Folge für die 68er-Bewegung insgesamt eine herausragende, zugleich aber auch von Anfang an eine höchst ambivalente Rolle. Einerseits vollzog sich eine Erweiterung ihres politischen Horizonts, andererseits aber war das hinzugewonnene Engagement in seiner anti-nationalistischen Aufladung dazu geeignet, ein Interesse an der Überwindung der deutschen Teilung weitestgehend zu blockieren. Als es dann 1989 zum Fall der Berliner Mauer mit ihren keineswegs nur deutschlandpolitischen, sondern welthistorischen Folgen kam, trat die mit der Begeisterung für die Dritte Welt zugleich einhergehende Desorientierung im eigenen Land ins Bewusstsein.

Der 3. Juni 1967

Der 2. Juni 1967 gilt als der vielleicht am besten erforschte Tag in der Geschichte der alten Bundesrepublik.[1] Jedenfalls glaubten das Zeithistoriker über längere Zeit hinweg bis zum Mai 2009 feststellen zu können. Bis dahin hatte sich ein bestimmtes Narrativ in Teilen des kollektiven Gedächtnisses eingebrannt. Es lautete, dass sich an diesem Tag der Beginn einer Bewegung manifestierte, die zu einer nachhaltigen Verwandlung der bundesdeutschen Gesellschaft geführt habe. Dieses Narrativ setzte sich aus einzelnen Elementen zusammen wie Polizeigewalt, unzureichend verarbeitete NS-Vergangenheit, einem repressiven Staat, der Notstandsgesetzgebung und dem Ausnahmezustand.

Doch dieses Narrativ schien mit einem Mal in seinen Grundfesten erschüttert zu sein, als sich herausstellte, dass der Todesschütze des Studenten Benno Ohnesorg, der einstige Kriminalobermeister Karl-Heinz Kurras, für die Staatssicherheit der DDR gearbeitet hatte.[2] Sollte also hinter der in vielen Augen als mörderisch wahrgenommenen Tat in Wirklichkeit der SED-Staat gesteckt haben?[3] Dann würden die mit dem genannten Narrativ verbundenen Annahmen auf einen Schlag wohl Makulatur geworden sein. Und das schöne Bild von der kathartischen Fernwirkung dieses schrecklichen Tages wäre plötzlich kaum noch etwas wert.

Schon bald zeigte sich aber, dass es keinen Grund für eine solche Uminterpretation gab. Denn es stellte sich heraus, dass der Führungsoffizier des Westberliner Kriminalpolizisten über die Erschießung des unschuldigen Studenten durch einen ihrer eigenen Agenten alles andere als erfreut war. Er musste befürchten, dass dessen Geheimdiensttätigkeit auffliegen und für die DDR einen unermesslichen Schaden hätte verursachen können. Deshalb schaltete er das U-Boot des MfS im Westberliner Polizeiapparat auf der Stelle ab. Damit war zumindest die Vermutung, dass die Stasi hinter dem tödlichen Schuss auf den Studenten gesteckt haben könnte, vom Tisch. Doch ist damit das »2. Juni«-Narrativ auch wieder in seinem alten Lot?

Um das beantworten zu können, ist es von Bedeutung sich einen anderen Tag als jenen historisch gewordenen genauer anzuschauen. Einen Tag, der bislang völlig im Schatten des als »Schwarzer Freitag« bezeichneten 2. Juni[4] gestanden hat und in dessen Verlauf sich Dinge zugetragen haben, die geeignet sein könnten, die Perspektive auf das bundesrepublikanische Schlüsseldatum nicht unerheblich verändern zu müssen. Denn der schier übermächtige Schatten, der nicht nur über dem Geschehen in West-Berlin, sondern auch über dem in allen anderen Städten lag, in denen der Monarch während seines Staatsbesuchs Station machte, war die Furcht vor einem Schah-Attentat.

Der Tag danach

Kein Zweifel – auch der Tag danach steht unter keinem guten Stern. Nachdem der als ziviler Greifer eingesetzte Kurras am Abend zuvor Ohnesorg gegen 20:30 Uhr aus kurzer Entfernung erschossen hat, herrscht in den darauffolgenden Stunden unter Journalisten, Politikern wie auch unter den protestierenden Studenten ein großes Durcheinander. Ein Gerücht jagt das nächste. Zunächst hat es sogar geheißen, dass ein Polizist von einem der Demonstranten erstochen worden sei.

Diese von der Polizei ursprünglich per Lautsprecherwagen verbreitete Falschmeldung erreicht kurz vor Mitternacht auch Rudi Dutschke, der sich am 2. Juni erstaunlicherweise nicht in West-Berlin aufgehalten hat. Die Gallionsfigur des studentischen Protests war am Vormittag nach Hamburg geflogen, um dort auf dem Universitätsgelände an einem »Schah-Happening« teilzunehmen und eine Rede über den Vietnamkrieg und den Guerillakampf in Südamerika zu halten.[5] Auf dem Weg vom Flughafen Tempelhof zu seiner im Bezirk Wilmersdorf gelegenen Wohnung kommt auch ihm zu Ohren, wie er gleich in sein Tagebuch notiert, dass »einer von uns einen der brutalen Schläger der Polizei durch Messerstich tödlich verletzt« haben soll.[6]

Als der Schah, Farah Diba und die anderen Gäste ab 23:15 Uhr die Deutsche Oper verlassen, scheint sich die Lage etwas beruhigt zu haben. Lediglich am Kurfürstendamm findet sich noch eine kleine Menge Demonstrierender, die zunächst noch die Fahrbahn zu blockieren versuchen, dann aber kurz nach Mitternacht offenbar keinen Sinn mehr in weiteren Protesten sehen und sich zurückziehen.

Um sich ein Bild von der unübersichtlichen Lage zu machen, finden an zwei Orten bis kurz vor oder nach Mitternacht besonders hitzige Diskussionen statt. Die eine spielt sich in dem am Kurfürstendamm gelegenen SDS-Zentrum ab, in der auch die Forderung, dass es angesichts des polizeilichen Vorgehens nun an der Zeit sei, eine Polizeikaserne zu stürmen und sich auf diese Weise Waffen zur eigenen Verteidigung zu beschaffen, die Runde macht. Diese wird dann allerdings mit dem Argument zurückgewiesen, dass ein solcher Vorschlag nicht mit der im SDS praktizierten Politik in Einklang zu bringen sei. Die andere Diskussion ereignet sich in dem in der Wielandstraße gelegenen *Republikanischen Club*, wo ein 18-jähriger Schüler mit einer von ihm in der Krummen Straße gemachten Beobachtung für Aufsehen sorgt. Dort sei ein Student, schildert er aufgeregt, nach einem Schuss zu Boden gestürzt und anschließend von Polizeibeamten verprügelt worden. Doch kaum einer der Zuhörer, unter ihnen Rechtsanwalt Horst Mahler, will dem Bericht des jungen Mannes so recht Glauben schenken.[7]

Um 1:00 Uhr wird vom Senat eine Erklärung des Regierenden Bürgermeisters Heinrich Albertz in Umlauf gebracht, mit der er sich kompromisslos hinter das Vorgehen der Polizei stellt. »Die Geduld der Stadt ist am Ende. Einige Dutzend Demonstranten, unter ihnen auch Studenten,« heißt es in der von seinem Pressesprecher Hanns-Peter Herz verfassten, aber von Albertz per Telefon Wort für Wort autorisierten Stellungnahme, »haben sich das traurige Verdienst erworben, nicht nur einen Gast der Bundesrepublik Deutschland beschimpft und beleidigt zu haben, sondern auf ihr Konto gehen auch ein Toter und zahlreiche Verletzte – Polizeibeamte und Demonstranten. Die Polizei, durch Rowdies provoziert, war gezwungen scharf vorzugehen und von ihren Schlagstöcken Gebrauch zu machen. Ich sage ausdrücklich und mit Nachdruck, dass ich das Verhalten der Polizei billige und dass ich mich durch eigenen Anschein davon überzeugt habe, dass sich die Polizei bis an die Grenzen des Zumutbaren zurückgehalten hat.«[8] Die abenteuerliche Verdrehung der Tatsachen mitsamt ihrer Täter-Opfer-Verkehrung wird zusammen mit dem Blankoscheck, den der Regierende Bürgermeister damit seinen aus dem Ruder gelaufenen Polizisten ausgestellt hat, das ohnehin vorhandene Misstrauen gegenüber der politischen Führung noch dramatisch steigern.

Um 4:25 Uhr verbreitet der Allgemeine Studentenausschuss der Freien Universität schließlich die Nachricht vom Tod Benno Ohnesorgs. Der Student, der sich nach Aussage seiner Frau zum ersten Mal an einer Demonstration beteiligt habe, sei an den Folgen eines Schädelbasisbruchs gestorben, der ihm während der Anti-Schah-Demonstration in der Nähe der Deutschen Oper »durch brutale Schläge zugefügt« worden sei. Gegenüber der vom Regierenden Bürgermeister abgegebenen Erklärung sei man sprachlos. Sie könne nur noch als »zynisch« bezeichnet werden.[9]

Zur selben Zeit wird die Todes-Nachricht telefonisch an eine ganze Reihe westdeutscher Universitäten weitergegeben. Ab sechs Uhr sind die ersten Flugblätter verfasst, die von Angehörigen der Allgemeinen Studentenschaften und Mitgliedern verschiedener Hochschulgruppen wie dem SDS, dem *Sozialdemokratischen Hochschulbund* (SHB) und dem LSD gedruckt und schon rechtzeitig zu den ersten Vorlesungen und Seminaren verteilt werden.

In der Berliner Morgenpresse wird fast einhellig Front gegen die am Vortag demonstrierenden Studenten gemacht.[10] Unter der Schlagzeile »Demonstrieren – JA! Randalieren – NEIN!« schreibt etwa die *Bild*-Zeitung auf ihrer Titelseite, dass »ein junger Mann« in Berlin gestorben sei, der das »Opfer von Krawallen« geworden sei, »die politische Halbstarke inszeniert« hätten.[11] Und in einem Kommentar in der ebenfalls zum Axel Springer Verlag gehörenden *BZ* heißt es gegen die Demonstranten gerichtet: »Das ist Terror!« Eine Minderheit junger Menschen wolle Berlin »in ein Rabaukennest« verwandeln. Doch wer Terror produziere, der müsse auch »Härte in Kauf nehmen«.[12] Der Name des zu Tode gekommenen Ohnesorg wird lediglich in einer Zeitung genannt, der zum selben Verlag zählenden *Berliner Morgenpost*.[13]

Als am selben Morgen im Hilton-Hotel ein Frühstück des Schahs mit dem Regierenden Bürgermeister Albertz stattfindet, kommt das Gespräch auch auf die Szenen und Vorgänge, die sich in den Abendstunden, während die Gäste in der Deutschen Oper Mozarts »Zauberflöte« lauschten, in den nahegelegenen Straßen abgespielt haben. »Ich fragte ihn, ob er von dem Toten gehört habe. Ja, das solle mich nicht beeindrucken, das geschehe im Iran jeden Tag.«[14] Das jedenfalls habe Albertz Jahre später, so der einstige FU-AStA-Vorsitzende Jürgen Treulieb, ihm geschildert. »Sie müssen viel mehr erschießen,« habe der Schah seine verbalen Aggressionen sogar noch gesteigert, »dann haben Sie hier Ruhe.«[15] Während diese Worte fallen, sitzt Ilse Albertz, die Gattin des Regierenden Bürgermeisters, zusammen mit Farah Diba in einem Nebenzimmer, um dort ebenfalls ihr Frühstück zu sich zu nehmen. Und dabei, so Albertz weiter in seiner Erinnerung, habe die Gattin des Schahs mit ganz ähnlichen Worten aufgewartet und dieselbe zynische Einstellung an den Tag gelegt wie ihr Mann.[16]

Ab 10:00 Uhr versammeln sich die entweder durch ihr eigenes Erleben über die Brutalität des Polizeieinsatzes schockierten oder von den Morgennachrichten alarmierten Studierenden zu einer Trauerveranstaltung vor dem Henry-Ford-Bau der Freien Universität, dem Gebäude, in dem sich auch das Auditorium Maximum befindet, in dem die Zentralveranstaltungen der noch jungen Studentenbewegung üblicherweise stattfinden. Was die Teilnehmer denken und vielleicht auch fühlen, versucht der AStA-Vorsitzende Hartmut Häußermann an diesem Morgen in einem Interview des Rundfunks im amerikanischen Sektor (RIAS) mit den Worten auf den Punkt zu bringen: »Wir sind deshalb so betroffen, weil hier ein Student, der gegen ein Gewaltregime demonstrierte, diese Demonstration mit seinem Leben bezahlen musste.«[17] Als sich die Versammlung auflöst, um zum Schöneberger Rathaus zu ziehen, kommen sie nicht weit. Bereits am Asternplatz werden sie von starken Einheiten der Polizei abgedrängt. Der Senat hat für den gesamten Tag ein striktes Demonstrationsverbot verhängt.

Der Konvoi des Schahs bricht um 10:20 Uhr vom Hilton Hotel aus in Richtung Flughafen auf. Nur fünfzehn Minuten später startet in der im Bezirk Tempelhof gelegenen Dudenstraße ein führerloser Pkw zu einer geisterhaft anmutenden Irrfahrt. Der graue, etwas heruntergekommene VW-Käfer mit dem amtlichen Kennzeichen »B-LZ 328« setzt sich in Richtung des ganz in der Nähe gelegenen Flughafens Tempelhof in Bewegung, kommt aber nicht so weit wie offenbar beabsichtigt. An der Ecke Loewenhardtdamm dreht sich der Wagen zunächst einmal im Kreis, bevor er einen anderen in der Nähe parkenden Pkw rammt und zum Stehen kommt. Die Vorausabteilung des Schah-Konvois soll zu diesem Zeitpunkt die Stelle bereits passiert haben. Der Schah selbst, seine Gattin Farah Diba und deren Begleitung scheinen von dem Vorfall nichts zu bemerken.

Die alarmierende Nachricht von der abenteuerlichen Fahrt des Geisterautos trifft rasch im Rathaus ein. Polizeipräsident Erich Duensing, der den gegen die Schah-Gegner gerichteten Einsatz vor der Deutschen Oper am Abend zuvor mit den Worten angekündigt hatte, »aus dem Gesocks heute noch eine Leberwurscht« machen zu wollen,[18] wird beim Regierenden Bürgermeister vorstellig und berichtet, dass es vor wenigen Augenblicken auf dem Flughafen Tempelhof ein offenbar seit Längerem vorbereitetes Bombenattentat gegeben habe. Seinen Beamten sei es aber gelungen, den dafür vorgesehenen, mit Sprengstoff gefüllten Pkw zu stoppen und dessen Fahrer, einen Studenten, zu verhaften. Dem in dieser Situation anwesenden, erst seit zwei Tagen in seinem Amt als Chef der Senatskanzlei tätigen 39-jährigen Horst Grabert kommt diese Nachricht jedoch ziemlich merkwürdig vor. Da er sie für unglaubwürdig hält und annimmt, dass sich die Polizei damit nur brüsten und von etwas ablenken wolle, schlägt er Albertz vor, sofort zum Platz der Luftbrücke zu fahren, um sich dort vor Ort selbst ein Bild von dem Geschehen zu machen.

Bereits zehn Minuten später trifft Grabert an der besagten Stelle ein. Was er dort erlebt, schildert der Politiker, der 1972 Kanzleramtsminister unter Willy Brandt werden wird, detailliert in seinen 2003 erschienenen Memoiren: »An der Einfahrt zum Flughafen stand ein Volkswagen mit weit geöffneten Türen. Auf dem Rücksitz befanden sich einige Kisten mit aufgeklebten Schildern, die ihren Inhalt als Feuerwerkskörper deklarierten. Der begleitende Polizeioffizier warnte mich vorm Herantreten. Es handele sich um Sprengstoff, der jederzeit explodieren könne. Es waren weder Verbindungskabel noch eine Zündvorrichtung zu entdecken. Ich dachte, wenn einer eine Bombe durch die Stadt fährt, dann würde man die doch in den Kofferraum legen und nicht auf den Rücksitz, wo sie jedermann sieht. Ich ging zum Wagen und nahm eine Kiste heraus. Nichts geschah. Es waren Feuerwerkskörper. Ich nahm ein Exemplar an mich, fuhr sofort ins Rathaus zurück, stellte das Ding auf den Schreibtisch des Regierenden Bürgermeisters und sagte, dass dies die Bombe des Herrn Polizeipräsidenten sei, der sich ›weitere Schritte‹ vorbehielt und das Rathaus eiligen Schrittes verließ.«[19]

Nachdem Duensing damit das Feld mehr oder weniger widerstandslos geräumt hat, beraten Albertz und Grabert gemeinsam die angespannte und für den Senat im Allgemeinen wie den Regierenden Bürgermeister im Besonderen brisante Situation. Dabei kommen sie zu dem Schluss, dass die nur wenige Stunden zuvor von Albertz abgegebene Erklärung relativiert und auf die noch ausstehenden staatsanwaltschaftlichen Ermittlungen verwiesen werden solle. Und sollte es wegen des sich in der Nähe des Platzes der Luftbrücke zugetragenen Zwischenfalls Anfragen geben, dann habe der Pressesprecher den Auftrag mitzuteilen, dass dem Senat nichts über ein Attentat oder einen Bombenanschlag bekannt sei. Das entspricht nur sehr formal betrachtet der Wahrheit, verfolgt aber ganz offensichtlich die Absicht, jegliches weitergehende Gerücht über die Irrfahrt des Geisterautos bereits im Keim zu ersticken.

Zur selben Zeit ist die um 11 Uhr begonnene Obduktion im Gange. Durchgeführt wird sie vom Direktor des Rechtsmedizinischen Instituts der Freien Universität, Professor Walter Krauland, und dessen Stellvertreter. Mit dabei ist auch Rechtsanwalt Horst Mahler, der in der Vergangenheit bei politischen Verfahren bereits zahlreiche SDS-Mitglieder vertreten hat und dem zuvor von Christa Ohnesorg, der Witwe des Toten, die nötige Vollmacht erteilt worden ist.

Von einer über dem Sektionstisch angebrachten Glaskuppel aus kann er das Vorgehen der Mediziner nicht nur optisch direkt verfolgen, sondern sich mit ihnen per Mikrophon und Lautsprecher auch akustisch austauschen. Bereits frühzeitig gerät die Obduktion ins Stocken.[20] Als Professor Krauland und sein Kollege entdecken, dass an Ohnesorgs Hinterkopf eine Stelle mit einem Hautlappen nur notdürftig verschlossen worden ist und sich darunter ein vier mal sechs Zentimeter großes Loch in der Schädeldecke befindet, werden sie misstrauisch und setzen sich mit dem die Obduktion beaufsichtigenden Kriminalkommissar in Verbindung. Dieser ordnet an, dass ein Streifenwagen umgehend in das Moabiter Klinikum fährt, damit die Beamten dort die bei Operationen anfallenden Abfälle nach einem Schädelstück dieser Größe durchsuchen. Da sie sich jedoch ebenso wie die zuständige Stationsschwester weigern, dem nachzukommen, nehmen sie kurzerhand eine der Abfalltüten mit in den Obduktionsraum. Um die Durchsuchung kümmert sich nun der Institutsdirektor selbst. Doch aller Bemühungen zum Trotz findet Professor Krauland keinen Knochenrest, der für die genannte Lücke in Frage kommen würde.

Gegen 12:30 Uhr verlässt Mahler vorzeitig den Saal und erklärt der Presse gegenüber, dass Ohnesorg erschossen worden sei. Diese Meldung wird in der von der ARD um 13:55 Uhr ausgestrahlten *Tagesschau*-Sendung als erste Nachricht verbreitet.

Um 13:15 Uhr gibt mit Wolfram Sangmeister der Leiter der Berliner Kriminalpolizei, ein ehemaliges Mitglied der NSDAP und der SA, der Presse gegenüber eine Erklärung zum Tod des Studenten

Benno Ohnesorg ab. Darin wird zunächst die Todesmeldung und die von Schusswaffeneinsatz eines nicht namentlich genannten Kriminalbeamten in einer voneinander getrennten Form so dargestellt, als habe das eine mit dem anderen ursächlich nichts zu tun: »Im Zusammenhang mit gegen Polizeibeamte gerichtete Gewalttätigkeiten und den ihnen geltenden polizeilichen Maßnahmen ist [...] der Student Benno Ohnesorg [...] verletzt in das Städtische Krankenhaus Moabit eingeliefert worden und dort gestorben. Ebenfalls gegen 20 Uhr 30 hat ein Kriminalbeamter etwa an der gleichen Stelle von seiner Schusswaffe Gebrauch gemacht. Er befand sich zu dem Zeitpunkt [...] in äußerster Bedrängnis, als er bei der Durchführung einer vorläufigen Festnahme von Demonstranten lebensgefährlich verletzt worden war.«[21] Die Obduktion habe dann ergeben, dass der Tod des Studenten auf eine Schussverletzung zurückzuführen sei. Das Geschoss stamme aus der Dienstwaffe des Kriminalbeamten, der nur einen Warnschuss habe abgeben wollen. Die Kugel sei dann abgeprallt und dieser Querschläger habe schließlich den Studenten getroffen. Auf Nachfrage erklärt Sangmeister, dass er den Namen des betreffenden Kriminalbeamten nicht nennen wolle, weil sich dieser »völlig korrekt verhalten« habe. Auch aus Gründen der Fürsorge sehe man davon ab, diesen zusammen mit Dienstgrad und Alter bekannt zu geben.

Die Springer-Presse lässt sich die sensationsträchtige Geschichte jedoch nicht entgehen. Als erstes berichtet die *Bild am Sonntag* am 4. Juni auf ihrer Titelseite über den Zwischenfall. Die Überschrift lautet: »Attentats-Versuch in Berlin / Ferngesteuerter VW sollte Schah-Auto rammen«.[22] Der Volkswagen sei nichts anderes als eine »Waffe auf Rädern« gewesen. Das Attentat sei nur »durch einen Fehler im Zeitmechanismus« missglückt. Einen Tag später zieht die *Bild*-Zeitung, die zudem auf derselben Seite mit den beiden Meldungen aufzuwarten weiß, dass die Studenten damit drohen würden, künftig zurückschießen zu wollen und die Frau des getöteten Studenten ein Baby erwarten würde, nach und titelt: »Mein ›Geisterauto‹ sollte den Schah blamieren ...«.[23] Diese Äußerung stamme von dem Mann, einem 29 Jahre alten iranischen Ingenieur, der den Käfer entsprechend präpariert habe. »Ich wollte« wird er weiter zitiert, »mein Staatsoberhaupt lächerlich machen.«[24] Mit sichtlichem Stolz soll er sich vor allem wegen der mit seiner Aktion verbundenen technischen Leistung gebrüstet haben: »Es war der reinste Computer unter der Motorhaube.«[25] Nicht ohne sich mit den Worten für das letztliche Versagen seiner Aktion zu entschuldigen schiebt er hinterher: »Bei den Proben hat es auch immer funktioniert. Als die Kolonne des Schahs erschien, war ich aber doch zu aufgeregt.«[26] Die Politische Polizei, heißt es weiter, fahnde noch immer nach dem »Attentäter«.

Der Lenker des Geisterautos wird schließlich von Beamten der Kriminalpolizei am Abend des 7. Juni gegen 19 Uhr in dem am Kurfürstendamm gelegenen Lokal »Drugstore« festgenommen.[27] Er heißt Nader Alikai, ist 1937 in Teheran geboren und vorbestraft. Er lehnt es ab, Aussagen gegenüber der Polizei zu machen, wird anschließend einem Haftrichter vorgeführt und in Untersuchungshaft genommen. Für Alikai selbst dürfte der polizeiliche Zugriff alles andere als eine Überraschung sein. Denn er hatte sich nach seiner gescheiterten Aktion in der Nähe des Tempelhofer Flughafens noch am 3. Juni an ein Büro der Presseagentur Associated Press gewandt und den überraschten Journalisten erklärt, dass er für den Vorfall in der Dudenstraße als Initiator in Frage kommen würde und deshalb nur noch darauf warte, von der Polizei abgeholt zu werden.

Die Berliner Polizei ist zu diesem Zeitpunkt jedoch schon längst von der Identität des Schah-Gegners informiert. Und nicht nur von seiner Identität, sondern sogar von dem gesamten Vorhaben, das sich dann kurz vor dem Abflug des Schahs zur letzten Station seines Staatsbesuchs in Hamburg abgespielt hat. Denn einer von Alikais Arbeitskollegen hat die Polizei am Abend des 1. Juni von dessen Vorhaben bereits unterrichtet.[28] Der Perser, der mit ihm zusammen bei der französischen Schutzmacht arbeite, erklärte er den Beamten, habe ihm gegenüber die Absicht geäußert, in seinem Pkw, dem grauen VW-Käfer, eine Fernsteuerung und ein Tonband einzubauen, um ihn mit Sirenengeheul in die Wagenkolonne des Schahs zu steuern. Der Hinweisgeber war sogar dazu in der Lage, mit der Buchstabengruppe

»B-LZ« den Anfang des amtlichen Kennzeichens anzugeben; lediglich die Zahlengruppe war ihm nicht erinnerlich. Selbst den Abstellort des VW-Käfers konnte er genauestens angeben. Der liege in Kreuzberg in der Urbanstrasse, vom Hermannplatz aus betrachtet auf der rechten Straßenseite hinter der ersten Querstraße. Alikai habe allerdings geäußert, dass er nicht vorhabe, ein Attentat auf den Schah zu verüben, sondern lediglich eine demonstrative, Aufsehen erregende Störung seines Berlin-Besuches durchzuführen.

Auf Grund dieser als »Zeugenaussage« qualifizierten Äußerung war von dem entgegennehmenden Beamten ein Protokoll angefertigt und an eine diensthabende Stelle telefonisch weitergeleitet worden. Doch dieser bereits zwei Tage vor dem Zwischenfall in den Sicherheitsapparat eingespeiste Hinweis führte offenbar nicht zur Ergreifung irgendwelcher Sicherheitsmaßnahmen. Das muss umso erstaunlicher erscheinen, als sich während des neuntägigen Staatsbesuchs des Schahs in der Bundesrepublik eine regelrechte Sicherheitshysterie ausgebreitet hatte. Und wer hätte angesichts des als seriös eingeschätzten Hinweisgebers, der seinen Personalausweis vorgezeigt hatte, mit Sicherheit davon ausgehen wollen, dass es sich bei der beschriebenen Tat nur um eine schrille Protestaktion und nicht doch um ein wirkliches Attentat hätte handeln können?

Sicherheitsvorkehrungen

Staatsbesuche von ausländischen Gästen stellten immer wieder eine besondere Herausforderung des Sicherheitsapparates dar. Das war 1962 so, als der von Attentaten durch die OAS bedrohte französische Staatspräsident Charles de Gaulle die Bundesrepublik besuchte, das war im Juni 1963 so, als der einige Monate später im texanischen Dallas einem Mordanschlag zum Opfer gefallene US-Präsident John F. Kennedy eine Rundreise durch die Bundesrepublik unternahm, die einem regelrechten Bad in der Menge glich, und das war im April 1967 so, als sich in Bonn die führenden Staatsmänner des Westens, darunter US-Präsident Lyndon B. Johnson, einfanden, um Konrad

Adenauer, dem verstorbenen ersten Bundeskanzler, die letzte Ehre zu erweisen.

Doch all das ließ sich bei Weitem nicht mit dem vergleichen, was zum Schutz eines so umstrittenen Mannes wie Schah Mohammad Reza Pahlavi unternommen wurde. Der Schah schien allerdings nicht zu Unrecht hochgradig gefährdet zu sein. Denn in der Vergangenheit hatte es in seinem eigenen Land bereits eine ganze Serie von Attentaten und Attentatsversuchen auf ihn gegeben.[29] Bei zweien davon – einem im Februar 1949 verübten, bei dem ihm der Attentäter mit einer Pistole schwere Verletzungen im Gesicht zugefügt hatte, und einem anderen im April 1965, als er von einem seiner eigenen Wachsoldaten angegriffen wurde – war er nur knapp dem Tode entkommen. Und noch am 19. Mai 1967, also nur acht Tage vor Beginn seines Deutschlandbesuchs, war sein Wagen im Iran von einer 40 Mann starken Kommandoeinheit überfallen worden. Auch dieses Mal hatte er Glück, weil er nicht in dem betreffenden Fahrzeug saß.

Da es in der Bundesrepublik mindestens 2000 oppositionelle Exil-Iraner gab, die die Politik des in ihrem Lande mit absoluter Machtbefugnis ausgestatteten Herrschers ablehnten, schienen Störungen und Zwischenfälle bis hin zu Mordanschlägen nicht auszuschließen zu sein. Um die Sicherheit jenes Potentaten zu garantieren, den der britische und der US-amerikanische Geheimdienst 1953 erst durch einen Putsch gegen den demokratisch legitimierten Ministerpräsidenten Mossadegh an die Macht gebracht hatten,[30] waren von der Bundesregierung in Zusammenarbeit mit den durch die einzelnen Reisestationen betroffenen jeweiligen Landesregierungen alle nur erdenklichen Sicherheitsmaßnahmen ergriffen worden. Am 8. Mai hatten deshalb Vertreter des Bundesinnenministeriums, des Auswärtigen Amtes und verschiedener Länderregierungen bei einer zentralen Planungsbesprechung in Bonn die Sicherheitslage für so ernst angesehen, dass sie für die Dauer des Schah-Besuchs die höchste Sicherheitsstufe festlegten.[31]

Die Notwendigkeit dieser Vorkehrung schien sich zu bestätigen, als eine Woche später auf einem Postamt in Frankfurt drei Paketbomben aufgegeben wurden, die an drei Adressaten gerichtet waren: den Mitbegründer des iranischen Geheimdienstes SAVAK in Köln, General Hassan Alavikia, den Leiter der persischen Fluggesellschaft in Frankfurt, Azizi, und an das Auswärtige Amt in Bonn.[32] Doch keines der drei Pakete, die zwar nur die Größe einer Zigarettenschachtel, aber die Wirkung einer Handgranate besaßen, explodierte. Die Empfänger waren zuvor durch den SAVAK gewarnt worden und hatten die Post ungeöffnet Beamten des Bundeskriminalamts übergeben.[33] Doch welchen Sinn hätte es machen sollen, einen eigenen General, den Chef der Fluglinie des eigenen Landes zu töten oder zumindest schwer zu verletzen? Die Bundesanwaltschaft in Karlsruhe beschuldigte den seit dem 16. Mai in Untersuchungshaft befindlichen iranischen Studenten und im Archiv der *Süddeutschen Zeitung* angestellten Seyed Zia Razavi, einer international verbreiteten iranischen Geheimorganisation von Schah-Gegnern anzugehören, die den unmittelbar bevorstehenden Staatsbesuch durch Sprengstoffanschläge hätte verhindern oder aber zumindest massiv stören wollen.

Als es im Mai 1968 vor dem Dritten Politischen Strafsenat des BGH in Karlsruhe zum Prozess gegen den 34-jährigen Verdächtigen kam, stellte sich heraus, dass der Geheimdienst des Schah-Regimes die Sprengstoffanschläge offenbar selbst inszeniert hatte, um damit den Verdacht auf die in der Bundesrepublik lebenden Iraner, die der Regierung ihres eigenen Landes kritisch oder oppositionell gegenüberstanden, zu lenken und sie nachhaltig in Misskredit zu bringen.[34] Als Razavi am 16. Mai 1968 lediglich wegen unerlaubten Besitzes von Sprengstoff zu einer Gefängnisstrafe von neun Monaten verurteilt und wegen Anrechnung seiner Untersuchungshaft umgehend auf freien Fuß gesetzt wurde, erwähnte der Vorsitzende Richter in seiner Urteilsbegründung immerhin, dass es eine Reihe von Anhaltspunkten gebe, die dafür sprächen, dass die versuchten Anschläge im Auftrag des SAVAK unternommen worden wären.[35] Diese Auflösung war natürlich vor Beginn des Schah-Besuchs nicht bekannt, dafür aber sorgte die Meldung von den drei im letzten Moment abgewendeten Sprengstoffanschlägen in der Öffentlichkeit für weitere Verunsicherung.

Bei den Stationen, die der Schah seit dem 27. Mai während seines Staatsbesuchs zurücklegte, zeigte sich ein ums andere Mal, wie hypernervös die Behörden waren. Als etwa eine Limousine zum Hotel Petersberg hochfuhr, wurden die Wachmannschaften unruhig und stoppten kurzerhand den Wagen, weil er mit einigen größeren Kartons beladen war. Die Fracht wurde wegen des Verdachts auf Sprengstoff, Gift und andere gefährliche Dinge intensiv untersucht. Doch es stellte sich heraus, dass es sich bei dem Inhalt um nichts anderes als eine Kollektion von Hütchen handelte, die Farah Diba zur Ansicht bestellt hatte.[36]

Bonner Kriminalbeamte drangen am Morgen desselben Tages ohne einen Haussuchungsbefehl in ein Studentenheim ein und durchsuchten das Zimmer des SHB-Vorsitzenden, weil zuvor sechs Studenten und zwei Studentinnen dabei ertappt und festgenommen worden waren, als sie fingierte Steckbriefe an eine Reihe von Hauswänden geklebt hatten.[37]

Drei iranische Studenten wurden zusammen mit 58 deutschen Kommilitonen festgenommen, weil sie vor dem Ehrenmal im Bonner Hofgarten, an dem die in der Bundeshauptstadt weilenden Staatsgäste üblicherweise Kränze ablegen, demonstrieren wollten.[38]

In Aachen wie in Köln mussten alle in der Nähe des Doms und des Rathauses befindlichen Gaststätten für die gesamte Zeit, in der sich der hohe Gast aus dem Iran in den beiden Städten aufhielt, ihre Fenster schließen. Als der Schah dann in Köln eingetroffen war und im Foyer des Rathauses mit seiner Entourage den Fahrstuhl benutzen wollte, musste er längere Zeit warten, weil Sicherheitsleute aus Furcht vor einem Anschlag erst einmal den Aufzug blockiert hatten.[39]

Besonders hart traf es aus dem Iran stammende und in bundesdeutschen Kliniken arbeitende Ärzte und Krankenschwestern. Sie wurden von Beamten »vorsorglich« aus Operationssälen und Krankenzimmern herausgeholt; »Ordnungsverfügungen«, die man ihnen in die Hand drückte, zwangen sie dazu, ihre jeweilige Stadt vier Tage lang nicht mehr verlassen zu dürfen und sich zur Kontrolle zweimal täglich auf dem nächsten Polizeirevier einzufinden. Ein aus Teheran stammender Arzt, der gerade dabei war, sich seine Gummihandschuhe überzustreifen, um bei einer Operation zu assistieren, wurde aus dem Saal herausgeholt, sodass eine Schwester die Narkosevorbereitung des Patienten übernehmen musste.[40]

Bevor der Sonderzug des Schahs aus dem Ruhrgebiet losfahren konnte, war von der Bundesbahn ein »Testzug« eingesetzt worden, um in der Rolle eines Minensuchhundes möglicherweise auf den Gleisen befindliche Sprengkörper auszumachen und auf diese Weise zu befürchtende »Schienen-Attentate« zu verhindern.[41]

Als vor dem Münchner Landgericht dessen Direktor Dr. Albert Thomas gerade dabei war, einen Mordprozess zu eröffnen, wurde ihm ein Zettel in den Sitzungssaal gereicht, auf dem zu lesen war, dass wegen der anstehenden Vorbeifahrt des Schahs der Justizpalast zu räumen sei. Er las dem Gericht und den Prozessbesuchern daraufhin die Anordnung vor und vertagte das Verfahren.[42]

In der bayerischen Hauptstadt waren zudem insgesamt 107 dort lebende Iraner gezwungen worden, nicht nur das Stadtgebiet, sondern gleich auch noch ihre jeweiligen Regierungsbezirke zu verlassen.

Da es insbesondere in München zu zahlreichen Protesten gekommen war,[43] hatte es innerhalb der iranischen Besuchsdelegation eine Zeit lang Überlegungen gegeben, die in West-Berlin geplante nächste Besuchsstation aus Sicherheitsgründen kurzfristig ganz abzusagen. Doch zu diesem Schritt, der die Gastgeber kompromittiert hätte, kam es dann bekanntlich doch nicht.

Auch für den Polizeieinsatz in der von der Presse häufig als »Frontstadt des freien Westens« bezeichneten Stadthälfte der einstigen Reichshauptstadt war von der Führung der Schutzpolizei für den 2. Juni ebenfalls die höchste Sicherheitsstufe angeordnet worden. In dem am 25. Mai herausgegebenen »Einsatzbefehl Nr. 1« hatte es geheißen, dass mit Störversuchen von Schah-Gegnern zu rechnen sei. Aus diesem Grunde sollten auch im Rücken der Demonstranten agierende Zivilbeamte eingesetzt werden. Ohnesorgs Todesschütze Kurras gehörte genau zu jener Truppe.[44]

Diese Anordnung war dann am 31. Mai durch den »Einsatzbefehl

Nr. 2« weiter verschärft worden. Darin hatte es geheißen, dass es eine Gruppe von Iranern gebe, die zehn bis zwanzig Personen umfasse, mit Gewehren, Pistolen und Messern bewaffnet sei und vor der Deutschen Oper ein Attentat auf den Schah verüben wolle. Der Einsatzbefehl endete mit den Worten: »Allein die Sicherheit der kaiserlichen Gäste ist Auftrag und Ziel aller polizeilichen Maßnahmen.«[45] Das war ganz unmissverständlich und ließ bereits das Schlimmste befürchten.

Fragwürdigkeiten in der Moabiter Klinik

Zu den vielen Merkwürdigkeiten, die sich dann am Abend des 2. Juni abspielten, gehörte zweifelsohne auch das Geschehen in der Klinik, die endlich bereit war, den schwerstverletzten Studenten aufzunehmen. Zunächst war der Krankenwagen von der am Kurfürstendamm gelegenen Achilles-Klinik mit dem Argument abgewiesen worden, dass sie überfüllt sei, dann von der Universitätsklinik Westend, weil dort kein Chirurg mehr zur Verfügung stehe, der die nötige Operation durchführen könne. Als der Wagen mit Ohnesorg endlich im Städtischen Krankenhaus Moabit eintraf, war der Niedergeschossene mit hoher Wahrscheinlichkeit bereits verstorben. Denn weder die Krankenschwester noch eine ebenfalls im hinteren Teil mitfahrende verletzte Demonstrantin hatten zu diesem Zeitpunkt noch seinen Puls fühlen können. Zu ihrer Überraschung stellte sich heraus, dass man in der Klinik offenbar keinen x-beliebigen Studenten als Opfer erwartet hatte, sondern wenn überhaupt, dann wohl niemand anderen als den Schah von Persien.

Die diensthabende Oberschwester auf der Intensivstation des Moabiter Krankenhauses erklärte 2012 einem *Spiegel*-Reporter gegenüber, dass seinerzeit umfangreiche Vorbereitungen für den Fall getroffen worden seien, wenn dem Monarchen etwas zugestoßen wäre: »Wir hatten alles freigehalten, sogar Blutkonserven mit seiner Blutgruppe standen bereit. Doch anstelle des Schahs kam dann Ohnesorg!«[46] Ihre Ausführungen erweckten ganz den Anschein, als hätte man durchaus mit der Möglichkeit eines auf den hohen Staatsgast verübten Attentats gerechnet. Doch wer hat eine solche Gefahr für gegeben angesehen und für diesen Notfall die entsprechenden Anordnungen erteilt?

Noch etwas anderes, kaum weniger Irritierendes kam hinzu. Der diensthabende Arzt in der Notaufnahme war ein Iraner namens Homayoun Tadjadod. Der 1935 in Teheran geborene Mediziner hatte seit 1962 als Assistenzarzt in der Chirurgischen Abteilung des Moabiter Krankenhauses gearbeitet.[47] Er war der Sohn des Schah-Vertrauten Mostafa Tadjadod.[48] Dieser war der Begründer der Bazargani Bank, die 1957 allein in Teheran über 102 Filialen verfügte und in verschiedenen Provinzen 140 Filialen besaß, zu denen noch zwei weitere Filialen in Hamburg und London hinzukamen. Der Bankier war eng mit dem Schah befreundet und galt seinerzeit als einer der reichsten Männer des Irans. Sein Sohn war es nun, der den Totenschein unterzeichnet hatte, obwohl er gar nicht jener Mediziner war, der Ohnesorgs Tod festgestellt hatte.

Denn dies war mit Oberarzt Dr. Paulisch ein ganz anderer. Er hatte den tödlich verletzten Ohnesorg in einem der oberen Stockwerke zusammen mit einem unbekannten Kollegen operiert – oder wohl eher an ihm *herum*operiert. Auf dem Totenschein war als Todesursache vermerkt: »Schädelverletzung durch stumpfe Gewalteinwirkung«.[49] Das konnte unmöglich stimmen. Selbst ein Laie hätte vermutlich erkennen können, dass Ohnesorg nicht an einem Schlag auf seinen Hinterkopf gestorben war. Es war zweifelsohne eine Schussverletzung. Doch genau an jener Stelle, an der das Projektil eingetreten war, hatte man ein Stück von der Größe einer Streichholzschachtel aus dem Schädel entfernt, um offenbar ganz gezielt einen falschen Eindruck von der tatsächlichen Todesursache zu erzeugen, und das dadurch entstandene Loch mit einem Hautlappen nur notdürftig geflickt.

Warum aber hatte der iranische Arzt einen offenkundig gefälschten Totenschein unterzeichnet? Als er 2012 im Zuge der *Spiegel*-Recherchen dazu befragt wurde, soll er trotzig geantwortet haben: »Ich hab das unterschrieben und fertig!«[50] Ob es Homayoun Tadjadod im Nachhinein peinlich gewesen ist, darauf angesprochen zu werden, oder ob er doch wohl eher etwas zu verbergen hatte, ist schwer zu beurteilen. Wie eng seine Verbindung zum Herrscher auf dem Pfauenthron gewesen sein muss, war allein schon daraus hervorgegangen, dass er eingeladen worden war, um am Morgen des 3. Juni am Frühstück mit dem Schah im Hilton Hotel teilzunehmen. Dazu war es dann in Anbetracht der am Tag zuvor ausgebrochenen Turbulenzen freilich nicht mehr gekommen.

Attentatspläne

Unter jenen, die sich als Eingeweihte der Studentenbewegung verstanden, existierte über Jahre hinweg das Gerücht, dass damals ein Attentat auf den Potentaten vom Pfauenthron geplant gewesen sei, zu dem es dann aber aus unbekannten Gründen nicht gekommen wäre. Dieser Gedanke war schon deshalb nicht ganz absurd, weil zu den Protesten am 2. Juni Handzettel verteilt worden waren, die einem Steckbrief ähnelten, mit dem allerdings nicht zum Eingreifen des Staates, sondern eher zu einer Form der Lynchjustiz hätte aufgerufen werden können. Unter dem Porträt des Monarchen hatte es geheißen: »Gesucht wird Schah Mohamed Reza Pahlawi wegen Mord und Folterungen an dem Journalisten Karimpour Schirazi, an dem Außenminister Hossein Fatemi, an dem Justizminister Lotfi nach vorherigem Ausreißen der Augen, an einundsiebzig oppositionellen Offizieren, an Hunderten von Kommunisten, an ziviler Bevölkerung und Journalisten.«[51] Dann folgte eine – wie es wörtlich hieß – »Beschreibung des Täters«: »Ca. 1,70m groß, ovale Gesichtsform, trägt Panzerweste unter dem Hemd, darüber Orden. Besondere Kennzeichen: Kaiserkrone, goldenes Telefon, 5000 Mann Leibwache, isst ausschließlich aus silbernem Geschirr, reist in Begleitung eines Giftprüfers. Er wurde zuletzt gesehen in Begleitung des Bundespräsidenten Heinrich Lübke. Wir weisen darauf hin, dass Personen, die dem Täter Asyl gewähren, sich der Beihilfe zu den genannten Verbrechen schuldig machen. Wir bitten die Bevölkerung, alle Aktionen, die zur Unschädlichmachung des Täters führen, tatkräftig zu unterstützen.«[52] Unterschrieben war das Ganze von einer ominösen »Internationalen Befreiungsfront«, die angeblich ihren Sitz in »Wien I, Wollzeile 33« hatte.[53] Das war vielleicht nichts anderes als eine Satire, andererseits aber hörte es sich ganz nach einem Aufruf zu einem Attentat an. Verfasst hatte den Steckbrief nicht irgendwer, sondern der Germanistikstudent Peter Schneider, der zwar kein SDS-Mitglied war, aber ebenfalls zu den Aktivisten der Studentenbewegung zählte und sich schon bald einen Namen als Autor machen sollte. Und gedruckt hatten ihn Mitglieder der *Kommune I*, die auch jene Einkaufstüten mit den Konterfeis des Schahs und seiner Gattin Farah Diba angefertigt und verbreitet hatten, die sich die Demonstranten über den Kopf ziehen konnten, um damit ihre Abwehr gegenüber dem in der Regenbogenpresse immer noch ungebrochen als so glamourös gefeierten Herrscherpaar zum Ausdruck zu bringen.

Es brauchte nicht weniger als vierzig Jahre bis einer derjenigen, die über derartige Attentatspläne offenbar Näheres wussten, bereit war, sich auch dazu zu äußern. Die Wortmeldung stammte von Bahman Nirumand, dem Mitbegründer der oppositionellen, im Exil tätigen *Conföderation Iranischer Studenten / National Union* (CISNU), und einem der entschiedensten Gegner des Schah-Regimes. Er hatte im Februar ein Aufsehen erregendes Buch publiziert, das punktgenau am Vorabend des Schah-Besuchs im Auditorium Maximum der Freien Universität vorgestellt worden war. Sein Band trug den Titel »Persien, Modell eines Entwicklungslandes oder Die Diktatur der freien Welt«.[54] Das Nachwort hatte Hans Magnus Enzensberger verfasst.[55] Und Nirumand, von dem man in einer anderen autobiographischen Schrift bereits früher erfahren durfte, dass er im März 1968 zusammen mit Rudi Dutschke eine in einem Koffer versteckte Bombe in einem Flugzeug von West-Berlin nach Frankfurt transportiert hatte, mit dem ein Sendemast des AFN in Saarbrücken in die Luft hätte gesprengt werden sollen,[56] bestätigte nun in seinen 2011 erschienenen Erinnerungen, dass am 2. Juni 1967 tatsächlich ein Attentat auf den Schah von Persien geplant gewesen sei. Der Monarch hätte, so heißt es darin, durch ein ferngesteuertes, mit Sprengstoff beladenes Geführt auf der Fahrt zum Charlottenburger Schloss umgebracht werden sollen. »Der Plan war ausgeklügelt,« schreibt er, »es konnte eigentlich nichts mehr schiefgehen.«[57] Konstruiert habe die mobile Bombe »ein hochbegabter Iraner«. Und dieser Mann war niemand anders als Nader Alikai, der Konstrukteur jenes VW-Käfers, den dieser am Morgen des 3. Juni auf seine Geisterfahrt in Richtung Schah-Konvoi geschickt hatte.

Doch Nirumand behauptete, er sei »absolut« gegen einen solchen Anschlag gewesen.[58] Das Vorhaben, den Schah in die Luft zu jagen, wäre schließlich von ihm, seinen Freunden von der CISNU, und Rudi Dutschke, dem unbestrittenen Wortführer der studentischen Opposition, gemeinsam abgeblasen worden. Wenn sie jedoch die Autorität hatten, so ist zu fragen: Um ein derartig spektakuläres und in seinen Folgen kaum kalkulierbares Unterfangen abzusagen, hätten sie dann mit dem Attentäter ja nicht nur bekannt, sondern vermutlich auch in irgendeiner Weise in dessen Planung eingebunden gewesen sein müssen? Nirumand streitet solche Vermutungen strikt ab und erklärt in einem am 3. November 2017 vom Verfasser mit ihm geführten Gespräch, dass dieser Mann erst zwei bis drei Tage vor dem Schah-Besuch mit ihm Kontakt aufgenommen habe. Er sei ihm weder zuvor noch danach begegnet. Außerdem sei er damals völlig überrascht gewesen zu erfahren, dass jemand mit einem ferngesteuerten Auto ein Attentat hätte verüben können. Ihm sei eine solche, mit einer Computersteuerung verbundene technische Möglichkeit nicht bekannt gewesen.

Zur Frage, warum aus dem ursprünglich geplanten Mordanschlag nichts geworden war, hatte Peter Schneider bereits in seiner 2008 erschienenen Autobiographie »Rebellion und Wahn« zwei Punkte angeführt. Einerseits habe man befürchtet, wie er zuvor von Nirumand erfahren hatte, mit einem solchen Gewaltakt im Iran einen Militärputsch auszulösen, und andererseits die hierzulande gerade in der Entwicklung befindliche Studentenbewegung in die Illegalität zu treiben.[59] In seinen eigenen Memoiren hatte Nirumand allerdings hinzugefügt, dass es ihn seinerzeit große Mühe gekostet hätte, den

Bombenbastler von diesen Bedenken zu überzeugen und so von seinem Vorhaben abzuhalten.

Die Absage dürfte jedoch nicht als eine grundsätzliche Ablehnung eines derartigen Gewaltaktes misszuverstehen sein. Denn sie basierte wohl auf einem taktischen Kalkül. Das geht jedenfalls ganz unmissverständlich aus mehreren Wortmeldungen Dutschkes hervor, die dieser 1968 – zwei davon erstaunlicher Weise nur wenige Monate nach dem auf ihn selbst verübten Attentat – verfasst hatte. So schrieb er in dem im Mai 1968 erschienenen Bestseller »Rebellion der Studenten oder Die neue Opposition«, dass sich die »Frage der Gewalt und des Attentats« im Zusammenhang mit dem Schah-Besuch am 2. Juni auf dringliche Weise gestellt hätten. Ein solcher Gewaltakt »etwa in Zusammenarbeit mit den persischen Kampforganisationen des Untergrunds« sei zu diesem Zeitpunkt aber nicht denkbar gewesen: »Der Tyrannenmord ist zwar die seit Jahrhunderten geübte Form des Widerstands des Volkes gegen eine unmenschliche Herrschaft einer Clique. Im Zeitalter der organisierten Repression und des koordinierten Imperialismus ist aber ein Attentat nur richtig und sinnvoll, wenn es zum direkten Ausgangspunkt der sozialen Revolution, des direkten militärischen Kampfes gegen das Regime wird.«[60] Und genau das sei zu diesem Zeitpunkt nicht der Fall gewesen. Deshalb habe er im Juni 1967 »jegliches Attentat« als nichts anderes angesehen »als ein in letzter Konsequenz konterrevolutionäres Unternehmen«.

Und in dem im September 1968 veröffentlichten Vorwort zu einer *Voltaire-Flugschrift*, in der eine Sammlung von an ihn nach dem von dem Rechtsradikalen Josef Bachmann verübten Mordanschlag gerichteten Briefen abgedruckt worden war, bedauerte er die Tatsache, dass ein Gewaltherrscher wie der Schah von Persien seinen Besuch in der Bundesrepublik völlig unbeschadet hätte überstehen können: »Wir kämpfen in den Metropolen, nicht gegen einzelne Charaktermasken dadurch, dass wir sie erschießen; es wäre meiner Meinung nach konterrevolutionär. Das System wird sich sicherlich so etwas mal wünschen, um uns härter, für Jahre, vollständig niederschlagen zu können. Dass allerdings die revolutionären Kräfte der Metropolen die einzigartige Chance der Erschießung des persischen ›Herrschers‹, als er uns und andere besuchte, nicht ausnutzten, ist ein Zeichen für die *Niveau-Losigkeit* unseres bisherigen Kampfes. Ein ganzes Volk hätte sich nicht nur gefreut, sondern der revolutionäre Kampf gegen Armee und Führungscliquen hätten sich wesentlich verschärft.«[61]

So sehr Dutschke einerseits Attentate und Formen individuellen Terrors abzulehnen schien, so sehr insistierte er andererseits darauf, dass der Tyrannenmord in einem derartigen Fall nicht nur abstrakt zu den Handlungsoptionen hätte gezählt, sondern wohl auch hätte ausgeführt werden sollen. Für diese ziemlich kompromisslos anmutende Haltung gibt es einen weiteren Beleg. Denn Dutschke hatte im Dezember 1968 im *Spiegel* einen »Brief für die Herren der anderen Seite« publiziert, mit dem er einerseits den mit ihm befreundeten Komponisten Hans Werner Henze vor Verleumdungen in Schutz nehmen, andererseits aber zu einem Rundumschlag gegen angebliche »Lügen und Halbwahrheiten der Spiegel-Maschinerie« ausholen wollte. Darin kam er auf seinen Freund Nirumand zu sprechen und schrieb über den Schah in dem bereits bekannten Tenor: »Ihn hätten wir erschießen müssen, das wäre unsere menschliche und revolutionäre Pflicht als Vertreter der ›Neuen Internationalen‹ gewesen.«[62] Nun erschien ihm die Ermordung des Diktators aber gar als ein humanitärer und revolutionärer Akt, in gewisser Weise als eine moralische Selbstverpflichtung. Die Tatsache, dass jemand, der erst wenige Monate zuvor selbst Opfer eines Attentats geworden war, sich in aller Öffentlichkeit für die Verübung eines solchen Aktes gegen einen Machthaber aussprach, hat in diesem Fall unter seinen Anhängern ebenso wenig zu irgendwelchen Reaktionen geführt wie in dem seines erwähnten, zur *Voltaire-Flugschrift* verfassten Vorworts.

Merkwürdigkeiten eines Gerichtsverfahrens

Noch einmal zurück ins Jahr 1967. Während der Todesschütze Kurras am 21. November vom Landgericht Moabit vom Verdacht der fahrlässigen Tötung freigesprochen wird und damit in erheblichen

Teilen der Öffentlichkeit Ungläubigkeit wie Empörung auslöst, hat sich Nader Alikai bereits vor dem Landgericht Berlin nach § 315b des Strafgesetzbuches wegen gefährlichen Eingriffes in den Straßenverkehr verantworten müssen. In der Anklageerhebung über den Zwischenfall, der sich am Morgen des 3. Juni um 10:30 Uhr in der Dudenstraße abgespielt hat, heißt es: »Das Fahrzeug wendete und stieß in der Folge gegen einen abgestellten PKW, wobei an beiden Fahrzeugen Sachschaden entstand. Das Fahrzeug B-LZ 328 war zuletzt auf den Namen des Beschuldigten zugelassen, aber seit dem 27. 4. 1966 wegen technischer Mängel stillgelegt. Es war mit einer technischen Vorrichtung versehen, die es ermöglichte, es mittels Fernsteuerung in Bewegung zu setzen. Das geschah bei der Annäherung der zum Flugplatz fahrenden Kolonne. Durch den Lenkeinschlag bedingt, kam es zu der erwähnten Kollision und infolge der hierdurch unterbrochenen Fahrbewegung zu keiner Beeinträchtigung der Sicherheit der Kolonne. Sprengkörper waren nicht eingebaut.«[63] Am 10. November ist Alikai von der Großen Verkehrsstrafkammer beim Berliner Landgericht wegen eines gefährlichen Eingriffs in den Straßenverkehr zu einem Jahr Führerscheinentzug und zu einer achtmonatigen Freiheitsstrafe verurteilt worden. Weil er durch seine Untersuchungshaft bereits vier Monate abgesessen hat, wird ihm der Rest für vier Jahre auf Bewährung erlassen. Alikai wird noch im Gerichtssaal auf freien Fuß gesetzt.

Erstaunlich am strafrechtlichen Umgang mit dem Fall, der Anklageerhebung und dem Urteilspruch, sind zwei Aspekte: Zum einen, dass die Attacke auf den Fahrzeugkonvoi lediglich als Verkehrsstörung angesehen wurde und zum anderen, dass dem Angeklagten mit seiner Verurteilung die Hälfte seiner Strafe auf Bewährung erlassen und er postwendend auf freien Fuß gesetzt worden ist. Das erweckt ganz den Anschein, dass man mit Alikai besonders glimpflich hat umgehen wollen. Warum?

Und die noch grundsätzlichere Frage lautet: Was hat dieses Pseudo-Attentat, das im Vergleich zu dem ursprünglich geplanten Vorhaben nichts anderes als eine Farce war, eigentlich zu bedeuten? Der Politologe und Historiker Harald Möller, der in den letzten Jahren eine umfangreiche vierbändige Sammlung von Dokumenten zum damaligen Staatsbesuch des Schahs vorgelegt hat, schließt in seinen Überlegungen nicht aus, dass sich hinter der von Alikai durchgeführten, an Merkwürdigkeiten kaum zu überbietenden Aktion nicht etwa iranische Oppositionelle, sondern »Akteure aus dem staatlichen Sicherheitsspektrum« verborgen hätten.[64] Dieser Gedanke ist schon deshalb nicht so leicht als bloße Spekulation zurückzuweisen, weil es ja nur kurz zuvor im Mai 1967 eine entsprechende, bereits geschilderte Aktion des iranischen Geheimdienstes SAVAK gegeben hatte.

Manches am Fall Alikai erinnert an den Fall Razavi. Bis hin zu der Art und Weise, wie deren jeweiligen Aktionen vor Gericht heruntergespielt und die beiden Angeklagten zu Strafen verurteilt wurden, mit denen sie noch im Gerichtssaal ihre Freiheit wiedererlangten. Sollte Nader Alikai, über dessen weitere Biographie außer einem zweiten gegen ihn im Februar 1968 durchgeführten Prozess nichts bekannt ist, ebenfalls für den SAVAK gearbeitet haben, dann wäre die Frage aufzuwerfen, ob nicht seine Kontaktaufnahme mit Exil-Iranern, um diese für eine Unterstützung seines angeblichen Mordkomplotts zu gewinnen, ebenfalls dazu hätte dienen sollen, Schah-Gegner wie Nirumand, Dutschke und andere zu diskreditieren und auf diese Weise unglaubwürdig zu machen – Gegner allerdings, die für diesen Zweck durch ihr eigenes Verhalten möglicherweise eine nur zu geeignete Angriffsfläche geboten hätten.

Der 5. bis 10. Juni 1967

Der Sechstagekrieg als Vehikel für eine 180-Grad-Wendung innerhalb der Neuen Linken

Seit inzwischen bereits mehreren Jahrzehnten wird die These vertreten, dass es in Reaktion auf den Sechstagekrieg vom Juni 1967 innerhalb der bundesdeutschen Linken einen abrupten Einstellungswandel gegenüber dem 1948 gegründeten Staat Israel gegeben habe. Sie kulminiert in der Behauptung, dass Teile der damaligen Neuen Linken in der Folge antiisraelisch, antizionistisch und in einigen ihrer radikalsten Ausformungen gar antisemitisch geworden seien und wird insbesondere von Autorinnen und Autoren vertreten, die sich selbst dieser Linken zurechnen oder ihr zumindest nahestehen.[1] Diese Hypothese ist in der Literatur, die sich kritisch mit der Frage nach einem latenten beziehungsweise offenen Antisemitismus in der Gesellschaft der alten Bundesrepublik auseinandersetzt, seit langem zum Allgemeinplatz geworden.

Gegenüber der damit einhergehenden Argumentationsfigur, dass es sich seinerzeit um einen ebenso abrupten wie überraschenden Gesinnungswandel zuvor pro-israelisch und überwiegend philosemitisch eingestellter Kräfte gehandelt habe, sind jedoch aus historischem Abstand einige Fragen angebracht. Sie lauten: Hat es im Sommer 1967 in den Reihen der bundesdeutschen Linken tatsächlich eine solche Wendung um 180 Grad gegeben? Falls sich diese Interpretation immer noch als zutreffend erweisen sollte, war der Sechstagekrieg dafür der Grund oder nur ein willfähriger Anlass? Da keine Pauschalverurteilung der Linken insgesamt damit verbunden wird – um welche Gruppen, Fraktionen oder Strömungen ging es dabei? Und vor allem: Stimmt die These als solche noch?

Der Sechstagekrieg, der nach dem im Zuge des 1948 in Reaktion auf die Gründung des israelischen Staates ausgebrochenen Krieges und die sogenannte Suezkrise von 1956 auch als der dritte arabisch-israelische Krieg bezeichnet wird, war zweifelsohne ein Präventivschlag gegenüber Ägypten und den beiden anderen, mit dem Regime von Staatspräsident Gamal Abdel Nasser verbündeten arabischen Staaten Jordanien und Syrien.[2] Ausgelöst worden war der Sechstagekrieg nicht nur durch eine extreme Form der Drohpropaganda,[3] sondern durch mehrere, sich während des Vormonats Mai kurz hintereinander einstellende Anzeichen für einen unmittelbar bevorstehenden Militärschlag: den von Nasser ultimativ geforderten Abzug der seit 1956 zur Friedenssicherung stationierten UNEF-Truppen von der Sinai-Halbinsel, die ebenfalls vom ägyptischen Präsidenten verhängte Schließung der den Golf von Akaba mit dem Roten Meer verbindenden Meerenge von Tiran, womit Israel größtenteils von seiner mit Schiffen erfolgenden Ölversorgung abgeschnitten wurde, sowie den von 1000 Panzern unterstützte Aufmarsch von an die 100 000 ägyptischen Soldaten an den Grenzen zu Israel.

Als keine der westlichen Großmächte – weder die USA noch Großbritannien oder Frankreich – erkennen ließ, konkrete Maßnahmen zu Israels Schutz einzuleiten und am 2. Juni der französische Staatspräsident Charles de Gaulle gar ein Waffenembargo über den jüdischen Staat verhängte, sah dieser für sich keine andere Wahl mehr, als zum Schutze seiner Existenz einen Überraschungsangriff auf die drei erwähnten arabischen Staaten zu starten, indem er am 5. Juni – ohne zuvor eine Kriegserklärung abgegeben zu haben – auf einen Schlag fast alle Flugzeuge der ägyptischen Luftwaffe noch am Boden zerstörte. Durch die damit sichergestellte Kontrolle über den Luftraum gelang es den israelischen Armeeverbänden in den Tagen darauf, in kurzen Zeitabständen den Gaza-Streifen, Ostjerusalem, das Westjordanland, den Suez-Kanal und die an Syrien grenzenden Golanhöhen zu erobern. Der letzte der Waffenstillstände konnte bereits am 11. Juni unterzeichnet werden. Die in militärischer Hinsicht so eindeutige Niederlage der arabischen Widersacher war jedoch alles andere als gleichbedeutend mit ihrer Anerkennung einer in ihrer Region maßgeblich veränderten Landkarte. Als im August 1967 die arabischen Staaten in Khartum zu einer Gipfelkonferenz zusammenkamen, wurde rasch Einigkeit darüber hergestellt, dass man Israel immer noch nicht anerkennen würde und es keinen Frieden mit dem ungeliebten Staat in ihrer Mitte, nicht einmal Verhandlungen in eine solche Richtung geben könne.

Dass der Sechstagekrieg den Nahen Osten geopolitisch auf nachhaltige Weise verändert hat, hängt vor allem damit zusammen, dass es Israel nicht bei einem singulären militärischen Erfolg hat bewenden lassen wollen, sondern durch die Annexion der zuvor eroberten Gebiete des Gazastreifens, der Sinai-Halbinsel, des Westjordanlandes, der Golan-Höhen und des Ostteils von Jerusalem sein Territorium beträchtlich ausgeweitet und damit seine Sicherheit gegenüber Angriffen von außen enorm verstärkt hat.

Dutschkes Desinteresse

Die Aufmerksamkeit der in der Bundesrepublik aktiven Gruppierungen der Neuen Linken für den Krieg im Nahen Osten war zu dieser Zeit nur in eingeschränkter Form vorhanden. Die eigene Wahrnehmung war stattdessen auf ein Ereignis fixiert, das sich drei Tage vor Ausbruch des Sechstagekrieges in West-Berlin abgespielt hatte und später einmal für das eigene Land den Rang einer regelrechten historischen Zäsur einnehmen sollte. Am Rande der Demonstration gegen den Schah von Persien war am 2. Juni 1967 der Student Benno Ohnesorg aus nächster Nähe von einem Polizisten in Zivil von hinten erschossen worden. Während zuvor verschiedene andere Konflikte noch im Rahmen der Universität mehr oder weniger versandet waren, entzündete sich in der Studentenschaft durch den Tod eines Kommilitonen nicht nur ein Funke, sondern er sprang auch umgehend auf so gut wie alle westdeutschen Universitäten über. Innerhalb nur weniger Tage wurde eine bundesdeutsche Hochschule nach der anderen von Solidarisierungsakten ergriffen, die zunächst eine studentische Bewegung erzeugten, die schließlich in eine *außerparlamentarische Opposition*, die sogenannte APO, münden sollte.

Trotz dieser Fokussierung auf ein solches Zentralereignis spielte der unmittelbar bevorstehende Krieg im Nahen Osten eine Rolle, obgleich nur eine sekundäre. Warum das so war, hat der Soziologe Detlev Claussen, der damals Mitglied im Frankfurter SDS war, im Nachhinein anschaulich beschrieben: »Vor der Paulskirche haben wir eine Lautsprecheranlage aufgebaut; ein Teil von uns SDS-lern will abends noch nach Berlin. Bis der Demonstrationszug ankommt, habe ich Gelegenheit, mit dem stellvertretenden Bundesvorsitzenden meiner Organisation zu reden. Sein Buch über Vietnam wies ihn als Kenner internationaler politischer Zusammenhänge aus. Also frage ich ihn: ›Wie sieht das mit Israel aus? Die Araber wollen die ins Meer werfen. Müssen wir nicht noch einmal diese Woche demonstrieren? Nicht nur gegen den Schah? Pause.‹ Weißt Du, Genosse, Israel ist halt ein imperialistisches Land.«[4] Das sollte wohl heißen, dass man allen Motiven, die es für eine Solidarisierung mit dem jüdischen Staat wohl hätte geben können, zum Trotz für das bedrohte Land keine Unterstützungsaktionen veranstalten dürfe. Der eigene Antiimperialismus und die Solidarität mit den Ländern der Dritten Welt, denen man auch die arabischen Staaten und insbesondere die seit der Gründung Israels vertriebenen und in Flüchtlingslagern lebenden Palästinenser zurechnete, schienen das einem SDS-Mitglied offenbar zu verbieten.

Doch vereinzelt kam es wegen des drohenden oder bereits ausgebrochenen Sechstagekrieges durchaus zu Demonstrationen und Kundgebungen, durchweg zu Solidaritätsaktionen mit dem offenbar in Bedrängnis geratenen Staat Israel. So zogen etwa am 3. Juni in Frankfurt in einem Schweigemarsch 2500 Menschen von der Universität zum Römerberg, um für »Frieden in Nahost« zu demonstrieren. Auf der Schlusskundgebung traten die Redner sowohl für den Frieden im Vorderen Orient als auch für die ungeschmälerte Existenz des Staates Israel ein. Und am Abend des 6. Juni zogen rund tausend Studenten und Schüler mit Transparenten über den Berliner Kurfürstendamm, auf denen Losungen wie »Unser Herz schlägt für Israel« zu lesen waren. Nur wenige Stunden zuvor hatten sich in dem in der Charlottenburger Fasanenstraße gelegenen Jüdischen Gemeindehaus sogar 300 Studenten und Schüler versammelt, um sich freiwillig für einen zivilen Einsatz in Israel zur Verfügung zu stellen. Und selbst die später als Mitbegründerin der terroristischen *Rote Armee Fraktion* (RAF) bekannt gewordene Journalistin Ulrike Meinhof ließ in einer ihrer monatlich in der Zeitschrift *konkret* erscheinenden Kolumnen keinen Zweifel daran aufkommen, wem in dieser Situation die Solidarität gebühre. »Es gibt für die europäische Linke,« schrieb sie, »keinen Grund, ihre Solidarität mit den Verfolgten aufzugeben, sie reicht in die Gegenwart hinein und schließt den Staat Israel mit ein.«[5] Die Linke unterscheide sich vom Kartell der bloßen Interessenten und bürgerlichen Philosemiten – wie etwa den in ihren Augen als perfide bezeichneten, von Presseorganen des Axel-Springer-Verlags wie der *Bild*-Zeitung gezeigten Sympathiereflexen – durch ein Bewusstsein von der deutschen Geschichte. Doch in ihrer rigiden Abgrenzung von den angeblich falschen Freunden Israels tauchte mit der Behauptung, dass es den USA einzig und allein um die strategische Funktion Israels für den von ihr unterstellten imperialistischen Gesamtzusammenhang im Nahen Osten gehe, bereits jenes vom stellvertretenden SDS-Bundesvorsitzenden verwendete Argument auf, das sich in der Folge noch als das für die radikale Linke zentrale Kritikschema herauskristallisieren sollte.

Was das bedeuten konnte, zeichnete sich bereits auf gespenstische Weise ab, als am 10. Juli Herbert Marcuse zu seiner mehrtägigen Vortragsreihe über »Das Ende der Utopie« in West-Berlin eintraf. Im Auditorium Maximum der Freien Universität wurde er von den 2500 Zuhörern geradezu wie ein Messias empfangen. In seinen Vorträgen ging es um den Spätkapitalismus, die Dritte Welt und die Gewaltfrage. Gefolgt wurden sie von Podiumsdiskussionen, an denen sich nicht nur kritische Parteigänger wie Rudi Dutschke und Jacob Taubes, sondern auch Kontrahenten wie Richard Löwenthal und Alexander Schwan beteiligten. Die aufgewühlte Situation war jedoch nicht nur durch den Schock geprägt, den der tödliche Schuss auf Benno Ohnesorg ausgelöst hatte, sondern eben auch durch die nach dem Sechstagekrieg völlig veränderte Lage im Nahen Osten.

Marcuse warf den Teilnehmern am 13. Juli in seinem abschließenden Vortrag explizit vor, den Nahostkonflikt zu verdrängen und ließ es sich nicht nehmen, selbst ausführlich darauf einzugehen. Zwar geizte er einerseits nicht mit Kritik an der Behandlung der Palästinenser durch Israel, andererseits jedoch ließ er keinen Zweifel daran, dass begangenes Unrecht nicht durch noch größeres Unrecht, womöglich die Zerstörung Israels, gutgemacht werden könne. »Sie werden verstehen,« erklärte er vor den zweieinhalb tausend Zuhörern, »dass ich mich in einer sehr persönlichen und nicht nur persönlichen Weise mit Israel solidarisch und identisch fühle.«[6] Israel sei zum Fluchtort für die von Verfolgung bedrohten Juden geworden, der nicht zur Disposition gestellt werden dürfe.

Der nachfolgende Redner war kein Geringerer als der Soziologiestudent Rudi Dutschke, jener charismatische Redner, der die beginnende Revolte wie kein zweiter repräsentieren und im Nachhinein geradezu personifizieren sollte. Doch er wechselte sofort das Thema und sprach stattdessen über Che Guevara, den Vietnamkrieg und die Rolle der Großmächte. Auch kein anderer nahm das die internationalen Schlagzeilen immer noch beherrschende Thema auf. Es gab offenbar niemanden, der auf dieses ganz unmissverständliche Bekenntnis des von ihnen so bewunderten Sozialphilosophen eingehen wollte oder überhaupt nur den Mut dazu gehabt hätte, dies zu tun. Die von Marcuse so dezidiert aufgeworfenen Themen Antisemitismus und Judenvernichtung, Israel und Palästina blieben jedenfalls ohne irgendein Echo. Und das dürfte alles andere als Zufall gewesen sein.

Denn der Bundesvorstand des SDS hatte schon am 3. Juni einen von dem Marburger Politikwissenschaftler Wolfgang Abendroth verfassten Offenen Brief veröffentlicht, in dem dieser zu begründen versuchte, warum die Linke eher auf der Seite der arabischen Staaten als der Israels zu stehen habe: »Im Weltmaßstab gesehen ist,« hieß es dort, »leider eine Situation entstanden, in der die Gesamtinteressen der kolonialen Revolution, der sozialistischen Länder und auch des revolutionären Flügels der internationalen Arbeiterbewegung in den kapitalistischen Ländern stärker mit den arabischen Staaten als mit den Interessen Israels übereinstimmen.«[7] Das Land, das nun einen Präventivkrieg vom Zaun gebrochen habe, müsse nun »als Vortrupp amerikanischer imperialistischer Interessen« erscheinen. Damit war in der Auseinandersetzung um den Nahostkonflikt auch hier bereits jene Kategorie ins Spiel gebracht worden, die in der Folge ideologisch-weltanschaulich noch von ausschlaggebender Bedeutung werden sollte: die des Imperialismus.[8]

Der Frankfurter Sozialpädagoge und Auschwitz-Überlebende Berthold Simonsohn beklagte sich später über die von Abendroth und implizit offensichtlich auch vom SDS-Bundesvorstand eingenommene Position und bezeichnete es als »ein traumatisches Erlebnis«, das von vielen, die sich als Friedensfreunde und Internationalisten bezeichneten, »die Möglichkeit eines Völkermordes zumindest in Kauf genommen« worden sei.[9] Der ehemalige Leiter der Zentralwohlfahrtsstelle der Juden in Deutschland ging in seiner Verurteilung solcher im Schwange befindlicher Positionen sogar so weit zu behaupten, sie liefen Gefahr, »... objektiv zu Helfern der Testamentsvollstrecker Hitlers zu werden.«[10] Für ihn jedenfalls schienen damit in gewisser Weise die Grundlagen seiner Nachkriegsexistenz in Deutschland aufgekündigt worden zu sein.

Israel als Vorposten des US-Imperialismus

Was die Weigerung, sich auf der größten damals zur Verfügung stehenden politischen Bühne, die das Auditorium Maximum im Henry-Ford-Bau der FU neben dem zentraler gelegenen in der Technischen Universität für die Neue Linke zweifelsohne darstellte, für eine Solidarisierung mit Israel auszusprechen, in der Folge bedeutete, sollte sich gerade auf jener SDS-Delegiertenversammlung verraten, die der antiautoritären Fraktion um Dutschke im September 1967 erstmals eine Mehrheit im linksradikalen Hochschulbund bescherte. Mit der auf der XXII. ordentlichen SDS-Delegiertenkonferenz im Frankfurter Studentenhaus zwar nicht verabschiedeten,[11] jedoch zur Arbeitsgrundlage erhobenen Resolution »Der Konflikt im Nahen Osten« schlug die wichtigste Organisation links von der SPD einen Kurs ein, der sich nur als strikt antizionistisch bezeichnen ließ. Die Heidelberger und die Frankfurter Hochschulgruppe hatten zuvor die Initiative übernommen und die Debatte über die veränderte Lage im Nahostkonflikt angezettelt.

Bereits mit den ersten Sätzen wurde eine politökonomisch reduzierte Perspektive eingeschlagen, aus deren Vorgaben es in der darauf folgenden Klärung der politischen Fragen kaum noch ein Entrinnen zu geben schien. Zunächst wurde postuliert, dass der Nahostkonflikt nur aus der Profitmaximierungslogik bestimmter Erdölkonzerne verstanden werden könne: »Der Krieg zwischen Israel und seinen arabischen Nachbarn kann nur auf dem Hintergrund des antiimperialistischen Kampfes der arabischen Völker gegen die Unterdrückung durch den angloamerikanischen Imperialismus analysiert werden. Auf der arabischen Halbinsel liegen die reichsten und profitabelsten Ölquellen der Welt. […] Über 70 % der arabischen Ölproduktion befindet sich in Händen angloamerikanischer Konzerne.«[12] Nur durch eine Nationalisierung der Erdölproduktion und die »Schaffung eines einheitlichen Arabischen Ostens« sei die Voraussetzung für eine Überwindung des israelisch-arabischen Konflikts zu schaffen. Eine arabische Homogenisierung des Nahen Ostens jedoch, so wäre hier bereits einzuwenden gewesen, hätte auf eine Auflösung des Staates Israel hinauslaufen müssen.

Die impliziten Stichworte zur Charakterisierung der israelischen Politik lauteten Kolonialisierung, Aggression und Expansion: »Zionistische Kolonisierung Palästinas hieß und heißt bis heute: Vertreibung und Unterdrückung der dort lebenden eingeborenen arabischen Bevölkerung durch eine privilegierte Siedlerschicht. […] Die gegenwärtigen Annexionspläne des zionistischen Kapitalismus haben den letzten Zweifel am reaktionären Charakter Israels beseitigt.«[13] Der Zionismus wurde hier unter völliger Abstraktion von seinen historischen Entstehungsbedingungen mit Kapitalismus, Kolonialismus und Imperialismus gleichgesetzt. Das war eine an Eindeutigkeit kaum noch zu überbietende Feinderklärung an den Staat Israel und den dort lebenden jüdischen Bürgern.

Die SDS-Grundposition lautete von nun an: »Die Anerkennung des Existenzrechts der in Palästina lebenden Juden durch die sozialrevolutionäre Bewegung in den arabischen Ländern darf nicht identisch sein mit der Anerkennung Israels als Brückenkopf des Imperialismus und als zionistisches Staatsgebilde. [...] Nur der Aufbau einer revolutionären sozialistischen Bewegung mit dem Ziel der Überwindung des Imperialismus und der von ihm gezogenen Grenzen und die Errichtung einer einheitlichen arabischen sozialistischen Republik, die über eine gemeinsame Politik mit einem sozialistischen Israel zur territorialen Integrität gelangt, kann einen dauerhaften Frieden im Nahen Osten bringen.«[14] Die Stichworte lauteten auf der einen Seite Imperialismus und Kolonialismus und als vermeintlicher Gegenentwurf dazu auf der anderen Anti-Imperialismus und Sozialismus. Unter dem Schutzschild derartig abstrakter Großkategorien, beabsichtigte man, sich gegen naheliegende Vorwürfe, dass es beim Antizionismus in Wirklichkeit um nichts anderes als die Wiederauferstehung des Antisemitismus gehe, gleichzeitig immunisieren zu können.

So wie mit dem SDS die Hochschulgruppe der SPD seit Anfang der fünfziger Jahre eine regelrechte Vorreiterrolle für die Wiedergutmachung der Nazi-Verbrechen am jüdischen Volk und die Anerkennung des Staates Israel gespielt hatte,[15] so nahm sie nun – nachdem sie 1961 wegen ihrer Annäherung an die SED aus der Mutterpartei hinausgeworfen worden war – auf einmal die Aufgabe einer Avantgarde für die um staatliche Unabhängigkeit kämpfenden Palästinenser wahr. Doch war das auch tatsächlich ein Kurswechsel um 180 Grad?

Würde man zuvor verabschiedete Beschlüsse und Positionspapiere des 1946 gegründeten SDS miteinander vergleichen, in denen es um Israel und den Nahen Osten ging, dann kann man sich dieses Eindrucks jedenfalls kaum verwehren. Die im September 1967 eingenommenen Positionen scheinen jenen aus der Zeit zuvor diametral zu widersprechen. Andererseits jedoch spricht vieles für die Annahme, dass damit nur die offizielle, nach außen gerichtete Haltung zum Ausdruck gebracht wurde, nicht aber die interne, die sich dann nach dem Sechstagekrieg so scheinbar eruptionsartig Luft verschaffte. Denn es hatte sich bereits seit Längerem abgezeichnet, dass in der SDS-Hochburg West-Berlin und einigen anderen seiner Hochschulgruppierungen eine grundlegende Veränderung in Gang gekommen war. Die Radikalisierung, die sich seit 1965 im Kontext der Proteste gegen den Vietnamkrieg und der allgemeinen Identifikation mit dem *Vietcong* und den sogenannten Befreiungsbewegungen der Dritten Welt insgesamt durchzusetzen begonnen hatte, führte ganz offenbar auch zu einer Neubewertung des Nahostkonflikts und der Haltung zu Israel. Anders jedenfalls lässt sich nicht nachvollziehen, dass sich der Bundesvorstand des SDS bereits vor Ausbruch des Sechstagekrieges einer Solidarisierung entzogen beziehungsweise sie geradezu blockiert hat. Es spricht jedenfalls vieles für die Annahme, dass der israelische Präventivschlag gegen Ägypten sowie die beiden anderen arabischen Staaten und der sich rasch abzeichnende militärische Erfolg verbunden mit den weitreichenden Gebietsannexionen im SDS bereits vorhandene Änderungsprozesse beschleunigt hat und der Krieg letztlich nur das Ventil für den als spektakulär wahrgenommenen Kurswechsel gewesen ist.

Solidarität mit Israel

Der SDS mochte zwar so etwas wie der Motor der damaligen außerparlamentarischen Bewegung gewesen sein, er war aber keineswegs repräsentativ oder gar gleichbedeutend mit der bundesdeutschen Linken in ihrer Gesamtheit. Nicht nur weil sich schon die studentische Linke in zahlreiche Gruppierungen unterschied, sondern auch weil für die sozialdemokratische wie die gewerkschaftliche Linke derartige Positionen, wie sie der SDS nun einzunehmen bereit war, weder in kategorialer Hinsicht noch in ihrer konkreten antiisraelischen Zuspitzung in Frage kamen. Die linke beziehungsweise die sich als sozialistisch begreifende Gegenposition zu der im SDS vertretenen ließ nicht lange auf sich warten.

Es war eine »Gemeinsame Erklärung von 20 Vertretern der deutschen Linken zum Nahostkonflikt«,[16] die sich von der antiisraelischen Wendung ganz unmissverständlich absetzen wollten. Zu ihnen gehörten solch prominente Stimmen wie die des Tübinger Philosophen Ernst Bloch, des Frankfurter Politologen Iring Fetscher, des Berliner Theologen Helmut Gollwitzer, des Kölner Soziologen René König und des Frankfurter Psychologen Alexander Mitscherlich wie die der Schriftsteller Alfred Andersch und Uwe Johnson sowie der Jahre später in ihrem Verhältnis zu Israel selbst in Misskredit geratenen Günter Grass und Martin Walser. Bereits in der Einleitung dieser von zwei Philosophen, dem aus Zürich stammenden Ernst Erdös und dem an der Freien Universität lehrenden Michael Landmann, verfassten Erklärung wurde darauf insistiert, dass Links-Sein eine gegen Israel gerichtete Haltung von Vornherein ausschlösse und sich stattdessen dadurch auszuzeichnen habe, für die »ungefährdete Existenz« des bedrohten Staates einzutreten. Durch die von den arabischen Staaten erklärte »Absicht des Genozids« sehe sich der internationale Sozialismus, auf den sich ja auch Wolfgang Abendroth, wenn auch eher entgegengesetzt, zu berufen versucht hatte, deshalb »zu einer Stellungnahme für die Existenz des Staates Israel« herausgefordert.

Bemerkenswert an dieser Erklärung war jedoch nicht einfach die Einnahme einer konkreten Gegenposition, sondern vor allem auch eine umfangreiche und differenzierte Auseinandersetzung mit den zentralen innerhalb des SDS gegen Israel gerichteten Vorwürfen. In fünf Abschnitten wurden insbesondere die Thesen vom »neokolonialistischen Zionismus« und vom »imperialistischen Israel« einer kritischen Überprüfung unterzogen und als unhaltbar zurückgewiesen. Eine der Fragen, die sich den Unterzeichnern angesichts der Parteinahme der radikalen Linken für die Palästinenser am Ende stellten, lautete: »Wird hier der Antiimperialismus zum Ventil des uneingestandenen Antijudaismus?« Schon ihre Übereinstimmung mit Positionen der extremen Rechten sollte – wie mahnend betont wurde – ihr zu denken geben.

Die Psychologie der Abwehrmechanismen

Zumindest innerhalb der damaligen APO schienen sich aber die vom SDS eingenommenen Positionen seit dem Herbst 1967 im Vormarsch zu befinden. Doch wie lässt sich der radikale im Sommer 1967 vollzogene Wandel von entschiedenen Israel-Befürwortern zu expliziten Israel-Gegnern sowie Parteigängern der Palästinenser erklären? Wie ist vorstellbar, dass aus erklärten Antifaschisten überzeugte Antizionisten, wenn nicht gar Antisemiten werden konnten?

Bei alldem, was sich in den Reihen der radikalen Linken als Reaktion auf den Sechstagekrieg an tektonischen Verschiebungen abzuzeichnen begonnen hatte und nun wie ein überraschendes Coming-out des Antizionismus ans Tageslicht zu kommen schien, dürften zweifelsohne auch psychologische Faktoren eine große Rolle gespielt haben. Die Solidarisierung mit den Palästinensern etwa bot jungen Deutschen die Möglichkeit, die Verbrechen des eigenen Landes entweder zu neutralisieren oder aber ganz zu überblenden. Je martialischer Israel bei seinen militärischen Aktionen in Erscheinung trat, umso leichter wurde es und scheint es noch immer zu sein, das Land als solches als Aggressor abzustempeln und die Erinnerung an den Holocaust und die jüdischen Opfer in den Hintergrund zu drängen. Das alles dürfte für die Generationen der Nachgeborenen gewiss eine entlastende Funktion haben. Daher könnte es auch in manchen ihrer Kreise so verbreitet gewesen sein, Israel mit dem NS-Regime und sein Militär mit der Deutschen Wehrmacht oder gar der SS auf eine Stufe zu stellen. Im Zentrum der Palästinabegeisterung wird insofern vermutlich eine insgeheime Form der Selbstrechtfertigung gestanden haben, ganz nach dem Motto: Seht her, was in unserem eigenen Namen von der Generation unserer Eltern an Verbrechen begangen oder geduldet oder nur beschwiegen worden ist, kann so schlimm nicht gewesen sein, wenn das Land, das die Opfer des Holocausts als Kollektiv vertritt, nun selbst Verbrechen begeht.

In der Psychoanalyse, die besonders eingehend Abwehrmechanismen, die dem Subjekt zur Bewältigung innerer Konflikte zur Verfügung stehen, untersucht hat, ist deshalb auch von einer Verschiebung die Rede. In ihrem Erkenntnismodell gehört die Abwehr zu den Ich-Funktionen. Mit ihr sollen unlustvolle und angsterzeugende Vorgänge aus dem eigenen Bewusstsein verbannt werden. Damit wird eine Auseinandersetzung mit den Ursachen eines Konflikts umgangen und notdürftig ein Gleichgewicht im Affekthaushalt hergestellt. Um sich etwa von Schuld- und Schamgefühlen zu entlasten, stehen dem Ich verschiedene Techniken wie Verdrängung, Verleugnung, Abspaltung, Projektion und eben Verschiebung zur Verfügung.

Indem die von der Elterngeneration begangenen Verbrechen allein schon ihrer quantitativ wie qualitativ schier unermesslichen Dimension wegen die psychische Stabilität ihrer heranwachsenden Kinder gefährdeten, suchten diese zu einem Zeitpunkt nach Möglichkeiten, ihre Schuldgefühle auf andere abzuwälzen, als sie ihre eigenen Ich-Ideale ausbildeten. Eine in dieser Hinsicht einzigartige Gelegenheit bot sich Teilen der jüngeren, sich als kritisch begreifenden Generation, als Israel in ihren Augen 1967 an den Palästinensern Unrecht beging. Damit konnte man dem Repräsentanten der Opfer etwas von jener Schuld aufbürden, die auf den Schultern der Eltern lastete und ihre Nachkommen so sichtlich überforderte.

In der Figur der Palästinenser bot sich zugleich ein Objekt der projektiven Identifizierung. Sich an ihre Seite zu stellen war so etwas wie der geheime Garant der eigenen Entlastungsfunktion. Nicht umsonst hatte sich die damalige Neue Linke wie von einem inneren Magnetismus getrieben – als hätte es keine naheliegenderen Herausforderungen gegeben – auf den Nahostkonflikt kapriziert, sich mit den Palästinensern, insbesondere ihrer aggressivsten Organisationen, identifiziert und die Wurzel aller aufgetretenen Probleme bei den Israelis diagnostiziert. So konnten unverarbeitete psychische Probleme zum Motor eines vermeintlich politischen Projekts werden. Beim vielbeschworenen Frieden im Nahen Osten dürfte es aus dieser Sicht wohl in erster Linie um den inneren Frieden deutscher Aktivisten gegangen sein.

Die verhängnisvollen Folgen des Kurswechsels

Was folgte nun aber aus dem seit dem Sommer 1967 offen zu Tage getretenen Kurswechsel? So richtig sichtbar wurde das erst zwei Jahre später, als die außerparlamentarische Bewegung ihren Zenit bereits überschritten hatte. Als der israelische Botschafter Asher Ben-Nathan im Juni 1969 an der Frankfurter Universität unter dem Titel »Frieden in Nahost« einen Vortrag zur israelischen Position halten wollte, stieß er in dem Hörsaal bezeichnenderweise auf erbitterten Widerstand. Es war ein Bündnis zwischen dem SDS und der *Generalunion Palästinensischer Studenten* (GUPS), das den Protest organisiert hatte. Die aufgeheizte Stimmung schlug endgültig um, als der Botschafter die Existenz des Staates Israel und einer zionistischen Politik als Selbstverständlichkeit bezeichnete. Als sich Ben-Nathan weigerte, der Aufforderung des ehemaligen SDS-Bundesvorsitzenden Karl Dietrich Wolff, eine frühere Bemerkung zurückzunehmen, in der er protestierende Studenten als »Neonazis« bezeichnet hatte, Folge zu leisten, ging sein Vortrag in Sprechchören unter. »Es würde«, erhob Ben-Nathan daraufhin seine Stimme, »ein geschichtliches Ereignis sein, wenn sie diese Diskussion heute Abend unmöglich machen. Dies nämlich ist in Deutschland das letzte Mal vor 34 Jahren geschehen.«[17] Und genau das geschah.

Die Störung und der Abbruch der Vortragsveranstaltung mit dem israelischen Botschafter fand in der bundesdeutschen Presse ein großes, durchweg negatives Echo. Das Präsidium der *Deutsch-Israelischen Gesellschaft* (DIG) appellierte anschließend an alle Studenten, »sich geschlossen gegen die anti-israelische Agitation und den Meinungsterror der SDS-Gruppen zur Wehr zu setzen«. Es dürfe nicht so weit kommen, dass aus der deutschen Studentenschaft eine »neue Judenfeindschaft im Gewande des Antizionismus« erwachse. Der

SDS-Bundesvorstand wies in einer umfangreichen Presseerklärung den von verschiedener Seite erhobenen Vorwurf zurück, die gegen die Äußerungen von Botschafter Ben-Nathan gerichteten Sprechchöre seien Ausdruck eines »Antisemitismus der Linken« gewesen.[18] Und in einer vom Allgemeinen Studentenausschuss (AStA), dem SDS, der GUPS und anderen Gruppierungen herausgegebenen Presseerklärung, wurde einerseits zwar »für eine rationale Diskussion ohne Diskriminierung von Juden und Arabern« geworben, andererseits aber der Zionismus als eine aus prinzipiellen Gründen unakzeptable Position dargestellt: »Denn wer von der Selbstverständlichkeit des Zionismus ausgeht, unterstellt einen rein jüdischen Staat, in dem Araber keinen Platz haben oder nur als Unterdrückte leben können [...] man muss Partei ergreifen, entweder für die zionistischen Unterdrücker oder für die jüdischen und arabischen sozialrevolutionären Kräfte.«[19] Das war eindeutig und geradezu ein Signal, die Störaktionen weiter fortzusetzen.[20]

Doch es kam noch etwas anderes, weitaus Gefährlicheres hinzu. Nur wenige Wochen nach dem Frankfurter Eklat starteten etwa zwei Dutzend, aus verschiedenen Hochschulorten stammende SDS-Mitglieder vom Rhein-Main-Flughafen aus zu einem Flug in die jordanische Hauptstadt Amman, wo sie sich in einem in der Nähe gelegenen Lager der 1959 von dem PLO-Vorsitzenden Jassir Arafat und anderen Palästinensern gegründeten Guerillaorganisation *El Fatah* militärisch drillen und ausbilden ließen.[21] Damit waren gewissermaßen die Voraussetzungen für eine antiisraelische Kampfgenossenschaft für die Begehung terroristischer Kommandoaktionen zwischen Palästinensern und jungen linksradikalen Bundesdeutschen geschaffen worden. Die siebziger Jahre schienen in dieser Hinsicht jedenfalls nichts Gutes mehr verheißen zu können.

Was die formierende Phase in der antiisraelischen und zum Teil auch antijüdischen Frontstellung angezeigt hatte, kam dann unter den Vorzeichen eines sich mittlerweile herauskristallisierenden linken Terrorismus erst richtig zum Ausbruch. Der Rubikon zwischen einer antizionistischen Haltung und einer antisemitischen Tat wurde am 9. November 1969 endgültig mit einem Bombenanschlag auf die Teilnehmer einer Gedenkfeier überschritten, mit der der jüdischen NS-Opfer gedacht werden sollte.[22] Am 31. Jahrestag des Nazi-Pogroms wollten Mitglieder der ersten Gruppierung, die aus der Studentenbewegung hervorgegangen war, nach einer militärischen Ausbildung durch Palästinenser in den Untergrund abtauchte und sich nach südamerikanischem Vorbild *Tupamaros* nannte, die *Tupamaros Westberlin* (TW), für ein Fanal sorgen. Die Bombe versagte zwar, der Schock jedoch saß tief. NS-Überlebende hätten erneut Opfer werden sollen – diesmal durch die Kinder der Täter-Generation. Der Bombenleger, ein jüngerer Bruder des ehemaligen Berliner SDS-Vorsitzenden Tilman Fichter, hatte zeitweilig selbst zu jenen gehört, die sich mit Israel emphatisch solidarisierten. Um den jüdischen Staat zu unterstützen, hatte er sogar eine Zeit lang in einem Kibbuz gearbeitet.[23]

Im Februar 1970 folgte ein Brandanschlag auf das Israelitische Gemeindehaus in München, dem sieben Holocaust-Überlebende zum Opfer fielen, dessen Täter zwar nicht überführt werden konnten, die aber nach Ansicht der Ermittler entweder unter den Mitgliedern der *Tupamaros München* (TM), einer Parallelorganisation der TW, oder in ihrem unmittelbaren Umfeld hätten zu suchen sein müssen.[24]

In den Jahren darauf zeigte sich jedenfalls, dass die Kooperation zwischen bundesdeutschen Terroristen und palästinensischen Guerillaorganisationen wie der *Popular Front for the Liberation of Palestine* (Volksfront für die Befreiung Palästinas, PFLP) Schritt für Schritt weiter ausgebaut wurde. Es gab auch Anzeichen dafür, dass selbst der im September 1972 während der Olympischen Spiele in München von einem Kommando des *Schwarzen September* auf die israelische Mannschaft verübte Überfall nicht ohne Unterstützung bundesdeutscher Helfer möglich gewesen wäre. Die Entwicklung kulminierte schließlich in einer Ende Juni 1976 von zwei Bundesdeutschen im Auftrag der PFLP orchestrierten Flugzeugentführung, die auf dem Flughafen der ugandischen Stadt Entebbe zu einer Selektion zwischen jüdischen und nichtjüdischen beziehungsweise – die Aussagen der am Ende von der israelischen Luftwaffe Geretteten differieren in diesem Punkt voneinander – israelischen und nichtisraelischen Geiseln führte.

Was sich spätestens seit dem im Juni 1967 zugetragenen Sechstagekrieg an Antiisraelismus und Antizionismus manifestiert und in den Jahren darauf in einzelnen Schüben bis zu einem offenen Antisemitismus der Tat radikalisiert hatte, gehörte zu den bedenklichsten Ausformungen einer einst unter legitimen Vorzeichen gestarteten Protestbewegung, die in ihrer Hochzeit 1967/68 eine bemerkenswerte außerparlamentarische Opposition auf die Beine zu stellen in der Lage war. So weitreichend der Kurswechsel von pro-israelisch zu pro-palästinensisch eingestellten Aktivisten innerhalb dieses Spektrums auch gewesen sein mag, so sollte er dennoch keinen Grund dafür liefern, im Nachhinein alle der damaligen Gruppen und Akteure pauschal zu verdächtigen und für die judenfeindlichen Losungen, Aktionen und Verbrechen sozusagen in Mithaftung zu nehmen. Es war in gewisser Weise ein Prozess der Abspaltung und der Potenzierung, der sich seinerzeit abgespielt und eine Minderheit innerhalb der radikalen Linken letztlich zu ihren Taten bewogen hat.[25]

2.
Vergangenheiten

Hitlers Kinder?

Die 68er-Bewegung im Schatten der NS-Vergangenheit
Zur Analogiekonstruktion des NS-Historikers Götz Aly

2008 hatte sich gezeigt, dass der zu den Jahrestagen jeweils aufflackernde Streit um eine angemessene historische Bewertung der 68er-Bewegung keineswegs beendet war. Noch immer war eine Kakophonie von Stimmen zu vernehmen, unter denen besonders bizarre Laute mitunter am stärksten herauszuhören gewesen sind. Dabei schlug die Frage, welche Perspektive wohl die angemessenste und erkenntnisreichste sein würde, häufig wie ein Pendel hin und her. Die anfängliche Fixierung auf das Westberliner und bundesdeutsche Geschehen war mehr und mehr einer multiperspektivischen Öffnung auf die internationalen Ereignisse gewichen. Dieser Wandel hatte in einer Art Gegenbewegung jedoch auch zu der skeptischen Nachfrage geführt, ob durch die Erweiterung des Blicks nicht zugleich auch einer Nivellierung der deutschen Faktoren Vorschub geleistet werden würde. Schließlich war unbestreitbar, dass die bundesrepublikanische Variante im internationalen Kontext der 68er-Bewegungen einen gravierenden Sonderfall darstellt.

Nirgendwo sonst ist die Erbitterung, mit der um eine Veränderung der Gesellschaft und eine grundlegende Umwandlung des politischen Systems gestritten wurde, derartig heftig gewesen wie in jener Nachkriegsrepublik, die nur so schwer aus dem Schatten ihrer Vorvergangenheit herauskommen wollte. Auch in den häufig zum Vergleich herangezogenen Fällen der beiden ehemaligen Achsenmächte nicht. Sowohl im Falle Italiens wie in dem Japans haben wir es mit modernen Industriegesellschaften zu tun, die ihren Wiederaufstieg nach ihren jeweiligen Niederlagen im Zweiten Weltkrieg der Westbindung und damit vor allem den USA zu verdanken haben. Die Legitimationsschwächen ihrer Nachkriegsdemokratien haben im Kontext des Vietnamkrieges ebenfalls radikale Studentenbewegungen hervorgebracht, von denen sich gleichfalls Teile in einem über viele Jahre andauernden Terrorismus verfingen. Bei ihnen mangelt es jedoch trotz des Mussolini-Faschismus und des Tenno-Imperialismus gleichermaßen an einer Dimension wie der von den Nazis industriell betriebenen Massenvernichtung der europäischen Juden.

Historische und geopolitische Besonderheiten der 68er-Bewegung

Insofern ist die 68er-Bewegung in der Bundesrepublik trotz zahlreicher soziologischer und ideologischer Gemeinsamkeiten ein ganz eigenes Phänomen gewesen. Die Wurzeln dafür lagen letztlich in der NS-Vergangenheit, dem Zweiten Weltkrieg und insbesondere der Vernichtung der europäischen Juden, dem Holocaust. Darüber hinaus aber auch in den elementaren Folgen, die der extremste Fall im »Zeitalter der Extreme« (Eric Hobsbawm) in macht- und geopolitischer Hinsicht gezeitigt hatte: der Spaltung Deutschlands, dem Ost-West-Konflikt und dem Kalten Krieg. Es ist alles andere als Zufall, dass die bundesdeutsche Variante der 68er-Bewegung im zugespitztesten geopolitischen Resultat einer massenmörderischen Machtpolitik nach 1945 entstanden ist, in dem von der DDR umgebenen, von sowjetischen Großmachtinteressen bedrohten und den West-Alliierten kontrollierten West-Berlin.

Als eines der markantesten Geburtsmerkmale der Studentenbewegung muss deshalb die Spannung zwischen den Westmächten und dem Sowjetkommunismus, als dessen Dependance die DDR und machtpolitisches Instrument die SED angesehen werden können, ausgewiesen werden. Die Ost- und Westmächte trafen hier – wenn man einmal von der Konfrontation zwischen Nord- und Südkorea absieht – wie nirgendwo sonst aufeinander. Systemfragen nach den Vor- und Nachteilen von Kapitalismus und Sozialismus waren mehr als nur abstrakte Auseinandersetzungen; sie betrafen den Kern der politischen Existenz und waren insofern schon durch externe Faktoren und Umstände hochgradig aufgeladen.

Wer zu jener Zeit in West-Berlin lebte, der musste Position beziehen. Eine unentschiedene ausweichende Haltung zu den brennendsten Problemen konnte sich kaum jemand leisten. All dies schlug sich auch im besonderen Charakter der Freien Universität (FU)nieder, aus der mit der Studentenbewegung der Beginn der 68er-Bewegung hervorgegangen ist. Die FU war 1948 aus einem Konflikt mit den östlichen Machthabern hervorgegangen und beanspruchte schon ihrem Namen nach, eine Antithese zur Erziehungsdiktatur des sozialistischen Staates zu sein. Insofern symbolisierte die FU zugleich auch einen weltanschaulichen Anspruch, den es praktisch einzulösen galt. Die akademische Institution verkörperte wie keine zweite den Wertekodex des sogenannten freien Westens. Die in einer beschaulichen Umgebung im Stadtteil Dahlem angesiedelte Universität lag in Wirklichkeit an einer ideologischen Front.

Nicht zufällig mussten die nicht eingelösten Werteimplikationen ihrer Gründung in dem Moment virulent werden, als die USA 1965 dazu übergingen, in Vietnam einen offenen Krieg zu führen. Die antikommunistische Rechtfertigung dieses Einsatzes, der schließlich über ein Jahrzehnt anhalten sollte, ging mit einem erheblichen Glaubwürdigkeitsverlust einher. Der Garant westlicher Freiheit erschien plötzlich als imperiale Macht, die auch vor der Bombardierung eines armen südostasiatischen Volkes nicht zurückschreckte. Diese Desillusionierung bildete zusammen mit der Unaufrichtigkeit der älteren Generation gegenüber der NS-Vergangenheit, dem Mangel einer parlamentarischen Opposition nach der Koalitionsbildung von Christ- und Sozialdemokraten in Bonn und der Furcht vor der Inauguration eines neuerlichen autoritären Staates mittels der Notstandsgesetze ein Gemisch grundsätzlicher Zweifel an der Verfasstheit des westlichen Demokratiemodells.

Der Funke eines einzelnen Ereignisses reichte nun aus, um die Revolte zu entfachen. Dieser Funke war schließlich die Erschießung von

Benno Ohnesorg im Zusammenhang mit der Anti-Schah-Demonstration am 2. Juni 1967. Während zuvor verschiedene inneruniversitäre Konflikte noch im akademischen Rahmen versandet waren, entzündete sich durch den Tod eines Kommilitonen nicht nur die Stimmung in der geteilten Stadt, sondern der Funke sprang auch auf Westdeutschland über und breitete sich rasch von einer Universität zur anderen aus. Als aktivistischer Motor der außerparlamentarischen Bewegung trat dabei der SDS auf, der bundesweit über kaum mehr als 2000 Mitglieder verfügte.

Jillian Beckers Formel »Hitlers Kinder«

Von Anfang an hat es im Zusammenhang mit der 68er-Bewegung nicht an Zerrbildern, tollkühn anmutenden Analogien und Zuschreibungen gefehlt, die kaum etwas anderes als die Stigmatisierung eines neuen, nur schwer einzuschätzenden politischen Gegners bezwecken sollten. Zu nennen sind die Springer-Presse, die die linken Rebellen an der FU unablässig als Krawallmacher, Rabauken und Wiedergänger der SA meinte demaskieren zu können, Parteipolitiker, nicht zuletzt Sozialdemokraten, die auf Kurt Schumachers Warnung vor den »rotlackierten Nazis« verwiesen, um damit auszudrücken, wie ähnlich und im Grunde genommen austauschbar radikale Linke und Rechte seien.

Dabei fehlte es nicht an der sich wissenschaftlich gebenden Begleitmusik. Als exemplarisch für eine Reihe von Publikationen, mit denen offenbar der Vormarsch linker Theorien eingedämmt werden sollte, kann der von dem Kölner Soziologen Erwin K. Scheuch herausgegebene Band »Die Wiedertäufer der Wohlstandsgesellschaft« angesehen werden.[1] Er stellte sie in eine Parallele zur chiliastischen, im 16. Jahrhundert aktiven Bewegung der Wiedertäufer, um ihr Erweckungsbedürfnis und ihre Realitätsverweigerung brandmarken zu können. Dabei übernahm er die von Otto-Ernst Schüddekopf geprägte Formel der »Linken Leute von Rechts«, mit denen er nun die »Neue Linke« meinte diskreditieren zu können.[2] Die Protagonisten der APO waren für ihn weder neu noch links, sondern totalitär und gefährlich wie die politischen »Brandstifter und Mörder« des 20. Jahrhunderts; sie waren für ihn nichts anderes als »Gesinnungskriminelle«. Bereits Scheuch, der noch zwei Jahre zuvor zu den erklärten Gegnern der Notstandsgesetzgebung gehörte, setzte also die Rebellen der 68er-Bewegung ohne erkennbare Hemmungen mit den Propagandisten der Vernichtungspolitik totalitärer Regime gleich.[3] Und in einer Monographie, in der es sich die Neue Linke gefallen lassen musste, mit der rechtsextremen *Nationaldemokratischen Partei Deutschlands* (NPD) auf eine Stufe gestellt zu werden, wurde mit dem Titel »Hitlers und Maos Söhne« bereits die Figur der Generationenabfolge als Erklärungsansatz bemüht.[4]

An dieses Muster knüpfte auf dem Höhepunkt der von der terroristischen RAF im Herbst 1977 ausgelösten Sicherheitskrise eine Autorin an. Es war die britische Publizistin Jillian Becker, die die ebenso provokative wie griffige Formel »Hitlers Kinder« ins Rampenlicht stellte. Sie hatte damit jedoch nicht primär die 68er-Bewegung, sondern in erster Linie mit der RAF ihr wohl radikalstes und wirksamstes Zerfalls- und Folgeprodukt charakterisieren wollen.[5] Wie stark die anfänglichen Vorbehalte, dieses Interpretationsmuster auch nur auf eine terroristische Gruppe angewendet zu sehen, gewesen sind, lässt sich bereits an der ein Jahr später veröffentlichten deutschen Übersetzung erkennen. Der S. Fischer Verlag, in dem dann auch Alys »Unser Kampf« erschien, war offenbar so besorgt, das Publikum zu sehr vor den Kopf zu stoßen, dass er den Titel erst einmal mit einem Fragezeichen versah.[6] Und auch diese Rücksichtnahme schien den damaligen Rezensenten keineswegs auszureichen. So hatte etwa der Politikwissenschaftler Martin Greiffenhagen den von Becker gewählten Titel in einem vielbeachteten, bereits nach Erscheinen der britischen Originalausgabe publizierten *Spiegel*-Essay schlicht als ein »Unglück« bezeichnet.[7]

Becker hatte in ihrem Buch die Entstehung und Entwicklung der ersten Generation der RAF aus dem Zusammenhang der Berliner Studentenbewegung nachgezeichnet. Sie konzentrierte sich dabei auf die

Biographien der RAF-Begründer Andreas Baader, Gudrun Ensslin und Ulrike Meinhof und verknüpfte deren Aufbrüche mit den Lebensgeschichten ihrer Eltern und Erzieher. Dabei kam sie zu dem Schluss: »Es war ihr jugendlicher Ehrgeiz, die Helden zu spielen – jene Helden, die ihre Väter nicht gewesen waren. Hinzu kam noch das Bedürfnis, sich mit Opfern zu identifizieren, und in den späten Sechzigern konnte man oft von Studenten hören: ›Wir sind die Juden von heute.‹ Die Opfer von damals waren nun zu Helden und Märtyrern geworden; und die Kinder derjenigen, die sie zu Märtyrern gemacht hatten, beneideten sie nur um ihr Leid. Dieser ›Leidensneid‹ war nicht die Annahme der Schuld, sondern deren Zurückweisung.«[8] Damit wurden die bis dahin im öffentlichen Diskurs über die Studentenbewegung als gültig unterstellten Paradigmen in gewisser Weise auf den Kopf gestellt.

Dabei spielte ein Gudrun Ensslin zugeschriebener Ausspruch eine zentrale Rolle. Sie soll demnach in unmittelbarer Reaktion auf die Erschießung Ohnesorgs durch die Polizei in der Nacht vom 2. auf den 3. Juni 1967 auf einer spontanen Zusammenkunft im SDS-Zentrum am Kurfürstendamm voller Erregung ausgerufen haben: »Dies ist die Generation von Auschwitz – mit denen kann man nicht argumentieren!«[9] Das war eine programmatisch klingende Formel, die einen Aufruf zur Gewalt, ja gar zum Griff nach den Waffen, nahezulegen schien. An der Authentizität dieses Zitats sind jedoch erhebliche Zweifel angebracht. Becker bezieht ihre Darstellung auf die Schilderung eines Augenzeugen, eines damaligen SDS-Aktivisten und späteren Sozialwissenschaftler. Dieser glaubt sich trotz mehrfach geäußerter Zweifel auch Jahrzehnte danach noch so daran erinnern zu können. In einem Gespräch mit dem Autor hat er die Frau, von der dieser Ausspruch stammen soll, als Schwarzhaarige beschrieben.[10] Die damals nur Insidern bekannte Ensslin war jedoch – wie auf öffentlich verbreiteten Fotos aus derselben Zeit zu sehen ist – blond- und nicht schwarzhaarig. Dieses Schlüsselzitat, das Eingang in zahlreiche Darstellungen gefunden hat,[11] beruht also – falls die Worte in dieser Form überhaupt gefallen sein sollten – möglicherweise auf einer falschen persönlichen Zuordnung.

Doch bereits in ihrer Engführung auf die RAF bot Beckers Interpretationsfigur »Hitlers Kinder« Kritikern zahlreiche Angriffsflächen. Stellte sie nicht einen Kurzschluss dar, eine Pseudothese, die alle Optionen in negativer Hinsicht bot? Und führte die Rückbindung an die Nazi-Generation nicht zu einer familienpsychologischen Reduktion? Damit konnte gleichzeitig vieles, was an positiven Impulsen von der 68er-Bewegung ausgegangen war, durch ihre Gleichsetzung mit der RAF neutralisiert werden. Durch die unmittelbare Rückbindung an Hitler wurden sie samt ihrer politischen Praxis in den Schatten der nationalsozialistischen Massenvernichtung, des jeden kategorialen Rahmen sprengenden Mordes an den europäischen Juden gestellt.

Andererseits hat es in den letzten Jahren nicht an konkreten Forschungsergebnissen gemangelt, in denen eine ganze Reihe der bereits von Becker herausgestellten weltanschaulichen Verkehrungen für einzelne prominente Aktivisten der 68er-Bewegung nachgewiesen werden konnte. Einige Befunde der jüngeren historischen Forschung können belegen, wonach sich mit Antizionismus und Antiamerikanismus prekäre Kontinuitätselemente zur älteren Generation nachweisen lassen. Am deutlichsten ist das an zwei Bruchstellen geworden, die einen gravierenden Einstellungswandel zu Beginn und zum Ende der 68er-Bewegung markieren.

Die pro-israelische Haltung linker Studentenorganisationen, die sich in zahlreichen Kontakten, insbesondere Besuchsdelegationen und Kibbuz-Aufenthalten niedergeschlagen hatte und zum Teil auch in Israel selbst jahrelang als Vorreiter für eine Politik der Aussöhnung verstanden worden war, wich genau im Juni 1967, in der Zeit also, in der sich, ausgelöst durch die tödlichen Schüsse auf Benno Ohnesorg, eine bundesweite Studentenbewegung herauskristallisiert hatte, einer mehr als nur kritischen, häufig grundsätzlich ablehnenden, sich mehr und mehr in einer einseitigen Parteinahme für die Sache der Palästinenser manifestierenden Position.[17] Durch den sich Anfang Juni abspielenden Sechstagekrieg hatte sich das Verhältnis des SDS zum Staat Israel massiv verändert. So wie die Hochschulgruppe der SPD seit Anfang der 1950er Jahre eine Vorreiterrolle für die Wiedergutmachung der Nazi-Verbrechen am jüdischen Volk und die Anerkennung des Staates Israel gespielt hatte, so nahm sie nun – nachdem sie 1961 aus der Mutterpartei hinausgeworfen worden war – die Aufgabe einer Avantgarde für die um staatliche Unabhängigkeit kämpfenden Palästinenser wahr. Aggression und Expansion lauteten die insgeheimen Stichworte zur Charakterisierung der israelischen Politik. Zionismus wurde unter Abstraktion von seinen historischen Entstehungsbedingungen mit Kapitalismus, Kolonialismus und Imperialismus gleichgesetzt. Das war eine an Eindeutigkeit kaum noch zu überbietende Feinderklärung an den Staat Israel und den dort lebenden jüdischen Bürgern. Im Kern ging es ab dem Sommer 1967 plötzlich darum, Israel das Existenzrecht zu verweigern. Das war der erste Bruch. Der zweite zeichnete sich im Herbst 1969 ab.

Insbesondere in der Westberliner Szene mehrten sich die Anzeichen für einen militanten Antizionismus. Ihre Parole »Schlagt die Zionisten, wo ihr sie trefft!«[13] schien die Umwandlung eines berühmten, von dem Hamburger Kommunisten Heinz Neumann 1929 formulierten Kampfaufrufs zu sein. So jedenfalls lautete es im wichtigsten Szene-Blatt, der durchschnittlich in einer Auflagenhöhe von 10 000 Exemplaren erschienenen *Agit 883*. Es kam zu ersten Überfällen und Anschlägen. Im Herbst erfolgte dann ein missglückter Bombenanschlag auf das Jüdische Gemeindehaus in Berlin.[14] Die Bombe war am 9. November 1969 im Inneren des Gebäudes deponiert worden. Ihr Zeitzünder war genau auf jenen Augenblick eingestellt worden, als sich auf dem davor gelegen Hof mehrere Hundert Menschen versammelt hatten, um der jüdischen Opfer zu gedenken, die 31 Jahre zuvor von den Nazis verfolgt, gedemütigt und umgebracht worden waren.[15]

Ganz offensichtlich war eine Aktivistengruppe aus der Zerfallsmasse der 68er-Bewegung dazu übergegangen, neue Formen einer gewaltsamen Eskalationsstrategie auszuprobieren. Indem Jüdische Gemeinden zu »Agenturen des zionistischen Staates Israel« erklärt wurden, gehörten sie plötzlich mit zur »Kampfzone« des Nahostkrieges. Das Kapitel »Stadtguerilla«, das bereits ein halbes Jahr vor Gründung der RAF begonnen hatte, war unter bundesdeutschen Vorzeichen schlichtweg identisch mit einem antisemitischen Anschlag.

Als im Frühsommer 2007 damit begonnen wurde, des 40. Jahrestages der Ermordung Benno Ohnesorgs zu gedenken, hatten derartige Ergebnisse zu einer nachhaltigen Irritation geführt. In der Wochenzeitung *Die Zeit* war der Journalist Jens Jessen dem nachgegangen: »Die verstörendste Frage, die sich an die 68er stellen lässt, ist die Frage, ob sich hinter ihrer linken Aufbruchsrhetorik nicht am Ende ein heimliches Treueverhältnis zu dem nazistischen Weltbild ihrer Eltern verborgen habe.«[16] Das Jahrzehnte lang gepflegte Selbstverständnis der Rebellen, sie hätten als Antifaschisten in einer faschistisch geprägten Gesellschaft agiert, könnte demzufolge also auf einem Trugschluss basieren. Der in ihren Reihen verbreitete Antizionismus und Antiamerikanismus stünde dazu jedenfalls in einem eklatanten Widerspruch und nährte den Verdacht, dass sich dahinter insgeheim eine deutsche Kontinuität verbergen würde. Vielleicht seien »Traditionen«, die auf der Oberfläche abgewehrt wurden, in Wirklichkeit »unbewusst tradiert« worden. Damit waren einige der von Jillian Becker aufgeworfenen Fragen erneut ins Zentrum der öffentlichen Aufmerksamkeit gerückt worden.

Götz Alys »Unser Kampf«

Nun hat im Jubiläumsjahr 2008 eine Publikation die historischen Hintergründe und Wirkungszusammenhänge der 68er-Bewegung in der Bundesrepublik auf eine bislang beispiellose Weise zu skandalisieren vermocht. Bei dem von dem Ex-Aktivisten und späteren NS-Historiker Götz Aly[17] verfassten Werk, das seit dem Erscheinen die Gemüter bewegt hat, dürfte es sich jedoch eher um ein Pamphlet als um – wie noch zu zeigen sein wird – eine historische Studie handeln.[18] Bereits mit dem ostentativ an Hitlers berüchtigte Autobiographie anknüpfenden Titel »Unser Kampf« sollte ganz offensichtlich eine Provokation bewirkt werden. Zugleich verrät der Titel eine Anmaßung. Durch die Verwendung der ersten Person Plural maßt Aly sich an, für eine Bewegung und damit im Nachhinein für einen Kollektivzusammenhang, den der 68er, sprechen zu können.

Durch die Absicht, die Geschichte der 68er-Bewegung vornehmlich unter dem Dach der NS-Vergangenheit zu erörtern, sollte der Gedanke nahegelegt werden, dass diese am angemessensten als Ableger der NS-Bewegung betrachtet werden könne. Aus der Perspektive einer Generationenkonstruktion erschienen die »33er« als die Eltern und die 68er als deren Abkömmlinge, als »Hitlers Kinder«. Im Grunde genommen hatte es sich der Autor zur Aufgabe gemacht, alles zu unternehmen, um die »68er« als in der Wolle gefärbte »33er« und insofern als Wiedergänger der schlimmsten Variante des Totalitarismus darstellen zu können. Dieser auf einer monströsen Gleichsetzung basierende Ansatz geht jedoch – wie anfangs gezeigt worden ist – auf eine längere Tradition zurück und ist weder neu noch originell.

Alys Band kommt als Enthüllungsbuch daher. Er ist eine Mischung aus historischer Recherche und autobiographischer Rückbetrachtung. Von seinem partikularen Blickwinkel aus meint er immer aufs große Ganze schließen zu können. Dabei kann er die Kernzeit der Studentenbewegung gar nicht aus eigener Anschauung kennen. Denn er ist erst relativ spät dazu gestoßen. Als er im Wintersemester 1968/69 an die Freie Universität kam, hatte diese ihren Rang als Geburts- und Zentralort der 68er-Bewegung bereits eingebüßt. Seine Erfahrungen sind die eines zu spät gekommenen Linksradikalen, der zu Beginn der siebziger Jahre vom Otto-Suhr-Institut aus den »Hochschulkampf« zu betreiben und in der Gefangenen-Hilfsorganisation *Rote Hilfe* die RAF zu unterstützen versucht hat. Dabei macht er seine Sicht zum Maß aller Dinge. Partielle Ausschnitte geraten ihm zum Panorama, aus dem er in kühner Manier meint die Essenz der 68er-Geschichte ablesen zu können.

Die bis dahin zur 68er-Bewegung publizierten Werke qualifiziert er pauschal als »Veteranenliteratur« ab, deren Autoren nichts anderes als die im Kontext der damaligen Bewegung hervorgebrachten Druckerzeugnisse zur Kenntnis genommen hätten. Mit seiner eigenen Publikation beansprucht er als Erster Quellen des Bundesamtes für Verfassungsschutz genutzt zu haben.[19] Er stützt sich zudem maßgeblich auf Zeugnisse, die von Professoren wie Ernst Fraenkel und Richard Löwenthal stammen, die nach ihrer Rückkehr aus der Emigration in Konflikt mit ihren linken Studenten, darunter Dutschke, Rabehl und andere Wortführer des SDS, geraten waren und auf von der Bundesregierung in Auftrag gegebene Studien des Allensbacher Instituts für Demoskopie zum Thema »Student und Politik«. Der Eindruck einer ausgewogenen Quellenbasis ist insgesamt jedoch trügerisch. Die bedeutendste Quelle seiner Darstellung ist seine eigene Erfahrung als Student der Politikwissenschaft am Otto-Suhr-Institut an der Freien Universität Berlin. Dadurch gerät seine Studie wegen des subjektiven Zeitfensters und der damit einhergehenden Obsessionen bereits in ihrem empirischen Ansatz in eine gehörige Schieflage.

Aly ist dafür bekannt, dass er Historiker-Kollegen wegen vermeintlicher oder tatsächlicher Fehler hochnäsig als Dilettanten abkanzelt. So warf er etwa dem Sozialhistoriker Hans-Ulrich Wehler, der in Deutschland vielen als Doyen moderner Geschichtsschreibung gilt, vor, dass er seine Darstellungen nicht am Quellenmaterial überprüfe, weil er sich in den Archiven die Hände nicht schmutzig machen wolle.[20] Angesichts dieses Hochmuts muss es umso überraschender erscheinen, dass es in Alys eigenem Buch vor Fehlern nur so wimmelt. So schreibt er etwa, dass der SDS 1947 gegründet worden sei (40) oder die Partei der Grünen wegen ihrer Unfähigkeit, die DDR und die Wiedervereinigung zu begreifen, 1992 aus dem Bundestag herausgeflogen sei (13). Das eine geschah ein Jahr, das andere zwei Jahre früher. Noch gravierender war seine Behauptung, dass mit Karl-Heinz Kurras jener Polizist, der die tödlichen Schüsse auf Ohnesorg abgegeben hatte, 1970 in zweiter Instanz zu zwei Jahren Haft verurteilt worden sei und davon vier Monate abgesessen habe (27). Das war frei erfunden. Kurras war in allen drei Prozessen (1967, 1970, 1971) freigesprochen worden und hatte deswegen nie auch nur eine Minute in Haft verbracht.[21] Des Weiteren stieß seine voller Empörung vorgetragene Behauptung, die 68er hätten sich nicht um die in ihrem Jahr stattgefundenen Gerichtsverfahren gegen NS-Straftäter gekümmert, unter Fachleuten auf dezidierten Widerspruch.[22]

Auch seine im Tremolo der Entrüstung vorgebrachte Klage, Richard Löwenthals am 8. Juni 1967 im Auditorium Maximum der Freien Universität gehaltene Rede über »Studenten und demokratische Öffentlichkeit« fände sich »in keiner der umfangreichen Dokumentationen« (94), weil die von einstigen Linksradikalen herausgegebenen Quellensammlungen nichts anderes als »selbstlegitimatorische Tendenzgeschichte produzierten«, hielt einer Überprüfung nicht statt. Aly hatte die von Siegward Lönnendonker, Tilman Fichter und Jochen Staadt erstellte FU-Dokumentation, in der die Rede abgedruckt ist, selbst in seiner Bibliographie angeführt (241).[23] Als es sich die Bundeszentrale für politische Bildung nicht nehmen ließ, Alys fehlerhafte Provokation in ihr Buchprogramm aufzunehmen, löste das in der Öffentlichkeit Kopfschütteln aus.[24] Das vorrangige Problem seiner Publikation liegt jedoch nicht in sachlichen Fehlern. Diese wären, sofern sie erkannt würden, auch leicht korrigierbar. Es ist eher die Methode, der sich Aly bedient, die deshalb so schwer korrigierbar ist, weil sie die Voraussetzung seiner gesamten Darstellung ausmacht.

Aly behauptet in seinem Buch gleich zu Beginn, die »deutschen Achtundsechziger« seien in hohem Maße von den »Pathologien des 20. Jahrhunderts getrieben« worden. Ihren Eltern, den »Dreiunddreißigern«, ähnelten sie damit »auf elende Weise« (7). Als Beleg führt er dafür die Verachtung des Pluralismus, ihre Vorliebe für Kampf und Aktion an, ihren Größenwahn, ihre Rücksichtslosigkeit, den ausgeprägten Hang zum Personenkult, Selbstermächtigung, einen zum Furor entgrenzten Veränderungsdrang sowie eine »Lust an der tabula rasa und der Gewalt«.

Die 68er hätten »an die Erbmasse der rechtsradikalen Studentenbewegung der Jahre 1926 bis 1933« (10) angeknüpft und nach 1945 »das nazistische Restgift in sich« (69) getragen. Aly scheut sich aus diesem Ansatz heraus auch nicht, Personalisierungen und enge Parallelisierungen zwischen Dutschke und Hitler beziehungsweise Dutschke und Goebbels vorzunehmen. So behauptet er, ähnlich wie der Wortführer des SDS habe der spätere Propagandaminister der Nazis »sein akademisches Publikum zur Bildung revolutionärer Bewusstseinsgruppen« (180) aufgefordert.

Als Kronzeuge für seine Sichtweise dient ihm der damalige Bundeskanzler Kurt-Georg Kiesinger. Dem Mann, der bereits 1933 in die NSDAP eingetreten war, sich im Reichsaußenministerium zum stellvertretenden Leiter der Rundfunkpolitischen Abteilung hochgedient und in dieser Funktion dem Reichspropagandaministerium zugearbeitet hatte, attestiert er, dass er im Umgang mit den rebellierenden Studenten »besorgt und besonnen« gehandelt habe (33–38). Das mag punktuell vielleicht sogar der Fall gewesen sein. Dieses Urteil trägt jedoch in keiner Weise dem Umstand Rechnung, dass Kiesinger auf Vorwürfe, die in jener Zeit seine eigene NS-Vergangenheit betrafen, höchst unsouverän reagiert hat. Als er sich im Juli 1968 gezwungen sah, im Prozess gegen einen früheren Legationsrat im Auswärtigen Amt, der der Beihilfe zur Deportation von Juden beschuldigt worden war, auf einer Sondersitzung des Frankfurter Landgerichts in Bonn als Zeuge aufzutreten, behauptete er, dass er weder »aus Überzeugung« noch »aus Opportunismus« in die NSDAP eingetreten sei. Auf seine Ankündigung, seine wirklichen Motive näher zu erläutern, warteten die zahlreichen Journalisten jedoch vergeblich. Er machte sie weder bei dieser noch bei irgendeiner anderen Gelegenheit wahr und blieb somit eine glaubwürdige Erklärung wie viele andere Politiker – darunter der damalige Bundespräsident Heinrich Lübke, dem vorgeworfen worden war, er sei am Bau von Konzentrationslagern beteiligt gewesen – schuldig.

Aly vertritt mit Aplomb die These, dass es sich bei der 68er-Bewegung um einen »sehr deutschen Spätausläufer des Totalitarismus« (8) gehandelt habe. Obwohl er mit der Bemerkung, dass er keine Gleichstellung von »Rot und Braun« im Sinne habe, einen naheliegenden Verdacht auszuräumen versucht, so unterstellt er ihr doch ein hohes Maß an Ähnlichkeit mit der NS-Bewegung. Die Symptome, die er dafür aufzählt, sind zahlreich und nicht ohne weiteres von der Hand zu weisen: In beiden Fällen ging es um die Missachtung von rechtsstaatlichen Institutionen, die Verklärung der eigenen Akteurskohorte als »Bewegung«, einen gegenüber dem üblichen politischen Handeln zugespitzten Aktionismus, einen ebenso entgrenzten wie ungebremsten Utopismus, zahllose antibürgerliche Affekte sowie einen durchgängig zu beobachtenden Anti-Liberalismus.

Die totalitäre Symptomatik beider »Bewegungen« ist offenbar vergleichbar, doch ist sie auch überzeugend? Und besteht ihre entscheidende Differenz tatsächlich darin wie von ihm behauptet, dass die eine beim Kampf um die Staatsmacht »gesiegt« und die andere »verloren« hat?

Methodische und andere Probleme

Aly macht mit seinem Untersuchungsgegenstand kein großes Federlesen. Er verzichtet weitgehend auf die für theoretische Erörterungen unabdingbare Notwendigkeit, zu Vermittlungen zu gelangen; diese scheint ihm völlig fremd zu sein. Stattdessen postuliert er munter drauflos. Am stärksten werden seine Defizite dort deutlich, wo er den Wirkungszusammenhang zwischen den beiden von ihm in den Fokus gerückten Generationen genauer hätte bestimmen müssen. Doch Aly verfügt über kein theoretisches Instrumentarium, um zwischen der von ihm als »33er« etikettierten Nazi-Generation und der ihrer Kinder, einer vermeintlichen »68er-Generation«, vermitteln zu können.[25] Stattdessen spricht er populärwissenschaftlich trivialisierend von einem »nazistischen Restgift«, das angeblich unter den Jüngeren von den Älteren übriggeblieben sei. Was meint das aber, eine totalitäre Ideologie, einen Werteverlust, eine menschenverachtend-zerstörerische Haltung oder Weltanschauung? Und wenn sich ein solcher Befund diagnostizieren lassen sollte – wie ist diese Haltung weitergegeben worden? Haben wir es mit einem sozialen oder einem psychischen Prozess oder einer Kombination von beidem zu tun? Das alles bleibt völlig offen.

Da er sich einer Klärung des von ihm benutzten Generationenbegriffs enthält, mangelt es ihm bereits an der entscheidenden kategorialen Voraussetzung für derartige Operationen. Unter welchen sozialen und historischen Voraussetzungen lässt sich sinnvoll mit dem Begriff der Generation arbeiten? Wo liegen dessen Grenzen? Was konfiguriert einen historischen Typus zur Generation? Und wann ist es sinnvoller lediglich von einer Generationenkohorte zu sprechen? Und in welchen Fällen ist es ganz unangebracht mit diesem Begriff zu hantieren, mit dem im Laufe der letzten beiden Jahrzehnte so viel Schindluder getrieben worden ist?

Unverzichtbare Unterscheidungen zwischen Bewegung und Generation, zwischen 68er-Bewegung und Post-68er-Stromungen, zwischen Polit- und Psychosekten sucht man bei ihm vergeblich. Das Phänomen »68« wird von ihm als eine Einheit behandelt, die sich nicht weiter ändert und weitgehend statisch bleibt. Wenn man jedoch etwa die im SDS maßgeblichen Differenzen zwischen undogmatischen und dogmatischen Marxisten, zwischen sogenannten Antiautoritären und Traditionalisten nicht in den Blick nimmt, dann lässt sich auch kein Zugang für weitreichende Entwicklungsprozesse, Abspaltungen wie Fraktionierungen, emanzipatorische oder totalitarismusverdächtige Folgen gewinnen.

Allerdings muss Aly zugutegehalten werden, dass er sich bei einigen der Negativ-Charakterisierungen, die er geradezu in Serie vornimmt, keineswegs ausnimmt und mit sich kaum weniger schonungslos ins Gericht geht als mit anderen. So beschreibt er etwa, dass er zeitweilig mehr als nur ein Sympathisant der RAF gewesen sein müsse und von den Sicherheitsbehörden wohl als einer ihrer Unterstützer klassifiziert worden wäre. Für die *Rote Hilfe* hatte er 1972 tausend Mark, die aus einem Banküberfall stammten, mit der Anweisung in Empfang genommen, sie im Laufe von vier Wochen zu »waschen«. Wie andere seiner damaligen Gruppe, die vielen als legaler Arm der RAF galt, hatte er den Auftrag erfüllt. Doch so bedenkenswert auch einzelne seiner Rückblicke sein mögen, er tut sich damit keinen Gefallen. Denn er produziert durch seine Analogiebildungen mit dem Nationalsozialismus, seinen Pauschalurteilen, seinen Maßlosigkeiten und Übertreibungen ein regelrechtes Zerrbild der 68er-Bewegung.

Gegen Alys Thesen lassen sich die folgenden Haupteinwände vorbringen:

Er huldigt einer Pauschalvorstellung von den »deutschen Achtundsechzigern«, in der aus für ihn naheliegenden Gründen nicht einmal zwischen den bundesdeutschen Aktivisten und denen in der DDR unterschieden wird. Damit verbaut er sich jeden Zugang zu einem tiefer reichenden Verständnis der damaligen Protestbewegung. Da er keine Binnendifferenzierung zwischen Strömungen, Organisationen und Fraktionen vornimmt, kann er auch keine Binnendynamik im Zusammenhang der Ereignisse erkennen. Durch die eindimensionale Rückbeziehung auf den Nationalsozialismus blendet er auf der anderen Seite so gut wie jegliche gesellschaftspolitische Kontextualisierung in die damalige Gegenwart aus. Durch die Überbewertung der innerhalb und im Umfeld der 68er-Bewegung zweifelsohne aufgetretenen Negativphänomene verharmlost er umgekehrt den Nationalsozialismus. Dutschke mit Hitler und Goebbels auf eine Stufe zu stellen, ist schlicht hypertroph. Auf der einen Seite dämonisiert er den tragischen Helden der 68er-Bewegung, auf der anderen Seite verharmlost er den Inbegriff des schlimmsten Massenmörders, den die Geschichte erlebt hat, und dessen geifernden Propagandisten. Und durch die Fixierung auf den scheinbar deutschen, in Wirklichkeit jedoch bundesdeutschen Fall reduziert er das Phänomen »68« auf eine quasi-nationale Ebene und ignoriert die internationalen Zusammenhänge und Faktoren.

In gewisser Weise hat Aly nach vier Jahrzehnten den Anschluss ans Ressentiment wiederhergestellt. An eine damals in Boulevardzeitungen wie in der konservativen Presse verbreitete Stimmung, dass »Rot gleich Braun« sei und sich die Mitglieder des SDS wie seinerzeit die der SA benommen hätten. Damit hat er das Handwerk der eingefleischtesten und unbelehrbarsten 68er-Gegner erledigt. Zugleich hat er aber auf der anderen Seite auch den unbelehrbarsten Anhängern und Verklärern der 68er-Geschichte in die Hände gearbeitet. Selten herrschte unter ihnen so viel Einigkeit, dass es nun nur noch darauf ankomme, eine möglichst unüberwindbare Front gegenüber seinen Thesen aufzubauen.

Es war zu erwarten, dass darauf in ebenso kurzschlüssiger wie einfältiger Weise reagiert werden würde.[26] So stellte zum Beispiel die erste von drei linken Hochschullehrern formulierte Kritik an Alys Analogiekonstruktion kaum etwas anderes als Gesinnungsprosa dar, mit der die Ideen von 68 noch einmal samt und sonders verteidigt werden sollten.[27] Neben solch bloß reaktiv ansetzenden Verteidigungen gab es jedoch auch einige differenzierter argumentierende Kommentare.[28]

APO und 68er-Bewegung als Konglomerat heterogener Strömungen

Im Gegensatz zu Alys Darstellung ist daran festzuhalten, dass es sich bei den 68ern um keine Generation, sondern um eine numerisch eher schwache und eine zeitlich zudem ziemlich begrenzte Protestbewegung gehandelt hat, die vom Sommer 1967 bis zum Herbst 1969 andauerte und eine Parallelerscheinung zur damaligen Großen Koalition gewesen ist.[29] Nicht ohne Grund wurde sie damals auch als *außerparlamentarische Opposition* bezeichnet.

Derartige Bewegungen könnten kaum entstehen, wenn die Integrationsfähigkeiten eines parlamentarischen Systems und insbesondere die der in ihnen vertretenen Parteien nicht defizitär wären. Die Entstehung solcher Protestzusammenhänge ist immer auch ein Indiz für das Unvermögen des politischen Systems, soziale Widersprüche und die daraus resultierenden Interessenkonflikte aufzunehmen und sie als Widerstreit von Meinungen innerhalb des Parlaments auszutragen. Das rechtfertigt keinerlei antidemokratische Ideologie, es macht jedoch deutlich, dass systemkritische beziehungsweise systemgegnerische Strömungen nicht einfach vom Himmel fallen.

Die damalige APO war durch eine grundlegende Doppeldeutigkeit bestimmt. Nicht wenige ihrer Aktivisten changierten zwischen Außer- und Antiparlamentarismus hin und her. Dabei traten immer stärker Gruppen in den Vordergrund, die der Bundesrepublik Deutschland, dem Rechtsstaat und seinen Institutionen nicht nur kritisch, sondern ablehnend gegenüberstanden. Antistaatlichkeit gehörte bei vielen von ihnen zu den elementarsten Grundüberzeugungen. Das Misstrauen schöpfte zudem aus dem Verdacht, dass der bundesdeutsche Staat bis in seine Spitze hinein von ehemaligen Funktionsträgern des NS-Regimes besetzt sei. Dieser Argwohn wurde auf die verschiedensten Institutionen übertragen und bis zu einer regelrechten Institutionenfeindlichkeit ausgeweitet. Noch beim geringfügigsten Anlass glaubte man das Gespenst eines »neuen Faschismus« vor Augen zu haben. Die Nichtanerkennung des staatlichen Gewaltmonopols war eine logische Folge dieser hysterisch anmutenden Einstellung.

Als nach den Bundestagswahlen vom September 1969 eine Koalitionsregierung zwischen SPD und FDP, die sogenannte sozialliberale Koalition, möglich wurde, zeigte sich, dass die außerparlamentarische Bewegung in einem unmittelbaren politischen Sinne fast auf der ganzen Linie gescheitert war. Zwar hatte sie mit dazu beigetragen, den Einzug der rechtsextremen NPD in den Bundestag zu verhindern, ihre Hauptziele jedoch waren allesamt verfehlt worden. Innenpolitisch war bereits die Niederlage in der Anti-Notstandsbewegung entscheidend gewesen. Die vielbeschworene Einheit von Arbeiter- und Studentenbewegung, wie sie zum allgemeinen Erstaunen in Frankreich vorübergehend möglich geworden war, blieb in der Bundesrepublik eine Chimäre. Mit der Verabschiedung der Notstandsgesetze am 30. Mai 1968 hatte die APO ihren Höhepunkt bereits überschritten. Bald setzte Ernüchterung, wenn nicht gar Frustration ein. In einem unmittelbar politischen Sinne war kaum etwas erreicht worden: Die Struktur des Axel-Springer-Verlags blieb unangetastet, die Hochschulreform erwies sich rasch als Enttäuschung, der Vietnamkrieg dauerte unvermindert an und die hochfliegenden revolutionären Erwartungen blieben auf der ganzen Linie unerfüllt. Es war alles andere als eine Überraschung, dass mit dem SDS der eigentliche

Motor der APO-Aktivitäten innerhalb nur weniger Monate faktisch auseinanderfiel und im März 1970 endgültig aufgelöst wurde.

Die aktivsten der in der APO vereinigten Gruppierungen besaßen zum Parlamentarismus – wenn überhaupt – ein taktisches Verhältnis. Ihre Überzeugungen basierten immer noch auf einer, wenn auch höchst unterschiedlich akzentuierten Ablehnung von Parlament und Parteienstaat. Diese Abwehrhaltung war so stark verankert, dass sie keiner weiteren Überprüfung bedurfte. In gewisser Weise gehörte sie zu den als selbstverständlich angesehenen Grundüberzeugungen. Das war zwar noch kein Totalitarismus, der Übergang zu totalitären Formationen erwies sich jedoch von nun an als fließend. Schon bald wurden in den ersten Politsekten blutige Diktatoren wie Stalin und Mao Tse-tung als Heroen gefeiert.

Gleichwohl gilt: Über die APO beziehungsweise die 68er-Bewegung und ihre Folgen verallgemeinernd sprechen zu wollen, sollte sich von vornherein verbieten. Sie war zweifelsohne ein Konglomerat ganz unterschiedlicher Strömungen, ihre Akteursgruppen waren höchst heterogen und ihre programmatischen Überzeugungen ziemlich diffus. Wer hier unbedingt zu Pauschalurteilen ansetzen und die 68er-Bewegung in eine Kontinuität zu einer »33er-Bewegung« stellen will, der begibt sich auf dünnes Eis.

Dennoch sollten derartige Bedenken nicht einfach als Relativierung missverstanden werden. Je weiter man sich den aus dem aktivistischen Kern der 68er-Bewegung hervorgegangenen Gruppen und Fraktionen nähert, umso totalitarismusverdächtiger sind nicht wenige ihrer Positionen gewesen. Nicht nur in verbalradikalen Parolen brachen sich Antiparlamentarismus, Antiamerikanismus und zuweilen auch ein als Antizionismus getarnter Antisemitismus Bahn.

Der harte Kern der 68er versuchte sich im Moment der Niederlage eines Tricks zu bedienen und seine machtpolitische Ohnmacht durch die Adaption kommunistischer Modelle und Strategien zu kompensieren. Man unternahm Anleihen beim Leninismus, dem Stalinismus sowie dem Maoismus und kostümierte sich mit entliehenen Identitätsformen. Doch das, was revolutionär zu sein schien, war in Wirklichkeit eine Ausformung totalitären Größenwahns. Es hat lange gebraucht, bis dieser Irrweg erkannt worden ist. Es waren einzelne Politsekten, die zwar aus der 68er-Bewegung hervorgegangen sind, von dieser jedoch nur Zerfallsteile repräsentierten und nicht als ein pars pro toto angesehen werden dürfen.

Ihnen gegenüber ist der Totalitarismusvorwurf durchaus berechtigt. Alys Behauptung jedoch, dass die 68er als solche totalitär gewesen seien und die nationalsozialistische Weltanschauung ihrer Eltern fortgesetzt hätten, hält einer Überprüfung nicht stand. Sie verdankt sich fragwürdigen Argumentationen und methodisch unhaltbaren Analogieschlüssen. Eher verrät sie das Entsetzen eines NS-Forschers darüber, früher selbst einmal einer Bewegungskohorte angehört zu haben, die sich im Zuge ihrer Radikalisierung in totalitäre Politikmuster verstrickt hat, als das Ergebnis objektivierbarer zeithistorischer Erkenntnis.

Das Gespenst von einem »neuen 33«

Linke Intellektuelle angesichts der Notstandsgesetzgebung

Kein anderes innenpolitisches Konfliktthema hat im Kontext der 68er-Bewegung auch nur annähernd so viele Demonstranten auf die Straße gebracht wie die Kampagne zur Verhinderung der Notstandsgesetzgebung. Doch an die gegen ihre Verabschiedung gerichtete Bewegung möchte von den einstigen Akteuren heute kaum noch jemand erinnert werden. Denn dieses Kapitel stellt in ihren Augen vor allem eine Niederlage und nicht gerade ein Ruhmesblatt dar.

Der Anstoß, Notstandsgesetze einzuführen, war bereits Ende der fünfziger Jahre vom damaligen Bundesinnenminister Gerhard Schröder (CDU) und der Union ausgegangen. Für den Fall, dass ein »äußerer Notstand« – gemeint war der Kriegsfall oder ein »innerer Notstand« (hier war neben Naturkatastrophen auch an einen Generalstreik gedacht) – eintrete, sollten die Grundrechte der Bundesbürger beschnitten und die Bundesregierung mit besonderen Kompetenzen ausgestattet werden. Es werde außerdem erwogen, kündigte Schröder an, für den Verteidigungsfall eine Dienstpflicht zum zivilen Bevölkerungsschutz und eine Bereithaltungsverpflichtung für das beim Zivilschutz erforderliche Personal – wie etwa Ärzte und Pfleger – einzuführen.

Die SPD hatte darauf zunächst mit Zurückhaltung und Misstrauen reagiert. Nicht wenige Sozialdemokraten befürchteten, dass die für den »inneren Notstand« vorgesehenen Maßnahmen einem Machtmissbrauch Tür und Tor öffnen würden. Um die für eine Änderung des Grundgesetzes erforderliche Zweidrittelmehrheit zustande zu bekommen, ohne die eine Einführung von Notstandsgesetzen nicht möglich gewesen wäre, war die Zustimmung eines erheblichen Teils der SPD-Abgeordneten nötig. Dieser Umstand bedingte die Stärke, zugleich aber auch die Verantwortung und damit die potentielle Angreifbarkeit der SPD. Da der Großteil ihrer Stimmen benötigt wurde, lag es in der Hand der SPD, ob das Gesetzesvorhaben gelingen oder aber scheitern würde.

Schon auf einer Pressekonferenz am 18. Januar 1960 hatte Schröder den Entwurf der Bundesregierung für ein Notstandsgesetz bekanntgegeben. Danach sollte der Bundestag beziehungsweise »bei Gefahr im Verzug« auch der Bundespräsident bei Gegenzeichnung durch den Bundeskanzler berechtigt werden, den Ausnahmezustand »zur Abwehr einer drohenden Gefahr für den Bestand oder die freiheitliche demokratische Ordnung des Bundes oder eines Landes« zu verhängen. In diesem Fall und für den so definierten Zeitraum solle die Bundesregierung ermächtigt werden, gesetzesvertretende Verordnungen zu erlassen und mit diesen die Grundrechte der Meinungs-, Versammlungs-, Vereinigungs- und Berufsfreiheit sowie der Freizügigkeit einzuschränken.

Auf Seiten der Linken stieß der Entwurf auf Bedenken. Kritik äußerten Gewerkschaftler, vor allem seitens der IG Metall, eine Reihe von Sozialdemokraten, die schon mit dem Godesberger Programm nicht einverstanden waren, Schriftsteller und Intellektuelle, linke Studenten, aber auch Professoren, insbesondere Juristen und Politikwissenschaftler, die in der öffentlichen Debatte besondere Kompetenzen in die Waagschale werfen konnten.

Welches Konfliktpotential in der Frage der Notstandsgesetzgebung lag, hatte frühzeitig auch die SED erkannt. Ihre Abteilung für Westarbeit gab 1965 die Prognose ab, dass die sich bald formierende Anti-Notstands-Bewegung zur größten außerparlamentarischen Aktion werden würde. Das war eine Einschätzung, die sich uneingeschränkt bewahrheiten sollte.

Wie tief die Vorbehalte reichten, zeigte sich vor allem auch an Reaktionen im akademischen Bereich. So veranstaltete der SDS zusammen mit vier anderen Studentenverbänden, darunter dem SHB und dem LSD, am 30. Mai 1965 in der Bonner Friedrich-Wilhelms-

Universität unter dem Titel »Demokratie vor dem Notstand« einen Kongress, an dem mit Karl Dietrich Bracher, Thomas Ellwein, Jürgen Habermas, Helmut Ridder, Jürgen Seifert und dem späteren Bundesinnenminister Werner Maihofer Wissenschaftler durchaus unterschiedlicher politischer Couleur teilnahmen.

In seiner Eröffnungsrede hatte der SDS-Bundesvorsitzende Helmut Schauer erklärt: »Hinter verschlossenen Türen haben die Fraktionsvorsitzenden und ihre Experten über eine Änderung des Grundgesetzes der Bundesrepublik beraten, mit der Absicht, das Parlament und selbst die Fraktionen zu bloßen Akklamationsmaschinen zu machen. Das war schon ein akuter Fall des inneren Notstands der Demokratie, mit dem Versuch zur Entmachtung des Parlaments durch einen exklusiven Notstandsausschuss. Wenn Entwürfe zu einer Verfassungsänderung fast wie eine Geheimsache behandelt werden, wird die demokratische Diskussion der Öffentlichkeit zur unmittelbaren Kritik.«[1] Die weitreichendste Interpretation der Gefahrenlage stammte von dem Rechtswissenschaftler Werner Maihofer, Ordinarius für Rechts- und Sozialphilosophie, Strafrecht und Strafprozessrecht an der Universität des Saarlandes in Saarbrücken. »Der Feind,« so erklärte er, »steht in unserem Staate heute weder links noch rechts, sondern in der Mitte: bei jenen halben Demokraten und halben Autokraten, von denen man jedenfalls eines nicht erwarten kann: dass sie die Errungenschaften unserer freiheitlichen rechts- und sozialstaatlichen Demokratie aus Überzeugung und mit Entschlossenheit verteidigten.«[2] Die antidemokratischen Kräfte waren für ihn weder auf Seiten der äußersten Rechten noch Linken auszumachen, sondern – wie er es formulierte – unter den »staatstragenden Kräften«.

Wie stark die Bedenken weiter angewachsen waren, zeigte anderthalb Jahre später ein anderer, von der IG Metall finanzierter Kongress in Frankfurt. An der Abschlusskundgebung nahmen am 30. Oktober 1966 auf dem Römerberg mehr als 25 000 Menschen teil. Die Spannbreite der Redner reichte von dem IG Metall-Vorsitzenden Otto Brenner, über den Tübinger Philosophen Ernst Bloch und den Schriftsteller Hans Magnus Enzensberger bis zu dem Gießener Rechtswissenschaftler Helmut Ridder.

Bloch hatte seine Rede mit den programmatischen Worten begonnen: »Wir kommen zusammen, um den Anfängen zu wehren.«[3] Und sie mit dem Satz beendet: »Die alten Herren mit ihrem Artikel 48 haben bereits die Vergangenheit verspielt, die neuen Herren mit ihrem Notstandsunrecht sollen nicht unsere Zukunft verspielen.«[4] Durch Artikel 48 der Weimarer Verfassung war es dem Reichspräsidenten bekanntlich möglich gewesen, im Falle einer Gefährdung der öffentlichen Sicherheit und Ordnung vorübergehend die wichtigsten »Grundrechte ganz oder zum Teil außer Kraft« zu setzen. Am Ende der Weimarer Republik war dieses Notverordnungsrecht dann von den Nationalsozialisten zu diktatorischen Zwecken missbraucht worden. In dieser von einem Mann gezogenen Parallele, der als Philosoph wie als Zeitkritiker eine beinahe unangreifbare Autorität besaß und im Jahr darauf den Friedenspreis des Deutschen Buchhandels erhalten sollte, zeichnete sich der Schatten ab, unter dem das Gesetzesvorhaben bis zu seiner Entscheidung stehen sollte. Der Verdacht, dass es dabei in Wirklichkeit um ein Instrumentarium zur Machtergreifung gehe, zu einem kalten, mit den Mitteln des Verfassungsstaates möglich werdenden Putsches, breitete sich immer mehr aus.

Insbesondere unter namhaften Staatsrechtlern und Politologen stieß der Notstandsentwurf der Bundesregierung auf erhebliche Bedenken. Beim ersten Notstandshearing im November 1967, das von Fernsehen und Rundfunk direkt übertragen wurde, meldeten Professoren wie Wolfgang Abendroth, Eugen Kogon, Helmut Ridder vor Abgeordneten und Regierungsvertretern in Bonn erhebliche Einwände an.

Und mit Rudi Dutschke trat der wichtigste Protagonist des SDS in dieser Frage entschlossener als alle anderen auf. Er versuchte alles auf eine Karte zu setzen und sämtliche der APO zur Verfügung stehende Protest- und Aktionsformen in die Waagschale zu werfen. Auf der 22. SDS-Delegiertenkonferenz im September 1967 hatte er deshalb sogar vorgeschlagen, die zweite und dritte Lesung im Bundestag durch Blockadeaktionen zu verhindern, dafür jedoch keine Mehrheit gewinnen können. Die Delegierten waren offenbar klug genug zu wissen, dass dies bereits an der Bannmeile auf eine ebenso riskante wie überflüssige Konfrontation mit der Staatsmacht hinausgelaufen wäre.

Wie nicht anders zu erwarten spitzte sich die Auseinandersetzung zur zweiten und dritten Lesung im Mai 1968 weiter zu und nahm mitunter turbulente, zuweilen auch dramatische Züge an. Der Konflikt geriet zu einem Tauziehen zwischen einer durch die Mehrheit der SPD erweiterten, freilich von der Union definierten politischen Mitte und einer um Teile der Gewerkschaften, der Studenten- und der Professorenschaft gruppierten linken Minderheit und damit zugleich auch zu einer Art Generaltest für die Politikfähigkeit der APO.

Auch einzelne Berufsgruppen machten mobil und schalteten sich ein. So zogen am 8. Mai rund 500 Pfarrer und kirchliche Mitarbeiter, von denen eine Delegation zuvor von Abgeordneten aller drei im Bundestag vertretenen Parteien zu getrennten Gesprächen empfangen worden waren, durch die Bundeshauptstadt. Auf ihren Transparenten waren Parolen zu lesen wie »1933 Ermächtigungsgesetz – 1968 NS-Verfassung«, »Für das Grundgesetz – Gegen NS-Gesetze« und »Nie wieder: Thron und Altar«. Einen Tag später übten 55 Professoren, denen die FDP ihren Fraktionssaal zur Verfügung gestellt hatte, scharfe Kritik an dem Gesetzesvorhaben. Der Berliner Soziologe Dietrich Claessens äußerte, dass jede Notstandsregelung einen »Rückfall in ein archaisches Freund-Feind-Denken« darstelle, und der Kölner Rechtswissenschaftler und spätere Hamburger Justizsenator Ulrich Klug bezeichnete die Regierungsvorlage kurzerhand als ein »ganz elegantes Putsch-Instrument«.

Nach wochenlangen Vorbereitungen fand dann am 11. Mai der mit großer Spannung erwartete »Sternmarsch auf Bonn« statt. An der vom Kuratorium *Notstand der Demokratie* organisierten Großdemonstration beteiligten sich mehr als 60 000 Menschen. Unter Parolen wie »Wir sind eine kleine radikale Minderheit«, »Wer hat uns verraten – Sozialdemokraten« und »Nazi – Kiesinger« zogen die Demonstranten durch die Stadt. Die Demonstration stand jedoch politisch unter einem ungünstigen Stern. Denn zur selben Zeit führte der DGB in der Dortmunder Westfalenhalle eine Parallelveranstaltung gegen die Notstandsgesetze durch. Dadurch war die Protestbewegung an diesem Tag nicht nur gespalten, sondern der von SDS-Sprechern immer wieder erhobenen Forderung, die Gewerkschaften sollten zum Generalstreik aufrufen, der Wind aus den Segeln genommen worden.

Auf der Großkundgebung im Hofgarten sprachen der Kuratoriums-Sekretär Helmut Schauer, der FDP-Bundestagsabgeordnete Wolfram Dorn, der VDS-Vorsitzende Christoph Ehmann, der SDS-Bundesvorsitzende Karl Dietrich Wolff, der Gießener Staatsrechtler Helmut Ridder, die beiden Schriftsteller Heinrich Böll und Erich Fried sowie die beiden Gewerkschaftler Georg Benz und Werner Vitt. Im Anschluss daran zog ein Teil der Zuhörer noch zu einer weiteren Protestkundgebung in die Beethovenhalle. An diesem Tag schien jedoch alles vergeblich zu sein. Die ganzen Anstrengungen, das Protestpotential zu bündeln und am Ort der parlamentarischen Entscheidung noch einmal in die Waagschale zu werfen, stießen ins Leere.

Im Sendesaal des Hessischen Rundfunks in Frankfurt kam es schließlich am 28. Mai, einen Tag vor Beginn der abschließenden Bundestagsdebatte, zu einer Art Schlussakkord linker Intellektueller. Rund zwei Dutzend prominenter Wissenschaftler, Schriftsteller und Journalisten traten in einer vom Fernsehen live übertragenen Protestkundgebung gegen das die Verfassung verändernde Gesetzesvorhaben auf. In der vom Aktionskomitee *Demokratie im Notstand* organisierten Veranstaltung waren die Professoren Theodor W. Adorno, Ernst Bloch und Alexander Mitscherlich sowie die Schriftsteller Heinrich Böll, Hans Magnus Enzensberger, Rolf Hochhuth und Walter Jens zu hören. Zu Tumulten kam es, als der *Spiegel*-Herausgeber Rudolf Augstein zu einer Generalkritik an dem vom SDS eingeschlagenen Kurs der Notstands-Opposition ansetzte. »Wir müssen uns doch vielleicht fragen,« hielt der liberale Publizist den in den Sendesaal eingedrungenen linksradikalen Studenten vor, »warum findet kein Generalstreik hier bei uns statt? Und die Antwort ist einfach: Diejenigen, die streiken sollen, [...] sind nicht auf die Straßen zu bringen, um gegen die Notstandsgesetze zu streiken. Diese einfache Antwort müssen Sie sich, bevor Sie über Ihre weiteren Aktionen nachdenken, doch erst einmal zu Gemüte führen [...] Machen Sie sich klar, dass Sie nichts bewirken werden ohne die Arbeiter, und zwar gar nichts. Und Ihr Weg die Arbeiter zu gewinnen, ist der falsche. Machen Sie sich das klar. Wir sind so hilflos wie Sie, aber wir wissen es. Sie wissen es noch nicht einmal.«[5] Anschließend ging sein Beitrag im Trubel von Pfiffen, Zwischenrufen, Beifalls- und Unmutsäußerungen unter. Nachdem der Moderator Alexander Mitscherlich die Gemüter mehrmals vergeblich zu besänftigen versucht hatte, entschied sich die Regie des Hessischen Rundfunks, die Live-Übertragung vorzeitig zu beenden.

Die Protest- und Widerstandsaktionen erlebten in dieser letzten Maiwoche ihren Höhepunkt. Wie bereits während der zweiten so stand auch während der dritten Lesung Frankfurt im Zentrum der bundesweiten Aktivitäten. Nachdem der Akademische Senat sämtliche Lehr- und Prüfungsveranstaltungen abgesagt hatte, um Zusammenstöße zwischen Notstandsgegnern und studierwilligen Studenten zu vermeiden, versammelten sich vor dem Hauptgebäude der Universität 2000 Studenten. Als erstes besetzten sie das Rektorat und funktionierten es in eine Aktionszentrale um. Am Nachmittag zogen sie wie Tausende von Arbeitnehmern zum Römerberg. Dort forderte das SDS-Bundesvorstandsmitglied Hans-Jürgen Krahl ein letztes Mal zu einer Aktionseinheit zwischen Arbeitern, Schüler und Studenten auf. Er appellierte, dass sie ihre Aktivitäten noch einmal steigern sollten, um doch noch in letzter Minute die Verabschiedung der Notstandsgesetze zu verhindern. Dabei bezeichnete er die Notstandsgesetze als ein terroristisches Instrument zur Aufrechterhaltung der kapitalistischen Wirtschaftsordnung in einer offenen ökonomischen und politischen Krise: »Regierung und Bundestag versuchen uns einzureden, die Notstandsgesetze treffen Vorsorge für die Demokratie in Notzeiten. In der Tat, die Notstandsgesetze treffen Vorsorge, aber Vorsorge für einen neuen Faschismus, Vorsorge für Zwangs- und Dienstverpflichtung, für Schutzhaft und Arbeitslager. Die Notstandsgesetze, sagt man uns, ergänzen das Grundgesetz. In Wirklichkeit sind sie das Grundgesetz einer zur Zwangskaserne abgeriegelten Gesellschaft; dieser Staat ist bereit, sich selbst zum faschistischen Führer zu machen.«[6]

Die Parlamentarismuskritik hatte innerhalb der außerparlamentarischen Linken ohnehin eine zentrale Rolle gespielt. Die Funktionsfähigkeit der Volksvertretung war zur selben Zeit aber auch von namhaften Vertretern der Politikwissenschaft in Zweifel gezogen worden. Die Rede war – wie es Wilhelm Hennis im Anschluss an die Bundestagswahlen 1965 formuliert hatte – von einem regelrechten »Prozess der Entmachtung und Entleerung des Bundestags«[7], von einer zunehmenden Entkoppelung von Legislative und Exekutive. Die politischen Entscheidungen fielen – wie es in meist unausgesprochener Anknüpfung an Carl Schmitts Diagnose vom Beginn der Weimarer Republik hieß[8] – außerhalb der Volksvertretung, im Kabinett, den Einzelministerien, speziellen Ausschüssen oder anderen staatlichen Organen. Das Parlament, hieß es weiter, reduziere sich auf ein bloßes Akklamationsinstrument der Regierung, es verwandle sich zum rhetorischen Beiwerk einer kaum zu kontrollierenden Machtpolitik.

Alle Protestanstrengungen erwiesen sich schließlich als vergeblich. In namentlicher Abstimmung verabschiedete der Bundestag dann am 30. Mai wie erwartet die Notstandsverfassung und die Notstandsgesetze. Das Ergebnis lautete: 384:100 Stimmen. Gegen das Gesetzesvorhaben hatten 53 SPD-, 46 FDP- und ein CDU-Abgeordneter votiert. Nach der Notstandsverfassung waren nun die Einschränkung des Post- und Fernmeldegeheimnisses, der Einsatz der Bundeswehr zur Bekämpfung von Aufständen im Inneren, eine Dienstverpflichtung von männlichen Bundesbürgern, Eingriffe in die Länderhoheit im Spannungs- und Verteidigungsfall sowie verschiedene Möglichkeiten zur Einschränkung der Legislative möglich. Die sogenannten einfachen Notstandsgesetze sollten die Versorgung der Bevölkerung im Kriegsfall und den Zivilschutz regeln. Mit dem Inkrafttreten der das Grundgesetz ergänzenden Notstandsverfassung erloschen auch die im Deutschlandvertrag geregelten alliierten Sicherheitsvorbehalte. Die Westmächte hatten erst drei Tage zuvor verlauten lassen, dass sie bei einer Verabschiedung der Notstandsgesetze auf ihre Vorbehaltsrechte verzichten würden.

Das Ergebnis der Grundgesetzänderung war vielen Befürchtungen zum Trotz anders ausgefallen: »Sie unterschied sich deutlich von den ersten Gesetz-Entwürfen, die Schröder und Höcherl vorgelegt hatten. So geht die verabschiedete Notstandsverfassung von einer Differenzierung zwischen Spannungszeit, innerem Notstand und Verteidigungsfall aus, der jeweils abgestufte Vorgehensweisen von Regierung und Parlament entsprechen; der Eintritt des Spannungsfalls kann nur durch Zweidrittelmehrheit des Bundestages beschlossen werden; erst im Verteidigungsfall hat der Gemeinsame Ausschuß als Notparlament Gesetzgebungsbefugnis; schon in einem früheren Beratungsstadium waren das Notverordnungsrecht der Regierung sowie zahlreiche Eingriffe in den Grundrechtskatalog gefallen.«[9] Auch wenn sich im Katalog der konkreten Notstandsgesetze eine Reihe nicht ganz unproblematischer Regelungen – wie der Möglichkeit, dass nun auch die Bundeswehr über den bloßen Objektschutz hinaus im Innern eingesetzt werden kann und seitdem Eingriffe in das Post- und Fernmeldegeheimnis gestattet sind – fanden, so fiel die Bilanz doch weitaus günstiger aus. Ein Missbrauch, so stellte der Historiker Michael Schneider knapp zwanzig Jahre später fest, könne zwar nicht vollständig ausgeschlossen werden, einer »Machtergreifung«, wie von der APO und zahlreichen Kritikern befürchtet wurde, wäre damit jedoch wohl kaum Vorschub geleistet worden. In Wirklichkeit habe die Gesetzesnovellierung zentralen Anforderungen »an eine dem demokratischen Rechtsstaat angemessene gesetzliche Vorsorge für unterschiedliche Krisenfälle« entsprochen.

Dass dieses Ergebnis so ausgefallen ist, lässt sich – obwohl dies von kaum einem ihrer Sprecher oder Akteure so gesehen worden ist – auch als ein Teilerfolg der APO begreifen. Die Wellen ihrer Proteste führten, verbunden mit der Expertenkritik ihrer Sachverständigen im Detail, zu erheblichen Veränderungen. Die größten Gefährdungen, die im Falle der ersten Gesetzesentwürfe durchaus nicht von der

Hand zu weisen waren, konnten schrittweise entkräftet werden. Es hat insofern durchaus eine Form der Interaktion zwischen den innerparlamentarischen Befürworten des Gesetzesvorhabens und seinen außerparlamentarischen Gegnern gegeben.

Eine Kommentatorin, die diesen Teilerfolg bereits im Frühjahr 1967 erkannt hatte, war erstaunlicherweise die spätere RAF-Mitbegründerin Ulrike Meinhof. In einer ihrer monatlichen *konkret*-Kolumnen hatte sie zum modifizierten dritten Entwurf der Notstandsverfassung geschrieben: »Was jetzt vorliegt, ist ein Kompromiss, dem Schröder schon nicht mehr zugestimmt hat, ein Beispiel durchaus für die Einflussmöglichkeiten einer außerparlamentarischen Opposition. Was jahrelang unverzichtbar schien, ist unter den Tisch gefallen. […] All diese ›Abschwächungen‹ stellen durchaus eine Ermutigung dar, die Auseinandersetzung weiterzuführen, am Beispiel der Notstandsgesetze für den Bestand der bundesdeutschen Demokratie einzutreten, die Attacken der Regierung auf das Freiheitsprinzip des Grundgesetzes schließlich noch vollständig zu verhindern.«[10] Auch wenn es sich bei der Liberalisierung der Notstandsverfassung um einen »Pyrrhussieg der Linken« handle, so hätten die Notstandsgegner durchaus einen Grund, sich »ein bisschen darüber zu freuen«.

Die APO und die 68er-Bewegung insgesamt besaßen jedoch keinen besonderen Sinn für derartige Teilerfolge. Ihnen ging es um alles oder nichts. Der Verfassungsstaat wurde samt seiner Institutionen dämonisiert. In der Zuspitzung des gegen die Repräsentanten der parlamentarischen Demokratie erhobenen Faschismusvorwurfs zeichnete sich eine Aufladung der außerparlamentarischen Bewegung von einer geradezu existentiellen Verve ab. Um einen angeblich drohenden »neuen Faschismus« zu verhindern, der durch die mit der Notstandsverfassung neu geschaffenen Instrumente der Exekutive überhaupt erst möglich werden würde, reichten die für eine Opposition üblichen politischen Handlungsformen immer weniger aus – es bedurfte einer gezielten revolutionär anmutenden Anstrengung, für die das Format der APO als unpassend erschien.

Kompromisse waren demgegenüber verschmäht worden. Sie wurden als rein taktisches Instrument des politischen Gegners angesehen und galten deshalb in den eigenen Reihen als unfreiwilliges Eingeständnis einer Kapitulation. Dem harten Kern der Notstandsgegner ging es vermutlich auch gar nicht darum, die in den ersten beiden Entwürfen vorhandenen Risiken zu entschärfen und damit die Gefährdungen der Demokratie zu vermeiden. Das Gesetzesvorhaben bot stattdessen eine probate Gelegenheit, den Verfassungsstaat als solchen anzugreifen und auf diesem verfassungsrechtlichen Terrain die Systemfrage als solche zu stellen. Aus dieser Perspektive dürfte der Kampf um die Notstandsgesetze eher ein Vehikel für ganz andere, revolutionäre Absichten gewesen sein.

Die Befürchtung, dass die neuen Gesetze missbraucht werden könnten, erwies sich jedenfalls als gegenstandslos. Die APO war einem Phantom namens »neuer Faschismus« hinterhergejagt. Das geisterte in den Jahren darauf weiter umher und sollte sich noch als folgenreich erweisen. Doch diesmal waren seine Betreiber keine Aktivisten einer Bewegung, sondern Mitglieder und Anhänger einer terroristischen Organisation, deren Begründer es fertiggebracht hatten, sich nach der Armee der Sowjetunion als *Rote Armee Fraktion* zu bezeichnen. Damit war jener Totalitarismus, den man doch angeblich vom eigenen Land fernhalten wollte, unter kommunistischen Vorzeichen quasi zum Programm erhoben worden.

Ein »neues 33« war weder 1968, 1969, 1970 noch in irgendeinem Jahr danach zustandegekommen. Eine erneute »Machtergreifung« blieb nicht nur aus, der Gedanke daran erscheint – je größer der zeitliche Abstand gewachsen ist – als hypertroph. Weder in der sozialliberalen, in der christdemokratischen noch in der rot-grünen Ära ist eine Regierung auf die Idee gekommen, sich auf das Gesetzeswerk zu berufen und von irgendeinem der neuen Artikel Gebrauch zu machen. Der innere Notstand ist ebenso wenig wie der äußere erklärt worden. Die Exekutive hat ihre Handlungskompetenzen mit Ausnahme der Zeit des sogenannten Deutschen Herbstes, in der die Bundesregierung die Politik eines nicht erklärten Notstandes praktizierte, nie über Gebühr auszubauen versucht.

Fünf Jahrzehnte später drängt sich die Frage auf, ob das Misstrauen gegenüber dem Staat, das seinerzeit so viele Intellektuelle umgetrieben und noch mehr Demonstranten auf die Straßen getrieben hat, nicht eher ein Zeichen von Hysterie war? Woher rührte eigentlich die Suggestivität, die von einer Planung für den Notstandsfall ausging? Ganz sicher lässt sich dafür keine monokausale Erklärung anführen. Jedoch lassen sich einige Faktoren benennen.

1. Die Gefahren einer subkutan wirksamen Kontinuitätslinie, die vom Nationalsozialismus in die Nachkriegsdemokratie führte, schienen sich durch die Personalpolitik des neuen Staates zu bestätigen. Die Tatsache, dass die Initiative zur Notstandsgesetzgebung mit Gerhard Schröder von einem Mann ergriffen wurde, der Mitglied der NSDAP und der SA war, dass mit Kurt Georg Kiesinger der Bundeskanzler ebenfalls Parteimitglied war und es bis zum stellvertretenden Leiter der »Rundfunkpolitischen Abteilung« im Reichsaußenministerium unter Ribbentrop gebracht hatte, schien als weiterer Beleg für derartige Gefährdungspotentiale zu gelten. Diese Negativ-Identifizierung abstrahierte jedoch von den Gegebenheiten des bundesdeutschen Rechtsstaates und erwies sich bei genauerer Betrachtung eher als Ausdruck einer personalistischen Verkürzung.
2. Die Maßstäbe der Kritik wurden zumeist von Angehörigen einer Generation formuliert, die als Wissenschaftler und Intellektuelle den Nationalsozialismus nicht nur erlebt, sondern überlebt hatten. Die Tatsache, dass sich etwa jüdische Remigranten wie Adorno und Bloch oder ein ehemaliger Widerstandskämpfer wie Wolfgang Abendroth vor die Anti-Notstands-Bewegung stellten, spielte eine kaum zu überschätzende Rolle. Als NS-Überlebende verkörperten sie auf exemplarische Weise etwas vom Schicksal linker Intellektueller und vermittelten der Kritik an dem Gesetzesvorhaben eine besondere Form der Autorität. Sie bildeten so etwas wie eine lebensgeschichtliche Brücke zwischen zwei Generationen.
3. Die Quintessenz der politischen Analyse wurde jedoch nicht von

ihnen, sondern von zwei weitaus Radikaleren, aufschlussreicherweise ehemaligen Rechten, gezogen, die nun meinten, sich an die Spitze einer antistaatlichen Bewegung stellen zu können. Es waren der frühere italienische Jungfaschist Johannes Agnoli, der 1967 zum führenden Theoretiker der APO avancierte, und das ehemalige Mitglied des *Ludendorffbundes* Hans-Jürgen Krahl, der seit 1966 als führender Kopf des Frankfurter SDS galt. Beide waren davon überzeugt, dass sich die Bundesrepublik mit der Verabschiedung der Notstandsgesetze in einen autoritären Staat verwandle. In Krahls Worten hieß das: »Autoritärer Staat bedeutet, und das aktualisiert sich mit den Notstandsgesetzen, dass die Demokratie ohne politisch rechtlichen Legitimationsbruch in den Ausnahmezustand übergehen kann. Man kann ja demokratische Instanzen, etwa das Parlament, nicht nur terroristisch zerschlagen, sondern auch manipulativ ins Instrumentarium der autoritären Exekutive integrieren.«[11] Sie vertraten die Ansicht, dass sich der Staat damit den Faschismus als Handlungsoption für Krisenzeiten inkorporiert hätte. Der Rechtsstaat war in ihren Augen nicht mehr als ein trügerisches Gehäuse, in dem ein künftiger Faschismus lauerte.

4. Angesichts derartiger Bedrohungsszenarien konnte es nicht überraschen, dass linke Intellektuelle die Überzeugung hegten, sie müssten innerhalb der Anti-Notstands-Bewegung eine besondere Rolle übernehmen. Für ein Wirksamwerden der außerparlamentarischen Opposition schien eine Koalition zwischen Studenten- und Arbeiterbewegung, genauer dem SDS und der IG Metall, von zentraler Bedeutung zu sein. Daher hatten prominente Frankfurter Wissenschaftler in der Schlussphase der Protestbewegung so etwas wie das Zünglein an der Waage zu spielen versucht. Am 20. Mai 1968 hatten sich Adorno, Fetscher, Friedeburg, Habermas und Mitscherlich zusammengetan und Otto Brenner aufgesucht, um ihn in letzter Sekunde von der Notwendigkeit eines Bündnisses zu überzeugen. Dieser Versuch scheiterte jedoch ebenso wie die denkwürdige Veranstaltung acht Tage später im Sendesaal des Hessischen Rundfunks, bei der die wichtigsten Vertreter der linkslibera-

len Intelligenz noch einmal zusammengekommen waren, um den vermeintlichen Anfängen zu wehren.

Das Scheitern dieser Vorstöße hatte allerdings nicht nur Enttäuschung zur Folge. Um auf politische Prozesse innerhalb des Staates Einfluss zu nehmen, gab es noch andere Optionen. Mit Ludwig von Friedeburg wurde einer aus der Besuchergruppe bei Brenner anderthalb Jahre später im hessischen Landeskabinett Minister. Um herauszufinden, dass er in dieser neuen Rolle als Bildungsreformer ebenfalls zum Scheitern verurteilt war, benötigte er allerdings wesentlich länger, genau genommen ein halbes Jahrzehnt. Dies war für ihn, wie er 1975 eingeräumt hat, kaum weniger ernüchternd als der Misserfolg vom Mai 1968.

Agnoli, die APO und der konstitutive Illiberalismus seiner Parlamentarismuskritik

Die Parlamentarismuskritik hatte innerhalb der außerparlamentarischen Linken bis 1969/70 eine wichtige Rolle gespielt. Sie war eng verknüpft mit einer Debatte über Möglichkeiten zur Bildung von Räten und zum Aufbau einer regelrechten Räterepublik, die zeitweilig als Antwort auf die als delegitimiert geltende parlamentarische Demokratie propagiert wurde.[1] Die innerhalb der APO formulierte Kritik vollzog sich jedoch keineswegs im luftleeren Raum. Bereits Mitte der 1960er Jahre hatte sich in der Bundesrepublik eine Stimmung ausgebreitet, die seinerzeit von Ernst Fraenkel als »Parlamentsverdrossenheit« bezeichnet worden war.[2] Ein diffuses Unbehagen an der Politik im Allgemeinen wurde nicht nur als Kritik an der Bundesregierung, sondern mehr und mehr auch am Bundestag geäußert. Die Funktionsfähigkeit der Volksvertretung war auch von namhaften Vertretern der Politikwissenschaft in Zweifel gezogen worden. Die Rede war von einem regelrechten »Prozess der Entmachtung und Entleerung des Bundestags« (Wilhelm Hennis), von einer zunehmenden Entkoppelung von Legislative und Exekutive. Die politischen Entscheidungen fielen – wie es in meist unausgesprochener Anknüpfung an Carl Schmitts Diagnose vom Beginn der Weimarer Republik[3] hieß – außerhalb der Volksvertretung, im Kabinett, den Einzelministerien, speziellen Ausschüssen oder anderen staatlichen Organen. Das Parlament, hieß es weiter, reduziere sich auf ein bloßes Akklamationsinstrument der Regierung, es verwandle sich zum rhetorischen Beiwerk einer kaum zu kontrollierenden Machtpolitik.

Nun lassen sich die in einer Bewegung vertretenen Positionen nicht einfach aus der Rezeption der in ihren Reihen besonders verbreiteten Theoreme herleiten. Auf welchem Wege sich Ideen bei Akteuren durchsetzen und entsprechende Effekte erzielen, ist zumeist nur schwer zu bestimmen. Unbestreitbar ist jedoch, dass es theoretische Schriften gibt, die innerhalb der Akteurselite einer Protestbewegung für die vermeintliche Rationalisierung bestimmter politischer Haltungen und Einstellungen sorgen können. Und genau zu diesen zählte in herausragender, beinahe einzigartiger Weise die Schrift eines Berliner Politikwissenschaftlers. Die Rede ist von Johannes Agnoli, der seit 1964 am Otto-Suhr-Institut der Freien Universität lehrte, das eines der theoretischen Zentren der Studentenbewegung, der APO und letztlich der 68er-Bewegung insgesamt war.

Mit seinem 1967 erschienenen Traktat »Die Transformation der Demokratie« hatte er genau zum richtigen Zeitpunkt eine Radikalkritik der Bonner Demokratie vorgelegt,[4] die weit über die APO hinaus als *die* Begründung außerparlamentarischer Opposition schlechthin rezipiert und in der Folge in gewisser Weise kanonisiert wurde.[5] Sein Buch, das der liberal-konservative Publizist Sebastian Haffner in einer der ersten Rezensionen als »ein kleines Meisterwerk« bezeichnet[6] und der Politikwissenschaftler Dieter Senghaas seiner Differenziertheit wegen gerühmt hat,[7] passte in die Zeit der ersten großen Koalition wie ein theoretischer Lückenfüller. Später wurde es gar als »Bibel der Studentenbewegung« (Ulrich K. Preuß) oder als »Bibel der außerparlamentarischen Opposition« (Rudolf Walther) insgesamt bezeichnet.[8]

Den Anstoß, sich näher mit dem politischen System in der Bundesrepublik zu befassen, hatte der Politikwissenschaftler Ossip K. Flechtheim gegeben. Agnoli war deshalb im Februar 1965 zusammen mit Wilfried Steffani nach Bonn gereist, um in der Bundeshauptstadt Informationen zu sammeln. Nach der Veröffentlichung erster Ergebnisse unter der Überschrift »Il regime parlamentare nella repubblica federale« in der von Lelio Basso herausgegebenen Zeitschrift *Problemi del socialismo*, die nach seiner eigenen Darstellung als Rohentwurf seines Werkes angesehen werden kann, lernte er bei einem Vortrag über das Verhältnis von »Verfassung und Herrschaft« in Köln den

Psychologen Peter Brückner kennen. Dessen Versuch, Agnolis Text in einem von ihm herauszugebenden Sammelband über die Bundesrepublik zu publizieren, scheiterte am Einspruch des S. Fischer Verlages. Das wiederum veranlasste Brückner dazu, seinen Auftrag zurückzugeben. Er machte nun den Vorschlag, zu zweit ein Buch über den Verfassungsstaat und das politische Bewusstsein zu publizieren. Ursprünglich hätte der Titel des Projekts noch »Verfassung und Herrschaft« lauten sollen. Dann sei jedoch mit Nikolaus Neumann der Lektor des Voltaire Verlags, in dem der Band zunächst erschien, auf die Idee gekommen, die Überschrift des ersten Abschnitts als Gesamttitel zu verwenden. So soll es nach Agnolis eigener Darstellung für sein bekanntestes Werk zum Titel »Die Transformation der Demokratie« gekommen sein, zu einem Titel, der ihm später selbst als nicht ganz unproblematisch erschienen sein will.[9] Mehr als zwanzig Jahre später räumte er jedenfalls im Rahmen einer Ringvorlesung an der Freien Universität ein, dass dieser gar nicht von ihm stamme. Freimütig bekannte er, dass er »eigentlich nicht gerne von Demokratie im Zusammenhang mit dem bürgerlichen Verfassungsstaat« sprechen würde.[10] Wo der Titel seinen Ursprung hatte, wollte er jedoch noch immer nicht verraten.

Als Ausgangspunkt der »Transformation der Demokratie« skizziert Agnoli ein Grundproblem parlamentarischer Demokratie: Vom Anspruch her soll zwar das Volk Träger der Staatsgewalt sein, in Wirklichkeit jedoch ist es nicht in seiner Gesamtheit regierungsfähig. Die durch den Wahlakt ausgewiesene Repräsentation muss deshalb das Handeln Weniger für Alle legitimieren. Unter diesem Ausgangsverhältnis, so Agnoli, vollziehe sich nun im modernen parlamentarischen System ein tiefgreifender Strukturwandel. Die demokratischen Parteien, Verfassung und Staat entwickelten sich in autoritär orientierte vor- oder antiparlamentarische Formen zurück.[11] Agnoli bezeichnet diesen Prozess als »Involution«. Mit diesem Terminus charakterisiert er die »Transformation der Demokratie«, die auf nichts anderes als eine Modernisierung der Herrschaftsformen aus sei, als eine Kette historischer Rückschritte. Besonderes Merkmal der allenthalben zu beobachtenden Involutionstendenzen sei nun aber, dass mit ihnen die Verfassungsnormen und -formen umfunktionalisiert worden seien. Dadurch stelle sich ein paradox erscheinender Zustand ein: Das Instrumentarium des Verfassungsstaates werde unter Beibehaltung seiner Normen verfeinert. Damit werde jedoch nicht das demokratische Verfahren gestärkt, sondern die Machtapparatur im Dienste bestimmter Interessen weiter perfektioniert.

Das politische System nehme in der Folge in immer stärkerem Maße die Form eines korporatistischen Blocks an. Organisationen, die einstmals bestimmte Interessen vertreten hätten, die mit anderen nahezu zwangsläufig in Konflikt geraten mussten, verwandelten sich insgeheim in staatspolitische Vereinigungen. Nicht mehr die offene Austragung gegensätzlicher Interessen sei angesagt, sondern das möglichst reibungslose Einfinden in staatliche Regelungsprozeduren. Der Antagonismus der Klassengesellschaft, der sich sozioökonomisch unvermindert perpetuiere, reduziere sich auf die scheinhafte Pluralität von Parteien, die in Wirklichkeit jedoch wie nach dem Muster einer Einheitspartei funktionierten.[12] Aus Klassen- seien Volksparteien geworden, deren Konkurrenzgebaren immer mehr zum Schein werde. Und das Parlament, die eigentliche Krone der westlichen Demokratien, spiele »dem demos gegenüber« die Rolle eines »Transmissionsriemens der Entscheidungen politischer Oligarchien«.[13] Damit löse sich die ursprünglich am Marktmodell orientierte parlamentarische Demokratie nicht einfach auf, sondern transformiere sich ohne Bruch ihres formal rechtsstaatlichen Selbstverständnisses in Organe eines autoritären Staates. Die Gefahr der Inthronisierung eines faschistischen Herrschaftsmodells, das sich demnach auch ohne die Terrorisierung des politischen Gegners durch bestimmte Sturmtruppen etablieren könne, weil es sich immanent mit den Mitteln des Verfassungsstaates klammheimlich durchzusetzen wisse, wird durch diese Darstellung nahegelegt.

Agnolis Argumentation, die er in eigens für das theoretische Organ des SDS verfassten Thesen politisch weiter zuspitzte,[14] lässt sich im Kern in dem folgenden Gedankengang zusammenfassen:

- Da es keine Volksherrschaft im unmittelbaren Sinne geben kann, ist die parlamentarische Demokratie ein Widerspruch in sich.
- Das Parlament und die repräsentative Demokratie insgesamt kann daher nichts anderes als eine Einrichtung zur Verschleierung kapitalistischer Klassenherrschaft sein.
- Daraus folgt, dass es keine immanente Möglichkeit gibt, die Involutionstendenzen zu stoppen oder gar umzukehren.
- Jede Form innerparlamentarischer Opposition ist kontraproduktiv, weil sie keine andere Rolle als die eines Integrationsinstrumentes spielen kann.
- Für eine außerparlamentarische Opposition stehen zwei Richtungen offen: wenn sie sich zu einem Wahlverein entwickelt, dann führt sie nach rechts und wenn sie die Antagonismen weiter verschärft, dann führt sie nach links.
- Eine außerparlamentarische Opposition muss nicht per se antidemokratisch sein. Wenn das Parlament jedoch selbst antidemokratisch geworden ist, dann kann der Kampf für mehr Demokratie nur antiparlamentarisch ausgefochten werden.
- Da die Bundesrepublik in ihrer Kerntendenz als »faschistisch« eingeschätzt wird,[15] ist es naheliegend, dass es nun darauf ankomme, einen antiparlamentarischen Kampf zu führen.

Kurzum, die APO wird hier als Vorhut zum Klassenkampf betrachtet, der sich auch gegen den als ideologisch angesehenen Parlamentarismus richtet. Hinter Agnolis Argumentation steckt, ohne dass der Ahnherr der klassischen linken Demokratie- und Staatstheorie mit einem Wort erwähnt würde, unverkennbar ein rousseauistischer Kern. Agnoli geht implizit von der von Rousseau propagierten Identität von Regierten und Regierenden[16] aus und muss deshalb das auf dem Repräsentationsgedanken basierende parlamentarische System aus grundsätzlichen Erwägungen verwerfen.[17] Daraus resultiert auf der einen Seite eine prinzipielle Gegnerschaft zum Pluralismus[18] und den Parteien als ihren konkreten Formen[19] sowie auf der anderen die Gefahr, indirekt totalitarismusverdächtigen

Alternativmodellen wie dem Rätesystem, das bekanntlich keine Gewaltenteilung kennt, das Wort zu reden.[20] Unter den Bedingungen seiner Vorannahmen hängt die Beurteilung der bundesdeutschen Demokratie also gar nicht – auch wenn Agnoli durchweg den Eindruck zu erwecken versucht, als habe er das im Sinn – von irgendwelchen empirischen Einzelergebnissen ab; sie ist keine gradualistisch zu beantwortende Frage nach einem »besseren« oder »schlechteren« Funktionieren. Die Verurteilung des Parlamentarismus ist normativ bereits vorab gesetzt.

Agnolis Analyse »passte« andererseits aber so gut in ihre Zeit, weil sie unter den Rahmenbedingungen der Großen Koalition und auf dem Höhepunkt des Konflikts um die Einführung der Notstandsgesetze zugleich auch eine suggestive Qualität besaß. Sie legte nahe, dass gegen die angeblich drohende Gefahr eines »neuen Faschismus« nur der Klassenkampf eine wirksame Gegenwehr darstellte. Wenngleich er in seinem Text »nur« von »Fundamentalopposition« spricht,[21] so hält er in den bereits erwähnten Thesen nicht nur den Klassenkampf für den ersten Schritt zur Verwirklichung von Demokratie, sondern unter bestimmten Voraussetzungen auch den Umschlag von einer außerparlamentarischen Opposition »in einen offenen antiparlamentarischen Kampf«[22] für denk- und wünschbar. In seiner ganzen Argumentation geht es ihm darum, den angeblich fiktiven Charakter des Parlamentarismus zu unterlaufen und den sozialen Antagonismus wieder sichtbar zu machen.

Die Politik des »trasformismo« und die Lehre von der »trasformazione della democrazia«

Die Grundgedanken von Agnolis Parlamentarismuskritik sind jedoch alles andere als originell; denn sie stammen aus Italiens präfaschistischer Ära. Vor dem Ersten Weltkrieg lautete das zentrale Stichwort in der italienischen Politik »trasformismo«. Wie kein anderes charakterisierte es das staatliche Handeln des wichtigsten Politikers in dieser Ära, die des liberalen Ministerpräsidenten Giovanni Giolitti.

Seine Überzeugung bestand im Kern darin, dass eine wirkungsvolle Opposition nur durch die Aufnahme der oppositionellen Kräfte in die »classe di governanti« verhindert werden könne. Diese Transformation der politischen Klasse, der es um den Preis ihres Untergangs gelingen müsse, die sozioökonomisch widerstrebenden Kräfte zu integrieren, sichere die Stabilität des liberalen Systems. Die herrschende Elite müsse deshalb bestrebt sein, ihre Parlamentsmehrheiten nach pragmatischen und nicht nach programmatischen Kriterien zustandezubringen. Grundfigur dieser Politik war die Herstellung von Kompromissen, vor allem in zweierlei Hinsicht: als Kompromiss zwischen der alten und der neuen, der reaktionären und der modernen Bourgeoisie und als Kompromiss zwischen dem Staat und den Organisationen der Arbeiterbewegung.

Die Politik des »trasformismo« der Ära Giolitti ist von zwei Gelehrten theoretisiert und damit in gewisser Weise kanonisiert worden: von dem Rechts- und Politikwissenschaftler Gaetano Mosca sowie dem Nationalökonomen und Soziologen Vilfredo Pareto.[23]

Mosca ist vor allem durch seine Klassen- und Elitentheorie bekannt geworden.[24] Macht und Herrschaft sind seine zentralen Kategorien. Die für ihn entscheidende Frage lautet, wie es einer Minderheit gelingen kann, die Macht nicht nur an sich zu reißen, sondern sie durch die Nutzung besonderer organisatorischer Kalküle auch zu behalten. Für die ›classe politica‹ ist entscheidend, wie sie sich durch ihre jeweilige ›formula politica‹, die aus nichts anderem als einer pseudologischen Ideologie besteht, als überzeugungsfähig erweist.[25]

Eine Fortentwicklung dieser Macht- und Elitentheorie findet sich bei Pareto. Auch er arbeitet mit einer dualistischen Vorstellung. Die Gesellschaft setzt sich aus zwei Teilen zusammen – der ›nicht ausgewählten Klasse‹ und der ›ausgewählten Klasse‹; letztere wiederum zerfällt in die ›herrschende Elite‹ und die ›nichtherrschende Elite‹.[26] Auch für ihn ist entscheidend, wer an die Macht gelangt und diese mit Hilfe von »Derivationen« – so lauten bei ihm die ideologischen Begründungsmuster – aufrechtzuerhalten in der Lage ist. Die Politik wird bestimmt durch eine fortwährende Zirkulation verschiedener Eliten. Sie kann sich in evolutionärer ebenso wie in revolutionärer Form vollziehen. Ausschlaggebend ist ihr machtpolitischer Erfolg.

Es ist alles andere als Zufall, dass in Agnolis Schrift kein anderer Theoretiker so häufig genannt wird wie Pareto. Deutlicher wird er 1968 in Thesen, die er zur Erläuterung seines Buches publiziert hat. Dort heißt es: »Pareto hatte 1922 Mussolini den Rat erteilt, um der Stabilisierung der Macht willen das Parlament in gewandelter Form weiter am Leben zu lassen: Massen, die demokratischen Gefühlen zuneigen, seien am besten durch ein Organ neutralisierbar, das ihnen die Illusion einer Beteiligung an der staatlichen Macht vermittelt. Nicht die gänzliche Abschaffung des Parlaments mache den Neuen Staat stark, sondern die Verlegung der Entscheidungsbefugnisse vom Parlament in den engeren Kreis nicht öffentlich tagender ›Eliten‹. Darin lag nach Pareto auch der historische Sinn und der bürgerliche Klassenauftrag der faschistischen Transformation des Staates.«[27] In Paretos Vorstellung konnte schließlich immer nur eine Elite eine andere ablösen. Eine Behauptung wie die, dass das Volk herrsche, war für ihn nichts anderes als eine typische »Derivation«, also eine pseudologische Erklärung.[28] Und genau mit diesem Gedanken hatte Agnoli seinen Traktat begonnen.

Direkter noch wurde er in einer Rede, die in einem Beitrag, den er im Mai 1968 während der damals wegen der bevorstehenden Verabschiedung der Notstandsgesetze erfolgten Besetzung der Frankfurter Universität und ihrer Umbenennung von Johann-Wolfgang-Goethe- in »Karl-Marx-Universität« hielt. Dort versuchte er der Ansicht entgegenzutreten, dass sich Faschismus und Parlamentarismus zwangsläufig ausschließen müssten: »Die Möglichkeit eines parlamentarischen Faschismus, und d.h., die Möglichkeit eines antidemokratisch gewordenen Parlamentarismus, ist darin begründet, ob es gelingt, das Parlament soweit zu entmachten, dass die eigentlichen Entscheidungsgremien in, wie Pareto sagt, ›nichtöffentlich tagende Eliten‹ verlegt und die Entscheidungen von Masseneinflüssen freigehalten werden. Gelingt dieser entscheidende Schritt, und für Pareto ist das der eigentliche Kern eines modernen bürgerlichen Staates, so muß allerdings für die demokratisch freigesetzten Impulse der Bevölkerung immer ein Auffangorgan vorhanden sein, und dieses Auffangorgan ist das Parlament.«[29] Aus dieser Sicht besteht die Aufgabe des Parlaments in nichts anderem, als einen Raum für die Fiktion einer Volksherrschaft zu schaffen.

Selbst der Titel von Agnolis programmatischer Kritik war nichts anderes als die wörtliche Übersetzung eines Pareto-Aufsatzes.[30] Pareto hatte 1920 in der *Rivista di Milano* einen Artikel unter der Überschrift »Trasformazione della democrazia« veröffentlicht, der ein Jahr später auch den Titel einer Aufsatzsammlung stellte.[31] Darin behauptete er, dass die repräsentative Demokratie nichts anderes als eine »plutokratische Demagogie« sei, die dem Untergang geweiht wäre. Ihm schwebte stattdessen die Entstehung einer außerparlamentarischen Elite vor, die die Macht im Staate erringen solle.

Manches von dem, was Pareto gedacht hat, ist offenbar von Mussolini in politische Praxis umgesetzt worden.[32] Von dessen Biographin Margherita G. Sarfatti ist der bereits im August 1923 verstorbene Pareto als jener seiner Lehrer bezeichnet worden, der »den tiefsten und nachhaltigsten Einfluss auf ihn ausgeübt« habe.[33] Auch wenn die Frage, ob es jemals Beziehungen praktischer Natur zwischen Pareto und Mussolini gegeben hat, als ungeklärt gilt, so darf die geistige Beeinflussung des »Duce« durch den prominenten Soziologen als unbestreitbar angenommen werden.[34] Der Historiker Renzo de Felice, zu dem Agnoli bei einem Forschungsaufenthalt Mitte der sechziger Jahre in Rom engen Kontakt hatte, zitiert sogar eine an Mussolini am Vorabend des faschistischen Konvents von Neapel übermittelte Aufforderung Paretos: »Heute oder nie!«[35] Danach erfolgte im Oktober 1922 der »Marsch auf Rom«, ein Marsch, den Mussolini bekanntlich von Mailand aus im komfortablen Schlafwagen eines Zuges zurückgelegt hat.[36]

Welche Schlussfolgerungen sind nun aus diesem offenkundigen Rezeptionszusammenhang zu ziehen?

1. Es kann kein Zweifel daran bestehen, dass die einflussreichste Position der von der APO formulierten Parlamentarismuskritik in ihrem Kern aus der präfaschistischen Liberalismuskritik Italiens stammt. Sie weist zudem eine Reihe von Überschneidungen zu der von Carl Schmitt am Parlamentarismus der Weimarer Republik artikulierten auf, die dieser ein Jahr später als Pareto geäußert hat.[37]
2. Die Form der von Pareto formulierten »Transformation der Demokratie« war zwar weitgehend beibehalten worden, ihr Inhalt hatte politisch jedoch sozusagen die Seite gewechselt. Was zunächst unter Voraussetzungen der extremen Rechten postuliert worden war, das sollte nun auf Seiten der extremen Linken Geltung haben.
3. Agnoli greift Paretos Vorstellungen auf und überträgt sie auf die Bundesrepublik zur Zeit der ersten großen Koalition. Er übernimmt das Modell jedoch nicht einfach, sondern funktionalisiert es, indem er das Bild vom Parlament als einer massenwirksamen Fiktion benutzt, um es grundlegend zu delegitimieren und damit Platz für eine nicht weiter konkretisierte Herrschaftsform als Alternative zu schaffen.
4. Agnoli versucht dann in der Folge seine Pareto-Adaption marxistisch im Sinne einer grundlegenden Kritik des Klassenstaates weiter auszuformulieren.[38] Ihm gelingt es damit, zeitweilig einen in der Linken vakanten Platz zu besetzen, den einer als marxistisch geltenden Staatsanalyse als Teil einer gegenwartsbezogenen politischen Theorie. Diese im bundesdeutschen Neomarxismus vorhandene Lücke konnte schließlich weder von einem Vertreter der Frankfurter noch von einem der Marburger Schule ausgefüllt werden.
5. Gleichwohl bleibt Agnolis Ansatz von einem grundlegenden Defizit gekennzeichnet: Er vermag keine handlungspolitische Option zu formulieren. Seine Kritik bleibt in der bloßen Negation stecken und kann keinen Ansatz eines Handlungsentwurfs offerieren. Ebenso wenig wie er eine Vermittlung seiner Resultate in eine konstruktive Kritik der repräsentativen Demokratie erkennen lässt, so findet sich bei ihm auch keine Übersetzung seiner verfassungs-

rechtlichen Analysen in eine Form politischer Praxis. Was ihm übrig bleibt, ist nichts anderes als eine bloße Haltung, die anarchistische Attitüde eines Professoren.

Das Symposium über die SDS-Geschichte

Als im Juni 1985 das von Theo Pirker geleitete Zentralinstitut für sozialwissenschaftliche Forschung der Freien Universität ein zweitägiges Symposium über die Rolle des SDS in der Nachkriegszeit veranstaltete,[39] zu dem zwanzig Referenten und 200 weitere Teilnehmer, unter ihnen mit dem Stuttgarter Philosophen Günter Rohrmoser sowie dem Berliner Historiker Ernst Nolte auch zwei einflußreiche Konservative erschienen,[40] entzündete sich in einem Panel über das Thema »Parlamentarismuskritik und die Konzeption der Basisdemokratie« ein Streit, in dessen Zentrum wenn auch plötzlich, jedoch kaum überraschend die Rolle von Agnolis »Transformation der Demokratie« stand. Er selbst war bei dieser Kontroverse nicht anwesend.

Während der Rechtswissenschaftler Ulrich K. Preuß, der generell den Mangel eines Politikbegriffs im Marxismus beklagte, Agnoli vorhielt, er verkenne bei aller notwendigen Kritik die Möglichkeiten, die der Rechtsstaat biete, warf Werner Süß ihm Antipluralismus, einen homogenisierten Klassenbegriff und den Mangel einer Handlungsoption vor. Der Verfasser wiederum, der in seinem Vortrag das sogenannte Organisationsreferat der beiden Wortführer des antiautoritären SDS-Flügels Rudi Dutschke und Hans-Jürgen Krahl problematisiert hatte,[41] schaltete sich in die Kontroverse mit der These ein, dass Agnoli seine Parlamentarismuskritik vor allem aus dem Denken präfaschistischer Theoretiker wie Carl Schmitt und Vilfredo Pareto beziehen würde.[42] Darauf reagierte der Philosoph und Religionssoziologe Jacob Taubes, der sich selbst als »Links-Schmittianer« zu erkennen gab, mit der Bemerkung, dass Schmitts Überlegungen ohne eine Verarbeitung des Leninismus nicht denkbar seien und es insofern durchaus legitim sei, die linke Parlamentarismuskritik aus dem rechten Entwurf zurückzuübersetzen. Als Preuß diesen Zusammenhang zurückzuweisen versuchte, fuhr Taubes regelrecht aus seiner Haut und behauptete, dass Agnoli Schmitts Parlamentarismuskritik »mit Löffeln gegessen« habe.[43] Sein Buch über »Die Transformation der Demokratie« sei 1968/69 nichts anderes als »die Schmittsche Variante der Relativisten« gewesen. Während der Verfasser, wenn auch diskussionsbedingt in starker Verkürzung, einen theoretischen Zusammenhang benannte, versuchte Taubes Agnoli offenbar in das Lager von Carl-Schmitt-Anhängern hinüberzuziehen. Letzteres schien also nichts anderes als der Versuch einer öffentlichen Vereinnahmung zu sein.

Angesichts der Heftigkeit der Reaktionen konnte es nur eine Frage der Zeit sein, bis Agnoli auf die Infragestellung seiner Parlamentarismuskritik selbst reagierte. Der Journalist Johannes Wendt hatte ihn zu einer Stellungnahme überdies öffentlich aufgefordert.[44] Ein Anlass bot sich ihm offenbar durch die Möglichkeit, zwanzig Jahre nach Erscheinen der »Transformation der Demokratie« in einer Zeitschrift noch einmal systematisch über den Zustand der parlamentarischen Demokratie nachzudenken. Zu diesem Zweck publizierte er in dem aus einer Abspaltung der Zeitschrift *Sozialistische Politik* (die zuvor wiederum aus dem *Politologen* hervorgegangen war) entstandenen Periodikum *Probleme des Klassenkampfs*, später kurz *Prokla* genannt, eine »Kommemorativabhandlung«.[45] In einem an Arroganz kaum zu überbietenden Ton und in süffisantem Stil versuchte er darin den Verfasser als Ignoranten abzukanzeln und die von Taubes unterbreitete Offerte, von der er sich offenbar auch ein wenig geschmeichelt fühlte, zurückzuweisen. Auf Preuß und Süß, die sich in ihren Referaten ebenfalls kritisch, obgleich weniger zugespitzt, mit der »Transformation der Demokratie« auseinandergesetzt hatten, ging er hingegen mit keinem einzigen Wort ein. Da er bei dem Symposium, das er nur als »die denkwürdige Veranstaltung« bezeichnete, angeblich verhindert gewesen sei, was er im Nachhinein als eine passende Gelegenheit für seine Kritiker (die davon jedoch keinerlei Ahnung hatten) hinstellte,[46] dürfte er die Auseinandersetzung nur aus mündlichen Erzählungen und Zeitungsberichten gekannt haben. Dabei konnte nicht ausbleiben, dass sich Zutreffendes mit Unzutreffendem auf eine höchst undurchsichtige Weise miteinander vermischte.

Auffällig war zunächst einmal die Unverhältnismäßigkeit der schriftlichen Reaktion insgesamt. Weder der Verfasser noch Taubes, der zudem bei keinem der Referate anwesend war, sondern mitten in die bereits laufende Debatte hineinplatzte, hatten über Agnolis »Transformation der Demokratie« referiert; sie hatten, obgleich auf sehr unterschiedliche Weise, in der Diskussion mit wenigen Sätzen auf Rezeptionszusammenhänge hingewiesen, die ihnen evident zu sein schienen. Nun aber holte der Angesprochene zu einem Verteidigungsmarathon aus, als ginge es darum, seinen beschädigten Ruf wiederherzustellen. Ganz offensichtlich musste bei ihm ein Nerv getroffen worden sein. Sonst hätte es keinen Grund geben können, auf einige kritische Diskussionsbemerkungen noch ein knappes Jahr später zu reagieren.

Zunächst versucht Agnoli die Behauptung zu entkräften, dass Pareto ein Gegner des Verfassungsstaates gewesen sei. Der als »Marx der Bourgeoisie« bezeichnete Soziologe sei für eine starke politische Klasse, die Herrschaft von Eliten, eine ungebremste kapitalistische Wirtschaft sowie die Beibehaltung des Parlaments eingetreten und in Wirklichkeit »ein rechtsgerichteter Altliberaler« gewesen. In seiner Schrift ziehe er – als ginge ihm das gegen den Strich – Pareto »teilweise gewaltsam« herbei, lediglich um aufzuzeigen, dass der Verfassungsstaat dessen Vorstellungen entspreche und aus diesem Grunde zu kritisieren sei.

Die bereits seit langem gehegte Vermutung, dass es eine Berührung zwischen der rechts- und linksgerichteten Staatskritik im Allgemeinen und eine »Wahlverwandtschaft Schmitt-Agnoli« im Besonderen gebe, empfinde er schlicht als Zumutung, zu der er sich »nicht zu äußern« brauche; dennoch weist er dies, als wolle er andererseits doch auf Nummer Sicher gehen, in dem einen Fall Pareto als eine angebliche Absurdität zurück und verweist sie in dem anderen Schmitt kurzerhand »ins Reich des ideologischen Trugs«.

Eines der von Agnoli bemühten Schlüsselworte stellt dabei der durch die Auseinandersetzung mit Jürgen Habermas in großen Teilen der Linken kontaminierte Begriff »Linksfaschismus« dar. Habermas hatte Dutschke bekanntlich auf dem nach den Trauerfeierlichkeiten für den von der Polizei am 2. Juni 1967 erschossenen Benno Ohnesorg vom Verband Deutscher Studentenschaften (VDS) organisierten Kongress »Bedingungen und Organisation des Widerstands« mit den Worten attackiert: »Ich bin der Meinung, er hat eine voluntaristische Ideologie hier entwickelt, die man im Jahre 1848 utopischen Sozialismus genannt hat, und der unter heutigen Umständen, jedenfalls ich glaube, Gründe zu haben, diese Terminologie vorzuschlagen, linken Faschismus nennen muss.«[47] Der hier erstmals an den charismatischen Wortführer des SDS adressierte Linksfaschismus-Vorwurf hinterließ tiefe Spuren. Er führte noch Wochen nach dem Kongress zu erhitzten Debatten und schuf eine nicht mehr zu überwindende Kluft zwischen dem SDS und seinem ehemaligen Mentor Habermas.[48]

Agnoli greift diese Vokabel, die innerhalb der außerparlamentarischen Linken den Rang einer Verbalinjurie besaß, auf und bezichtigt nun den Verfasser gleich mehrfach, er habe ihn als Linksfaschisten und sein Werk als »linksfaschistische Parlamentarismuskritik« denunziert.[49] Dies ist jedoch, wie der Blick ins Veranstaltungsprotokoll belegt, völlig unzutreffend. Darin heißt es im Gegenteil: »Ich glaube nicht, dass man daran vorbeikommt, dass der analytische Teil in Agnolis ›Transformation der Demokratie‹ im Wesentlichen von Pareto vorgeprägt worden ist. Das heißt aber nicht, dass Agnoli ein präfaschistischer Theoretiker sei.«[50] Des Weiteren spekuliert Agnoli darüber, ob dem Verfasser vielleicht zu Ohren gekommen sein könne, dass er »im hohen Alter von 17 Jahren Linksfaschist gewesen« sei.[51] Doch von biographischen Hintergründen war dem Verfasser zu dieser Zeit überhaupt nichts bekannt. Die auf der Konferenz geäußerte Kritik basierte allein auf einem textimmanenten Vergleich.[52]

Dann legte der wegen seines theoretischen Ansatzes in Zweifel Gezogene das überraschende Bekenntnis ab, er sei in der Tat – wie von seinem Kollegen Krippendorff behauptet – ein »revolutionärer Faschist« und somit eigentlich ein »Linksfaschist« gewesen. Er wüsste im Übrigen nicht, fügte er selbstbewusst hinzu, warum er das leugnen solle. Es gehe dabei aber ausschließlich um eine »persönliche Kontinuität«, nicht um irgendeinen Zusammenhang mit seiner Schrift über »Die Transformation der Demokratie«. Dann lieferte er einige Episoden und Halbsätze ab, die nun belegen sollten, dass er im Grunde bereits in den frühen vierziger Jahren Anleihen bei den Bolschewiki gemacht und, wie ihm amtlich bescheinigt worden sei, »außerhalb des Faschismus« gestanden habe.

Wie ist seine Entgegnung nun zu beurteilen? Die Behauptung, dass es sich bei der Einordnung Paretos in den politischen Zusammenhang vor der faschistischen Machteroberung, den italienischen Präfaschismus, um eine krasse Fehldeutung handle, ist unzutreffend. Schließlich hatte der »als notorisch faschistenfreundlich« (Agnoli) geltende Soziologe im Herbst 1922 durch seine Empfehlungen nicht unerheblich mit dazu beigetragen, Mussolini davon abzuhalten, mit dem politischen System vollständig zu brechen und das Parlament gleich abzuschaffen. Ob Pareto damit, wie Giolitti etwa, den illusorischen Gedanken hegte, dass der Faschismus an der Macht eine Übergangserscheinung sei und bald wieder in den Verfassungsstaat integriert werden könne, ist unbekannt. Der bereits im Jahr darauf verstorbene Elitetheoretiker hat jedoch auf jeden Fall dem Mussolini-Faschismus in die Hände gespielt und als Ideologe eine aktive Rolle bei der Aushöhlung des Parlaments und dessen Umfunktionierung zu einem Illusionsraum für die Macht des Volkes gespielt.

Es ist unbestreitbar, dass es zwischen den Schmittschen und den Agnolischen Kategorien eine grundsätzliche Differenz gibt. Während es sich bei Schmitt – wie etwa im Falle seines Volksbegriffs – um naturalistische Termini handelt, so geht es bei Agnoli immer noch um gesellschaftspolitische und damit historische Begrifflichkeiten. Jedoch lässt sich in einer Hinsicht eine aufschlussreiche Konvergenz zwischen beiden staats- und verfassungsrechtlichen Ansätzen diagnostizieren: Sie sind auf verschiedenartige Weise an Homogenitätsvorstellungen orientiert – Schmitt an solchen des Volkes und Agnoli an solchen der Klasse. Aus dieser Überschneidung resultiert eine zum Teil überraschend anmutende Nähe ihrer Kritikmuster, in dem einen Fall an der Weimarer, in dem anderen an der Bonner Demokratie. Beide sind erklärte Gegner des Liberalismus und einer pluralistischen Demokratievorstellung. Beide verurteilen aus prinzipiellen Erwägungen heraus die parlamentarische Demokratie und kritisieren ihre Einrichtungen in Grund und Boden. Während es dem einen auf eine regelrechte Ausmerzung des Inhomogenen ankommt, all dessen, was als volksfeindlich betrachtet wird, geht es dem anderen darum, den Klassenantagonismus zu schüren und die proletarische Klasse als eine unverbrüchliche Einheit zusammenzuschweißen.

Agnolis Eingeständnis, er sei in seiner Jugendzeit »Linksfaschist« gewesen, entbehrt allerdings nicht einer gewissen Komik. Um offenbar einer eindeutigeren Zuordnung (und möglichen Verdammung) aus dem Weg zu gehen, stellt er sich plötzlich als ein früher Anhänger der Oktoberrevolution, als Kapitalismuskritiker und Anhänger des Marxismus dar, der aus diesen Gründen damals bereits als »außerhalb des Faschismus« stehend gemaßregelt worden sei. Im Grunde will er damit einem Selbstbild Nahrung geben, wonach er schon immer ein potentieller Antifaschist und Linker gewesen sei. Was aus seiner Sicht eine biographische »Schönung« war, wie noch zu konkretisieren sein wird, ist aus einer anderen Sicht jedoch nichts anderes als eine unfreiwillige Bestätigung der von ihm so vehement in Abrede gestellten Hypothese, dass sich die Extreme von links und rechts zumindest berühren, wenn nicht gar in mancher Hinsicht überschneiden.

Letztlich war Agnoli in seiner Entgegnung beinahe allen Sachverhalten, die ihm gerade in einer nicht in einer ad personam formulierten Kritik entgegengehalten worden waren, aus dem Weg gegangen. Er hatte – nicht ohne sich dabei einiger rhetorischer Finessen zu bedienen – einen dichten Nebelschleier ausgebreitet. Weder war er auf die Herkunft der Formel von der »trasformazione della democrazia« in irgendeiner Weise eingegangen, noch hatte er sich auf die zentralen, auf dem Symposium in den Raum gestellten Kritikpunkte eingelassen, in welcher Weise er mit aus mehr als zweifelhaften Quellen geborgten Argumenten einem Antiparlamentarismus das Wort geredet hatte, geschweige dass er die Hintergründe seiner frühen politischen und geistesgeschichtlichen Sozialisation im Italien unter der Herrschaft Mussolinis glaubhaft dargestellt hätte. Noch immer durfte er darauf vertrauen, dass er in der Öffentlichkeit von einer verbreiteten Unkenntnis der theoretischen wie biographischen Zusammenhänge profitieren konnte.

Agnolis Biographie

Was lange Zeit nur unter Eingeweihten bekannt war,[53] dann in den achtziger Jahren immer mehr durchzusickern begann, wurde erst durch die von Barbara Görres Agnoli 2004 nach dem Tod ihres Mannes vorgelegte Biographie zur Gewißheit.[54] Darin wird erstmals zusammenhängend aufgedeckt, was es mit Agnolis faschistischer – in seiner eigenen Terminologie »linksfaschistischer« – Vergangenheit auf sich hatte.

Dem Band, der im Untertitel einschränkend als »biographische Skizze« bezeichnet wird, lassen sich jedenfalls die wichtigsten Stationen aus Agnolis Lebenslauf entnehmen. Geboren wurde er 1925 als Giovanni Agnoli in Valle di Cadore, einem kleinen, in der Nähe von Cortina d'Ampezzo gelegenen Ort in den östlichen Dolomiten. Da er als Redakteur einer Schulzeitung frühzeitig Hymnen auf den Faschismus verfasst hatte, war es nicht weiter verwunderlich, dass er in seiner Provinz Anführer des faschistischen Jugendverbandes wurde. Agnoli war zudem ein glühender Bewunderer der deutschen Philosophie und verstand sich in dieser Zeit vor allem als Anhänger des Rechtshegelianers Ugo Spirito.[55] Wie wichtig Agnoli damals gewesen sein muss, lässt sich allein daran erkennen, dass sein Name auf einer Hinrichtungsliste der Partisanen stand. Erst in den sechziger Jahren erfuhr er, dass er wochenlang beschattet worden war, der Attentäter es jedoch nicht fertiggebracht hatte, seinen Auftrag auszuführen. Wegen seiner Bewunderung für das nationalsozialistische Deutschland meldete sich Agnoli – dessen Name in Johannes Aknoli »germanisiert« wurde – 1943 unmittelbar nach dem Abitur bei der Waffen-SS und wurde bald darauf Soldat der Deutschen Wehrmacht.[56] Bis zum Kriegsende war er dann bei den Gebirgsjägern im Einsatz, vor allem zur Partisanenbekämpfung in Jugoslawien.[57] Am 2. Mai 1945 nahmen ihn schließlich die Briten gefangen. Danach verbrachte er zwei Jahre als Kriegsgefangener in einem ägyptischen Lager.

Nach seiner Entlassung ging Aknoli 1948 nicht zurück in die Dolomiten, sondern durch Vermittlung eines deutschen Mitgefangenen nach Baden-Württemberg und begann ein Jahr darauf mit dem Studium der Philosophie an der Universität Tübingen. Sein wichtigster akademischer Lehrer wurde der Dilthey-Schüler Eduard Spranger, der ihn auch 1957 mit einer Dissertation über Giambattista Vicos Philosophie des Rechts promovierte. Im Nebenfach hatte Aknoli Politikwissenschaften bei Theodor Eschenburg belegt. Bereits zwei Jahre zuvor war er eingebürgert worden. Sein Nachname wurde wieder »re-italianisiert«. Er hieß von nun an Johannes Agnoli.

Nach dem dritten Wahlsieg der CDU im Jahre 1957 wurde der Politikwissenschaftler Mitglied der SPD, jedoch vier Jahre später zusammen mit anderen wegen seiner Unterstützung des SDS aus der Partei ausgeschlossen. Nach einer Assistenzzeit an der Universität Köln kam er 1962 an die Freie Universität Berlin. Durch maßgebliche Unterstützung des Politikwissenschaftlers Ernst Fraenkel erhielt er eine Lehrbefugnis.[58] Die Hauptthemen seiner Vorlesungen waren der italienische Faschismus und der bürgerliche Staat. 1970 wurde Agnoli zum Assistenzprofessor ernannt, seine Habilitation erfolgte 1972. Das Thema seines Habilitationsvortrags – dessen Titel »Der technische Staat in der Auffassung von Ugo Spirito und Luigi Fontanelli« lautete – verriet, dass der ehemalige Mussolini-Anhänger offenbar immer noch nicht von den Ursprüngen seiner geistigen Biographie losgekommen war.

Viele seiner politischen Mitstreiter ließ Agnoli über seine faschistische Vergangenheit und seine Zeit als Soldat der Deutschen Wehrmacht vermutlich lange Zeit in Unkenntnis.[59] Auch sind seinem Werk keine Hinweise darüber zu entnehmen, wie er sich vom

Faschisten zum Sozialdemokraten und später zum Marxisten und radikalen Sozialisten gewandelt hat. Bis zu seinem Tod blieb er jedenfalls ein dezidierter Gegner des Staates. Auf die Frage nach dem Gewaltmonopol des Staates, so wird berichtet, habe er immer nur mit der Bemerkung reagiert, dass Gewalt auf beiden Seiten gerechtfertigt sei.[60] Eine mehr als nur taktische Befürwortung von Wahlen kam für ihn nicht in Frage. Als mit den Grünen ein Spätprodukt der 68er-Bewegung in den Bundestag kam, lehnte er eine Unterstützung ihrer Politik strikt ab.[61] Zum Schluss spielte er weder im akademischen Milieu noch in einer politischen Strömung eine maßgebliche Rolle. Eine Rezeption seiner Antiparlamentarismus-Doktrin spielt sich heute fast nur noch in Randbereichen der Politikwissenschaften oder in Teilen der autonomen Bewegung ab, die ihn nicht zuletzt seiner ostentativen Verachtung der parlamentarischen Demokratie und des Rechtsstaates wegen als eine Ikone verehren.

Die politische Biographie eines Theoretikers – so lässt sich einwenden – ist eine Seite, die Konsistenz seines Werkes und die Stichhaltigkeit seiner Argumente eine ganz andere.[62] Warum sollte also – so ist hinzuzufügen – ein solcher Mann nach Kriegsende seine totalitäre Herkunft aus dem italienischen Faschismus nicht überwunden haben? Durchaus möglich. Vielleicht aber hat er Kernelemente seines früheren Denkens beibehalten und auf diese Weise lediglich einen Wechsel von einer Seite des Extremismus zur anderen vollzogen. Durchaus denkbar wäre allerdings auch, dass er etwa Paretos Schriften erst nachträglich rezipiert und so seine Ablehnung der repräsentativen Demokratie im Nachhinein zu rationalisieren versucht hat. Auf jeden Fall aber ist kaum zu bestreiten, dass seiner Parlamentarismuskritik eine Illiberalität und ein Anti-Pluralismus inhärent sind, die mit dazu beigetragen haben, eine außerparlamentarische Bewegung und deren Nachfolger in die Irre zu führen.

Vielleicht konnte er auch nur deshalb zu einem Vordenker der radikalen Linken werden, weil sich in seinem Werk auf diese Weise eine Prolongierung totalitärer Topoi vollzogen hat. Jedenfalls wurde das, was zu Beginn der 1920er Jahre in Italien unter Vorzeichen der extremen Rechten postuliert worden war, nun ab Mitte der 1960er Jahre in der Bundesrepublik nur unwesentlich modifiziert unter Vorzeichen der extremen Linken argumentativ in Stellung gebracht.

Die negative »Vollendung« der »Transformation der Demokratie«

Agnoli hat seinen Ansatz bei wechselnden Anlässen und Gelegenheiten mit einem unverkennbaren Stoizismus verteidigt. Von politischen Veränderungen im Großen wie im Kleinen zeigte er sich im Hinblick auf die vermeintliche Gültigkeit seines Involutionstheorems unbeeindruckt. Je mehr die einstigen Akteure der APO und der aus ihrer Auflösung hervorgegangenen Nachfolgeorganisationen erkannten, dass sie mit ihrem Antiparlamentarismus in einer politischen Sackgasse gelandet waren, umso stärker insistierte Agnoli auf seinen einmal eingenommenen theoretischen Positionen. Trotz seiner gewachsenen akademischen und politischen Isolation hielt er daran nicht nur bis an sein Lebensende fest, sondern verstärkte sie bis zu einem imaginären Fluchtpunkt weiter. So erklärte er 1999 in einem Interview kategorisch: »Die Europa-Wahlen sind Scheinwahlen. Weil Europa […] ein Schein ist; in Strasbourg tagt ein Scheinparlament – also sind die Europa-Wahlen Scheinwahlen.«[63] Und im Rückblick über die »Transformation der Demokratie«: »Die Involutionstheorie ist ad acta zu legen. Die Involution ist perfekt geworden. Es ist keine Involutionstendenz mehr, sondern sie ist zu Ende geführt worden. Man kann sagen, dass die berühmt-berüchtigte Transformation der Demokratie realisiert worden ist, dass sie überflüssig geworden ist.«[64] Zu diesem Zeitpunkt schien sich für ihn die selbst prognostizierte Tendenz negativ vollendet zu haben. Der Transformationsprozess hatte sich für ihn erledigt. Seiner theoretischen Figur war offenbar die Geschäftsgrundlage entzogen. Und sein Buch war damit im Grunde gegenstandslos geworden.

Als er im Mai 2003 starb, wurden in Nachrufen noch einmal die alten Klischees aktiviert. So charakterisierte ihn etwa mit Wolf-

Dieter Narr einer seiner ehemaligen Kollegen vom Otto-Suhr-Institut als »Marxist, Kommunist und Anarchist«, ohne seine Vergangenheit – ob im italienischen Faschismus oder bei der Deutschen Wehrmacht auch nur mit einem einzigen Wort zu erwähnen.[65] Damit war eine weitere Chance vergeben, am Lebensende eines Mannes, Schlussfolgerungen aus dessen Scheitern zu ziehen und damit zugleich auch etwas vom durchaus tragischen Niedergang einer radikalen Linken zu begreifen, die sich ursprünglich zwar die Durchsetzung universeller Werte auf ihre Fahnen geschrieben hatte, ihre zumindest in der Tendenz totalitären Implikationen jedoch nicht durchschaute und deshalb nicht zuletzt wegen der Legitimationsschwäche ihres Demokratiemodells zu Fall gekommen war.

Vom tendenziellen Verschwinden der Antisemitismuskritik

Lange Zeit galt es in linksliberalen Kreisen als Selbstverständlichkeit der 68er-Bewegung zu attestieren, dass sie es vor allem gewesen sei, die Bundesrepublik aus dem ebenso langen wie dunklen Schatten des Nationalsozialismus herausgeführt zu haben. Inzwischen ist dieses Urteil wenn nicht als vollständiger Irrtum entlarvt, so doch zumindest als bedenkliche Leichtfertigkeit kritisiert worden. Auch wenn manche dieser Korrekturen – wie sie etwa in Götz Alys Buch »Unser Kampf« vorgebracht worden sind[1] – eher als Symptom für eine nicht minder problematische Gegenreaktion denn als Ergebnis einer profunden Analyse bewertet werden können,[2] so gilt es noch immer – und das betrifft insbesondere den Stellenwert der Antisemitismuskritik –, vermeintliche Gewissheiten in Frage zu stellen.

Wollte man eine zeithistorische Klammer öffnen, deren erster Teil durch das Jahr 1960 und deren letzter durch das Jahr 1969 markiert wird, dann könnte die Relevanz des Themas Antisemitismus für die Neuen Linke kaum unterschiedlicher ausfallen. Was zu Beginn der sechziger Jahre noch durch alle Fraktionen hindurch als ein zentrales Anliegen gegolten hatte, das dümpelte an deren Ende in weitgehender Bedeutungslosigkeit dahin. Ein radikaler Kursverfall hatte sich vollzogen. Vielleicht aber auch mehr als das, vielleicht sogar – auf jeden Fall in bestimmten Teilen der damaligen Kommune-Bewegung – eine Kehrtwendung um 180 Grad, ein Umschlag ins glatte Gegenteil.

Als Reaktion auf die durch die Hakenkreuzschmierereien am Heiligabend 1959 an der Kölner Synagoge ausgelöste antisemitische Welle hatte sich zunächst das Problemfeld Antisemitismus als ein zentrales gesellschaftspolitisches Desiderat herauskristallisiert – für die Forschung, die politische Bildung, die öffentliche und die unmittelbare politische Auseinandersetzung. Als Reaktion auf den von Israel gewonnenen Sechstagekrieg 1967 und die nachfolgenden Gebietsannexionen war es im Kern der Neuen Linken, insbesondere im SDS, zu einer Kehrtwendung gekommen, die schließlich am 9. November 1969 in einen von Kommunarden unternommenen Bombenanschlag auf eine Gedenkveranstaltung im Jüdischen Gemeindehaus in der Berliner Fasanenstraße mündete.

Die Vorreiterfunktion des SDS in den fünfziger Jahren

Um sich einen Eindruck davon zu verschaffen, wo die Anfänge einer öffentlichen Kritik des Antisemitismus lagen, ist es nötig in die fünfziger Jahre zurückzugehen. Zu Beginn der Ära Adenauer existierte in dieser Hinsicht ja noch ein regelrechtes Vakuum. In seiner ersten Regierungserklärung war der Bundeskanzler mit keinem einzigen Wort auf Auschwitz und den Antisemitismus eingegangen. Dabei hätte es dafür auch aktuelle Anlässe gegeben, nicht allein wegen der fortwährenden Schändung jüdischer Gräber sowie den Beschimpfungen und Misshandlungen jüdischer Überlebender, sondern vor allem wegen der Präsenz neonazistischer Organisationen wie etwa der *Sozialistischen Reichspartei* (SRP) und der von Antisemiten im Bundestag wie etwa dem Abgeordneten Franz Richter, bei dem sich bald herausstellte, dass es sich in Wirklichkeit um den ehemaligen NSDAP-Gauhauptstellenleiter Fritz Rößler handelte.

In dieses vor dem Wiedergutmachungsabkommen mit Israel existierende Vakuum stießen vor allem linke Demonstranten mit dem SDS in einer eindeutigen Vorreiterrolle. So ist es bereits zu Beginn der fünfziger Jahre zu einer übergreifenden Protestwelle gegen den »Jud Süß«-Regisseur Veit Harlan gekommen. Im Nachhinein kann man von einer regelrechten Anti-Harlan-Bewegung sprechen. Es gab Störaktionen, Demonstrationen und Kundgebungen. Insgesamt sind es zwischen 60 und 70 Einzelaktionen gewesen, die sich auf das gesamte Bundesgebiet und West-Berlin erstreckten sowie auf Österreich und die Schweiz übergriffen. Obwohl sich daran zahlreiche Organisationen beteiligten, so ist diese Bewegung im Kern bereits eine Studentenbewegung gewesen. Zentren der Protestaktionen gegen den antisemitischen Filmregisseur waren eindeutig Universitätsstädte wie Freiburg, Göttingen und Frankfurt. Der Kampf gegen Veit Harlan war zugleich ein Kristallisationsrahmen für die Initiative »Friede mit Israel«, die Propagierung von Wiedergutmachungsaktivitäten und für die Anerkennung des Staates Israel.

Für Aufsehen sorgte am Ende des Jahrzehnts ein weiteres Mal der SDS. Der Studentenbund, der zu diesem Zeitpunkt noch immer eine akademische Nachwuchsorganisation der SPD war, führte im November 1959 in Karlsruhe die Ausstellung »Ungesühnte Nazijustiz« durch.[3] Mit aus Polen und der Tschechoslowakei stammenden Dokumenten wurde nachgewiesen, dass mehr als 50 in der Bundesrepublik tätige Richter und Staatsanwälte im Nationalsozialismus hohe Zuchthausstrafen und Todesurteile verhängt hatten. Nach einer Überprüfung der Exponate stellte Generalbundesanwalt Max Güde fest, dass die Dokumente »offensichtlich echt« seien. Die beiden Organisatoren Reinhard Strecker und Wolfgang Koppel stellten gegen 20 ehemalige NS-Richter Strafanzeige. Die Forderung nach einer gezielten Strafverfolgung von NS-Tätern gehörte zumindest im SDS seitdem zu den politischen Selbstverständlichkeiten.

Die Reaktionen auf die antisemitische Welle von 1959/60

Eine neue Qualität nahm die Thematisierung der NS-Vergangenheit kurz darauf im Zusammenhang mit einer die Öffentlichkeit alarmierenden antisemitischen Welle an. Zwei 25-jährige Mitglieder der *Deutschen Reichspartei* (DRP) hatten am Heiligabend 1959 in Köln die Synagoge und ein Denkmal für NS-Opfer mit Hakenkreuzen und judenfeindlichen Parolen beschmiert. Die Aktion der beiden Rechtsradikalen, die bereits nach wenigen Stunden festgenommen und später vor Gericht gestellt und verurteilt werden konnten, löste in kurzer Zeit eine Welle von über 700 Friedhofsschändungen, Anschlägen und Schmieraktionen aus.

Der damit verbundene Schock führte zu Demonstrationen, Protestkundgebungen und einer ganzen Reihe aufklärerischer Aktivitäten. Selbst die Bundesregierung, die andererseits alles Erdenkliche unternahm, um Kommunisten die Verantwortung in die Schuhe zu schieben, konnte die Verbreitung judenfeindlicher Tendenzen nicht mehr länger abstreiten. Die Frage, wie antisemitisch die bundesdeutsche Nachkriegsgesellschaft war und was dagegen zu unternehmen sei, rückte plötzlich ins Zentrum der Auseinandersetzungen. An einigen Universitäten wurden Arbeitsgruppen gebildet, um Material über das Fortwirken der NS-Vergangenheit zu sammeln und auszuwerten.

Im Oktober 1960 begann etwa am Philosophischen Seminar der Freien Universität eine Übung zum Thema »Antisemitismus und Gesellschaft«, die von Margherita von Brentano und Peter Furth geleitet wurde.[4] Aus dieser Veranstaltung gingen nicht nur verschiedene Untersuchungen über die Geschichte des Antisemitismus in Deutschland hervor, sondern auch – wie Wolfgang Fritz Haug in seinen Erinnerungen an Margherita von Brentano hervorgehoben hat[5] – die Impulse für eine mehrjährige Faschismus-Debatte. Außerdem und nicht zuletzt mehrere Wortführer des SDS wie etwa Wolfgang Lefèvre, Jürgen Werth und der spätere Bundesvorsitzende Reimut Reiche.

Ein besonderer Indikator für den Stellenwert des Themas Antisemitismus waren linke Zeitschriften. Im März 1960 erschien die erste Ausgabe der Zeitschrift *neue kritik*, die mit ihrem Titel an die Aufklärung und Kants berühmte drei Kritiken anknüpfen wollte. Den Hauptbeitrag im theoretischen Organ des SDS hatte das Frankfurter SDS-Mitglied Oskar Negt verfasst. Unter der Überschrift »Die Zerstörung der deutschen Universität« analysierte er die fatale Rolle von rechtsradikalen Studenten, insbesondere Korporierten, bei der Zerstörung der Weimarer Republik und der Etablierung des NS-Regimes. Dabei ging es ihm in zentraler Weise – was gewiss auch eine Reaktion auf die antisemitische Welle war – um die Funktion des Antisemitismus. Bemerkenswert war, dass Negt der Annahme eines »genuinen

Antisemitismus« widersprach und betonte, dass der Antisemitismus von ganz unterschiedlichen sozialen Gruppen und Schichten wahrgenommen werden könne, von Protestanten wie Katholiken, von Sozialisten wie Kommunisten. Er nahm also die Linke keineswegs von der Anfälligkeit aus, eine Minderheit zu diskriminieren, um die kollektiven Hassgefühle einer vermeintlichen »Volksgemeinschaft« auf einen imaginären Gegner zu kanalisieren. Derartige Erkenntnisse wären zweifellos nicht möglich gewesen ohne empirische Forschungen wie das sogenannte Gruppenexperiment, in dem Adorno und das Frankfurter Institut für Sozialforschung das Nachkriegsbewusstsein der Deutschen untersucht hatten.[6]

Noch deutlicher wurde der Einschnitt, den das »Menetekel von Köln« und – wie es Gerhard Schönberner einmal genannt hat – die nachfolgende »antisemitische Springflut« spielten, jedoch in der Zeitschrift *Das Argument*, deren Gründung ein Resultat der gescheiterten Massenbewegung gegen die Atombewaffnung der Bundeswehr war. Nach einer im Februar 1960 im Kasino des Kreuzberger Rathauses abgehaltenen Tagung mit dem programmatischen Titel »Die Überwindung des Antisemitismus« erschien im Mai 1960 ein gleichnamiges Themenheft.[7]

Der RIAS-Redakteur Hanno Kremer, der neben Dietrich Goldschmidt und Gerhard Schönberner den wichtigsten Beitrag verfasste, wollte darin einen »Blick in die Seelenalchimie der Antisemiten« werfen und untersuchte deshalb die »Psychologie des Antisemitismus«. Für ihn war klar, dass es eine Art kausaler Erklärung für Auschwitz nicht geben könne. »Eine Wissenschaft,« schrieb er, »die hier Erklärungen suchen wollte, würde sich selbst ad absurdum führen. Man kann einzelne Elemente jenes Geschehens, das der Name Auschwitz meint, auseinandernehmen, analysieren und wieder zusammensetzen, und doch bleibt das Ganze unerklärbar, unfassbar, unzerlegbar wie ein erratischer Block, qualitativ mehr und anders als die Summe seiner Elemente.«[8] Es könne weder eine angemessene historische noch eine soziologische oder psychologische Interpretation für Auschwitz geben. Es gebe kein Verstehen. »Fassungslosigkeit ist und bleibt die einzig angemessene Reaktion, auch der Wissenschaft.«[9] Das war ein mutiges Wort.

Margherita von Brentano und Peter Furth zählten jahrelang zu den Mitherausgebern und Autoren der Zeitschrift. Die meisten Themenhefte in der Geschichte von *Das Argument* – insgesamt sieben – standen unter dem Titel »Faschismus-Theorien«. Diese Reihe begann im Mai 1964 mit dem Abdruck von Walter Benjamins Aufsatz »Theorien des deutschen Faschismus«[10] und endete im November 1974 mit dem Text »Faschismus-Theorie in antifaschistischer Perspektive« von Wolfgang Fritz Haug.[11] In diesen zehn Jahren hatte sich in der Grundorientierung der Zeitschrift, die in jener Zeit zweifelsohne das bedeutendste theoretische Organ der Linken links von der SPD war, ein Wechsel vollzogen – von Autoren der Kritischen Theorie beziehungsweise der Frankfurter Schule hin zu solchen der Marburger Schule.

Auffällig ist, dass in den zahllosen Beiträgen zum Faschismusthema die Begriffe »Nationalsozialismus« und »Faschismus« weitgehend synonym behandelt wurden und es so gut wie keine eigenständige Reflexion über die Stichhaltigkeit der Terminologie gab. Der Gefahr, dass hier trotz aller historischer und soziologischer Differenziertheit zugleich eine kategoriale Entspezifizierung der NS-Herrschaft vollzogen wurde, ist jedenfalls nicht vorgebaut, ganz im Gegenteil, eher Vorschub geleistet worden. Der italienische Faschismus war zwar gewalttätig, kriegslüstern und gewiss auch antisemitisch, er kam jedoch ohne ein Massenvernichtungsprogramm aus, für das der Name Auschwitz zum Synonym wurde.[12] Indem der Nationalsozialismus dem Faschismus begrifflich untergeordnet worden ist, ließ sich sein bedrohliches Potential in gewisser Weise entschärfen. Der eliminatorische Antisemitismus und die Judenvernichtung insgesamt standen nun jedenfalls nicht mehr im Fokus des Erkenntnisinteresses.

Daran änderte auch nicht, dass im Mai 1964 an prominenter Stelle ein Vortrag Adornos »Zur Bekämpfung des Antisemitismus heute« abgedruckt wurde.[13] Denn Adorno, dessen gesellschaftsanalytisches Potential auch heute noch bestechend wirkt, hielt es ebenfalls nicht für nötig, zwischen Faschismus und Nationalsozialismus näher zu unterscheiden. Und bei Margherita von Brentano, die zur selben Zeit wie selbstverständlich von einem »faschistischen Antisemitismus« meinte sprechen zu können, lässt sich eine durchaus ähnliche kategoriale Leichtfertigkeit nachweisen. Dies ist umso überraschender, als sie nicht nur so genau zwischen einem Antisemitismus in der bürgerlichen Ära und einem im NS-Staat zu unterscheiden weiß, sondern auch die Notwendigkeit einer methodischen Selbstreflexion für jegliche Analyse der NS-Herrschaft betont hat.[14]

Zur selben Zeit lief in Frankfurt der Auschwitz-Prozess. Der hessische Generalstaatsanwalt Fritz Bauer hatte nichts unversucht gelassen, zumindest einen Teil des in den Vernichtungsprozess einbezogenen Personals vor Gericht stellen und aburteilen zu lassen. Das Echo in der Presse und in den Massenmedien war – anders als noch in den fünfziger Jahren – außerordentlich stark. Kein Verhandlungstag verging, ohne dass darüber ausführlich berichtet wurde. Doch SDS und Neue Linke schien das alles nicht mehr sonderlich zu interessieren. Lediglich die Frankfurter Studentenzeitung *Diskus* – wenn man einmal davon absieht, dass das neu auf den Markt gekommene *Kursbuch* in seiner ersten Ausgabe ein Auschwitz-Dossier veröffentlichte – machte eine Ausnahme.[15] Im Vordergrund stand stattdessen die Notstandsgesetzgebung und die vermeintliche Gefahr, dass mit ihrer Verabschiedung ein »neues 33«, die erneute Etablierung einer Diktatur, drohen könne.[16]

Rudi Dutschke und das Auschwitz-Tabu

Niemand anders hat die 68er-Bewegung so sehr verkörpert wie Rudi Dutschke. Er war – obwohl er niemals eine organisatorische Funktion wahrgenommen hat – ihre Stimme, ihr Gesicht und ihre Leitfigur. Durch das am Gründonnerstag 1968 auf ihn verübte Attentat war sein persönliches Schicksal mit dem der Bewegung sogar faktisch verschmolzen. Wer sonst hätte die Moralisierung des Politischen glaubwürdiger vertreten können als er. Dutschke verstand sich als Antikapitalist, als Antiimperialist und – man könnte geneigt sein, in dieser Hinsicht von einer Selbstverständlichkeit sprechen zu wollen – auch als Antifaschist.

Wer sich jedoch auf die Suche macht, um Äußerungen von ihm über Auschwitz und den Antisemitismus ausfindig zu machen, der wird dies – von ganz wenigen Ausnahmen abgesehen – vergeblich tun. Im Gegensatz zu vielen anderen seiner Weggefährten stand der Nationalsozialismus bei ihm für eine Blindstelle. In seiner damals wohl bekanntesten Publikation, einem Beitrag zu dem hunderttausendfach verbreiteten Bändchen der Rowohlt aktuell-Reihe über die »Rebellion der Studenten«, findet sich ein eigener Abschnitt unter der Überschrift »Vom Antisemitismus zum Antikommunismus«.[17] Darin ist zwar von den Untersuchungen über die autoritäre Persönlichkeit die Rede, mit keinem Wort jedoch von Anti-Judaismus, Judenfeindschaft oder Antisemitismus.

In seinen zahlreichen öffentlichen Reden hat er die Themen Judenfeindschaft und Judenvernichtung vollständig ausgespart. Auschwitz war ihm ein regelrechtes Tabu. In einem 1977 verfassten autobiographischen Text versuchte er zu rechtfertigen, warum er sich nicht über das, was er als »die Hölle der deutschen Konzentrationslager« bezeichnete, äußern wollte: »Mein christliches Selbstverständnis wehrte sich dagegen, denjenigen dafür verantwortlich zu machen, der die Liebe gelebt hatte und dafür ans Kreuz musste. So stellte sich mir die Frage nach den Verantwortlichen für den Zweiten Weltkrieg. Meine christliche Scham über das Geschehene war so groß, dass ich es ablehnte, weitere Beweisdokumente zu lesen und mich mit meiner allgemeinen Erkenntnis zufriedengab: Der Sieg und die Macht der NSDAP, das Entstehen des Zweiten Weltkriegs ist von dem Bündnis zwischen NSDAP und den Reichen (Monopolkapital) nicht zu trennen. Damit war der Raum frei geworden für die erste Entscheidung: zwischen Kapitalismus und Sozialismus grundlegend differenzieren zu können und dennoch mein Christentum nicht aufzugeben.«[18]

Danach scheint es also eine Art christlicher Selbstschutzmechanismus gewesen zu sein, der es verhindert hatte, Auschwitz zu thematisieren. Damit reagierte er zugleich wie der Angehörige eines Kollektivs, des deutschen Volkes, dessen Zugehörigkeit er auf keinen Fall in Frage gestellt sehen wollte. Ohne die Möglichkeit, weiter auf das Christentum bauen und sich auf das Volk berufen zu können, wäre seine Vorstellung von einer Revolution vermutlich wie ein Kartenhaus in sich zusammengebrochen.

Gewiss, Dutschke war kein Antisemit, im Gegensatz zu vielen seiner Weggefährten nicht einmal ein Antizionist oder in irgendeiner Form ein Gegner Israels. Auf der SDS-Delegiertenkonferenz im September 1967 in Frankfurt, auf der die berüchtigte Nahostresolution zur Debatte stand, mit der Israel zum vorgeschobenen Posten des US-Imperialismus degradiert werden sollte, war er es, der eine Abstimmung verhinderte.[19] Aber er hat alles unternommen, um einen möglichst großen Bogen um die für ihn kontaminierten Themen zu machen. Daher weder ein Wort zu Auschwitz noch zum Antisemitismus.

Adorno als Seismograph

In der Nachkriegszeit dürfte es in der Bundesrepublik wohl kaum einen aufmerksameren Beobachter gegeben haben als Theodor W. Adorno. Wie ein Seismograph hat der Theoretiker, dem an der Frankfurter Universität noch 1956 wegen seiner vermuteten jüdischen Herkunft Schwierigkeiten bereitet worden waren, die Veränderungen von Einstellungen, Gewohnheiten und Mentalitäten registriert. Insbesondere wer seine Stellungnahmen zur Studentenbewegung vergleicht, der stößt auf einen signifikanten Wandel. Im Laufe von nur zwei Jahren hat sich die Einstellung des Kulturkritikers und Musiksoziologen zur Rolle der revoltierenden Studenten beinahe um 180 Grad gedreht.

Als Benno Ohnesorg am 2. Juni 1967 in West-Berlin erschossen wurde, war Adorno vom Tod des unschuldigen Germanistikstudenten so tief erschüttert, dass er das drei Tage später in einem Seminar zum Anlass nahm, um eine Erklärung abzugeben. Darin hieß es zwar vorsichtig, dennoch aber bestimmt: »Die Studenten haben so ein wenig die Rolle der Juden übernommen.«[20] In einer am Tag darauf folgenden Vorlesung bat er seine Zuhörer sogar darum, sich zum Gedenken an ihren toten Kommilitonen von den Plätzen zu erheben. Adorno hatte ganz offensichtlich das Bedürfnis, sein Mitgefühl und seine Solidarität zum Ausdruck zu bringen.

An dieser Einstellung hatte sich auch noch nichts verändert, als er im Jahr darauf von Günter Grass aufgefordert wurde, sich von seinen immer aktionistischer auftretenden Schülern zu distanzieren. Adorno lehnte das mit der Begründung ab, dass er zum einen nicht die Rolle des Renegaten übernehmen, zum anderen aber auch nicht die in der Bundesrepublik ohnehin vorhandenen anti-intellektuellen Tendenzen verstärken wolle. »So genau ich weiß,« rang Adorno unüberhörbar mit sich selbst, »dass die Studenten eine Scheinrevolte betreiben und das eigene Bewusstsein der Unwirklichkeit ihres Treibens durch ihre Aktionen übertäuben, so genau weiß ich auch, dass sie, und die Intellektuellen überhaupt, auf der Plattform der deutschen Reaktion die Rolle der Juden übernommen haben.«[21] In dieser Reaktion kam jedoch bereits die Ambivalenz zum Ausdruck, mit der Adorno die Revolte inzwischen bewertete. Im Grunde war er tief gespalten. Einerseits glaubte er noch immer, dass die Studenten an die Stelle der Juden getreten seien, andererseits aber hatte er den Gedanken offenbar aufgegeben, dass sie politisch noch etwas bewirken könnten.

Erst im Sommer 1969 gab er in einem Briefwechsel mit Herbert Marcuse zu erkennen, dass sich seine Haltung grundsätzlich verändert habe. »Ich müsste alles, was ich über die objektive Tendenz gedacht habe und weiß, verleugnen,« schrieb er seinem in Kalifornien lehrenden Kollegen, »wenn ich glauben wollte, dass die Protestbewegung der Studenten in Deutschland auch nur die geringste Aussicht hat, gesellschaftlich eingreifend zu wirken. Weil sie das aber nicht kann, ist ihre Wirkung fragwürdig in doppelter Hinsicht. Einmal in der, dass sie das in Deutschland ungeminderte faschistische Potential anheizt, ohne sich auch nur darum zu scheren; dann aber insofern, als sie in sich selbst Tendenzen ausbrütet, die – und auch darin dürften wir differieren – mit dem Faschismus unmittelbar konvergieren.«[22] Danach reihte er eine Liste von Symptomen auf und führte an, dass das Wort Ordinarius von den rebellierenden Studenten gebraucht würde wie seinerzeit von den Nazis das Wort Jude. »Die Gefahr des Umschlags der Studentenbewegung in Faschismus«, fuhr er weiter fort, »nehme ich viel schwerer als Du [...] Du müsstest nur einmal in die manisch erstarrten Augen derer sehen, die, womöglich unter Berufung auf uns selbst, ihre Wut gegen uns kehren.«[23] Weil Adorno wiederholt studentischen Attacken ausgesetzt war, hatte er kurz zuvor seine Vorlesungen eingestellt.

Spätestens hier wurde unmissverständlich deutlich, dass in seinen Augen aus manchen der studentischen Akteure selbst Aggressoren geworden sein mussten. Die revoltierenden Studenten fungierten nicht mehr in der Rolle von Opfern, sondern in der von Angreifern. Aus jenen, die angeblich den Platz von Juden einnahmen, sollten nun selbst tendenziell Faschisten geworden sein. Und einer derjenigen, gegen die sich nun der Hass richtete, war der einst von den Nazis aus dem Land vertriebene Adorno.

Krahl und die Kontingenz von Auschwitz

Adornos radikal veränderte Haltung blieb den Betreffenden, darunter mit Hans-Jürgen Krahl einem seiner Lieblingsschüler, jedoch weitgehend verborgen. Umgekehrt ahnte Adorno nichts davon, dass nur vier Wochen später mehrere SDS-Mitglieder nach Amman flogen, um sich an einem Trainingscamp der *El Fatah* zu beteiligen. Darunter befand sich auch einer seiner jüngeren Schüler. Als die selbstauferlegte Nachrichtensperre des SDS zu bröckeln begann, blieb dem SDS-Bundesvorstand nichts anderes übrig, als sich den kritischen Nachfragen der Reporter zu stellen.

Auf die Möglichkeit angesprochen, neben den Palästinenser-Lagern auch Israel einen Besuch abzustatten, erklärte Krahl schnippisch: »Was sollen wir in Israel? Dort gehen wir hin, wenn's sozialistisch geworden ist.«[24] Als die Passage mit der an Arroganz kaum zu überbietenden Formulierung erschien, war der in seinem Schweizer Urlaubsdomizil überraschend einem Herzinfarkt erlegene Adorno gerade zu Grabe getragen worden.

Für Krahl spielte Auschwitz allerdings im Gegensatz zu Dutschke auch weiterhin eine bedeutende Rolle. Drei Monate bevor er im Februar 1970 bei einem Autounfall ums Leben kam, hatte er betont, dass die »Erfahrung des Faschismus« in die Theoriebildung der Neuen Linken in zentraler Weise eingehen müsse, der einerseits zwar mit den Kategorien einer Kritik der politischen Ökonomie erklärbar sei, »dessen Terror im einzelnen« jedoch »sich solcher begrifflichen Subsumption« widersetze. Kategorisch stellte er fest: »Auschwitz ist kontingent auch noch den überlieferten Kategorien einer Kritik der politischen Ökonomie gegenüber.«[25]

Dieser Satz, in dem die erkenntnistheoretischen Grenzen des Marxismus gegenüber der Vernichtung der europäischen Juden markiert wurden, wäre im damaligen SDS wohl von kaum jemand anderem so formuliert worden. Jemandem wie Karl-Heinz Roth etwa, dem Kopf des Hamburger SDS, für den sich in Auschwitz, zumal in den von der IG Farben dort errichteten Buna-Werken, eine negative Vollendung des Monopolkapitalismus vollzogen hatte, wäre er gewiss nicht über die Lippen gekommen. Er erinnerte am ehesten noch an Hannah Arendt, die bereits 1950 von der »vollkommenen Sinnlosigkeit« der Vernichtungslager geschrieben hatte. Für sie jedoch hatte es im theoretischen Radarsystem der Neuen Linken bekanntlich überhaupt keinen Platz gegeben.[26]

Eruptionen 1969

Im Laufe des Jahres 1969 brach dann offen hervor, was seit dem Juni 1967 nur mehr oder weniger latent geblieben war. Insbesondere in der Westberliner Szene mehrten sich die Anzeichen für einen militanten Antizionismus und zum Teil auch ziemlich unverblümten Antisemitismus. Es kam zu ersten Überfällen und Anschlägen.

So wurde etwa am 5. April 1969 das in der Berliner Schlüterstraße gelegene Szene-Lokal *Zum Schotten* von einer Gruppe junger Leute verwüstet, die linksradikale Flugblätter verteilten. Grund des Überfalls war die Tatsache, dass eine jüdische Geschäftsfrau fünf Tage zuvor das Lokal übernommen hatte. Als die Polizei erschien, kam es zu einem Handgemenge, festgenommen wurde jedoch niemand.

Einen Monat später wurde die an der Ecke Wielandstraße/Kurfürstendamm gelegene *Scarlette*-Bar von einer 20-köpfigen Gruppe junger Leute verwüstet. Als die Polizei erschien, waren die Täter bereits verschwunden. Da auch diese der linken Szene zugerechnet wurden, durchsuchte die Polizei – wenn auch ergebnislos – den ganz in der Nähe gelegenen *Republikanischen Club*.

Zwei Monate danach, Mitte Juli, traf es erneut die *Scarlette*-Bar. Zunächst erhielt deren Geschäftsführer und Mitinhaber Moshe Ben Ari einen anonymen Anruf: »Israelis haben hier nichts zu suchen.« Kurz darauf flog ein Molotow-Cocktail in sein Lokal. Der Feuerwehr gelang es nur mit Mühe, den ausgebrochenen Brand unter Kontrolle zu bekommen. Der Sachschaden belief sich auf 70 000 DM. Ein Zeuge hatte die beiden mutmaßlichen Attentäter, zwei dunkelhaarige, junge Männer, beobachtet. Der Werfer trug trotz sommerlicher Temperaturen Handschuhe. Er flüchtete aus der aufgebrochenen Tür des Lokals ins Freie. Dort wartete der andere junge Mann in einem orangefarbenen Sportwagen mit laufendem Motor auf ihn.

Polizei und Staatsanwaltschaft waren der Überzeugung, dass die Täter in der linksradikalen Szene zu suchen seien. In der Wielandstraße befand sich damals nicht nur der *Republikanische Club*, sondern auch die sogenannte *Wieland-Kommune* mit Georg von Rauch, Michael »Bommi« Baumann und anderen Militanten, die bereits ihre ersten Erfahrungen mit Molotow-Cocktails, Bomben und Sprengstoffen gemacht hatten.

Ende August war der israelische Politikwissenschaftler Professor Marion Mushkat, Direktor des Instituts für internationale Angelegenheiten in Tel Aviv, in den *Republikanischen Club* zu einem Vortrag über den Nahostkonflikt eingeladen worden. Zu dem Vortrag konnte es jedoch wegen lautstarker Proteste nicht kommen. Stattdessen fand eine Diskussion statt. Aus dem Publikum rief jemand dazwischen: »Schade, dass man Dich nicht vergast hat!«[27] Danach brachen Tumulte aus. Erst nach langem Hin und Her wurde die Drohung zurückgenommen.

Unter einem ähnlichen Stern stand ein Vortrag von Professor Alexander Keynan, dem Vizepräsident der Hebräischen Universität von Jerusalem, Anfang Dezember in Kiel. Er wollte über Fragen der »Forschung und Entwicklung in Israel« sprechen. Linksradikale Studenten sahen darin nichts anderes als den Versuch, »für die zionistische Expansion« zu agitieren. Eine *ad hoc gruppe internationale solidarität* verteilte dazu ein Flugblatt mit der Überschrift »Zionismus=Israelischer Imperialismus«. Die Leser wurden darin aufgefordert, bei der Vortragsveranstaltung zu zeigen, dass man »auf der Seite der palästinensischen Revolution« stehe. Das Flugblatt endete mit der unmissverständlichen Parole: »Schlagt die Zionisten tot – macht den Osten rot!!«[28]

Das Fanal vom 9. November 1969

Die Grenze zwischen einer israelfeindlichen Haltung und einer judenfeindlichen Tat wurde am 9. November 1969 mit einem Bombenanschlag auf die Teilnehmer einer Gedenkveranstaltung überschritten, mit der der Opfer für die sogenannte Reichskristallnacht gedacht werden sollte.[29]

Den Anfang machten die aus zwei Kommunen, der *Kommune I* und der *Wieland-Kommune*, entstandenen *Tupamaros Westberlin* (TW) mit einer Bombe, die von Peter Urbach, einem Under-Cover-Agenten des Verfassungsschutzes, stammte, und die sie ins Jüdische Gemeindehaus legten. Ziel war eine Gedenkveranstaltung zum 31. Jahrestag des Nazi-Pogroms. Die Bombe versagte zwar, der Schock jedoch saß tief. NS-Überlebende hätten erneut Opfer werden sollen – diesmal durch die Kinder der Täter-Generation. Der Bombenleger, ein jüngerer Bruder des SDS-Funktionärs Tilman Fichter, hatte zeitweilig selbst zu den Israel-Förderern gehört. Um den jüdischen Staat zu unterstützen, hatte er sogar eine Zeit lang in einem Kibbuz gearbeitet.

Wohl am unverblümtesten hat im Zusammenhang mit dem Anschlag auf das Jüdische Gemeindehaus der Ex-Kommunarde und insgeheime Anführer der TW, Dieter Kunzelmann, seine judenfeindliche Einstellung zum Ausdruck gebracht. In einem in West-Berlin verfassten *Brief aus Amman* reicht er das gesamte ideologische Rüstzeug für jenen am 9. November versuchten Anschlag nach. Er ist sich dabei offenbar der Tatsache bewusst, welchen Tabubruches es bedarf, um erneut Juden als Zielscheibe zu propagieren.

Das entscheidende Stichwort seines Textes, in dem er seine Begründung für einen Kurswechsel der Angriffsziele, die sich nun nicht mehr gegen die USA, sondern gegen Israel und jüdische Einrichtungen richten, öffentlich vorlegt, lautet deshalb »Judenknax«. Er unterstellt all jenen Linken, die sich für eine Wiedergutmachung eingesetzt haben, nichts anderes als einen psychischen Defekt. Sie litten an einem Komplex, der sie daran hindere, einer veränderten politischen Wirklichkeit angemessen Rechnung zu tragen.

Der entscheidende Perspektivenwechsel hatte sich im Juni 1967 mit dem Sechstagekrieg vollzogen. Mit dem militärischen Sieg Israels über die Ägypter erschienen die dort lebenden Juden nicht länger mehr als Opfer, sondern auf einmal selbst als Täter. Indem die von Verteidigungsminister Moshe Dayan befehligte Armee gesiegt hatte, schien es keine Notwendigkeit mehr zu geben, Juden weiterhin als Opfer des Nationalsozialismus zu betrachten. Diese Gelegenheit zum Einstellungswechsel wurde nicht ungenutzt gelassen. Das hatte unzweifelhaft eine entlastende Funktion. Die Kinder aus dem Land der Täter schienen nunmehr frei von der ihnen offenbar lästig gewordenen Verpflichtung zu sein, wegen der von ihren Eltern begangenen, mitgetragenen oder geduldeten Verbrechen eine demütige Haltung einzunehmen.

Die mutmaßlichen Gründe

Zum Schluss die unvermeidbare Frage: Wie lässt sich dieser radikale Wandel erklären? Zum einen das tendenzielle Verschwinden der Antisemitismuskritik, ihre Relevanzeinbuße im Zuge der sechziger Jahre, und zum anderen die radikale Kehrtwendung am Ende der sechziger von entschiedenen Israel-Befürwortern zu expliziten Israel-Gegnern und Parteigängern der Palästinenser, eine dramatische Richtungsänderung, die vereinzelt in antisemitischen Aktionen kulminierte.

Die 68er-Bewegung war erstens durchaus an der Vergangenheit interessiert, auch an der des Nationalsozialismus, jedoch eher aus funktionalistischen Gründen. Es ging ihr in erster Linie um die Gegenwart, die damalige politische Aktualität der Bundesrepublik. Und wenn in diesem Koordinatensystem die NS-Vergangenheit von Relevanz zu sein schien – wie etwa die des Bundespräsidenten und des Bundeskanzlers –, dann hat man daraus umstandslos Kapital zu schlagen versucht. Nichts wurde unversucht gelassen, um eine Kontinuität der Funktionseliten zwischen dem NS-System und der Bundesrepublik unter Beweis zu stellen. Mit dem Begriff des autoritären Staates wurde ein derartiger Zusammenhang insinuiert. Und die Energie, mit der die Verabschiedung der Notstandsgesetze und der Aufstieg der NPD zu verhindern versucht worden ist, das eine vergeblich, das andere erfolgreich, wurde aus einer Vorstellung gewonnen, die sich als aktualisierte Form des Antifaschismus verstand.

Die Mitte der sechziger Jahre vollzogenen theoretischen Weichenstellungen erwiesen sich zweitens auf dem Höhepunkt der Protestbewegung als besonders problematisch. Die Durchsetzung eines marxistischen Faschismusbegriffs, der als Oberbegriff diente und unter den der Nationalsozialismus nolens volens subsumiert wurde, verführte zu einer verengten Klassenkampf-Optik, in der sich nur noch Kapitalismus und Sozialismus beziehungsweise Kommunismus gegenüberstanden. Weder eine Analyse der Judenvernichtung noch eine des Antisemitismus schienen noch von besonderer Relevanz zu sein. Gewiss, sie wurden nicht bestritten. Jedoch besaßen sie kein größeres Gewicht mehr für die politische Ausrichtung. Um das herrschende System zu stürzen, bedurfte es keiner Analyse des eliminatorischen Antisemitismus. Das Phänomen des Antisemitismus wurde in der Folge zu einem allgemeinen Syndrom kapitalistischer Gesellschaften, zu einem bloßen Attribut, das zu vernachlässigen war.

Als es dann darum ging, im Zuge eines immer weiter eskalierenden Vietnamkrieges Partei zu ergreifen, schlug man sich drittens auf die Seite der sogenannten Befreiungsbewegungen und der Dritten Welt. Die Delegitimierung der Vereinigten Staaten schuf die Gelegenheit, in klassischer Manier den US-Imperialismus zu attackieren und sich mit Entschiedenheit auf die Seite aller selbsternannten Antiimperialisten zu stellen. Im Nahostkonflikt bedeutete das, Partei für die Palästinenser zu ergreifen und mit Israel als einem »Vorposten des US-Imperialismus« kategorisch abzurechnen. Damit war alles, was mit Juden und Judentum konnotiert war, insbesondere das Thema Antisemitismus, neutralisiert. Jahrelange Bemühungen, sich den Abgründen der deutschen Geschichte zu stellen und sich ein differenziertes Bild von der Vernichtung der europäischen Juden zu machen, schienen damit in Frage gestellt, wenn nicht gar zunichte gemacht worden zu sein.

Das Horkheimer-Diktum »Wer aber vom Kapitalismus nicht reden will, sollte auch vom Faschismus schweigen« steht viertens wie ein unfreiwillig tragischer Portalspruch über der Studentenbewegung. Es gibt wohl kaum einen anderen Satz, der eine Bewegung wie die der 68er mehr in die Irre geführt hat, als dieser. Das Zitat stammt aus dem bei Ausbruch des Zweiten Weltkriegs verfassten Aufsatz »Die Juden und Europa«, einem Text, in dem es zentral um den Antisemitismus und den Nationalsozialismus geht.[30] Horkheimer warnt darin inständig davor, der Vergangenheit des liberalen Bürgertums nachzutrauern. Gegen den Faschismus könne man sich nicht – hielt der in seinen weltanschaulichen Grundfesten erschütterte Sohn eines Stuttgarter Fabrikanten dem Liberalismus entgegen – auf jene Kräfte berufen, durch die er überhaupt erst habe siegen können. Nun, die Rolle, die

Großindustrielle wie Thyssen, Krupp und andere bei der Etablierung des NS-Regimes gespielt haben, ist unbestreitbar, die Ansicht jedoch – und das war die Konsequenz, die viele Akteure aus dieser Feststellung gezogen haben –, man müsse erst einmal den Kapitalismus abschaffen, um einen »neuen Faschismus« zu verhindern, ist geradezu naiv. Die dahinter steckende Überzeugung, dass der Kapitalismus den Faschismus generiert habe, ist in dieser Allgemeinheit mit Sicherheit verkehrt. Danach müsste schließlich in all jenen Ländern, in denen sich der Kapitalismus durchgesetzt hat, ein faschistisches System entstanden sein. Unter den Vorzeichen eines globalisierten Kapitalismus würden wir es heute mit nichts anderem als einer Art Weltfaschismus zu tun haben müssen. Mit dem Horkheimer-Diktum wurde außerdem so getan, als könne es im Sozialismus per se keinen Totalitarismus und keinen Antisemitismus geben. Doch in den sechziger Jahren war so bereits viel an historischen Erkenntnissen über den Stalinismus und den Post-Stalinismus bekannt, dass man sich auch in dieser Hinsicht eines Besseren hätte belehren lassen müssen.

3.

Kritiken

Die Ordinarienuniversität im Zeichen der Gesellschaftskritik von 1968

Wohl kein anderer Slogan aus der Zeit der Studentenbewegung hat sich so sehr ins Gedächtnis eingegraben wie jener, der am 9. November 1967 im Auditorium Maximum der Universität Hamburg den Teilnehmern einer Rektoratsfeier präsentiert wurde: »Unter den Talaren Muff von 1000 Jahren.« Das Schlagwort verselbständigte sich und wurde zum Signum einer ganzen Rebellion.[1]

Die Zielscheibe der Protestaktion waren ganz unmissverständlich die Ordinarien, denen gegenüber der Vorwurf erhoben wurde, dass sich unter ihren akademischen Traditionsgewändern der Ungeist des Nationalsozialismus verberge. Die beiden Studenten, die das schwarze Transparent, das aus dem Grabtuch Benno Ohnesorgs stammte, vor sich hertrugen, waren die beiden stellvertretenden AStA-Vorsitzenden Detlev Albers und Gert Hinnerk Behlmer, der eine später Professor für Politikwissenschaft an der Universität Bremen und der andere Staatsrat in der Hamburger Kulturbehörde. Das berühmte Foto, das die beiden zeigt, wie sie sich an die Spitze des Zuges der in Talaren gekleideten Professoren setzen und die Treppe zum Versammlungsort hinuntersteigen, wirkt heute auf eigentümliche Weise brav. Die beiden studentischen Akteure sind feierlich gekleidet, sie tragen dunkle Anzüge und Krawatten. Während sie in einer Mischung aus Hilflosigkeit und Verschmitztheit grinsen, blicken der Rektor und ein weiterer Ordinarius, die wie zur unfreiwilligen Illustrierung der Klageformel hinterherstapfen, ernst und beinahe grimmig. Niemand macht Anstalten, den Studenten das Spruchband zu entreißen. Die Professoren scheinen sich ihrem Schicksal widerspruchslos zu fügen. Das Ganze wirkt inszeniert wie bei einer eher mittelmäßigen Theateraufführung.

Doch die Aufnahme hat einen trügerischen Charakter. Zwar gibt sie einen wichtigen Moment wieder, den Höhepunkt einer symbolischen Aktion, sie vermittelt jedoch kaum etwas davon, was sich zu jener Stunde im Audimax tatsächlich abgespielt hat. Die akademische Feierstunde begann bereits unter dramatischen Vorzeichen und vollzog sich in einer selbst für jene Tage außerordentlichen Turbulenz. Durch einige Vorfälle auf dem Universitätsgelände alarmiert, hatten sich der Rektor und der Innensenator darauf verständigt, eine Gruppe von Polizeibeamten in Zivil – nach Aussagen des AStA über zwanzig Personen – der akademischen Feier beiwohnen zu lassen, um im Bedarfsfalle für die Sicherheit der Beteiligten zu sorgen. Mehreren SDS-Mitgliedern wurde bereits der Eintritt zum Audimax verwehrt. Als diese ihre Eintrittskarten vorwiesen und deutlich machten, dass sie sich das nicht gefallen lassen würden, kam es zu einem Handgemenge. Einer der Studenten wurde dabei so hart in die Mangel genommen, dass er einen Arzt aufsuchen musste. Ein anderer wurde vorläufig festgenommen, in einen der Kellerräume abgeführt, durchsucht und verhört. Doch vergeblich – er führte nichts bei sich, was das Misstrauen der Ordnungshüter hätte bestätigen können.

Nach der Transparentaktion hielt der neue Rektor, der Wirtschaftswissenschaftler Professor Dr. Werner Ehrlicher, wie vorgesehen seinen Antrittsvortrag über die Wirtschaftsrezession der Jahre 1966/67 und ihre politischen Folgen. Er konnte sich jedoch in dem mit über tausend Personen besetzten Saal kaum verständlich machen. Zahlreiche Studenten riefen dazwischen, intonierten Sprechchöre und verlangten, immer wieder durch rhythmisches Klatschen unterstützt, nach einer Hochschulreform. Angeprangert wurde insbesondere das »starre Festhalten an undemokratischen Formen und Traditionen« der Universität. Unmittelbar nach Beendigung seines Vortrags verließ der Rektor, von seinem gesamten Lehrkörper treu gefolgt, fluchtartig das Audimax. So entging ihnen, was der AStA-Vorsitzende Björn Pätzold in seiner Rede an Mängeln und Missständen der Hamburger Universität aufzuzeigen wusste. Zu der auf Flugblättern geforderten Diskussion über Reformmaßnahmen konnte es wegen des vorzeitigen Auszugs der Professoren dann ohnehin nicht mehr kommen.

Bemerkenswert an den Berichten über die ungewöhnliche Rektoratsfeier war insbesondere, dass einige Zeitungen lediglich vom »Muff von 100 Jahren« schrieben. Der Bezug zum »Tausendjährigen Reich« der Nazis war damit getilgt. Was manche Blätter nicht zu melden bereit waren, das wurde allerdings durch einen Zwischenfall umso nachhaltiger in Erinnerung gerufen. Der Islamwissenschaftler Professor Berthold Spuler, Direktor des Orientalischen Seminars, hatte den Protestierenden während der verunglückten Feierstunde kurzerhand entgegen geschleudert: »Ihr gehört alle ins KZ!«[2] Damit hatte er in seinem Zorn unfreiwillig eine Bestätigung für den Slogan der beiden Studentenschaftsvertreter geliefert. Der Ordinarius geriet dieser Äußerung wegen so sehr unter Druck, dass er ein Disziplinarverfahren gegen sich selbst einleitete und schließlich trotz einiger »Ehrenerklärungen« seiner Kollegen vorläufig suspendiert wurde. Drei Monate später durfte der Wissenschaftler, der nicht nur, wie sich schon bald herausstellte, SA- und NSDAP-Mitglied war, sondern während des Krieges auch im Reichsministerium für die besetzten Ostgebiete gearbeitet hatte, seine Lehrtätigkeit wieder aufnehmen, weil sich, wie die Hamburger Schulbehörde meinte mitteilen zu müssen, »zahlreiche Schüler« für seine Rückkehr in den Hörsaal ausgesprochen hätten. Wie später bekannt wurde, hatten sich lediglich 14 Studenten bereitgefunden, dem Wunsch Ausdruck zu verleihen, den Veranstaltungen des unter Kollegen als »erzkonservativ« geltenden Orientalisten auch in Zukunft als Hörer beiwohnen zu wollen.

Medizinische Diagnoseklischees

Hochschulen sind, wie es der Soziologe Hans-Werner Prahl einmal formuliert hat, »historisch sedimentierte Institutionen«, in denen sich »geschichtliche Konstellationen abgelagert und sie damit wenigstens teilweise gegenüber Wandlungen resistent gemacht« haben.[3] Dieser Überhang lässt sich in der Form von »Beharrungstendenzen«

an Kleidung, Insignien, Titeln, Initiationsritualen, Sprachgewohnheiten etc. festmachen. Die historischen Ablagerungen sind heute weitgehend außer Kraft gesetzt beziehungsweise derart verblasst, dass sie kaum noch in der universitären Öffentlichkeit wahrgenommen werden. Durchgesetzt hat sich mit der Studentenrevolte, die den »Muff von 1000 Jahren« vertreiben wollte, und der technokratischen Hochschulreform in gewisser Weise eine Säkularisierung ganz eigener, hochschulspezifischer Art.

Ein allgemeines Klagen über Verfallstendenzen gehörte zur ständigen Begleitmusik der Universitätsgeschichte in den letzten beiden Jahrhunderten. Schon die Gründung des Prototyps moderner deutscher Universitäten – der Friedrich-Wilhelms-Universität 1810 in Berlin – verstand sich als Überwindung einer grundlegenden Krise, von der die höheren Bildungsanstalten am Ende des 18. Jahrhunderts durch Züge zu einer Fachschulausbildung geschüttelt worden waren.[4] 1836 schrieb Diesterweg »Über das Verderben auf den deutschen Universitäten«,[5] 1921 meinte Max Scheler, dass sie nur noch aus einer »Summe von Fachschulen« bestünde[6] und nach der Restauration der Ordinarienuniversität in der Bundesrepublik wurde schließlich in den späten fünfziger und frühen sechziger Jahren die Rede von der Universitätskrise zum Gemeinplatz.[7] Dieser Trend kulminierte schließlich 1964 im Kassandraruf von der »Bildungskatastrophe«, den Georg Picht in der seinerzeit in der konservativen Wochenzeitung *Christ und Welt* erschienenen Artikelserie hervorgebracht hatte.[8]

Dagegen freilich gab es auch gewichtige Stimmen, die dem krisengeschüttelten Patienten eine »Gesundheitsbescheinigung« nach der anderen ausstellten. Nach dem Ersten Weltkrieg traf der preußische Kultusminister Carl Heinrich Becker in seinen »Gedanken zur Hochschulreform« die markante Feststellung: »Die deutsche Universität ist im Kern gesund.«[9] Kaum dass der Zweite Weltkrieg vorüber war, wurde das Postulat im »Blauen Gutachten« zur Hochschulreform aufgegriffen und davon gesprochen, »dass die Hochschulen Träger einer alten und im Kern gesunden Tradition« seien.[10] Danach schienen bundesdeutsche Professoren in Rektoratsansprachen und bei anderen festlichen Anlässen fast darin zu wetteifern, den klassischen deutschen Universitäten ihre »Gesundheit« auszusprechen. Hermann Heimpel und viele andere paraphrasierten jedenfalls die Rede von der »im Kern gesunden Hochschule« in nahezu allen erdenklichen Versionen.[11]

Erst 1969 wurde in einem Kongress über »Psychische Störungen bei Studenten« die restaurative Feststellung umgekehrt und davon gesprochen, dass die Hochschule »irgendwie selbst ›krank‹« sei und die psychische Störung von Studenten vielleicht »eine ganz gesunde Reaktion« darstellen könnte.[12] Damit war die »Gesundheitsbescheinigung« zwar gegen eine »Krankheitsbescheinigung« eingetauscht worden, die bio-medizinische Sichtweise der Universität als einer Art geistigen Organs war jedoch unverändert beibehalten worden.

Der Einfluss der Französischen Revolution

Die studentische Rebellion gegen die angeblich »im Kern gesunde« Ordinarien-Universität fiel nicht vom Himmel; sie verdankte sich einer über anderthalb Jahrzehnte hinweg immer wieder erneuerten kritischen Tradition, die selbst wiederum in einer Geschichtsphilosophie wurzelte, die auf den deutschen Idealismus und die französische Aufklärung zurückführt. Ohne diesen Zusammenhang zwischen Aufklärung, Französischer Revolution und preußischer Bildungsreform auf der einen und Kritischer Theorie und Studentenrevolte auf der anderen Seite lässt sich nicht begreifen, was konzeptionell in der Ära der sozialliberalen Reformpolitik durchzusetzen versucht worden ist. Der Konnex zwischen französischer und preußischer Bildungsreform war im Übergang vom 18. zum 19. Jahrhundert besonders eng.

Unmittelbar nach dem Sturm auf die Bastille reiste Wilhelm von Humboldt im Juli 1789 als Begleiter von Joachim Heinrich Campe nach Paris, um das mitzuerleben, was sie emphatisch eingestimmt für den »Sieg der Menschheit« hielten.[13] Sie konnten auf Einladung Mirabeaus der Nationalversammlung in Versailles beiwohnen und verfolgen, wie zum ersten Mal die Menschenrechte zu Grundrechten einer Verfassung wurden. Jedem Staatsbürger sollte die Chance geboten werden, im Bildungswesen seine Fähigkeiten so gut wie möglich zu entfalten. Die gesetzgebende Versammlung beschloss dann 1791, dass ein öffentliches Schulwesen eingerichtet werden solle, das für alle Bürger obligatorisch und kostenlos sei. Der Staat wollte damit die zuvor durch Geburt oder Wohlstand zustandegekommenen Vorrechte negieren und stattdessen die Chancengleichheit gesetzlich garantieren.

Vordenker dieser Bildungsreform war der Marquis de Condorcet, Mitglied der Académie française und ehemaliger Sekretär der königlichen Akademie der Wissenschaften, ein aufgeklärter Monarchist, dem daran lag, die Macht durch die Vernunft abzulösen und die ständische Gesellschaftsordnung in eine Nation von Bürgern zu transformieren. Dieser Homme de lettres, der 1792 auch die Deutschen (»Aux Germains«) dazu aufrief, sich der Revolution anzuschließen, war Sprecher des Schulausschusses, der der gesetzgebenden Versammlung einen Plan zur allgemeinen Organisation des öffentlichen Unterrichtswesens vorlegte. Ziel der Bildung sei es, so führte er aus, »… allen Angehörigen des Menschengeschlechts die Mittel zugänglich zu machen, dass sie für ihre Bedürfnisse sorgen, ihr Wohlergehen sichern, ihre Rechte erkennen und ausüben, ihre Pflichten begreifen und erfüllen können; jedem die Möglichkeit zu sichern, seine berufliche Geschicklichkeit zu vervollkommnen, sich für gesellschaftliche Funktionen vorzubereiten, zu denen berufen zu werden er berechtigt ist, den ganzen Umfang seiner Talente, die er von der Natur empfangen hat, zu entfalten und dadurch unter den Bürgern eine tatsächliche Gleichheit herzustellen und die politische Gleichheit, die das Gesetz als berechtigt anerkannt hat, zu einer wirklichen zu machen.«[14] Um das Prinzip der Chancengleichheit durchzusetzen, war es unabdingbar, das in verschiedene Typen aufgespaltene Schulsystem zu überwinden und durch ein einheitliches mit aufeinanderfolgenden Schulstufen abzulösen.

Als Humboldt das zweite Mal nach Paris reiste, um sich ein Bild vom Fortgang der Französischen Revolution zu machen, war Condorcet bereits tot. Unter ungeklärten Umständen war er, nachdem man ihn im Konvent denunziert und später verhaftet hatte, im März 1794 im Gefängnis von Bourg-la-Reine tot in seiner Zelle aufgefunden worden. Durch den Besuch eines von seiner Witwe geführten Salons lernte Humboldt jene Überlegungen kennen, die Condorcet in seinem letzten Werk, dem Fragment gebliebenen »Entwurf einer historischen Darstellung der Fortschritte des menschlichen Geistes« niedergelegt hatte. Im Schlussteil dieses Vermächtnisses, das eine Art »philosophisches Testament der Aufklärung«[15] darstellt und das der Konvent ein Jahr später drucken und an alle Abgeordneten verteilen ließ, hielt er einen Gedanken fest, in dem die Dialektik von Bildung und Wissenschaft als Motor des allgemeinen Fortschritts angesehen wird: »Die Fortschritte in den Wissenschaften sichern die Fortschritte in der Technik des Unterrichts, die wiederum die der Wissenschaften beschleunigen; und dieser wechselseitige Einfluss, dessen Wirkung sich fortwährend erneuert, muss zu den nachhaltigsten und mächtigsten Ursachen der Vervollkommnung des Menschengeschlechts gerechnet werden.«[16] Bildung und politische Gleichheit waren für Condorcet in einer Philosophie verankert, in der Freiheit als Garant des Fortschritts galt.

In der deutschen Universitätsgeschichte gibt es niemanden, der in so kurzer Zeit derartig tiefe Spuren hinterlassen hätte wie Wilhelm von Humboldt. Der Sektionschef für Kultus und Unterricht im Preußischen Innenministerium war von 1809 an nicht einmal anderthalb Jahre im Amt. Eine seiner vorrangigen Absichten bestand darin, den Vertretern des preußischen Staates klarzumachen, dass nur die institutionelle Autonomie der Universität den Fortschritt von Wissenschaft und Forschung garantiere. Der Staat müsse sich bewusst machen, dass es »immer hinderlich ist, sobald er sich hineinmischt, dass die Sache an sich ohne ihn unendlich besser gehen würde …«[17] Jede Einmischung des Staates oder anderer nichtuniversitärer Stellen verletze die Freiheit als notwendige Voraussetzung wissenschaftlicher Selbstreflexion, verzerre die Idee der Wahrheit und verhindere so jede wirklich unabhängige Erkenntnis. Die Gewinnung von Wahrheit sei nur möglich unter strikter Absehung von ihrer praktischen

Verwendung. Der Staat habe lediglich die finanzielle Unabhängigkeit zu garantieren.

Im Verhältnis zwischen Professoren und Studenten sollte nicht, wie man bei einem preußischen Bildungspolitiker vielleicht hätte vermuten können, ein strenges Autoritätsideal vorherrschen, sondern die Einsicht, dass nur die Egalität eines »gegenseitigen Lehrverhältnisses«, also die Form des sokratischen Dialogs, die Grundlage wissenschaftlichen Arbeitens darstellen könne: »Darum ist auch der Universitätslehrer nicht mehr Lehrer, der Studierende nicht mehr Lernender, sondern dieser forscht selbst, und der Professor leitet seine Forschung und unterstützt ihn darin.«[18] Die Einheit von Forschung und Lehre hat ihre Entsprechung in der von Lehrenden und Lernenden. Um den Fortschritt der Wissenschaft zu garantieren, so griff Humboldt Condorcets Philosophie auf und versuchte sie institutionell umzusetzen, bedarf es einer im Kern uneingeschränkten Freiheit der Forschenden. Darin bestand die eigentümliche Radikalität in Humboldts Ansatz.

Die preußische Universitätsreform, die praktisch mit der Gründung der Friedrich-Wilhelms-Universität in Berlin in Gang kam, vollzog sich im Ausnahmezustand der napoleonischen Besetzung, zugleich war sie ein Vorgriff auf die bürgerliche Gesellschaft, der noch im Rahmen des absolutistischen Ständestaats stattfand. Unter dem Druck der Französischen Revolution und den militärischen Niederlagen bei Jena und Auerstädt hatte sich der preußische Staat zu einer Reihe von Reformen gezwungen gesehen, die das Übergreifen der sozialrevolutionären Strömungen auf Preußen selber verhindern sollten. Humboldt hatte es fertiggebracht, die Freiheitsprinzipien im Rahmen des aufgeklärten preußischen Beamtenstaates zu institutionalisieren.[19] Die Stärke seiner Universitätsreform bestand in der Entfeudalisierung und Dekorporierung der alten Landes- und Stadtuniversitäten, ihre Schwäche darin, dass diese Liberalisierung nur mit den Mitteln des Staates durchzusetzen war. Paradox formuliert: Die Freiheit vom Staat musste und konnte auch nur durch den Staat garantiert werden.

Demokratisierung der Hochschulen

In der nach dem Ende des Zweiten Weltkriegs geführten Diskussion um die Hochschulreform wurden kaum Zweifel daran gehegt, dass an die klassische Universitätskonzeption Humboldts, wenn auch in kritischer Weise, wieder angeknüpft werden müsse. Jedoch traten unter ein- und demselben Selbstverständnis zwei völlig entgegengesetzte Positionen an. Dem von Ernst Anrich, Hermann Heimpel, Helmut Schelsky und Eugen Rosenstock-Huessy angeführten konservativen Lager, stellte sich mit Max Horkheimer, Theodor W. Adorno, Wolfgang Abendroth, Jürgen Habermas und anderen ein linksliberales Lager gegenüber. Es ist nicht verkehrt, in diesem Zusammenhang von einem Richtungsstreit zwischen Rechtshumboldtianern und Linkshumboldtianern zu sprechen. Die entscheidenden Formeln, die zur Identifizierung der jeweiligen Position dienten, waren »Einsamkeit und Freiheit« (Schelsky) und die »Einheit von Forschung und Lehre« (Adorno), die Gegenüberstellung eines stoisch-individualistischen mit einem dialogisch-kollektiven Reflexionsprozess. Was Friedrich Meinecke bereits in der Weimarer Republik bemerkt hatte, dass Humboldt eine Sphinx sei, die jeden Betrachter anders anschaue,[20] bestätigte sich erneut. Jede Seite versuchte mit ihrer partiellen Humboldt-Interpretation entweder das bildungsbürgerlich-aristokratische oder aber das citoyenhaft aufgeklärt-demokratische Moment zu verstärken.

Die wichtigste Hochschulgruppe, die sich in den Anfangsjahren der Bundesrepublik mit eigenen Vorstellungen zu einer Universitätsreform profilierte, war zweifelsohne der SDS. Bereits im Juli 1953 hatte er auf einer hochschulpolitischen Tagung in Kassel, an der auch der hessische Kultusminister Ludwig Metzger sowie Wolfgang Abendroth, Ulrich Lohmar und Fritz Vilmar teilnahmen, Grundüberlegungen zu einer Universitäts- und Studienreform entwickelt. Das Arbeitspapier wurde dann unter dem Titel »Die Hochschule in der modernen Gesellschaft« zu einem der wichtigsten Anstöße für eine Reform der Hochschulbildung.[21]

In der 1961 vom SDS veröffentlichten Denkschrift »Hochschule in der Demokratie« wurde Humboldts Forderung nach »Autonomie der Universität« ideologiekritisch unter die Lupe genommen. In der Einleitung hieß es dazu: »Das Ideal der Aufklärung, die Autonomie des Menschen, erfährt hier die für das deutsche Denken jener Zeit eigentümliche Verengung auf den privaten Bereich. Das Bürgertum, das seinen Anspruch auf politische Selbstbestimmung nicht verwirklichen konnte, erstrebte einen Raum individueller Freiheit, und seine Philosophen verstanden die Verwirklichung der autonomen Persönlichkeit nur noch als Selbstverwirklichung des denkenden Subjekts in der spekulativen Philosophie.«[22] Das Postulat »Autonomie der Universität« stehe vor dem Hintergrund der deutschen Geschichte in einem völlig anderen Kontext als in Frankreich, England oder Italien etwa. Es markiere sowohl die politische Schwäche des deutschen Bürgertums, sich nicht aus der feudal-absolutistischen Verklammerung lösen und politisch emanzipieren zu können, als auch die Stärke der geistigen Selbstradikalisierung, die gesellschaftlich unerfüllten Freiheitsbedürfnisse vollständig für die Wissenschaften, letztendlich das denkende Ich zu reklamieren, freilich um den Preis der Privatheit und damit wiederum der gesellschaftlichen Wirkungslosigkeit.

Die Autoren der SDS-Arbeitsgruppe meinten daher, eine Dialektik der Zweckfreiheit konstatieren zu können: Die Universitätsautonomie, so argumentieren sie, sei in eine geradezu fatale historische Dialektik eingebunden, wie an der Verfolgung ihres Postulats der Zweckfreiheit der Wissenschaften, insbesondere ihres Erkenntnisinteresses, das anscheinend nur der rückhaltlosen Entdeckung absoluter Wahrheit verpflichtet gewesen sei, deutlich werde: »Mit der Behauptung, ihr Bemühen um Wahrheit sei zweckfrei, hatte sich die Universität der Möglichkeit begeben, die an sie herantretenden Ansprüche der Gesellschaft auf ihre Notwendigkeiten hin zu überprüfen. Damit lieferte sie aber die Ergebnisse dieses zweckfreien Strebens an beliebige Zwecke aus. [...] Die Selbstauslieferung der Universität an den Nationalsozialismus, ihre ›Brauchbarkeit‹ als Instrument seiner Rechtfertigung während des ›Dritten Reiches‹ ist hierfür gewiss das prägnanteste, keinesfalls aber das einzige Beispiel. Dieser Prozess der Anpassung der Universität […] hat zu einer völligen Sinnentleerung der klassischen Prinzipien geführt.«[23]

Die Bildungsidee habe im Grunde fiktiven Charakter. Das Bildungsideal der deutschen Universität führe letztlich »zur Stärkung eines antidemokratischen Potentials« in der Gesellschaft. Nur zu deutlich trage es die »… Züge einer vergeistigten Ersatz-Revolution des deutschen Besitz- und Bildungsbürgertums, das den Anspruch auf politische Selbstbestimmung nicht zu verwirklichen vermochte. Die Ersatzlösung der außerwissenschaftlichen Erziehung als ein Allheilmittel für alle Mängel der Hochschulbildung bezeichnet den Endpunkt einer Entwicklung der Beziehung von Universität und Gesellschaft in Deutschland, in deren Verlauf auch die geistige Ersatzrevolution sich schließlich verflüchtigte und zu einem leeren ›Bildungsideal‹ verkam, das nur noch eine dekorative Funktion zur Fundierung des Sozialprestiges des Akademikerstandes in einer restaurativen Gesellschaft hat.«[24] Die Verselbständigung und Aushöhlung des Bildungsideals gegenüber den Wissenschaften und die gleichzeitig einhergehende Pädagogisierung des Bildungsprozesses seien gleichermaßen Ausdruck davon, dass die Hoffnung, Wissenschaft könne ganz »aus eigener Kraft« wirken, keine reale Grundlage mehr hatte und aufgegeben werden musste. Was nicht mehr aus innerer Selbsttätigkeit heraus glücken wollte, das musste nun durch äußere Veranstaltungen zu erreichen versucht werden – freilich in der Form der neofeudal-autoritären Ordinarienuniversität und um den Preis des Verlusts genuiner Theoriebildung und Erkenntnisproduktion.

Das Urteil, zu dem der SDS gelangte, fiel entsprechend ernüchternd aus: »Nach dem Nullpunkt von 1945 ist das entstandene geistige Vakuum in der deutschen Universität nicht durch eine neue soziale Bildungsidee gefüllt worden. Da die geistige Erneuerung der Universität nach ihrer Pervertierung im Dritten Reich ausblieb, muss dieser Universität energisch das Recht abgesprochen werden, ihre Studenten auf ein verbindliches Erziehungsbild zu verpflichten.«[25] In dieser Bewertung deutete sich bereits an, dass es zumindest die Studenten des SDS, denen zur selben Zeit mit dem Unvereinbarkeitsbeschluss der SPD das Vertrauen aufgekündigt wurde, nicht bei einer bloß kosmetischen Veränderung der Ordinarienuniversität belassen würden.[26]

In einer der dort explizierten Thesen wurde deshalb eine grundlegende Demokratisierung gefordert: »Demokratisierung der Hochschule bedeutet Aufhebung aller sachfremden Herrschaftspositionen und Abhängigkeitsverhältnisse in allen ihren Betrieben. Sie verwirklicht sich erst durch die gleichberechtigte Teilhabe der Dozenten, Assistenten und Studenten an der Verfügungsgewalt über die wissenschaftlichen Arbeitsmittel und an der Entscheidung über alle Universitätsangelegenheiten.«[27] Wie an der Formulierung »gleichberechtigte Teilhabe« deutlich wird, wurde bereits 1961 implizit die Jahre darauf als so revolutionär klingende Forderung nach Drittelparität erhoben.

Der universitäre Schatten der NS-Vergangenheit

Für die Unzufriedensten der Studenten spielte die Aufdeckung der NS-Vergangenheit von Professoren eine gewichtige Rolle. Derartige Initiativen führten zwischen 1963 und 1967 an einer Reihe von Universitäten zu Zuspitzungen und Konfrontationen. Den Studenten ging es vor allem darum, die Vergangenheit ihrer eigenen Professoren auszuleuchten und sie im Zweifelsfalle zur Rede zu stellen. Aufsehen erregte zunächst der Fall des Hamburger Psychologen Peter R. Hofstätter, der 1963 in einem Zeitungsartikel die Überzeugung geäußert hatte, dass die von den Deutschen geforderte »Vergangenheitsbewältigung« prinzipiell unlösbar sei.[28] Diese Haltung führte zu Monate andauernden Konflikten mit Teilen der Studentenschaft.[29] Häufig waren Artikel in Studentenzeitungen wie den Tübinger *Notizen*, in denen »braune Flecken« in der akademischen Karriere von Hochschullehrern nachgewiesen wurden, der Anlass für restriktive Maßnahmen.[30] Konflikte um die NS-Vergangenheit einzelner Professoren schlugen hohe Wellen. Debatten wie die um den Frankfurter Germanisten Heinz Otto Burger, den Göttinger Medizinhistoriker Alexander Berg und den Marburger Strafrechtler Erich Schwinge beschäftigten monatelang die überregionale Presse.

Eine der Antworten bestand darin, dass liberale und konservative Ordinarien damit begannen, in Vorlesungen das Verhältnis bestimmter Fakultäten zum Nationalsozialismus herauszuarbeiten. So wurde etwa an der Universität Tübingen im Wintersemester 1964/65 auf den Druck von Studenten eine Ringvorlesung aller Fakultäten durchgeführt.[31] Weitere Vorlesungsreihen in Bonn, München, Münster und West-Berlin folgten. Für den Herausgeber der Zeitschrift *Das Argument*, Wolfgang Fritz Haug, boten diese und andere Vorlesungen einen willkommenen Anlass, um unter der Formel »Der hilflose Antifaschismus« bereits an den Sprachgewohnheiten eines Teils der Professorenschaft die Unfähigkeit zu einer angemessenen Auseinandersetzung nachzuweisen.[32]

Was die aufbegehrenden Studenten wollten, wurde vielleicht am drastischsten in einem Flugblatt ausgesprochen, das im Januar 1968 in West-Berlin verteilt wurde. Anlass waren Proteste gegen den als rassistisch eingeschätzten Film »africa addio«. Dort hieß es in kollektiver Rede: »Holen wir nach, was 1945 versäumt wurde […], machen wir endlich eine richtige Entnazifizierung […] Nazi-Richter, Nazi-Staatsanwälte, Nazi-Gesetzgeber aller Couleur, Nazi-Polizisten, Nazi-Beamte, Nazi-Verfassungsschützer, Nazi-Lehrer, Nazi-Professoren, Nazi-Pfaffen, Nazi-Journalisten, Nazi-Propagandisten, Nazi-Bundeskanzler, Nazi-Kriegsgewinnler, Nazi-Fabrikanten, Nazi-Finanziers […] Bereiten wir den Aufstand gegen die Nazi-Generation vor.«[33] Aus der Vorstellung heraus, dass sich die Eliten aller staatlichen und gesellschaftlichen Bereiche zwangsläufig aus Nazis rekrutiert hätten, wurde die in der Tat nur unzureichend erfolgte Entnazifizierung angeprangert und nun als Generationenprojekt propagiert.

Es zeigte sich jedoch schon bald, dass die Skandalisierung von Einzelfällen zwar ausreichte, um mit noch größerer Entschiedenheit eine Reform der Ordinarienuniversität zu fordern, jedoch nicht, um daraus auch eine grundlegende Kritik an den Funktionseliten des bundesdeutschen Staates zu formulieren. Die Personalisierung des Vergangenheitsproblems auf einzelne Professoren erwies sich als Fessel; im Grunde war sie reduktionistisch. Um einen angemessenen Zusammenhang zwischen der Problematisierung der NS-Vergangenheit von Hochschullehrern und der von Politikern herstellen zu können, bedurfte es daher eines gesellschaftsanalytischen Zugangs. Unter der Hypothese, dass es in bestimmten Bereichen von Staat, Wirtschaft und Wissenschaft eine Kontinuität zwischen dem Nationalsozialismus und der Bundesrepublik gebe, wurde die Systemfrage nach dem konstitutiven Zusammenhang von Kapitalismus und Faschismus aufgeworfen.

In Seminaren und Vorlesungen, auf Konferenzen und Kongressen wurde nun nach den sozialen und ökonomischen Voraussetzungen faschistischer Herrschaft gefragt. Auch in der historischen Erforschung des Nationalsozialismus vollzog sich zu dieser Zeit eine Art Paradigmenwechsel. An die Stelle einer phänomenologisch orientierten Geschichtsschreibung, in der Biographien, Ideologien und Weltanschauungen einen besonderen Platz einnahmen, trat mehr und mehr eine sozialwissenschaftlich fundierte, die einen besonderen Wert auf ökonomische und soziale Strukturen legte.

Reform und Revolten

Diese grundlegende Veränderung im theoretischen Selbstverständnis, die eng mit der damaligen Renaissance des Marxismus verknüpft war, trug nicht unerheblich dazu bei, den reformerischen Impuls als unzureichend und halbherzig anzusehen. Innerhalb kurzer Zeit breitete sich unter den politischen Aktivisten die Ansicht aus: Wer die Universität in ihren Grundstrukturen ändern wolle, der komme nicht umhin, die Gesellschaft selbst zu ändern. Auf einer VDS-Delegiertenkonferenz im März 1968 schlug sich das in der Formulierung nieder, dass die Hochschulreform nur als »Teil einer über das gesamte

Bildungswesen hinausgreifenden Fundamentaldemokratisierung der Gesellschaft« zu begreifen sei.

Die klassische Universitätsstadt Marburg hat im Rahmen der Hochschulreform ebenso wie in der Studentenbewegung eine besonders prononcierte Rolle gespielt. Begonnen hatte das bereits 1946 mit den sogenannten Marburger Hochschulgesprächen, in deren Rahmen sich Vertreter der vier Besatzungszonen erstmals zusammensetzten, um Hochschulfragen zu diskutieren, später auch um über Fragen der Selbstverwaltung und die Einführung von Tutoren zu sprechen. Im Mai 1967 führten Studenten einen Generalstreik gegen die damals vom Hessischen Landtag vorgesehene Kürzung der Universitätsmittel und im Mai 1968 Mitglieder der *Evangelischen Studentengemeinde* (ESG) einen Hungerstreik gegen die Verabschiedung der Notstandsgesetze durch. Im selben Jahr 1968 wurden in Marburg auch die Bundesassistentenkonferenz (BAK) und der *Bund Demokratischer Wissenschaftler* (BDW) gegründet. Im selben Jahr wurde aber auch das antireformerische »Marburger Manifest« veröffentlicht,[34] mit dem Professoren und Dozenten bundesweit mit dem Argument gegen eine Demokratisierung zu mobilisieren versuchten, die Übertragung des parlamentarischen Proporzsystems würde zu einer Beschränkung in der Freiheit von Forschung und Lehre und damit zu einer Verkümmerung der Wissenschaften führen müssen.

Was nach dem Scheitern der Anti-Notstandsbewegung folgte, war eine schleunige Substituierung der jahrelang erhobenen Forderungen nach einer Reformierung der Hochschulen durch jene nach einer radikalen Umwälzung der Gesellschaftsverhältnisse. Die Interessen verlagerten sich von der Veränderung der Hochschulstrukturen mit einer angemessenen Durchsetzung von Gruppeninteressen auf eine Einflussnahme auf die Innenpolitik durch eine außerparlamentarische Opposition. Die minoritären Gruppierungen der radikalen Linken verstanden sich in völliger Verkennung der politischen Verhaltnisse als Katalysatoren eines revolutionären Prozesses. Die Universität besaß fortan für die meisten der Aktivisten nur noch den Stellenwert eines Stützpunktes.

Auf die Störung akademischer Festakte folgten nun Institutsbesetzungen, auf die Gründung einer »Kritischen Universität«, in der die Studenten Seminare und Arbeitsgruppen in eigene Regie nahmen, folgte die einer »Politischen Universität«, mit der die Verabschiedung der Notstandsgesetze verhindert werden sollte; auf »Politische Streiks«, durch die eine Allianz zwischen Studenten- und Arbeiterbewegung geschmiedet werden sollte, folgten »Aktive Streiks«, mit denen in der Universität Freiräume für außeruniversitäre Aktivitäten errungen werden sollten; nach Basisgruppen erfolgte die Gründung Roter Zellen; auf die sogenannte Kritik bürgerlicher Wissenschaften die Debatte um die sogenannte Revolutionäre Berufsperspektive; auf die DKP-nahe Kampagne »Marx an die Universität« die maoistische »Wissenschaft im Dienste des Volkes«; auf das Experiment mit Studienkollektiven folgte die Propagierung des Projektstudiums, mit dem man die Trennung von Hand- und Kopfarbeit aufzuheben gedachte; auf Selbsterfahrungsgruppen folgten Frauenseminare und auf Frauenseminare – wie hätte es anders sein können – Männerseminare und schließlich – wie eine unfreiwillig dubiose Krönung des Ganzen – die sogenannte alternative Wissenschaft.

Innerhalb eines Jahrzehnts wurde eine Vielzahl von zumeist untauglichen und bisweilen größenwahnsinnig anmutenden Konzepten erprobt, eine Menge von sich an Radikalität gegenseitig überbietenden Politikmodellen verschlissen und unzählige Varianten an Gesellschaftstheorien durchdekliniert. Ein regelrechter Sturmlauf fegte durch die Hörsäle und Seminare. Währenddessen kam aber auch der Reformimpuls für eine kurze Zeit zum Tragen. Die Ordinarienuniversität wurde abgeschafft und durch die Gruppenuniversität ersetzt, Präsidenten traten an die Stelle von Rektoren, Reformuniversitäten und Gesamthochschulen wurden gegründet, die Beteiligung von Studierenden an den Entscheidungen in den Leitungsgremien ließ zwar weiter viele Forderungen offen, wurde insgesamt aber deutlich erweitert. Insgesamt wurden die Bildungsprivilegien in einem erheblichen Maße abgebaut und die Chancengleichheit im Bildungswesen entschieden verbessert.

Vielleicht sollte es zu denken geben, dass es immer wieder Repräsentanten des aufgeklärten Adels waren, die in der Universitäts- und Bildungsreform besonders hervorgehobene Rollen gespielt haben: Vom Marquis de Condorcet zu Wilhelm von Humboldt und von Humboldt zu Ludwig von Friedeburg, Peter von Oertzen und Klaus von Dohnanyi. Die letzten allesamt sozialdemokratische Reformpolitiker, deren Ansätze nur in der kurzen Zeit der von Willy Brandt verkörperten sozialliberalen Ära Aussicht auf Realisierung besaßen.

Fünfzig Jahre danach ist nicht zu bestreiten, dass beide Seiten – die konservativ-pragmatische ebenso wie die linksliberal-demokratische mit ihren Versuchen einer an die Humboldtsche Idee der Universität anknüpfenden Hochschulreform im Kern gescheitert sind.

Die Hoffnung, durch eine systematische Öffnung der Hochschulen für alle sozialen Schichten – wie sie am sinnfälligsten im integrierten Konzept von Gesamtschulen und Gesamthochschulen zum Ausdruck gekommen ist – sowohl eine Dynamisierung des gesamtgesellschaftlichen Fortschritts als auch eine Demokratisierung der Bildungsinstitutionen zu erreichen – hat sich ganz offensichtlich als Illusion erwiesen. Trotz aller Ansätze und Versuche konnte das Mehr an Bildung weder ökonomisch noch politisch realisiert werden. Inwiefern dieses Missverhältnis, das in der Regel als Diskrepanz zwischen Ausbildungs- und Beschäftigungssystem diskutiert wird,[35] schon im politischen Egalitätsanspruch der Französischen Revolution, aus der Humboldt seine entscheidenden Anstöße bezog, angelegt war, weil dieser sozioökonomisch nicht fundiert werden konnte, muss hier offen bleiben.

Inzwischen hat sich im Hochschulbereich – von Hochschulreform mag mittlerweile niemand mehr reden – eine Entwicklung durchgesetzt, in der sich weder die bildungsbürgerlichen noch die radikaldemokratischen Protagonisten wiedererkennen dürften. Für beide kontrahierenden Positionen, für die konservative ebenso wie für die linksliberale, haben sich die an Humboldt orientierten Erneuerungsbemühungen als nicht tragfähig erwiesen, genauer als Fiktion einer jeweils verschiedenartig ausfallenden spätbürgerlichen Ideologie herausgestellt.

Insofern mutet es auch wie eine Ironie der Geschichte an, wenn aus den USA nun der Ruf von einer »Humboldt-Renaissance« in unsere Ohren dringt.[36] Was Gerhard Casper, ein Schüler Hannah Arendts, als Präsident der Stanford University in den neunziger Jahren zu initiieren vermocht hat, mag die Beziehungen zwischen den Dozenten und ihren College-Studenten intensiviert, vielleicht sogar enthusiasmiert haben, ob es jedoch tatsächlich als Wiederbelebung der Ideen des preußischen Bildungsreformers gelten darf, auf der anderen Seite des Globus und in einer historisch so veränderten Welt, das mögen andere beantworten.

Wer an die Hochschulreform erinnert, der hat es mit dem Gegenteil von einem Mythos zu tun. Das für die sechziger Jahre so charakteristische Projekt, in dem so vielfältige und auch divergierende Strömungen zusammenliefen, steht trotz seiner unbestreitbaren Teilerfolge eher für eine Desillusionierung, eine so tief sitzende Enttäuschung, dass viele der einstigen Protagonisten sich kaum mehr darüber äußern möchten.

Es sollte jedoch nicht vergessen werden: Alles, was unter der Chiffre »1968« rubriziert wird,[37] wäre ohne die Kritik an der Ordinarienuniversität und ohne die programmatische Entwicklung einer Hochschulreform, die besser war, als ihre nur rudimentäre und in mancher Hinsicht gescheiterte Umsetzung vielleicht noch erahnen lässt, nicht denkbar gewesen.

Vexierbild eines Mentors

Hans Magnus Enzensberger im Jahre 1968

»Immer radikal, niemals konsequent.«
Walter Benjamin

Es existiert eine Momentaufnahme, die lange als Foto von einer Schabernackaktion angesehen und im Nachhinein zu einer Art Indiziennachweis aufzuwerten versucht worden ist. Zu sehen ist eine Persiflage auf ein Trauerzeremoniell. Als im August 1967 mit einem Staatsakt im Schöneberger Rathaus des verstorbenen ehemaligen Reichstagspräsidenten Paul Löbe gedacht wurde, führten die Kommunarden auf dem Vorplatz eine von vielen für geschmacklos gehaltene Parodie auf. Sie trugen einen Pappsarg mit der Aufschrift »Senat« durch die gaffende Menschenmenge, dem mit Dieter Kunzelmann schließlich das »Alphamännchen« (Ulrich Enzensberger) der *Kommune I* entstieg. Der rothaarige Bartträger war mit einem Nachthemd bekleidet, verteilte Flugblätter und warf Bonbons unter die Passanten.

Auf dem Foto ist zu sehen, dass mit Andreas Baader und Peter Urbach pikanterweise der spätere Frontmann der RAF und ein Undercoveragent des Berliner Verfassungsschutzes zu den Sargträgern gehörten. Nicht zu sehen ist, dass auch ein Enzensberger mit von der Partie war. Peter Schneider hat dies vor Jahren aufgedeckt – in einem Sammelband zu Hans Magnus Enzensbergers 70. Geburtstag. Darin schrieb er, einer der Sargträger habe ihm »fröhlich« zugewunken.[1] Dieser hatte das Zustandekommen der eher peinlichen Szenerie in seinen Erinnerungen ausführlich beschrieben, allerdings ohne darauf einzugehen, ob er selbst oder sein älterer Bruder daran beteiligt war.[2]

Der wiederum hat dieses Rätsel in seinen 2014 erschienenen Erinnerungen selbst aufgelöst. Ja, klärt er sich und andere in einer Selbstbefragung auf, er habe an dieser Aktion vor dem Schöneberger Rathaus nicht nur mitgewirkt, sondern nicht einmal gewusst, »wer dieser Löbe war«, vor allem nicht, dass der Sozialdemokrat 1933 so mutig gewesen sei, gegen das Ermächtigungsgesetz zu stimmen und wegen seiner Gegnerschaft zu den Nazis mehrfach Gefängnis- wie KZ-Haft über sich ergehen lassen musste.[3] Das Schlimmste aber, fährt er fort, sei gewesen, was in dem Flugblatt, das von den Kommunarden während ihrer Aktion verteilt worden sei, gestanden habe. Ohne dass Enzensberger ein konkretes Wort über dessen Inhalt verliert, darf vermutet werden, dass er damit insbesondere die Verwendung einer Metapher gemeint haben dürfte. Mit der Unterstellung, dass die am Staatsakt Beteiligten den einstigen SPD-Politiker »durch den Schornstein feiern« wollten, entgleiste die Satire vollends, indem sie in ihrem Verbalradikalismus die Verfolgungspraxis der Nazis in die Vergasung des Missliebigen münden ließ.[4] Enzensberger beklagt sich bei seinem jüngeren Alter Ego daraufhin lautstark, dass es ihm wohl gefallen würde, seine »ärgsten Blamagen auszukosten«.[5]

Nun wäre es abwegig, den Indiziennachweis noch weiter fortführen und daraus irgendeine verschwörungstheoretische Narretei stricken zu wollen. Die damalige Szenerie könnte eher eine Art Vexierbild gewesen sein. Denn der Mit-Akteur wird zunächst als ein schelmischer Mitbeteiligter geschildert, bevor er sich – nolens volens – selbst enttarnt. Das alles klingt ein wenig nach jener Definition, die bereits die Brüder Grimm für ein Vexierbild gegeben haben. In ihrem Deutschen Wörterbuch schreiben sie, dass es sich hierbei um ein Bild mit einem darin »verborgenen Betrug« handle.[6] Wer sich auf die politischen Spuren Hans Magnus Enzensbergers begibt, der muss damit rechnen, dass sich der Gesuchte einem immer wieder aufs Neue zu entziehen versucht. Seine politische Biographie trägt noch immer Züge eines Vexierbildes.

Schlaglichter um 1968

Als Enzensberger 2007 im französischen Nachrichtenmagazin *Nouvel Observateur* nach seiner Beziehung zur 68er-Bewegung befragt worden war, hatte er überaus abgeklärt mit den Worten reagiert: »1968 galt ich als Enfant terrible der Linken. Das ist ulkig, denn in diesem Jahr war ich zehn Jahre älter als die militanten Linksextremen aller Mikroorganisationen. Ich hatte Teil an dieser Bewegung, die die Sitten erschütterte und die in Deutschland zwanghafte Autoritätsfrage ins Zentrum der Debatte rückte. Die Ethnologen sprechen von ›teilnehmender Beobachtung‹. In genau dieser Haltung war ich in der Bewegung dabei. Ich war Beobachter.«[7] Enzensbergers Behauptung aber, er sei lediglich ein teilnehmender Beobachter der 68er-Bewegung gewesen,[8] stieß umgehend auf Widerspruch und war für deutsche Feuilletons eine probate Gelegenheit, ihn mit einigen seiner Äußerungen aus der damaligen Zeit zu konfrontieren.

Und siehe da: Der Enzensberger vom Mai 1968 kann wohl kaum lediglich ein distanzierter Beobachter gewesen sein. Eher klang das nach einem Mann, der in die Vollen gegangen war, wenn nicht gar sich an die Spitze einer Bewegung hatte stellen wollen. Auf einer Protestveranstaltung gegen die Verabschiedung der Notstandsgesetze im Sendesaal des Hessischen Rundfunks hatte er etwa im Mai 1968 voller Emphase ausgerufen: »Die Lehre ist klar: Bedenken sind nicht genug. Misstrauen ist nicht genug, Protest ist nicht genug. Unser Ziel muss sein: Schaffen wir endlich, auch in Deutschland, französische Zustände!«[9] Er forderte, dass »französische Verhältnisse«, das was im Nachhinein als der »Pariser Mai« benannt wurde, auf die Bonner Republik übertragen werden sollte. Für die *Süddeutsche Zeitung* etwa galt Enzensberger nun als der Mann der nur so tat als ob. Vielleicht ist dieses »Als ob« ja überhaupt eine zutreffende Beschreibung für den Typus des Intellektuellen, der Ende der sechziger Jahre aus seiner Haut fahren wollte? Oder will sich hier jemand hinter einer Rolle verstecken, die es ihm im Nachhinein erlaubt, sich einer Überprüfung seiner Positionen zu entziehen?

Trotz seiner starken medialen Präsenz ist es nicht ganz einfach, sich ein Bild von Enzensbergers Rolle im Kontext der 68er-Bewegung zu machen. Am unproblematischsten ist es noch, seine Publikationsstrategie – wie das oft genug vor allem im Zusammenhang seiner »Berliner Gemeinplätze«[10] getan worden ist – in dem von ihm herausgegebenen *Kursbuch* zu verfolgen und die Dynamik jener Jahre anhand dieses Vademecums der Protestbewegung nachzuzeichnen.[11] Das jedoch würde nur zu leicht die Frage unterschlagen, ob es nicht auch um eine Dimension des politischen Handelns gegangen sein könnte, die weit über die Rolle eines Publizisten hinausging.

Erstes Schlaglicht: Die Bewegung »Kampf dem Atomtod«

Die Geschichte des bewegten Enzensberger setzte nicht erst am Ende der sechziger Jahre, sondern weitaus früher ein. Sie führt in die Adenauer-Ära zurück und dort wiederum in die nicht nur zahlenmäßig stärkste Protestbewegung der damaligen Zeit. Die Rede ist von den Protesten gegen die Atombewaffnung der Bundeswehr, die im Frühjahr 1958 ein ganzes Land in Atem gehalten haben, die sogenannte Anti-Atomtod-Bewegung. Enzensberger hat damals einen wenig bekannten, gleichwohl aber bemerkenswerten Aufsatz verfasst, in dem er den Aktivisten – wie er nicht ohne Selbstbewusstsein bereits im Titel ankündigen ließ – »Einige Vorschläge zur Methode des Kampfes« gemacht hat. Darin konzentriert er sich auf eine Analyse der psychologischen Dimension in der politischen Auseinandersetzung, weil er darin die einzige Chance zu erkennen glaubt, überhaupt noch »etwas ausrichten« zu können. Da man in einer »Signal- und Plakatwelt« lebe, so sein Argument, müssten politische Aufrufe mit den Werbebannern konkurrieren können. Die üblichen Resolutionen, mit denen sich Protestierende gewöhnlich an die Vertreter der Exekutive wendeten, verwirft er als unfreiwilligen Ausdruck der eigenen Machtlosigkeit. An ihrer Stelle schlägt er die Publikation von selbstfinanzierten Anzeigentexten vor, mit denen die Unterzeichner bekunden sollten, keine Abgeordneten mehr zu wählen, die sich »nicht […] eindeutig und öffentlich gegen jede Form von Atomrüstung in Westdeutschland erklärt« hätten. Von diesen Anzeigen könne eine Kettenreaktion ausgelöst werden. Es sei einfach nicht einzusehen, warum man sich im Rahmen einer Protestkampagne nicht auch jener Mittel bedienen solle, über die jeder beliebige Zirkus verfüge, der sein Programm der Öffentlichkeit offeriere. Die »bloße Rhetorik des Protestes« könne in einer solchen Kampagne nicht zum Ziele führen: »Was ihr nottut, ist die kaltblütige und phantasievolle Ausnutzung aller psychologischen Möglichkeiten, die sich ihr bieten.«[12] Der »Kampf um das Überleben unseres Erdteils«, fügt er, sich expressis verbis auf die »Sprache des Marktes« berufend, hinzu, sei »immer noch die beste Investition«, die es gebe.

Das war in gewisser Weise das Präludium. Enzensberger, der damals in kaum einer Erklärung der *Gruppe 47* fehlte, dürfte zunächst einmal ein »58er« gewesen sein.[13] Damit zählte er zu einer intellektuellen Kohorte von Atomwaffengegnern, die wie etwa Jürgen Habermas, Jürgen Seifert oder Ulrike Meinhof auch zehn Jahre später, obgleich in ganz unterschiedlichen Rollen, von sich reden gemacht hat. Im Nachhinein hat er allerdings von sich selbst behauptet, dass er »eher ein 67er« gewesen sei.

Zweites Schlaglicht: Die Verbindungen zur Kommune I

Zu Beginn des Jahres 1967 hatte ein Kreis von SDS-Mitgliedern um Dieter Kunzelmann mit dem »Anspruch einer existentiellen Verweigerung gegenüber dem kapitalistischen System« in West-Berlin die *Kommune I* gegründet.[14] Durch eine Revolutionierung des Alltagslebens sollten die bürgerlichen Lebensformen aufgebrochen, neue Verhaltensweisen erprobt und die Kommune zur Keimform einer subversiven Umwälzung der Gesellschaft gemacht werden. Von den zwölf SDS-Mitgliedern, die sich zur Vorbereitung des Projekts getroffen hatten, waren fünf kurzfristig wieder abgesprungen. Außer Kunzelmann und vier anderen ließen sich mit Dagrun und Ulrich Enzensberger auch die Ehefrau und der jüngste Bruder des Schriftstellers auf das Experiment ein. Die schlagzeilenträchtige *Kommune I* war also auch ein Terrain, auf dem sich zwei der nächsten Verwandten des Schriftstellers tummelten.

Angesichts der von den Kommunarden propagierten Prämisse, dass das Private politisch und das Politische privat sei, wurde damit ein Zusammenhang hergestellt, der auf Faktoren aus der Beziehungs- und Familiengeschichte verweisen musste. Da sich innerhalb der Gruppe jedes Mitglied einer Art psychologischer Laienanalyse zu unterziehen hatte, deren Sitzungen jeweils protokolliert wurden, konnte es nicht ausbleiben, dass die Enzensbergersche Familienkonstellation zum Thema wurde. In den vor einigen Jahren in Paris aufgetauchten »Fritz-Protokollen«, den Aufzeichnungen Fritz Teufels aus den ersten Monaten der KI,[15] heißt es, dass Ulrich nach Nürnberg fahren werde, um herauszufinden ob »das Problem mit seiner Mutter« eines sei. Was dabei herausgekommen ist, geht aus den Aufzeichnungen leider nicht hervor.

Bereits im Mai 1967 wurden die Mitglieder der *Kommune I* wegen »falscher Unmittelbarkeit«, »Überschätzung« und »Realitätsflucht« aus dem SDS ausgeschlossen. Die Gruppe, aus der anderthalb Jahre später die erste Untergrundorganisation hervorging, zerfiel trotz oder wegen ihrer medialen Aufmerksamkeitserfolge bereits nach kurzer Zeit. Teufel setzte sich im Dezember 1968 nach München ab, Kunzelmann wurde im Juli 1969 von den anderen hinausgeworfen und Langhans ging zusammen mit Obermaier ebenfalls in die bayerische Landeshauptstadt, um dort eine »Pop-Kommune« zu gründen.

Drittes Schlaglicht: Der Kuba-Aufenthalt

Die Dritte Welt war ein anderer Fixpunkt im Kosmos der 68er-Bewegung. Das Land, das nicht nur projektiv, sondern zeitweilig auch ganz praktisch als Fluchtpunkt für Revolutionstouristen aus der ganzen Welt galt, war Kuba. Insofern war es nicht verwunderlich, dass an einem internationalen *Kulturkongress* Anfang Januar 1968 in Havanna rund 500 Schriftsteller, Künstler und Intellektuelle aus 70 Staaten teilnahmen. Dazu zählten der französische Philosoph André Gorz, der britische Historiker Eric Hobsbawm, der italienische Verleger Giangiacomo Feltrinelli, der Komponist Luigi Nono, der argentinische Romancier Julio Cortazar, der afrikanische Lyriker Aimé Césaire, die französische Schriftstellerin Christiane de Rochefort und ihr bundesdeutscher Kollege Enzensberger. Offizielles Thema waren »Probleme Afrikas, Asiens und Lateinamerikas«, womit vor allem nach einer wirkungsvollen Unterstützung von Befreiungsbewegungen der Dritten Welt durch prominente Intellektuelle gefragt wurde. In der Abschlusserklärung des Kongresses wurde der drei Monate zuvor in Bolivien ermordete Guerillakämpfer Ernesto Che Guevara als das »höchste Beispiel« für einen zeitgenössischen revolutionären Intellektuellen bezeichnet. Die Teilnehmer wurden aufgefordert, nicht länger mehr mit der Regierung der USA zusammenzuarbeiten und jegliche finanzielle Unterstützung durch amerikanische Institutionen auszuschlagen. Einer derjenigen, die diesem Appell Folge leisteten, war Enzensberger, der nach seiner Rückkehr auf die Annahme eines Stipendiums verzichtete.

Ende Februar veröffentlichte er in der *New York Review of Books* einen Brief, in dem er erklärte, dass er ein ihm verliehenes und drei Monate zuvor angetretenes Stipendium zurückgebe. »Ich halte die Klasse,« gab Enzensberger seine Beweggründe für den spektakulären Schritt an, »welche in den Vereinigten Staaten von Amerika an der Herrschaft ist, und die Regierung, welche die Geschäfte dieser Klasse führt, für gemeingefährlich. Es bedroht jene Klasse, auf verschiedene Weise und in verschiedenem Grad, jeden einzelnen von uns. Sie liegt mit über einer Milliarde von Menschen in einem unerklärten Krieg; sie führt diesen Krieg mit allen Mitteln, vom Ausrottungs-Bombardement bis zu den ausgefeiltesten Techniken der Bewusstseins-Manipulation. Ihr Ziel ist die politische, ökonomische und militärische Weltherrschaft. Ihr Todfeind ist die Revolution.«[16] Enzensberger kündigte nicht nur seine Abreise aus den USA an, sondern auch einen längeren Aufenthalt auf Kuba. Er habe den Eindruck, dass er den Kubanern von größerem Nutzen sein könne als US-amerikanischen Studenten.

Viertes Schlaglicht: Die Kampagne »1 Stunde Sendezeit für die APO«

Im Frühjahr tauchte Enzensberger jedoch wieder in West-Berlin auf. Er war schockiert von dem Attentat auf seinen Freund und Kampfgefährten Rudi Dutschke. Unter dem Eindruck der sogenannten Oster-Unruhen schrieb er in *konkret*: »Die Schüsse vom Gründonnerstag haben eine neue Phase eingeleitet: Die latente Internationalisierung des Konfliktes, spätestens seit der Vietnam-Konferenz in Berlin, tritt nun in ein akutes Stadium [...] Es gibt heute in Europa, zwischen Madrid und Warschau, nicht Hunderttausende, sondern viele Millionen von Leuten, die auf unserer Seite stehen [...] Ihr Stichwort ist Befreiung. Dieses Stichwort gilt nach außen für das zentrale weltpolitische Ereignis dieser Jahre: den Vietnam-Krieg und nach innen für den Kampf gegen die mörderische Manipulation, für die in Deutschland der Name Springer einsteht.«[17] Deutschland scheine »zum Testfall für den Versuch des Spätkapitalismus« zu werden, seine eigene Zukunft zu retten, indem er die der opponierenden Jugend »zu Tode prügele«.

Angesichts dieser Einschätzung war es durchaus logisch, dass er kurze Zeit später einen medienpolitisch einzigartigen Vorstoß unternahm. Zusammen mit dem Kabarettisten Wolfgang Neuss und dem Komponisten Hans Werner Henze suchte er den Intendanten des Senders Freies Berlin (SFB) auf und forderte unter Verweis auf die marktbeherrschende Rolle der Springer-Zeitungen »1 Stunde Sendezeit für die APO«. Franz Barsig, der sein Amt erst einen Tag zuvor angetreten hatte, verwahrte sich gegen den Vorwurf der Manipulation und erteilte der Forderung eine klare Absage. Er sei zwar bereit, stellte er fest, der APO die Möglichkeit zu geben, »in Rede und Gegenrede« ihre Ziele zu vertreten, er könne ihr jedoch nicht das Sonderrecht einräumen, eine Sendung »in eigener redaktioneller Verantwortung« auszustrahlen. Schließlich sei die APO auch nur eine Gruppe unter anderen. Würde er ihrem Verlangen nachgegeben, dann liefe das auf die Aushöhlung der Programmgestaltung hinaus.[18] Damit war die Grenze der öffentlich-rechtlichen Anstalten abgesteckt. Ein eigener

Sendeplatz oder eine unmittelbare Beteiligung an der Programmgestaltung würde nicht in Frage kommen. Der Vorstoß scheiterte ebenso rasch wie die »Enteignet Springer!«-Kampagne.

Fünftes Schlaglicht: Die Anti-Notstandsbewegung

Danach wechselte Enzensberger ein weiteres Mal den Schauplatz und ging vorübergehend nach Frankfurt, das andere Zentrum der außerparlamentarischen Bewegung. In einer Veranstaltung des Aktionskomitees *Demokratie im Notstand* kritisierten dort am 28. Mai 1968 zwei Dutzend Wissenschaftler, Schriftsteller und Publizisten einen Tag vor Beginn der abschließenden Bundestagsdebatte über die Notstandsgesetze im Sendesaal des Hessischen Rundfunks die Eingriffe in das geltende Grundgesetz durch die geplante Gesetzesnovellierung. Als Kritiker traten in der vom Fernsehen live übertragenen Protestveranstaltung u.a. auf: Theodor W. Adorno, Rudolf Augstein, Ernst Bloch, Heinrich Böll, Hans Magnus Enzensberger, Rolf Hochhuth, Walter Jens, Alexander Mitscherlich, Oskar Negt, Helmut Ridder und Rudolf Wiethölter. Die radikalsten Schlussfolgerungen zog Enzensberger, der meinte, dass Protest keineswegs ausreichen würde und das Ziel darin bestehen müsse, endlich, auch in Deutschland, »französische Zustände« zu schaffen.[19] Er forderte also nichts anderes, als dass dem Barrikadenkampf im Quartier Latin nachgeeifert und so der von den Studenten ausgerufene und von der Arbeiterschaft aufgegriffene revolutionäre Aufstand in die Bundesrepublik importiert werden müsse.

Einige Beiträge, insbesondere der des *Spiegel*-Herausgebers Augstein, wurden durch Buh-Rufe und rhythmisches Klatschen mehrfach unterbrochen. Im Anschluss an die Rede Blochs, mit der die Kundgebung zu Ende ging, stürmten mehrere SDS-Mitglieder auf das Podium. Hans-Jürgen Krahl bezeichnete die Veranstaltung wutentbrannt als »einen Verrat an der außerparlamentarischen Opposition«. Er forderte die Teilnehmer auf, sich umgehend zur Universität zu begeben. Dort sollten sie, herrschte er sie an, »ihr Tun rechtfertigen«. Danach schaltete der Hessische Rundfunk seine Kameras wieder ab.[20]

Vor dem Gebäude formierte sich dann ein Demonstrationszug, der mit den Schriftstellern Walser und Enzensberger an der Spitze zur Universität führen sollte. Die mehrere hundert Demonstranten zogen jedoch zu einem im Westend gelegenen Gymnasium, das von Schülern besetzt gehalten worden war. Zu einem improvisierten Teach-in erschienen in der Aula Böll, Enzensberger, Hochhuth und Walser sowie Jürgen Habermas zusammen mit seinem Assistenten Oskar Negt. Als Böll die Rundfunkkundgebung mit den Worten zu rechtfertigen versuchte, man habe »den Apparat der Prominenz« benutzt, um die Stimmen der Autoren im letzten Augenblick noch einmal in die Waagschale zu werfen, erntete er mehr Pfiffe als Beifall. Danach setzte Krahl zu einer vehementen Strategiekritik an. Die Veranstaltung sei nichts anderes als »Selbstagitation« gewesen. Indem die Kabinettspolitik unter Ausschluss der Massen fortgesetzt worden sei, habe man sich einer fatalen Technik bedient. Die Studenten seien bei ihrem Universitätsstreik von den Professoren im Stich gelassen worden. Und auch die Gewerkschaften hätten viel weniger zum Widerstand gegen die Notstandsgesetze beigetragen als die APO. Nur durch ihren Druck sei es gelungen, die Massen zu einer Protestkundgebung auf dem Römerberg zu mobilisieren. Im Funkhaus habe der Liberalismus nichts anderes als seine Hilflosigkeit demonstriert.

Sechstes Schlaglicht: Die Habermas-Schelte

Nur wenige Tage später war Enzensberger offenbar aus der Stadt am Main schon wieder verschwunden. Dort trug Jürgen Habermas im Rahmen eines vom Verband Deutscher Studentenschaften einberufenen Schüler- und Studentenkongresses eine grundlegende Kritik am SDS vor, an dessen politischen Aktionsformen ebenso wie an seinem theoretischen Selbstverständnis. In fünf Thesen, die anschließend unter dem Titel »Die Scheinrevolution und ihre Kinder« publiziert wurden,[21] nahm er die vom SDS geprägte Studenten- und Schülerbewegung aufs Korn. Deren Aktivisten verfolgten gesellschaftspolitische Interpretationen, gab er zu bedenken, die »entweder ungewiss oder nachweislich falsch, in jedem Fall aber unbrauchbar« seien, um vernünftige Handlungsmaximen aus ihnen ableiten zu können. Im Einzelnen führte Habermas die Krisen-, die Klassen- und die Imperialismustheorie an, deren Gültigkeit er jeweils bestritt. Aus dem illusionären Festhalten an diesen drei Grundelementen marxistischer Theorie entstünden zwei grundlegende Missverständnisse – die Annahme einer als gegeben unterstellten revolutionären Situation und die eines vorhandenen internationalen Zusammenhanges, der den antikapitalistischen Kampf miteinander verbinde. Daraus wiederum folge eine »verhängnisvolle Strategie«, die die Studenten und Schüler isolieren und die mit ihnen verbundenen Kräfte insgesamt schwächen müssten. Indem die SDS-Mitglieder Realität und Wunschphantasie miteinander verwechselten, erfüllten sie »im klinischen Bereich den Tatbestand der Wahnvorstellung«.

Abschließend griff Habermas drei führende Köpfe der Rebellion an, von denen er allerdings keine Namen nannte, sondern lediglich deren Rollen bezeichnete – den Agitator, den Mentor und den »zugereisten Harlekin am Hof der Scheinrevolutionäre«. Den meisten der Versammelten dürfte klar gewesen sein, wer damit gemeint sein musste: der Adorno-Doktorand Hans-Jürgen Krahl, der Habermas-Assistent Oskar Negt und Hans Magnus Enzensberger.[22] Im Unterschied zu Negt, der am nächsten Morgen selbst noch referierte und mit keinem Wort auf die Habermas-Kritik einging, versuchte Krahl in seinem Beitrag immerhin Position zu beziehen.[23] Habermas sei, erklärte das SDS-Bundesvorstandsmitglied, mit seinem Versuch, eine »große Gegenkoalition«, die von dem *Spiegel*-Herausgeber Rudolf Augstein bis zu dem IG Metall-Vorsitzenden Otto Brenner reichte, kläglich gescheitert und hinke nun der Arbeiter-, Studenten- und Schülerbewegung wie eine »flügellahme Eule der Minerva« hinterher. Das klang eher beleidigt als analytisch. Ob es eine Reaktion des dritten im Bunde gegeben hat, ist nicht bekannt.

Siebtes Schlaglicht: Die Suhrkamp-Revolte

Eines der wichtigsten Foren für die SDS-Rebellen war die Frankfurter Buchmesse. Seit dem Herbst 1967 schwappte jedes Jahr eine Welle von Protesten durch die Messegänge. Nicht wenige Autoren schlossen sich ihnen an und begriffen sich als intellektuelle Produzenten, die sich nicht länger mehr in Abhängigkeit von ihrem jeweiligen Verlag bewegen wollten. Neue Allianzen taten sich auf. Die Rebellion erreichte im Oktober 1968 auch einen der führenden Verlage, den Suhrkamp Verlag, in dem die Schriften der für die Studentenbewegung besonders wichtigen Autoren der Kritischen Theorie erschienen. Um sich der in einem Entwurf für eine neue Verlagsverfassung von Lektoren formulierten Ansprüche zu erwehren, hatte der 44-jährige Verlagschef Siegfried Unseld am Abend einige seiner wichtigsten Autoren zu einem Treffen eingeladen. Erschienen waren neben Günter Eich, Max Frisch, Uwe Johnson, Hans-Erich Nossack und Martin Walser mit Enzensberger und Habermas auch zwei Kontrahenten. Habermas argumentierte, dass in einem kapitalistischen System die Partizipationvorstellungen von Lektoren in einem privatwirtschaftlichen Verlag illusionär seien und keinerlei Aussicht auf Verwirklichung hätten. Während Walser, der sich bald darauf der DKP annäherte, sogar abfällig von einer »Feuilleton-Revolution« sprach, machte Enzensberger bei der bis tief in die Nacht gehenden Zusammenkunft deutlich, dass er mit dem Vorhaben der Lektoren sympathisiere. Diese forderten, dass sich die Verlagsleitung künftig über alle wichtigen Entscheidungen wie Programmplanung, Werbung und Öffentlichkeitsarbeit mit dem Lektorat auszutauschen habe. Die Entscheidungen müssten dann, so der Kern ihrer Demokratisierungsziele, auf einer gemeinsamen Versammlung gefällt werden, die Mehrheitsbeschlüssen verpflichtet sei.

Im Unterschied zu ähnlichen Vorstößen beim *Spiegel* und beim *Stern* ging die »Suhrkamp-Revolte« (*Die Zeit*) jedoch aus wie das berüchtigte Hornberger Schießen. Die Kontrahenten einigten sich auf eine Kompromisslösung, die die alte Machtstruktur völlig unangetastet ließ. Es wurde beschlossen, eine einmal wöchentlich tagende Lektoratsversammlung einzurichten, auf der alle wichtigen Entscheidungen »in demokratischer Weise« vorbereitet werden sollten, wovon das Recht des Unternehmers Unseld nach »unabhängiger Entscheidung« allerdings unbeschadet bliebe. Einer der Wortführer der Mitbestimmungsinitiative, der 47-jährige Cheflektor Walter Boehlich, verließ daraufhin den Suhrkamp Verlag. Es war nur zu konsequent, dass sich Unseld bald darauf weigerte, eine kapitalismuskritische Ausgabe des *Kursbuches* zu akzeptieren. Enzensberger entschied sich zusammen mit seinem Co-Herausgeber, dem gleichaltrigen Karl Markus Michel, dazu, zum Wagenbach Verlag zu wechseln. Die Zeitschrift war damals so publikumswirksam, dass dies ihrem Erfolg keinerlei Abbruch tat.

Die Frage nach der Rolle

Was war Enzensberger nun: Zuschauer, teilnehmender Beobachter, ein bloßer Zaungast, eine Hintergrundfigur, ein Ethnologe, Kommentator, Mentor oder eher doch ein Akteur? Auffällig ist, dass er im Verbund mit anderen gehandelt hat, meist mit Kollegen, Autoren, Wissenschaftlern oder Künstlern. Auffällig ist auch, dass es dabei um Interventionen ging, die mit der Rolle von Intellektuellen oder noch spezifischer mit der von Autoren zu tun hatten. Weder in Havanna noch in Berlin oder Frankfurt trat er in dem Bestreben auf, einen vollständigen Bruch seiner Autorenrolle herbeizuführen. Zwar schien er ein nicht unerhebliches Unbehagen an einer konventionellen Definition seiner Aufgaben zu verspüren, dennoch aber nicht auf ihre Öffentlichkeitsfunktion verzichten zu wollen. Im Gegenteil, Enzensberger versprach sich ganz offenbar durch eine Umdefinition des Autors eine Steigerung der Wirksamkeit, die man mit Texten erreichen konnte.

Die Frage nach Rolle und Funktion des Schriftstellers und damit seiner eigenen hatte Enzensberger schon zuvor beschäftigt. Im November 1964, ein halbes Jahr vor dem Start des *Kursbuches*, hatte er an der Frankfurter Universität mit seiner Poetik-Dozentur begonnen. Nach einer Einführung Adornos, dessen ideologiekritischen Anregungen er viel verdankte, widmete er seine erste Vorlesung der selbstironisch-doppelbödigen Frage »Spielen Schriftsteller eine Rolle?«. Das Problem bestehe darin, so entfaltete Enzensberger seine These, dass Autoren zu viele Rollen spielen würden, Rollen, auf die sie nach ganz verschiedenen Mustern jeweils festgelegt seien. Nach einem starren Mechanismus würden von Lesern, Kritikern, Verlegern Rollen verteilt, die die Schriftsteller in bestimmte Schablonen pressten. Prominente Beispiele seien Sartre in der Rolle des Engagierten, Thomas Mann in der des Ironikers, Ionesco in der des Absurden sowie John Osborne und Jack Kerouac in der des Outsiders. Diese stille Übereinkunft im literarischen Wechselspiel zwischen Erwartung und Bestätigung vertrage keine Abweichung, die Inszenierung dürfe nicht gestört werden. Je besser die Mechanik der Rollenverteilung funktioniere, desto weniger sei an eine Veränderung der gesellschaftlichen Zustände zu denken. Eine der wesentlichsten Aufgaben der Kritik, so beendete Enzensberger seine erste Vorlesung, bestünde in der rücksichtslosen Destruktion von Rollen und Mythen. Nicht ohne Grund lautete der Titel seiner abschließenden Vorlesung »Die Macht und die Ohnmacht – Von der Dialektik literarischer Wirkungen«.

Hier also taucht das Motiv der gesellschaftspolitischen Rolle und ihrer Wirksamkeit bereits ausdrücklich auf. Als sich unter dem Eindruck eines eskalierenden Vietnamkrieges und einer mit der Bildung der Großen Koalition beinahe zur Unwirksamkeit verurteilten innerparlamentarischen Opposition die Rahmenbedingungen des Politischen maßgeblich veränderten und zum ersten Mal in Deutschland eine linke Studentenbewegung in Gang kam, muss er auch für sich eine Chance gesehen haben, Einfluss zu nehmen. Die Rolle eines wirkungsvollen Publizisten, der mit dem *Kursbuch* ein Organ geschaffen hatte, auf das die außerparlamentarische Bewegung ein paar Jahre durchaus hörte, schien ihm jedenfalls nicht mehr ausreichend zu sein.

Er wurde – anfangs von einer Empörung über den Tod Ohnesorgs und den Beinahe-Tod Dutschkes getragen – zum Mit-Akteur. Die

Selbstbezeichnung »Beobachter« und sei es auch in einer – als handle es sich um einen Aktionsforscher – zum »teilnehmenden Beobachter« erweiterten Fassung hält ebenso wenig wie die einer »Hintergrundfigur« einer kritischen Überprüfung stand.

Das Erwachen

In den 1970er Jahren verdichtete sich der Eindruck, als sei Enzensberger aus »1968« erwacht wie jemand, der nach einer durchzechten Nacht mit einem Brummschädel aufzustehen versucht und sich kaum noch an das turbulente Geschehen zuvor erinnern kann. Es gab bis dahin nur einen einzigen Text, in dem er sich explizit auf seine Erlebnisse mit und in der Revolte bezog. Er trägt den bezeichnenden Titel »Erinnerungen an einen Tumult«. Als ich vor zwanzig Jahren in einem *Spiegel*-Text daraus zitierte,[24] erhielt ich im Anschluss daran zahlreiche Nachfragen von Lesern, die sich vor allem nach der Quelle des so gut wie unbekannt gebliebenen Bekenntnisses erkundigten. »Ein Gewimmel von Reminiszenzen, Allegorien, Selbsttäuschungen, Verallgemeinerungen und Projektionen,« listete Enzensberger darin an Notizen »Zu einem Tagebuch aus dem Jahre 1968« auf, »hat sich an die Stelle dessen gesetzt, was in diesem atemlosen Jahr passiert ist. Die Erfahrungen liegen begraben unter dem Misthaufen der Medien, des ›Archivmaterials‹, der Podiumsdiskussionen, der veteranenhaften Stilisierung einer Wirklichkeit, die unter der Hand unvorstellbar geworden ist. Mein Gedächtnis, dieser chaotische, delirierende Regisseur, liefert einen absurden Film ab, dessen Sequenzen nicht zueinander passen. Der Ton ist asynchron. Ganze Einstellungen sind unterbelichtet. Manchmal zeigt die Leinwand nur Schwarzfilm. Vieles ist mit wackelnder Handkamera aufgenommen. Die meisten Akteure erkenne ich nicht wieder […] Je länger ich mir das Material ansehe, desto weniger begreife ich […] Es gibt Leute, die das alles säuberlich auf Flaschen abfüllen und Memoiren daraus machen. Mir ist dieses Verfahren schleierhaft […] Es war nicht möglich, das alles gleichzeitig zu ›verstehen‹, sich ›einen Vers darauf zu machen‹, es ›auf den Begriff zu bringen‹. Die Widersprüche schrieen zum Himmel. Jeder Versuch, den Tumult intelligibel zu machen, endete notwendig im ideologischen Kauderwelsch. Die Erinnerung an das Jahr 1968 kann deshalb nur eine Form annehmen: die der Collage.«[25] Das war deutlich.

Was Enzensberger anlässlich einer Ausstellung des Prager Künstlers Jiří Kolář beschrieben hat, erscheint wie eine Flut von Bildern und Sequenzen, die vom Montagetisch gefegt wurden und wohl von niemandem mehr, am wenigsten wohl vom Autor selbst, der seinem Gedächtnis die Rolle eines überforderten Regisseurs zudiktiert hat, zusammengefügt werden können. Jedwede Ordnung der Dinge hat zu existieren aufgehört. Verwunderung tritt an die Stelle von Erinnerung, Verwunderung darüber, »wie in 365 Tagen überhaupt so viel passieren konnte«. Nicht mehr bestimmte Konfigurationen sind es, die das Gedächtnis bevölkern, sondern Elemente einer chaotischen Menge. Staub, Schnipsel, Bruchstücke, Fetzen – alles ist nur noch Material.

Nicht wenige haben Enzensbergers Bekenntnis zum Chaos der Erinnerungen in einem Satz zusammenzufassen versucht: Enzensberger wolle offenbar deshalb nicht mehr an »1968« erinnert werden, weil er es bis auf den heutigen Tag nicht verarbeitet habe. Der wortgewandte und phantasiereiche Autor, der einst das ›Museum der modernen Poesie‹ eingerichtet hatte, fände keine Form mehr, um das Trümmergelände an Erinnerungen in Worte kleiden zu können. Die Rede von der Collage sei deshalb kaum mehr als eine hilflose Geste. Enzensberger dürfte insofern über das politische Scheitern der 68er-Bewegung nie hinweggekommen sein. Deshalb beschimpfe er heute jene, die sich – gleichgültig von welcher Seite und aus welcher Perspektive auch immer – darüber streiten. In seiner Biographie scheint aus dieser Sicht »1968« für eine Verwundung zu stehen, die zwar verschorft, aber nie verheilt sei.

Enzensberger hat seither – womit er keineswegs allein steht – in der Öffentlichkeit ebenso wie im privaten Gespräch eine affektive Abwehr gegenüber dem Dauerstreitobjekt »68« zu erkennen gegeben. Weder kann er die Jubilare leiden, denen nichts Besseres einfalle, als sich bei jeder passenden Gelegenheit selbst zu feiern, noch die Nörgler und Dauerkritiker.[26] Auch von der weit verbreiteten Neigung, die damalige Bewegung auf eine Generation hochzurechnen und ihr eine Art Jahrgangs-Konfiguration zuzugestehen, hält er nichts.[27] Und zuweilen passiert es, dass er deshalb schlicht und einfach aus der Haut fährt und sich vom Zorn das Wort diktieren lässt.[28] So ist es im Januar 2001 im Kontext einer überaus aufgeregten Debatte geschehen, in der es unmittelbar um die Karriere eines ehemaligen Bundesaußenministers ging, mittelbar jedoch um die Legitimität des 68er-Aufbruchs im Allgemeinen.

Das Pamphlet, das er mit der Invektive »Ihr ödet uns an!« in der FAZ publiziert[29] oder besser über die FAZ in den öffentlichen Raum geschleudert hat, war jedoch ein Wurfgeschoss mit einem Bumerangeffekt. Ein über 70-jähriger Autor schrieb im Stile eines 25-Jährigen. Mehr noch, der Artikel lief wegen seiner überaus affektgeladenen Züge Gefahr, in die Sparte postpubertärer Pennäler eingeordnet zu werden. »Gnadenlos wird ein vor dreißig Jahren verendeter Hund durchs Dorf getrieben. Kein Vergleich ist den Veranstaltern zu idiotisch, keine moralisierende Geste zu billig, um die Medien zu füttern. Tatsachen, die seit dreißig Jahren bekannt sind, werden als Sensation gehandelt und geben Schlagzeilen her. Dabei liegt es auf der Hand, dass sich niemand mehr, außer den Angehörigen der Opfer, von Ohnesorg bis Buback, wirklich für diese Geschichte interessiert, am allerwenigsten die Leute, die das Gequassel angezettelt haben – und nicht einmal die Millionen von Personen, die sich nachträglich zu ›Achtundsechzigern‹ stilisiert haben, solange sie in dem Wahn lebten, damit wäre ein Distinktionsgewinn zu erlangen. So gut wie ausnahmslos alle Jüngeren halten sich ohnehin die Ohren zu […] Wer sich an solchen Manövern beteiligt, geht unter sein Niveau. Liebe Meinungsfabrikanten, lasst es gut sein. Hört auf! Niemand glaubt euch! Ihr ödet uns an!«

Es ist ganz unverkennbar, dass Enzensberger angesichts der ausufernden Debatte über Fischer, Trittin und die linksradikale Vorgeschichte mancher Grünen-Politiker der Kragen geplatzt war. Doch das, was er abschätzig als »Gequassel« bezeichnete, war nichts anderes als eine Fehleinschätzung. Denn es ging in diesem Falle im Kern um nichts anderes als das Schicksal des Bundesaußenministers und das der rot-grünen Koalition. Hätte Fischer zurücktreten müssen – und er war diesem Schritt sehr nahe –, dann wäre das das Ende der Regierungskoalition und die Ausrufung von Neuwahlen unvermeidlich gewesen. Verräterisch war dabei zudem, dass Enzensberger ›1968‹ als »einen toten Hund« bezeichnete, »der durchs Dorf getrieben« würde. Wäre es tatsächlich so, dann ließe sich die Aufgeregtheit, die in diesen Fragen von unterschiedlichster Seite aufgekommen ist, wohl kaum erklären. Der sprichwörtliche Hund könnte jedoch dort begraben liegen, wo Enzensberger diese Metapher ins Spiel bringt. Hier sprach jemand, der sich offenbar verletzt fühlte. Er erweckte ganz den Anschein, als solle nicht an Dinge gerührt werden, die ihn ganz unmittelbar auch selbst betrafen.

Doch es existiert ein Gegenbeispiel zur Aussparung des 68er-Themas, das sich andere Schriftsteller wie Peter Schneider,[30] F.C. Delius[31] und Uwe Timm[32] etwa zu einer Art Lebensthema gemacht haben. In der amerikanischen Ausgabe einer seiner Aufsatzsammlungen,[33] in der er dem Publikum seine wechselnde Haltung zu den Vereinigten Staaten zu erläutern versuchte, hat er sich zusammenhängend über die Studentenbewegung geäußert.[34] Sie habe, schreibt er, ihren amerikanischen Vorbildern wie etwa dem Free-Speech-Movement nachgeeifert; das sei für die Entwicklung der bundesdeutschen Demokratie längst überfällig gewesen und habe »trotz ihrer Konfusion, ihrer Großmäuligkeit, ihres Sektierertums – in vieler Hinsicht gutgetan«. »Ich möchte sogar behaupten,« steigert er sein positives Grundurteil, »sie hat Deutschland wieder bewohnbar gemacht. Sie hat frische Luft ins Land gebracht, hat die Nazi-Verbrechen unübersehbar auf die Tagesordnung gesetzt und Schluss gemacht mit der deutschen Unart, immer und jedem zu gehorchen.«[35] Es sei allerdings, so räumt er selbstkritisch ein, der Vietnamkrieg gewesen, der diesen Umschwung nach dem klassischen Muster einer Projektion ausgelöst habe. Augenblicke der Rebellion seien in der deutschen Geschichte ziemlich selten. »Ich wollte diese Gelegenheit auf keinen Fall verstreichen lassen und steckte bis zum Hals in den theatralischen Happenings von 1968.«[36] Das klingt ganz nach einem offenen Wort.

In diesem Zusammenhang kommentiert er auch seinen Kuba-Aufenthalt: »Schon damals war mir klar, dass mein Entschluss etwas Lächerliches an sich hatte. Ich kam mir vor wie eine Maus, die dem Elefanten sagt, sie wolle nichts mehr mit ihm zu tun haben, solange er sich nicht besser benimmt. Die Politik der Gesten bestraft sich selbst. Trotzdem kann ich diese Episode auch heute nicht einfach bedauern. Zwar war ich wieder einmal bei einem Versuch gescheitert, Amerika zu entdecken, andererseits jedoch vermittelte mir das Jahr in Kuba eine gründliche Lehre in realem Kommunismus – mit dem Resultat, dass ich mich von allen Illusionen, die ich bis dahin vielleicht noch gehegt hatte, verabschiedete.«[37] Es müssen also Erfahrungen gewesen sein, auf die er – selbst wenn sie bitter gewesen sein sollten – auch im Nachhinein nicht verzichten möchte. Doch warum, so ist zu fragen, breitet er diese Erfahrungen im Ausland und nicht hier aus, vor einem Publikum, das sich davon sehr viel eher angesprochen fühlen könnte?

Das Echo

Bereits 1975 zog sich Enzensberger als Herausgeber des *Kursbuchs* zurück. 1980 gründete er zusammen mit Gaston Salvatore die Zeitschrift *TransAtlantik*, die er jedoch schon zwei Jahre später wieder verließ. In dieser Zeitspanne setzte er den im *Kursbuch* eingeschlagenen Weg seiner Revisionen weiter fort. Hatte er in seinem alten Organ schon 1972 vom »Revolutions-Tourismus« (Nr. 30) und 1976 »Von der Unaufhaltsamkeit des Kleinbürgertums« (Nr. 45) geschrieben, so machte er 1982 »Zwei Randbemerkungen zum Weltuntergang« (Nr. 52) und rief sogar »Zur Verteidigung der Normalität« (Nr. 68) auf, als ginge es darum, die letzten Bastionen eines auf Klassenkampf-Riten eingeschworenen Denkens zu schleifen.

Am richtungsweisenden war vielleicht sein Essay über »Das Ende der Konsequenz«,[38] in dem er weniger einzelne Positionen der Ex-68er als die darin zum Vorschein gekommene Haltung demontierte. Als diskursiver Punchingball diente ihm ein Herr G., ein offenkundiger Opportunist und Anpasser, der andererseits aber von ihm »Prinzipienfestigkeit, Radikalität, Unbestechlichkeit, kompromisslose Klarheit, unerbittliche Konsequenz« verlangte. Aus seiner doppelbödigen Haltung zog er eine exemplarisch gemeinte Schlussfolgerung: »Je mürber die eigne Identität, desto dringender das Verlangen nach Eindeutigkeit. Je serviler die Abhängigkeit von der Mode, desto lauter der Ruf nach grundsätzlichen Überzeugungen. Je frenetischer die Spesenjägerei, desto heroischer das Ringen um Integrität. Je schicker das Ambiente, desto inniger der Hang zum ›Subversiven‹. Je größer die Bestechlichkeit, desto ärger die Angst davor, ›integriert‹ zu werden. Je weicher der Brei, desto fester die Prinzipien, und je hilfloser das Gezappel, desto inständiger die Liebe zur Konsequenz.«[39] Die dieser Haltung innewohnende Heuchelei machte er an fünf verschiedenen Typen fest – dem Umstürzler, dem Kritiker, dem Aussteiger, dem Punker und dem Konfliktforscher. Bei ihnen, so sein vernichtendes Urteil, sei »der moralische Schizo« zur Norm geworden.

Eine seiner Einsichten hört sich ganz nach einem Resultat aus der Hochzeit des Linksradikalismus an, in der nicht wenigen die RAF als zwingendste aller Optionen erschien: »Der konsequente politische Kampf mit allen Mitteln führt zum Terrorismus.«[40] Gleichzeitig räumt er mit der unter Intellektuellen besonders verbreiteten Manie auf, alles auf die Spitze treiben und unbedingt radikaler als alle anderen sein zu wollen: »Wer weiter als alle anderen ging, der war das Salz der Erde. Das ganze Pathos der Avantgarde, ihr Prestige und ihr Hochgefühl, hing von dieser Logik ab. Ihr wichtigster theoretischer und ästhetischer Imperativ war die Konsequenz.«[41] Der schier unstillbare Hang zur Konsequenz ist ihm »eine deutsche Obsession«, deren geistige Vaterschaft er bei Carl Schmitt, Ernst Jünger und Martin Heidegger sucht.

Den Demontage-Kurs[42] setzte Enzensberger in zahlreichen Gelegenheitsarbeiten weiter fort. Eine 1997 erschienene Aufsatzsammlung trug nun den ebenso provokativen wie programmatischen Titel *Zickzack*.[43] Die so oft aus vermeintlich politischen Gründen geforderte Geradlinigkeit, Konsequenzlogik, Linearität werden hier demontiert. Im Gegensatz zu Heroen der Eindeutigkeit würdigt er Figuren des Übergangs wie Chruschtschow, Kádár, Jaruzelski und Gorbatschow als »Helden des Rückzugs«.[44] Anstatt ihnen vorzuwerfen, sie hätten das Erbe der Oktoberrevolution oder der Sowjetunion verraten, verteidigt er sie als Transformatoren von totalitären und diktatorischen in demokratischere und menschenwürdigere Verhältnisse. Auch einen ehemaligen Kommunisten wie Herbert Wehner, der der SPD die Klassenkampf-Allüren austrieb, und einen ehemaligen Falangisten wie den spanischen Ministerpräsidenten Adolfo Suárez, der den Übergang von der Franco-Diktatur zu einer Demokratie mit friedlichen Mitteln herbeigeführt hat, sieht er in einer ganz ähnlichen Rolle.

Als exemplarische Gegenfigur erscheint ihm dagegen ein Mann wie der Kambodschaner Saloth Sar, bekannter unter seinem Kampfnamen Pol Pot.[45] Der Anführer der *Roten Khmer* hatte an der Sorbonne studiert, sich das Konzept eines radikalen Antikolonialismus zu eigen gemacht und nach dieser Vorgabe in der zweiten Hälfte der siebziger Jahre einen Massenmord an seinem eigenen Volk durchgeführt. Hier führte das Modell zu einer radikalen Umwälzung der Sozialstrukturen direkt in die Barbarei.

Das Lob der Inkonsequenz, der Nicht-Linearität und des gleitenden Übergangs ist eine Art Umerziehungsprogramm, eine Reeducation-Maßnahme für ehemalige 68er, die sich in ihrem Denken, ihrer Lebenseinstellung, ihrer Mentalität eingemauert haben. Zugleich ist es Ausdruck eines einstigen Vordenkers, der sich selbst stark gewandelt hat. Ohne die Zusammenhänge mit dem einstigen Radikalisierungsschub explizit zu thematisieren und ohne an die eigenen Involvierungen zu erinnern, kann darin eine intellektuelle Antwort auf eine politische Fehlentwicklung gesehen werden, die ihre eigene theoretische Matrix besaß.

Abrechnungen und Würdigungen

Doch nun war Enzensberger für nicht wenige seiner ehemaligen Weg- und Kampfgefährten ein Opportunist, der sich den Machtverhältnissen angepasst hatte, ein Revisionist, der das Denken in Klassenkampfkategorien aufgab, ein Hasardeur, der mit den gesellschaftlichen Widersprüchen, anstatt ihre Antagonismen sichtbar zu machen, nur noch spielte. Nun galt er als Verräter oder – wie das sein Biograph Jörg Lau einmal formuliert hat – gar als »Erzverräter der deutschen Intellektuellen«. Aus dem Vor- und Querdenker war in ihren Augen ein Schönredner des vermaledeiten Systems, ein Integrationist geworden.

Andererseits aber wird ihm immer wieder das Hohelied des Stilisten, Artisten und Virtuosen gesungen. Insbesondere Vertreter einer jüngeren Generation an Intellektuellen haben kein Problem damit, die Slalomfahrten durch den Stangenwald des Zeitgeistes, die politischen und weltanschaulichen Hakenschläge und Wendungen zu goutieren. Für sie steht das Bild vom Ironiker im Vordergrund.[46] Oder wie es Illies formuliert hat: »Er nahm zwar alles ernst. Aber dennoch alles nicht so wichtig.«[47] Aus dieser Perspektive lassen sich auch selbst zu verantwortende Widersprüche distanziert und spielerisch betrachten. Wer mit seinen ästhetischen Fähigkeiten dazu in der Lage ist, seinen Texten eine artistische Leichtigkeit zu verleihen, der braucht den Einspruch nicht in der sonst üblichen Schärfe zu fürchten.

Doch vielleicht ist dieses Enzensberger-Bild ein zu geglättetes. Es fehlt ihm vor allem die existentielle Komponente. Und vielleicht hat das vor fünfzig Jahren von Alfred Andersch gezeichnete Bild vom »zornigen jungen Mann«,[48] das auf der anderen Seite des Spektrums einzuordnen ist und von dem man sich im Laufe der Zeit immer weiter entfernt hat, doch auch heute noch mehr für sich als manche vermuten würden. Empörung und Zorn, die man bereits früh aus seinen Texten herausgehört hat, sprechen jedenfalls immer noch aus vielen seiner Zeilen. Diese Quelle der Imagination scheint jedenfalls auch nach der herben Enttäuschung, die mit der 68er-Zeit, wenn auch eher mit ihrem Niedergang als ihrem Aufbruch verbunden gewesen ist, nicht versiegt zu sein.

Biographische Sattelzeit

Vielleicht lässt sich ein von Reinhart Koselleck geprägter Begriff, mit dem der Übergang der frühen Neuzeit zur Moderne als Epochenschwelle charakterisiert worden ist,[49] in gewisser Hinsicht auch auf Biographien übertragen und im Falle Enzensbergers das Jahr 1968 als eine lebensgeschichtliche Sattelzeit bezeichnen. Vielleicht auch deshalb, weil – um im Bilde zu bleiben – ihr Reiter zur besagten Zeit in einem durchaus wörtlich zu nehmenden Sinne aus dem Sattel geworfen worden ist. Dieser Reiter hat sich jedoch wieder aufgerappelt, den Staub abgeschüttelt und sich erneut ins Rüstzeug geworfen, um nun wieder als Poet auf einem Pegasus davonzureiten.

Ein erheblicher Teil seines Schaffens wäre ohne den soziokulturellen Umbruch von 1968 nicht zu verstehen. Das Jahr, an dem sich auch nach so vielen Jahrzehnten immer noch die Geister scheiden, markiert insofern zumindest für einen Teil seines Werkes eine Wasserscheide. Auch wenn er sich selbst eher unwillig oder nur sehr zögerlich darüber äußert, so dürfte daran doch kaum ein Zweifel bestehen.

Der Schriftsteller, der bereits in seiner frühen Lyrik[50] wie kaum ein Zweiter die Doppelbödigkeit des Wirtschaftswunderlands Bundesrepublik ausgelotet hatte, ist ein Sonderfall in der Riege von Intellektuellen, die der sogenannten Flakhelfer-Generation zugeschrieben werden. Im Unterschied zu Günter Grass, Jürgen Habermas und Alexander Kluge etwa hatte er sich seinerzeit mit Emphase auf die Seite der 68er-Bewegung gestellt und mit dem *Kursbuch* nicht nur die damals vielleicht wichtigste Zeitschrift herausgegeben. Durch eine

Reihe spektakulärer Auftritte hatte er keinen Zweifel daran gelassen, dass er im Angesicht einer sich abzeichnenden Revolution auf keinen Fall abseits stehen wolle.

Die 68er-Bewegung war in Berlin als Studentenbewegung entstanden, hatte zahllose Intellektuelle – Schriftsteller, Wissenschaftler, Künstler, Komponisten, Filmregisseure und Theatermacher – wie einen Schweif hinter sich her gezogen, den Kulturbetrieb – das Kino, die Oper, die Museen, das Theater – umzukrempeln versucht, Revolten in Redaktionen und Verlagen angezettelt und sich schließlich in einer Art proletarischer Mimesis zu verleugnen versucht, um ihre machtpolitische Schwäche zu kompensieren. »1968« war in ihrem Kern auch eine Intellektuellen- und Medienrevolte und insofern für einen Mann wie Enzensberger geradezu wie geschaffen. Dass er keiner Organisation, keiner Gruppe, keiner Partei angehörte, war nicht – wie von ihm behauptet –[51] eine Schwäche, sondern gerade seine Stärke.

Seine Rolle war nicht die eines Wortführers, eher die eines Mentors, eines überaus einflussreichen Anregers, später eines Kritikers, der den einstigen Gleichgesinnten die Leviten las, aber auch die eines zeitweiligen Aktivisten. Wäre der Begriff der multiplen Persönlichkeit nicht so negativ vorbelastet, indem er eine dissoziative Identitätsstörung im klinischen Sinne bezeichnet, würde dieser wohl am ehesten die hier gebrauchte Freiheit der Rollenwahl umschreiben. Der im Kulturbetrieb Etablierte spielte der antiautoritären Bewegung anfangs ihre Melodie vor, und er konnte zeitweilig sogar – wie das Wolf Lepenies einmal genannt hat[52] – als ihr »Libero« auftreten. Er war jedoch weniger ihr Ausputzer als ihr freier Mann. Sein Spielraum ermöglichte es ihm nicht nur zwischen Städten und Erdteilen hin- und herzupendeln, sondern auch Gedankenfiguren und Kritikmodelle zu entwickeln, die von vielen als innovativ betrachtet wurden. Wer sich auf das anfangs erwähnte Vexierbild einlässt, dem treten hier also die Umrisse einer bestimmten, obgleich multiplen Figur vor Augen: Enzensberger war vermutlich niemand anderes als der Libero der 68er-Bewegung.

4.
Die Revolte …

»Phantasie an die Macht«

Die Konfrontation der Kunst mit der Politik: 1968 und die Folgen

Am Abend des 9. Dezember 1968 sind die mehr als 1000 Plätze einer Halle des mitten in Hamburg gelegenen Parkes Planten un Blomen bis auf den letzten Platz besetzt. Während das Symphonieorchester des NDR seine Instrumente stimmt, wartet das Publikum gespannt darauf, wie die Uraufführung des von Hans Werner Henze komponierten Oratoriums »Das Floß der Medusa« ausfallen wird. Doch statt zu einer Premiere kommt es zu Protesten und Tumulten.

Kurz vor Veranstaltungsbeginn haben sich mehrere Mitglieder der SDS-Projektgruppe »Kultur und Revolution« auf die Bühne begeben, ein Che-Guevara-Porträt ans Pult geheftet, ein Transparent mit der Aufschrift »Enteignet die Kulturindustrie« entrollt und Flugblätter verteilt. Darin heißt es: »Das Konzert sollte vor Arbeitern stattfinden, jetzt ist die Bourgeoisie zu Gast. Die Sachwalter der Klassenkultur haben zu verhindern gewusst, dass die Kunst ihr Ziel erreicht. Das Konzert wird aufs Neue für die Festigung des herrschenden Systems sorgen.«[1] Dem NDR-Programmdirektor Franz Reinholz geht das alles zu weit. Er eilt nach vorn und zerreißt, obwohl ihm durchaus bekannt ist, dass Henze sein Oratorium dem im Oktober 1967 in Bolivien ermordeten Guerillakämpfer gewidmet hat, wütend das Guevara-Bild.

Diese Unbeherrschtheit fordert die Demonstranten jedoch zu weiteren Aktivitäten heraus. Einige befestigen nun ein neues Plakat am Pult. Dann hissen sie eine rote Fahne. Kurz darauf tauchen weitere, mit Entenlockflöten und anderen Jagdinstrumenten auf sich aufmerksam machende Demonstranten auf und bringen noch eine

weitere Fahne an, diesmal eine schwarze. Das wiederum ist einigen der Sänger und Sängerinnen zu viel. Ultimativ verlangen sie, die Revolutionssymbole zu entfernen. Sie kämen aus Berlin, empört sich eine von ihnen, und hätten genug von roten Fahnen. Henze, der das Unheil inzwischen kommen sieht, hebt beschwörend seine Hände. Doch trotz dieser Geste kann er nicht verhindern, dass die Chöre unter Protest ausziehen. Das wiederum stachelt den Ehrgeiz des mit den jungen Rebellen sympathisierenden 42-jährigen Komponisten an. Trotzig bekennt er sich nun zur Revolutionssymbolik und erklärt mit Entschiedenheit, die rote Fahne bleibe.
In der Zwischenzeit hat sich der NDR-Intendant – ein Sozialdemokrat namens Gerhard Schröder – in den Übertragungswagen geflüchtet. Er gibt dort Anweisung, die wenige Minuten zuvor pünktlich begonnene Live-Übertragung für das 3. Fernsehprogramm zu stoppen und wegen der ausgebrochenen Tumulte die Aufnahme von der Generalprobe auszustrahlen. Sein Stellvertreter balgt sich währenddessen noch in der Halle mit den Störenfrieden herum und versucht ihnen Fahnen, Plakate und sonstige Symbole zu entwinden. Nun trifft die von Programmdirektor Reinholz alarmierte Polizei ein. Rund 25 mit modernen Helmen ausgestattete Uniformierte führen unter lautstarken Protesten und nicht minder lautstarken Anfeuerungsrufen die Eindringlinge samt des Oratoriumstexters Ernst Schnabel, der sich vergeblich dazwischen zu stellen versucht hat, ab. Schnabel wird von mehreren Polizisten durch eine Eingangstür geworfen, zur Abnahme seiner Fingerabdrücke ins Polizeipräsidium geschafft und dort bis Mitternacht in einer Einzelzelle untergebracht. Zu diesem Zeitpunkt ist – wie der *Spiegel* mit der ihm eigenen Ironie später vermerkt – »Das Floß der Medusa« in den Ätherwellen bereits längst »auf gewohnt konterrevolutionärem Kurs« abgetrieben.

Die Vorleistungen der Avantgarde

Diese Momentaufnahme von einem Kulturkonflikt trügt nicht. Sie ist für das Jahr 1968 durchaus exemplarisch. Leicht ließe sich ein halbes Dutzend anderer prominenter Beispiele nennen, von denen das von den Wiener Aktionisten im Juni 1968 in einem Hörsaal veranstaltete Spektakel »Kunst und Revolution« vielleicht nur das bizarrste gewesen ist. Auf die Emanationen einer »Klassenkultur« sollte mit einer »Kulturrevolution« reagiert werden. Oder wie es Peter Schneider kurz darauf im *Kursbuch* postuliert hat: »Die Kunst im Spätkapitalismus ist die Eroberung der Phantasie durch das Kapital … Die Kulturrevolution ist die Eroberung der Wirklichkeit durch die Phantasie.«[2] Keine Frage, 1968 ging es der Kunst an den Kragen, dem Künstler und dem Kulturbetrieb überhaupt. Die Kunst galt schließlich als Ästhetik einer Klasse, die es zu stürzen galt – des Bürgertums, der Bourgeoisie oder ganz allgemein des Establishments. Überall wurde zum Angriff geblasen. Die edelste Bastion der bestehenden Gesellschaft sollte nicht nur erstürmt, sie sollte geschleift werden. Die Parolen lauteten: »Tod der Literatur«, »Liquidation der Kunst« und das »Ende des Autors«.

Damit wollte man mitunter auch an ein eher zweifelhaftes revolutionäres Erbe anknüpfen, an das der chinesischen Kulturrevolution und das der Oktoberrevolution. In einem programmatisch anmutenden Text, der nicht zufällig 1968 erstmals ins Deutsche übersetzt worden war, hieß es: »Die russische Revolution strebt nicht nur die Verwirklichung der wirtschaftlichen Gleichheit und Gerechtigkeit, sondern auch die Befreiung der materiellen wie der geistigen Arbeit des Menschen an, um aus ihr eine höhere, tatsächlich produktive, schöpferische Arbeit zu machen. Indem sie das Proletariat aus dem Griff der unmenschlichen Ordnung der alten Welt befreit, löst sie auch die Kultur aus ihrer Abhängigkeit von der bürgerlichen Klasse und richtet die gesamte bildende Tätigkeit ausschließlich auf das Proletariat. Sie befreit die Kunst.«[3] Diese Zeilen stammten von Karel Teige, einem tschechischen Surrealisten, der als Theoretiker des »Poetismus« galt und der sie bereits 1922 unter dem Eindruck der Oktoberrevolution verfasst hatte. Damit wurde ein Sammelband seiner Texte in der edition suhrkamp eröffnet. Der Titel lautete »Liquidierung der ›Kunst‹«, nicht Aufhebung, sondern Liquidierung, ein kompromissloses, messerscharfes Wort, fast eine Art Guillotinierung künstlerischen Schaffens.

Diese Radikalität kam nicht von ungefähr. Es waren zwei Bewegungen, die aus der Erschütterung der bürgerlichen Gesellschaft im Ersten Weltkrieg hervorgegangen und zuweilen synchron auf eine grundlegende revolutionäre Veränderung aus waren – eine ästhetische, die von den avantgardistischen Bewegungen – wie den Dadaisten, den Surrealisten und zuletzt den Situationisten – durchgespielt wurde, und eine soziale, die durch Revolutionen – zunächst Räterepubliken – politische Fakten zu schaffen versuchte. Beides verlief parallel, überschnitt und vermischte sich zeitweilig.

Im Gefolge von Marcel Duchamps Ready-mades, mit dem das Kunstwerk – das Schöpferische ebenso wie der Schöpfer — aus den Angeln gehoben wurde, war die Kunst selbst zum Terrain revolutionärer Veränderungen geworden. Sie war Schauplatz, sie war Subjekt wie Objekt einer Revolte in Permanenz. Der konservative Kulturkritiker Eduard Beaucamp hatte durchaus recht, als er in der *Frankfurter Allgemeinen Zeitung* festhielt: »Die Kunst der Moderne stellt eine Kettenreaktion von Protesten, Revolten und Gegenrevolten dar. Permanent wurde der Kunstbegriff in Frage gestellt: Er wurde radikalisiert, befreit, erweitert und entgrenzt, demontiert, aufgelöst und rekonstruiert, transzendiert und im Gegenzug wieder handgreiflich materialisiert.«[4] Diese Bemerkung streicht die revolutionäre Seite *in* der Kunst heraus, sie verzichtet jedoch darauf, die Funktion der auf diesem Wege veränderten, in Frage gestellten oder ganz und gar negierten Kunst *für* die Gesellschaft in Betracht zu ziehen.

Anderthalb Jahrzehnte nach dem Zweiten Weltkrieg spielten bekanntlich verschiedene Formen der Aktionskunst wie Fluxus, Nouveau Réalisme, Wiener Aktionismus, action painting, body painting eine zunehmend größere Rolle. Auf je eigene Weise versuchten sie die Trennung von Kunst und Leben zu überwinden. Dabei rückte mit dem Happening eine Kunstform ins Zentrum öffentlicher Aufmerksamkeit, für die offenbar eigene Gesetze galten. Susan Sontag hat das Happening als »Kreuzung aus Kunstausstellung und Theateraufführung« bezeichnet und bereits 1962 ihre wichtigsten Grundelemente herauszuarbeiten versucht.[5] Als auffälligsten Zug des Happenings bezeichnete sie die despektierliche Behandlung des Publikums. Es sei alles darauf angelegt, um es zu ärgern und zu beschimpfen. Es werde regelrecht zum Sündenbock gemacht. Der zweite Grundzug bestehe in der Ausschaltung von Handlungslogik, Spannungsaufbau und Zeitsinn. Da das Happening weder von seiner Dauer noch in seinem Inhalt vorhersehbar sei, komme es der im Traum erlebten A-Logik nahe. Und als drittes Element hebt sie das, was sie in Anlehnung an die surrealistische Tradition als »Die Kunst des radikalen Nebeneinanders« bezeichnet, hervor – das Collage-Prinzip. So wie Lautréamont Schönheit bekanntlich als »die zufällige Begegnung einer Nähmaschine und eines Regenschirms auf einem Sektionstisch« definierte, so sei die Kunst nun als Zerstörung von Konventionen angelegt. Dem Akt der Zerschneidung von Traditionen und Zusammenhängen wohne eine starke Aggression inne. Durch die unvermittelte Nebeneinandersetzung ziele sie auf die Erzeugung von Schockwirkungen ab. Auch das habe sie mit der Psychoanalyse und der von ihr propagierten freien Assoziation gemeinsam.

Ganz ähnlich äußerte sich Wolf Vostell, für den Happening »Anti-Kunst« war. Seine Kriterien lauteten lapidar: »1. Einmaligkeit des Geschehens, 2. Ereignis findet draußen an verschiedenen Stellen statt, 3. Publikum beteiligt sich am Geschehen.«[6] Für ihn spielte das Publikum allerdings nicht mehr die Rolle des Sündenbocks. Es war Adressat, ein potentieller Verbündeter. Oder wie es einen Schritt weiter gehend Jean-Jacques Lebel formulierte: »Es gibt kein Publikum mehr, keine Schauspieler, keine Exhibitionisten, keine Zuschauer, jeder kann sein Verhalten nach Belieben wechseln. Jedem einzelnen sind seine Grenzen und seine Verwandlungen überantwortet.«[7] An diesem Fluchtpunkt waren nicht nur die Sphären Kunst und Leben, sondern auch die Rollentrennung zwischen Künstler und Betrachter, Produzent und Rezipient aufgelöst. Die Avantgarde hatte einen Punkt erreicht, in die Gesellschaft einzutauchen, ihr Impulse zu geben und sich damit als Impulsgeber zugleich auch selbst aufzulösen. Und mit dem Happening-Konzept lag zweifelsohne eine Technik der Subversion vor, die nach geeigneten politischen Akteuren nur zu rufen schien.

Aggression und Gewalt spielten in ihm bereits eine Rolle. Jedoch kamen sie erst in einer anderen Variante der Aktionskunst zum Tragen. In den Avantgardebewegungen der sechziger Jahre spielte die Destruktionskunst eine bemerkenswerte, zum Teil sogar spektakuläre Rolle. Am wichtigsten unter ihnen war sicher der Schweizer Jean Tinguely, der im März 1960 im Skulpturengarten des New Yorker Museum of Modern Art unter dem Titel »Hommage to New York« eine große, sich selbst zerstörende Maschine in Gang gesetzt hatte. Daneben gab es die zerschnittenen Leinwände von Lucio Fontana, die Feuermalerei von Yves Klein, die »Carcrash«-Gemälde von Andy Warhol, die Schießaktionen von Niki de Saint Phalle, Yoko Onos Zerschneidung ihrer Wäsche am eigenen Körper, die Selbstverletzungsrituale von Günter Brus sowie die überaus ambivalenten Zerfleischungsaktionen von Wolfgang Nitsch und den anderen Wiener Aktionisten.

Ein deutsch-jüdischer Emigrant, der aus Nürnberg stammende Gustav Metzger, hatte zwischen 1959 und 1965 in fünf Manifesten das Konzept des autodestruktiven Kunstwerks zu fixieren versucht. Den Einzelgänger, der bereits Ende der vierziger Jahre in einer Kommune gelebt hatte und zu den Atomrüstungsgegnern um Bertrand Russell zählte, bewegte die Koinzidenz von Auschwitz und Hiroshima. Nur ein Kunstwerk, das sich selbst vernichtete, schien ihm auf der Höhe der Zeit oder besser in deren tiefster Niederung bestehen zu können. Parallele ebenso wie konkurrierende Strömungen hatte er mit Distanz und Sympathie, immer aber mit großer Aufmerksamkeit verfolgt. Als ihm 1965 die im Rowohlt Verlag erschienene Dokumentation »Happenings, Fluxus, Pop Art, Nouveau Réalisme«[8] in die Hände fiel, kam ihm der Gedanke, eine internationale Konferenz zur Destruktionskunst zu organisieren.

Das dreitägige »Destruction in Art Symposium«, das schließlich im September 1966 in dem in der Londoner King Street gelegenen Africa

Center durchgeführt wurde, war wie ein Focus, in dem Krieg, Gewalt und Vernichtung künstlerisch zu Tage traten. Ivor Davies, Dom Sylvester Houédard und Jean-Jacques Lebel referierten am ersten Tag über verschiedene Aspekte autodestruktiver Kunst. Unter dem Titel »U.S. Surpasses all Nazi Genocide Records!« wurde ein von George Maciunas verfasstes Pamphlet gegen die Kriegsführung der Vereinigten Staaten in Vietnam verteilt.[9] Anhand von Statistiken gelangte Maciunas zu dem Schluss, dass die US-Army mit ihren Einsätzen in Südostasien die zerstörerischen Auswirkungen der deutschen Wehrmacht während des Zweiten Weltkriegs noch übertreffen würde. Am zweiten Tag sprach Metzger über »The Scientific Destruction of Science and Technology«. Die von Lebel geleitete Abendveranstaltung wurde ausschließlich von den Wiener Aktionisten bestritten, die zum ersten Mal im Ausland auftraten. Der Kunstkritiker Peter Weibel sprach über »Film, Division of Labour and Art«, bevor Otto Mühl und Günter Brus sich über die Absprache hinwegsetzend, lediglich Texte zu verlesen, verschiedene phonetische Aktionen durchführten. Der Auftritt der Gruppe, die ihre größte Aufmerksamkeit bei der Aufführung mehrerer Filme von Kurt Kren über Aktionen Otto Mühls gewann, wurde von Hermann Nitsch beendet. Die Schlussveranstaltung wurde mit einem Vortrag von Guy Pro-Diaz eröffnet, der durch seine Experimente mit Explosivstoffen Aufsehen erregt hat. Danach verlas die japanische Aktionskünstlerin Yoko Ono zusammen mit ihrem ersten Ehemann Anthony Cox Auszüge aus ihrem Buch »Lecture in the Dark«, die Tänzerin Barbara Gladstone sprach über destruktive Aspekte im Balletttanz und Biff Stevens erläuterte das von ihm im Battersea Park errichtete Pneumatic Environment. Das Symposium, kurz DIAS genannt, das nicht zuletzt wegen der Proteste gegen den ständig weiter eskalierenden Vietnamkrieg ein starkes Echo in der nationalen und der internationalen Presse fand, gilt inzwischen als ein Meilenstein in der Geschichte der künstlerischen Avantgarde.

Als Metzger im Herbst 1974 unter der Parole »Years without Art« zu einem dreijährigen Kunststreik aufrief, ging es ans Eingemachte, das Geld.[10] Da er befürchtete, die subversive Kraft der Kunst könnte durch ihre zunehmende Integration in den kommerziellen Markt neutralisiert werden, wollte er seine Kollegen dafür gewinnen, von 1977 bis 1980 auf die Produktion und Präsentation von Kunstwerken vollständig zu verzichten. Dieser gegen den Kunstbetrieb gerichtete Boykottaufruf war von ihm zugleich als eine Gelegenheit zu einer schöpferischen Pause gedacht, in der sich die Künstler über die Konzepte ihres Schaffens wieder verstärkt hätten Gedanken machen können und diese untereinander austauschen sollten. Der Art-Strike erwies sich jedoch als ein absolutes Desaster. Keiner seiner Kollegen folgte ihm. Auch diejenigen, die mit Metzgers Ideen sympathisieren, schreckten vor einem solch radikalen Schritt zurück, der sie von ihren oft nur ohnehin eingeschränkten Finanzierungsmöglichkeiten abgeschnitten hätte.

Unterbrechungen des internationalen Kulturbetriebes

Die Zwischenfälle, zu denen es bereits im Herbst 1967 auf der Frankfurter Buchmesse gekommen war, verrieten mehr als die bloße Ankündigung einer Wetterfront, das Gewitter war bereits in vollem Gange. Und im Frühsommer 1968 blieb kaum eine der großen Kulturveranstaltungen in Westeuropa von den Turbulenzen verschont, die sich im Gefolge des Pariser Mai wie eine Gewitterfront ausbreiteten. Die Filmfestspiele in Cannes, die Biennale in Venedig und die documenta in Kassel gerieten auf je eigene Weise ins Schlingern.

Nachdem bereits zur Eröffnung der 21. Internationale Filmfestspiele am 10. Mai in Cannes Studenten gegen einen reibungslosen Ablauf des Festivals mit der Begründung protestiert hatten, dass die Organisatoren die Polizeieinsätze gegen ihre Pariser Kommilitonen einfach ignorieren würden, setzte dessen Präsident Robert Favre le Bret die Aufführungen zunächst für einen Tag aus. Als dann jedoch ein von den beiden Regisseuren Jean-Luc Godard und François Truffaut angeführtes Komitee den kleinen Saal des Palais du Festival besetzte, war klar, dass die Filmfestspiele nicht wie geplant zu Ende gehen würden. Truffaut erklärte kurzerhand, es sei undenkbar, dass sich die Leute in Cannes Filme anguckten, während in Paris Blut flösse. Die Jury-Mitglieder Monica Vitti, Louis Malle, Roman Polanski und Terence Young gaben daraufhin ihren Rücktritt bekannt und die Regisseure Miloš Forman, Claude Lelouch und Alain Resnais zogen ihre Wettbewerbsbeiträge zurück. Dennoch versuchte der Rest der Jury, mit den übriggebliebenen Filmen weiterzumachen. Als dann die Vorstellung des von dem spanischen Regisseur Carlos Saura gedrehten Beitrags »Peppermint Frappé« erfolgen sollte, kletterten die zu allem entschlossenen Truffaut und Godard auf die Bühne, hielten den Vorhang zu, hangelten sich an ihm hoch, schwangen sich »wie zwei Orang-Utans« darin umher und drohten schließlich damit, ihn anzuzünden. Als nun noch unbekannte Unterstützer das Tonkabel durchschnitten, wurde die Präsentation abgebrochen. Jetzt solidarisierten sich auch Saura und dessen Lebensgefährtin, die Schauspielerin Geraldine Chaplin, mit den rebellierenden Regisseuren. Am Tag darauf hatte Favre le Bret resigniert und erklärt, dass das Festival beendet sei. Unter den gegebenen Umständen könnten keine Auszeichnungen verliehen werden. Godard und Truffaut hatten währenddessen bereits die Rückreise nach Paris angetreten. Sie wollten dort nach dem großen historischem Vorbild der Französischen Revolution von 1789 Generalstände gründen, diesmal jedoch die *Etats généraux du cinéma*, die Generalstände des Films.

Ähnlich turbulent ging es einen Monat später in Venedig zu. Nach heftigen studentischen Protesten gelang es den Veranstaltern am 21. Juni, die 34. Biennale in der Lagunenstadt nur unter massiven Sicherheitsvorkehrungen zu eröffnen. Die Angaben über die dabei eingesetzten Soldaten und Polizisten schwankten zwischen 1500 und 6000. Mit Parolen wie »No alla cultura opportunista« und »No alla Biennale capitalista« hatten die Studenten zuvor bereits an mehreren Abenden auf dem Markusplatz demonstriert. Auch am offiziellen Eröffnungstag kam es zu einer solchen Demonstration, im Unterschied zu den Vortagen blieben jedoch die Sicherheitskräfte im Hintergrund und die Demonstranten von einem Gummiknüppeleinsatz verschont. Aus Protest gegen die »Polizei-Biennale« gaben 18 von 24 italienischen Künstlern bekannt, auf ihre Teilnahme zu verzichten. Die Ausstellungsstücke des schwedischen Stands wurden wegen des Auftretens von Soldaten verhängt. Verschiedene französische Künstler versperrten den Besuchern mit an ihren Ständen angebrachten Brettern den Einblick. Zwei Sonderausstellungen, darunter eine über den Futurismus, wurden auf unbestimmte Zeit verschoben. Und im deutschen Pavillon tauchte ein offenbar von italienischen Studenten angebrachtes Hakenkreuz mit der Inschrift auf: »Deutschland schließt nie.«

Wenige Tage später verlagerte sich die internationale Aufmerksamkeit nach Kassel. Unter lautstarken Protesten, Sprechchören und einer Flut von Flugblättern eröffnete Oberbürgermeister Karl Bracher am 27. Juni die 4. documenta. Gegen die Ausstellung, die mit rund 1000 Werken von 150 Künstlern einen Überblick über das moderne Kunstschaffen der letzten vier Jahre bieten wollte und in deren Mittelpunkt die amerikanische Pop-Art stand, brachten verschiedene Künstlergruppen vor, dass die Auswahl der Kunstwerke wichtige Trends missachte und manipuliert sei. Am stärksten wurden diese Einwände von dem Kölner Maler und Happeningkünstler Wolf Vostell vorgebracht, der in Anlehnung an eine sarkastische Äußerung Picassos, der einmal eine Ausstellung als eine Schau für Blinde bezeichnet hatte, mit einer Blindenarmbinde auftrat. Während der Pressekonferenz warf er den Mitgliedern des Ausstellungsrates demonstrativ einen Sack mit Kupferpfennigen auf den Tisch. Damit wollte er seine Vermutung zum Ausdruck bringen, dass er die Behauptung der Organisatoren, man habe aus finanziellen Gründen moderne Kunstformen wie Happening, Fluxus und Environment kaum berücksichtigen können, für fadenscheinig hielt. Auf die Verteidigung Herbert von Buttlars, dass auch einige Environments wie die von Edward Kienholz zu sehen seien, reagierte Vostell mit der abfälligen Bemerkung, solange sich das Publikum nicht selbst zur Aktivität aufgefordert sehe, handle es sich dabei um nichts anderes als Plastik im Raum. Damit reklamierte er eine Position, die einerseits zu seinem Happening-Konzept gehörte, andererseits aber anbot, die Kunst zum integralen Bestandteil politischer Aktionen zu machen.

Die Inkorporierung der Avantgarde in Gegenkultur und Revolte

Die Kunst war längst kein separates Feld mehr. Ihre Grenzen hatten sich aufzulösen begonnen. Es kam zu exemplarischen Fusionen zwischen Kunst, Politik und sozialen Mikroorganismen. Es sind drei Formen der Verschmelzung von Ästhetik und politischem Handeln, die hier vor allem zu nennen sind. Es waren solche, die von jugendlichen Akteuren bestimmt waren, sich in drei westlichen Staaten abspielten und dabei ganz unterschiedliche Wirkungen entfalteten. Es ging um eine Szene, eine Gruppe und einen Ereigniszusammenhang, genauer um eine Revolte.

Haight Ashbury als Szene

Die Wurzeln der wichtigsten Subkulturen der sechziger Jahre lagen in einem vergleichsweise kleinen, recht überschaubaren Areal – in der Bay Area von San Francisco. In der am Pazifik gelegenen kalifornischen Großstadt, in der der Eroberungsdrang der Pioniere an seine natürlichen Grenzen stieß und die von vielen als die europäischste der Vereinigten Staaten angesehen wird, entstanden Mitte der sechziger Jahre in kurzen Abständen und in unmittelbarer geographischer Nähe die folgenden Bewegungen: an der Universität Berkeley im Herbst 1964 das *Free Speech Movement*, das so etwas wie das Urmodell für die weltweit ausbrechenden Studentenrevolten abgegeben hat und in der mit Joan Baez bereits die Ikone der Folkmusik eine aktive Rolle gespielt hat; im Stadtteil Haight Ashbury im Sommer 1965 die Hippie-Bewegung, die der Gegenkultur ein Gesicht gab und die sich zusammen mit London über Jahre hinweg als die vitalste Quelle der Popmusik erwiesen hat; im Vorort Oakland 1966 die radikale Black-Power-Bewegung, die sich selbst bewaffnete und schließlich drei Jahre später auch mit Waffengewalt vom FBI zerschlagen wurde; auf der in der Bucht gelegenen Insel Alcatraz im November 1969 die Indianer-Bewegung, die mit einer Besetzungsaktion das Eiland, das Jahrzehnte als Zuchthaus diente, für sich zurückforderte, und in San Franciscos Castro Street 1969 die Schwulenbewegung, aus der mit Harvey Milk ein 1978 ermordeter Stadtrat hervorgegangen ist.

Was das Swinging London für die Popkultur[11], was das Amsterdam der Provos für die gegenkulturellen Einflüsse auf Kontinentaleuropa[12] und New Yorks Greenwich Village für eine Künstlergeneration war, die von Bob Dylan bis Andy Warhol reichte,[13] das spielte sich in potenzierter Form in San Franciscos Bay Area ab. Die Radikalisierung der Studenten in Berkeley, der Schwarzen in Oakland, der Hippies um Haight Ashbury und der Homosexuellen in und um die Castro Street schufen neuartige kulturelle Codes und Muster, die – Hollywood war nicht weit entfernt – multimedial vermittelt ihre Wirkung rund um den Globus nicht verfehlten.[14] In wenigen Vororten, Stadtteilen und Straßen der kalifornischen Metropole wurden auf engstem Raum neue Kultur-, Politik- und Lebensformen erprobt, die vor allem als Kreierung eines eigenen Jugendstils ausstrahlte.[15] San Francisco war in jenen Jahren das Mekka der Gegenkultur. Und für die schillernde antiautoritäre Strömung innerhalb der 68er-Bewegung war es eine Art Blaupause, der hierzulande alle mehr oder weniger nacheiferten.

Die Hippies von San Francisco waren das Urbild für das, was in den Jahren danach als »counterculture« von sich reden machte. Die Hippie-Bewegung besaß allerdings eine Vorgeschichte, die auf eine literarische Avantgarde zurückging und deren Vorreiter sich vorübergehend in San Francisco ansiedelten. Gemeint sind die Schriftsteller der Beat-Generation mit ihren drei Ikonen Jack Kerouac, Allen Ginsberg und William S. Burroughs. Entstanden war die Kerngruppe ursprünglich in New York, genauer an der Columbia University, wo sich die drei 1943, also mitten im Zweiten Weltkrieg, kennenlernten.[16]

Erst als im Oktober 1955 mit Ginsberg und Kerouac zwei von ihnen einige ihrer Texte in der »Galery Six« am Embarcadero-Place in San

Francisco vorlasen, wurden sie mit einem Schlag der Öffentlichkeit bekannt. Dass dies geschah, lag vor allem an Ginsbergs 112 Strophen umfassenden Mammut-Gedicht »Howl« (Gebrüll), in dem die »hipsters« als ihrem Vitalismus frönende Gegner des »American Way of Life« porträtiert wurden.[17] Der Erfolg von Kerouacs zwei Jahre später erschienenen Roman »On the road«, in dem sich zwei Tramps auf die Suche nach einem neuen, den amerikanischen Normen nicht unterworfenen Lebensgefühl begeben,[18] wäre ohne das Echo auf diesen Auftritt kaum möglich gewesen. Erst die zweite Hälfte der fünfziger Jahre, als die Protagonisten ihre besten Zeiten bereits hinter sich hatten, markiert in der Wahrnehmung der amerikanischen Kritik den literarischen Beginn der »Beat-Generation«. Ein Freund Kerouacs hatte 1952 in einem Aufsatz die aus dem Zweiten Weltkrieg als Sieger zurückgekehrten GIs als »the beaten generation«, die geschlagene Generation, bezeichnet.[19] Die Beat-Generation galt als eine Art »Basislager« der meisten auf sie folgenden Subkulturen. Was Burroughs, Kerouac und Ginsberg im Kontext ihres Schreibens entwickelt hatten, wurde von ihnen an Jüngere weitergegeben. Es waren vor allem fünf Grundelemente, die sie in ihren Experimenten hervorgehoben hatten und die in der zweiten Hälfte der sechziger Jahre eine zentrale Rolle spielen sollten: die Geringschätzung materieller Werte und die Bevorzugung des Abenteuers, des geistig-intellektuellen ebenso wie des körperlich-sinnlichen, gegenüber allen Sicherheitsversprechungen einer bürgerlichen Existenz; die Praktizierung einer triebgesteuerten Sexualität jenseits gesellschaftlicher Konventionen und Normen; die Erweiterung des Bewusstseins durch einen experimentellen Umgang mit Drogen und die Entdeckung einer neuen Religiosität, die nicht mehr vom Christentum, sondern von Buddhismus und Taoismus inspiriert war und mit der Wiederbelebung von Spiritualität, Okkultismus und allerlei Mystizismen einherging.

Auf die Generation, die ihnen folgen sollte, blickten nicht wenige Repräsentanten der Beat-Generation hochnäsig herab. In ihren Augen stellten Hippies nichts anderes als die Imitation einer spezifischen Art von Bohème dar, die sich nicht mehr für eine »seriöse« Form der Kultur wie Poesie oder Jazz interessierte und es sich nur noch gut gehen lassen und nach Möglichkeit immer »stoned« sein wollte. Bereits für die Beatniks hatte das Adjektiv »hip« eine spezifische Bedeutung.[20] Es bedeutete so viel wie erfahren, eingeweiht zu sein und sich eins mit der eigenen Bewegung zu fühlen. Als »Hipster« wurde in den fünfziger Jahren der amerikanische Typ des Existentialisten bezeichnet. Er wurde dem »Square« gegenübergestellt, mit dem ein Spießer, Philister oder Konformist gemeint war. Der »Hipster« orientierte sich an dem in den Ghettos der Schwarzen entwickelten Stil – der Mode, der Musik, der Gestik, der Art und Weise zu sprechen und sich zu bewegen. Die Beatniks bezeichneten nun die jungen Leute, die zu Beginn der sechziger Jahre in ihren Augen kaum anderes im Kopf zu haben schienen, als an Drogen heranzukommen, um sich damit in einen künstlichen Paradieszustand zu versetzen, als »junior grade hipsters«, kurz »Hippies« genannt. Damit hatten sie zugleich eine Bezeichnung, mit der sie zwei Gruppen von Jugendlichen unterscheiden konnten. Die Anhänger der Rockmusik von denen der Protest-Songs. Während die Anhänger der Folkmusik kurz »Folkies« genannt wurden, stand nun für die der Rockmusik der Ausdruck »Hippie« zur Verfügung. Und die so eher abschätzig Attributierten begannen bald damit, diese Bezeichnung selbst zu verwenden. Charles Perry, einst selbst Bewohner der Hippie-Szene von Haight-Ashbury, beantwortete zwanzig Jahre nach deren Auflösung die Frage, was unverwechselbar an der Einstellung der Hippies gewesen sei, mit der Feststellung, sie hätten eine Attitüde an den Tag gelegt, die man als eine expansiv theatralische Attitüde »of being cool enough to have fun« bezeichnen könne.[21]

Die *Subversive Aktion* als Avantgarde

Die Geschichte der Avantgarde im 20. Jahrhundert ist bekanntlich durch Futurismus, Dadaismus, Surrealismus, Lettrismus und Situationismus geprägt worden. Der Surrealismus hat dabei das Paradigma aller avantgardistischen Bewegungen im 20. Jahrhundert vorgegeben – den Versuch, die ästhetische Sphäre zu transzendieren und

Kunst in Lebenspraxis zu transformieren. In gewisser Weise war der Situationismus das Enkelkind der Surrealisten[22]. Auch ihm ging es in einem emphatischen Sinne um Freiheit. Die surrealistische Écriture automatique sollte bei ihm jedoch im sozialen Raum freigesetzt werden. Das Bewusstsein, die als repressiv angesehene Rationalität, nach Möglichkeit auszuschalten, war das Ziel. Denn das Bewusstsein galt als Reservat des Über-Ichs, in dem die Instanzen und Werte der traditionellen Gesellschaft repräsentiert waren. Ihre Hauptaufgabe sahen sie darin, dem Es, den libidinösen Energien, freie Bahn zu verschaffen.

Die situationistische Gruppe *SPUR* verstand sich als Verlängerung der europäischen Avantgardebewegung, genauer als ein Versuch, daran wieder Anschluss zu finden. Ein im Januar 1961 von ihr in München verteiltes Flugblatt trägt den Titel »Avantgarde ist unerwünscht!«[23] Das Problem sahen die Mitglieder der Gruppe *SPUR* darin, einen Weg zu finden, den sich gesellschaftlich ständig weiter durchsetzenden Integrationstendenzen zu entziehen. Ästhetische Produkte wie Bilder, Filme, Gedichte usw. seien neutralisiert und deshalb zur Wirkungslosigkeit verdammt. Den Künstlern obliege kaum noch eine andere Aufgabe, als die »Rolle der früheren Hofnarren« zu übernehmen und der Gesellschaft eine bestimmte kulturelle Freiheit vorzuspiegeln. Doch die moderne Kunst sei »substanzlos« und die Existenz des Künstlers das »Ferment zur Metamorphose unserer absterbenden europäischen Kultur«. Dieser Prozess könne nicht mehr aufgehalten werden, er müsse, ganz im Gegenteil, beschleunigt werden.[24] Die situationistische Bewegung sei die einzige, die in der Lage sei, den kulturellen Zustand aufzuheben. »Die Aufgabe der Avantgarde«, heißt es am Ende, »besteht einzig und allein darin, ihre Anerkennung zu erzwingen, ehe ihre Disziplin und ihr Programm verwässert worden sind. Das ist es, was die Situationistische Internationale zu tun gedenkt.«[25]

Aus der Gruppe *SPUR* ist 1963 die *Subversive Aktion* hervorgegangen, die zweifelsohne bedeutendste Gruppierung, die es im Vorfeld der Studentenrevolte gegeben hat. In ihr schlossen sich Intellektuellenzirkel, sogenannte Mikrozellen, zusammen, die sich in München, Stuttgart, Tübingen, Frankfurt und West-Berlin gegründet hatten. Zu ihren wichtigsten Mitgliedern zählten Frank Böckelmann, Dieter Kunzelmann, Günther Maschke, Rudi Dutschke und Bernd Rabehl. Schon im Titel ihrer Zirkularien, die mal *Unverbindliche Richtlinien*, mal *Suchanzeige*, mal *Anschlag* hießen, drückte sich ein strikt antikategorischer und aktivistischer Duktus aus. Charakteristisch war für sie die vehemente Ablehnung aller totalisierenden Theorieentwürfe. In öffentlichen Manifestationen stellte sie staatliche, kirchliche und kulturelle Institutionen provokativ bloß. Ausgangspunkt war die Einsicht, dass nur in der Befreiung der innersten Triebe und Strebungen die Möglichkeit zum Ausbruch aus einer als Repressionszusammenhang erfahrenen Gesellschaft liege. Stichpunkt innerer wie äußerer Unterdrückung war die Sexualität, Objekt der Auseinandersetzung vor allem die Kirche mit ihrer Doppelmoral. Die *Subversive Aktion*, deren wichtigste Mitglieder 1965 in München und in West-Berlin in den SDS gingen, um ihn zu radikalisieren, verstand sich dabei explizit als Avantgardemodell. Ihr Grundprinzip bestand darin, sich so lange einzumischen, bis man in dieser Interventionsrolle überflüssig war. Nicht ohne Grund lautete ihr ebenso provokativ wie paradox anmutendes Motto: »Der Sinn der Organisation ist ihr Scheitern.«

Ihre Kritik an der Wirkungslosigkeit der künstlerischen Avantgarde überschnitt sich mit der eines Schriftstellers, der zuvor bereits im Rundfunk mit den avantgardistischen Bewegungen überhaupt abgerechnet hatte. Hans Magnus Enzensberger, der die Entwicklung der Bundesrepublik wie ein intellektueller Seismograph begleitet hat,[26] beschrieb 1962 in einem Aufsehen erregenden Beitrag die »Aporien der Avantgarde«. Er kritisierte darin das Avantgardemodell aus grundsätzlichen Erwägungen heraus: »Was vorn ist, weiß niemand, am wenigsten, wer unbekanntes Terrain erreicht hat. Gegen diese Ungewissheit gibt es keine Versicherung. Mit der Zukunft kann sich nur einlassen, wer den Preis des Irrtums zu erlegen bereit ist. Das *avant* der Avantgarde enthält seinen eigenen Widerspruch: es kann erst *a posteriori* markiert werden.«[27] Jeder Versuch, in der Gegenwart an die Geschichte der avantgardistischen Bewegungen anknüpfen zu wollen, sei schlichtweg eine Wiederholung und laufe auf Betrug oder Selbstbetrug hinaus.

Enzensberger bezog seine Kritik jedoch nicht nur auf die Künste, sondern auch auf die Politik. In der ersten avantgardistischen Bewegung, dem Futurismus, habe sich ein »doktrinärer Clan« organisiert, der blinden Aktionismus und offene Gewaltanwendungen gepredigt habe. Dass diese Bewegung dann 1924 kollektiv ins faschistische Lager übergelaufen sei, wäre alles andere als Zufall gewesen. Doch er hat noch eine andere Bewegung im Auge, die die Metapher von der Avantgarde für sich adaptiert und als historischen Fortschrittsbeweis herausgestellt hat. Im Bolschewismus, in der die mit eiserner Disziplin ausgestattete und straff organisierte Partei als elitäre Kampfgruppe von überragender Bedeutung war, sei die Avantgarde-Metapher »bis zur schneidenden Konsequenz durchdacht« worden.

Nach einer Reihe öffentlicher Provokationen, die – wie etwa ihre während des 80. Deutschen Katholikentages im September 1964 in Stuttgart verteilte spöttische »Botschaft an die Lämmer des Herrn«[28] – zu einer Flut von Strafanzeigen geführt hatten, besann man sich auf indirektere, aber effizientere Formen des subversiven Engagements. Auf dem Hamburger Konzil im Herbst 1964 beschloss man, von den einzelnen »Mikrozellen« aus die jeweiligen Ortsgruppen des SDS zu unterwandern, um damit eine Radikalisierung des zwar dissidenten, praktisch aber dennoch eher lammfrommen Studentenverbandes auszulösen. Während die Berliner Sektion, die im Januar 1965 dem SDS beigetreten war, schnell Fuß fassen konnte und schon nach zwei Monaten mit Rudi Dutschke im »politischen Beirat« vertreten war, so blieb der Münchener Eintritt eher eine kurzfristige Episode ohne weitere Auswirkungen.

Der aktionistische Einfluss der *Subversiven Aktion* war in Berlin schon bald zu spüren. So führte der SDS in der Nacht zum 4. Februar 1966 eine Plakataktion durch, mit der eine »Internationale Befreiungsfront« forderte: »Amis raus aus Vietnam!« Als einen Tag später bei einer Demonstration für kurze Zeit das Amerika-Haus besetzt wurde, verteidigte Dutschke die Methode der begrenzten Regelverletzung offensiv. Anstatt sich einer hysterischen Kritik zu beugen, vertrat er uneingeschränkt die Legitimität dieser illegalen Aktion zur Herstellung eines öffentlichen Bewusstseins über die Verbrechen der Amerikaner in Vietnam.

Gegen die als »Repressionszusammenhang« bezeichnete bürgerliche Kleinfamilie entwickelten die Subversiven auf ihrem ersten Konzil in Bad Wiessee das »Projekt revolutionärer Kommunen«. Wenngleich dieser Plan vorerst noch im theoretischen Rahmen verblieb, so wurde hier der Grundstein für jene Entwicklung gelegt, die zur sogenannten Viva-Maria-Phase führte und schließlich in die Gründung der *Kommune I* mündete. Wie weit der Bogen mit diesem zentralen Projekt gespannt wurde, das ließ sich am exemplarischsten in Kunzelmanns »Notizen zur Gründung revolutionärer Kommunen in den Metropolen« ablesen, in denen die Mikrozelle Kommune in den globalen Zusammenhang einer antiimperialistischen, die Dritte Welt einbeziehenden Strategie gestellt wurde. Das Kommune-Projekt war nichts anderes als die Keimzelle der antiautoritären Bewegung. Was dann als antiautoritäre Erziehung, Kritische Universität, Freie Schule usw. folgte, das strahlte von dieser Idee einer psychosozialen Umwälzung des elementarsten Lebenszusammenhanges aus.

Während die von Dutschke initiierten Aktionen wie die Plakat-Aktion »Amis raus aus Vietnam« immer direkter ausfielen, folgten die Kommunarden eher der subversiven Tradition und bewegten sich weiter auf dem Gebiet der Zweideutigkeiten. Ihre Aktionen, über die sich die Presse und ein großer Teil der Berliner Bevölkerung ereiferte und die schon bald zum Ausschluss der *Kommune I* aus dem SDS führte, waren durchweg von einem Als-ob gekennzeichnet. Beim zweiten Blick erschienen sie zumeist als etwas anderes, was sie beim ersten Blick vorzugeben geschienen hatten. Diese Ambiguität, das Oszillieren zwischen einer symbolischen und einer faktischen Tat, war für die *Kommune I* ganz charakteristisch. Ihren Aktionen war durchweg ein Irritationseffekt inhärent. Die Unsicherheit, wie eine

Aktion zu bewerten sei, hatte es bereits beim sogenannten Pudding-Attentat der Kommunarden im April 1967 gegeben.

Als mit Hubert H. Humphrey der Vizepräsident der USA der »Frontstadt« West-Berlin einen Besuch abstatten wollte, nutzten die medienstrategisch begabten Kommunarden diese Gelegenheit, um auf sich aufmerksam zu machen. Sie planten einen »Schein-Angriff auf den Konvoi des Vizepräsidenten« (Kunzelmann), um den zweiten Mann der stärksten und in Südostasien gerade in kriegerische Handlungen verstrickten Macht lächerlich zu machen. Als sie einen Tag zuvor im Grunewald Wurfübungen durchführten, kam die Polizei ihrer Aktion zuvor und nahm die Beteiligten fest. Der Verfassungsschutz hatte Wind von dem geplanten »Anschlag« bekommen.[29]

Die Zeitungen überschlugen sich mit Meldungen auf das angeblich bevorstehende »Attentat«. Die Schlagzeile der *Bild*-Zeitung lautete: »Geplant: Bombenanschlag auf US-Präsidenten – Elf Verschwörer gefaßt«[30] Selbst die *New York Times* ließ sich hinreißen und brachte eine ähnliche, obgleich im Tonfall wesentlich vorsichtigere Meldung, in der von einer »angeblichen Verschwörung« die Rede war, auf ihrer Titelseite. Obwohl die Festgenommenen dem Ratschlag ihres Anwalts Horst Mahler zunächst nicht folgen wollten, gestanden sie – Kunzelmann an der Spitze – schließlich kleinlaut ein, dass die von ihnen vorbereitete Mischung nicht dazu geeignet gewesen wäre, eine Explosion auszulösen. Kurz darauf begaben sich die Kommunarden noch einmal in den Grunewald und demonstrierten vor der laufenden Kamera eines Polit-Magazins, welche Effekte mit einer Mischung aus Pudding und Mehl bestehenden Wurfkörpern zu erzeugen waren. Als die Fernsehzuschauer den Hokuspokus zu sehen bekamen, war der Spott groß. Einen Teil erinnerte das Ganze an einen klassischen Studentenstreich, ein anderer glaubte darin anspruchsvoller ein »Polit-Happening« erkennen zu können.

Dieser Ausdruck, der künftig wie ein geheimes Erkennungszeichen für die im Kern angeblich bloß spaßigen Aktionen der Kommunarden fungierte, bürgerte sich jedenfalls ein. Die augenzwinkernde Bezeichnung brachte das Ganze auf einen Nenner – gemeint war ein Attentat, das keines war, ein Pseudo-Attentat. Das »Pudding-Attentat« war gleichbedeutend mit einer Blamage von Polizei, Verfassungsschutz und einschlägig ausgerichteten Presseorganen. Die Kommunarden hatten ihre Aktion von vornherein als eine Öffentlichkeitsfalle geplant, in die ein Teil der Presse dann auch umgehend gestolpert war. Seitdem jedenfalls war unter den Berichterstattern Vorsicht angesagt. *Kommune*-Aktionen schienen immer mit so etwas wie einem doppelten Boden ausgestattet zu sein. Kein zweites Mal mehr wollten sich Ordnungshüter und Journalisten, als Trottel vom Dienst einträchtig vereint, vorführen lassen.

Die ästhetische Revolte: Der Pariser Mai

Am 20. Mai 1968 erschien im *Nouvel Observateur* ein Interview, das schon wegen der Prominenz des Fragenstellers und einer umgekehrten Rollenverteilung für Aufsehen sorgte. Der weltberühmte Dramatiker und Philosoph Jean-Paul Sartre befragte den bis dahin noch weitgehend unbekannten Sprecher der *Bewegung 22. März*, Daniel Cohn-Bendit. Sartre wollte damit, wie er ohne Zweifel durchblicken ließ, der Rebellion der Studenten seine Reverenz erweisen. Am Ende versuchte er seinen jungen Gesprächspartner mit einer Feststellung zu ermuntern: »Was an Ihrer Aktion interessant ist: sie setzt die Phantasie an die Macht. Auch ihre Phantasie hat gewiss Grenzen, aber Sie haben viel mehr Ideen, als ihre Väter hatten. [...] Die Parolen, die man an den Mauern der Sorbonne liest, beweisen es. Es ist etwas von Euch ausgegangen, was erstaunen lässt, etwas Umwerfendes, etwas, das alles leugnet, was unsere Gesellschaft zu dem hat werden lassen, was sie heute ist. Dies möchte ich Ausdehnung des Feldes der Möglichkeiten nennen. Weicht hier nicht zurück!«[31] Ein Traum schien im Mai 1968 für einen Moment Wirklichkeit geworden zu sein, eine Vorstellung, die die Frühromantik beseelt hatte.

In der École des Beaux-Arts war Mitte Mai ein »Atelier Populaire« gegründet worden, in dem Künstler, Graphiker und Kunststudenten Plakate entwarfen. Gedruckt wurden sie auf billigem Papier, in der

Not auch Packpapier, zumeist waren sie einfarbig. Es entstand die visuelle Umsetzung von Parolen – gegen de Gaulle, für Cohn-Bendit. Das Copyright galt dabei als Sakrileg. Die Produkte waren samt und sonders Gemeinschaftsarbeiten. Individuelle Namenszüge suchte man daher vergeblich, stattdessen war Anonymität angesagt, Serialität statt Originalität.

Ganz ähnlich verhielt es sich übrigens auch mit Jean-Luc Godard. Er begann ebenso wie einige andere Filmemacher die sich überschlagenden Ereignisse im Quartier Latin zu filmen. Er schuf Cinétracts, kleine Filme, die einen möglichst authentischen Eindruck vermitteln sollten. Der traditionelle Regisseur schien ausgedient zu haben. Wenn er im Besitz der dafür notwendigen technischen Mittel gewesen wäre, dann hätte er die Aktivisten selbst mit Hunderten von Kameras ausgestattet und sie im Zentrum des Geschehens ihre je eigenen Filme drehen lassen.

Und mit Jean-Jacques Lebel sah sich einer der einflussreichsten Happening-Künstler in jenen Tagen für einen Moment am Ziel seiner Wünsche angelangt. Als Demonstranten mit der Börse das wohl verhassteste Symbol des Kapitalismus angezündet hatten, schrieb Lebel, der zuvor die Besetzung des Théâtre de l'Odéon mit angezettelt hatte, in einem Brief an Vostell voller Begeisterung, dass man nun einen »absoluten Orgasmus« erlebt habe.[32] Der niederländische Situationist Constant Nieuwenhuys hatte übrigens bereits 1959 vorgeschlagen, die Amsterdamer Börse abzureißen und an deren Stelle einen Spielplatz zu errichten.

»Phantasie an die Macht?« Die Idee einer revolutionären Machtergreifung war jedoch eine Fiktion. Bereits die Errichtung von Barrikaden in der Nacht vom 10. auf den 11. Mai war kaum mehr als eine symbolische Aktion. In Frankreich, wo der Sturz des Staatspräsidenten und seiner Regierung für einen begrenzten Zeitraum durchaus auf der Tagesordnung stand, wären die romantisch-anarchistisch inspirierten Studenten um die *Bewegung 22. März*, die den Funken von der Universität Nanterre auf die Sorbonne hatte überspringen lassen, niemals an die Macht gekommen. Sie waren Katalysatoren eines sozialen und politischen Prozesses, nicht jedoch dessen Träger, geschweige denn ihr machtpolitischer Nutznießer. Wäre der Rücktritt de Gaulles erfolgt, dann wäre es mit hoher Wahrscheinlichkeit zur Bildung einer sozialistischen Regierung gekommen. Nicht ohne Grund hatte sich Mitterand zusammen mit einigen seiner Weggefährten medienwirksam an die Spitze einiger Großdemonstrationen gesetzt. Der Politiker, der dann 1981 die Macht übernahm, stand dafür bereits im Mai 1968 bereit.

Kunst, Künstler und Intellektuelle scheinen am Ende zu sein

Haight-Ashbury, *Subversive Aktion* und Pariser Mai – die Kunst war der Szene, der Aktionskohorte ebenso wie der Revolte inkorporiert. Sie hatte vorübergehend aufgehört, eine eigenständige, auf Markt und Museen, auf Akademien und Hochschulen basierende Existenz zu führen. In der Hippie-Szene war die literarische Avantgarde aufgegangen, in der Subversiven Aktion, die zum Hefeteig der antiautoritären Bewegung werden sollte, die künstlerische und im Pariser Mai gleich ein Zusammenspiel diverser Avantgarden in Kunst, Literatur, Theater und Film mit dem Situationismus an der Spitze. In einzelnen sozialen Mikroorganismen fanden sich verschiedene Muster der Avantgardebewegungen wieder. Sie waren samt und sonders antikapitalistisch ausgerichtet, gegen den Markt, gegen den Finanzbetrieb, zuweilen sogar gegen das Geld. Sie waren antiinstitutionell, abstrakt gegen den Bürokratismus, konkret gegen in Institutionen geronnene Herrschaftsbeziehungen. Sie waren antistaatlich, gegen den Verfassungsstaat und seine Institutionen wie Parlamenten und Gerichten. Sie waren antiautoritär. In ihrer Konfrontation mit der Politik war die Kunst aufgesogen worden und für einen historischen Moment in der revolutionären Aktion aufgegangen. Alles, was zuvor als künstlerisch gegolten hatte, war einkassiert. Die Figur des Künstlers war vollends obsolet geworden. Sich auf ihn, seine Intuition, seine Schöpferkraft oder gar Originalität zu berufen, hätte den Entsprechenden unweigerlich der Lächerlichkeit preisgegeben.

Als im Mai 1968 das Deutsche Seminar an der Frankfurter Universität im Zuge der Proteste gegen die Verabschiedung der Notstandsgesetze besetzt und in Walter-Benjamin-Institut umbenannt wurde, war das nicht nur ein Indiz dafür, welche Erbschaft man nun anzutreten gedachte, sondern auch wo die Grundlagen einer künftigen Literatur und Literaturwissenschaft, ja einer Ästhetik insgesamt, nun liegen sollten. Zwei kanonische Texte wurden rezipiert: Einer, mit dem die materialistischen Bedingungen geistiger Tätigkeit neu definiert werden sollten – »Der Autor als Produzent« – und ein anderer, mit dem das im Gefolge der technischen Innovationen entauratisierte Kunstobjekt neu justiert werden sollte – »Das Kunstwerk im Zeitalter seiner technischen Reproduzierbarkeit«. Am Ende des letztgenannten Aufsatzes hatte Benjamin als Reaktion auf die vom Faschismus seiner Wahrnehmung nach mit dem Krieg betriebene »Ästhetisierung der Politik« empfohlen: »Der Kommunismus antwortet ihm mit der Politisierung der Kunst.«[33] Die »Politisierung der Kunst« war demnach antifaschistisch und prokommunistisch zugleich. Um überhaupt Aussichten in der Bekämpfung des Faschismus zu haben, dachte Benjamin und mit ihm die radikale 68er-Linke, müsse man sich marxistisch definieren und kommunistisch positionieren. Alles, was dem Bürgertum zugerechnet wurde – und dazu zählte man die als verbürgerlicht geltende Sozialdemokratie –, stellte demgegenüber keine verlässliche Größe mehr dar. Das Bürgertum und die mit ihm verbundenen Parteien schienen historisch dem Abgrund geweiht zu sein. Nur ein überzeugter Kommunist konnte auch ein Antifaschist sein. Das war wie eine Weggabelung. Der Künstler, der Autor, der Intellektuelle – sie alle, die dem Überbau zugerechnet wurden, hatten sich zu entscheiden. Die Zeit der Kompromisse schien vorüber zu sein. Für die Gefahr, dass man sich damit möglicherweise zwischen Skylla und Charybdis, zwischen zwei Totalitarismen entschied, besaß man kein Organ. Auf dem linken Auge waren die Revoltierenden offenbar blind.

Doch es gab Ausnahmen. Als der tschechoslowakische Regisseur Miloš Forman, dessen Film »Der Feuerwehrball« in Cannes noch als letzter Wettbewerbsbeitrag vor dem Abbruch des Festivals hatte gezeigt werden können, nach Paris kam, um die Demonstrationen und Barrikadenkämpfe vor Ort zu verfolgen, verstand er die Welt nicht mehr. Zur selben Zeit, beklagte er sich lauthals, während sie – und damit meinte er die Revoltierenden samt seiner Kollegen Godard und Truffaut – versuchten, in Paris die rote Fahne zu hissen, werde in Prag alles unternommen, um sie herunterzureißen. Er glaube, dass sie, die Akteure des Pariser Mai, keine Ahnung hätten, welchem Symbol sie in Wirklichkeit hinterherlaufen würden. Doch das war eine Übertreibung. Zumindest die Kräfte, die Daniel Cohn-Bendit vertrat, waren anarchistisch, antiautoritär und antikommunistisch ausgerichtet. Und die Farbe ihrer Fahne – sofern sie überhaupt eine mit sich führten – war schwarz und nicht rot.

Die Folgen

Die 68er-Bewegung war trotz aller illiberalen Züge zugleich auch eine »Freiheitsrevolte« (Joschka Fischer) und darin dem Liberalismus, wenn auch in einer radikalen, oftmals libertär-anarchistischen Form, verbunden. Das Subjekt sollte in seinem Innersten von seinen als »bürgerlich« verstandenen Panzerungen aufgebrochen und in seiner Bedürfnishaftigkeit in einer neuen, ursprünglichen Weise geltend gemacht werden. Erklärtes Ziel war es, die Gesellschaft auf eine neue Grundlage zu stellen. Die experimentelle Erprobung einer neuen Subjektivität hätte allerdings keine so nachhaltigen Folgen erzeugen können, wenn sie nicht durch die Muliplikatoreneffekte der Massenmedien – sei es aus voyeuristischer Neugierde oder ernsthaftem Interesse – eine so außergewöhnliche Aufwertung erfahren hätte.

Dabei standen Kommune- und Kinderladen-Projekte eine Zeit lang im Zentrum des öffentlichen Interesses. Mit ihnen sollte ein neues Gemeinschaftsmodell erprobt, ausgebreitet und längerfristig durchgesetzt werden. Die Kommunen und die Kinderläden waren nichts anderes als Modelle zur Vergemeinschaftung, die zu Grundmodellen einer Vergesellschaftung hätte werden sollen. Diese neuartigen Sozialformen, mit denen das Alltagsleben auf eine neue Basis hätte gestellt werden sollen, kamen jedoch nicht über ihre Experimentalphase hinaus. Dafür waren nicht nur die Ansprüche, die sich deren Mitglieder aufbürdeten, zu gewaltig und die Spannungen, die im Zuge ihrer Realisierung auftraten, zu groß, sondern auch ihre rückwärtsgewandten, auf die Revitalisierung einer vermeintlich ersten Natur ausgerichteten Kräfte zu übermächtig.

Ihre gesellschaftsverändernde Rolle wurde dann in einer abgespeckten und zugleich modifizierten Form von einer anderen Sozialform, der Wohngemeinschaft, übernommen. Bei ihr stand – wie der Name bereits verriet – das gemeinsame Wohnen im Vordergrund und nicht mehr irgendein revolutionärer, mit der Einheit von politischem Kampf und der Revolutionierung des Alltagslebens verknüpfter Avantgardeanspruch. Es ging nicht mehr um die Einheit von Kampf- und Lebensgemeinschaft, sondern nur noch um das Gehäuse der ursprünglich angestrebten Kollektivform: Eine Form des Zusammenlebens junger Leute aus einem zumeist studentischen Milieu, die vor allem mit finanziellen Vorteilen begründet wurde. Doch selbst unter dieser aufs Pragmatische reduzierten Ausgangsbedingung begannen die WGs eine neue soziale Funktion wahrzunehmen. Die jungen Leute lebten einerseits nicht mehr bei ihren Eltern, andererseits aber auch nicht vereinzelt, sondern in einer Kleingruppe zusammen, in der die Alltagsaufgaben gemeinsam verabredet und arbeitsteilig erledigt werden sollten. Die WG breitete sich in den siebziger Jahren als eine Alternative bundesweit aus. Während es von den Kommunen in den Zentren der Studentenbewegung zunächst nur Dutzende, höchstens Hunderte gegeben hatte, entstanden an WGs Hunderttausende. Was die WG der Kommune gegenüber an Radikalität verloren hatte, das kompensierte sie nun durch ihre quantitative Dimension. Als Residualform der Kommune ermöglichte sie auf diese Weise einen gesellschaftlichen Wandlungsprozess, in dem sowohl der Ehe als auch der bürgerlichen Kleinfamilie vorübergehend oder dauerhaft eine Absage erteilt wurde. Im Hinblick auf ihre soziokulturelle Funktion war sie gesellschaftlich betrachtet weitaus erfolgreicher.

Es gehört zur Ironie der 68er-Geschichte, dass vom revolutionären Aufbruch vor allem Ästhetisches übrig geblieben zu sein scheint, Spuren, Zeichen und Embleme einer Kultur, die einst so vehement abgelehnt worden war: Design, Mode, Graphik, Plakatkunst, Graffiti, Popmusik und anderes mehr. Ob Adorno, Cannes, documenta oder Pariser Mai – die ästhetischen Highlights werden noch einmal abgefeiert. Die Kultur ist manchmal auch eine große Krake, die alles wieder vereinnahmen kann. Und seit Längerem hat sich in der Argumentation, was ihre politische Bewertung und zeithistorische Einordnung anbetrifft, eine Standardfigur durchgesetzt. Das am häufigsten zu hörende Ergebnis lautet, politisch sei die damalige Bewegung zwar auf der ganzen Linie gescheitert, soziokulturell habe sie jedoch, wenn auch unbeabsichtigt, im Nachhinein eine Reihe von Erfolgen gezeitigt.

Und eine Adaption von rechts

Mittlerweile ist wieder eine »Subversive Aktion« aufgetreten. Diesmal ist sie jedoch von rechts gekommen und hat alles daran gesetzt, die Linke, genauer eine bestimmte Linke, zu dekuvrieren. Sie nannte sich *Konservativ-Subversive Aktion* und hatte ihren wohl am meisten Aufsehen erregenden Auftritt bei einem im Mai 2008 von der Partei *Die Linke* und dem von ihr neu gegründeten SDS in der Berliner Humboldt-Universität zu »40 Jahre 68« veranstalteten Kongress. Das Motto stammte aus einem Song der Anarcho-Rockband *Ton Steine Scherben* und lautete: »Die letzte Schlacht gewinnen wir«.

Noch bevor die Veranstaltung am 2. Mai eröffnet werden konnte, war eine 20-köpfige Gruppe am frühen Morgen Unter den Linden in den pompösen Haupteingang gestürmt, rannte hoch in den 1. Stock und brachte am Geländer des über dem Hauptportal befindlichen Balkons ein Transparent mit einer entsprechenden Antwort an: »68er-Kongress: Die letzte Schlacht ist schon verloren«. Kurz darauf wurden an verschiedenen Fenstern der Seitenflügel Plakate von »68er-Ikonen« mit den Konterfeis von Lenin, Mao Tse-tung und Ho

Chi-Minh angebracht. Darunter waren jeweils die Zeilen zu lesen: »10 Millionen Tote«, »30 Millionen Tote« und »1 Million Tote«. Jede Zahlenangabe endete mit dem sarkastisch provokativen Hinweis »Für die gute Sache«. Und als der Kongress begann, ergriff mit Götz Kubitschek der Wortführer der rechtsgerichteten Aktionsgruppe mit einem Megaphon das Wort, um gegen die im Namen des Kommunismus begangenen Verbrechen zu protestieren. Die Zuhörerschaft war sichtlich empört und versuchte mit dem Schlachtruf »Hoch die internationale Solidarität« dagegenzuhalten.

Was spielte sich dort ab? Handelte es sich um eine Neuauflage unter umgekehrten politischen Vorzeichen oder schlicht um eine Farce? Auf jeden Fall ging es hier nicht um die Kunst, sondern um die Politik. Zugleich war der Konflikt aber auch Ausdruck von Ideenklau und Etikettenschwindel. Die neuen Rechten bedienten sich in ihrer Aktionsform bei den einstigen Vorkämpfern der antiautoritären Revolte und die alten Linken kostümierten sich als »Neue Linke« und rissen sich dabei kurzerhand auch noch das Kürzel »SDS« unter den Nagel. Doch 1968 waren jene Kräfte, die heutzutage in der Partei *Die Linke* Oberwasser haben, in der Minderheit. Damals jedenfalls waren die der SED nahestehenden Poststalinisten auf einer Delegiertenkonferenz des SDS noch ausgeschlossen worden.

1968 und die Gewaltfrage

»Ich habe ein theoretisches Denkmodell aufgestellt. Wie konnte ich ahnen, dass Leute es mit Molotow-Cocktails verwirklichen wollen.«
Theodor W. Adorno

Dass die Gewaltfrage von Anfang an eine Schlüsselrolle gespielt hat und keineswegs erst im Zuge der auseinanderfallenden 68er-Bewegung aufgeworfen worden ist, lässt sich daran erkennen, dass sie bereits frühzeitig von dem wohl prominentesten Vordenker der Studentenbewegung in aller Öffentlichkeit ins Zentrum seiner Überlegungen gerückt wurde. Es war kein Geringerer als der aus Kalifornien nach West-Berlin gereiste Herbert Marcuse, einstiger Mitarbeiter des vor den Nazis in die USA geflohenen Frankfurter Instituts für Sozialforschung und nun als Professor für Sozialphilosophie an der University of California in San Diego lehrende Generalkritiker der Wohlstandsgesellschaft. Am zweiten Abend seiner im Juli 1968 im Auditorium Maximum der Freien Universität vor Tausenden abgehaltenen vierteiligen Vortragsreihe über »Das Ende der Utopie« thematisiert er – lange bevor das innerhalb der Protestbewegung unternommen worden wäre – »Das Problem der Gewalt in der Opposition«.[1]

Warum er sich auf dieses komplexe und problembehaftete Feld begeben hat, war ihm selbst vielleicht so selbstverständlich wie es vielen seiner Zuhörer umgekehrt fremd erschienen sein mochte. Schließlich kam er gerade aus einem Land, das seit vielen Jahren vom sogenannten »race conflict« zerrissen war, in dem Sommer für Sommer in den von Angehörigen der afroamerikanischen Minderheit bewohnten Suburbs der Millionenstädte Unruhen, die »riots«, ausbrachen und in dem die von Marin Luther King angeführte Bürgerrechtsbewegung an der Polarisierung zwischen Vertretern des gewaltfreien Widerstands und Protagonisten der militanten und sich in Formen einer demonstrativen Selbstbewaffnung ergehenden Black-Power-Bewegung zu zerbrechen drohte.

Die Thematisierung der Gewaltfrage als Tabubruch

Wer nun mit einem Abstand von einem halben Jahrhundert im Rücken erneut die Gewalt im Kontext der Bewegung erörtern möchte, der muss sich darauf einstellen, bei nicht wenigen Ehemaligen auf Ablehnung, wenn nicht gar auf Empörung zu stoßen.[2] Es ist so, als würde man im Nachhinein ihre ganz persönlichen Erfahrungen streitig machen[3] und insgeheim vielleicht sogar im damaligen, durchaus mit persönlichen Risiken verknüpften Aufbruchsprozess gemachte Verdienste in Abrede stellen und darüber hinaus das Andenken an eine mit heroischen Attributen versehene Zeit und einige ihrer Führungsfiguren diskreditieren und damit in gewisser Weise beschädigen wollen.

Ihre Sichtweise basiert im Wesentlichen auf einer grundlegenden Unterscheidung zwischen passiver und aktiver Gewalt. Sie sehen sich mit vielen anderen ehemaliger Akteure zusammen vor allem als Opfer staatlicher Repression und Gewalt. Und wer dieses Selbstbild in Frage stellt, der gilt nur zu rasch als Nestbeschmutzer, insbesondere dann, wenn der Infragesteller selbst aus den Reihen der einstigen Akteure stammt.[4] Die in diesem Zusammenhang entscheidende Frage lautet natürlich, wie es um das Verhältnis, genauer um die Interaktion zwischen passiver und aktiver Gewalt bestellt gewesen ist? Wann waren die Teilnehmer der 68er-Bewegung tatsächlich bloße Objekte seitens staatlicher Gewaltanwendung, wann wurden aus ihnen selbst Subjekte von Gewaltaktionen und welche Relation bestand zwischen diesen beiden Formen? Und vor allem stellt sich die Frage, wie sich dieser Rollenwechsel erklären lässt. War er situationsbedingt oder ist bereits von vornherein eine bestimmte Disposition vorhanden gewesen und welche determinierenden Faktoren spielten dabei eine Rolle?

Im Verlauf der 68er-Bewegung, die ja mehr als nur das im Nachhinein als namensgebend angesehene Jahr umfasst und von 1967 bis 1969 reicht, hat es zwei Ereignisse von tiefgreifender Bedeutung gegeben, die beide durch Akte mörderischer Gewalt hervorgerufen worden sind: Zum einen der letztlich zwar nicht vollständig geklärte Tod des Germanistikstudenten Benno Ohnesorg am Rande einer Demonstration gegen den Besuch des Schahs von Persien am 2. Juni 1967, der aber aller Wahrscheinlichkeit nach als die Mordaktion eines zivilen Greifers der Polizei verstanden werden muss. Zum anderen das von einem Rechtsradikalen auf den allgemein als Wortführer der Bewegung angesehenen Soziologiestudenten Rudi Dutschke verübte Attentat am 11. April 1968 ebenfalls im damaligen West-Berlin, der dieses zwar schwerverletzt überlebte, sich aber über Jahre nicht mehr am politischen Geschehen beteiligen konnte und letztlich elf Jahre später an dessen Spätfolgen starb.

In beiden Fällen ging es um Schüsse auf Wehrlose, im ersten aus der Waffe eines Polizisten, im zweiten aus der eines Rechtsradikalen. Im Fall von Benno Ohnesorg war es zu einem Todesopfer gekommen, ein unschuldiger Demonstrant war von hinten erschossen worden, und beim Attentat auf Rudi Dutschke war es um Leben oder Tod des unbestrittenen Protagonisten der Studentenbewegung gegangen. Beide Bluttaten waren Fanale mit weitreichenden Folgen.[5] Beide wiesen eine existentielle Dimension auf und waren insofern ein Vorgriff auf das Jahrzehnt danach. Die Tatsache, dass mit Kriminalobermeister Karl-Heinz Kurras Ohnesorgs Todesschütze am 21. November 1967 vom Landgericht Moabit vom Verdacht der fahrlässigen Tötung freigesprochen und dagegen der Kommunarde Fritz Teufel wegen eines angeblichen, nie nachgewiesenen Steinwurfs monatelang in Untersuchungshaft gehalten worden war, hatte erheblich mit dazu beigetragen, unter den Studenten den letzten Rest an Vertrauen gegenüber der Justiz und den staatlichen Institutionen zu verspielen. Alle drei Faktoren zusammen, so könnte man sagen, besaßen den Effekt einer grundlegenden misstrauensbildenden Maßnahme.

Aufschlussreich ist aber auch die Unterschiedlichkeit der Reaktionen auf die beiden mörderischen Gewaltaktionen. Während es im Juni 1967 friedlich geblieben war, der Funke der Politisierung durch die Empörung über die Mordtat aber von der Freien Universität nach Westdeutschland übersprang, dort so gut wie alle Universitäten und Hochschulen ergriff und die später als 68er-Bewegung bezeichnete Formation überhaupt erst konstituierte, war es im April 1968 in unmittelbarer Reaktion auf den Mordversuch bundesweit zur Blockade von Auslieferungsfahrzeugen des Axel-Springer-Verlages, Brandstiftungen und heftigen Zusammenstößen gekommen, die sich über mehrere Tage hinzogen und in München zu zwei Todesopfern führten, einem Fotografen und einem Studenten. Der Mordanschlag vom Gründonnerstag 1968 hatte die größten innenpolitischen Unruhen ausgelöst, die die Bundesrepublik bis dahin erlebte. Für die Demonstranten schien klar zu sein, dass der Attentäter nur das ausgeführt haben konnte, was Redakteure und Zeichner der Springer-Zeitungen in zahllosen Pamphleten und Karikaturen zuvor propagiert hatten: Die Hetze auf linke Studenten im Allgemeinen und Dutschke im Besonderen. Die Schüsse auf Rudi Dutschke, so glaubte man, sollten die gesamte außerparlamentarische Bewegung treffen und mit ihr zugleich ihren allseits anerkannten Repräsentanten. Der Eindruck, dass es mit Ohnesorg und Dutschke zwei Unschuldige getroffen hatte, grub sich tief in das kollektive Gedächtnis ein und prägte so das Selbstverständnis der damaligen Protestbewegung bis auf den heutigen Tag. Dieses Bild bedarf an sich keiner Korrektur, in einem der beiden Fälle aber einiger Ergänzungen, die von nicht unerheblicher Bedeutung für das Thema sind und auf die noch zurückzukommen sein wird.

Das Ende der begrenzten Regelverletzungen

Noch vor dem 2. Juni 1967 hatte eine Übergangsphase der begrenzten Regelverletzungen eingesetzt. Dass es sich bei Sit-ins oder Go-ins um Verstöße gegen die Hausordnung oder andere eher harmlose Delikte handelte, schien dabei den meisten der daran Beteiligten klar zu sein. Schließlich entstanden sie nicht als unintendierte Nebenfolgen, sondern wurden bewusst in Kauf genommen; in manchen Fällen bezog die Aktion ihren spezifischen Reiz sogar gerade daraus, sich nicht an Ordnung und Gesetz zu halten. Das Problem bestand aus der Sicht der Akteure vor allem darin, einer Entgrenzung der Aktion vorzubeugen und die damit einhergehende Normverletzung auf ein Minimum zu reduzieren. Sie verfolgten die Absicht, nicht den Eindruck eines Gesetzesbruchs zu erwecken, sondern den symbolischen Charakter einer Übertretung bestehender Regeln oder Gesetze hervortreten zu lassen. Der Öffentlichkeit sollte signalisiert werden, dass es ihnen mit der Regelverletzung ernst sei. Zugleich aber durfte kein Zweifel daran aufkommen, dass das Ziel nicht in der Begehung illegaler Aktionen bestehe. Der Weg, der von bloßen Regelverletzungen bis zur Gewaltrhetorik und schließlich auch zu ihrer Anwendung reichte, war zeitlich betrachtet ziemlich knapp, argumentativ gesehen jedoch unerhört weit.

Der Germanistikstudent Peter Schneider hielt im April 1967 während eines Sit-ins im Auditorium Maximum der Freien Universität eine Rede, die wie kein anderes Zeugnis die Schwierigkeit bei der Übertretung von Normen, Regeln und Gesetzen und die dabei ausschlaggebenden Motive zum Ausdruck brachte. »Wir haben in aller Sachlichkeit,« hieß es in seiner Ansprache, die später unter dem Titel »Wir haben Fehler gemacht« veröffentlicht wurde, »über den Krieg in Vietnam informiert, obwohl wir erlebt haben, dass wir die unvorstellbarsten Einzelheiten über die amerikanische Politik in Vietnam zitieren können, ohne dass die Phantasie unserer Nachbarn in Gang gekommen wäre, aber dass wir nur einen Rasen betreten zu brauchen, dessen Betreten verboten ist, um ehrliches, allgemeines und nachhaltiges Grauen zu erregen.

Wir haben vollkommen demokratisch gegen die Notstandsgesetze demonstriert […] Wir haben ruhig und ordentlich eine Universitätsreform gefordert, […] Da sind wir auf den Gedanken gekommen, dass wir erst den Rasen zerstören müssen, bevor wir die Lügen über Vietnam zerstören können, dass wir erst die Marschrichtung ändern müssen, bevor wir etwas an den Notstandsgesetzen ändern können, dass wir erst die Hausordnung brechen müssen, bevor wir die Universitätsordnung brechen können. […]

Da haben wir es endlich gefressen, dass wir gegen den Magnifizenzwahn und akademische Sondergerichte, gegen Prüfungen, in denen man nur das Fürchten, gegen Seminare, in denen man nur das Nachschlagen lernt, gegen Ausbildungspläne, die uns systematisch verbilden, gegen Sachlichkeit, die nichts weiter als Müdigkeit bedeutet, gegen die Verketzerung jeder Emotion, aus der die Herrschenden das Recht ableiten, über die Folterungen in Vietnam mit der gleichen Ruhe wie über das Wetter reden zu dürfen, gegen demokratisches Verhalten, das dazu dient, die Demokratie nicht aufkommen zu lassen, gegen Ruhe und Ordnung, in der die Unterdrücker sich ausruhen, gegen verlogene Rationalität und wohlweisliche Gefühlsarmut – dass wir gegen den ganzen alten Plunder am sachlichsten argumentieren, wenn wir aufhören zu argumentieren und uns hier in den Hausflur auf den Fußboden setzen. Das wollen wir jetzt tun.«[6]

Was Schneider hier mit dem Pathos unterkühlter Empörung aneinander gereiht und ineinander verschachtelt hat, das fasst in geradezu idealtypischer Weise zusammen, warum ein in den von Verwaltung, Polizei und Justiz vorgegebenen Bahnen verlaufender Protest zum Scheitern verurteilt war. Er zog das Resümee eines die Geschichte der Bundesrepublik durchziehenden, offenbar folgenlos gebliebenen Legalismus. Appelle, Bittgesuche, Petitionen, Offene Briefe – nichts hatte genutzt. Eine Initiative nach der anderen war gebildet, ein Anlauf nach dem nächsten unternommen worden, doch fast alles war wirkungslos verpufft. Was übrigblieb, waren die alten, sich weiter auftürmenden Missstände, war ein immer unüberschaubarer gewordener Reformstau und ein tiefsitzendes Frustrationsgefühl bei jenen, die Änderungen nicht nur gewollt, sondern sich auch für sie eingesetzt hatten.

Im Rahmen eines Sit-ins legte Schneider eine Abrechnung für eine Serie von Misserfolgen vor, überführte zahlreiche Regeln, Ordnungen und Gesetze ihrer immanenten Absurdität und formulierte einen Ausweg: das Antasten der Norm, der Schritt über die Grenze der Legalität, die begrenzte Regelverletzung. Auch wenn die Verhältnisse in West-Berlin ganz andere waren als die in den Südstaaten der USA – Schneiders Rede atmete den Geist von Martin Luther King und der amerikanischen Bürgerrechtsbewegung. Die Idee des zivilen Ungehorsams war unter den Studierenden der Freien Universität auf fruchtbaren Boden gefallen.

Doch schon bald danach wurde immer häufiger nach einer »Gewalt gegen Sachen« gerufen und damit ein Übergang von einer Protest- zu einer Gewaltaktion propagiert. Zentrales Stichwort war von nun an »Widerstand«. Im Mai 1968 erschien in der Zeitschrift *konkret* eine Kolumne, in der eine Art politischer Wegscheide formuliert worden ist. Die ersten Sätze lauteten: »›Protest ist, wenn ich sage, das und das passt mir nicht. Widerstand ist, wenn ich dafür sorge, dass das, was mir nicht passt, nicht länger geschieht. Protest ist, wenn ich sage, ich mache nicht mehr mit. Widerstand ist, wenn ich dafür sorge, dass alle andern auch nicht mehr mitmachen.‹ So ähnlich – nicht wörtlich – konnte man es von einem Schwarzen der Black-Power-Bewegung auf der Vietnamkonferenz im Februar in Berlin hören.«[7] Der Redner war ein Vertreter der Black-Power-Bewegung, die seinerzeit drauf und dran war, die ins Hintertreffen geratene Bürgerrechtsbewegung abzulösen. Sein Name lautete Dale A. Smith. Er wollte den Unterschied zwischen einer Protest- und einer Widerstandsbewegung herausarbeiten: »Protestieren heißt, sich gegen etwas aussprechen, heißt bekanntmachen, dass man eine bestimmte Tat eines anderen nicht schätzt. Protestieren ist ein intellektueller Akt [...] Protestieren heißt spielen. Man nimmt an einer Demonstration teil, hört die Rede an, trägt Transparente und geht nach Hause, um sich im Fernsehen zu sehen. Es gibt viel Spielzeug in den Spielen des Protestes.«[8] Und im Gegensatz dazu formulierte er: »Widerstand leisten heißt, nein sagen ohne nähere Erklärung [...] Widerstand leisten, das heißt das Leben so einsetzen, wie du es verstehst, gegen das Leben, wie sie es verstehen, und alles Notwendige tun, um ihre Definition in allen ihren Teilen zerstört zu sehen.« Und am Ende seiner Gegenüberstellung hieß es noch einmal zusammenfassend: »Protestieren bedeutet, die Unmenschlichkeit eines anderen zu verabscheuen. Widerstand leisten heißt, die Unmenschlichkeit zu unterdrücken und die Menschlichkeit triumphieren zu lassen. Man protestiert nicht gegen den Mord – man bemächtigt sich des Mörders und behandelt ihn so, wie er es verdient.«[9]

Wen er damit meinte, war damals allen Zuhörern im Auditorium Maximum der Technischen Universität klar. Er meinte den damaligen US-Präsidenten Lyndon B. Johnson und dessen für die Einsätze in Vietnam verantwortlichen Militärs. Es klang ganz nach einem Aufruf, einen Mörder zu ermorden – ihn so zu behandeln wie er es angeblich verdiene. Indem er unterschwellig nichts anderes empfahl, als den Präsidenten seines Landes umzubringen, propagierte er im Grunde das letzte Mittel, das in einer Diktatur einer unterdrückten und geknechteten Bevölkerung noch übrigblieb – den Tyrannenmord. Doch die Vereinigten Staaten verkörperten, so ungerecht und diskriminierend ihr Umgang mit der schwarzafrikanischen Minderheit im eigenen Land auch immer ausfallen mochte, eine präsidiale Demokratie und keine Diktatur.

Diejenige, die sich durch diese Rede hatte beeindrucken lassen und von der die erste, aus der *konkret* zitierten Definition stammte, war niemand anders als Ulrike Meinhof. Sie wollte zeigen, wohin die Reise nach den gewaltsamen Reaktionen auf das Dutschke-Attentat Ostern 1968 nun führen sollte. Bemerkenswert an ihrer damaligen Kolumne war jedoch, dass sie keiner einfachen Entgrenzung der Gewalt das Wort geredet hat. Im Gegenteil: »Gegengewalt«, so problematisierte sie die militanten Ausschreitungen, »läuft Gefahr, zu Gewalt zu werden, wo die Brutalität der Polizei das Gesetz des Handelns bestimmt, wo ohnmächtige Wut überlegene Rationalität ablöst, wo der paramilitärische Einsatz der Polizei mit paramilitärischen Mitteln beantwortet wird.«[10] Eine Einsicht, die für sie selbst offenbar keine lange Zeit Gültigkeit besaß. Denn die Praxis der 1970 gegründeten linksterroristischen RAF kann als die einfache Negation dieser Kritik verstanden werden.

Wer ihr in dieser Hinsicht gewiss zugestimmt hätte, war Herbert Marcuse. Schließlich hatte er drei Jahre zuvor für unterdrückte Minderheiten ein »Naturrecht auf Widerstand« propagiert. Wohl kaum ein anderer Gedanke aus seinem Munde hat für mehr Aufsehen gesorgt, schwerere Missverständnisse produziert und stärkere Schelte eingetragen als das Bekenntnis: »... ich glaube, dass es für unterdrückte und überwältigte Minderheiten ein ›Naturrecht‹ auf Widerstand gibt, außergesetzliche Mittel anzuwenden, sobald die gesetzlichen sich als unzulänglich herausgestellt haben. Gesetz und Ordnung sind überall und immer Gesetz und Ordnung derjenigen, welche die etablierte Hierarchie schützen [...] Es gibt keine anderen Richter über ihnen außer den eingesetzten Behörden, der Polizei und ihrem eigenen Gewissen. Wenn sie Gewalt anwenden, beginnen sie keine neue Kette von Gewalttaten, sondern zerbrechen die etablierte.«[11] Das mochte zwar aus einer Perspektive von Unterdrückten formuliert sein, las sich aber gleichwohl wie ein Angebot, sich bei Bedarf illegaler Mittel zu bedienen. Die einen glaubten in dem 1965 von Herbert Marcuse verfassten Aufsatz über »Repressive Toleranz« einen Freibrief dafür erkennen zu können, den Legalitätsrahmen der parlamentarischen Demokratie nach Belieben überschreiten zu dürfen, andere wiederum meinten hier den Sündenfall eines neomarxistischen Gesellschaftstheoretikers zu sehen, der die Prinzipien des bürgerlichen Rechtsstaates im Zweifel mit Füßen zu treten bereit sei. Marcuse selbst hat auf solche Vorwürfe immer gelassen reagiert und auf das klassische Widerstandsrecht in demokratischen Staaten verwiesen.

Doch der Begriff des Widerstands ist zu komplex, als dass sich damit in einer derartigen Selbstverständlichkeit hantieren lassen könnte. Denn seine Formen reichen von der Gehorsamsverweigerung über die Opposition, Rebellion und die Obstruktion bis zur Einleitung revolutionärer Akte. Der Terminus unterscheidet weder nach Kriterien der Legalität noch der Legitimität. Wo die jeweilige Grenze zwischen passivem und aktivem, zwischen legalem und illegalem, zwischen legitimen und illegitimen Widerstand liegt, macht seine

Hauptschwierigkeiten in der Bestimmung seines Verhältnisses zur bestehenden Staats- und Gesellschaftsordnung aus. Implizit geht es immer auch um die Frage nach der moralischen, der rechtlichen und der politischen Bewertung. Mit dem Begriff des Widerstands wird nicht einfach nur das Terrain des Protests ausgeweitet, sondern auch gleich eine doppelte Grenze überschritten – in praktischer wie in legitimatorischer Hinsicht. Während sich der Protest auf einen als legal zugestandenen Spielraum beziehen kann, hält sich der Widerstand nicht unbedingt an diesen Rahmen.

All diesen Unwägbarkeiten zum Trotz gehört das Widerstandsrecht in der Tat seit der Antike zur Rechtskultur. Auch das Grundgesetz garantiert in Artikel 20, Absatz 4 in einem ganz bestimmten Sinne ein Recht auf Widerstand.[12] Es ist erst nachträglich – bezeichnenderweise im Mai 1968 – eingefügt worden und wohlweislich rein defensiver Natur.[13] Seine Aufgabe besteht seitdem darin, dass Bürger im Ausnahmefall zur Verteidigung beziehungsweise Rettung der Verfassungsordnung davon Gebrauch machen können. Die negativen Erfahrungen mit dem Untergang der Weimarer Republik hallen darin nach. Mit Überlegungen, die Marcuse zur Propagierung seines »Naturrechts auf Widerstand« geführt hatten, hat es rein gar nichts zu tun.

Die stufenweise Entgrenzung der Gewalt

Mit derartigen Reflexionen hielt sich seitens der Aktivisten ohnehin kaum jemand auf. Und dass jemand zur Kenntnis genommen hätte, dass es im Zuge der Notstandsgesetzgebung auch um die Einführung eines äußerst begrenzten und in Wirklichkeit nur der Selbstverteidigung der Verfassungsordnung dienenden Widerstandsrechts ging, war sicherlich nur auf einen kleinen Kreis von Experten begrenzt, den es in den Reihen der APO mit ausgewiesenen Staats- und Verfassungsrechtlern durchaus gab. Wäre es im Kontext der Protestbewegung weiter bekannt gewesen, dann hätte es gewiss nicht an Spott und Häme über seine offenbar in erster Linie taktische Aufgabe gefehlt – durch seine Einführung überhaupt erst dafür zu sorgen, dass

Kritiker ihre Bedenken nun überwanden und für die Verabschiedung der Notstandsverfassung stimmten.

Es dauerte nicht lange bis die ersten Anschläge – zunächst mit Brandflaschen, dann mit Bomben – verübt wurden. Bevorzugte Ziele waren US-amerikanische Politiker und Einrichtungen wie Amerika-Häuser. Wie rasch sich das steigerte lässt sich an zwei Gelegenheiten ablesen. Während auf Vizepräsident Hubert Humphrey im April 1967 noch ein »Pudding-Attentat« verübt werden sollte, ging es beim Antrittsbesuch von Präsident Richard Nixon im Februar 1969 bereits um einen Bombenanschlag.[14] Dass diese auf einem Baugerüst deponierte Bombe, die am Rand der Wegstrecke lag, die Nixons Wagenkolonne passieren musste, nicht zündete, war offenbar nur darauf zurückzuführen, dass wegen des zu dieser Zeit herrschenden Frostes die Batterie zu schwach war, um den Zündmechanismus auszulösen.

Diese stufenweise Entgrenzung der Gewalt vollzog sich im Laufe der 68er-Bewegung, also zwischen dem Juni 1967 und dem Herbst 1969. Die schrittweise Eskalation wurde jedoch nur von einer Minderheit innerhalb der Bewegung vollzogen. Die forcierenden Kräfte lagen zunächst zweifelsohne im Zentrum des Berliner SDS, breiteten sich dann aber rasch über andere Hochschulgruppen in Frankfurt, München, Heidelberg usw. aus. Es war so, als habe jemand an einer unsichtbaren Schraube gedreht.

Eine neue Dimension hatte sich bereits kurz vor dem Dutschke-Attentat und der darauffolgenden explosiven Entladung während der Springer-Blockaden Ostern 1968 mit der Warenhausbrandstiftung in Frankfurt angekündigt. Womit die Mitglieder der *Kommune I* nur gespielt hatten, ein Attentat auf den US-Vizepräsidenten mit Pudding zu verüben, das setzten nun mit Baader, Ensslin, Söhnlein und Proll von der Peripherie der Bewegung stammende Akteure in Wirklichkeit um. Auch wenn es nur um Sachschaden ging, so war damit eine weitere Grenze überschritten worden. Erst nach der Gründung der RAF im Mai 1970 folgten dann Einbrüche, Banküberfälle, Waffenraubaktionen, Bombenanschläge, später auch Entführungen und gezielte Attentate.

Die ebenso häufig zitierte und kaum weniger häufig wegen ihrer Unhaltbarkeit kritisierte Unterscheidung zwischen »Gewalt gegen Sachen« und »Gewalt gegen Personen« war eine Zeit lang für Dutschke und den SDS maßgeblich. Doch bereits nach kurzer Zeit wurde sie hinfällig. Vor, hinter und neben den Objekten standen häufig Polizeikräfte, die einen dazu zwangen, zu entscheiden, ob eine offensive Aktion abzubrechen oder trotz zu erwartender gewaltsamer Auseinandersetzungen durchzuführen sei. Um zu legitimieren, was in einem solchen Falle passieren könne, bediente sich APO-Anwalt Horst Mahler der Metapher vom »platzenden Autoreifen«.[15] So wie ein Wagenlenker immer damit rechnen müsse, dass ein platzender Reifen einen Unfall und damit einen Personenschaden verursachen könne, so müsse sich auch ein Revolutionär darüber im Klaren sein, dass es im Zuge seiner Handlungen zu »Personenschäden«, also auch zu Verletzten und zu Todesopfern kommen könne. Das gehöre in gewisser Weise zum revolutionären Berufsrisiko.

Das Paralleluniversum: Das Zeitalter der Entkolonialisierung und die Offensive der Befreiungsbewegungen

Wohl kein anderer Vorgang hatte die Nachkriegszeit stärker geprägt als die Entkolonialisierung.[16] Er war durch die Neuaufteilung der Welt nach dem Ende des Zweiten Weltkriegs sowie des damit einhergehenden Machtverlusts einst so dominanter Kolonialstaaten wie Großbritannien, Frankreich, Belgien und Portugals möglich geworden und betraf mit dem 1947 in seine Unabhängigkeit entlassenen (und gleichzeitig gespaltenen) Indien und dem ihm 1949 folgenden Indonesien Teile des asiatischen Subkontinents. Es betraf auch kleinere Teile Südamerikas, vor allem aber den afrikanischen Kontinent, der in seiner Gesamtheit von einem Prozess der Unabhängigkeitswerdung ehemaliger Kolonien und ihrer Umwandlung in Nationalstaaten erfasst worden war und für den 1960, in dem nicht weniger als 17 neue Staaten gegründet worden waren, als das Schlüsseljahr gilt. Zwischen 1945 und 1975 erlangten fünfzig Kolonien ihre formale Unabhängigkeit.

Da diese Ablösungs- und Transformationsprozesse keineswegs reibungslos vor sich gingen und nur zu häufig mit erbittert geführten und sich zuweilen über viele Jahre hinziehenden kriegerischen Auseinandersetzungen einhergingen, entstand neben den beiden anderen weltpolitischen Hauptthemen – der Blockkonfrontation zwischen Ost und West sowie den aus der zunehmenden atomaren Aufrüstung resultierenden Gefährdungen – eine Sphäre eruptiver Gewalt. Da die antikolonialistischen Befreiungskriege im Gegensatz zu den Abwehrschlachten der alten Kolonialmächte in ihrer großen Mehrzahl positiv konnotiert waren und zumeist auch durch die Entlassung in ihre jeweilige nationale Unabhängigkeit von Erfolg gekrönt wurden, setzte sich unter linken Oppositionellen weltweit der Eindruck durch, dass dieser Prozess nicht nur moralisch und politisch gerechtfertigt, sondern auch in gewisser Weise soziohistorisch determiniert sei.

Unter dem Eindruck eines seit den fünfziger Jahren immer weiter eskalierenden Algerienkrieges, dessen Terroraktionen zu Beginn der sechziger Jahre auch mehr und mehr Paris erreichten, einer gefährdeten Dekolonisierung, bei deren Unterminierung man im Kongo selbst vor der Entführung und Ermordung des demokratisch gewählten Ministerpräsident Patrice Lumumba nicht zurückgeschreckt war, hatte der Philosoph und Dramatiker Jean-Paul Sartre 1961 ein Vorwort zu einem Buch verfasst, dessen Titel der Anfangszeile der Kommunistischen Internationale entliehen war und das bald als »antikolonialistisches Manifest« bezeichnet wurde: Frantz Fanons »Die Verdammten dieser Erde«.[17] Wie ein düsteres Omen wirkte der tragische Sachverhalt, dass der Band genau an jenem Tag erschien, als sein Autor in New York an Leukämie starb. Der aus Martinique stammende Psychiater, der jahrelang eine Klinik in Algerien geleitet hatte, beschrieb darin den Kolonialismus als brutalste Form der Ausbeutung. Um dieses Joch abzuschütteln, so argumentierte er, bedürfe es der offensiven Gewalt. Diese sei jedoch nicht nur ein Mittel zum Zweck, sondern zugleich ein Medium der Emanzipation. Fanon glaubte, dass Gewaltanwendung die Kolonisierten gar von ihrem Minderwertigkeitskomplex befreien könne.

Sartre wiederum griff nun diese Apotheose der Gewalt auf, sprach, Engels zitierend, von einer »Geburtshelferin der Geschichte« und verspottete im Gegensatz dazu die liberalen Verfechter der Gewaltlosigkeit, die angeblich weder Opfer noch Henker sein wollten, als Anhänger einer verlogenen Ideologie. Die antikoloniale Gewalt, die nicht unterdrückt werden könne, sei »nichts weiter als der sich neu schaffende Mensch«. Seine Identifikation mit dem Befreiungskampf der Kolonisierten nahm dabei durchaus masochistische Züge an: »Einen Europäer erschlagen heißt zwei Fliegen auf einmal treffen, nämlich gleichzeitig einen Unterdrücker und einen Unterdrückten aus der Welt schaffen. Was übrigbleibt, ist ein toter Mensch und ein freier Mensch.«[18] Wohl nie zuvor hatte ein weltbekannter linker Intellektueller, ein der Aufklärung verpflichteter Philosoph, der mit vielen seiner noch während des Krieges verfassten Dramen eine politische Moral und einen Freiheitswillen zum Ausdruck gebracht hatte, so schonungslos mit dem Kolonialismus abgerechnet und der »Gewalt der Unterdrückten« das Wort geredet.

Als 1966 die von dem Berliner SDS-Mitglied Traugott König erstellte deutsche Übersetzung des Bandes erschien, konzentrierten sich die stärksten Hoffnungen der radikalen Studenten noch auf Lateinamerika. Hier gab es mit Kuba das Beispiel einer scheinbar erfolgreichen Revolution und mit den Operationen von Guerillakämpfern in Bolivien und Venezuela zeitweilig die Aussicht auf ein Übergreifen des revolutionären Prozesses auf den südamerikanischen Kontinent.[19] Mit Elementen der Imperialismustheorien von Luxemburg, Lenin und Bucharin versuchte man im SDS zur selben Zeit den Nachweis zu erbringen, dass die Kapitalakkumulation auch in den Entwicklungsländern zur Proletarisierung führen müsse.[20] Absicht war es, einen ökonomischen Rahmen zu skizzieren, der die Unabhängigkeitsbewegungen in der Dritten und die Oppositionsbewegungen in der Ersten Welt in einem global gedachten Revolutionskonzept miteinander verband.

Seitdem es Fidel Castro mit seiner *Bewegung 26. Juli* um die Jahreswende 1958/59 gelungen war, das diktatorische Batista-Regime zu stürzen und eine Revolution durchzuführen, stand die Karibikinsel im Zentrum linker Wunschträume und zum Teil auch Projektionen. Diese Wunschphantasien hatten im Januar 1966 mit der Gründung einer *Tricontinentale,* einer Art Internationale von Befreiungskämpfern der Dritten Welt, konkrete Gestalt angenommen. Mit dem Namen waren allerdings nicht einfach die Länder der Dritten Welt insgesamt gemeint, sondern lediglich die drei, genauer gesagt sogar nur zweieinhalb Kontinente: Afrika, Asien und Lateinamerika. Nordamerika war aus dieser antikolonialen Perspektive ebenso uninteressant wie Australien oder gar Ozeanien. Aus den unterschiedlichsten Ländern hatten radikale Linke nun damit begonnen, nach Kuba zu pilgern – entweder um dort ein erfolgversprechendes Revolutionsmodell zu studieren oder aber um materielle Unterstützung für die Auseinandersetzungen in den eigenen Ländern zu erhalten.

Zur selben Zeit wurde in Köln von SDS-Mitgliedern ein Verlag gegründet, in dem die wichtigsten Schriften der Befreiungsbewegungen und ihrer Theoretiker veröffentlicht werden sollten: der Trikont-Verlag.[21] Hier wurde 1968 auch die deutsche Ausgabe von Che Guevaras berühmten »Bolivianischen Tagebuch« publiziert, eine Art Vermächtnis der ein Jahr zuvor ermordeten Ikone aller Guerillakämpfer.[22] Gleichzeitig setzte in den größeren SDS-Gruppen eine Gründungswelle ein; es entstanden eigene *Trikont*-Gruppen, die die Aufgabe hatten, Solidaritätsaktionen mit den Befreiungsbewegungen der Dritten Welt zu organisieren. In der Folge veranstalteten diese Suborganisationen des SDS nicht nur Arbeitskreise und Seminare, sondern trafen sich auch an geheimgehaltenen Orten wie etwa die Hamburger *Trikont*-Gruppe in der Lüneburger Heide, um von dort aus klandestine Aktionen zu unterstützen.

Im Zuge der weiteren Eskalation des Vietnamkrieges hat schließlich der *Vietcong* die lateinamerikanischen Befreiungsbewegungen in ihrer Vorbildfunktion mehr und mehr zu ersetzen vermocht. Es waren führende SDS-Mitglieder, wie Jürgen Horlemann, Peter Gäng und der Frankfurter Bundesvorsitzende Reimut Reiche, die einige der wichtigsten Analysen des Vietnamkrieges vorlegten.[23] Der Krieg, den die Großmacht USA in Südvietnam angeblich im Namen der Freiheit ausfocht, war mehr als nur eine Tausende von Kilometern entfernte Hintergrundkulisse – er war in den Köpfen der 68er allgegenwärtig. Und die Tatsache, dass sich ein in seiner persönlichen Integrität unbeschadeter Politiker wie der damalige Bundesaußenminister Willy Brandt während seiner gesamten, beinahe drei Jahre dauernden Amtszeit kein einziges Mal von den in Vietnam Tag für Tag begangenen Kriegsverbrechen distanzierte, verriet wie eingebunkert und unbeweglich die Bundespolitik jener Tage war.

Umso unerbittlicher und monströser klangen zur selben Zeit die Schlachtrufe bundesdeutscher Demonstranten: »USA – SA – SS«, »Amis raus aus Vietnam!«, »Waffen für den Vietcong«, »Schafft zwei, drei, viele Vietnam!« Wie mit einem fernen Donnergrollen hallten die Parolen nach, die zwischen 1965 und 1975 durch die Straßen vieler bundesdeutscher Universitätsstädte schollen. Insbesondere das unablässig wiederholte »Ho, Ho, Ho-Chi-Minh« hat sich in der Erinnerung wie ein stakkatohafter Schlachtruf eingeprägt. Mit der Skandierung dieses Namens, des Namens des bereits im September 1969 verstorbenen vietnamesischen Staatspräsidenten, nach dem heute noch die frühere südvietnamesische Hauptstadt Saigon benannt ist, vollzog sich eine Dynamisierung der Demonstrationsform.

Die Katalysatorenrolle des Vietnamkrieges für die Radikalisierung der Protestbewegung hat niemand so eindringlich wie überschwenglich formuliert wie der ehemalige Westberliner SDS-Aktivist Eckhard Siepmann. »Die vietnamesische Revolution«, schrieb er in einem Rückblick, »zersetzte in den kapitalistischen Metropolen alle überkommenen Politik- und Moralverständnisse, streute Dynamit in überlieferte Generationenkonflikte, sprengte Reste von Staatsloyalität auf, zwang Zehntausende zur Suche nach einer neuen politischen und persönlichen Identität, lieferte das gesamte Arsenal der Legitimationsideologien des ›freien Westens‹ dem historischen Mülleimer aus […] Mit dem Glauben an die Befreiungsfunktion des US-Napalmkrieges stürzten bei einer ganzen Generation die moralischen, politischen und kulturellen Sozialisations- und Integrationsstrategien des ›freien Westens‹ wie ein Kartenhaus zusammen.«[24] Was Siepmann in einer Sprache formulierte, die sich nicht von den Mythen jener Jahre abgelöst hatte, beschreibt sinnfällig das explosive Gemisch, das sich in den sechziger Jahren zusammengebraut hatte.

Die Identifikation der anfangs radikaldemokratischen, später linksradikalen Studierenden mit dem Abwehrkampf der Vietnamesen besaß einen Doppelcharakter. Zum einen ging es um die Unterstützung von Friedensbemühungen, die Initiierung öffentlicher Kampagnen zur Beendigung der US-Militärintervention, zum anderen ging es jedoch um die Propagierung eines vermeintlich revolutionären Kampfes im eigenen Land. An der Seite der vietnamesischen Befreiungsfront zu kämpfen, die Tag für Tag zeigte, dass selbst die Vereinigten Staaten als die stärkste Militärmacht der Welt nicht in der Lage waren, den *Vietcong* zu besiegen, schien ein Wunsch für die globale Überhöhung dessen zu sein, was als Klassenkampf im eigenen Land firmierte. Große Teile des SDS hatten sich zweifelsohne als Teil eines solch globalen Befreiungskampfes gesehen.

Die Trennung zwischen Militanten und Gewaltfreien

Nachdem der Zenit der 68er-Bewegung mit der Niederlage in der gegen die Verabschiedung der Notstandsgesetze gerichteten Kampagne Ende Mai des namensgebenden Jahres bereits überschritten war und sich auch kein anderes innenpolitisches Thema aufdrängte, das in einer auch nur annähernd vergleichbaren Weise für Massenmobilisierungen hätte sorgen können, verrieten sich nach der Sommerpause erste Zerfallserscheinungen. Gradmesser war wie im Jahr zuvor wiederum eine SDS-Delegiertenkonferenz, die im September 1968 nicht nur zum Ausschluss kommunistisch orthodoxer Mitglieder, die dem Bundesvorsitzenden während der kommunistischen Weltjugendfestspiele in Sofia in den Rücken gefallen waren, sondern auch zu einer Rebellion der Frauen im SDS führte. Die Tumulte, die sich während der Konferenz im Studentenhaus der Frankfurter Universität abspielten, die nicht zu Ende geführt werden konnte, waren letztlich nur ein Vorbote jenes durch Fraktionierungen bestimmten Chaos, das dann die Fortsetzung des Jahrestreffens im November in Hannover prägen und den Studentenbund weitgehend handlungsunfähig machen sollte. Bevor es soweit war, erheischte eine durch eine bis dahin in ihrer Intensität und in ihrem Ausmaß an Militanz noch nicht dagewesene Demonstration bundesweit Aufmerksamkeit.

Was den künftigen Stellenwert der Gewaltfrage anbetraf, sollte sich an einem grauen Herbstmorgen entscheiden, wie die Wege weiter verlaufen und vor allem, ob sie noch in der bis dahin an den Tag gelegten Gemeinsamkeit zurückgelegt würden. Mit wehenden roten Fahnen und dem Sprechchor »Hände weg von Mahler« rannten am 4. November in West-Berlin ab 9 Uhr morgens 1000 Studenten gegen von der Polizei vor dem Landgericht am Tegeler Weg errichtete Absperrgitter an. Die zum Teil behelmten Demonstranten wollen sich durch ihre Aktion mit einer Symbolfigur der APO-Szene solidarisieren. Der Generalstaatsanwalt beim Kammergericht des Landes Berlin hat gegen den 32-jährigen Rechtsanwalt Horst Mahler, der so viele Demonstranten und APO-Aktivisten wie kein anderer seiner Anwaltskollegen verteidigt hat, ein Ehrengerichtsverfahren bei der Berliner Rechtsanwaltskammer beantragt. Der gegen Mahler erhobene Vorwurf lautete, er habe durch seine Teilnahme an der Protestaktion gegen das Verlagshaus Axel Springer nach dem Dutschke-Attentat die Standesehre und seine Berufspflichten verletzt. Der Verleger persönlich hatte Mahler auf die Zahlung der am Springer-Hochhaus entstandenen Schäden in Höhe von mehr als einer halben Million DM verklagt. Der SDS sah in dem juristischen Schritt einen weiteren Versuch, die APO zu kriminalisieren und sie einer ihrer wichtigsten anwaltlichen Stützen zu berauben; deshalb hatte er zur Protestaktion am Tegeler Weg aufgerufen.

Die 400 eingesetzten, noch ihre antiquierten Tschakos tragenden Polizisten waren von dem in seiner Massivität unerwarteten Angriff völlig überrascht. Vergeblich versuchten sie unter einem Hagel roter Farbeier, um sie herum detonierender Knallkörper und Unmengen von Pflastersteinen in Deckung zu gehen. Die Szenen an diesem Montagmorgen wirkten so, als entlade sich mit einem Mal ein über Monate hinweg aufgestauter Hass. Bald schon stellte sich heraus, dass die Uniformierten dem Ansturm nicht gewachsen sind. Sie mussten immer wieder zurückweichen, um sich vor den Wurfgeschossen schützen zu können. Den von einigen SDS-Mitgliedern angeführten Demonstranten gelang es vorübergehend sogar, einen Wasserwerfer in ihre Gewalt zu bringen und den Strahl auf die ohnehin in der Defensive befindlichen Polizisten zu richten. Die bei Dutzenden von Demonstrationen zuvor erlebte Konstellation hatte sich genau umgekehrt. Als die Wurfmunition auszugehen drohte, hielten die von einer Gruppe von Rockern unterstützten Studenten einen mit Ziegelsteinen beladenen Lastkraftwagen an und bedienten sich. Die Polizisten, die mehr und mehr Verletzte zu beklagen hatten, gingen nun dazu über, selbst zu den Pflaster- und Ziegelsteinen zu greifen und sie zurückzuwerfen. Auch eine zur Verstärkung hinzugezogene Hundertschaft konnte das Blatt nicht wenden. Als sie Tränengas einsetzten, wurde ihnen das Gasgemisch überdies in die eigenen Augen geweht. Erst als eine Reiterstaffel dazwischen preschte, wurden die Angreifer, die das Gerichtsgebäude trotz aller Anläufe nicht hatten einnehmen können, zurückgedrängt und auseinander getrieben. Das Gros der Militanten zog sich über die Schlossbrücke in die Otto-Suhr-Allee zurück. Gegen 11 Uhr vormittags war die APO-Aktion, die als *Schlacht am Tegeler Weg* in die Demonstrationsgeschichte einging, zu Ende. Ihr Fazit lautete: 130 verletzte Polizisten, 22 verletzte Demonstranten, mehrere lädierte Polizeipferde und ein von Rockern umgeworfener Rentner, der mit einem Oberschenkelhalsbruch ins Krankenhaus eingeliefert werden musste. Beinahe in den Hintergrund gedrängt war damit das Verfahren, um das es ursprünglich ja hätte gehen sollen. Das Ehrengericht der Berliner Anwaltskammer wies den Antrag des Generalstaatsanwalts beim Kammergericht zurück. Der Versuch, gegen Rechtsanwalt Horst Mahler ein Berufsverbot zu verhängen, war damit vorerst gescheitert.

Als drei Tage später im vollbesetzten Auditorium Maximum der

Freien Universität eine Art öffentlicher Nachbereitung der Straßenschlacht vorgenommen werden sollte, brach eine heftige Kontroverse aus, die deutlich machte, wie sehr die Studentenbewegung hinsichtlich der Gewaltfrage inzwischen gespalten war. Mit Niels Kadritzke distanzierte sich der einstige Vorsitzende des SHB mit den Worten von den Steinwurfaktionen, dass damit zum ersten Mal die ansonsten »zwingende Notwendigkeit zur Solidarisierung innerhalb der APO« durchbrochen worden sei. Und der ehemalige AStA-Vorsitzende Johann-Wolfgang Landsberg meint gar, dass die APO nun nicht mehr für sich in Anspruch nehmen könne, »eine Bewegung mit emanzipatorischem Charakter« zu sein. Die beiden führenden SDS-Mitglieder Jürgen Horlemann und Peter Gäng verteidigten die Angriffsaktion hingegen. Während Horlemann meinte, dass die bereits seit langer Zeit kriminalisierte Studentenopposition erkannt habe, dass man sich aus der scheinbar vorherbestimmten Rolle eines Justizopfers nur selbst befreien könne, sprach Gäng gar von einem ersten direkten Angriff auf den Staatsapparat. Damit sei die Machtfrage gestellt worden, wie sie in der Konfrontation an den Universitäten und in den Betrieben ebenfalls angesagt sei. Ganz im Gegensatz dazu äußerte sich der Theologe Professor Helmut Gollwitzer, der seit langem als Mentor und kritischer Wegbegleiter des SDS und der Studentenbewegung galt, mit Rudi Dutschke und dessen Frau Gretchen befreundet war und sie auch getraut hatte. Es gebe nur eine einzige Gruppe von Menschen, warf Gollwitzer ein, für die Gewalt kein Problem sei – das seien die Faschisten. Ein Sozialist, für den Gewalt kein Problem sei, sei für ihn auch kein Sozialist. Er müsse nachdrücklich vor einer Wiederholung solcher Aktionen warnen. Steinwürfe seien kein Mittel, die Massenbasis zu erweitern, sondern ganz im Gegensatz dazu das beste Mittel, um sie zu zerstören. Wer wolle, dass die studentische Bewegung zerschlagen werde und innerlich zerfalle, der solle mit derartigen Aktionen weiter machen.

Doch dieser Appell schien für nicht wenige der Aktivisten bereits zu spät zu kommen. Während eine Minderheit dem eingeschlagenen Kurs der Militanz weiter folgte und bereit war, sich in abgekapselten Kleingruppierungen auf eine weitere Eskalation vorzubereiten, schien für andere, auch der eigenen Bewegung gegenüber eher kritisch eingestellte Strömungen der Zeitpunkt gekommen zu sein, die bisherigen Gemeinsamkeiten der Protestbewegung aufzukündigen und in der Folge eigene Wege zu gehen. Für sie ging es nun nicht mehr um die Vorbereitung weiterer Eskalationen in Richtung auf die Vorbereitung sich als revolutionär gerierender Situationen; im Vordergrund stand für sie nun eine eher reformistische Praxis, die Weiterverbreitung des gesellschaftsverändernden Impulses in Bereichen wie Schule und Erziehung.

Die Schlüsselfigur: Opfer und Protagonist zugleich

Wer den Stellenwert der Gewaltfrage im Kontext der 68er-Bewegung thematisiert, der kommt an Rudi Dutschke nicht vorbei. Nicht zuletzt durch seine tragische Geschichte als Attentatsopfer, an dessen Folgen er aufgrund unglücklicher Umstände nach mehr als einem Jahrzehnt noch sterben sollte, ist er wie kein anderer zur Personifizierung der 68er-Bewegung geworden. Dies ist aber keineswegs allein seiner Rolle als dem wohl prominentesten Opfer aus den Reihen der damaligen Protestbewegung geschuldet. Denn selbst wenn ihm der neonazistische Attentäter nicht nach dem Leben getrachtet hätte, so wäre Dutschke mit seiner Rolle eines unermüdlichen Antreibers, seiner aufrüttelnden Rhetorik, seiner medialen Dauerpräsenz und mindestens drei von ihm ergriffenen Initiativen die Rolle der alles überragenden Figur der studentischen Rebellion nicht abzusprechen. Es waren sein Aufruf zur Bildung einer außerparlamentarischen Opposition am 10. Dezember 1966 in West-Berlin, sein Aufruf zum Langen Marsch durch die Institutionen im Oktober 1967 in Frankfurt und sein am 5. September 1967 ebenfalls in Frankfurt erfolgter Appell, der SDS möge sich – worauf noch zurückzukommen sein wird – in eine revolutionäre Organisation existentiellen Charakters verwandeln und die Form einer »Verweigerungs- und Sabotage-Guerilla« annehmen. Und spätestens im letzten dieser Punkte verrät sich, wie weit er in der Hochphase der damaligen Aktivitäten mit seiner Gewaltofferte zu gehen bereit war.[25] Will man es pointiert formulieren, dann lässt sich feststellen: Für Dutschke gab es zur damaligen Zeit keine Gewaltfrage – jedenfalls nicht in grundsätzlicher Hinsicht. Als übergreifende Fragestellung, wie sie viele 68er wegen ihrer moralischen, rechtlichen und politischen Implikationen beschäftigte, war sie für ihn bereits längst beantwortet. Ihm ging es eigentlich nur noch um sekundäre, eher untergeordnete Fragen: In welcher Situation sollen Gewaltmittel eingesetzt werden, um welche Formen der Gewalt soll es dabei gehen, wer sind die Trägergruppen der Militanz, welche Gegenreaktionen sind seitens der Polizei zu erwarten, worin bestehen die medialen Effekte und das in der Öffentlichkeit zu erwartende Echo?

Während sich also das Gros der damaligen Protestbewegung mit Fragen der Regelverletzung, des passiven Widerstands durch Sitzblockaden und der Unterscheidbarkeit zwischen Gewalt gegen Sachen und Gewalt gegen Personen auseinandersetzte, waren das für Dutschke und sein unmittelbares Umfeld im SDS keine Probleme mehr, die noch der näheren Erörterung bedurft hätten. Genauso oder zumindest sehr ähnlich dachten mit Christian Semler, Jürgen Horlemann und Peter Gäng noch ein paar Dutzend anderer führender SDS-Kader. Schon lange bevor es zu den erwähnten Kontroversen kam, stellte Dutschke Überlegungen an, wie es am besten gelingen könne, das Konzept des Guerillakampfes von Lateinamerika auf Mitteleuropa zu übertragen. Damit setzte er bereits im Februar 1966 im Kontext einer SDS-internen Kontroverse ein, bevor er dann im September 1967 damit endgültig in die Offensive ging und die SDS-Delegierten im Rahmen ihrer alljährlich stattfindenden Bundeskonferenz damit konfrontierte, dass sie sich nun radikal umorganisieren und künftig als Teile einer »Sabotage- und Verweigerungsguerilla« begreifen müssten.[26]

Nach einer nächtlichen Plakataktion, die unter der Losung »Amis raus aus Vietnam!« gestanden hatte, war es zu mehreren Festnahmen gekommen, von denen einige eine Rufschädigung des SDS fürchteten. Weil Dutschke intern als Drahtzieher der illegalen Klebeaktion galt, geriet er mächtig unter Druck. In dieser Situation jedoch, in der ihm im schlimmsten Falle sogar der Ausschluss aus dem SDS hätte drohen können, drehte er den Spieß einfach um. Er stellte sich nicht nur hinter die Aktion, sondern propagierte darüber hinaus eine Übernahme des von Che Guevara entwickelten Guerillamodells und seine praktische Inanspruchnahme im Zuge der weiter bevorstehenden Kämpfe. Das sollte allerdings nicht, wie er betonte, in einer mechanischen Weise erfolgen, sondern an die Westberliner Gegebenheiten angepasst und entsprechend spezifiziert werden. Weil ihm die Universität als »das schwächste Glied« des politischen Systems erschien, glaubte er in ihr einen »Focus« für die Zuspitzung revolutionärer Kämpfe erkennen zu können, von dem »kleinste homogene Guerilla-Einheiten« ihren Ausgang nehmen sollen.[27] Diese »Guerilla-Einheiten« hatten für ihn eine ausschlaggebende Bedeutung, weil er meinte, in ihnen »das treibende Moment der Gesamtsituation« sehen zu können. Mit ihnen sollte in einem langen Prozess die »Aufstandsphase der Revolution« eingeleitet werden. Und zu diesem Zweck müsste, fuhr er weiter fort, ein »urbaner militärischer Apparat« aufgebaut werden.

Dieser Vorstoß war jedoch nicht unter den Augen der Öffentlichkeit vorgenommen worden. Insofern finden sich von dieser ersten Inanspruchnahme des Stadtguerilla-Konzepts im deutschen Sprachraum auch keinerlei Spuren in der ansonsten so schlagzeilengierigen Berliner Presse oder den Medien insgesamt. Das änderte sich erst, als Dutschke mit seiner Guerilla-Adaption anderthalb Jahre später erneut in die Offensive ging. Bei dem Ort, an dem das geschah, handelte es sich zwar erneut um ein verbandsinternes Forum, eine SDS-Delegiertenkonferenz, diesmal jedoch vollzog sich der Vorstoß in Anwesenheit der Presse, sodass für ein ausreichendes Echo gesorgt war. Diesmal hatte er mit Hans-Jürgen Krahl, dem intellektuellen Kopf des Frankfurter SDS, außerdem einen brillanten Mitstreiter gefunden, der dazu in der Lage war, Dutschkes Ideen den nötigen theoretischen Schliff zu verpassen, um zusätzlich an Distinktionskraft und politischem Gewicht zu gewinnen.

Auf der unter der Fahne des *Vietcong* im Frankfurter Studentenhaus einberufenen Konferenz legte er am 5. September 1967 das gemeinsam verfasste »Organisationsreferat« vor. Bemerkenswert war dabei, dass er hier die Gewalt- mit der Organisationsfrage verkoppelte, genauer gesagt die letztere als Hebel für die Akzeptanz der ersteren zu nutzen versuchte. Die entscheidende Aufforderung an die SDS-Delegierten lautete in einer eigenartig aktionistischen, ja fast schon militaristisch aufgeblähten Diktion: »Die ›Propaganda der Schüsse‹ (Che) in der ›Dritten Welt‹ muss durch die ›Propaganda der Tat‹ in den Metropolen vervollständigt werden, welche eine Urbanisierung ruraler Guerilla-Tätigkeit geschichtlich möglich macht. Der städtische Guerillero ist der Organisator schlechthinniger Irregularität als Destruktion des Systems der repressiven Institutionen.«[28] Insbesondere den letzten, auf die Lektüre des rechtskonservativen Staatsrechtlers Carl Schmitt und dessen »Theorie des Partisanen« verweisenden Passus[29] dürfte ihm Krahl ins Manuskript geschrieben haben, der im Unterschied zu Dutschke auch Texte des als »Kronjuristen des Dritten Reiches« in berüchtigter Form apostrophierten Theoretikers rezipiert und sich einige von dessen Gedanken zu eigen gemacht hatte. Im Unterschied zu der im Grunde genommen revisionistischen Struktur des bisherigen SDS, endete der Vortrag, müsse das »Problem der Organisation« von nun an als ein »Problem revolutionärer Existenz« betrachtet werden.

Ein Berichterstatter verdeutlichte den im »Organisationsreferat« vergleichsweise verklausuliert hergestellten Zusammenhang so: »Subjekt der Umwälzung ist für Dutschke nicht mehr die Arbeiterklasse allein, sondern gleichberechtigt mit ihr alle gesellschaftlichen Randgruppen, die sich gegen bürokratische Bevormundung erheben. In der Konsequenz empfiehlt er, analog zum Guerillakrieg in den unterentwickelten Ländern, den Guerillakrieg in der Stadt: Aktionsgruppen von Berufsrevolutionären, die in der direkten Aktion zunächst ihr eigenes Bewusstsein entwickeln, um daran anschließend potentielle Oppositionskerne zu beeinflussen und weiter zu entwickeln, die am Bewusstsein breiterer Massen ansetzen, um diese für den Kampf gegen die Staatsgewalt zu gewinnen.«[30] Das Referat wurde, wie die Presseberichte belegen, überaus gespalten aufgenommen. Ein Teil der Delegierten feierte es mit frenetischem Applaus, ein anderer Teil reagierte mit strikter Ablehnung. Dies änderte jedoch nichts daran, dass es dem von Dutschke und Krahl repräsentierten antiautoritären Flügel auf dieser Delegiertenkonferenz anschließend erstmals gelang, die Mehrheit zu stellen und sich mit eigenen Kandidaten bei den Wahlen zum Bundesvorstand durchzusetzen. Dutschke schien nun also derjenige gewesen zu sein, der erstmals in aller Öffentlichkeit zur Bildung einer Stadtguerilla aufgerufen hatte.

Wie weit Dutschke nur unwesentlich später auf dem Höhepunkt der 68er-Bewegung nun auch in öffentlichen Erklärungen zu gehen bereit war, dokumentierte ein Interview, das er mit Wolfgang Venohr dem Chefredakteur von *Stern-TV* im März 1968 gegeben hatte. Da er ja am 11. April niedergeschossen und lebensgefährlich verletzt worden war, erlebte er, in einem Westberliner Krankenhaus liegend, die Ausstrahlung des Interviews, das kurz nach dem Attentat im WDR ausgestrahlt wurde, selbst nicht mit. »Natürlich bin ich bereit«, räumte er vor laufender Kamera ein, »mit der Waffe in der Hand zu kämpfen. Und ich glaube, es sind Tausende bereit, dann zu kämpfen, wenn die Bundesrepublik, oder sagen wir treffender: wenn die herrschenden Cliquen und Oligopole in der Bundesrepublik nicht willens sind, einen eigenen Weg außerhalb der NATO zu gehen und wenn sie dann direkte Hilfsfunktionen, auch im militärischen Sinne, für den US-Imperialismus ausüben. Dann muss der Imperialismus dort, wo er auftritt, und das heißt: hier in der Bundesrepublik, mit den Mitteln, die er benutzt, geschlagen werden.«[31]

Dutschke ließ also keinerlei Zweifel daran, dass er im Falle einer weiteren NATO-Zugehörigkeit der Bundesrepublik – eine Entscheidung, die im April 1969, zwanzig Jahre nach Gründung des Sicherheitsbündnisses, fällig geworden wäre – die Eröffnung des bewaffneten Kampfes auch hierzulande und keineswegs nur in einem Land der Dritten Welt für legitim halten würde. Als er diese spektakulären

Aussagen traf, hatte er jedoch seinen engsten Vertrauten gegenüber auch in praktischer Hinsicht deutlich zu machen gewusst, wie weit er im Zweifelsfall zu gehen bereit war. Einen Monat zuvor war Dutschke in zwei Episoden verstrickt gewesen, bei denen es jeweils um den Transport von Sprengstoff gegangen war.

So war am Vorabend des »Internationalen Vietnam-Kongresses«, man schrieb den 16. Februar 1968, der Mailänder Verleger Giangiacomo Feltrinelli in Dutschkes Wohnung erschienen, um ihm Dynamitstangen anzubieten, die er in seinem Auto mitgebracht hatte. Anstatt aber dieses Angebot des Fidel-Castro-Vertrauten und späteren Guerillaführers abzulehnen und damit zugleich den Bedenken seiner Frau Gretchen zu folgen, sorgte er dafür, dass der Sprengstoff in den Kinderwagen ihres Sohnes Hosea-Che gepackt und an einen nicht näher genannten Ort weitertransportiert wurde.[32]

Ein Jahr vor seinem Tod hatte Dutschke die abenteuerlich anmutende Geschichte des Sprengstoff-Transports selbst öffentlich bestätigt. Zwei italienischen Journalisten gegenüber, die sich besonders für seine Beziehungen zu dem 1972 umgekommenen Feltrinelli interessierten, hatte er erklärt: »Es ging darum, wenn der Angriff des Westimperialismus in Vietnam sich weiter steigerte und wir keine andere Möglichkeit mehr sahen, dass bestimmte amerikanische Schiffe, die mit Kriegsmaterial direkt nach Vietnam fuhren – dass wir sie halt auch sprengen. Im Hintergrund stand dabei nicht die Ideologie der Rote-Armee-Fraktion, sondern, wie es damals formuliert wurde: Gewalt gegen Sachen, aber nicht Gewalt gegen Personen. Um Aufklärung und Aktion durchzuführen, als symbolischer Akt, ohne dabei im geringsten Gewalt gegen Menschen anzuwenden.«[33] Um eine von ihren Umständen her zwar ganz andere, hinsichtlich ihrer politischen Begründung aber durchaus ähnliche Geschichte war es am 29. Februar 1968 gegangen. Dutschke war an diesem Tag zusammen mit seinem Weg- und Kampfgefährten Bahman Nirumand nach Frankfurt geflogen, um dort an einer Kundgebung gegen den Vietnamkrieg teilzunehmen. Als sie dort eintrafen, waren sie jedoch erst einmal von der Polizei in Empfang genommen und verhört worden.

Als die Beamten ihnen anschließend freundlicherweise anboten, sie in ihrem Wagen in die Stadt zu fahren, damit sie die Veranstaltung nicht noch vollständig verpassen würden, baten sie die beiden in aller Freundlichkeit darum, ihr Handgepäck – einen kleinen Koffer – vorübergehend in einem Schließfach unterstellen zu dürfen. Das schien kein Problem zu sein. Was die Polizisten jedoch nicht wussten, war, was sich in dem Koffer befand. Denn dieser war mit Sprengstoff beladen, der – wie Nirumand viele Jahre später verriet[34] – der Sprengung eines Antennenmasten des US-amerikanischen Soldatensenders *American Forces Network* (AFN) in der Nähe von Saarbrücken hätte dienen sollen.

Als die Kundgebung vorüber und sie zum Flughafen zurückgekehrt waren, hatten die beiden ihren Koffer aus dem Schließfach geholt, sich einen Mietwagen genommen und waren damit auf dem kürzesten Weg ins Saarland gefahren. Empfänger ihrer Fracht soll der Rechtsanwalt und Protest-Sänger Franz-Josef Degenhardt gewesen sein. Da bei der praktischen Umsetzung des Vorhabens jedoch erneut Schwierigkeiten aufgetreten seien, wäre – wie Nirumand später betonte – der Anschlag kurz darauf abgeblasen worden. Dieses Vorhaben fiel zwar in eine Zeit, zu der es die Flugzeugentführungen der Palästinenser und in Reaktion darauf eine entsprechende Kontrolle des Gepäcks von Flugreisenden noch nicht gegeben hatte. Eine Entdeckung der so überaus brisanten Fracht der beiden Berliner wäre dennoch nur zu leicht möglich gewesen. Bei einer nachholenden Kontrolle etwa wären die ohnehin bei der Polizei wegen ihrer politischen Aktivitäten unter Verdacht geratenen Nirumand und Dutschke aufgeflogen.

Was das bedeutet hätte, dürfte ihnen bereits damals hinreichend klar gewesen sein. Für beide hätte eine Aufdeckung der Bombenfracht mit an Sicherheit grenzender Wahrscheinlichkeit verheerende Auswirkungen gehabt. Als ein im Exil aktiver Oppositioneller hätte Nirumand, der die damalige Unternehmung im Nachhinein als »eine große politische Dummheit« bezeichnet hat,[35] wohl mit seiner umgehenden Abschiebung in den Iran und der Aussetzung stärkster Repressionen durch das Schah-Regime rechnen müssen. Und Dutschke wären gravierende strafrechtliche Folgen nicht erspart geblieben. Im Unterschied zum Fall seines Freundes jedoch wäre die Publizität, die sein Fall unabdingbar nach sich gezogen hätte, bestens dazu geeignet gewesen, die studentische Rebellion als solche, den SDS im Besonderen und die gesamte außerparlamentarische Opposition nachhaltig zu diskreditieren. Die Folgen wären unabsehbar gewesen.

Obwohl Rudi Dutschke im Kontext der 68er-Bewegung sicherlich in mehrfacher Hinsicht eine Ausnahmeerscheinung gewesen ist und hinsichtlich der Gewalt weder seine Überlegungen noch seine praktischen Ansätze, sie bei Demonstrationen und im Zuge der von ihm immer wieder propagierten »direkten Aktionen« auch entsprechend umzusetzen, nicht einfach auf die Studentenbewegung oder die über sie noch hinausgehende außerparlamentarische Opposition übertragen werden können, so lassen sich an seinen Positionen doch eine Reihe von Implikationen ablesen, die seinerzeit bis weit in die Bewegung hinein ausstrahlten.

In Dutschkes Positionen kommt insofern zumindest ein Trend zum Vorschein, der bis zum Attentat immerhin einen Teil der damaligen 68er-Bewegung erfasst hatte. Auch wenn dieser gewiss nicht mehrheitsfähig gewesen sein dürfte, so zeigte er doch auf, mit welchen Risiken diese Entwicklung hin zur Militanz behaftet gewesen ist. Was der besseren Durchsetzungsfähigkeit ihrer Ziele hätte dienen sollen, führte eine Bewegung, die sich die Bekämpfung von Krieg, Ausbeutung und sozialer Ungerechtigkeit, eine weitreichende Demokratisierung der Verhältnisse sowie die Emanzipation im Allgemeinen auf ihre Fahnen geschrieben hatte, in ein zunehmend problematischeres Fahrwasser.

Wie subversiv war der Sound der Sixties?

Zum Verhältnis von Popmusik und Protestbewegung

Streng betrachtet passen Pop und Protest nicht so recht zusammen. Im Grunde genommen schließen sie sich gegenseitig sogar eher aus, als dass sich eine Fusion zwischen beiden vorstellen ließe. Denn die Popkultur ist *affirmativ* und der Protest *kritisch* beziehungsweise *oppositionell* eingestellt, wenn nicht gar in einer grundsätzlichen Weise *negatorisch*. Während auf der einen Seite die bestehende Welt bejaht wird, wird sie auf der anderen zumindest in ihrem Ansatz in Frage gestellt. Pop und Protest scheinen in Wirklichkeit also zueinander zu stehen wie Feuer und Wasser.

Der Pop- beziehungsweise Populärkultur liegt bekanntlich das lateinische Wort »populus« für Volk zugrunde. Insofern erscheint es auf den ersten Blick auch als durchaus zwingend, dass der Terminus »Populärkultur« an die Stelle des im Deutschen ursprünglich gebrauchten Begriffs »Volkskultur« getreten ist. Doch kaum ein größerer Gegensatz lässt sich zwischen dem angelsächsisch geprägten Ausdruck auf der einen und dem deutschtümelnden auf der anderen Seite vorstellen. Dazwischen liegen Welten. Während mit dem einen Wort die in der Nachkriegszeit aufkommende Konsum- und Warenwelt verbunden wird, so wird mit dem anderen eine bedenkliche Tradition zitiert, in der das Völkische des Nationalsozialismus integriert war und nicht von ungefähr in diesem Zeitalter der Barbarei Urständ zu feiern wusste. Das Terrain zwischen den beiden Begriffen ist also regelrecht vermint.

Auch ein anders gelagerter Versuch, sich an abgeleiteten, eher sekundären Ausdrucksformen wie etwa den Adjektiven »populär« und »volkstümlich« zu orientieren und diesen etwas abgewinnen zu wollen, führen in der deutschen Sprache semantisch betrachtet in die Irre. Denn was im Englischen oder Amerikanischen als »populär« und in ihrer jeweils eigenen Kultur tatsächlich als »volkstümlich« gilt, ist längst nicht das Gleiche im Deutschen. Die Popkultur ist seit ihrer Durchsetzung in den sechziger Jahren hierzulande erst einmal ein Importprodukt gewesen, das als »amerikanisiert« galt und nur von einer Minorität begrüßt wurde.

Am deutlichsten trat dieses Missverhältnis wohl in der Gegenüberstellung von Popmusik und Schlagern in Erscheinung. Während die Proteste 1968 in der Bundesrepublik ihren Siedepunkt erreichten und die Beat- und Rockmusik bereits erhebliche Teile der Jugendkultur erobert hatten, dominierten ganz allgemein immer noch Schlager die Charts.[1] Selbst wenn man sich hierzulande auf die Sparte der Langspielplatten beschränkt, dann wurde die Liste der im Frühjahr 1968 verzeichneten LP's von Esther und Abi Ofarim, Peter Alexander, Roy Black und Udo Jürgens angeführt, bevor mit den *Bee Gees* und dem Sampler »That's Soul« die beiden ersten englischsprachigen Titel auftauchten. Wollte man das, was zuerst auf dem heimischen Plattenteller landete, auf einen Nenner bringen, dann war zu den Partys der damaligen Zeit der »Happy Sound« von James Last angesagt. Mehr Zustimmung zum Bestehenden ging kaum. Und in den Fernseh-Shows gaben noch immer Peter Alexander und Vico Torriani, Caterina Valente und Roy Black, Roberto Blanco, Hildegard Knef und Heintje den Ton an. Zwar führten im Rundfunk schon seit Jahren die unterschiedlichsten englischsprachigen Titel die Hitparaden an, der Massengeschmack jedoch wurde nach wie vor eindeutig vom Schlager dominiert. Zumindest seiner Form nach hatte er weder 1933 am Ende der Weimarer Republik noch 1945 am Ende des NS-Regimes einen Bruch vollzogen. Egal ob in demokratischen oder diktatorischen, ob in Vorkriegs- oder in Nachkriegszeiten – immer wurde in diesem Genre das Bestehende akzeptiert und die Flucht ins übliche Liebesallerlei und die jeweils angesagtesten Traumwelten wie etwa die der Südsee offeriert. Das war in der Popmusik, die nun ihrerseits auf die Love-Storys auch nicht ganz verzichten wollte, doch erheblich anders. Um deren Siegeszug nachvollziehen und das darin einbeschriebene Verhältnis zwischen Pop, Protest und Politik genauer bestimmen zu können, empfiehlt es sich, zunächst einmal die Geschichte dreier Clubs näher unter die Lupe zu nehmen.[2]

Der Cavern Club

Was New Orleans für den Jazz, das war Liverpool für den Beat. An der Mündung eines Flusses namens Mersey, gelegen an der Irischen See, ist Liverpool als Hafen für das Industriegebiet von Manchester nicht nur ein bedeutender Umschlagplatz von Waren und Gütern, sondern auch von Kulturen, Sprachen und Temperamenten. Iren, Waliser und Schotten haben die Stadt zusammen mit den Engländern geprägt. Insbesondere der hohe Anteil von Schwarzen mag den aus den USA stammenden Rhythm'n'Blues, den Jazz und den Rock'n'Roll hier so schnell eingebürgert haben. Schon Mitte der fünfziger Jahre gab es eine lebendige, vor allem auf nordamerikanischen Importen basierende Musik-Szene. Doch auch Einflüsse aus dem eigenen Land machten sich bemerkbar. Nach den Vorbildern von Ken Colyer und Chris Barber wurde Dixieland, nach den von Cliff Richard und Tommy Steele Rock'n'Roll und dem von Alexis Korner Blues gespielt.

Eine nicht minder wichtige Rolle für den kulturellen Pulsschlag der Stadt spielten die unterschiedlichen Jugendgruppen, die sich heftig befehdeten. Neben den Rockern aus der Working-Class mit ihrem Leder- und Nietenkult gab es die eher intellektuellen Beatniks. Wichtiger waren die Teds oder Teddy Boys, und die Mods (der Name ist das Kürzel für Modernist). Beide Gruppen stammten aus den Mittelschichten. Die Mods und nicht die Beatniks, wie man vom Namen her vielleicht meinen könnte, waren für die weitere Entwicklung von ausschlaggebender Bedeutung. Mit ihrer Vorliebe für eine modisch-extravagante, vor allem aus Plastik bestehenden Kleidung, ihrer unterkühlten Sonnenbrillen-Ästhetik und ihrem distanziert-selbstironischen Engagement verkörperten sie einen Typus von Jugendlichen, der einige Attribute der modernen Industriegesellschaft selbstbewusst für sich in Anspruch nahm, sie zugleich aber durch eine ostentative Überhöhung entschärfte. Die meisten modischen Sujets, mit denen typisch britische Beat-Bands später weltweit avancieren sollten, entstammen dem ästhetischen Arsenal der Mods, die zu jener Zeit vor allem noch wegen ihrer gewalttätigen Zusammenstöße mit den von ihnen besonders verachteten Teds Furore machten.

Eines der Zentren der Liverpooler Szene war der Cavern Club, ein 1957 in einem ehemaligen Luftschutzbunker gegründeter Jazzkeller.[3] Sein dickes Mauergewölbe war für die musikbegeisterten Jugendlichen eine Art Refugium. Hierin konnten sie sich aus dem Grau in Grau der feuchten, kalten und ungemütlichen Hafenstadt zurückziehen und in einer eigenen Phantasiewelt untertauchen. In langen Schlangen pilgerten sie zu den Konzerten ihrer Bands, deren Mitglieder kaum älter waren als sie selber. Dabei wurde die Hör- und Erlebnisintensität gerade durch den unterirdischen Auftrittsort wesentlich gesteigert. Von den meterdicken Wänden prallten die Klänge zurück und drangen verzerrt und verstärkt zugleich in die Ohren ihrer Zuhörer. Durch die Beleuchtung erschienen die Gesichter fast wie weiße Masken und die Körper warfen lange Schatten.

Nach raschen, wenn auch bescheidenen Erfolgen vergrößerte sich die Szene ständig. Neue Bands schossen wie Pilze aus dem Boden. Hunderte sollen es schon bald gewesen sein und keiner konnte den Überblick behalten. Die Zahl der Zuhörer ging in die Zehntausende – eine Bewegung war entstanden. Und bald darauf war von einem eigentümlichen Klang die Rede, vom Mersey-Sound. Die Kopien eines halben Dutzends populärer Musikstile hatten sich dabei untereinander vermischt, waren mit walisischer Melancholie, irischem Witz und englischer Skurrilität versetzt worden. So entstand aus den eher schwermütigen Klängen der nordamerikanischen Schwarzen ein dynamisch-beschwingter, fast ausgelassen-fröhlicher Klangteppich. Die bekanntesten Gruppen der Merseyside waren *Gerry & the Pacemakers*, die *Swinging Blue Jeans* und die *Mersey Beats*.

Wirklich berühmt aber wurde schließlich nur eine: Die *Beatles*. 1960 erstmals im Vorort Litherland aufgetreten, verfügten sie mit ihren Engagements auf der Hamburger Reeperbahn schon über gewisse Auslandserfahrungen und galten mit nicht weniger als 292 Auftritten zwischen 1961 und 1963 als die heimliche Hausband des Cavern. Obwohl sie bei einer Umfrage zur beliebtesten Band gekürt wurden, war es nicht einfach, ihren Stücken etwas Besonderes abzugewinnen. Rund ein halbes Dutzend anderer Bands spielte ähnlich, eher mittelmäßig als ungewöhnlich. Dass dennoch gerade aus den *Beatles* die *Fabulous Four* wurden und damit aus einem lokalen Phänomen ein zunächst nationales, dann ein transatlantisch-amerikanisches und schließlich ein globales, hatte nicht zuletzt auch außermusikalische, eher modisch-artifizielle Gründe. Manager Brian Epstein und Produzent George Martin waren für den Erfolg der *Beatles* wohl wichtiger als etwa George Harrison oder Ringo Starr. Anfangs hatten die *Beatles* noch mit Teddy-Boy-Allüren einen unbekümmerten und aggressiven Rock'n'Roll gespielt. Um aufzufallen, mussten sie, anstatt ihr musikalisches Repertoire zu erweitern, eine eigene Bühnenshow einstudieren. Hier griff Epstein zuerst ein. Jeans und Lederjacken, die Düsterkeit und eine latente Neigung zur Gewalt symbolisierten, wurden durch adrette Samtanzüge ersetzt. Sauber, chic und uniform mussten sie aussehen und auch die Accessoires – wie Krawatten, Manschettenknöpfe, Boots und anderes mehr – mussten stimmen. Neu und etwas anders, letztlich aber doch wie die netten Jungen von nebenan – so sollten sie wirken. Hatten sie vor Epsteins Einfluss wie Vorstadtrocker ausgesehen, die im Zweifel einer Oma auch mal die Handtasche klauen, so wirkten sie nun, als würden sie jeder älteren Dame unaufgefordert über die Straße helfen. Diese weiche Welle setzte sich auch im musikalischen Arrangement durch. George Martin, der bislang klassische Aufnahmen geleitet hatte, dämpfte die harten Töne des ursprünglichen Hammerbeats. Der Akzent lag vornehmlich auf dem harmonischen Gesang John Lennons und Paul McCartneys. Wo früher der dumpf-dröhnende »Big Beat« des Rock'n'Roll zu hören war, da ertönte nun der filigran-glatte, zuweilen auch süßliche »Easy Beat«, der für den Mersey-Sound charakteristisch wurde. Unter dem Einfluss von Epstein und Martin hatten die *Beatles* einen Stilwechsel kreiert: Im Erscheinungsbild femininer und im Klangbild softer – das war wohl der gemeinsame Nenner für ein kaum für möglich gehaltenes Erfolgskonzept.

Wichtigstes äußeres Erkennungsmerkmal für den neuen Trend in der populären Musik wurden die langen Haare. Es mag dahingestellt sein, ob Stuart Sutcliffe Hamburger Freundin Astrid Kirchherr oder ein Bekannter von ihr, der Fotograf Jürgen Vollmer, dafür den Anstoß gab. Jedenfalls hatte Epstein genügend Gespür dafür, die ungewohnten Frisuren in seinen neuen Look einzubauen und zum vorrangigen Imagemerkmal zu machen. Länge und Glätte der Haare akzentuierten den femininen Einschlag besonders stark und gaben ihm obendrein eine in ihrer Signifikanz kaum zu übertreffende Symbolkraft. Mehr noch als der modisch eingängige Beat-Stil konnten so die Pilzköpfe zum internationalen Markenzeichen der Beatles werden. Die betonte Missachtung des kurzen Herrenhaarschnittes stellte ihr Erscheinungsbild trotz aller anpassungsbereiten Züge in die Nähe von Skandal und Provokation. Indem sie es wagten, ein sexuelles Stimulans, das die übliche geschlechtliche Polarisierung einzuebnen drohte, als kollektives Erkennungsmerkmal herauszustellen, verbreiteten sie ein prägenitales Fluidum, eine erotisch aufgeladene Atmosphäre. Darin bestand zu einem gehörigen Teil ihre geradezu magische Anziehungskraft, die sie insbesondere auf pubertäre Mädchen ausübten: auf eine diffuse, vermeintlich spielerische und deshalb ungefährliche Weise sexuell innervierend zu wirken.

Die frühen Songs der *Beatles* – wie etwa »Please Mr. Postman«, »Hold Me Tight« oder »Can't Buy Me Love« – sind oft als simpel, süßlich und platt beschrieben worden. Das ist sicher nicht ganz verkehrt. Was aber erklärt ihre geradezu bahnbrechende Ausstrahlung? Das Lied beispielsweise, mit dem sie auch in der Bundesrepublik ihren endgültigen Durchbruch schafften – »She Loves You« – setzt mit einer hohen Geschwindigkeit, fast wie ein musikalisches Überfallkommando ein. Es ist unkompliziert, direkt und unbefangen. Der in einen glatten Gitarren-Sound verpackte mehrstimmige Gesang wirkt mitreißend und verbreitet ein Optimismus ausstrahlendes Kollektivgefühl. Das stakkatoartig hervorgestoßene »Yeah, Yeah, Yeah« hört sich an, als ob aus einem Ventil überschüssige Energie abgelassen wird. Es besitzt einen eindeutig befreiend, fast schon enthemmend wirkenden Klang. Vielleicht wurde es deshalb auch zur Chiffre, zum Synonym für den Beat überhaupt. Die »Good Vibrations«, die von den Bands ausgestrahlt wurden, gingen wie feinste Injektionsnadeln unter die Haut und verströmten dort ein prickelndes Gefühl von Wärme und Wohlbefinden.

Was die *Searchers* mit »Needles And Pins«, dem stechenden Gefühl in eingeschlafenen Gliedern, nur negativ besangen, das stellte sich hier als Lustgefühl ein. Eine besonders wichtige Rolle spielte dabei das Tanzen. Das war weder Paar- noch Gruppentanz, sondern – Negation und Steigerung zugleich – ein kollektiv praktizierter Individualtanz. Der Sound, das Licht, die gleißenden Haare – alles schien elektrisch aufgeladen und durchdrang die Körper zuerst mit vibrierenden, dann mit zuckenden und schließlich mit völlig losgelösten Bewegungsformen. Die Auflösung aller Konventionen drückte sich dabei im Tanz deutlich aus. Gegen diese Wogen vermochten auch die Modetänze der damaligen Jahre wie Twist, Hully-Gully oder Bossa-Nova nicht länger zu bestehen.

Im Beat-Konzert konnte sich, sofern der Funke übersprang, eine kollektive Regression vollziehen. Das war nur deshalb möglich, weil den neuen Rhythmen eine Erlebnisqualität innewohnte, die von der Rock- und Popmusik späterer Jahre noch wesentlich gesteigert und verfeinert worden ist. Im Ausspruch eines Fans der damaligen Zeit, Beat sei Herzklopfen von Verliebten über eine Verstärkeranlage, drückt sich das Grundmotiv deutlich aus. Die modernen Diskotheken haben sich in perfektionierter Weise das überaus erfolgreiche Regressionsmedium zu eigen gemacht. Die Live-Konzerte des Cavern Clubs sind dort allerdings in eine reine Apparatur verwandelt worden, bei der ein Knopfdruck genügt, um das Publikum in Bewegung zu setzen.

Als die *Beatles* am 3. August 1963 zum letzten Mal im Cavern Club auftraten, hatten sie einen Boom ausgelöst, der von Liverpool auf London und schließlich ganz Großbritannien übergriff. Mit ihrem

Sound, den Pilzkopffrisuren und in der Besetzung – 3 Gitarren plus Schlagzeug – waren die »Fabulous Four« zum Phänotyp geworden. Ihnen folgten die *Searchers*, die *Animals*, die *Yardbirds*, die *Rolling Stones*, die *Spencer Davis Group*, die *Manfred Mann Band*, die *Kinks*, die *Who* und viele andere. Getragen wurden sie von einer breiten Welle Jugendlicher, die das vom Sicherheitsdenken dominierte Leben ihrer Eltern gründlich satt hatten. Aus ihren bis ins Rentenalter vorgezeichneten Biographien schien der Beat, wenn auch kaum mehr als atmosphärisch, einen Ausbruch zu versprechen. Der pulsierende Rhythmus und die kreischende Kulisse waren mehr als nur aufregend. Der Beat hörte sich an wie eine Verheißung auf ein noch nicht gekanntes Abenteuer.

Der Star-Club

Zum Start des ersten Spielfilms der *Beatles*, »Yeah, Yeah, Yeah« von Richard Lester hatte der Filmkonzern United Artists 1964 einen bundesweiten Wettbewerb ausgeschrieben, in dem die »deutschen Beatles« gesucht werden sollten. In allen Landesteilen fanden Vorentscheidungen statt. Am 6. September stand dann in Hamburg das Finale bevor. Beteiligt waren die *Minstrels* aus Stade, die *Germans* aus Bremen, die *Lords* aus Berlin, die *Krauts* und die *Echoes* aus Frankfurt, sowie die *Rivets* und die *Tornados* aus der Gastgeberstadt.

Den Wettbewerb gewannen die *Lords*, die Band mit dem Berlin-Bonus, über deren Aussprachekünste bundesdeutsche Satireblätter später vielfach witzelten. Die sprachlichen und musikalischen Mängel waren offensichtlich, aber nicht verwunderlich; denn in der Bundesrepublik fehlten Traditionslinien, auf denen der Beat in England basierte, und nicht zuletzt solche einflussreichen Anreger und Vermittler wie Alexis Korner und John Mayall. Deshalb blieb den deutschen Bands zunächst kaum etwas anderes übrig, als die britischen Gruppen zu kopieren und nach einer gewissen Anlaufzeit auf eine eigene Entwicklung zu hoffen. Was dabei herauskam, klang eher eifernd, mechanisch und unambitioniert. Es fehlte das Überbordende, das Ansteckende, der Kick, der gerade die Liverpooler Bands auszeichnete.

Schauplatz des Wettbewerbs »Wir suchen die deutschen Beatles« war der an der Reeperbahn gelegene Star-Club, das unbestrittene Mekka aller deutschen Beat-Bands. Doch auch ausländische Gruppen gastierten hier. Nachdem das ehemalige Stern-Kino auf der Großen Freiheit in einen Musiksaal umgebaut und am 13. April 1962 unter seinem neuen Namen eröffnet worden war, traten mehrere britische Bands auf – darunter die international noch völlig unbekannten *Beatles*. Das Premieren-Motto lautete: »Die Not hat ein Ende. Die Zeit der Dorfmusik ist vorbei!«[4] Es war das Jahr der Kuba-Krise und der *Spiegel*-Affäre, ein Jahr vorher war die Berliner Mauer gebaut worden und ein Jahr später wurde Kennedy erschossen. Für Soziologen ist es inzwischen üblich geworden, in jenem Jahr 1962 das Ende der Nachkriegszeit anzusetzen.

Zwar wäre es übertrieben, von Hamburg als einem »deutschen Liverpool« zu sprechen, aber als Hafenstadt war Hamburg besonders prädestiniert, Einflüsse und Anregungen von der britischen Insel aufzunehmen. Hinzu kam mit der Reeperbahn ein Vergnügungsviertel, das Musikgruppen die Gelegenheit zu regelmäßigen Engagements bot. Nachdem im Kaiserkeller, Top Ten und Indra hin und wieder Rockgruppen aufgetreten waren, eröffnete der Star-Club ganz neue Möglichkeiten. Die Bands konnten hier wochenlang hintereinander spielen und hatten dadurch zumeist bessere Verdienstmöglichkeiten. Für die Liverpooler wie eine Reihe anderer englischer Gruppen war deshalb der Star-Club in den ersten Jahren der Beat-Ära eine Art Test-Station. Wer hier seine Bewährungsprobe vor dem Publikum bestand, dem winkte ein Vertrag mit einer der großen Schallplattengesellschaften. So war es kein Wunder, dass neben den *Beatles* mit *Gerry & the Pacemakers*, *Billy J. Kramer & the Dakotas* und den *Swinging Blue Jeans* bald schon der fast vollständig versammelte Mersey-Sound hier seinen Einstand feierte. Danach folgten die internationalen Rockstars aus den USA: Fats Domino, Chuck Berry, Little Richard, Jerry Lee Lewis, Bill Haley, Chubby Checker, Tommy Roe, Joey Dee – bis auf

Elvis Presley traten sie hier zu Beginn der sechziger Jahre alle ein oder mehrere Male auf. Das war natürlich eine Herausforderung für die deutschen Amateurbands. Um ihre Auftrittsfähigkeit zu erproben, wurden seit Januar 1963 regelmäßig sogenannte Kapellenwettbewerbe ausgeschrieben. Nach den ersten Plattenerfolgen der *Beatles* gab es solche Wettbewerbe in allen größeren Städten des Bundesgebiets. An den Wochenenden konnte man nun landauf landab Bands hören, die mit großem Enthusiasmus einzelne Nummern der englischen Hitparade herunterspielten: »The House Of The Rising Sun« von den *Animals*, »You Really Got Me« von den *Kinks*, »I Can't Get No Satisfaction« von den *Rolling Stones* oder »My Generation« von den *Who*. Nur dauerte es zumeist Monate bis sie eingeübt und noch länger, bis sie auch wirklich beherrscht wurden. So waren die Auftritte wegen der unüberhörbaren Nachzeitigkeit oft mit einem fast schon nostalgischen Touch versehen. Konnten die deutschen Bands, die zumeist etwas biedere Namen wie *Boots*, *Rollicks*, *Team-Beats*, *German Bonds* oder auch merkwürdig-skurrile wie *Big Göff and the Tigers* und *Piggy and the Jokers* trugen, 1965 immerhin die Hits von 1963 nachspielen, so wurden sie von der rasanten Entwicklung der darauffolgenden Jahre endgültig abgehängt und fast durchweg auf ihren ursprünglichen Amateurstatus zurückgeworfen. An diesem Rückschlag hatten wiederum die *Beatles* als die weiterhin tonangebende Formation maßgeblichen Anteil. Nach ihren großen US-Tourneen beschränkten sie sich keineswegs darauf, Erfolgreiches zu wiederholen, sondern wurden von Mal zu Mal experimentierfreudiger und anspruchsvoller. Erstaunlicherweise gelang es ihnen, den Beat über mehrere Jahre hinweg so dynamisch zu gestalten, dass er auch professionelle Musiker, Kritiker und Intellektuelle anzusprechen begann, ohne etwas von seiner Massenpopularität einzubüßen. Hier konnten die deutschen Bands nicht mithalten.

Die Veränderungen, die durch den Beat-Boom in Westeuropa und in den Vereinigten Staaten im Selbstgefühl einer neuen Jugendlichkeit zum Ausdruck kamen, mögen gravierend gewesen sein, in Deutschland jedoch waren sie geradezu umwerfend. Der kleinbürgerliche Normalitätsbegriff der Adenauer-Ära wurde im Gefolge der britischen Neutöner erstmals erschüttert. Was einige Zeit zuvor der aggressiv wirkende Rock'n'Roll, der nie richtig bis in die Mittelschichten vorgedrungen war, nicht vermochte, das schien nun dem weicher und melodischer auftretenden Beat zu gelingen. In der Jugend breitete sich schichtenunspezifisch ein neues genuss- und erlebnissüchtiges Lebensgefühl aus. Die Leitideale des CDU-Staates – Ordnung, Sauberkeit und Sicherheit – die als Sekundärtugenden dem autoritären Charakter abgekupfert worden waren, riefen bei den Teenagern nur noch gähnende Langeweile hervor. Gefragt war stattdessen unbekümmerte Sinnlichkeit und eine Lebenslust ohne Gewissensbisse, die in ihren Obertönen insgeheim auch einer neuen Konsumkonditionierung die Melodie vorspielten.

Was sich in den ekstatischen Ausbrüchen eines noch überaus jungen Publikums Luft verschaffte, das war nicht nur Ausdruck pubertärer Wunschphantasien, sondern auch der Überschuss eines tief optimistischen Grundgefühls. Hier suchte eine Generation auf expressive Weise nach neuen, ihr gemäßen Formen – jenseits aller traumatisch-bedrückenden Kriegserinnerungen. Der Blick schien – wie es der Titel des Films über den ersten Auftritt Bob Dylans in England, »Dont Look Back« programmatisch verdeutlichte – nur nach vorn gerichtet zu sein. Und die Musik war es, die dem Morgen Flügel verlieh. Im pulsierenden Fluss des Beat-Rhythmus schien die Zeit selber auf der Seite der Jugendlichen zu stehen.

Die Bürger reagierten verschreckt, irritiert, zuweilen auch aggressiv, selbst wenn es sich bei den Angefeindeten um die eigenen Kinder handelte. Obgleich die Beat-Fans im Vergleich zu den Halbstarken der fünfziger Jahre zurückhaltender auftraten, reichte die Provokation doch weiter. Als Massenphänomen war die neue Welle kein soziales Randproblem mehr, auf das man – wie noch bei den Rockern – mit dem Einsatz adäquater Integrations- und Repressionstechniken reagieren konnte. Der Schock ging vor allem von einer durch Frisur, Kleidung, Sprache, Stil und Habitus zur Schau gestellten Laszivität aus.

Das durch Twist und Beat angestachelte Bewegungsbedürfnis löste ein neues Körpergefühl, eine Erotisierung des Auftretens auch im Alltag aus. Noch bevor der Mini-Rock von Mary Quant zu seinem Siegeszug ansetzte, trugen die 13- bis 17-jährigen Mädchen eng anliegende Kleider, Stöckelschuhe und hochtoupierte Frisuren. Wenn auch noch zumeist in Grau- und Schwarz-Weiß-Tönen gehalten, so war die sexuelle Note doch unübersehbar. Die älteren Generationen reagierten darauf mit einer Mischung aus Neid, Wut, Verachtung und Verboten. Der »Beatle« als männlicher Typus galt als eine Mischung aus Dandy und Gammler, was – in welcher Hinsicht auch immer – eindeutig als Affront anzusehen war. Im Hinblick auf den abgerissen wirkenden Gammler in seinem grauen Pullover und dem olivgrünen Parka wurden die im Umkreis der Xenophobie lokalisierten Vorurteile – »arbeitsscheues Gesindel«, »Wegelagerer«, »Gelichter« etc. – reaktiviert; für den modisch-kapriziösen, spielerisch-verträumten Dandy wurden patriarchalisch autoritär geprägte Antipathien – geckenhaft »weibisch« und »verweichlicht« – hervorgeholt. Langhaarige wurden unfreiwillig zum Blitzableiter für diffuse Aggressionspotentiale. Es war gar nicht harmlos, im Alltag als »Beatle« herumzulaufen, wenn beispielsweise Kollegen einem jugendlichen Bauarbeiter »die Mähne« mit dem Lötkolben herunterbrennen wollten. Die Brachialgewalt, die hinter solchen Drohungen stand, erinnert nicht zufällig an Strafrituale und Austreibungsexerzitien. Langhaarige junge Männer rührten ganz offensichtlich an die Tabuzone Homosexualität. Die öffentlich zur Schau gestellte Sexualisierung des männlichen Körpers wurde vor allem in bestimmten Bereichen der Arbeitswelt, die durch einen kumpelhaft-rüden Stil geprägt war, als Bedrohung erlebt, die es mit massiven Mitteln abzuwehren galt. Wenngleich eine Lynch- und Pogromstimmung nur in Einzelfällen auch artikuliert wurde, so blieb atmosphärisch fast immer ein Hauch davon spürbar.

Der Beat-Club

Im Herbst 1965 traten zum ersten Mal die *Rolling Stones* zu einer Deutschland-Tournee an, in mancher Hinsicht das Gegenbild zu den *Beatles*. Die »Bad Boys« des Beats, die von Anfang an auftraten, als seien sie die Inkarnation des Bösen, Schmutzigen und Sexuell-Freizügigen, hatten mit »Good Times, Bad Times«, »Time Is On My Side« und »The Last Time« zwar erste Erfolge verzeichnet, kamen jedoch nicht an die massenwirksame Suggestionskraft der *Beatles* heran. Als John Lennon und Paul McCartney aber auch Songs mit leiseren, mitunter balladesken Formen produzierten, bauten die *Rolling Stones* ihr Rebellen-Image als Gegenpol nur noch umso entschlossener aus.

Als sie am 15. September vor 20 000 Jugendlichen auf der Berliner Waldbühne auftraten und Mick Jagger mit vibrierender Stimme und obszöner Gestik »I Can't Get No Satisfaction« sang, begann das Publikum zu beben. Schon kurz danach musste die Band, die offensichtlich befürchtete, im Hexenkessel der selbstgeweckten Begeisterung unterzugehen, überstürzt die Bühne verlassen. Daraufhin begannen Hunderte von wütenden Fans Sitzbänke zu zertrümmern und mit Flaschen zu werfen. Es kam zu Auseinandersetzungen mit der Polizei; bei der Abreise wurden noch mehrere S-Bahn-Waggons verwüstet. Für die Berliner Presse war das natürlich ein gefundenes Fressen. Endlich hatten sich die Beat-Fans als das erwiesen, was man schon seit Jahr und Tag von ihnen behauptete – als eine Horde von Rowdys, die selbst vor Gewalttätigkeiten und Ausschreitungen nicht zurückschrecken. Matthias Walden, später gefürchteter Kolumnist des Axel Springer-Imperiums, schrieb anschließend, das Waldbühnen-Konzert habe auf Beobachter gewirkt wie die »Szenerie einer öffentlichen Kriminalveranstaltung«.[5]

Die unglaubliche Resonanz, die die *Stones*-Tournee fand, brachte aber noch einen anderen Effekt zum Vorschein. Zum ersten Mal hatte sich bei den Konzerten mit dem ZDF das Medium Fernsehen für den Beat-Sound geöffnet. Damit war der umstrittene Sound ein Stück weit wohnzimmerfähig geworden. Im selben Jahr 1965 entschloss sich auch eine kleine Sendeanstalt mit Profilierungsabsichten, diese Musikrichtung zu einem festen, wenn auch raren Bestandteil des Programms zu machen. Radio Bremen richtete für die ARD den »Beat-Club« ein und schuf mit dieser Pioniersendung eine Art Brückenkopf im publikumswirksamsten Medium. In einem Studio, das zugleich die düstere Atmosphäre vom Cavern Club in Liverpool und das dröhnende Getriebe einer U-Bahn-Station in London vermitteln sollte, traten nun die bereits etablierten britischen Bands, aber auch die Newcomer und Trendsetter auf, die verstärkt aus den USA kamen. Damit brach in die bundesdeutschen Wohnzimmer nicht nur das von der Presse als »höllisch« apostrophierte Soundgewitter herein, sondern auch ein optisches Spektakel, das schon vor der Einführung des Farbfernsehens durch ein ganzes Arsenal elektronischer Verfremdungseffekte erzielt wurde.

Die auftretenden Gruppen präsentierten sich in den jeweils neuesten modischen Trends von Swinging London. Demgegenüber wirkte die vom deutschen Publikum bevorzugte Mode immer noch wie von gestern. Auf der Insel war inzwischen nicht mehr das Schwarz-Weiß aus der Liverpooler Pionierzeit tonangebend, sondern eine als »Shocking« verkaufte Farbenexplosion aus der Carnaby Street. Die Girls etwa trugen zitronengelbe, locker herunterhängende Minikleider über giftgrünen Strumpfhosen und rosa lackierten Schnallenschuhen; die Boys braun-rot längsgestreifte Jacketts auf buntgeblümten Hemden mit überdimensionierten Kragen und blau-grüne, weit ausgestellte, eng über den Hüften sitzende Hosen mit einem superbreiten Skai-Gürtel.

Es brach die Zeit an, in der – von Pop- und Op-Art angeregt – grelle und plakative Plastikfarben mit Signalwirkung dominierten. Den Vogel im innovationsträchtigen Klima Londons schoss Mary Quant 1965 mit ihrer Kreation der Mini-Mode ab. Besonders der Mini-Rock sorgte für Aufregung. Seine invasionsähnliche Durchsetzung wurde dadurch ungemein erleichtert, dass er so etwas wie ein relativer Begriff war, der je nach Anlass und Gelegenheit entweder nach oben oder nach unten ausgelegt werden konnte. Er kannte keine Schichten und Klassen mehr, wurde von vorstädtisch-proletarisierten Kleinbürgern ebenso wie von der High Society getragen. Hatten sich mit den langen Haaren die Geschlechterrollen visuell angeglichen, kam nun mit der poppigen Mini-Mode eine, wenn auch nur textile, Einebnung der Schichtenunterschiede in Gang. Auf den Uni-Sex folgte der Uni-Look.

Als 1967, zwei Jahre später, auch bundesdeutsche Einkaufszentren wie kleine Ausgaben der Carnaby Street auszusehen begannen, galt der Beat bereits als überholt. Mit der Verlagerung des Zentrums von Liverpool nach London ging ein großes Stück Authentizität verloren. Aus der eher amateurhaften Beat- war eine professionelle und durchkalkulierte Pop-Musik entstanden, die durch Studio-Technik, Kommerzialisierung und Internationalisierung der Absatzmärkte von Anfang an gekennzeichnet war. Zusammen mit dem Westcoast-Sound aus Kalifornien wurde die Pop-Musik zu einem globalen Phänomen der Kulturindustrie.

Inzwischen hatte die LP die Single in ihrer Vorreiterrolle abgelöst und Raum für minutenlange Gitarren- und Schlagzeugsoli geschaffen. Gefragt waren Experimentierfreude, Originalität und technische Raffinesse sowie ein neuer Typus von Band. Dreier-Formationen wie die *Cream* und die *Jimi Hendrix Experience* mit ihren deutlich individualistischen Ausprägungen galten plötzlich als das Nonplusultra. Die Bezeichnung »Super-Band« machte überall die Runde. Ginger Baker, Jack Bruce und Eric Clapton traten zwar wie Jimi Hendrix noch im Frühjahr 1967 im Star-Club auf und brillierten mit »I Feel Free« beziehungsweise »Hey Joe«, doch die Zeit der Club-Auftritte ging zu Ende. Die Massenresonanz machte riesige Hallen, wenn nicht gar Stadien für die ins Gigantomanische gesteigerten Live-Auftritte notwendig. Damit reduzierte sich zugleich das Feedback, die szenische Interaktion zwischen Band und Auditorium auf phrasenhafte Gags, denen nur noch die Funktion zukam, keine Lücken zwischen den Stücken aufkommen zu lassen. Die Zuhörerschaft erstarrte zur passivkonsumierenden Masse und die Musiker zur Konfiguration des Stars. Beide isoliert auf sich zurückgeworfen und damit auch einsam.

Am deutlichsten war diese Entwicklung im kometengleichen Aufstieg von Jimi Hendrix zu beobachten. Mit ihm hatte die Rock-Musik eine einzigartige Kultfigur bekommen und war zugleich in eine heroisierend selbstdestruktive Phase eingetreten. Im Vergleich zu seiner geradezu animalisch wirkenden Performance – er bearbeitete seine Gitarre mit den Zähnen, spielte auf dem Rücken, unter den Knien und schlug mit ihr zuweilen auch auf die Verstärkeranlage ein – wirkten die *Beatles* bieder und die *Stones* geckenhaft-eifernd. Einer, der dabei war, sagte im Rückblick ebenso fasziniert wie gelähmt: »Hendrix weckte uns alle wie aus einem großen Traum. Als wir die Augen öffneten, war die alte Zeit vorbei, ein neues Kapitel Rockgeschichte aufgeschlagen, das alles Vorherige vergessen ließ.«[6] Als »der Wilde mit der Löwenmähne« kurz darauf im Beat-Club zu sehen war, gellten Rufe der Empörung durch das bundesdeutsche TV-Publikum. Für kurze Zeit war noch einmal die bewundernswerte Qualität der Provokation zurückgewonnen, die die Anfänge der *Beatles* und den Aufstieg der *Stones* ausgezeichnet hatte.

Die Konkurrenz zwischen den beiden Super-Bands

Die »Fabulous Four« waren mittlerweile zur ungreifbaren Kultband am Pop-Himmel erstarrt.[7] Nach »Rubber Soul« und »Revolver« legten sie mit »Sgt. Pepper's Lonely Hearts Club Band« und »Magical Mystery Tour« zwei konzeptionell ausgefeilte LPs vor, die einerseits virtuos waren, andererseits aber auch etwas von der Vitalität aus alten Liverpooler Tagen vermissen ließen. Beides waren reine Studio-Produktionen, deren surreal anmutende Klangcollagen mit einem bislang ungekannten technischen Aufwand aufgenommen worden waren und bei denen sich Producer George Martin am Mischpult endgültig als die fünfte Person im Bunde durchgesetzt hatte. Allein für »Sgt. Pepper's«, der ersten Platte der Rock-Musik, die wie eine Sinfonie als Gesamtkonzeption aufgenommen wurde, war ein Orchester von 120 Musikern, eine Vielzahl von Bläserchören und eine elektronische Mammutapparatur aufgeboten worden, die 56 000 Dollar und eine Produktionszeit von vier Monaten verschlangen. So zauberhaft sich die psychedelisch anmutenden und mit Drogenrauschmetaphorik gespickten Stücke »Lucy In The Sky With Diamonds«, »With A little Help From My Friends« und »Strawberry Fields Forever« auch anhören mochten, sie stimmten gleichermaßen melancholisch. Als phantastische Werke waren sie in ihrer Vervollkommnung zugleich, wie Walter Benjamin es einmal für die Literatur formuliert hat, »Totenmasken ihrer Konzeption«. Und wer sich das Cover von »Sgt. Pepper's« genau ansieht, der könnte fast meinen, sie hätten es selber geahnt. Da sind in einer grotesken Collage nicht nur Kultfiguren aus Geschichte und Show-Business versammelt, die von Marx bis Marilyn Monroe reichen. Da stehen auch, man glaubt es kaum, neben den vier in Uniform postierten, sich als Lonely Hearts Club Band-Mitglieder ausgebenden Musikern ihre in Wachs gegossenen Ebenbilder aus Liverpooler Tagen in Traueranzügen und schauen mit gesenktem Blick auf das mit Blumen geschmückte eigene Grab. Die insgeheime Tragik der *Beatles* und ihrer ungeahnten Innovationskunst: Sie konnten ihre Stücke nicht mehr live aufführen. Unfreiwillig hatten sie sich in ihrer Entwicklungsdynamik zum Anhängsel der Produktionsmaschine gemacht.

Der letzte Auftritt vor »Sgt. Pepper's« hatte am 29. August 1966 in San Francisco stattgefunden – wie sich später herausstellte, war es auch ihr endgültig letzter gewesen. Mit dem »White Album«, mit »Abbey Road« und »Let lt Be« legten sie zwar auch danach noch weitere LPs vor, mit der fehlenden Live-Praxis aber war der Band gleichsam das musikalische Lebenselixier verlorengegangen. Die *Beatles* hatten sich in gewisser Weise selbst überholt. Ihre Musik war mehr und mehr Artefakt geworden. Mit einer winzigen Ausnahme, die es wert ist, festgehalten zu werden.

Im Sommer 1967 fand die Live-Uraufführung von »All You Need Is Love« statt. Via Satellit flimmerten George Harrison, John Lennon, Paul McCartney und Ringo Starr – als Sandwich-Männer in sechs Sprachen zur Liebe aufrufend – weltweit über die Monitore. Dieses Ereignis hat den Charakter eines melancholischen Schlussakkordes.

Die Gruppe, der es nur auf der Basis der modernen Massenmedien Funk und Fernsehen gelingen konnte, mit dem Beat einer Generation Jugendlicher global eine gemeinsame Form musikalisch-emotionalen Ausdrucks zu geben, hatte hiermit – auch wenn sie dieses bestimmt nicht geahnt haben dürfte – eben diesem Medium Lebewohl gesagt.

Worin sollte nun aber der Protest oder gar das Politische im Pop-Sound der beiden erfolgreichsten und Maßstäbe setzenden Beat-Bands, den *Beatles* und den *Rolling Stones*, bestanden haben? Die Erstere, die in ihrer Liverpooler und Hamburger Zeit immerhin noch als rotzfreche Rock-Band aufgetreten war, besaßen nach ihrem Relaunch durch Brian Epstein nichts Aufrührerisches mehr und die Zweite war in einer kalkuliert wirkenden Form der Selbstinszenierung zwar auf den Typus des Rebellischen getrimmt, in Wirklichkeit aber nur in der Form eines Als-ob.

Dieser Eindruck bestätigte sich auch bei der späteren Kerngruppe der 68er-Bewegung, der von Dieter Kunzelmann in München gegründeten *Subversiven Aktion*. Zu ihr zählten ja mit Rudi Dutschke und Bernd Rabehl auch zwei der wichtigsten Berliner Aktivisten, die mit ihren subversiv intendierten Aktionen im SDS für Furore sorgen sollten. In der ersten Ausgabe ihrer Zeitschrift *Anschlag* hatte, nachdem die ersten Platten der *Beatles* erschienen waren, mit Frank Böckelmann der Cheftheoretiker der *Subversiven Aktion* unter dem ganz und gar nicht anerkennend, sondern eher sarkastisch gemeinten Titel »Im Rhythmus unserer Zeit« mit der »Beat-Welle« für den jeweils Einzelnen abgerechnet: »Je einfältiger und banaler sein Leben, [...] desto barbarischer die falschen Lieder von Baby und Boy, die angeblich so unwiderstehlich aneinander verfallen.«[8] Ganz in der kritischen, gegen alle Produkte der Kulturindustrie gleichermaßen gerichteten Manier hieß es dort: »Zu den Liedern der Freiheit in den Kellern mit den Gliedern zu zucken, ...« sei alles, »... was vom vielbeschworenen Protest gegen die ältere Generation noch übrig« geblieben wäre. Und Kunzelmann, der große Zampano der Gruppe, den sein Kampfgefährte Ulrich Enzensberger später einmal als »das Alphamännchen der Kommune I« bezeichnet hat, spielte während jener

SDS-Delegiertenkonferenz, auf dem die Antiautoritären im September 1967 erstmals mehrheitsfähig wurden und den SDS-Bundesvorstand stellten, im Foyer des Frankfurter Studentenhauses demonstrativ fünf Tage lang unablässig ein- und dieselbe Platte mit Liedern aus der chinesischen Kulturrevolution ab. Auch das war eine Form des Protests, diesmal allerdings nach innen gegen die Popmusik gerichtet. Dass man damit zugleich aber Reklame für eine vom Großen Vorsitzenden Mao Tse-tung ins Leben gerufene totalitäre Kampagne betrieb, die im fernen China Hunderttausenden von Akademikern den Beruf oder gar das Leben kosten sollte, schien niemandem klar gewesen zu sein.

Auch in der Hamburger Zeitschrift *konkret*, die ja bis 1964 ein überwiegend von der Stasi finanziertes und teilweise auch gesteuertes kulturpolitisches Instrument der SED gewesen war, galt die Popmusik auch noch in den Jahren danach als ein Symptom der Verwestlichung und damit natürlich zugleich auch der in der DDR besonders heftig bekämpften Amerikanisierung. So polemisierte etwa einer ihrer Autoren unter der unverblümt diskreditierenden Überschrift »Scheiß-Beatles« gegen deren Stück »Revolution«, das in dessen Ohren für das glatte Gegenteil, die »Konterrevolution« stehe: Während in den Straßen Jugendliche Barrikaden bauten und die Bullen ihnen die Köpfe einschlügen, lieferten die *Beatles* nichts als einen weinerlichen Aufguss ihrer persönlichen Wertvorstellung ›All You Need is Love‹.[9] Darin komme nichts anderes als der »Verkalkungsprozess« der ansonsten so weltweit gefeierten Band zum Vorschein.

Auf den ersten Blick anders, letztlich aber eher ambivalent sah es aus, als die *Rolling Stones* mit »Beggar's Banquet« im Dezember 1968 eine LP herausbrachten, auf der mit »Sympathy with the Devil« und »Street Fighting Man« zwei besonders rebellische Titel zu hören waren. Auf dem letzten der beiden erwähnten Stücke war gleich zweimal die Zeile zu hören: »What can a poor boy do except to play for a Rock'n'Roll band«. Zumindest Mick Jagger, der das sang, schien also alles andere als davon überzeugt zu sein, auf die Straße zu gehen und auch »kämpfen« zu wollen. Er wollte offenbar nichts anderes machen, als zu »spielen«. Später stellte sich heraus, dass es sich bei »Street Fighting Man« in gewisser Weise um ein Porträt des britischen Studentenführers Tariq Ali handelte.[10] Von ihm, einem gebürtigen Pakistani, stammte auch der von Jagger gesungene Satz: »The time is right for a Palace Revolution.« Sie hatten sich im März 1968 beide an einer für britische Verhältnisse riesigen Demonstration gegen den Vietnamkrieg vor der US-Botschaft in London beteiligt, auf der es zu gewaltsamen Zusammenstößen mit der Polizei, jenen berühmten unbewaffneten Bobbies, gekommen war. Bevor die Situation eskalierte, soll sich Jagger jedoch – wie Ali zu berichten weiß – aus dem Staub gemacht haben, indem er einen für ihn zur Sicherheit bereitstehenden Wagen bestieg und sich davon fahren ließ.

Dieser kleinen Episode dürfte eine exemplarische Bedeutung beizumessen sein. Einerseits sang der Frontmann der sich aufrührerisch gebenden *Stones* von einem offenbar bewunderten Straßenkämpfer und scheute sich auch nicht davor, als Demonstrant mit auf die Straße zu gehen, um gegen den Vietnamkrieg zu protestieren.[11] Andererseits aber versuchte er jedes Risiko zu meiden, das ihm als Teilnehmer einer Protestaktion für seine Rolle als Popmusiker in der Folge hätte blühen können.

Um das Verhältnis von Pop und Protest umfassender und differenzierter auszuleuchten, bedürfte es gewiss einer sehr viel systematischer ansetzenden Untersuchung, allerdings spricht einiges dafür, dass die hier skizzierte Einstellung der beiden bekanntesten britischen Bands zumindest für die Vielzahl der von der Insel stammenden insgesamt zutreffend und insofern auch verallgemeinerungsfähig gewesen ist.

Die Protest-Songs

Während in den sechziger Jahren die Jugendlichen in der Bundesrepublik und überraschenderweise selbst in der in kultureller Hinsicht gegenüber westlichen Einflüssen so abgeschirmten DDR[12] alles unternahmen, um die Popmusik ihrer Zeit zu adaptieren, sich ihre Protagonisten zu eigen zu machen und bei all den Importen von der britischen Insel und den USA nur nicht den Anschluss zu verlieren, war man dem in den Vereinigten Staaten zur selben Zeit in einer Hinsicht schon weit voraus – der Allianz zwischen Protest und Folkmusik.[13]

Die Wurzeln reichen in den USA weit zurück. Bis in die Zeit vor dem Zweiten Weltkrieg, als die Jazzsängerin Billie Holiday, die Zeit ihres Lebens aufgrund ihrer Hautfarbe Diskriminierung ausgesetzt war, in ihrem Song »Strange Fruit« die in den Südstaaten von Rassisten praktizierte Lynchjustiz anprangerte und auf diese Weise bereits eine Tradition des zeit- und gesellschaftskritischen Songs gestiftet hatte. Wichtiger noch dürfte allerdings der Singer und Songwriter Woody Guthrie gewesen sein, der nicht umsonst als der »Archetyp des Protestsängers« galt. Der 1912 geborene Folksänger war von Anfang an sozialkritisch eingestellt, hatte 1929 die Weltwirtschaftskrise sowie die darauf folgende Zeit der Great Depression mit ihrer Arbeitslosigkeit und der Armut miterlebt. Seine Devise lautete kurz und bündig: »Ein Folksong handelt von Problemen und wie man sie löst.«[14] Sein berühmtestes Lied war das 1940 von ihm verfasste, aber erst nach Kriegsende bekannt gewordene »This Land is Your Land«, in dem er Irving Berlins patriotischen Song »God Bless America« parodiert und in sechs Strophen eine Reise von der kalifornischen Westküste bis zur Ostküste nach New York unternimmt und betont, dass dieses von so unterschiedlichen Landschaften geprägte Land nicht das einer abstrakten Nation, sondern das seiner konkreten Bewohner ist.[15]

Ein Musikexperte wie Bill C. Malone hat einmal behauptet, dass die Blüte der New Yorker, dem Protest so nahestehenden Folkszene fast allein auf Guthries Impuls zurückzuführen sei. Es war bezeichnend, dass mit Bob Dylan die überragende Gestalt der Sechziger-Jahre-Protestsongs den todkranken Guthrie noch einmal besucht und dadurch den Eindruck erweckt hat, als wolle er nun den Staffelstab für die jüngere Generation übernehmen.[16] Maßgeblich beeinflusst worden waren von ihm allerdings auch Pete Seeger, Phil Ochs und mit Harry Belafonte jener Sänger mit karibischen Wurzeln, der Martin Luther

King und die Bürgerrechtsbewegung finanziell so massiv unterstützt hat wie kein anderer.[17] Der seit dem Busboykott Rosa Parks 1955 in Montgomery entbrannte Kampf der Afroamerikaner war überhaupt der Kontext, in dem die Protestlieder der Folksänger während der Kennedy-Ära zum ersten Mal ein Millionenpublikum fanden. Besonders populäre Songs wie Pete Seegers »We shall overcome« und Bob Dylans »Blowing in the Wind« wurden zu regelrechten Hymnen der sich gegen die immer noch anhaltende Praxis der Segregation richtenden Protestbewegung, die mit Sit-ins auch neue Formen des zivilen Widerstands hervorbrachte.

Als sich im August 1963 Dylan und Joan Baez zusammen mit einer Viertelmillion Befürwortern der Civil Rights am Marsch auf Washington beteiligten, auf dem Martin Luther King seine bewegende »I have a dream«-Rede hielt, und mit ihren Songs dort ebenso wie Peter, Paul & Mary auftraten, war das gleich in doppelter Hinsicht wegweisend. Zum einen stellten weiße US-Bürger den Schulterschluss mit den noch immer unterdrückten und benachteiligten schwarzen Mitbürgern her und zum anderen bewiesen sie, wie eminent politisch auch die jüngste Generation der Folksänger sein konnte. Das setzte sich später fort, als Baez es sich im Dezember 1964 nicht nehmen ließ, als Sängerin das an der Universität Berkeley entstandene *Free Speech Movement* zu unterstützen, das zum Modell für die in der Folge weltweit entstehenden Studentenbewegungen wie etwa in Berlin, Paris, Rom und Tokio werden sollte.

Dylans Protest gegen die Zensur

Wo in den trotz aller Liberalisierungsversuche seitens der Kennedy-Administration immer noch durch die McCarthy-Ära geprägten USA die roten Linien verliefen, bekam Dylan an einem Sonntagnachmittag im Frühling 1963 zu spüren. Wegen eines Titels aus seinem Album »The Freewheelin' Bob Dylan« kam es zu einem Fall des Zensurversuchs und der entsprechenden politischen Reaktion darauf. Schauplatz war am 12. Mai 1963 ein Studio von Columbia Records in New

York,[18] der Tochter des Mediengiganten Columbia Broadcasting System (CBS), in dem die Generalprobe für die seinerzeit jeden Sonntagabend ausgestrahlte Ed-Sullivan-Show durchgeführt werden sollte.

Das bereits seit dem Juni 1948 existierende TV-Format war die wohl wichtigste Newcomer-Plattform, die mit ihrem Millionenpublikum für junge, aufstrebende Musiker in den USA existierte. Auch wenn Moderator Ed Sullivans äußere Erscheinung eher wie die Verkörperung des Gegenentwurfs wirkte, so war doch gerade er es, der einer Band und einem Sänger nach dem anderen zum landesweiten Durchbruch verhalf. Das war schon 1956 mit Elvis Presley so und setzte sich in den sechziger Jahren mit den *Supremes*, den *Beatles*, den *Rolling Stones*, den *Doors* und vielen anderen Newcomern mehr fort. Und für Bob Dylan, der mit seiner ersten, vorwiegend aus Folksongs zusammengestellten und nach ihm selbst benannten LP weit unterhalb den von CBS an ihn gerichteten Erwartungen geblieben war, sollte es der Auftritt werden, mit dem er sich von der Ost- bis zur Westküste in den Köpfen der jungen, zunehmend unruhiger gewordenen Generation hätte etablieren sollen. Sein Auftritt war von seinem ebenso klugen wie marktbewussten Manager Albert Grossman gebucht worden.

Dylan hatte sich allerdings in den Kopf gesetzt, mit einem von ihm selbst komponierten Stück eine provokative Satire auf die in den USA auch Jahre nach dem Tod des eigentlichen Kommunistenjägers Joseph McCarthy immer noch spürbare antikommunistische Hysterie vorzutragen. Das im Sprechgesang Woody Guthries intonierte Stück hieß »Talkin' John Birch Paranoid Blues« und hatte die 1958 in Indianapolis gegründete rechtsradikale *John Birch Society* als Zielscheibe, benannt nach dem gleichnamigen US-Missionar und Geheimdienstoffizier, der von chinesischen Kommunisten erschossen worden war und deshalb von Leuten diesen Schlages als erstes US-amerikanische Opfer im Kalten Krieg angesehen wurde. Der Text war im Februar 1962 in der Premierenausgabe der von Pete Seeger ins Leben gerufenen Zeitschrift *Broadside* veröffentlicht worden, einem Blatt, das das Ziel verfolgte, die jeweils neuesten Folksongs bekannt zu machen und in der in den beiden darauffolgenden Jahren noch eine ganze Reihe weiterer Dylan-Songs erscheinen sollten.

In dem Song nimmt Dylan die Rolle eines Mitglieds der *John Birch Society* ein und ergibt sich hemmungslos seinen verschwörungstheoretischen Halluzinationen. Überall sieht er kommunistische Spione zu Gange. Unter jedem Bett, hinter jedem Baum wird nach ihnen gesucht und selbst in der Nationalfahne wird entdeckt, dass sie von verräterischen roten Streifen durchdrungen sei. »Now Eisenhower,« heißt es, »he's a Russian spy / Lincoln, Jefferson and that Roosevelt guy / To my knowledge there's just one man / That's really a true American: George Lincoln Rockwell«. Und der als »wahrer Amerikaner« bezeichnete Ausnahme-Mann war niemand anders als der Begründer und Anführer der *American Nazi Party*, der den *Ku Klux Klan* unterstützte, eine rigorose Segregation zwischen Weißen und Schwarzen propagierte und die von Martin Luther King angeführte Bürgerrechtsbewegung bekämpfte.

Zunächst schien alles in Ordnung zu sein. Und das Wichtigste: Ed Sullivan war mit dem Song einverstanden und erhob keinerlei Einwände. Doch einen Tag später hatte sich die Situation grundlegend verändert. Nun hieß es auf einmal, der Song könne nicht gespielt werden, weil die Anwälte von CBS eine Verleumdungsklage befürchteten. Zur Begründung beriefen sie sich auf eine Passage, in der es um einen Vergleich der Anhänger der *John Birch Society* mit Adolf Hitler ging. Es hieß darin: »Now we all agree with Hitler's views / Although he killed six million Jews / It don't matter too much that he was a Fascist / At least you can't say he was a Communist!« Als Dylan am Nachmittag zur Generalprobe erschien und von Bob Precht, dem Produzenten der TV-Show, von der unerbetenen Einmischung informiert wurde, geriet er außer sich und verließ wutentbrannt das Studio. Nicht ohne zuvor den Umstehenden noch die Sätze an den Kopf geworfen zu haben: »No, this is what I want to do. If I can't play my song, I'd rather not appear on the show!« Auch Versuche, ihn von seiner Entscheidung abzubringen, indem er auf die beanstandete Textpassage hätte verzichten oder sich einen ganz anderen Song aussuchen sollen, waren vergeblich. Solche von Ed Sullivan ins Spiel gebrachten Kompromissangebote, die später bei den *Rolling Stones* oder den *Doors* durchaus verfingen, hatten bei ihm keine Chance. Dylan, der sich gerade das Image des Protestsängers erworben hatte, zeigte in einer Situation, in der möglicherweise seine weitere Karriere auf dem Spiel stand, durchaus Rückgrat. Später würden sich manche seiner Enthusiasten fragen, warum er eigentlich nie in der so überaus populären Ed-Sullivan-Show aufgetreten sei; die Antwort darauf hatte er am 12. Mai 1963 gegeben.

Aber es gab noch eine andere Seite in diesem Fall politischer Zensur. Als Dylan am Abend immer noch wütend durch Greenwich Village zog, traf er auf den Musikkritiker Robert Shelton, dem er durch einige in der *New York Times* publizierte Konzertberichte schon viel zu verdanken hatte. Dieser sah sich wohl schon in der Rolle des passenden Enthüllungsautors und meinte mit ganz entgegengesetztem Akzent nur: »Was für eine Story das wäre!« Und schon im Laufe der darauffolgenden Tage sollte sich zeigen, dass Shelton nicht ganz Unrecht behalten würde. Denn es bestätigte sich wieder einmal, dass die kritische Presse Dylans Kompromisslosigkeit durchaus zu würdigen wusste.

Als mit Val Adams der für die Medien zuständige Reporter der *New York Times* bei der Führungsetage von CBS nachfragte, ob sie sich hinter die Entscheidung des Zensors stellen würden, erhielt er lediglich die Antwort: »No comment.« Mit der *New York Post* begab sich auch eine weitere Tageszeitung auf die Fährte der Skandalgeschichte. Ihrem Reporter Bob Williams gelang es, Ed Sullivan vors Mikrophon zu bekommen und eine Stellungnahme von ihm zu erhalten. Und nun erklärte der Moderator in einer kaum zu überbietenden Eindeutigkeit, dass die Entscheidung verkehrt gewesen sei, und die dahinter stehende Politik ebenfalls. Er könne einfach nicht verstehen, wieso gerade die *John Birch Society* einen derartigen Schutz genieße. Präsident John F. Kennedy und Gouverneur Nelson Rockefeller etwa würden im Fernsehen andauernd von Komikern verspottet, ohne dass CBS bislang jemals auf die Idee gekommen wäre, derartige Satiren oder Sticheleien zu verhindern. Und die ebenfalls für die *New York Post* schreibende Kolumnistin Harriet Van Home holte in ihrer landesweit verbreiteten Kolumne zu einer Generalabrechnung aus, in der sie der CBS-Spitze, die immer noch stur, engstirnig und ignorant gegenüber den wichtigen moralischen Fragen der Gegenwart eingestellt sei, regelrecht die Leviten las. Und im Gegensatz zu anderen Kommentatoren gab sie auch eine eigene Bewertung des angeblich aus juristischen Gründen nicht auszustrahlenden »Talkin' John Birch Paranoid Blues« ab: Das Lied, das Dylan hätte singen sollen, sei weder obszön noch verleumderisch gewesen. Es hätte lediglich einen Verein politischer Ignoranten verspottet, deren bösartiges Tun bereits den Geist der Freiheit in den Schulen bedrohe, die Geistlichen verleumde und die Köpfe vieler junger Leute verdreht habe. Es schien ganz so zu sein, dass es neben Sullivan auch in der Presse gewichtige Stimmen gab, die bereit waren, sich ganz und gar hinter Dylans politische Satire zu stellen.

Woher aber die Empörung des sonst so schüchtern und zurückhaltend auftretenden Sängers rührte, mit der er umgehend auf den Zensurakt reagiert hatte, war damit aber immer noch nicht beantwortet. Dylans Entscheidung dürfte mit seiner Lebensgefährtin Suze Rotolo zusammenhängen, die er 1961 in Greenwich Village kennengelernt hatte und mit der er drei Jahre lang zusammenlebte. Beide waren Außenseiter wie Freigeister zugleich. Sie entstammte einer italo-amerikanischen Familie und besaß in der für den jungen Dylan prägenden Zeit einen enormen Einfluss auf ihn. Sie machte ihn nicht nur mit der Lyrik Arthur Rimbauds, dem epischen Theater Bertolt Brechts und mit Gemälden wie Picassos »Guernica« im Museum of Modern Art bekannt, sondern führte ihn ein Stück weit auch an die Bürgerrechtsbewegung heran. Sie selbst engagierte sich beim *Congress of Racial Equality* (CORE), der bereits in den vierziger Jahren mit ersten Sit-ins begonnen hat, und beim *Committee for a SANE Nuclear Policy*, kurz SANE oder *Peace Action* genannt. Da ihre Eltern Kommunisten waren, hatten sie sich in den fünfziger Jahren allen möglichen Repressionen ausgesetzt gesehen. Insbesondere ihr Vater, der aus Sizilien stammende Gioachino Pietro Rotolo, hatte es in dieser Zeit als Gewerkschaftsfunktionär schwer. Ebenso wie ihre Mutter Marianna, die jahrelang als Redakteurin und Kolumnistin für das italienische Parteiorgan *L'Unita* arbeitete, war er aktives Mitglied der Kommunistischen Partei der USA. Unter dieser Voraussetzung erscheint es nicht als abwegig, dass Dylan in einer obskuren Vereinigung wie der *John Birch Society* mit ihrer rassistischen und antikommunistischen Ideologie nicht nur eine Beleidigung jeglichen freien Geistes gesehen haben dürfte, sondern auch eine potentielle Gefährdung für die politisch nach wie vor aktive Mutter seiner Lebensgefährtin. Und wie vertraut und eng Dylans Beziehung zu Suze Rotolo zu dieser Zeit war, verriet sich an dem sehr persönlich gehaltenen Plattencover des »The Freewheelin' Bob Dylan«-Albums.[19]

Es zeigte die beiden als Liebespaar. Innig aneinander geschmiegt stapfen sie in der in Greenwich Village gelegenen Jones Street an einem unfreundlichen Wintertag durch den Schneematsch. Der mit einer Jeans und einer nur bis zur Hälfte zugeknöpften Wildlederjacke höchst unzureichend geschützte und offenbar fröstelnde Dylan wird dabei von seiner Geliebten gewärmt. Den Unbilden der Witterung zum Trotz machen sie aber einen so glücklichen Eindruck, als wollten sie sagen, dass dies der Intensität ihrer Beziehung einfach nichts anhaben könne. Als die LP, deren Titel passenderweise am ehesten mit »Der unbekümmerte Bob Dylan« übersetzt werden könnte, mit dieser sehr persönlichen Aufnahme erschien, dürften sich gewiss nicht wenige gefragt haben, wer eigentlich die sympathische junge Frau an der Seite des aufstrebenden Stars der Folk-Szene war.

Im Unterschied zu Dylans erstem Album handelte es sich bei den 13 Songs von »The Freewheelin' Bob Dylan« ausschließlich um Eigenkompositionen, einige darunter wie etwa »Oxford Town«, »Masters of War« und »A Hard Rain's a-Gonna Fall« waren mit einer unverkennbar politischen Message ausgestattet. Dylan machte sich damit vor allem als Songwriter einen Namen und profilierte sich zugleich als Protestsänger, der sich gegen die Trennung zwischen Schwarzen und Weißen, die Rüstungsindustrie und die Atombewaffnung auflehnte. Sein eindeutig erfolgreichstes Stück war dabei »Blowin' in the Wind«, obwohl in seinen drei Strophen nichts anderes passierte, als neun höchst allgemeine wie unverbindliche Fragen aufzuwerfen und im Refrain zu wiederholen, dass die Antwort darauf allein der Wind wüsste. Der britische Musikjournalist Nik Cohn hat den Klassiker später einmal gar als den »vielleicht schlechtesten Song« bezeichnet, den Dylan jemals zu Papier gebracht habe. Derartige Kritiken konnten dessen außergewöhnlichem Erfolg jedoch keinerlei Abbruch tun. Das in den Jahren und Jahrzehnten über sechzigmal gecoverte Stück, darunter nicht nur von Peter, Paul & Mary, sondern auch von Marlene Dietrich, wurde neben »We Shall Overcome« zur zweiten Hymne der Bürgerrechtsbewegung und zu Dylans erstem Aushängeschild, das er bei seinen unzähligen Konzertauftritten kaum müde wurde, es immer wieder aufs Neue zu anzustimmen.

Die Festivals auf der Burg Waldeck

Es ist überaus bemerkenswert, dass sich parallel zur Entwicklung in den USA ab 1964 auch in der Bundesrepublik eine eigenständige Folksänger-Szene herauszukristallisieren begann, die zunächst vor allem dem auf Schlagerkonsum konditionierten Massengeschmack etwas entgegensetzen wollte, zugleich aber auch von Anfang an hin zur Sozialkritik und zum Protest tendierte. Dieses Phänomen trat am stärksten in einem Festival in Erscheinung, das bis zum Herbst 1969 insgesamt sechs Mal stattfand. Dass dies möglich war, ist im Nachhinein umso erstaunlicher, als wohl kaum ein anderes Festivalgelände weniger als das im Hunsrück rund um die Burg Waldeck gelegene dafür geeignet gewesen wäre. Es lag im Grunde genommen abseits jeglicher Zivilisation, verfügte über keine befestigten Wege, keinen einzigen geeigneten Stromanschluss, nur sehr primitive Sanitäreinrichtungen und befand sich zu allem Überdruss auch noch in der Einflugschneise des von der US-Luftwaffe genutzten Flugplatzes Hahn. Doch das alles konnte der Wirkung der in der Arbeitsgemeinschaft Burg Waldeck zusammengeschlossenen, zum Teil aus den Traditionen der Bündischen Jugend hervorgegangenen Initiatoren um Diethart Kerbs, Jürgen Kahle, Rolf Gekeler und Peter Rohland keinen Abbruch tun.

Zum ersten Festival, das im Mai 1964 unter dem Titel »Chanson Folklore International – Junge Europäer singen« stattfand, waren zwar nur 400 Leute gekommen, die aber an den sieben Tagen, die das Stelldichein dauerte, bewiesen, dass dieser Start eine Perspektive haben würde. In seiner Eröffnungsrede begründete Kerbs das Vorhaben mit den Worten: »Wir fanden, dass eine bestimmte Art von Musik, für die wir eine ganz besondere Vorliebe haben, in Deutschland längst noch nicht genug beachtet und gepflegt wird. Wir meinen das Chanson, das Lied, den Bänkel-Song, die unverkitschte Volksmusik. Wir haben uns gefragt, warum wir in unseren Breiten keinen Georges Brassens oder Yves Montand, keinen Pete Seeger und keine Joan Baez haben.«[20] Was folgte, waren Chansons von Reinhard Mey, jiddische Lieder von Peter Rohland, israelische von Michaela Weiss, satirische von Dieter Süverkrüp, gegen die Atomrüstung gerichtete von Fasia Jansen und erste Lieder des beruflich ja eigentlich als Rechtswissenschaftler tätigen Franz Josef Degenhardt, der im Jahr darauf mit seinem gegen das Spießertum gerichteten Titel »Spiel nicht mit den Schmuddelkindern« den wohl bekanntesten deutschsprachigen Protest-Song überhaupt auf den Markt bringen sollte. Von mehreren Rundfunksendern wie dem SWF und dem WDR wohlwollend aufgenommen, war dafür gesorgt, dass die ersten Klänge der Folk- und Politbarden nicht einfach in der rheinland-pfälzischen Provinz verhallten.

Als ein Jahr später mit dem Briten John Pearse, dem Kanadier Perry Friedman, dem Freiburger Liedermacher Walter Mossmann sowie dem Duo Schobert & Black weitere bekannte Namen hinzugestoßen waren, verzeichnete man bereits 2000 Besucher. Als im Frühjahr 1966 das dritte Festival anstand, hatte sich der christlich-konservative *Rheinische Merkur* in seiner Vorwegberichterstattung nicht gescheut, das Festival unter der Überschrift »Gammler auf Burg Waldeck« als eine »Nihilistische Pfingstfeier« zu apostrophieren. Doch damit konnte man die Veranstalter nicht in Verlegenheit bringen. Sie begrüßten die Teilnehmer nun einfach mit den ironischen Worten: »Liebe Gammler, liebe Nihilisten, liebe Atheisten!« Jetzt berichteten auch *twen*, das stilbildende Magazin für junge Erwachsene, und die *Frankfurter Allgemeine Zeitung* in ihrer Tiefdruckbeilage über das Festival in der tiefsten Provinz. Als man im Mai 1967 das vierte Mal zusammenkam, stand das Festival schon unter der Überschrift »Das engagierte Lied«. Wie politisch das gemeint war, ließ sich schon daran erkennen, dass Walter Mossmann hier seine »Ballade vom Wehrdienstverweigerer M.« vortrug, der seit seiner Flucht vor den Nazis im britischen Exil lebende Lyriker Erich Fried seine Gedichte, der das KZ Sachsenhausen überlebende Pole Aleksander Kulisiewicz seine ursprünglich im Lager verfassten Lieder und das nach einem Geigenvirtuosen benannte *Schuckenack Reinhardt Quintett* den Jazz deutscher Sinti. Bei dieser Zusammenkunft zeigte sich allerdings auch, welche Gegenreaktionen das jeweils mehrere Tage andauernde Festival bei konservativ eingestellten Kräften wie dem *Nerother Wandervogel* auf den Plan rief. Versorgungskabel wurden zerschnitten, die Wasserzufuhr unterbrochen und ein Notstromaggregat zerstört. Derartige, trotz der Einschaltung der Kriminalpolizei ungeklärte Sabotageakte begleiteten das Unternehmen bis zu seinem Ende. Im Jahr darauf verlagerten sich die Konflikte jedoch vor allem nach innen.

Beim fünften Festival der Protestsänger im Juni 1968 trat ein offener Zwist mit jenen Besuchern auf, die einen nur unzureichenden Bezug der Folkmusik zur politischen Aktualität bemängelten. Eine sich vor allem aus SDS-Studenten zusammensetzende »Basisgruppe Waldeck-Festival« besetzte mit *Vietcong*-Fahnen in den Händen kurzerhand die Bühne und verlangte von den Barden, dass sie ihre Lieder weniger kommerzialisieren und sich selber stattdessen stärker politisch einmischen sollten. Ihre Parole lautete: »Stellt die Gitarren in die Ecke und diskutiert!« Das führte zu einem regelrechten Eklat, der auch nach Mossmanns Intonierung von Wolf Biermanns Lied »Drei Kugeln auf Rudi Dutschke« und einem gemeinsamen Auftritt von Dieter Süverkrüp und dem Politkabarett *Floh de Cologne* nicht mehr aufgelöst werden konnte. Zwar sollte es im September 1969 unter dem Titel »Waldeck 69 – Gegenkultur« noch ein sechstes Festival geben. Dieses jedoch war das letzte. Der Konflikt zwischen den »Politisierten« und den bloß qua eigener Songs »Protestierenden« war einfach nicht mehr zu kitten gewesen.

Die Internationalen Essener Song-Tage

Doch bevor die Ära der Burg Waldeck vorüber war, hatte es noch einen Meilenstein in der Annäherung zwischen Folkmusik und Politrock gegeben. Diese fand mitten im Ruhrgebiet statt, genauer in dem wegen der dort ansässigen Krupp-Stahlwerke als Waffenschmiede besonders in Verruf geratenen Essen. Fast genau in der Mitte zwischen dem im Juni 1967 organisierten ersten Open-Air-Konzert im kalifornischen Monterey und dem dann im August 1969 alles Vergleichbare in den Schatten stellenden »Love and Peace«-Festival in dem im Bundesstaat New York gelegenen Woodstock wurden dort vom 25. bis zum 29. September 1968 die »Internationalen Essener Songtage« veranstaltet. Mit 40 000 Besuchern, die sich im Laufe dieser fünf Tage insgesamt 43 Veranstaltungen, die von Musikstilen unterschiedlichster Genres bis zu Lesungen und Diskussionen sowie Kabarettvorstellungen und Happenings reichten, mit über 200 Musikern und anderen Künstlern anhörten und -sahen.

Wie sehr sich damit auch die Stadt Essen auf ein unerprobtes und nicht ganz unriskantes Terrain begab, wurde schlagartig bei der Eröffnung deutlich. Als Oberbürgermeister Wilhelm Nieswandt die Künstler zu einem offiziellen Empfang einlud, wurde der Festakt gesprengt. Eine Reihe von Besuchern, die offenbar der Überzeugung waren, dass sich derartige Rituale überlebt hätten oder in Wirklichkeit von der Gegenkultur zu vereinnahmen und umzufunktionieren seien, hatten sich daran gestört, dass der Empfang als geschlossene Veranstaltung ausgegeben worden war. Die Exklusivität von Staat und Politik passte nicht mehr zur prinzipiellen Offenheit der Subkultur, insbesondere dann nicht, wenn auf diese Weise einige Stars der internationalen Musik-Szene nun vom Establishment vor Ort einzugemeinden versucht werden sollten. Die Reaktion des Stadtoberhaupts bestand darin, fluchtartig den Saal zu verlassen.

Es war nicht einfach die große Anzahl von Sängern und Bands, die die Songtage zu einem solch außergewöhnlichen und auch im Nachhinein noch zu einem so einzigartigen Ereignis gemacht hatten, sondern die völlig aus dem Rahmen fallende Kombination von Namen, die man weder zuvor noch danach auf einem gemeinsamen Konzertplakat lesen konnte. Um nur mit den prominentesten internationalen Namen zu beginnen: Es traten auf Tim Buckley, Julie Driscoll zusammen mit *Brian Auger & The Trinity*, *Family*, Julie Felix, *The Fugs* mit Tuli Kupferberg, Alexis Korner, David Peel und Frank Zappa mit seinen *Mothers of Invention*. Damit hätte man gut und gerne ein dreitägiges, als hochkarätig eingestuftes Festival bestreiten können. Doch auch das, was von bundesdeutscher Seite aufgeboten worden war, konnte sich sehen lassen. Mit *Amon Düül*, den *City Preachers*, *Guru Guru*, *Soul Caravan* und *Tangerine Dream* waren einige der ungewöhnlichsten und richtungweisenden deutschen Bands versammelt worden, von denen sich einige über Jahre hinweg als stilbildend profilieren sollten. Und neben all den Sängern, die sich wie Degenhardt, Hein & Oss, Insterburg & Co., Süverkrüp, Wader und Witthüser auf der Burg Waldeck einen Namen – wenn auch nur in einem eher überschaubaren Segment der Gegenkultur – gemacht hatten, kamen mit dem ursprünglich aus der Fluxus-Bewegung stammenden Free Jazzer Peter Brötzmann, dem nicht weniger experimentierfreudigen Saxophonisten und Flötisten Gunter Hampel sowie dem an Virtuosität kaum zu überbietenden Gitarristen John McLaughlin noch einige der ambitioniertesten Jazzmusiker ihrer Zeit hinzu. Mit einem Wort: mehr Fusion als im September 1968 in Essen ging kaum. Folk, Jazz und Rock standen mehr oder weniger gleichberechtigt auf der Bühne, egal ob in der Grugahalle, der Saalbau Essen, der Dubois-Arena, dem Olympia-Kino oder einer einfachen Diskothek wie dem seinerzeit besonders angesagten pop-in.

Der eigentliche Impresario dieser Songtage war der Journalist Rolf-

Ulrich Kaiser, dem wohl besten Kenner der Folk-, Rock- und Popmusik, den es zu jener Zeit bundesweit gegeben haben dürfte. Der 25-Jährige war schon 1964 beim ersten Festival auf der Burg Waldeck mit dabei gewesen, hatte dort erste Kontakte geknüpft, war Mitarbeiter der Zeitschrift *song* geworden und war mehrere Male in die Vereinigten Staaten gereist, um dort für ein Buch zu recherchieren, das im Jahr zuvor unter dem Titel »Das Songbuch« erschienen war und den wohl genauesten Einblick in die mittlerweile nicht nur in den USA angewachsene, sondern auch international aufgeblühte Folk-Szene bot.[21] Kaiser hatte in einem von der Stadt Essen herausgegebenen Magazin, zu dessen Redaktion auch Henryk M. Broder gehörte, das Festival als ein »Musikhappening« bezeichnet, »… das bewusstseinserweiternd und bewusstseinserweitert, psychedelisch, andere Erlebnisweisen erschließt und somit eher emotional das Erworbene und Gewohnte in Frage stellt.« Das war mit der offensiven Inanspruchnahme von Emotionen und der indirekten Herabstufung des Intellekts ein besonderes Wagnis und wäre in dieser Form wohl kaum möglich gewesen, ohne zuvor in Kalifornien, insbesondere in San Franciscos Hippie-Hochburg Haight Ashbury gewesen zu sein und entsprechende Anleihen bei dem LSD-Papst Timothy Leary gemacht zu haben.[22] Auf diese Weise wurde das wohl außergewöhnlichste Musikfestival seiner Zeit unter die am stärksten in der Hippie-Szene angesagten Bekenntnisformeln gestellt.

Als die Songtage vorüber waren, legte Kaiser innerhalb von kaum mehr als einem Jahr ein halbes Dutzend an Buchtiteln vor, in denen sich wie etwa mit »Zapzapzappa – das buch der mothers of invention« und »Fuck the Fugs – das buch der fugs« einerseits noch einige der prominentesten Namen aus der Essener Besetzungsliste spiegelten und andererseits mit programmatisch anmutenden Titeln wie »Protestfibel. Formen einer neuen Kultur«, »Das Buch der neuen Pop-Musik« und »Underground? Pop? Nein! Gegenkultur!« Ansätze eines regelrechten Konzepts zu verraten schienen, wie am angemessensten mit den gerade in Umlauf befindlichen Varianten der Popmusik umzugehen sei.[23] Am besten brachte allerdings ein Dokumentarfilmer auf den Punkt, was sich damals in der Ruhrgebiets-Metropole abgespielt hatte. Für den Bayerischen Rundfunk produzierte Henric L. Wuermeling den Film »Zwischen Pop und Politik. Die Internationalen Essener Songtage 1968«. Dazwischen musste also das gigantische Aufgebot gelegen haben und vielleicht auch noch im Nachhinein zu verorten sein.

Protest und Politik wurden 1968 zum integralen Bestandteil der Popmusik

Auf dem Höhepunkt der internationalen Protestbewegung kam hinsichtlich der weltweit wie ein überdimensionaler Hefeteig aufgegangenen Populärmusik noch etwas anderes hinzu. Einzelne Bands bezogen nicht nur Ihren Esprit aus dem, was sich auf den Straßen an Aktionen und Demonstrationsszenen abspielte. Sie gingen dazu über, auch selbst aktiver Teil dieser Szenerie zu werden oder aber Tonaufnahmen von einigen der dramatischsten Ereignisse in ihre Produktionen zu montieren. Mit anderen Worten, das aktuelle Zeitgeschehen wurde mitunter direkt in die Plattenaufnahmen integriert. Dadurch gewannen bestimmte Titel eine enorme Authentizität. Indem sie auf diese Weise ihre Herkunft aus dem Demonstrationsgeschehen dokumentierten und zugleich auch die Verbundenheit der Musiker mit den Protestierenden unter Beweis stellten, waren sie mit einer Art Echtheitssiegel ausgestattet.

In den USA spielt das Jahr »1968« bekanntlich keine so große Rolle, dass es als Erkennungszeichen oder gar als Synonym für die damalige Studenten- und Antikriegsbewegung hätte dienen können. Dort ist, wenn es um diese Protestbewegungen geht, im Nachhinein fast immer weiter ausholend von den »Sixties« die Rede. Wenn es aber ein Ereignis gibt, das sich in diesem Jahr ins kollektive Gedächtnis eingeprägt hat, dann sind es die Proteste vom August 1968 gewesen, die sich beim Parteikonvent der Demokraten in Chicago abgespielt haben. Dort sollte der Gegenkandidat zu Richard Nixon für die im November desselben Jahres bevorstehenden Präsidentschaftswahlen bestimmt werden. Für die Gegner des Vietnamkrieges war der Parteitag eine besonders geeignete Gelegenheit, ihren Protest gegen die Kriegspolitik ihres Landes in Südostasien anzuprangern und entsprechenden Druck auszuüben, diese auch möglichst umgehend zu stoppen. Eines ihrer Ziele bestand darin, mit Senator Eugene McCarthy einen Kandidaten zu unterstützen, der sich bereits für einen Abzug der US-Truppen aus Vietnam ausgesprochen hatte.

Als die ersten 500 Aktivisten, zum größten Teil Mitglieder der *Students for a Democratic Society* (SDS), in der am Michigansee gelegenen Metropole eintrafen, war die Atmosphäre jedoch durch die von Bürgermeister Richard Daley angeordneten exorbitanten Sicherheitsvorkehrungen bereits vergiftet. Der Law and Order-Politiker hatte aus angeblichen Präventionsgründen ein einschüchterndes Aufgebot von 12 000 Polizisten, 5000 Nationalgardisten und 6000 Soldaten aufmarschieren lassen. Rundfunk- und TV-Reporter schilderten diese Armada mit den Worten, dass in der Millionenstadt Verhältnisse wie bei einem Belagerungszustand herrschen würden. Im Vergleich zu den Uniformierten blieb die Anzahl der Protestierenden, die bis auf 10 000 anstieg, immer in der Minderheit.

Die ersten Auseinandersetzungen wurden am 25. August durch einen provokanten Polizeieinsatz ausgelöst. Anlass war ein Streit um den Stellplatz eines Tiefladers, den die Rockband *MC 5* als Podium für ein im Lincoln Park geplantes Konzert benutzen wollte. Die Abkürzung der 1964 in Lincoln Park gegründeten Band steht für »Motor City Five«, was wörtlich so viel wie »Die Fünf aus der Motor- beziehungsweise Autostadt« heißt und sich damit auf Detroit, die durch die Automobilindustrie geprägte Stadt im US-Bundesstaat Michigan, bezieht. Die Polizei rückte mit einem Großaufgebot heran und prügelte die friedlich im Park versammelten jungen Leute mit ihren Gummiknüppeln und vertrieb sie von der Grünanlage. Zurück blieben blutig geschlagene und gedemütigte Kriegsgegner, in deren Augen die Uniformierten wie der verlängerte Arm des US-Militärs im weit entfernten Vietnam aufgetreten waren. Diese Ohnmachtserfahrung stellte auch ihr eigenes Selbstverständnis in Frage und führte bei Teilen von ihnen zu einer Änderung ihres Verhaltens. Diese glaubten nun auch selbst entschiedener auftreten und sich militanter verhalten zu müssen, um ihrem Protest überhaupt noch eine Stimme geben zu können.

Zu den heftigsten Auseinandersetzungen kam es dann am 28. August, dem Schlusstag des Konvents, als US-Vizepräsident Hubert H. Humphrey sich mit etwa drei Vierteln der abgegebenen Stimmen überaus deutlich gegenüber seinen beiden Hauptkonkurrenten, den Senatoren Eugene McCarthy und George McGovern, durchsetzen konnte. Als daraufhin eine Menge von 12 000 Demonstranten zunächst zur Kongresshalle und von dort aus weiter zum Hilton Hotel ziehen wollte, gingen die Polizisten, Soldaten und Nationalgardisten gegen sie mit äußerster Brutalität vor. Jeden, der nicht fliehen konnte, knüppelten die Uniformierten erbarmungslos nieder. In dieser dramatischen Situation skandierten sie immer wieder »The whole world is watching«, was nichts anderes heißen sollte, als dass angesichts der geballten und zum Teil auch internationalen Medienmacht vor Ort die gewaltsamen Übergriffe nicht unbeobachtet, sondern per Fernsehen, Rundfunk, Presse und Agenturberichte weltweit verbreitet werden würden. Und genau diese Parole ist in dem Musikstück einer Band immer wieder zu hören, deren Namen bereits die Ortszugehörigkeit verrät.

Die Rede ist von dem Titel »The whole world is watching«, den die Band *Chicago Transit Authority* in ihr Debut-Album aufgenommen hat.[24] Die überaus professionell agierende Gruppe war die erste Jazzrock-Formation, die mit der Integration einer Trompete, einer Posaune und eines Holzblasinstruments ihrem Sound einen besonders dynamischen Ausdruck verschafft hatte. Auf der Doppel-LP geht es um die Stücke zehn und elf, die den Titel »Prologue, August 29, 1968« und »Someday (August 29, 1968)« tragen und die durch den immer wiederkehrenden Sprechchor »The whole world is watching« geprägt sind sowie durch die sich auch unbebildert äußerst beunruhigend anhörenden Original-Tonbandmitschnitte dieses Tages.

Auf den einprägsamen Spruch waren die bedrängten und verängtigten Demonstranten nicht erst in Chicago gekommen, sie hatten damit eine Tradition fortgesetzt, die um mehr als ein Jahrzehnt bis in die Hochzeit der Bürgerrechtsbewegung zurückging. Bereits im September 1957 war die Parole verwendet worden, als es bei der Einführung des vom Gesetz vorgeschriebenen gemeinsamen Unterrichts für schwarze und weiße Schulkinder in mehreren Südstaaten der USA zu schweren Konflikten gekommen war. Auf Veranlassung des Gouverneurs waren in Little Rock, der Hauptstadt des Bundesstaates Arkansas, afroamerikanische Schulkinder durch den Einsatz der Nationalgarde daran gehindert worden, ihre Klassenräume zu betreten. Im Zuge der Drangsalierungen durch Rassisten war schon dort der eingängige Slogan zu hören gewesen, der ein Hilferuf war und nichts anderes bedeuten sollte, als auf Medien, Presse und Öffentlichkeit als indirekte Unterstützung zu hoffen.[25]

Bemerkenswert war auch, dass die an ihrem Auftritt gehinderte Band *MC 5* bei einem Live-Auftritt Ende Oktober im Grande Ballroom in Detroit ihr Debüt-Album aufnehmen ließ. Da ihr besonders ekstatisch aufgeladenes Stück »Kick out the jams, motherfuckers« Gefahr lief, wegen Obszönität verboten zu werden, gaben die Mitglieder um John Sinclair dem Drängen ihrer Plattenfirma Elektra Records zähneknirschend nach und ersetzten das anstößige Wort durch ein unverfänglicheres »brothers and sisters«. Obwohl der als Single vorab ausgekoppelte Titel auch zu einem kommerziellen Erfolg wurde, änderte das letztlich nichts daran, dass sich Plattenläden immer noch weigerten, ein derartig aufrührerisch wirkendes Musikstück zu verkaufen. Die *MC 5* gelten inzwischen schon seit langer Zeit als Vorläufer der aus Großbritannien stammenden und als anarchisch geltenden Punk-Musik.

Während der unrühmlichen Vorkommnisse beim Parteikonvent der Demokraten in Chicago spielte auch die Bezugnahme der Demonstranten auf ein Ereignis im weit entfernten Europa eine besonders hervorgehobene Rolle. Nur wenige Tage zuvor, genauer in der Nacht vom 20. auf den 21. August 1968 waren in der tschechoslowakischen Hauptstadt Prag aus der Sowjetunion und anderen Mitgliedsstaaten des Warschauer Pakts kommende Panzer eingerollt, um den von Parteichef Alexander Dubček angeführten Reformversuch des kommunistischen Regimes niederzuwalzen. Alle Protest-, Sabotage- und Widerstandsaktionen, die die Bevölkerung dagegen unternahm, waren angesichts der militärischen Übermacht der Besatzer aussichtslos. Dennoch galten die Aktivitäten weltweit als ein Zeichen für den ungebrochenen Freiheitswillen der Tschechoslowaken.

Auf diesen bezogen sich die Vietnamkriegsgegner in Chicago ebenso wie eine Band, die auch während der Internationalen Essener Songtage aufgetreten war. Die Rede ist von *Julie Driscoll, Brian Auger & The Trinity*. Unter dem Eindruck der bedrückenden Bilder von Prag produzierten sie einen Titel, der nicht mehr als das Wort »Czechoslovakia« benötigte, um damals jeder und jedem zu signalisieren, worum es darin gehen würde. Zu den dominanten Klängen von Augers Hammond-Orgel legt eine im Refrain immer wieder »to feel free« singende Julie Driscoll ein Freiheitsbekenntnis ab. Am Ende des Songs heißt es:

> »August 68 / Es war dunkel und es war spät
> Um Mitternacht / kam der erste, aber da waren mehr
> Soldaten, in enger Formation
> Bereit für die Invasion
> Ich erinnere mich daran, in ein Land zu reisen,
> in dem die Menschen warmherzig waren /
> und die Menschen bereit für Veränderungen waren
> Eiserne Panzer aus allen Richtungen
> Zerschmettern alles«

Einen ganz anderen Weg war die psychedelische Rockband *Vanilla Fudge* gegangen, um Protest und Politik in ihre Form der Popmusik zu integrieren. Die mit ihrer elegischen Cover-Version des *Supremes*-Titels »You Keep Me Hangin' On« bekannt gewordene, aus Long Island stammende Gruppe griff erneut einen bereits bekannten Song auf, um aus ihm die Grundlage für ein außergewöhnliches Konzeptalbum zu machen. Es ging um ein ursprünglich von *Sonny & Cher* intoniertes Stück, das Chers Mann Sonny Bono komponiert hatte. Es hieß Programmatisches verheißend »The Beat Goes On« und war Anfang 1967 als einer der damaligen Top-Hits in den US-Charts vertreten.

Vanilla Fudge adaptierte das Stück für ihre LP nun in zweierlei Hinsicht: Sie machten es zu ihrem Leitmotiv und zugleich auch zum Rahmen des Ganzen. In »The Beat Goes On« wurden einige der berühmtesten Stücke der Musikgeschichte eingebettet. Sie reichten von Mozart und Beethoven über Glenn Miller und Cole Porter bis hin zu Elvis Presley und den *Beatles*. Dieser Parforceritt von der Klassik bis zur Popmusik wurde in dem das 20. Jahrhundert betreffenden Teil von Redeausschnitten aus der jüngeren Zeitgeschichte unterbrochen und damit zugleich in gewisser Weise synchronisiert. Zu hören waren nun mit einigen ihrer denkwürdigsten Ansprachen der wegen seines Nachgebens Hitler gegenüber als Appeasement-Politiker in Verruf geratene britische Premierminister Neville Chamberlain, sein Amts-Nachfolger Winston Churchill, der in seiner berühmten Antrittsrede 1940 dem britischem Volk mit den Worten »Blood, Sweat & Tears« schonungslos mitzuteilen versuchte,[26] was es trotz allem Durchhaltewillens im weiteren Verlauf des Krieges gegen Nazi-Deutschland zu erwarten hätte, sowie die US-Präsidenten Franklin D. Roosevelt, Harry S. Truman und John F. Kennedy. Auf diese Weise entstand eine doppelsinnige Collage zwischen Musikkultur und Gewaltgeschichte, unterbrochen, überlagert und letztlich auch vorwärts getrieben vom ewigen »The Beat Goes On«.

Das war gewiss Neuland, das *Vanilla Fudge* damit betreten hatte. Einen noch ganz anderen und letztlich sehr viel stärker in Erinnerung gebliebenen Weg schlug hingegen Jimi Hendrix ein. Dabei schien die Situation, als der Rockgitarrist am letzten Tag des legendären Open-Air-Festivals von Woodstock wegen einer Verspätung erst am Montagmorgen vor einem Restpublikum zum Zuge kam, das nur noch einen kleinen Bruchteil der ursprünglich über eine halbe Million zählenden Besucher ausmachte, im Hinblick auf eine angemessene

Resonanz ziemlich ungünstig zu sein. Mit seiner neu zusammengestellten Band *Gypsy Sun and Rainbows*, in der an der Seite des Bassisten Billy Cox, des Rhythmusgitarristen Larry Lee und zweier Perkussionisten mit Mitch Mitchell immerhin noch der Schlagzeuger der ursprünglichen *Jimi Hendrix Experience* vertreten war, setzte er ein Zeichen wie es weder jemals zuvor noch danach in der Geschichte der Rock- und Popmusik zu hören war.

Durch sein von Wah-Wah-Effekten verfremdetes Gitarrensolo »The Star Spangled Banner« interpretierte er die Nationalhymne der USA in einer Weise, die sowohl als ihre Destruktion wie auch als ihre Ehrenrettung und damit letzten Endes doch noch als ein Bekenntnis zum eigenen Land verstanden werden konnte. Seinem Publikum schien unmittelbar klar zu sein, warum er so verzerrend, aggressiv und schrill mit ihrer Hymne umging: Es handelte sich um die Verwandlung eines patriotisch gesinnten Lobgesangs in einen Klagelaut, mit dem der nun schon seit Jahren anhaltende und von großer Brutalität gegenüber der Zivilbevölkerung gezeichnete Krieg in Vietnam angeprangert werden sollte. »Jimi Hendrix,« fasste einer seiner Anhänger noch ein Jahrzehnt später das Klanggewitter bildreich zusammen, »… entfesselte mit seiner Gitarre ein musikalisches Inferno: kreischende, von Rückkoppelungen überlagerte Tonfetzen inszenierten vor den amerikanischen Jugendlichen Maschinengewehrfeuer, detonierende Bomben und abstürzende Flugzeuge.«[27] Bereits mit seinem von der Doppel-LP »Electric Ladyland« stammenden Stück »House Burning Down«, in dem es um die in den Sommern 1965 und 1967 in den überwiegend von Schwarzen bewohnten Vorstädten von Los Angeles, Newark und Detroit ausgebrochenen Riots gegangen war, hatte er gezeigt, auf welcher Seite er stand.

Was der ursprünglich aus dem im Nordwesten der USA, am Pazifik gelegenen Seattle stammende Virtuose, der sich erst durch einen Umweg über Großbritannien im Juni 1967 beim Monterey Pop-Festival auch in den USA einen Namen hatte machen können, in Woodstock demonstriert hatte, war das glatte Gegenteil eines Protestsongs. Er benötigte kein einziges Wort, um seiner Empörung über die im

Namen auch seiner eigenen Nation im fernen Vietnam begangenen Verbrechen Ausdruck zu verleihen. Er bediente sich dabei allein jenes facettenreichen Klangspektrums, das er seinem Instrument zu entlocken vermochte. Das reichte einerseits aus, um einen Songtext nicht zu vermissen, und bot andererseits umso mehr. Die Destruktion eines Nationalsymbols war zur Toncollage geworden, zu einer Verfremdung, die keines politischen Kommentars mehr bedurfte. Damit hatte der Protest in der Popmusik in einer einzigartigen Form Gestalt angenommen. So wie es unter denjenigen, die von Gewalttaten schockiert sind, manchmal eher resignativ heißt, dass man »ohne Worte« sei, war nun in der Form von artistisch anmutenden Gitarrenläufen reiner Ton geworden. Die Musik hatte sich an diesem Montagmorgen in einem bloßen Laut kristallisiert.

Andy Warhol, Velvet Underground und Peter Zadeks »Ich bin ein Elefant, Madame«

Im selben Jahr, in dem Hendrix seinen spektakulären Woodstock-Auftritt hat, kommt in der Bundesrepublik ein Film in die Kinos, der den irritierenden Titel »Ich bin ein Elefant, Madame« trägt. In ihm geht es um eine Schüler-Revolte, die sich am ehrwürdigen Alten Gymnasium der Hansestadt Bremen abspielt. Es ist in jener Zeit der einzige deutsche Spielfilm überhaupt, der die 68er-Bewegung thematisiert.[28] Regisseur des Films ist mit Peter Zadek der damalige Oberspielleiter des städtischen Theaters. Zusammen mit dem Bühnenbildner Wilfried Minks und Schauspielern wie dem Schweizer Bruno Ganz hat er in der Ägide des Generalintendanten Kurt Hübner den sogenannten Bremer Stil geprägt, zu dem auch die offensive Verwendung von Stilelementen der für das klassische Bildungsbürgertum als provokativ geltenden Pop Art zählt.[29]

Da es in Bremen noch keine Universität gibt, bleibt Zadek bei seinem Versuch, sich an den zeitgenössischen Stoff der 68er-Bewegung heranzuwagen, nichts anderes übrig, als sich auf die Aktivitäten der dortigen Schülerbewegung zu beziehen, die mit ihren Protesten gegen die Erhöhung der Straßenbahntarife im Januar 1968 bundesweit für Aufsehen gesorgt hatte. Im Film selbst wird eine stark stilisierte Rebellionsepisode als pars pro toto für die antiautoritäre Revolte in Szene gesetzt. Ein Schüler namens Jochen Rull versucht an seinem Gymnasium die überholten Autoritätsstrukturen zu durchbrechen und gerät dabei immer wieder aufs Neue mit Teilen der Lehrerschaft in Konflikt. Er denkt sich eine provokative Aktion nach der anderen aus. Als er schließlich ein überdimensionales Hakenkreuz an die Wand des Gymnasiums schmiert, hat er den Bogen offenbar überspannt. Er wird vom Unterricht ausgeschlossen. Weil ihm nun der Verweis droht, überlegen sich seine Mitschüler, wie sie sich mit ihm solidarisieren können.

Doch auch die Inszenierung des Protests kommt alles andere als geradlinig daher, sie ist in vielfacher Hinsicht ironisch gebrochen. Der seltsam anmutende Titel stellt eine Persiflage auf das in den zwanziger Jahren durch den Tenor Richard Tauber bekannt gewordene Tangolied »Ich küsse ihre Hand, Madame« dar, das in den sechziger Jahren wiederum als Indiz für Spießertum und eine verklemmte Erotik gilt. Der im Sommer 1968 gedrehte Streifen ist im März 1969 in die Kinos gekommen. Mit einem nicht nur seiner knalligen Farben wegen poppig anmutenden Trailer, der knappe fünf Minuten dauert. Genau so lang, um einen Musiktitel abzuspielen, den die meisten Kinobesucher vermutlich nicht gekannt haben und der sie entweder abgestoßen oder aber fasziniert haben dürfte. Er heißt »I'm waiting for the Man«, stammt von der 1964 in New York gegründeten Band *Velvet Underground* und stimmt den Sound für das gesamte Geschehen an. Doch mit dem »Mann« in dem monoton klingenden Song mit seinem hämmernden Drive ist nicht etwa ein Lehrer gemeint, wie in der Eingangsszene des Trailers suggeriert wird, in der sich die Einzelnen in ihrer Klasse zum Unterrichtsbeginn erheben und dabei das symbolische Unterwerfungsritual unterlaufen, indem sie sich auf ihre Stühle stellen, sondern ein Drogendealer. In der ersten Strophe heißt es ziemlich unmissverständlich:

»I'm waiting for my man
Twenty-six dollars in my hand
Up to Lexington, one, two, five
Feel sick and dirty, more dead than alive
I'm waiting for my man«

So kann sich nur ein Drogensüchtiger fühlen, der ein paar Dollar aufgetrieben hat, um einen Dealer zu finden und sich den nächsten Schuss setzen zu können. Die Lexington Avenue ist eine der bekanntesten New Yorker Straßen und führt durch Manhattan. Doch Drogen sind gar nicht das Thema von Zadeks Film. Der Song dient lediglich als Sound, sein Text besitzt für die Handlungsabläufe keine weitere Relevanz.

Ganz anders sieht es mit einem Song aus, der am Ende des Films kurz vor dem Abspann zu hören ist. Er beginnt mit der Zeile »Wer will nicht mit Gammlern verwechselt werden? Wir.« und wendet sich exakt gegen jene Strömungen, die von den rebellierenden Schülern verkörpert wird. Das von Fritz Rotter geschriebene und von Lotar Olias komponierte Lied ist 1966 von Freddy Quinn intoniert worden. Es heißt schlicht, sich auf ein die Volksgemeinschaft ausmachendes Kollektivsubjekt berufend »Wir« und appelliert an das Durchhaltevermögen des deutschen Spießers, sich aller Liberalisierungstendenzen zu erwehren.[30] Im Grunde genommen ist es – auch wenn es am Ende der letzten Strophe heißt »Doch wer will weiter nur protestieren, bis nichts mehr da ist zum protestieren?« – der Protest-Song von rechts. Zadek hat natürlich nichts anderes mit ihn im Sinn, als dessen Ausrichtung vorzuführen.[31] Er bürstet ihn gegen den Strich, indem er ihm Filmsequenzen unterlegt, die ein Kapitel menschenverachtender Gewalt an das andere reihen – vom Vietnamkrieg, vom Ku Klux Klan, von deutschen Kriegsgefangenen und einem Soldatenfriedhof. Die Bilder dementieren den Song Stück für Stück und entlarven ihn als das, was er ist – als Ideologie des Kleinbürgers, der nur zu gerne mit all dem aufräumen würde, was ihn erbost: den Langhaarigen, den Gammlern und den Protestierenden.

»I'm Waiting for the Man« ist dagegen weder das eine noch das andere, weder ein Protest-Song von links, noch einer von rechts. In dem von Lou Reed geschriebenen und auch selbst gesungenen Titel geht es gar nicht um Politik. Wie in anderen Stücken des 1967 herausgebrachten Debütalbums »The Velvet Underground and Nico« geht es um Drogensucht oder aber um seinerzeit noch als inakzeptabel angesehene Sexualpraktiken wie Sadomasochismus. Schon Titel wie »Heroin« und »Venus in Furs«, mit dem auf Leopold von Sacher-Masochs Roman »Venus im Pelz« angespielt wird, lassen daran keinerlei Zweifel aufkommen. Das Album, mit dessen Sound Zadek die Schüler-Rebellion unterlegt, mutet ebenso bizarr wie düster an. Wollte man es kritisch aufnehmen, dann würde man ihm so etwas wie die Sichtbarmachung einer Schattenwelt der modernen Gesellschaft unterstellen. Doch nichts weist darauf hin, dass eine solche kritische Perspektive damit gemeint sein könnte. Es ist purer Pop und nichts anderes.

Dieser Touch des Abnormen, Abseitigen und Verbotenen passt nur zu gut zum Namen der Band. Denn »Velvet Underground« ist ursprünglich der Titel eines von dem Journalisten Michael Leigh verfassten Buches, das sich mit den abseitigen, nicht der Norm entsprechenden, als Paraphilie bezeichneten Sexualgewohnheiten der amerikanischen Mittelschichten befasst.[32] Lou Reed soll zufällig auf den Band in seinem neuen New Yorker Appartement gestoßen sein, als er sich die Hinterlassenschaft seines Vormieters einmal genauer ansah. Zu Sound und Songtexten passt, dass das Cover des Albums keinerlei der sonst üblichen Hinweise auf Band und Musik enthält. Auf einer weißen Fläche prangt eine diagonal von links unten nach rechts oben aufgestellte gelbe Banane, die ihren dunklen Einfärbungen nach zu urteilen nicht mehr die frischeste sein kann. An ihrem Stielende befindet sich der kleingedruckte Hinweis »Peel slowly and see« und darunter in geschwungenen Buchstaben der Namenszug »Andy Warhol«. Wer der Aufforderung des Godfather der Pop-Art nachkommt, der muss feststellen, dass sich das Schalenimitat tatsächlich ablösen lässt. Darunter kommt das eigentliche Fruchtfleisch zum Vorschein, allerdings nicht in der sonst üblichen hellgelb-weißlichen Einfärbung, sondern in einem pink-roten Farbton. Eine unverkennbare Anspielung auf eine Körperfarbe. Die Assoziation, dass es sich bei der Banane um ein Phallus-Symbol handelt, das sich nach seiner »Entblößung« als männliches Glied herausstellt, ist durchaus gewollt.[33] Es passt nur zu gut zu Warhols Image und Selbstverständnis ebenso wie dem der Band. Die LP wird schon bald nur noch als das »Banana-Album« bezeichnet und gilt in musikalischer wie graphischer Hinsicht als eines der innovationsfreudigsten seiner Zeit. Dass es seinerzeit nur auf Platz 171 der US-Charts gelandet ist und insofern kommerziell betrachtet einem Flop gleichkommt, ändert nichts daran, dass es einen geradezu avantgardistisch anmutenden Echoeffekt erzeugt. In der gesamten Geschichte der Popmusik dürfte es wohl kaum ein anderes Album gegeben haben, das einerseits so erfolglos, andererseits aber so einflussreich gewesen ist.[34]

Ein Münchner Pop-Journalist wird es später einmal mit einem kaum noch steigerungsfähigen Kommentar in den Olymp der Hochkultur hieven: »Pop Art und Pop Music berühren einander wie der Herr seinen Adam auf Michelangelos Deckenfresko, und das daraus gezeugte Monster war ebenso ›inevitable‹ wie das gleichnamige Warhol-Spektakel, bei dem die Velvets zum ersten Mal ihre Körper ins Licht der Warholschen Filme und Dias hielten, während Gerard Malanga zur Peitsche tanzte und auf dringendes Verlangen Warhols Christa Päffgen alias Nico die Chanteuse gab.«[35] Was immer man von einer derartigen Eloge halten mag, sie trifft auf jeden Fall für die Konstellation zu – das Faktum, dass Pop Art und Popmusik hier eine außergewöhnliche Fusion eingegangen sind.

Warhol war Weihnachten 1965 von der Experimentalfilmerin Barbara Rubin auf die Band aufmerksam gemacht worden, die erst zwei Wochen zuvor zum ersten Mal unter ihrem Namen »Velvet Underground« an einer New Yorker High-School aufgetreten war. Es dauerte nicht lange, bis er sie für einen bizarr anmutenden Auftritt in einem Hotel engagierte. Der Pop-Art-Künstler war darum gebeten worden, auf einem Festbankett der *New York Society for Clinical Psychiatry* eine Rede zu halten. Da er dort jedoch überhaupt nicht das

Wort ergreifen wollte, zeigte er zwei seiner Experimentalfilme und ließ dazu die zu diesem Zeitpunkt so gut wie unbekannte Band auftreten. Dabei führte der bereits erwähnte Malanga seinen Peitschentanz auf und das als Trendsetterin geltende Model Edie Sedgwick bewegte sich dazu mit einem aufreizenden Hüftschwung. Währenddessen zogen Rubin und ihr Kollege Jonas Mekas von einem Psychiater zum anderen durch den Saal, um sie – deren sonst übliche Rolle geradezu auf den Kopf stellend – von einem Scheinwerfer angestrahlt nach ihren Sexualpraktiken zu befragen. Eine solche, sich aus diversen Elementen zusammensetzende Performance war durchaus typisch für Warhols »Factory«, sein in Manhattan in einem alten Fabrikgebäude untergebrachtes multimediales Versuchslaboratorium.

Ab dem Frühjahr 1966 war auch *Velvet Underground* eine Zeit lang zum integralen Bestandteil der Factory geworden. Als sich Warhol damit beschäftigte, ein zugkräftiges Cover für die Band zu entwickeln, setzte er alles daran, Lou Reed, John Cale und den anderen das ursprünglich aus Köln stammende Fotomodell Nico aufzudrängen. Doch insbesondere Reed wollte nicht, dass die attraktive Blondine mit der düsteren Stimme, die gerade zum »Popgirl ’66« gewählt worden war, in der Band als Sängerin auftrat. Den Ausschlag dafür, dass das dennoch geschah, soll die Tatsache gegeben haben, dass *Velvet Underground* von der Plattenfirma nur unter der Bedingung einen Vertrag bekommen würde, dass sie mit dabei wäre. So geschah es also, dass sich der Sänger/Songwriter letztlich auch Warhols Drängen fügen musste. Nico verlieh nun mit ihrer rauchigen Stimme Stücken wie »Femme Fatale«, »All Tomorrow’s Parties«, »I’ll Be Your Mirror« und »Sunday Morning« eine ganz unverwechselbare Note. Die erotisch grundierte Düsternis, die von ihr ausging, schien auf einmal nur zu gut zu Reeds bizarren Songs zu passen. Für eine bestimmte Szene wurde die Newcomer-Band mit der eigenartigen Coolness jedenfalls Kult.

Und dieser Sound wiederum schien sich für einen wagemutigen Regisseur wie Peter Zadek besonders gut zu eignen, um der Rebellionsgeschichte einen kühlen Touch zu vermitteln. Er entzog sich damit den agitatorischen Übertönen. Diese kamen in »Ich bin ein Elefant, Madame« zwar zur Genüge vor, aber in einer so hochgradig stilisierten Form, dass sie – Brechts Maximen zum epischen Theater entsprechend – nicht gerade zur Identifikation einluden. So bildeten also Pop Art, Pop Music und Revolte für einen Moment eine kritische Einheit. Das Affirmative der Popkultur erzeugte eine Distanz, die die aufrührerischen Szenen in gewisser Weise vor ihrer Überhitzung bewahrten. Einerseits hatte Zadek die antiautoritäre Bewegung thematisch aufgegriffen und ernst genommen, andererseits aber war sie von ihm zugleich auch ästhetisch abgekühlt worden. Der Regisseur präsentierte die Revoltierenden im Lichte der Popkultur, der Pop Art wie der Pop Music. Gleichzeitig voller Empathie und Coolness.

5.
… und einige Probleme

»Unsere Aufgabe die Herbeiführung des wirklichen Ausnahmezustands«

Walter Benjamin, die Studentenbewegung und der große Katzenjammer

Welchen Stellenwert, so ist zu fragen, hätte die Kritische Theorie eigentlich gewonnen, wenn es am Ende der sechziger Jahre die Studentenbewegung *nicht* gegeben hätte? Gewiss die Protestbewegung, die sich rasch zu einer außerparlamentarischen Opposition mauserte, war keine theoretische Produktionsstätte, die es mit jenen, die als ihre geistigen Väter apostrophiert wurden, auch nur annähernd hätte aufnehmen können. Doch sie bestand nicht einfach nur aus Rezipienten. Sie war auch mehr als ein kollektives Echo oder lediglich der Resonanzboden der sogenannten Frankfurter Schule.

Denn sie entwickelte sich selbst zu einer Art Organon im Spannungsfeld zwischen Protest, Politik und Gesellschaftstheorie. Sie hat die Schriften des Instituts für Sozialforschung – des frühen mehr als des späten – rezipiert, sie hat einige ihrer wichtigsten Theoreme verbreitet und sich an nicht wenigen von ihnen gerieben. Sogar das Selbstverständnis einer sich als »antiautoritär« charakterisierenden Bewegung stammte von ihren theoretischen Vätern. Es fußte auf den Analysen zum autoritären Staat wie denen zum autoritären Charakter. Horkheimer und Adorno hatten es ihr geradezu in die Wiege gelegt. Noch etwas anderes kommt hinzu. Ohne die Vermittlung abertausender Studierender hätte es wohl auch den Einfluss der Kritischen Theorie auf Bildung, Wissenschaft und Kultur nicht in der gleichen Weise gegeben. Erst sie sorgten dafür, dass aus kritischen Ideen, die zunächst nur in Seminaren und in einigen Feuilletons zirkulierten, eine gesellschaftsverändernde, weit über die Universitäten hinausgehende, von den Herrschaftseliten durchweg abgelehnte, zudem häufig diskreditierte, sich selbst aber als »emanzipatorisch« begreifende Kraft wurde.

Dass es ein besonderes Verhältnis zwischen Lehrern und Schülern geben würde, hatte sich schon frühzeitig abgezeichnet. Adorno war nach seiner Rückkehr im November 1949 von den Frankfurter Studenten regelrecht begeistert.[1] Und Horkheimer, der schon bald darauf als Rektor der Frankfurter Universität eine besonders hervorgehobene Rolle spielen sollte, war geradezu gerührt, als er erfuhr, dass sich das Studentenparlament als erstes in der Bundesrepublik für eine Wiedergutmachung der NS-Verbrechen Israel gegenüber eingesetzt hatte.[2] Es schien, als hätten die beiden Remigranten von deutschen Studenten so kurz nach dem Ende der NS-Herrschaft vieles erwartet, nur das nicht.

Umso größer war dann das Erstaunen, als sich Mitte der sechziger Jahre im sympathetischen Grundverhältnis der Schüler zu ihren akademischen Lehrern ein Spalt zu öffnen schien, der zwei Jahre später zu einem Konflikt führte, der alles Vorhergehende in Frage stellte. Vordergründig ging es um den Vietnamkrieg und das Verhältnis zu den USA. In Wirklichkeit stand jedoch die Glaubwürdigkeit einer moralisch hochgradig aufgeladenen Gesellschaftstheorie auf dem Spiel. Sich angesichts drängendster politischer Probleme auf Kulturkritik und Ästhetik beschränken zu wollen, wie das Adorno zu verteidigen nicht müde wurde, überzeugte immer weniger. Ins Fadenkreuz der Angriffe geriet die Figur des kritischen Kritikers. Gefordert wurde dagegen die Beteiligung am Protest und ein praktisches Eingreifen in die Politik. Und mit Herbert Marcuse war einer der in den USA gebliebenen Gesellschaftstheoretiker gar zum Vordenker und Herold der internationalen Protestbewegung geworden.

Doch die Kritische Theorie aus der Vorkriegszeit, zunächst den letzten Jahren der Weimarer Republik, dann denen der Emigration, hatte sich nicht nur thematisch, sondern auch strukturell verändert. Aus einem interdisziplinär aufgebauten Institut für Sozialforschung war nach der Rückkehr immer mehr eine sozialphilosophisch grundierte Form der Kulturkritik geworden. Und das hatte trotz aller Brillanz, die Adorno in seinen Analysen an den Tag zu legen vermochte, seinen Preis. Wirtschafts- und Politikwissenschaft waren so gut wie unbesetzt[3] und das Zusammenspiel der anderen Disziplinen reduzierte sich mehr oder weniger auf das in einem einzigen Kopf. An die Stelle einer empirisch fundierten Gesellschaftstheorie trat aller Bemühungen um die Rettung des Besonderen zum Trotz insgeheim die philosophische Generalisierung. Je mehr der Geltungsanspruch der Kritischen Theorie anwuchs, umso mehr war sie demzufolge in Wirklichkeit geschrumpft.

Was schon in Kalifornien mit einem Zwei-Mann-Unternehmen wie der »Dialektik der Aufklärung« begonnen hatte, das mündete nun in das Werk eines Einzelnen – Adornos »Negative Dialektik«. Zweifelsohne ist sie ein einzigartiges Zeugnis kritischen Denkens nach Auschwitz, zugleich jedoch unfreiwillig auch eines der Ohnmacht. Der erste Satz lautet: »Philosophie, die einmal überholt schien, erhält sich am Leben, weil der Augenblick ihrer Verwirklichung versäumt ward.«[4] Aus diesem goldenen Käfig wollten die Schüler ausbrechen. Im Grunde genommen beabsichtigten sie nichts anderes, als dieses Diktum mit der 11. Feuerbach-These[5] im Gepäck wieder rückgängig zu machen. Ermuntert fühlten sie sich dabei nicht nur durch Marx und Marcuse, sondern mehr noch durch einen anderen kritischen Theoretiker, der von der Ästhetik und der Literaturwissenschaft her kam, aber im Unterschied zu Adorno *kein* Philosoph sein wollte. Diesem Mann, der sich jahrelang an der Peripherie des Frankfurter Instituts bewegt hatte, war der Ausnahmezustand regelrecht zum Existential geworden.

Benjamin und der Ausnahmezustand

Geschichte und Gegenwart, Physiognomie und Biographie schießen im Leben Walter Benjamins ebenso wie in seinem Denken zusammen. In seinem Werk sind die geschichtlichen Gebilde samt ihrer individuellen Wahrnehmungsformationen wie beim Spiel mit den russischen Puppen ineinander verschachtelt. Wenn nach seinen eigenen Worten der Ertrag materialistischer Geschichtsschreibung darin besteht, »… dass im Werk das Lebenswerk, im Lebenswerk die Epoche und in der Epoche der gesamte Geschichtsverlauf aufbewahrt ist und aufgehoben«,[6] dann drückt sich darin ein Zusammenhang aus, in dem sich nicht zuletzt auch sein eigenes Schaffen wiederfindet.

Die Bezüge, die er in seinem letzten Text »Über den Begriff der Geschichte«, der – um es mit dem Titel eines Brecht-Gedichts zu sagen – eine Art Vermächtnis »an die Nachgeborenen« darstellt, noch einmal zusammenrafft, sind ihm der Lebensmantel, in dessen Falten er die Thesen – seinen eigenen Worten nach – wie einen »Strauß flüsternder Gräser«[7] zwei Jahrzehnte verborgen hielt. Was hier das Kontinuum des biographischen ebenso wie des historischen Prozesses unterbricht, das soll in gegenseitiger Durchdringung die Geschichte in der Epoche, die Epoche im Lebenswerk und das Lebenswerk im Werk zum jeweiligen Recht kommen lassen. Angesichts dieses Zusammenhangs ist es alles andere als eine Übertreibung von Benjamins intellektueller Produktion als einem gelebten – oder besser – einem erlittenen und letztlich nicht überlebten Ausnahmezustand zu sprechen.

Dem entspricht, dass einige seiner zentralen Begriffe ganz den Eindruck erwecken, als entstammten sie einem Arsenal des Ausnahmezustands. So schreibt er etwa vom Kunstwerk wie von einem Stück Munition, das im Krieg abgefeuert worden wäre. Bei den Dadaisten sei das Kunstwerk zu einem »Geschoß« geworden: »Es stieß dem Betrachter zu. Es gewann eine taktile Qualität.«[8] Und in der Tat: Ihre Bilder sahen aus wie die Überbleibsel auf einem Trümmerfeld, die jemand nach einer Explosion aufgelesen hatte. Nicht mehr Versenkung, sondern Ablenkung, nicht mehr Sammlung, sondern Zerstreuung waren die Folge. Der Prozess der reflexiven Assoziation wurde durchbrochen, Dissoziation trat an seine Stelle. Es trat eine Schockwirkung ein. Aufgefangen werden konnte sie nur durch ein höheres Maß an Geistesgegenwart. Das beschrieb genau jene Herausforderung, die den Zuschauer nun im Kino erwartete:

»Der Film ist die der gesteigerten Lebensgefahr, der die Heutigen ins Auge zu sehen haben, entsprechende Kunstform. Das Bedürfnis, sich Chockwirkungen auszusetzen, ist eine Anpassung des Menschen an die sie bedrohenden Gefahren. Der Film entspricht tiefgreifenden Veränderungen des Apperzeptionsapparates – Veränderungen, wie sie im Maßstab der Privatexistenz jeder Passant im Großstadtverkehr, wie sie im geschichtlichen Maßstab jeder heutige Staatsbürger erlebt.«[9]

Diese Zeilen lesen sich wie die Beschreibung einer Erfahrung, die nicht mehr zu haben war, der des Krieges. Ihre Erlebnisintensität, die ursprünglich die eines mörderischen Ausnahmezustandes war, wurde von nun an im Alltag reproduziert. Die Lebensgefahr war zur Norm einer Zeit geworden, die Erfahrung als solche nicht mehr zulassen konnte. Dem subjektiven Vermögen gebrach es zuerst und vor allem an Erfahrungsfähigkeit.

Benjamins Biographie war zweifellos die eines Gezeichneten. Er stammte aus einem wohlhabenden, assimilierten jüdischen Elternhaus. Sein Vater war von Beruf Antiquitäten- und Kunsthändler, verlor sein Vermögen jedoch durch die Inflation. Benjamins durchaus hoffnungsvolle akademische Karriere zerbrach durch eine gescheiterte Habilitation. Sein Versuch, sich stattdessen als Literaturkritiker durchzuschlagen, war überaus mühselig und das Stipendium, das er vom Institut für Sozialforschung erhielt, um sein Passagenwerk voranzutreiben, war schmal, um nicht zu sagen, armselig. Nach Ausbruch des Zweiten Weltkriegs wurde er in Frankreich monatelang in ein Internierungslager gesperrt, seine Flucht vor der einrückenden Wehrmacht trug von Anfang an Züge der Verzweiflung. Nachdem ihm die Überquerung der spanischen Grenze missglückt war, beging er schließlich Selbstmord. Die einzelnen Stationen seines Lebensweges lassen sich als ein von Mal zu Mal gesteigerter und schließlich immer auswegloser erscheinender Ausnahmezustand begreifen, in den Benjamin gefangen war oder aber sich gefangen fühlte. Von seinem Werk hatte er nicht umsonst als einer »Trümmerlandschaft« gesprochen.

Benjamin und die Studentenbewegung

Niemand anderes jedoch als dieser so sehr vom Glück verlassene und in jeder nur denkbarer Hinsicht gescheiterte Benjamin wurde, wie das Karl Heinz Bohrer einmal betont hat, »zur eigentlichen Achtundsechziger-Ikone«.[10] Zunächst waren es nur einige seiner Aufsätze, die in der Studentenbewegung eine zentrale Rolle spielten – etwa »Zur Kritik der Gewalt«[11], »Das Kunstwerk im Zeitalter seiner technischen Reproduzierbarkeit«[12] oder »Der Autor als Produzent«.[13] Letzterer war ein Generalangriff auf die sogenannte linksbürgerliche Intelligenz. Sein Schlusssatz lautete: »... der revolutionäre Kampf spielt sich nicht zwischen dem Kapitalismus und dem Geist, sondern zwischen dem Kapitalismus und dem Proletariat ab.«[14]

Das war Wasser auf die Mühlen all derer, die ein gründliches Unbehagen am Kulturbetrieb empfanden und sich nun »materialistisch« – wie eines der von Benjamin offerierten Zauberworte lautete – positionieren wollten. Man war dabei, sich selbst neu zu erfinden – als Intellektueller, als Geisteswissenschaftler, als Publizist, als künftiger Klassenkämpfer, für den man sich nun zu halten glaubte. Es ging um den Versuch einer materialistischen Bestimmung intellektueller Arbeit.

In diesem Zusammenhang gab es allerdings nicht wenige, die als Leser im ersten Anlauf an der Hermetik von Benjamins Texten gescheitert waren. Doch nur einer hat dieses Scheitern auf geradezu exemplarische Weise in Worte gefasst. Als der Germanistikstudent Helmut Salzinger Mitte der sechziger Jahre ein Oberseminar über das barocke Trauerspiel besuchte und dabei die Erwähnung von Benjamins Werk vermisste, machte er sich ein ums andere Mal die Mühe, dieses zu begreifen: »Nun las ich ›Ursprung des deutschen Trauerspiels‹. Ich verstand nichts, kapierte jedoch sogleich, warum das Buch im Seminar bloß ein Listendasein fristete. Ich las es noch einmal und glaubte zu ahnen, was gemeint sein könnte. Noch nie war mir ein Buch untergekommen, das sich mir gleich hartnäckig entzogen hätte wie dieses. [...] Die Wörter, deutlich und klar, stellten sich wie eine

Mauer vor ihren Sinn. Aber ich empfand eine merkwürdige Faszination von diesem Text. Ich kam nicht klar damit, aber ich wusste, dass es für mich unheimlich wichtig sein würde, wenn ich damit klar käme.«[15]

Wie viele andere auch war Salzinger von einer der gewichtigsten Schriften Benjamins in den Bann geschlagen worden. Bereits hier, in der 1925 vorgelegten Monographie, finden sich erste Überlegungen zum Ausnahmezustand. Sie werden im Zusammenhang mit der Souveränitätslehre entfaltet, die Benjamin aus Carl Schmitts »Politischer Theologie«[16] übernommen hat.[17] Im Gegensatz zu modernen Herrschern, heißt es dort, sei der Fürst im Barock bereits von vornherein »Inhaber diktatorischer Gewalt im Ausnahmezustand«. Diese Setzung sei gegenreformatorisch. Die Antithese zum Geschichtsideal der Restauration sei die »Idee der Katastrophe«, auf die die »Theorie des Ausnahmezustands« letztlich gemünzt sei. Genau diese Verbindung wird er später in einem Moment größter persönlicher Gefahr erneut aufgreifen.

Auf dem Höhepunkt der Studentenbewegung publizierte Salzinger dann einen Essay, in dem er sich zentral mit der Gewaltfrage auseinandersetzte und Benjamin als »Theologen der Revolution« bezeichnete. Er vertrat darin die Ansicht, dass nicht Marcuse, sondern Benjamin »der wahre Theoretiker der Neuen Linken« sei: »Wenn überhaupt einer, dann hat Walter Benjamin diese Revolution vorausgedacht. Wer nach ihm von Revolution spricht, der möge an ihm messen, was er denn eigentlich meint, wenn er dies tut. Er hat ihm nachzudenken, und das kann nicht mit der gelegentlichen Aufnahme eines Zitats erledigt werden.«[18] Benjamins Denken, spitzte er sein Votum am Ende zu, habe als Maßstab für das zu gelten, was als »Revolutionierung der Revolutionäre« beansprucht werde. Damit nahm er eine Parole auf, die im Februar 1968 in Berlins Technischer Universität als majestätisch anmutendes Transparent auf dem Podium des von Rudi Dutschke maßgeblich organisierten Internationalen Vietnam-Kongresses geprangt hatte.

Kaum ein anderer, so lässt sich mit dem Abstand von Jahrzehnten konstatieren, ist schließlich der Benjamins Sprache innewohnenden Magie so sehr erlegen wie Helmut Salzinger. Der inzwischen verstorbene Literaturkritiker brachte 1973 ein Taschenbuch heraus, das symptomatisch für den Gestus von Protest und Provokation war. Es trug den völlig aus dem Rahmen fallenden Titel »Swinging Benjamin«. Auf dem Cover war Gisèle Freunds berühmtes Benjamin-Porträt zu sehen, das durch die Publikationen des Suhrkamp Verlags geradezu zum Erkennungszeichen geworden war. Diesmal jedoch in einer prismatischen Brechung, die auf den Betrachter den Eindruck machte, als habe er selbst Drogen genommen. Dazu passte es, dass Benjamin als – so wörtlich – ein »rauschgiftsüchtiger Prä-Hippie« bezeichnet wurde, der sich als einer der ersten im »Hippie-Paradies« Ibiza niedergelassen habe. Das war eine Vereinnahmung ganz besonderer Art. Einerseits polemisierte Salzinger gegen die aus seiner Sicht akademische und deshalb fruchtlose Benjamin-Philologie, andererseits versuchte er ihn nun als den einsamen, aber nicht vergeblichen Vorkämpfer einer hedonistischen Gegenkultur unter Beschlag zu nehmen. Aus dem »Theologen der Revolution« war – und das konnte durchaus als stilbildend angesehen werden – eine Mischung aus Timothy Leary, Marshall McLuhan und Che Guevara geworden.

Es hatte eine ganze Reihe von Texten gegeben, die für die Studentenbewegung von herausragender Bedeutung waren – Adornos »Minima Moralia«, Horkheimers »Dämmerung« oder Marcuses »One-Dimensional Man«. Doch keiner von ihnen konnte es in seiner insgeheimen Magie mit Benjamins Thesen »Über den Begriff der Geschichte« aufnehmen. Sie waren so etwas wie der »heilige Text« der antiautoritären Bewegung. Jeder Satz, jedes Wort schien der drängendsten Gefahr abgetrotzt und in messianisch aufgeladene Topoi umgemünzt worden zu sein.Während allen anderen Mitarbeitern des Instituts für Sozialforschung die Flucht vor den Nazis gelang, war Benjamin im schlimmsten nur denkbaren Sinne auf der Strecke geblieben. Als Adorno ihn 1938 in San Remo aufforderte, sich in Sicherheit zu bringen, hatte er sich geweigert und darauf bestanden, dass es »in Europa noch Positionen zu verteidigen« gebe und letztlich mit seinem Leben dafür bezahlt. Er war gewiss kein Widerstandskämpfer, jedoch markierte er mit seinem fragmentierten und so überaus gefährdeten Werk eine Haltung – die eines Gefährdeten, der die Gefährdung selber ins Zentrum seiner Theoriebildung gestellt hatte. Diese existentielle Dimension unterschied ihn von seinen Weggefährten, die ihre Projekte zur selben Zeit in New York und etwas später in Los Angeles fortzusetzen versuchten. Und genau dies spürten die Leser seiner Schriften. Die Radikalität, die bittere Unversöhnlichkeit seiner Kritik, war aus einer Verzweiflung hervorgegangen, in der sich zu Beginn des Zweiten Weltkriegs objektiv die Situation jener widerspiegelte, die als Juden oder als Linke eminent bedroht waren.

Und welcher Begriff hätte seine und ihre lebensbedrohliche Situation besser fassen können als der des Ausnahmezustands? Im Angesicht der von den Nazis heraufbeschworenen Katastrophe war Benjamin – wie er in seiner VIII. These formuliert hatte – der »Ausnahmezustand zur Regel« geworden. Der Zusammenhang lautete: »Die Tradition der Unterdrückten belehrt uns darüber, dass der ›Ausnahmezustand‹, in dem wir leben, die Regel ist. Wir müssen zu einem Begriff der Geschichte kommen, der dem entspricht. Dann wird uns als unsere Aufgabe die Herbeiführung des wirklichen Ausnahmezustands vor Augen stehen; und dadurch wird unsere Position im Kampf gegen den Faschismus sich verbessern.«[19] Benjamin hatte den Begriff des Ausnahmezustands bekanntlich von dem bereits erwähnten, später zum »Kronjuristen des Dritten Reiches«[20] avancierten Staatsrechtler Carl Schmitt bezogen. Dessen ebenso berühmter wie berüchtigter erster Satz aus seiner 1922 publizierten »Politischen Theologie« klang wie in Stein gemeißelt. Er lautete: »Souverän ist, wer über den Ausnahmezustand entscheidet.«[21] In dieser ebenso respekteinflößenden wie brachialen Formulierung aus der Anfangszeit der Weimarer Republik ist bereits in nuce als Drohung enthalten, was 1933 zum Vorschein kommen sollte. Die Diktatur eines Mannes, der sich von seinen Untergebenen als »Führer« titulieren ließ. Schmitt ging es um die staatsrechtliche Einbindung von Souveränität in einer

Situation der Krise. Derjenige, der sich aus ihr zum Diktator aufwerfen wollte, sollte dies rechtlich gestärkt tun können.

Benjamin hatte Carl Schmitts Terminus zwar aufgegriffen, diesem aber einen ganz anderen Sinn beigemessen. Ihm ging es nicht so sehr ums Staatsrecht und schon gar nicht um die Inthronisierung eines Diktators. Aus genau entgegengesetzter Perspektive kam es ihm zunächst darauf an, damit die Situation der Unterdrückten, in die er sich explizit einbezog, zu definieren. Seinen Akzent legte er jedoch darauf, den »wirklichen Ausnahmezustand« herbeizuführen. Doch was sollte das bedeuten? Denn dieses »Wirkliche« war ja noch gar keine Wirklichkeit geworden. Als Gegensatz zum »wirklichen Ausnahmezustand« nun aber einen »unwirklichen Ausnahmezustand« anzunehmen, wäre irreführend. Das hatte Benjamin gewiss nicht gemeint. Für ihn lag der Ausgangspunkt in einem »Ausnahmezustand«, der als Unterdrückung und Leiden zu einer negativen Lebensform geronnen war. Dem wollte er einen qualitativ anderen, einen »wirklichen Ausnahmezustand« entgegensetzen, der im Sinne eines vom Leiden erlösenden, revolutionären Vorhaben kulminieren sollte.

Eine Zeit lang schien die Auslegung vor allem eine Aufgabe für Philologen zu sein, eine Frage der Textexegese. Doch das war ganz und gar nicht im Sinne jener, die sich mit seinen Thesen politisch identifizierten. Für sie war die Auslegung weniger eine Frage als eine Mission. Sie konnte in ihren Augen nicht am Schreibtisch, sondern nur praktisch in der Aktion oder im »revolutionären Kampf« beantwortet werden.

Der als möglich erachtete und der tatsächliche Ausnahmezustand

Im Hinblick auf die Unterscheidung zwischen Benjamins und Schmitts Begriff des Ausnahmezustands lässt sich eine historische Klammer öffnen, die mit den Jahreszahlen 1968 und 1977 benannt werden kann. Sie lässt sich auf der einen Seite mit der Notstandsgesetzgebung, auf der anderen mit der Schleyer-Entführung in Beziehung setzen. Um die Parallele besser begreifen zu können, empfiehlt es sich hier den Begriff des Ausnahmezustands mit dem des Notstands zu übersetzen. In dem einen Fall ging es um die Verabschiedung von Notstandsgesetzen, mit denen der Staat Vorsorge für den inneren wie den äußeren Notfall treffen wollte, in dem anderen um das Eintreten des befürchteten Ernstfalls, einen zwar nicht erklärten, gleichwohl aber praktizierten Notstand zur Abwehr einer terroristischen Gefährdung. Beides waren Situationen, die aufs engste mit einem Ausnahmezustand in Verbindung gebracht werden können.

Kein anderes Thema hatte seit der Mitte der sechziger Jahre mehr Kritiker auf den Plan gerufen als das der Notstandsgesetze. Schließlich erinnerte das Vorhaben an den Niedergang der Weimarer Republik. Dem Reichspräsidenten war es durch Artikel 48 der Weimarer Verfassung möglich gewesen, im Falle einer Gefährdung der öffentlichen Sicherheit und Ordnung die wichtigsten »Grundrechte ganz oder zum Teil außer Kraft« zu setzen. Am Ende war dieses Notverordnungsrecht dann von den Nationalsozialisten zu diktatorischen Zwecken missbraucht worden. Mit der angeblich »zum Schutz von Volk und Staat« vom Reichspräsidenten erlassenen Reichstagsbrandverordnung vom 28. Februar 1933 waren Grundrechte der Weimarer Verfassung außer Kraft gesetzt und ihre Befugnisse an Hitler und dessen Reichsregierung übertragen worden.[22] Der Rechts- und Politikwissenschaftler Ernst Fraenkel hatte sie ihrer herrschaftssichernden Funktion wegen als die eigentliche »Verfassungsurkunde des Dritten Reiches« bezeichnet.[23] Der Verdacht, dass es nun bei den Notstandsgesetzen in Wirklichkeit um ein Instrumentarium zur Machtergreifung gehe, mit dem ein kalter Putsch verübt werden könnte, der es nicht einmal erforderlich machen würde, die Verfassung zu brechen, breitete sich immer mehr aus. Dieses Vorhaben stieß bei Gewerkschaftlern wie bei Wissenschaftlern, bei Studierenden wie Intellektuellen auf Widerstand.

Der Adorno-Schüler Hans-Jürgen Krahl, der seit 1966 als der führende Kopf im Frankfurter SDS galt, war davon überzeugt, dass sich die Bundesrepublik mit der Verabschiedung der Notstandsgesetze in einen autoritären Staat verwandle: »Autoritärer Staat bedeutet, und das aktualisiert sich mit den Notstandsgesetzen,« fasste er seinen Gedanken zusammen, »dass die Demokratie ohne politisch rechtlichen Legitimationsbruch in den Ausnahmezustand übergehen kann. Man kann ja demokratische Instanzen, etwa das Parlament, nicht nur terroristisch zerschlagen, sondern auch manipulativ ins Instrumentarium der autoritären Exekutive integrieren.«[24] Krahl vertrat die Ansicht, dass sich der Staat damit den Faschismus als Handlungsoption für Krisenzeiten inkorporiert hätte. Der Rechtsstaat war in seinen Augen nicht mehr als ein trügerisches Gehäuse, in dem ein künftiger Faschismus lauerte. Und die Notstandsgesetze waren für ihn nichts anderes als ein terroristisches Instrument zur Aufrechterhaltung der kapitalistischen Wirtschaftsordnung für Zeiten einer offen zutage getretenen ökonomischen und politischen Krise.

Doch alle Anstrengungen der Protestierenden erwiesen sich schließlich als vergeblich. In namentlicher Abstimmung verabschiedete der Bundestag dann am 30. Mai 1968 wie erwartet die Notstandsverfassung und die Notstandsgesetze. Die Studentenbewegung und die APO hatten ihre Hauptschlacht verloren. In keinem anderen der damaligen Konfliktfälle war so sehr mobilisiert worden wie in diesem. Zurück blieb ein Scherbenhaufen, der auch die Kritische Theorie nicht unberührt lassen konnte.[25]

Nach der Notstandsverfassung waren nun die Einschränkung des Post- und Fernmeldegeheimnisses, der Einsatz der Bundeswehr zur Bekämpfung von Aufständen im Inneren, eine Dienstverpflichtung von männlichen Bundesbürgern, Eingriffe in die Länderhoheit im Spannungs- und Verteidigungsfall sowie verschiedene Möglichkeiten zur Einschränkung der Legislative möglich. Die sogenannten einfachen Notstandsgesetze sollten die Versorgung der Bevölkerung im Kriegsfall und den Zivilschutz regeln.

Schon bald sollte sich zeigen, dass Studentenbewegung und APO mit ihren Befürchtungen ins Leere stießen und in Wirklichkeit einem Phantom hinterhergerannt waren. Das Phantom besaß einen Namen, es lautete »neuer Faschismus«. Einerseits war es eine Fiktion, andererseits aber war es quicklebendig und geisterte in den Jahren darauf weiter umher. Diesmal waren seine Kritiker jedoch keine Aktivisten einer Protestbewegung, sondern Mitglieder und Anhänger einer terroristischen Sekte, der *Roten Armee Fraktion*, kurz RAF genannt. Deren erste Generation war – wie das von Ulrike Meinhof bereits frühzeitig betont worden ist[26] – unmittelbar aus der Studentenbewegung hervorgegangen.

Es dauerte ein knappes Jahrzehnt, bis die Probe aufs Exempel gemacht wurde. Im Herbst 1977, der Zeit des sogenannten Deutschen Herbstes, wurde von der damaligen, von der RAF herausgeforderten Bundesregierung eine Politik des Ausnahmezustands, die eines nicht erklärten Notstandes, praktiziert. Sie setzte sich aus den folgenden operativen Elementen zusammen: Der Schaffung zweier in der Verfassung nicht vorgesehenen Exekutivorgane, dem Kleinen und dem Großen Krisenstab, mit denen die Kontrollfunktion der Legislative, dem Parlament, ausgeschaltet werden sollte; einer Kontaktsperre für inhaftierte RAF-Mitglieder, mit der die vermutete Kommunikation der Häftlinge mit den Entführern unterbrochen werden sollte sowie einer Nachrichtensperre für Presse, Funk und Fernsehen, mit der sich die Exekutive ein Entscheidungsmonopol für den Fortgang der Ereignisse zu sichern versuchte.

Bundekanzler Helmut Schmidt hat die Zeitspanne, in der die RAF den Präsidenten der Arbeitgeberverbände entführte und schließlich ermordete, im Nachhinein als »schwerste Krise des Rechtsstaats seit Bestehen der Bundesrepublik Deutschland« bezeichnet. Entscheidend für das Handeln der Bundesregierung und das staatliche überhaupt war in diesem Zusammenhang der Paragraph 34 des Strafgesetzbuches, der darin kodifizierte »Rechtsgedanke des rechtfertigenden Notstandes«.[27] Der frühere SPD-Bundestagsabgeordnete Adolf Arndt hatte diesen Paragraphen einmal als »Tarnwort für Verfassungsbruch«[28] bezeichnet. Denn er war ursprünglich für übergesetzliche Notstandssituationen wie einen Schwangerschaftsabbruch gedacht.[29] Mit der Berufung auf den »rechtfertigenden Notstand« sollten Gesetzesübertretungen legalisiert werden, wenn dadurch vermeintlich höhere Rechtsgüter geschützt werden konnten. Der in diesem Rechtsgedanken angelegte Widerspruch kippt also nur dann nicht zur offenen Paradoxie, dem rechtsförmigen Rechtsbruch, um, wenn die Beachtung einer Prioritätensetzung von Rechtsgütern mit ihm verbunden wird. Fast alle Juristen sind sich darin einig, dass sich nur der einzelne Bürger, nicht aber der Staat auf diesen Paragraphen berufen könne. Wenn der Staat sich aber dennoch zu diesem Schritt entschließt, dann sei damit – wie es der Verfassungsrichter Ernst-Wolfgang Böckenförde einmal formuliert hat – eine »offene Generalermächtigung«[30] für Ausnahmesituationen verbunden. Und genau das war geschehen.

Denn entgegen aller Deklarationen lag die Priorität im Handeln des Bundeskanzlers und der von ihm geschaffenen Krisenstäbe nicht in der Rettung Schleyers, sondern in der Durchsetzung der Staatsräson, der selbst in der Dokumentation des Bundespresseamts schonungslos artikulierten Absicht, »die Handlungsfähigkeit des Staates und das Vertrauen in ihn im In- und Ausland nicht zu gefährden.«[31] Dies aber bedeutete, den aus der Perspektive des einzelnen Bürgers in Anspruch genommenen »Rechtsgedanken des rechtfertigenden Notstandes« zu pervertieren, ihn in sein genaues Gegenteil zu verkehren und den Einzelnen, in diesem Fall Hanns Martin Schleyer, auf dem Altar des Staates zu opfern.

Ein Dreivierteljahr später erklärte Helmut Schmidt im Bundestag: »Ich glaube, dass wir bis an die Grenze des Rechtsstaats gegangen sind. Der Hinweis auf die Inanspruchnahme des § 34 des Strafgesetzbuches mag hier heute Morgen ausreichen. Die Juristen unter Ihnen wissen, dass wir da bis an die Grenzen gegangen sind. Aber wir haben sie nicht übertreten.«[32] Doch daran waren durchaus Zweifel angebracht, die von ihm selbst weiter geschürt wurden. Denn im Januar 1979 kam Helmut Schmidt in einem Interview erneut auf eine Schlüsselsituation des Herbstes 1977, die Befreiung der als Geiseln genommenen Passagiere einer Lufthansa-Maschine in Mogadischu durch die GSG 9, zu sprechen und erklärte: »Ich kann nur nachträglich den deutschen Juristen danken, dass sie das alles nicht verfassungsrechtlich untersucht haben.«[33] Selbst dem Bundeskanzler war also daran gelegen, der heiklen Frage nach dem Notstand beziehungsweise Ausnahmezustand auszuweichen und eine abschließende rechtliche Beurteilung staatlichen Handelns während der Schleyer-Entführung weiter offen zu halten.

Die Inanspruchnahme von Benjamins VIII. These durch die RAF

Hatte die RAF also mit ihrer mörderischen »Offensive 1977«, die während des »Deutschen Herbstes« in eine Krise der inneren Sicherheit kulminierte, etwa den »wirklichen Ausnahmezustand« herbeizuführen versucht? Diese Frage mag auf den ersten Blick hypertroph erscheinen, sie ist jedoch alles andere als absurd. Denn führende Mitglieder der RAF hatten sich in den Jahren zuvor eingehend mit Benjamins Thesen »Über den Begriff der Geschichte« auseinandergesetzt, in denen der Begriff des Ausnahmezustands schließlich eine zentrale Rolle spielt. Zu ihnen zählte ihre unbestrittene Führungsfigur, der als actionversessene und schießwütig eingeschätzte Andreas Baader. In der Öffentlichkeit dürfte es damals wohl kaum jemanden gegeben haben, der ihm eine Auseinandersetzung mit irgendeiner innerhalb der Neuen Linken zirkulierenden Theorien zugetraut hätte. Doch genau dieser Mühe unterzog sich Baader, als er sich zusammen mit Gudrun Ensslin, Ulrike Meinhof und Jan-Carl Raspe seit dem April 1975 in Stuttgart-Stammheim wegen mehrfachen Mordvorwurfes vor dem dortigen Oberlandesgericht verantworten musste.

Wie aus seinen handschriftlichen Unterlagen hervorgeht, hatte es ihm die VIII. These besonders angetan.[34] In einer am 13./14. Januar 1976 von der Spitze der RAF in Stammheim vor Gericht abgegebenen »erklärung zur sache« wurde diese These sogar vollständig zitiert.[35] Eine merkwürdige Vorstellung: Benjamin in Stammheim, ein Kernsatz seines Vermächtnisses vor den Schranken des Stuttgarter Oberlandesgerichts, im Verfahren gegen die gefährlichsten Terroristen der Republik. Doch auch dieser bizarre Vorgang könnte durchaus eine Logik enthalten haben. Denn die VIII. These lässt, wie mit

Irving Wohlfarth einer der international anerkanntesten Benjamin-Experten festgestellt hat, am ehesten »eine terroristische Lektüre« zu. In einer eigenen Abhandlung gelangte er zu dem Schluss: »Sie wollten die Bombe, die in die Flasche des Philosophen gebannt worden war, auspacken und reaktivieren.«[36] Aus einer für die Beherrschten von Elend, Ausbeutung und Unterdrückung geprägten Situation, in der der Ausnahmezustand zur Normalität geworden sei, sollte der »wirkliche Ausnahmezustand« herbeigeführt werden. Mit dieser geschichtsphilosophischen, antifaschistisch aufgeladenen Weihe meinten die Wortführer der RAF ihre eigene Rolle als einer vermeintlichen »Metropolenguerilla« schmücken zu können.

Während Benjamin in der Herbeiführung des »wirklichen Ausnahmezustands« eine messianische Aufgabe sah, verstand die RAF darin eine revolutionäre. Sie glaubte im Kapitalismus einen faschistischen Kern erkennen zu können und sah es deshalb als ihre Verpflichtung an, die parlamentarische Demokratie solange zu bekämpfen, bis in den von ihr ergriffenen Polizeimaßnahmen Zug um Zug das kenntlich geworden wäre, was ihr vermeintliches Wesen ausmachte. Unter der Parole, ihre »Bomben auch ins Bewusstsein der Massen werfen« zu wollen, zielte sie auf die Demaskierung eines in seinem Innersten angeblich »faschistisch« gebliebenen Systems ab. Doch zum Vorschein war kein staatliches Monster gekommen, sondern ein bis an seine rechtsstaatlichen Grenzen und in bestimmten Punkten gewiss auch darüber hinaus gegangener demokratischer Staat. Einige der geschichtsphilosophischen Prämissen, die sich die Studentenbewegung im Gefolge der Kritischen Theorie zu eigen gemacht und derer sich die RAF bedenkenlos bedient hatte, waren nicht aufrecht zu halten gewesen.

Mit der Bekämpfung der RAF im Herbst 1977 war – allen vermuteten oder auch nachweisbaren Rechtsverstößen zum Trotz – nicht der Damm des Verfassungsstaates gebrochen worden, sondern der Bann des nachholenden Widerstands. Die Überzeugung, dass man nun mit einem sich in untergründiger Kontinuität zum NS-Regime bewegenden Staat brechen müsse, war eine Selbsttäuschung. Was als nachholender Antifaschismus hatte antreten wollen, war in Wirklichkeit eine falsche Aktualisierung[37] – kurzsichtig und zwanghaft zugleich.

Der Zusammenbruch des Benjamin und der Kritischen Theorie entliehenen Staats- und Weltbildes

Das Diktum »Wer aber vom Kapitalismus nicht reden will, sollte auch vom Faschismus schweigen« stand wie ein unfreiwillig tragischer Portalspruch über der Studentenbewegung. Dieses Zitat stammte von keinem geringeren als Max Horkheimer – aus dessen unter dem Eindruck des gerade ausgebrochenen Zweiten Weltkriegs verfassten Aufsatz »Die Juden und Europa«.[38] Er meinte darin inständig davor warnen zu müssen, der Vergangenheit des liberalen Bürgertums nachzutrauern. Gegen den Faschismus könne man sich nicht auf jene Kräfte berufen, durch die er – hielt der in seinen weltanschaulichen Grundfesten erschütterte Sohn des Großbürgertums dem Liberalismus entgegen – überhaupt erst habe siegen können. Dieses Misstrauen saß tief und es ist gewiss nicht ohne jegliche Berechtigung gewesen.

Die Behauptung jedoch, dass der Kapitalismus den Faschismus generiert habe, war in dieser Allgemeinheit mit Sicherheit verkehrt. Danach müsste schließlich in all jenen Ländern, in denen sich der Kapitalismus durchgesetzt hat, früher oder später ein faschistisches System entstanden sein. Unter den Vorzeichen eines globalisierten Kapitalismus würden wir es heute mit nichts anderem als einer Art Weltfaschismus zu tun haben müssen. Damit aber wird auch die als logisch zwingend unterstellte Verknüpfung des Antifaschismus mit dem Antikapitalismus hinfällig.

Die antiautoritäre Fraktion im SDS, die unbestreitbar der Motor der Studentenbewegung war, hatte sich aus Elementen der Kritischen Theorie so etwas wie ein Weltbild zusammengebaut. Es bestand im Wesentlichen aus drei politischen Prämissen: Erstens: Kapitalismus und Demokratie schließen sich aus. Da der Parlamentarismus keine wirkliche Volksherrschaft ist, muss er durch eine Form der Basisherrschaft, am besten eine Rätedemokratie ersetzt werden. Zweitens: Der Kapitalismus führt mit innerer Notwendigkeit zum Faschismus. Um dessen erneute Machtergreifung zu verhindern, muss zuerst das durch Ausbeutung, Konkurrenz und Profitgier bestimmte Wirtschaftssystem abgeschafft und durch ein sozialistisches ersetzt werden. Drittens: Ein angemessenes antikapitalistisches Bewusstsein der Lohnabhängigen wird durch die Manipulation von Presse, Medien und Öffentlichkeit, durch das was Enzensberger einmal als »Bewusstseins-Industrie« bezeichnet hat,[39] verhindert.

Dieses weltanschauliche Gebäude hatte bereits in der ersten Hälfte der siebziger Jahre mehr und mehr Risse bekommen. In sich zusammen stürzte es jedoch erst nach dem Herbst 1977. Der bundesdeutsche Staat hatte sich gegen die RAF durchzusetzen vermocht, zwar nicht ohne für eine begrenzte Zeit einen Ausnahmezustand zu praktizieren, jedoch ohne damit dauerhaft in einen autoritären Staat zurückzufallen. Da das Schreckbild vom »neuen Faschismus« nicht eingetreten war, breitete sich ein nachhaltiger Katzenjammer aus. Allerorten war nun plötzlich von einer »Krise des Marxismus« die Rede. Und in diese »Krise« wurde die Kritische Theorie durchaus miteinbezogen.

Die Antinomien einer Universalisierung des Ausnahmezustands

Von was für einem Ausnahmezustand spricht Benjamin, wenn er Schmitts Terminus aufgreift und ihn davon als »wirklichen« unterscheidet? Auf welche Situationen lässt sich Benjamins Begriffsdifferenzierung übertragen? Genauer: Gibt es Kriterien, die erfüllt sein müssen, wenn überhaupt von einem Ausnahmezustand gesprochen werden kann? Geht es um den Faschismus oder den Nationalsozialismus als Ausnahmezustand? Warum kommt der Kommunismus oder zumindest der Stalinismus überhaupt nicht – weder bei Benjamin noch bei der Studentenbewegung – vor, wenn vom Ausnahmezustand die Rede ist? Oder geht es sehr viel allgemeiner um den Krieg als Ausnahmezustand? Geht es um die Vernichtung der europäischen Juden, den Holocaust? Geht es um den Atomkrieg, der mit seinem monströsen Destruktionspotential historisch zum ersten Mal die Selbstvernichtung der Gattung möglich gemacht hat? Oder müssen nicht all die Millionen, die jährlich des Hungers sterben, als im Ausnahmezustand befindlich angesehen werden? Ja, leben wir ganz allgemein in einem Zeitalter des Ausnahmezustands?

Benjamin konnte auf die meisten dieser Fragen schon deshalb keine Antwort geben, weil seiner Existenz ein Auschwitz ante eingraviert war.[40] Doch die Frage nach Status, Geltung und Aktualität vom Paradigma des zur Regel gewordenen Ausnahmezustands ist von entscheidender Bedeutung.

Es ist alles andere als Zufall, dass ein Gegenwartsphilosoph, der als ein ausgesprochener Benjamin-Experte gelten darf, in seinem eigenen Werk den Begriff des Ausnahmezustands zu einer Schlüsselkategorie gemacht hat. Gemeint ist mit Giorgio Agamben der Herausgeber der italienischen Benjamin-Ausgabe, der mit seinem Projekt »Homo sacer« einen ambitionierten Versuch zur Analyse der prekären Existenzform des Menschen im globalisierten Zeitalter vorgelegt hat.[41]

Der Begriff des »homo sacer« stammt aus dem römischen Recht und bezeichnet im Grunde einen vogelfreien Menschen, der von jedem straflos getötet, aber von niemandem geopfert werden durfte. Vom weltlichen wie vom göttlichen Recht war er gleichermaßen ausgenommen. Rechtlich ungeschützt, auf das nackte Dasein reduziert wird er von Agamben als das eigentliche Subjekt der Moderne gedacht. Wie keine andere Figur verkörpert der »homo sacer« das Leben im Ausnahmezustand. Agamben geht soweit, das Konzentrationslager als »nómos der Moderne« zu bezeichnen. Für ihn ist der Ausnahmezustand an der »Grenze zwischen Recht und Politik angesiedelt«, in einem »Niemandsland zwischen dem Öffentlichen Recht und politischer Faktizität«. Er verfolgt dessen Vorgeschichte von den ersten Ansätzen zu einer zeitweiligen Suspendierung der Verfassung während der Französischen Revolution über die Praktizierung eines permanenten Ausnahmezustands durch die kriegführenden

Mächte während des Ersten Weltkriegs, die Notverordnungspraxis des Reichspräsidenten in der Weimarer Republik, seiner Reichstagsbrandverordnung von 1933, mit der er die Verfassung weitgehend außer Kraft setzte und die Grundlagen der NS-Diktatur schuf, bis zur Einrichtung außerrechtlicher Gefangenenlager durch die USA in Guantanamo.

Die beiden Autoren, von denen er die wichtigsten Elemente für seine Theorie des Ausnahmezustands bezieht, sind Carl Schmitt und Walter Benjamin. Auch wenn es nur wenige Dokumente sind, anhand derer sich eine wechselseitige Bezugnahme beider aufeinander nachweisen lässt, so ist diese – lange Zeit verschleierte – inzwischen doch unbestreitbar. Agamben geht soweit, Schmitts Souveränitätslehre als eine Antwort auf Benjamins Aufsatz »Zur Kritik der Gewalt« anzusehen. Die entscheidende Differenz zwischen beiden, argumentiert er, bestehe darin, dass es Schmitt im Gegensatz zu Benjamin darauf ankomme, die von seinem Konterpart hypostasierte »reine«, außerhalb jeglichen Rechts stehende Gewalt in die Rechtsordnung zurückzuholen und wieder einzubinden. Agamben hebt den Widerspruch jedoch in gewisser Weise auf, indem er eine eigene Topologie entwirft: »In Wahrheit steht der Ausnahmezustand weder außerhalb der Rechtsordnung, noch ist er ihr immanent, und das Problem seiner Definition betrifft genau eine Schwelle oder eine Zone der Unbestimmtheit, in der innen und außen einander nicht ausschließen, sondern sich un-bestimmen. Die Suspendierung der Norm bedeutet nicht ihre Abschaffung, und die Zone der Anomie, die sie einrichtet, ist nicht ohne Bezug zur Rechtsordnung (oder gibt es wenigstens vor, es nicht zu sein).«[42]

Agamben behauptet am Ende, dass der Ausnahmezustand im 20. Jahrhundert »fast ohne Unterbrechung immer weiter funktioniert« und zu Beginn des 21. »seine weltweit größte Ausbreitung erreicht« habe.[43] Dieser habe zu Beginn des Ersten Weltkriegs eingesetzt, den Faschismus und den Nationalsozialismus durchzogen und halte »bis in unsere Tage« weiter an. Für die Anschlussfähigkeit dieser verwegen erscheinenden bis zur Gegenwart reichenden Kontinuitätsthese ist von großer Bedeutung, dass US-Präsident George W. Bush in direkter Reaktion auf die Terroranschläge vom 11. September 2001 nicht nur einen *Patriot Act* erließ,[44] der es erlaubt, jeden terroristischer Taten verdächtigen Fremden in Gewahrsam zu nehmen, sondern zur Verschärfung auch eine *military order*, durch den diese für unbeschränkte Dauer inhaftiert werden können. Die Terrorismusverdächtigen werden seitdem vor ein militärisches Sondergericht gestellt, dessen Verfahren durch elementare Einschränkungen im Hinblick auf die Rechte von Angeklagten gekennzeichnet ist; sie können keinen Widerspruch gegen ihre Inhaftierung einlegen, keinen Anwalt hinzuziehen, ihr Verfahren muss nicht öffentlich sein, eine Berufung vor einem Zivilgericht ist von vornherein grundsätzlich ausgeschlossen. Die Tatsache, dass solche der Gefährdung der nationalen Sicherheit Verdächtige, die im Typus der Guantanamo-Gefangenen ihr Ebenbild gefunden haben, damit aus jeglichem Rechtsrahmen herausgestoßen worden sind, ist für Agamben gleichbedeutend mit dem Rechtsstatus von Juden in den NS-Lagern.

Zur historischen Kontinuitätsprämisse kommt noch eine räumliche hinzu, die Globalisierungsprämisse. Der Ausnahmezustand, in dem die Rechtsordnung suspendiert worden sei, behauptet Agamben, habe sich rund um den Erdball ausgebreitet. Die Universalisierung seiner von Benjamin bezogenen These vom »Ausnahmezustand als Regel« vollzieht Agamben, zu dessen philosophischen Autoritäten nicht ohne Grund auch Martin Heidegger gehört, jedoch über deren Ontologisierung. Diese räumliche wie zeitliche Entgrenzung des Ausnahmezustands, die die Existenz des »homo sacer« konfigurieren soll, ist gefährlich. Denn sie kann nicht mehr zwischen Demokratie und Autokratie, zwischen Diktatur und totalitärer Herrschaft unterscheiden. Die Grenzen zwischen den verschiedenen Staats- und Herrschaftsformen verschwimmen zusehends. Im Grunde genommen werden die unverzichtbaren Differenzierungen des Politischen von Agamben seinem biopolitischen, maßgeblich auf Foucault basierenden Programm geopfert.

Doch das Paradigma vom Ausnahmezustand als Regel lässt sich

nicht durch das Nadelöhr von Guantanamo zwängen. Es ist zwar unbestreitbar, dass die Vereinigten Staaten im Zuge des nach dem 11. September 2001 eingeschlagenen Wegs der Terrorismusbekämpfung dauerhaft die Menschenrechte verletzt haben, jedoch ist das mächtigste Land der Welt damit längst noch keine Diktatur geworden. Aus ihrer nach wie vor einzigartigen Machtstellung lässt sich zudem auch nicht einfach eine uneingeschränkte globale Superiorität ableiten. Wie sich die Situation in anderen Erdteilen und Ländern definiert, kann nicht generalisiert werden und ist jeweils von Fall zu Fall zu beurteilen. Der Ausnahmezustand bedeutet – zumindest staatsrechtlich betrachtet – vor allem die Abschaffung der Gewaltenteilung, also die Ausschaltung von Legislative und Judikative zugunsten einer ausschließlichen Hegemonie der Exekutive. Erst wenn dieses Kriterium erfüllt ist, kann von ihm in einer begründeten Weise gesprochen werden. Der Versuch, aus einer Regel ein Paradigma zu machen und dieses zu universalisieren, ist nicht von der Aufgabe enthoben, dessen Gültigkeit unter Beweis zu stellen.

Die geschichtsphilosophischen und historischen Prämissen des Ausnahmezustands

Der aus Benjamins Thesen übernommene und als exemplarisch für die gesamte Kritische Theorie in den Raum gestellte Titel »Der Ausnahmezustand als Regel« legt schon aus logischen Gründen ein Paradox nahe. Denn je länger der Ausnahmezustand andauert, umso stärker negiert er sich selbst und tendiert dazu, zur Normalität zu werden. Es ist festzuhalten, dass es neben logischen *auch historische* Gründe gibt, nicht an ihm als einer vermeintlich allgemeingültigen Erkenntnis festzuhalten. Eine Demokratie mag – wie das hier im Fall der alten Bundesrepublik problematisiert worden ist – hin und wieder vom Einbruch eines Ausnahmezustands bedroht worden sein, so lange sie jedoch als Form einer rechtsstaatlich verankerten, auf Gewaltenteilung beruhenden repräsentativen Demokratie besteht, so lange sollte sich die von Benjamin geliehene, aber nicht in einer vergleichbaren

Weise historisch grundierte Rede vom »Ausnahmezustand als Regel« verbieten.

Angesichts der misslungenen Adaption seines Paradigmas müsste Benjamin gleich in doppelter Hinsicht als Gescheiterter angesehen werden. Zum einen historisch betrachtet hinsichtlich seiner Biographie wie seinem Werk, zum anderen im Hinblick auf die Aktualisierbarkeit solch einer Gedankenfigur in der Gegenwart. So wenig sie einfach auf andere Konstellationen übertragen oder gar – wie im Falle Agambens – entgrenzt und universalisiert werden sollte, so kommt ihr doch ein enormer heuristischer Wert zu. Der Test, dem hier das Paradigma des Ausnahmezustands unterzogen worden ist, verweist auf ein grundsätzliches Problem, vor das sich all jene gestellt sehen, die sich auch heute noch im Traditionsstrom Kritischer Theorie bewegen und mit ihren Erkenntnissen operieren wollen. Sie müssen sich die Frage gefallen lassen, ob die geschichtsphilosophischen Prämissen, von denen Horkheimer, Adorno und Marcuse wie selbstverständlich glaubten ausgehen zu können, auch heute noch Gültigkeit besitzen.

An dem vielleicht zugespitztesten Beispiel, dem Walter Benjamins, lässt sich zeigen, dass dies nicht mehr – jedenfalls nicht mehr ungeprüft – möglich ist. Seinem Paradigma vom Ausnahmezustand war ein Zeitkern einbeschrieben, ein biographischer wie ein über das einzelne Individuum hinausgehender historischer. Das macht seine Prägnanz aus, aber auch seine Relativität. Warum sollte es bei den grundlegenden Prämissen seiner Freunde und Kollegen anders gewesen sein?

Cohn-Bendit, die 68er und die Grünen

Die lange Zeit unterschätzte Brisanz der Pädophilie-Debatte

Die im Jahr 2010 mit einer geradezu eruptionsartigen Wucht aufgebrochene Missbrauchsdebatte hatte ihren Ursprung in einer Berliner Jesuitenschule, dem Canisius-Kolleg, einem zwar privat geführten, aber staatlich anerkannten katholischen Gymnasium. Der durch die Aufdeckung mehrerer Dutzend Missbrauchsfälle ausgelöste Skandal schlug hohe Wellen und erfasste in kurzer Zeit im Wesentlichen drei Bereiche – die Katholische Kirche, die Internate und die Reformpädagogik. Kurz darauf erreichte sie aber auch die einstigen 68er und einige der aus ihrer Bewegung hervorgegangenen Strömungen. Unmittelbar darauf wurde landauf landab die Frage erörtert, ob das, was einst so emphatisch als »sexuelle Befreiung« bezeichnet wurde, auch etwas mit dem Missbrauch von Kindern zu tun oder ihm zumindest Vorschub geleistet haben könnte.

Es sind drei qualitative Differenzen, die es in diesem Zusammenhang festzuhalten gilt: Bei der Katholischen Kirche und den Internaten handelt es sich um Institutionen, bei den 68ern und der aus ihr hervorgegangenen linksalternativen Szene um eine Bewegung beziehungsweise eine Subkultur. Damit hängt ein gravierender Unterschied zusammen: In den Institutionen wurde auf Verschwiegenheit gesetzt, in der Bewegung – ganz nach dem Motto, dass das Politische privat und das Private politisch sein müsse – auf Öffentlichkeit. Und eine dritte Differenz kommt außerdem noch hinzu. Während es der Katholischen Kirche auf die Wahrung von Traditionen angekommen ist und offenbar noch immer ankommt, ging es der Szene um das Ausprobieren neuer Sozialformen, um kollektive Experimente. Dabei reizte nicht nur das Neue, sondern auch das Verbotene, der Tabubruch. Das allerdings konnte – und das war die Frage, die immer mehr ins Zentrum der ausufernden Debatte rückte – unter Umständen mit unvertretbaren Grenzüberschreitungen, mit psychischen Verletzungen von Kindern und Heranwachsenden verbunden gewesen sein.

Zu Beginn des Jahres 2010 hatte es nicht lange gedauert, bis die 68er unter Verdacht gestellt worden waren. Niemand anderes als der Augsburger Bischof Walter Mixa war es, der behauptet hatte, dass an den ans Licht gekommenen Verfehlungen die »sogenannte sexuelle Revolution […] sicher nicht unschuldig« gewesen sei.[1] Diese ebenso pauschale wie vage Schuldzuweisung war umgehend zurückgewiesen worden. Von verschiedener Seite hieß es, dass es sich dabei um nichts anderes als ein Ablenkungsmanöver handle. Die Katholische Kirche wolle sich auf diese Weise nur ihrer eigenen Verantwortung entziehen.

Nach nur wenigen Wochen stellte sich der Angriff gar als Bumerang heraus. Denn der Bischof musste wegen eigener Verfehlungen bei Papst Benedikt XVI. im April 2010 seinen Rücktritt ersuchen. Die Augsburger Staatsanwaltschaft leitete einen Monat später wegen des Verdachts, selbst sexuellen Missbrauch betrieben zu haben, gegen Mixa Vorermittlungen ein. Nur einen Tag später kam der Papst nicht umhin, das Rücktrittsgesuch anzunehmen. Zwei Wochen darauf brachten aus dem Bistum Augsburg stammende Priester und Laien im Internet eine »Pfingsterklärung« heraus, in der sie sich auf den Skandal um den zurückgetretenen Bischof bezogen und einige sie besonders beunruhigende Fragen aufwarfen.[2] Welchen Nerv sie damit offenbar getroffen hatten, wurde schon dadurch klar, dass der Aufruf schon am ersten Tag von rund 800 Personen unterzeichnet wurde.

Angesichts derartiger Turbulenzen glaubten sich manche Kommentatoren, die für die 68er Partei ergriffen hatten, nun auf die Schulter klopfen zu können. Das jedoch dürfte sich als voreilig erweisen. Auch wenn es damals keine diesbezügliche Missbrauchsdebatte gegeben hat, so zeigte sich doch, dass sich eine Reihe von Spuren bis ins Zentrum der 68er-Bewegung zurückführen ließen. Ihnen nachzugehen, ist keineswegs eine ausschließlich historische Aufgabe. Sie umschreibt vielmehr einen Spannungsbogen, der bis in die Gegenwart führt, mitten hinein in die Debatte über Pädophilie und Kindesmissbrauch.[3]

Die Propagierung frühkindlicher Sexualität in Kommunen und Kinderläden

Im Kernbereich der 68er-Bewegung war es ja nicht nur um eine andere Politik, sondern mehr noch um die Ausgestaltung möglichst konkreter Utopien gegangen, um nichts weniger als die Schaffung eines »neuen Menschen«. Die Gründung von Kommunen war ein Schritt in diese Richtung, ein anderer war die Schaffung von sogenannten Kinderläden. Schließlich waren die Kommunarden noch von der »alten Welt« geprägt. Niemand konnte wissen, auf welche Weise die verinnerlichten Werte der bürgerlichen Gesellschaft – Neid, Konkurrenz, Eifersucht, Leistungs- und Hierarchiedenken – in den Einzelnen noch fortexistierten und die Maximen einer neuen Kollektivität insgeheim sabotierten. Einen wirklichen Neuanfang konnte es deshalb – das jedenfalls war eine verbreitete Überzeugung – nur mit Kindern geben. Sie waren in gewisser Weise das unbeschriebene Blatt, dessen es zur Ausgestaltung einer neuen, einer befreiten Gesellschaft bedurfte. Zugleich wurden sie damit aber auch zu perfekten Projektionsfiguren für revolutionäre Utopien gemacht.

Beim berühmten Treffen am bayerischen Kochelsee im Juli 1966, an dem von Dutschke bis Rabehl Schlüsselfiguren der späteren 68er-Bewegung teilgenommen hatten, war das Kommune-Projekt beschlossen worden. Hauptbefürworter war mit dem aus Bamberg stammenden Dieter Kunzelmann die Zentralfigur der künftigen *Kommune I*. Er propagierte nichts weniger als die Destruktion aller Sozialbeziehungen. Sein Programm der Entwurzelung gefiel sich als Aufruf zur persönlichen Selbstbefreiung, in Wirklichkeit jedoch war es die Propagierung einer radikalen Entbürgerlichung, die Abkehr von der Welt der bürgerlichen Kleinfamilie. Die Kehrseite bestand darin, dass die aus ihrem sozialen Netz herausgetrennten und von all ihren Sekuritätswünschen abgelösten Einzelnen zugleich die geeignetsten Objekte einer neuen Unfreiheit werden konnten, Objekte von Manipulation, Domestizierung und undurchschauten Projektionsvorgängen. Und das galt insbesondere für die Schwächsten in dieser Konstellation – für die Kinder.

In der zur Jahreswende 1966/67 gegründeten Kommune wurde zugleich das Projekt der antiautoritären Erziehung ins Leben gerufen. Federführend trat in dieser Hinsicht jedoch schon bald die *Kommune 2* in Erscheinung. Sie war nur wenig später im Februar 1967 gegründet worden und hat später eine Art Rechenschaftsbericht darüber abgelegt, wie ihr Experiment, das kollektive Leben mit der politischen Arbeit verbinden zu wollen, ausgegangen ist. Unter dem emphatischen Titel »Versuch der Revolutionierung des bürgerlichen Individuums« haben ihre Mitglieder aufgezeichnet,[4] wo die Grenzen in der Ersetzung der patriarchalischen Kleinfamilie durch eine im Hinblick auf ihre Arbeits- und Liebesbeziehungen offen strukturierte Großfamilie lagen. In aller Schonungslosigkeit wurde darin geschildert, zu welchen Frustrationen, Depressionen sowie verdeckten und offenen Konflikten die Versuche geführt haben, die Strukturen der bürgerlichen Familie auszuhebeln und soziales wie intimes Neuland zu betreten.

Als ihre Mitglieder aus ihrem ersten Domizil, dem SDS-Zentrum, auszogen, um sich eine neue Unterkunft zu suchen, gehörten ihr vier Männer, drei Frauen und zwei Kleinkinder im Alter von drei und vier Jahren an, die zum Objekt eingehender Beobachtung gemacht wurden. Der kleine Nessim und die kleine Grischa hatten bis dahin in der *Kommune I* gelebt. Die Mutter des einen und der Vater der anderen waren nun an dem Erziehungsexperiment in der *Kommune 2* beteiligt. Die Tatsache, dass damit der Bruch zwischen den jeweiligen Elternpaaren zur Voraussetzung der antiautoritären Erziehung gemacht wurde, war nicht nur unfreiwillige Folge möglicher Zerwürfnisse, sondern auch gewollt, wie der Abschnitt aus einem programmatischen Text verrät: »Nur der radikale Bruch mit der überkommenen Dreiecksstruktur der Familie kann zu kollektiven Lebensformen führen, in denen die Individuen fähig werden, neue Bedürfnisse und Phantasie zu entwickeln, deren Ziel die Schaffung des neuen Menschen in einer revolutionierten Gesellschaft ist.«[5] Mit diesem Bruch war die Erwartung verknüpft, die ödipale Grundstruktur in der bürgerlichen Kleinfamilie aushebeln zu können. Wenn das gelänge, so die Überzeugung, dann müsse es auch möglich sein, den darin verstrickten Triebenergien neue Ziele und damit eine positive Wendung geben zu können.

Als entscheidende Voraussetzung für die Praxis der Kinderläden wurde Freuds Entdeckung der frühkindlichen Sexualität angesehen. Vorher habe man das Kind als einen noch unfertigen Erwachsenen betrachtet und der primären Sozialisationsphase keinerlei Beachtung geschenkt. Erst mit der Freud'schen Psychoanalyse habe sich das geändert.[6] Seitdem seien zahlreiche Untersuchungen entstanden, die sich mit den verschiedenen Entwicklungsphasen von Kindern, deren gesellschaftlichen Kontexten und der Bedeutung unterschiedlicher Erziehungsmethoden befassten. Es könne jedoch nicht darum gehen, die kindliche Sexualität lediglich zu dulden, sie müsse – wie die Kinderläden sich auf den ehemaligen Freud-Schüler Wilhelm Reich berufend betonten – darüber hinaus explizit gefördert werden: »Die ausdrückliche und unmissverständliche Bejahung des kindlichen Geschlechtslebens seitens der Erzieher vermag auch dann die Grundlage sexualbejahender Ichstruktur-Bestandteile zu werden, wenn sie die gesellschaftlichen Einflüsse nicht zu entkräften vermag.«[7] Das war eine Kampfansage. Die entsprechenden Konflikte waren vorprogrammiert.

Als in West-Berlin antiautoritäre Kindergärten gegründet wurden, entstand die Bezeichnung »Kinderladen«, die sich bald darauf bundesweit durchsetzte. Damit wollte man sich von der traditionellen Bezeichnung abgrenzen, in deren Bild es eher vom Gärtner als von der Pflanze abhängig war, was aus dem neuen Geschöpf wurde. Mit dem neuen Namen sollte vor allem das in der Vergangenheit so missbrauchte Bild der Pflanzstätte vermieden werden. Mit ihm wurde aber auch ganz prosaisch dem Umstand Rechnung getragen, dass die ersten derartigen Einrichtungen in leerstehenden Ladenräumen untergebracht waren.

Im August 1968 erfolgte die Gründung des »Zentralrats der sozialistischen Kinderläden West-Berlin«. Aufgrund der zielstrebig verfolgten Absicht, die soziale Funktion der Eltern wie deren psychische Repräsentanzen möglichst zu beseitigen, hegte der Zentralrat ein besonders starkes Interesse an einem Forschungsfall, über den Freuds Tochter Anna – ebenfalls eine renommierte Psychoanalytikerin – zusammen mit einer Mitarbeiterin berichtet hatte. Es ging um sechs jüdische Kleinkinder, die im Alter von drei beziehungsweise vier Jahren aus dem KZ Theresienstadt befreit und dann nach Großbritannien in ein Waisenhaus gebracht worden waren. In der Studie hatte es geheißen: »Die Kinder waren im vollsten Sinne des Wortes ohne Eltern. Das heißt, sie waren nicht nur verwaist, sondern die meisten von ihnen besaßen kein unbewusstes frühes Mutter- oder Vaterbild, an das ihre frühesten libidinösen Strebungen hätten gebunden werden können.«[8] Und der physische wie psychische Verlust der Eltern hatte, wie Anna Freud festhielt, gravierende Folgen: »Die ungewöhnliche emotionale Abhängigkeit der Kinder voneinander wurde durch das fast vollständige Fehlen von Eifersucht und Rivalität bestätigt [...] Da die Erwachsenen zu der Zeit in ihrem Gefühlsleben keine Rolle spielten, rivalisierten sie nicht miteinander um deren Gunst oder Anerkennung.«[9] Es fehlten also jene Negativmerkmale, die in den üblichen Kindheitsmustern sonst so unverbrämt hervortraten: Neid, Eifersucht, Rivalität und Konkurrenzgebaren.

Für die Betreiber der Kinderläden erschienen die jüdischen Kinder, die ihre Eltern verloren hatten, weil sie von den Nazis umgebracht worden waren, auf einmal wie der Idealfall eines Kinderkollektivs. Anstatt sich wie in einer Kleinfamilie üblich im Spannungsfeld der Eltern zu entwickeln und dabei eine eigene Identität auszubilden, konnten sie ihre libidinösen Energien angeblich auf Gleichaltrige konzentrieren. Das Autoren-Team, das sich diesem Fall zugewandt hatte, schrieb dazu in einer Broschüre: »Die einzigen menschlichen

Partner, zu denen die Kinder einen emotionalen Kontakt hatten, waren ihre Altersgenossen. Demzufolge waren ihre Altersgenossen ihre wirklichen Liebesobjekte, und ihre libidinösen Beziehungen zu ihnen waren direkter Natur, nicht nur das Ergebnis mühsamer Reaktionsbildungen gegen und Abwehr von Feindseligkeiten. Das erklärt, warum die Gefühle der sechs Kinder zueinander so warm und spontan waren ...«[10]

In dem Bestreben, die Rolle der Eltern möglichst auszulöschen, abstrahierten die Aktivisten der Westberliner Kinderläden völlig von der für die Entwicklung der Kleinkinder lebensgefährlichen Situation in einem KZ und idealisierten sie nach ihrer Befreiung zu Vorbildern einer alternativen Erziehungskonstellation: »Ihre sexuellen Triebe wurden innerhalb und von der Gruppe befriedigt. Das war die Basis für die Entwicklung sämtlicher individueller und kollektiver Fähigkeiten.«[11] Nun zeigten die jüdischen Kinder keine negativen Charaktermerkmale wie Leistungsbestreben, Konkurrenz und Egoismus mehr, sondern nur noch positive Eigenschaften wie Hilfsbereitschaft, Arbeitsfreude und Sinn für Kollektivität. Ohne auch nur einen Hauch von Misstrauen gegenüber den eigenen Projektionsvorgängen aufzubringen und so auf den naheliegenden Gedanken zu kommen, dass die Identifikation mit den überlebenden jüdischen Kindern zugleich auch als eine indirekte nachträgliche Rechtfertigung der Lager ausgelegt werden könnte, feierten die Aktivisten der Kinderläden die Nachkriegsexistenz der Waisenkinder als eine vorbildliche Kollektivform.

Mit diesem Schritt wurde nichts weniger als das Band zwischen Eltern und Kindern zerschnitten und ihnen die Möglichkeit zur Identifikation mit ihren wichtigsten Bezugspersonen geraubt. Aus dem Programm der sozialen Entwurzelung resultierte das einer folgenreichen Grenzüberschreitung. Indem die Sexualisierung der Kinder zur Gelenkstelle einer »befreiten Gesellschaft« auserkoren wurde, weil man mit ihr deren triebenergetische Grundlegung verband, war späteren Übergriffen Tür und Tor geöffnet. Damit ist nichts darüber ausgesagt, ob es in den damaligen Kommunen konkret bereits zu sexuellen Übergriffen gekommen ist. Es zeigt jedoch, wie sexualisiert die Rolle von Kindern vorgestellt wurde und welchen Gefahren sie dort ausgesetzt waren.

Wilhelm Reich und die sexuelle Revolution

Mit keinem anderen Schlagwort sind die sechziger Jahre enger in Verbindung gebracht worden als mit der »Sex-Welle« oder der »sexuellen Revolution«. Die Anzeichen einer neuen Libertinage, die diesmal nicht auf eine Bohème oder irgendeine privilegierte soziale Schicht beschränkt blieb, sondern die moderne Massengesellschaft insgesamt erfasste, waren seinerzeit unübersehbar. Für die Illustrierten, Magazine und Gazetten schien es jedenfalls kaum ein dringlicheres Thema zu geben. Der Kinsey-Report, Oswalt Kolles Illustrierten-Serien über »Das Wunder der Liebe«, »Dein Kind – das unbekannte Wesen«, »Deine Frau – das unbekannte Wesen«, »Dein Mann – das unbekannte Wesen« und die sogenannten Aufklärungsfilme boten dafür den entsprechenden Stoff. Und mit einem neuentwickelten Antikonzeptivum wie der Antibabypille war historisch erstmals eine effektive Voraussetzung geboten, Sexualleben und Fortpflanzung gesellschaftlich folgenreich voneinander zu entkoppeln.

Der Soziologe Helmut Schelsky hatte in seiner erstmals 1955 erschienenen »Soziologie der Sexualität«, das trotz seines trockenen Stils rasch zu einem Bestseller avancierte, die sozial-anthropologischen Grundlagen des sexuellen Verhaltens zu definieren versucht. Dabei stellte er fest, dass die entscheidende Abweichung des menschlichen vom tierischen Geschlechtsleben darin bestehe, dass es bei den Menschen keine Brunstzeit gebe. Durch den Wegfall eines jahreszeitlich bedingten Rhythmus der sexuellen Antriebe müsse man von einer »Daueraktualität des menschlichen Geschlechtstriebes« sprechen, der unter gegebenen Bedingungen zu einem »Antriebsüberschuss« führe.[12] In Anlehnung an den Anthropologen Arnold Gehlen schrieb er weiter, dass die allgemeine Instinktreduktion zu einer »fast universalen Plastizität des menschlichen Sexualverhaltens« geführt habe. Indem beim Menschen das Lustempfinden vom Gattungszweck ablösbar sei, könne es »zum eigenständigen Motiv bewusster Handlungen« werden. Und genau das war mehr und mehr der Fall geworden. Es schien so, als habe der Soziologe den rapiden Wandel, dem der menschliche Geschlechtstrieb in den Industriegesellschaften unterlag, nicht nur erfasst, sondern mit seiner Konstatierung der Plastizität etwas von dem prognostiziert, was als Welle über die Öffentlichkeit hereinbrach.

Doch kein Soziologe wie Schelsky wurde zum Herold der »Sexuellen Befreiung« – wie ein anderes Schlagwort lautete –, sondern ein Psychologe, der lange in Vergessenheit geraten war und erst von SDS-Studenten entdeckt werden musste. Es handelte sich um einen Schüler Sigmund Freuds, der sich mit seinem Lehrer überwarf, weil er der Überzeugung war, das Primat der Sexualität gegen seinen Entdecker verteidigen zu müssen – es handelte sich um Wilhelm Reich. Die posthume Karriere keines anderen vor den Nazis in die USA geflohenen jüdischen Sozialwissenschaftlers ist vermutlich extremer verlaufen. Sein Stern ging im Kontext der 68er-Bewegung ebenso schnell auf wie er auch wieder unterging. Es dürfte alles andere als Zufall gewesen sein, dass es sich bei dem ersten Raubdruck, der im Zuge der frühen Studentenbewegung 1965 verbreitet worden ist, um eine Schrift Reichs gehandelt hat – seine 1933 in Kopenhagen erschienene »Massenpsychologie des Faschismus«.[13] Maßgeblichen Anteil an der Wiederentdeckung des Häretikers, der als Vorreiter einer Verbindung zwischen Psychoanalyse und Marxismus galt, hatte der von dem Philosophen Wolfgang Fritz Haug geleitete *Argument-Club* in West-Berlin. In dessen 1963/64 tagenden Arbeitskreis »Sexualität und Herrschaft« spielten Reichs Schriften eine zentrale Rolle. Und als 1966 sein ebenfalls ursprünglich in der dänischen Hauptstadt unter der Überschrift »Die Sexualität im Kulturkampf« publizierter Band nun mit dem programmatischen Titel »Die sexuelle Revolution« wieder regulär aufgelegt wurde,[14] zeichnete sich sein Durchbruch bereits ab. In einer zur selben Zeit erschienenen Titelgeschichte des *Spiegel* über die in Deutschland ausgebrochene »Sex-Welle« wurde mit der sensationsheischenden Bezeichnung »Sex-Revolutionär« das typische Reich-Bild vorgeprägt.[15] In der Folge bildeten sich jedenfalls unzählige Lektürezirkel heraus, in denen Reichs Theorien rezipiert und diskutiert wurden.

Von keinem anderen Autor dürften in der Hochzeit der 68er-Bewegung mehr Raubdrucke produziert worden sein.[16] Von Reich sind jedenfalls zwischen 1965 und 1970 nicht weniger als 75 Raubdrucke erschienen. Auf dem Campus der Frankfurter Universität war 1968 – ganz so, als habe man es mit einem regelrechten Klassiker der Revolte zu tun – die Parole zu sehen: »Lest Wilhelm Reich und handelt danach!« Handeln wonach? Was heute rätselhaft erscheint, muss damals mehr oder weniger selbstevident gewesen sein. Zumindest die Studierenden scheinen gewusst zu haben, wofür der Name Wilhelm Reich stand. Der Titel eines seiner bekanntesten Bücher – »Funktion des Orgasmus«[17] – schien als Aufforderung vermutlich nichts anderes zu besagen, als möglichst optimal seine orgastische Potenz auszuleben. Darin wurde jedenfalls der Schlüssel für das gesehen, was emphatisch als »Befreiung« propagiert wurde. Und als Studierende im Januar 1969 das Psychologische Institut an der Hamburger Universität besetzten, benannten sie es kurzerhand in »Wilhelm-Reich-Institut« um und führten dort ebenfalls regelmäßig Arbeitskreise zum Thema »Sexualität und Herrschaft« durch.

Indem Reich versuchte, zu den Ursprüngen der Psychoanalyse zurückzukehren, den zentralen Stellenwert der Sexualität zu erneuern und damit an Freuds ursprüngliche Triebtheorie anzuknüpfen, revidierte er sie – nicht ohne diesen Schritt als eine Form von Radikalisierung zu begreifen beziehungsweise misszuverstehen. Reich hing einer naturalistischen Gesellschaftsauffassung an und war davon überzeugt, dass es in Form der Sexualität eine biologische Grundlage menschlichen Verhaltens gebe. Bereits im Frühjahr 1919 hatte er in seinem Tagebuch notiert: »Ich bin aus eigener Erfahrung, durch Beobachtung an mir und anderen, zur Überzeugung gekommen, dass die Sexualität der Mittelpunkt ist, um den herum das gesamte soziale Leben wie die innere Geisteswelt des Einzelnen […] sich abspielen.«[18]

Die Sexualität war für ihn ein Schlüssel in einem doppelten Sinne – zum einen, um das Funktionieren der Gesellschaft zu begreifen und zum anderen, um sie systematisch zu verändern.

Im Zentrum dieser Auffassung stand das Primat von der Genitalität mit dem Orgasmus als dem Erleben einer vermeintlich ursprünglichen Natur. Reichs Vorstellung vom menschlichen Glück manifestierte sich in der vollständigen Reduktion sexuellen Erlebens auf die »Funktion des Orgasmus«. In seinem wohl bedeutendsten Werk, der »Charakteranalyse«, die durch die Lehre von den Charakterpanzerungen einen bleibenden Beitrag zur Psychoanalyse geliefert hat, fasst er seine Auffassung in der Formel zusammen: »Im Orgasmus ist das Lebendige nichts als ein Stück zuckender Natur.«[19] Im Zentrum der Liebesbeziehung stand für ihn eine erste, ursprüngliche Natur. Den restriktiven, von ihm als repressiv wahrgenommenen Einfluss der Gesellschaft galt es soweit zurückzudrängen, bis ein der individuellen wie der kollektiven Kontrolle enthobener Prozess wieder möglich werden konnte.

So wie Reich zunächst sein Ziel als Psychoanalytiker darin verstand, das Liebesleben seiner Probanden zu reaktivieren oder überhaupt erst zu ermöglichen, so richtete er später sein Bestreben als Vorkämpfer der Sexpol-Bewegung danach aus, möglichst alle Beschränkungen für ein Ausleben der Sexualität aufzuheben. Jeder Altersstufe sollte ein »natürliches Liebesleben« möglich gemacht werden. Um Jugendlichen die dafür nötigen Voraussetzungen zu bieten, trat er dafür ein, dass ihnen eigene Wohnungen und empfängnisverhütende Mittel zur Verfügung gestellt wurden. Durch die sexualpolitische Bewegung, die Reich in dem Jahrzehnt zwischen 1927 und 1937 propagierte, sollte der Arbeiterbewegung, die angesichts des Faschismus offenbar in eine Sackgasse geraten und unfähig geworden war, ihre Errungenschaften zu verteidigen, ein Ausweg gezeigt werden.

In einer erfüllten Sexualität sah Reich dreierlei – die zentrale Zielsetzung des Sozialismus, die Voraussetzung für eine erfolgreiche Bekämpfung des Faschismus und den Garanten für eine erfolgreiche Revolution. Alles drehte sich bei ihm um Genitalität und orgastische Potenz. In seiner »Charakteranalyse« hieß es: »Der Orgasmus ist nichts Psychisches, sondern im Gegenteil ein Phänomen, das einzig durch Reduktion aller psychischen Tätigkeit auf die vegetative Urfunktion, also gerade durch Ausschaltung der psychischen Phantasietätigkeit und Vorstellungsarbeit zustande kommt ...«[20] Im Geschlechtsakt sollte also das Bewusstsein der an ihm Beteiligten möglichst vollständig ausgeschaltet und die beiden Partner auf einen Status bloßer Naturwesen reduziert werden. Das Ziel bestand weniger darin, sich dem jeweils anderen hinzugeben als den physiologischen Reflexen einer als ursprünglich erlebten Natur. »›Zurück zur Natur‹ ist Reichs Devise, zur Fähigkeit, angstfrei und bewusstlos sich den unwillkürlichen Muskelzuckungen des Orgasmusreflexes zu überlassen.«[21] Aus einem Psychologen war ein Sexualphysiologe und aus einem Sexualphysiologen ein vermeintlicher Vorkämpfer der Revolution geworden. Nur zu konsequent war, dass der Entdecker der »Orgasmustheorie« in seinem Spätwerk der Idee anheimgefallen war, psychische Prozesse als Ausdrucksformen einer »Orgonenergie« biologisch fundieren zu können. Dieses »Orgon«, davon war Reich überzeugt, sei eine allumfassende Energieform, eine sich auf alle Lebensbereiche auswirkende Bioenergie. Er glaubte damit die biophysikalische Grundlage für die Wirksamkeit der Psychotherapie entdeckt zu haben.

Die Attraktivität, die Reichs Schriften für die revoltierenden Studenten darstellte, war nicht einfach nur das Ergebnis der mit seinem Namen verbundenen Schlagworte. Sie resultierte zunächst aus drei verschiedenen Faktoren: dem Angebot, eine ausgelebte Sexualität als entscheidenden Schritt zur individuellen Selbstverwirklichung zu betrachten, der Betonung der Genitalität und der Konzentration des Sexuellen auf die Funktion des Orgasmus. Das Zusammenwirken dieser drei Faktoren erzeugte in der zweiten Hälfte der sechziger Jahre eine außerordentliche Sprengkraft und zugleich einen enormen Provokationseffekt. In einer Zeit, in der voreheliche Beziehungen in der Allgemeinheit längst noch nicht toleriert wurden, erschien das Reich'sche Programm als ein gezielter Anschlag auf die von Elternhaus, Schulen und Kirchen ultimativ geforderten Tugenden, auf die Spießermoral insgesamt. Wer die Institutionen der bürgerlichen Gesellschaft nachhaltig in Frage stellen wollte, konnte das kaum effektiver als auf diesem Wege. Das Programm der sexuellen Revolution war – wie die zahlreichen, in diesen Jahren aufbrechenden Konflikte um die Darstellung sexueller Praktiken und Verhütungsmethoden in Schülerzeitungen bestätigten – eine einzige Provokation.

Hinzu kamen jedoch zwei weitere Effekte, die die Attraktivität der Reich'schen Postulate weiter steigerten und insbesondere die Promiskuität als ein Medium des Klassenkampfes zu legitimieren schienen. Reichs Auffassung nach hatte sich das Proletariat eine »natürliche« Sexualität bewahrt, während demgegenüber das Kleinbürgertum damit nur verklemmt und unfrei umgehen könne. Das Ausleben der orgastischen Potenz konnte demnach zugleich als eine Annäherung der Bürgerkinder an das Proletariat und als eine Art antifaschistischer Aktion verstanden werden. Eine größere Kumulation positiver Effekte im politischen Kampf war kaum vorstellbar. Der Geschlechtstrieb konnte mit dem Klassenkampf zu einer Einheit verschmelzen. Nach Wilhelm Reich zu handeln bedeutete, mit jedem Geschlechtsakt zugleich einen revolutionären Akt zu begehen. Nie zuvor war es so attraktiv gewesen, das bestehende System zu bekämpfen.

Der Tabubruch des Kindererziehers Daniel Cohn-Bendit

In der ersten Hälfte der sechziger Jahre war Daniel Cohn-Bendit Odenwaldschüler, in der ersten Hälfte der siebziger Jahre in Frankfurt selbst Erzieher, nicht von Schülern, sondern von Kindern. Diese beiden biographischen Daten schienen lange Zeit unverdächtig zu sein. Vor dem Hintergrund der 2010 ausgebrochenen Missbrauchsdebatte, die sich mehr und mehr auf Fälle an dem an der Bergstraße gelegenen reformpädagogischen Vorzeigeinternat Odenwaldschule konzentrierte, änderte sich das jedoch schon bald. Sollte der einstige Wortführer des »Pariser Mai« und spätere Europaparlamentarier und Grünen-Politiker etwa auch Pädophiler gewesen sein? Das jedenfalls fragten einige seiner Gegner ganz unverblümt und manche seiner Freunde hinter vorgehaltener Hand. In seinen bereits frühzeitig verfassten Lebenserinnerungen, die 1975 unter dem Titel »Der große Basar« erschienen waren, hatte er ebenso freimütig wie provokativ geschildert, zu welch erotisch aufgeladenen Szenen es in seiner Kita, der Kindertagesstätte der Frankfurter Universität, gekommen war: »Es ist mir mehrmals passiert, dass einige Kinder meinen Hosenlatz geöffnet und angefangen haben, mich zu streicheln.«[22] Das habe ihn zwar vor gewisse Probleme gestellt, er habe aber ganz unterschiedlich darauf reagiert. Wenn sie darauf bestanden hätten, dann habe auch er selbst sie gestreichelt. Als die Eltern eines Kindes davon erfahren hätten, seien sie, gläubige Katholiken, schockiert gewesen. In der Folge sei er der »Perversion« beschuldigt worden. Es habe deshalb sogar eine Anfrage an die Frankfurter Stadtverordnetenversammlung gegeben. Da er als Kindergärtner jedoch keinen Vertrag mit der Stadt, sondern mit der Elternvereinigung abgeschlossen hatte, sei er um eine Entlassung herumgekommen.

Eine erste Debatte um Cohn-Bendits erotische Kita-Erfahrungen hatte es freilich schon 2001 gegeben. Nach entsprechenden, im französischen Nachrichtenmagazin *Express* vorgebrachten Verdächtigungen wurde in dem Nachbarland wochenlang die Frage debattiert, ob »Dany le Rouge« nicht ein paar Grenzen zu viel überschritten habe und in Wirklichkeit ein Kinderschänder sei. Dabei spielte noch etwas anderes, eine als besonders entlarvend angesehene Szene eine Rolle, die von einem Millionenpublikum verfolgt wurde. In der vom französischen Fernsehen 1982 ausgestrahlten Talkshow *Apostrophes* hatte sich Cohn-Bendit mit unverkennbarem Stolz über derartig aufgeladene erotische Situationen ausgelassen: »Wenn ein kleines Mädchen von fünf Jahren oder fünfeinhalb Jahren beginnt, Sie auszuziehen, dann ist das phantastisch, das ist phantastisch, weil es ein Spiel ist, ein absolut erotisch-manisches Spiel.«[23] Das klang ganz nach einem gezielten Tabubruch vor laufender Kamera. Dennoch hatte sich keiner der anderen Gäste dazu bewegen lassen, irgendeine Form von Bedenken zu äußern.

Die deutsche Öffentlichkeit war von den 2001 im Nachbarland Wellen schlagenden Aufregungen allerdings nur gestreift worden. Lediglich der ehemalige Bundesaußenminister Klaus Kinkel hatte nach einem Bericht der *Bild*-Zeitung die skandalträchtige Debatte aufzugreifen versucht und den Grünen-Politiker in der *B.Z.* in einem Offenen Brief aufgefordert, unmissverständlich klarzustellen, dass es bei seinen Kontakten mit den ihm anvertrauten Kindern »nie zu unsittlichen Berührungen« gekommen sei. Cohn-Bendit reagierte in derselben Zeitung ausweichend mit den Worten, ihm sei damals »das Problem nicht bewusst« gewesen. Man habe seinerzeit auf kollektive Weise »eine neue Sexualmoral« zu definieren versucht. Mit der Passage in seinen Memoiren habe er lediglich provozieren und sich »als Tabubrecher profilieren« wollen.[24] Wenn er damals mehr über sexuellen Missbrauch gewusst hätte, dann hätte er über seine Kita-Erlebnisse seinerzeit gewiss nicht so geschrieben. Das wiederum klang eher nach Rhetorik, nach einem bloßen Fehler in der Wortwahl, aber nicht nach einer Einsicht in die dabei offenbar gewordenen Probleme.

In Frankreich schien die Debatte später fast vergessen worden zu sein. Cohn-Bendit war dort politisch überaus erfolgreich. Ihm gelang es zeitweilig, die französischen Grünen aus ihrem einstigen Schattendasein herauszuführen und sie als Partner künftiger Regierungskoalitionen zu profilieren. Nun wurde 2010 die alte Geschichte hierzulande wieder aufzuwärmen versucht. Doch der Name Cohn-Bendit steht nicht für die Bestätigung eines Verdachts, eher für ein Symptom, für die Leichtfertigkeit im Umgang mit einer Pädophilie-Debatte, die die Geschichte der 68er-Bewegung mit der der Grünen verbindet.[25]

Die Pädophilie-Debatte in der Sponti-Bewegung

Die öffentlichen Auseinandersetzungen über die Pädophilie hatten Mitte der siebziger Jahre zunächst in der Schwulenbewegung eingesetzt und nach und nach subkulturelle Zentren wie die der Sponti-Bewegung ergriffen, zunächst in München, dann in Berlin und schließlich auch in Frankfurt. Ausgetragen wurde sie vor allem in Stadtzeitungen wie dem Münchner *Blatt*, der Berliner *Zitty* und dem von Cohn-Bendit herausgegebenen Frankfurter *Pflasterstrand*. Dann folgte auch die damals neugegründete *tageszeitung*, die zur bundesweiten Ausbreitung der Diskussion nicht unerheblich beitrug. Selbst der *Spiegel* schien an dem irritierenden Phänomen nicht vorbeizukommen und wusste 1980 zu vermelden, dass es in der linksalternativen Szene eine ausgeprägte »Pädophilie-Debatte« gebe. Nach Schwulen, Lesben und Bisexuellen – hieß es dort nicht ohne Süffisanz – wollten nun wohl auch noch die Pädophilen als »Emanzipationsbewegung« verstanden werden. Und das genau war das Stichwort. Eine diskriminierte Sexualform sollte »entkriminalisiert« und als nachholender Beitrag zu der von vielen geforderten »sexuellen Befreiung« verstanden werden. Nachdem im Zuge der 68er-Bewegung schon so viele andere Verbote angegriffen und aufgebrochen worden waren, sollte es nun um ein besonders tiefreichendes, mit innerfamiliären Dramen um Schuld und Verstrickung verbundenes Tabu gehen. Daraus speisten sich Faszination ebenso wie Voyeurismus. Der Pädophile wurde dem Spießer entgegengestellt. Und wer wollte schon als spießig gelten?

Protagonist derartiger Strömungen, die bald schon als eigene »Pädophilie-Bewegung« bezeichnet wurden, war insbesondere der Münchner Peter Schult (Jg. 1928), ein ehemaliger Fremdenlegionär, der sich nun als Anarchist verstand.[26] Mit dem Argument, dass niemand etwas gegen eine einvernehmliche sexuelle Praxis einwenden könne, forderte er zusammen mit anderen die vollständige Streichung des Paragraphen 176 StGB, durch den sexuelle Handlungen mit Kindern unter 14 Jahren unter Strafe gestellt sind. Die Sexualität zwischen Erwachsenen und Kindern müsse, sofern sie frei und ohne Ausübung von Gewalt erfolge, grundsätzlich straffrei bleiben. Was die Öffentlichkeit in der Figur des »Kinderschänders« attackiere, sprang der damals populare Sexualwissenschaftler Ernest Bornemann solchen Forderungen bei, sei nichts anderes als die Eifersucht »auf unsere eigene verdrängte kindliche Sexualfreude«.

Auf dem ersten Höhepunkt dieser Debatte fand am 28. Januar 1977 eine von der Sponti-Szene organisierte Veranstaltung im größten Hörsaal der Frankfurter Universität, dem mythenumrankten H VI, statt. Das Thema lautete etwas irreführend: »Die Linke und die Männersexualität am Fall Peter Schult«.[27] In Wirklichkeit ging es um jenen Mann, der sich offen zu seiner Pädophilie bekannte und deshalb ein ums andere Mal mit dem Gesetz in Konflikt geraten war. Erst wenige Tage zuvor war ein gegen Schult erlassener Haftbefehl außer Vollzug gesetzt worden. Nun trat er zusammen mit seinem Rechtsanwalt auf und nutzte die Gelegenheit, um der Frauenbewegung vorzuwerfen, sie würde Pädophile pathologisieren und der Linken, sie verknüpfe Pädosexualität mit Vergewaltigungsphantasien und würde so den Interessen der Justizbehörden dienen. Als Schult ein Gedicht vorlas, in dem er detailliert einen Geschlechtsakt mit einem 15-jährigen Strichjungen schildert, schrieb ein offensichtlich schwer beeindruckter Berichterstatter anschließend im *Pflasterstrand*, hätte man unter den 800 Zuhörern eine Stecknadel zu Boden fallen hören. »So ne wahnsinnige Diskussionsbeteiligung, Spannung, Betroffenheit und Angst hat's schon lange nicht mehr bei Teach-ins gegeben.«[28] Am Ende empfahl der Kommentator, künftig auch die bereits Ende der sechziger Jahre in den Kommunen und Kinderläden gemachten Erfahrungen zu berücksichtigen.

Der Aufmerksamkeitserfolg, den Schult unzweifelhaft für sich verbuchen konnte, war jedoch nicht gleichzusetzen mit einem Erfolg in der von ihm propagierten Sache. Schult war enttäuscht, ja erbost, auf wieviel Ablehnung er mit seinen Forderungen nach einer Legalisierung der Pädophilie nach wie vor stieß. In der Zeitschrift *Autonomie* publizierte er deshalb bald darauf ein Pamphlet, das den bezeichnenden Titel »Für eine sexuelle Revolution – Wider die linken Spießer« trug. Für ihn seien – versuchte er einen der am häufigsten gegen ihn erhobenen Einwände zu entkräften – die Jungen keine einfachen Sexualobjekte, sondern »gleichwertige und gleichberechtigte Partner«.[29] Doch es half alles nichts. Die Sponti-Bewegung war nicht gleichzusetzen mit der Schwulenbewegung oder Teilen von ihr. Schult blieb auch weiterhin ein Streitfall. Einerseits wollte man zwar nicht, dass er wegen seiner sexuellen Kontakte zu Jugendlichen vor Gericht gestellt und mit Haftstrafen belegt wurde, andererseits jedoch wollte man sich von ihm auch nicht vor den Karren einer Kampagne spannen lassen, die als anstößig galt und für die ohnehin keine gesellschaftlichen Mehrheiten in Sicht waren.

Einspruch: Erwachsene haben kein Recht auf die Sexualität von Kindern

Einige Zeit später meldete sich mit Alice Schwarzer die prominenteste Frauenrechtlerin zu Wort und warf in der von ihr herausgegebenen Zeitschrift *Emma* die nicht nur für sie rhetorische Frage auf: »Emanzipiert Pädophilie?« Ihre Antwort war eindeutig. Pädophile seien keine »zu befreiende verkannte Minderheit«, sondern »das willkommene Sprachrohr einer Männergesellschaft«.[30] Die von Schult und anderen behauptete Gleichheit zwischen Erwachsenen und Kindern sei nichts anderes als eine Farce, in Wirklichkeit gehe es dabei um Herrschaftsbeziehungen. Im selben Heft diskutierte sie darüber auch mit dem Sexualwissenschaftler Günter Amendt, einem einstigen Mitglied des Frankfurter SDS, der mit dem 1970 erschienenen Buch »Sexfront« eines der erfolgreichsten Aufklärungsbücher verfasst hatte.[31] Dieser erinnerte daran, man sei sich einst einig darin gewesen, dass es eine »Befreiung der Sexualität« in einem naturalistischen Sinne nicht geben könne.[32] Sexuelle Beziehungen seien immer auch Ausdruck von Herrschaftsverhältnissen. Und deshalb könnten sich Pädophile auch nicht darauf berufen, als logische Fortentwicklung einer einmal begonnenen Emanzipationsdebatte zu figurieren. In dieser Hinsicht läge vielmehr »ein schwerer Bruch« vor.

Amendt scheute sich auch nicht, die pathologische Dimension in der Pädophilie zu benennen, bei der es sich »um eine zwanghafte und ausschließliche Fixierung auf kindliche Sexualobjekte« handle. Zugleich machte er aber auch deutlich, in welch tragischer Zwickmühle Pädophile steckten. Für sie seien sexuelle Beziehungen zu vorpubertären Jungen und Mädchen »die ›Lösung‹ eines schweren psychischen Konflikts« und wer dies nicht schaffe, der ende in Schizophrenie oder Selbstmord. In seinen Augen seien Pädophile Opfer, die Kinder jedoch Opfer der Opfer. Als Erwachsener sollte man durchaus »für das Recht der Kinder auf Sexualität« eintreten, keineswegs jedoch »für das Recht der Erwachsenen auf die Sexualität der Kinder«. Das war ein längst überfälliges, klärendes Wort. Die in der Szene-Debatte notwendigen Grenzen waren nun gezogen und die Terrains in gewisser Weise abgesteckt. Doch einige derjenigen, die es hätten hören sollen, hielten sich auch weiterhin die Ohren zu.

Im selben Jahr, in dem die Diskussion zwischen Amendt und Schwarzer geführt worden war, wurde die Partei der Grünen gegründet. Bereits auf ihrem ersten Parteitag im Januar 1980 in Karlsruhe trat eine aus Nürnberg stammende Gruppierung auf, die sogenannte Indianerkommune, die nicht weniger vehement als Schult für sanktionsfreie Pädophilie eintrat und sich dort Bündnispartner versprach.[33] Dass dies nicht völlig aussichtslos gewesen sein dürfte, ließ sich daran erkennen, dass sich ein Teil der Grünen ihre Forderungen fünf Jahre später zu eigen machte.[34] Mit einer Mehrheit von 76:53 Stimmen nahm am 9. März 1985 eine Landesdelegiertenkonferenz der alternativen Partei die Forderung nach Abschaffung des Sexualstrafrechts ins Wahlprogramm der nordrhein-westfälischen Grünen auf. Jede sexuelle Handlung, die von den Beteiligten unabhängig von ihrer Altersstufe gewaltfrei ausgeübt werde – so der Kerngedanke –, müsse straffrei bleiben.[35] Das war naiv und unverantwortlich zugleich. Die Eigenständigkeit von Kindern und Heranwachsenden den Freiheitswünschen von Erwachsenen zu opfern, fiel wieder einmal hinter die von Amendt deklarierten Grenzen zurück. Auch wenn diese Position unter den heutigen Grünen keine Rolle mehr spielt, so sitzt ihr Stachel dennoch tief.

Die Kontroverse um Cohn-Bendits Auszeichnung mit dem Theodor-Heuss-Preis

Der Name Cohn-Bendit spielte im Nachhinein vermutlich auch deshalb eine solche Rolle, weil er eine Art Missing Link zwischen der Vergangenheit der 68er und der Gegenwart der Grünen darstellte und man offenbar glaubte, mit ihm beides unter Verdacht stellen und durch den Missbrauchsvorwurf gleichermaßen kontaminieren zu können. Das jedoch war schon einmal schief gegangen. Als Cohn-Bendit 2001 den Angriffen der französischen Presse ausgesetzt war, hatten sich die Eltern seiner einstigen Kita-Schützlinge zu einer gemeinsamen Erklärung entschlossen. »Dany war«, heißt es darin, »über einige Jahre Bezugsperson unserer Kinder und zeichnete sich besonders dadurch aus, dass er die Bedürfnisse der Kinder sehr ernst nahm. Wir wissen, dass er niemals die Persönlichkeitsgrenzen unserer Kinder verletzt hat. Im Gegenteil, er hat sie geschützt. Wir waren und sind uns sicher, dass wir ihm vollkommen vertrauen können.«[36] Doch diese Art Freisprechung schien ihm später nur wenig zu nutzen.

Denn als er im April 2013 in Stuttgart mit dem Theodor-Heuss-Preis ausgezeichnet werden sollte, bahnte sich das angesichts der erneut Wellen schlagenden Missbrauchsdebatte in gewisser Weise zur Unzeit an. Die Laudatio sollte kein Geringerer als der amtierende Präsident des Bundesverfassungsgerichts, Andreas Voßkuhle, halten. Doch dieser zog, nachdem er von den gegen den Grünen-Politiker gerichteten Vorwürfen gehört hatte, kurzerhand die Notbremse und weigerte sich. Der Pressesprecher des höchsten deutschen Gerichts erläuterte diese Absage mit den Worten, dass seine Institution in ganz besonderer Weise gehalten sei, »… jeden Anschein zu vermeiden, es würde solche Aussagen billigen.«[37] Doch das Kuratorium hielt an seiner Entscheidung unverdrossen fest. Seine Vorsitzende, die Politikwissenschaftlerin und einstige SPD-Kandidatin für das Amt des Bundespräsidenten Gesine Schwan, erklärte mit Entschiedenheit, dass ihre Stiftung die erneut gegen Cohn-Bendit vorgebrachten Missbrauchsvorwürfe »für unbegründet und ehrenrührig« halten würde. Dieser habe – wie ein von den Eltern verfasster Brief zeige – im damaligen Frankfurter Kinderladen »… nicht aktiv und auch nicht in instrumentalisierender oder missbräuchlicher Absicht gegenüber den Kindern gehandelt«.[38] Diese kann gleichwohl nichts daran ändern, dass sich die Auszeichnung zu einer Art öffentlichen Spießrutenlaufens entwickelt.

Als am 20. April die ersten der rund 400 Gäste im weißen Saal des Neuen Schlosses eintreffen, sind »Schämt Euch«-Rufe von an die 70 Demonstranten zu hören. Die Veranstaltung wird von zwei Parteien, der baden-württembergischen CDU und der FDP des Landes, boykottiert. Der ehemalige Bundesaußenminister Klaus Kinkel, der Cohn-Bendit ja bereits 2001 ultimativ aufgefordert hatte, die gegen ihn erhobenen Vorwürfe zu entkräften, tritt nun erneut hervor, indem er die Ehrung des Grünen-Politikers vehement kritisiert. Das alles ändert jedoch nichts daran, dass die Würdigungen der einstigen 68er-Ikone ganz unmissverständlich sind und durchaus überschwänglich ausfallen. Mit Ludwig Theodor Heuss nimmt der Enkel des ersten Bundespräsidenten auf das Jahres-Motto der Stiftung Bezug und erklärt Cohn-Bendit indirekt in Schutz nehmend, dass wer neue Wege suche, gelegentlich auch in die Irre gehe. Angesichts der von den Eltern der damalig von Cohn-Bendit erzogenen Kinder abgegebenen Erklärung gebe es keinerlei Grund für eine »Hetzjagd«. Und Roger de Weck, seines Zeichens Generaldirektor der Schweizerischen Radio- und Fernsehgesellschaft, würdigt den Preisträger in seiner Laudatio für seine Verdienste um den Ausbau einer ökologisch-sozialen Marktwirtschaft. Als ein Abgeordneter, der seit 1994 abwechselnd für die deutschen und die französischen Grünen ins Europaparlament gewählt wurde, sei er ein Brückenbauer zwischen den Nationen. Das sei einzigartig; davor könne man sich nur verneigen.

Als der so Belobigte zu seiner Dankesrede ausholt, wird das Publikum Zeuge eines emotional aufwühlenden Moments, der beweist, wie sehr die im Zuge der Missbrauchsdebatte gegen einen Verdächtigen erhobenen Beschuldigungen vor allem diesem selbst unter die Haut gehen.[39] Als er seine bereits seit vielen Jahren nicht mehr lebenden Eltern erwähnt, seinen 1959 in Frankfurt verstorbenen Vater und seine 1963 in London verstorbene Mutter, brechen sich seine bis dahin im Zaum gehaltenen Gefühle auf eine offenbar nicht mehr weiter zu unterdrückende Weise Bahn. Zuerst fällt er in ein Schluchzen ein, dann wendet er dem Auditorium vorübergehend seinen Rücken zu, bevor ihm nach einem nochmaligen Versuch, seine Rede fortzusetzen, die Stimme endgültig versagt. In diesem Moment brandet Beifall auf. Seine Zuhörer, die ganz offensichtlich mitgelitten haben, spenden ihm einhellig Applaus, um sich mit diesem Akt hinter ihn zu stellen.[40] Der im Nachhinein in der Berichterstattung der Presse am häufigsten zitierte Satz lautet: »Kritisiert mich für das, was ich geschrieben habe, bis zu meinem Tod aber jagt mich nicht für etwas, was ich nicht getan habe.«[41] Das mag vielleicht pathetisch klingen, aber es entspricht zumindest in diesem Moment demjenigen, den das Wechselbad der Gefühle zu zerreißen droht. Später wird er sagen, dass ihm »diese Geschichte« allen Würdigungen und Ehrungen zum Trotz bis ans Ende seiner Tage anhängen würde.

6.

Das Echo

1968 und die Massenmedien

Eine wichtige, vielleicht sogar unverzichtbare Voraussetzung für die eruptive Wirkung, die die Ermordung Benno Ohnesorgs durch einen Polizisten im Juni 1967 unter den westdeutschen Studierenden hatte, war die Berichterstattung in den Massenmedien. Wäre in Rundfunk, Fernsehen, Tages- und Wochenzeitungen nicht expressiv und intensiv darüber berichtet worden, dann hätten sich auch weder Erschrecken noch Empörung einstellen und letztlich auch keine Interessen und Ziele einer außerparlamentarischen Bewegung artikulieren können. Auch der Vietnamkrieg als ein über die Fernsehkanäle global reproduzierter Schauplatz war ein Musterbeispiel für die neue Qualität der Berichterstattung.[1] Der Blick auf Verbrechen wie die in Mỹ Lai war nicht mehr versperrt, die Arena war geöffnet, ein Teil des Schauplatzes öffentlich. Jeder wurde zum Augenzeugen gemacht. Niemand konnte sich dem Nachrichtenwirbel entziehen. Selbst der, der nichts gesehen hatte, musste davon ausgehen, dass Nachbarn, Kollegen oder Freunde zu Betrachtern geworden waren.

Es existiert eine in diesem Zusammenhang unter Zeitzeugen ebenso wie unter Historikern und Sozialwissenschaftlern verbreitete Hypothese, die jedoch bislang nicht überprüft, geschweige denn bestätigt worden ist: Die 68er-Bewegung wäre ohne die Massenmedien so nicht denkbar gewesen, die Entwicklung der modernen Massenmedien vermutlich jedoch ebenso wenig. Ein Bewusstsein von der Verschränkung zwischen Protestbewegungen und Medien existiert bislang vor allem in den USA.[2] Hierzulande hat die Forschung, die vor einigen Jahren das Terrain zu sondieren begonnen hat,[3] erst mit einiger Verspätung angefangen, auf das in seiner Relevanz kaum zu überschätzende Thema aufmerksam zu werden.[4]

Um welche Massenmedien geht es?

Die Massenmedien können in diesem Rahmen nicht in jeder ihrer historisch relevanten Formen thematisiert werden. Die vorliegende Untersuchung konzentriert sich auf die Printmedien, auf Zeitungen, Zeitschriften, Magazine und Illustrierte, sowie auf das Medium, das sich in den sechziger Jahren als dominantes zu etablieren vermochte, das Fernsehen. Sowohl der Hörfunk als auch der Film werden, obwohl sie zweifelsohne mehr als lediglich Sonderfälle waren, nicht unmittelbar miteinbezogen. Für die Sendungen und Programme der föderal strukturierten Rundfunkanstalten bedürfte es eines erheblich größeren Untersuchungsaufwandes, um zu verallgemeinerungsfähigen Urteilen zu gelangen. Ähnliches gilt für eine Analyse des Kinofilms. Obwohl mit dem Aufstieg des Fernsehens in umgekehrter Proportion ein Niedergang der Kinos einherging, so hatte der Film einen erheblichen Einfluss auf das intellektuelle Selbstverständnis und Lebensgefühl der 68er-Bewegung. Doch auch eine derartige Analyse, bei der die ästhetische Dimension viel stärker in den Vordergrund zu rücken wäre, verlangte nach anderen Voraussetzungen.

In der Bezugnahme von Seiten der Akteure auf einzelne Medien standen zweifelsohne verschiedene Presseorgane und das Fernsehen im Vordergrund. An den von ihnen produzierten schlagzeilenträchtigen Kommentaren und Sendungen entzündeten sich weitreichende Konflikte um die Machtkonzentration im Pressewesen, die Objektivität der Berichterstattung und die Funktionstüchtigkeit der Öffentlichkeit in der parlamentarischen Demokratie insgesamt. Angesichts dieser durchschlagenden Wirkung der Politisierung, Problematisierung und zuweilen auch Skandalisierung ist die Beschränkung auf die beiden herausragenden Sektoren des Medienbereichs vertretbar.

In einer Hinsicht gilt es eine wichtige Vorarbeit zu verzeichnen: Es liegt bereits seit mehr als einem Jahrzehnt ein Verzeichnis jener Beiträge, die in den verschiedenen Medien Hörfunk, Fernsehen und Presse zur 68er-Bewegung produziert worden sind, in einer breit gefächerten Dokumentation vor.[5] Niemand, der sich ein systematischeres

Bild von Umfang, Intensität und Struktur der Berichterstattung und Kommentierung machen will, kommt an dieser Übersicht, die sich auf die Zeit zwischen 1966 und 1970 konzentriert, vorbei. Sie legt vor allen Dingen ein Zeugnis davon ab, in welch außerordentlichem Umfang sich die Massenmedien der außerparlamentarischen Bewegung und der mit ihr verknüpften Frage-, Problem- und Aufgabenstellungen angenommen haben. Im Vergleich zur selektiven, politisch häufig tendenziösen und verzerrenden Berichterstattung von Protestbewegungen in den fünfziger Jahren[6] zeichnete sich bereits in der geradezu explosionsartig gestiegenen Quantität der Berichte und Kommentare über die Protestereignisse am Ende der sechziger Jahre eine neue Qualität ab – im Hinblick auf das Bewegungsphänomen ebenso wie im Hinblick auf das dadurch ausgelöste Medienecho.

Strukturprobleme der Öffentlichkeit und die These von der Bewusstseinsmanipulation

Die Annahme, dass sich Presseorgane in Medien der Machtausübung pervertieren könnten, ließ sich mit einer Überlegung verknüpfen, die unter den Begründern der Kritischen Theorie besonders stark verbreitet war. Ein autoritärer Staat, so etwa die Überzeugung Max Horkheimers, könne dann auf den Einsatz von Repression zur Herstellung von Massenloyalität weitgehend verzichten, wenn es ihm gelänge, das Bewusstsein der Bevölkerung dauerhaft zu manipulieren.[7] Dieser 1940 entwickelte Gedanke wurde von ihm zusammen mit Theodor W. Adorno in ihrer vier Jahre später fertiggestellten »Dialektik der Aufklärung« weiter systematisiert. Der Untertitel des für diesen Zusammenhang zentralen Kapitels »Kulturindustrie« lautete wie eine weitere Variante der Manipulationsthese »Aufklärung als Massenbetrug«.[8]

Im weiteren Sinne darf auch der Schriftsteller Hans Magnus Enzensberger als ein Schüler der Kritischen Theorie gelten. Die Einflüsse des Denkens Theodor W. Adornos auf manche seiner Essays etwa sind unübersehbar.[9] Dennoch aber hatte Enzensberger stets darauf geachtet, Distanz und Selbständigkeit zu bewahren. Dies hat auch seine Haltung bestimmt, als er in kritischer Abgrenzung zum Begriff der Kulturindustrie den der »Bewusstseins-Industrie« entwickelte.[10] Sie sei ein Kind des 19. Jahrhunderts, noch unbegriffen und fast unbegreiflich, und drauf und dran zur »Schlüsselindustrie des zwanzigsten Jahrhunderts« zu werden. Während Funk, Film, Fernsehen, Schallplatten-Industrie, Reklame usw. als ihre neueren technischen Instrumente auf große Aufmerksamkeit stießen, werde die Entwicklung des als traditionell geltenden Journalismus zu Unrecht kaum verfolgt. Es komme der »Bewusstseins-Industrie« nie aufs Produktive, sondern »immer nur auf dessen Vermittlung« an. Ihr gesellschaftlicher Auftrag bestehe darin, »die existierenden Herrschaftsverhältnisse zu verewigen«, Bewusstsein nur deshalb zu induzieren, um es ausbeuten zu können.

Für ihre Existenz gebe es vier Bedingungen: Aufklärung sei im weitesten Sinne die philosophische Voraussetzung jeglicher »Bewusstseins-Industrie«; ihre politische Voraussetzung sei nach dem Modell der Französischen Revolution die Proklamation der Menschenrechte, der Gleichheit und der Freiheit; da sie unter frühkapitalistischen Bedingungen nicht möglich sei, setze sie die primäre Akkumulation voraus; der ökonomische Prozess der Industrialisierung schaffe zugleich ihre technologischen Voraussetzungen. Die globale Durchsetzung der »Bewusstseins-Industrie« sei ein irreversibler Prozess. Deshalb müsse jede Kritik an ihr, die auf ihre Abschaffung setze, scheitern. Industrialisierung lasse sich nicht mehr im Nachhinein liquidieren. Die Konsequenz, die Enzensberger aus dieser Analyse zieht, besteht darin, die Intellektuellen dazu aufzufordern, sich nicht aus der »Bewusstseins-Industrie« zurückzuziehen, sondern sich in ihren Betrieb einzumischen und »sich auf ihr gefährliches Spiel einzulassen«. Da Kulturkritik immer schon ein Teil dessen sei, was sie kritisiere, bleibe den Intellektuellen nichts anderes übrig, als die Ambivalenz von Partnerschaft und Feindschaft auszuhalten.

Die ersten Resultate seiner Haltung legte Enzensberger im selben Aufsatzband vor, in dem auch seine Überlegungen zur »Bewusstseins-Industrie« erschienen. Die Konkretionen seiner kulturkritischen Arbeit waren eine vergleichende Untersuchung der *Frankfurter Allgemeinen Zeitung*[11], der Sprache des *Spiegel*[12], die »Anatomie einer Wochenschau«[13], die Analyse einer Taschenbuch-Produktion[14] und die »Rezension« eines Warenhauskatalogs.[15] Mit diesem Spektrum an Analysen hatte Enzensberger auf exemplarische Weise demonstriert, was er unter einer zeitgenössischen Medienkritik verstand.[16]

Beinahe zur selben Zeit erschien im Juni 1962 unter dem Titel »Strukturwandel der Öffentlichkeit – Untersuchungen zu einer Kategorie der bürgerlichen Gesellschaft« die Habilitationsschrift von Jürgen Habermas, dem bedeutendsten der jüngeren Vertreter der Kritischen Theorie. Darin wurde der für den bürgerlichen Verfassungsstaat zentrale Begriff der Öffentlichkeit in seiner historischen Entfaltung zu einer Instanz demokratischer Kontrolle gegenüber der politischen Herrschaft nachgezeichnet. Da das Öffentlichkeitsprinzip, das bis in die Parlamente und in die Gerichte vordringe, so die Argumentation, nicht auch auf die Verwaltung ausgedehnt werden könne, sei eine für das staatliche Handeln entscheidende Sphäre der Kritik entzogen. Die Exekutive könne unter dem Vorwand eines für sie reservierten Sachverstandes ihre Entscheidungen abschotten und gegen die politisch artikulierten Interessen der Bevölkerung durchsetzen. Aus dieser Strukturschwäche heraus würden die entscheidenden Defizite der Öffentlichkeit in der modernen Gesellschaft entwickelt, die auch durch Presseorgane nicht mehr kompensiert werden könnten. Hinzu käme, dass auch Zeitungen und Zeitschriften, die über das Anzeigengeschäft mehr und mehr in Abhängigkeit von wirtschaftlichen Interessen geraten seien, ihre kritische Funktion immer weniger wahrnehmen würden. Die Studie hinterließ insbesondere auf die im SDS politisch aktiven Studenten einen so nachhaltigen Eindruck, dass sie ihren Autor einluden, auf der im Herbst folgenden Delegiertenkonferenz im Frankfurter Studentenhaus das Hauptreferat zu halten.[17]

Der politische Konflikt um die Massenmedien

Eine funktionierende Öffentlichkeit wurde nicht nur, aber vor allem von der linken Intelligenz als Instanz demokratischer Kontrolle gegenüber der politischen Herrschaft aufgefasst. Politische Eingriffe in die Pressefreiheit, so die Überzeugung, rührten zugleich auch an den Nerv der Demokratie. Als exemplarischer Fall für einen solchen Vorstoß gilt in der bundesdeutschen Geschichte die *Spiegel*-Affäre.[18] Es war insofern alles andere als Zufall, dass gerade der politische Konflikt um das Nachrichtenmagazin *Der Spiegel* im Herbst 1962 eine kleinere Welle studentischer Proteste auslöste, die von vielen als Auftakt zur späteren Studentenrevolte angesehen wird.[19] Die Verhaftung des Verlegers Rudolf Augstein und des stellvertretenden Chefredakteurs Conrad Ahlers wegen des dringenden Verdachts, mit der Veröffentlichung des Artikels »Bedingt abwehrbereit«, der sich mit den Ergebnissen des NATO-Herbstmanövers »Fallex 62« befasste, Militärgeheimnisse verraten und deshalb Landesverrat begangen zu haben, löste eine monatelange Affäre aus, die schließlich zum Rücktritt des Bundesverteidigungsministers Franz Josef Strauß, des eigentlichen Drahtziehers der Strafverfolgungsaktion, führte.

Eine Aufnahme von einer harmlosen Protestaktion ist inzwischen hundertfach reproduziert worden und in die meisten illustrierten Darstellungen zur Geschichte der Bundesrepublik eingegangen. Es zeigt, wie Ende Oktober 1962 Studenten an der Frankfurter Hauptwache gegen die Verhaftung der beiden *Spiegel*-Journalisten protestierten. Sie taten das aus Furcht vor einer Bedrohung der Demokratie durch einen der führenden Parteipolitiker. Die Studenten zogen demonstrativ mit *Spiegel*-Heften, auf deren Titelbild Bundesverteidigungsminister Franz Josef Strauß abgebildet war, durch die Innenstadt. Sie wollten die Zeitschrift so lange in der Hand tragen, erklärten sie Journalisten gegenüber, bis Augstein und Ahlers wieder freigelassen seien. Die Studenten betonten dabei, dass sie keiner Organisation angehören würden. Einen Tag später war die Gruppe der Protestierenden weiter angewachsen. Die rund hundert Teilnehmer führten Pappschilder mit Aufschriften wie »1962 – Das Ende der Demokratie?« und »Befiehlt Strauß der Justiz?« mit sich. In Sprechchören forderten sie den sofortigen Rücktritt des Bundesverteidigungsministers. Die zugespitzteste Parole lautete: »Strauß rein – Augstein raus!« An der Protestaktion beteiligte sich auch der Schriftsteller Alfred Andersch, einer der Mitbegründer der Gruppe 47.

Fünf Jahre später wurde die Öffentlichkeit abermals von einem heftigen Streit über einen Verleger und seine Publikationsorgane erschüttert. Diesmal stand die Kontroverse unter völlig anderen, zum Teil entgegengesetzten Vorzeichen. Linke Studenten griffen mit Axel Springer den Marktführer auf dem Sektor der Tages- und Wochenzeitungen an.[20] Sie warfen ihm vor, dass er seine Pressemacht dazu benutze, Minderheiten zu diskriminieren, politische Kampagnen zu initiieren und das Bewusstsein der Leser gezielt zu manipulieren.[21]

Diese These von der Manipulation der Öffentlichkeit spielte Mitte der sechziger Jahre eine Schlüsselrolle in der Kritik an der Massenpresse. Sie diente ganz maßgeblich dazu, eine eigene Anti-Springer-Kampagne zu begründen, mit der vom SDS der Versuch unternommen wurde, ein vermeintliches Pressemonopol zu zerschlagen. Im September 1967 erklärte Ulrike Meinhof beispielsweise in ihrer monatlichen Kolumne in der Zeitschrift *konkret*, warum es an der Zeit sei, Springer zu enteignen: »Weil jeder Versuch der Redemokratisierung dieses Landes, der Wiederherstellung von Volksherrschaft, der Bildung urteilsfähiger Bürger jetzt, wo Springer so groß und stark ist, wie er ist, an Springer scheitert, scheitern muss.«[22] Die Enteignungsforderung, führte sie weiter aus, bedeute konkret, die Auflagenhöhe aller im Springer Verlag erscheinenden Zeitungen auf eine halbe Million zu beschränken und seine ausgegliederten Teile für die Gründung neuer Zeitungen zu verwenden. Auf der XXII. Delegiertenkonferenz des SDS wenige Tage später in Frankfurt wurde eine Resolution verabschiedet, mit der zum »Kampf gegen die Manipulation und für die Demokratisierung der Öffentlichkeit« aufgerufen wurde.[23]

Einige Monate später spitzte sich die Kampagne weiter zu. Am Abend des 1. Februar 1968 beteiligten sich im Auditorium Maximum der Technischen Universität in West-Berlin über 1000 Studenten an einer Vorbereitungsveranstaltung zu dem seit längerem geplanten Tribunal gegen den Springer-Konzern. In einer von den Teilnehmern verabschiedeten Resolution wurde die Enteignung Axel C. Springers und die Besetzung der Redaktionen der Tageszeitungen *Bild* und *BZ* durch gewählte Vertreter der Studentenschaft gefordert. Falls dieser »Kontrolle der Redaktionsarbeit« nicht innerhalb von zwei Wochen nachgegeben werde, würden »direkte Aktionen« gegen den Pressekonzern durchgeführt. Im Rahmen der Veranstaltung wurde außerdem ein von dem späteren RAF-Mitglied Holger Meins produzierter Lehrfilm zur Herstellung von Molotow-Cocktails gezeigt, in dessen Schlusssequenz eine Aufnahme des an der Mauer gelegenen Springer-Verlagshauses zu sehen ist. Im Laufe der darauffolgenden Nacht wurden dann in fünf verschiedenen Bezirken die Fenster- und Türscheiben von Filialen der zum Springer-Verlag gehörenden *Berliner Morgenpost* mit Pflastersteinen eingeworfen. Einige waren in Flugblätter mit der Aufschrift »Enteignet Springer« eingewickelt.

Das ursprünglich für die Dauer von drei Tagen geplante »Springer-Hearing« dauerte, nachdem die meisten der eingeladenen Professoren und Journalisten im Vorfeld abgesagt hatten, nur einen Abend lang. Erst nachdem der veranstaltende *Republikanische Club* dem Rektor der Technischen Universität, Professor Kurt Weichselberger, auf dessen Verlangen hin schriftlich zugesichert hatte, dass während des Hearings zu keinen ungesetzlichen Aktionen aufgerufen würde, konnten sich 1800 Studenten im Ernst-Reuter-Saal versammeln. Nach der Eröffnung durch Klaus Meschkat (SDS) gaben der Darmstädter Politikwissenschaftler Professor Eugen Kogon und der Münchner Publizist Erich Kuby sowie Peter Schneider und Jörg Huffschmid kurze Statements zur »Manipulation der öffentlichen Meinung in Berlin« ab. Ein Beitrag, in dem sich der Wiener Zivilisations- und Medienkritiker Günther Anders dem »aufdringlichen Pro-Semitismus« der Springer-Presse widmete, musste verlesen werden, da der Philosoph kurzfristig abgesagt hatte. Während die Diskussion lief, zündeten Studenten vor dem Saal zahlreiche Exemplare eines vom Springer-Verlag herausgegebenen und kurz zuvor verteilten Extra-Blattes an, in dem vor Gewaltaktionen der APO gewarnt wurde.

Die Rolle der SED bei der Anti-Springer-Kampagne

Als Axel Springer am 26. Oktober 1967 bei einem Vortrag vor dem Hamburger Übersee-Club ostentativ erklärte, dass die Parole von der Enteignung »von drüben« stamme[24], dachten die meisten Beobachter wohl daran, dass dieser Verdacht lediglich Ausdruck der antikommunistischen Gesinnung des Verlegers sei. Dieser hatte jedoch mit seiner Behauptung möglicherweise genau ins Schwarze getroffen. Bereits im Juli hatte sein Verlag unter dem Titel »Die These von der ›Enteignung des Springer-Verlages‹ – Ihr Ursprung und ihre Verbreitung« eine 14 Seiten umfassende Dokumentation herausgebracht, in der der Nachweis zu erbringen versucht worden war, dass diese aus Ost-Berlin stamme und ein Produkt der SED-Propaganda sei. In einem Resümee hieß es: »Im gleichen Atemzug mit der Forderung nach Enteignung des Springer-Verlages wird die Säuberung des Staatsapparates, der Justiz, der Bundeswehr und die Veränderung der Machtverhältnisse in der Industrie Westdeutschlands verlangt. Die Forderung nach Enteignung des Springer-Verlages wird von radikalisierten politischen Gruppierungen in der Bundesrepublik übernommen: von linksradikalen Studentengruppen, von bestimmten Presseorganen, von Kriegsdienstverweigerern und Ostermarschierern. Das Verlagshaus Axel Springer ist in den taktischen Überlegungen dieser Gruppen das Angriffsziel Nr. 1 geworden.«[25]

Die SED hatte Springer in der Tat bereits seit Längerem aufs Korn genommen. Mit welcher Gründlichkeit die Angriffe auf das Verlagsimperium vorbereitet worden sind, verrät ein 1963 im Ostberliner Verlag Rütten & Loening erschienener Band, in dem unter dem Titel »Jeder vierte zahlt an Axel Cäsar – Das Abenteuer des Hauses Springer« eine populärwissenschaftliche Analyse samt einer Aufstellung von »Umfang und Struktur des Springer-Trusts« vorgelegt worden war.[26] Darin wird nicht nur die Geschichte des Verlagshauses skizziert, sondern auch eine »wissenschaftliche Analyse des Inhalts und der Verdummungspraktiken der ›Bild‹-Zeitung« zitiert, die die Grundzüge der später in der APO-Zeit weitverbreiteten Dokumentationen vorwegnimmt. Über eine bereits 1960 von Klaus Wilczynski an der Universität Leipzig angefertigte Untersuchung[27] heißt es: »Zugeschnitten auf das sehr zahlreiche Kleinbürgertum und die kleinbürgerlich denkenden Teile der Arbeiterklasse, knüpft die Zeitung an solche kleinbürgerlichen Eigenschaften an wie Individualismus, Unentschlossenheit, Prinzipienlosigkeit, Anbetung der Stärke, mangelnden eignen Kampfgeist, Gefühlsduselei. Mit Hilfe von Foto und Text verzerrt sie systematisch das Bild der den Leser umgebenden Wirklichkeit.«[28] Die *Bild*-Zeitung gilt als Prototyp des »5-B-Journalismus«[29], bei dem der Leser nur noch lesen, jedoch nicht mehr denken müsse. Dabei sei es unwesentlich, wie Knipping betont, dass die *Bild*-Zeitung unpolitisch sei beziehungsweise sich parteipolitisch neutral verhalte. Von entscheidender Bedeutung sei ganz allein, dass die Gründung des Blattes zum »Politikum« geworden sei, das »haargenau auf die Bedürfnisse der westdeutschen Monopolbourgeoisie zugeschnitten« gewesen wäre: »Allein die fortwährende Ablenkung und Abstumpfung, die anhaltende Illusionierung und Gefühlsaufwallung macht den Leser schließlich auch für übelste politische Hetze und Verleumdung empfänglich. Es bedarf nur weniger Jahre der Gewöhnung, und sein bewusstes, der eigenen Kraft vertrauendes Denken ist erstickt, ersetzt durch ein in Klischees gepresstes, aus Schlagworten und Phrasen bestehendes Konglomerat von politischer Unwissenheit und Halbbildung. Mit alledem aber hilft die Zeitung einen Menschentyp zu formen, wie er den Absichten der Militaristen und Revanchekrieger genau entspricht – einen Menschentyp, der sich nach Belieben ausbeuten und knechten, unterdrücken und gängeln, in die Kaserne und, gegebenenfalls, in den Krieg schicken lässt.«[30] Springers Groschenblatt hätte, heißt es weiter, nicht nur »das Wohlwollen und die Unterstützung der herrschenden Millionärsclique« gefunden, sondern auch die Zustimmung der »wahren Herrscher des Bonner Staates«.

Welche politischen Schlussfolgerungen mit dieser Analyse verknüpft werden konnten, zeigte sich drei Jahre später bei einer Ansprache des mächtigsten Mannes der DDR. Am 21. April 1966 hielt der SED-Parteichef und Staatsratsvorsitzende Walter Ulbricht in der Ostberliner Dynamo-Sporthalle zum 20. Gründungstag der Staatspartei eine Festrede, in der er zum wiederholten Male für die beiden deutschen Staaten das Konföderationsmodell als Übergang zur Wiedervereinigung Deutschlands skizzierte. Dabei wies er darauf hin, dass in einer solchen Phase »jede Hetze des kalten Krieges und jede Kriegspropaganda« unterbleiben sollte: »Die Freiheit der Meinung und der Weltanschauung ist nur dann gesichert, wenn das Volk sich selbst vom Druck kriegslüsterner Kräfte befreit. Deshalb ist es notwendig, die Macht der Herren solcher Meinungsmonopole, wie des Springer-Konzerns, zu beseitigen. Solange der Springer-Konzern und ähnliche Meinungsfabriken herrschen, kann von Freiheit der Meinungsbildung keine Rede sein.«[31] Hier wurde erstmals öffentlich die Forderung erhoben, die Macht des Pressekonzerns zu beseitigen – vor Tausenden von Zuhörern vom mächtigsten Mann des Staates.

Beim Zentralkomitee der SED wurde dann 1967 eine »Arbeitsgruppe zur Unterstützung der Anti-Springer-Kampagne in Westdeutschland und West-Berlin« eingerichtet. Sie erhielt von einer als zuverlässig eingestuften Quelle die Information, dass von Vertretern des AStA der Freien Universität, des SDS und der Gruppe um Rudi Dutschke bei einer geheimen Unterredung eine Anti-Springer-Kundgebung, ein Anti-Springer-Tribunal und für den Dezember 1967 Aktionen gegen das Gebäude des Axel-Springer-Verlages geplant worden seien.[32]

Das Dutschke-Attentat und die Springer-Blockade

Als am Gründonnerstag 1968 mit Rudi Dutschke die Gallionsfigur der Studentenrevolte auf dem Kurfürstendamm in West-Berlin durch ein Revolverattentat des neonazistisch beeinflussten Josef Bachmann lebensgefährlich verletzt wurde, schien der Hintergrund für die Mordaktion den Aktivisten in SDS und APO unmittelbar klar zu sein. Die

Parole lautete: »Bild schoss mit.« Da die Tat als Folge einer systematischen Hetzkampagne des Berliner Senats und der Springer-Presse angesehen wurde, kam es im Verlauf der Ostertage in verschiedenen Städten zu massenhaften Versuchen, die Auslieferung der Springer-Zeitungen zu verhindern. Schon am Abend nach dem Attentat begannen 2000 Studenten das Springer-Hochhaus an der Berliner Mauer zu stürmen. Nachdem der Versuch durch starke Polizeikräfte vereitelt worden war, wurden die Fahrzeughallen in Brand gesetzt und mehrere Transportwagen zerstört. Im Laufe von fünf Tagen beteiligten sich mehr als 50 000 Menschen an den Blockadeversuchen vor den Auslieferungstoren der Springer-Druckereien in Essen, Esslingen, Frankfurt, Hamburg und West-Berlin. Insgesamt kamen dabei 21 000 Polizisten zum Einsatz. Über tausend Demonstranten wurden festgenommen, darunter auch unbeteiligte Passanten. Bei den schwersten Straßenschlachten in Deutschland seit der Weimarer Republik kamen zwei Personen, ein Photograph und ein Student in München, ums Leben, 400 wurden zum Teil schwer verletzt.

Das Attentat auf Rudi Dutschke löste auch in zahlreichen europäischen und außereuropäischen Städten heftige Proteste aus. Zumeist richteten sie sich gegen Büros des Springer-Verlags oder andere bundesdeutsche Einrichtungen und Niederlassungen. In Wien zogen am Karfreitag 1500 Studenten und Schüler zum Büro der zum Springer-Verlag gehörenden Programmzeitschrift *Hör zu!* Am selben Tag wurden in Rom Molotow-Cocktails gegen die Vertretungen von Mercedes-Benz und Porsche geworfen. Zu weiteren Demonstrationen, Kundgebungen und Protestaktionen kam es in Amsterdam, Brüssel, Bern, Paris, London, Oslo, Kopenhagen, Prag, Zürich, Mailand, Rom, Belgrad, Tel Aviv, New York, Washington und Toronto.

Ähnlich wie während der *Spiegel*-Affäre meldeten sich auch diesmal eine Reihe von Hochschullehrern und Intellektuellen zu Wort, die sich demonstrativ hinter die studentische Kritik am Pressekonzern stellten. In einer öffentlichen Erklärung von zwölf Professoren, einem Schriftsteller und einem Publizisten hieß es in der Wochenzeitung *Die Zeit*: »So isoliert die Hintergründe des Mordanschlags auf Rudi Dutschke auch sein mögen, sie enthüllen den Zustand unserer Gesellschaft. Angst und mangelnde Bereitschaft, die Argumente der studentischen Opposition ernst zu nehmen, haben ein Klima geschaffen, in dem die gezielte Diffamierung einer Minderheit zur Gewalttätigkeit gegen sie aufreizen muss. Dieses Klima ist systematisch vorbereitet worden von einer Presse, die sich als Hüterin der Verfassung aufführt und vorgibt, im Namen der Ordnung der Mehrheit zu sprechen, mit dieser Ordnung aber nichts anderes meint als ihre Herrschaft über unmündige Massen und den Weg in einen neuen, autoritätsbestimmten Nationalismus [...] Die Unterzeichneten fordern darum, endlich in die öffentliche Diskussion über den Springer-Konzern, seine politischen und wirtschaftlichen Voraussetzungen und seine Praktiken der publizistischen Manipulation einzutreten. Sie erklären sich mit den Studenten solidarisch, rufen aber gleichzeitig dazu auf, sich bei allen Aktionen der Gewalt zu enthalten und der Angemessenheit der Mittel bewusst zu bleiben.«[33] Die Erklärung war u.a. von Theodor W. Adorno, Heinrich Böll, Walter Jens, Eugen Kogon, Golo Mann, Alexander Mitscherlich unterzeichnet.

Am selben Tag veröffentlichte der *Kölner Stadtanzeiger* eine noch weitergehende, individuelle Stellungnahme Heinrich Bölls, mit der er sich ausdrücklich hinter das von den Studenten mit ihren Blockadeaktionen verfolgte politische Ziel stellte: »Sie wollen die Übermacht der stimmungsmachenden und meinungsbildenden Publikationen des Springer-Konzerns brechen; sie wollen die Öffentlichkeit auf diese Übermacht aufmerksam machen, und sie können es nur auf diese Weise: indem sie auf die Straße gehen. Die Straße ist der Studenten einziges Publikationsmittel, wenn sie nicht – was sinnlos wäre – universitätsintern bleiben wollen.«[34] Die Zeitungen, die nicht zum Springer-Verlag gehörten, hätten die Aufgabe, die Studenten nicht zu verteufeln. Sie sollten der außerparlamentarischen Opposition, die dann auch nicht mehr der Straße bedürfte, vielmehr ihre Spalten öffnen. Den Studenten empfahl Böll, ein bis zwei Monate in Klausur zu gehen, um sich gewaltlose und wirksamere Mittel zu überlegen. Als Schriftsteller, fügte er hinzu, zähle er »von Natur aus zur außerparlamentarischen Opposition«.

Durch die immer weiter ausufernde Welle der Kritik sah sich der angegriffene Verleger schließlich genötigt, zu den Vorwürfen Stellung zu beziehen. Am 14. Mai veröffentlichte *Die Welt* ein Schreiben Axel Springers, mit dem dieser auf eine Entschließung der Vereinigung der Evangelischen Akademikerschaft antwortete, in der es geheißen hatte, dass dem Verlagshaus Axel Springer »eine Mitverantwortung an den Unruhen« nach dem Dutschke-Attentat »und den damit verbundenen Gewalttaten« trage und der Gesetzgeber aufgefordert wird, »die Pressekonzentration zu beseitigen«. Der Verleger schrieb: »Das Verlagshaus Axel Springer sieht den Grund für die Verketzerung der publizistischen Leistungen seiner Zeitungen in der Tatsache, dass in seinen Blättern konsequent eine Haltung und Meinung vertreten wird, die der extremen Linken diametral entgegengesetzt ist. Diese Haltung unseres Verlagshauses kommt in den vier Leitsätzen zum Ausdruck, nach denen sich die redaktionelle Arbeit der Zeitungen dieses Hauses vollzieht: 1. Eintreten für die Wiederherstellung der deutschen Einheit; 2. Aussöhnung zwischen Deutschen und Juden; 3. Ablehnung jeglicher Art von politischem Totalitarismus; 4. Bejahung der sozialen Marktwirtschaft.«[35] Zum Schluss bekräftigte Springer noch einmal, dass die »Unruhe auf den Straßen« keine »grundsätzliche Veränderung der verlegerischen und redaktionellen Arbeit der Zeitungen des Hauses Springer« bewirken würden.

Das stimmte zwar, täuschte zugleich jedoch darüber hinweg, dass der Verlag Eingriffe vornehmen musste, wenn er den öffentlichen Vorhaltungen nicht weiter schutzlos ausgeliefert sein wollte. Schließlich hatte der Protest auch das Parlament erreicht. Die außerparlamentarische Bewegung hatte mit ihrer Anti-Springer-Kampagne den Anstoß gegeben, im Bundestag eine Kommission zur Untersuchung der Pressekonzentration einzurichten. Auf ihrer abschließenden Sitzung am 22. Mai 1968 stellte die von der Bundesregierung eingesetzte und unter dem Vorsitz des Präsidenten des Bundeskartellamts, Eberhard Günther, tagende Pressekommission fest, dass die vom Grundgesetz garantierte Pressefreiheit durch den vom Verlagshaus Axel Springer auf dem Publikationsmarkt erreichten Konzentrationsgrad gefährdet werde. Mit einem Anteil von 33 Prozent aller bundesdeutschen Zeitungen und Zeitschriften würden die, wie es in dem Urteil des Sachverständigengremiums nach einjähriger Beratungszeit hieß, noch tolerierbaren Grenzwerte weit überschritten. Die Pressekommission halte den Marktanteil eines Verlages in einer Größenordnung bis 10 beziehungsweise 15 Prozent für unbedenklich. Ab 20 Prozent, hieß es weiter, werde jedoch die Pressefreiheit beeinträchtigt und ab 40 Prozent stark gefährdet. Als Schlussfolgerung schlugen die Sachverständigen vor, die Entwicklung der Anteilseigner auf dem Pressemarkt genau zu beobachten und Schritte zu seiner Entflechtung einzuleiten.

Diesem Schritt kam der Axel-Springer-Verlag zuvor. Er trat in gewisser Hinsicht die Flucht nach vorne an und veräußerte innerhalb kurzer Zeit die Zeitschriften *Eltern*, *Jasmin*, *Kicker*, *Bravo* und *Twen*. Es waren allesamt Organe, die mit Springers in der Öffentlichkeit so unnachgiebig kritisierter Rolle nichts zu tun hatten. Insofern war der Schritt ambivalent und verfehlte zu einem erheblichen Teil seine Wirkung. Dennoch war der Verkauf wohl eine der einschneidendsten Korrekturen in der Verlagsgeschichte.

Es war keineswegs nur eine studentische Minderheit, die davon überzeugt war, dass der eigentliche Attentäter nicht Josef Bachmann, sondern Axel Springer hieß. Der eine schien der Verführte beziehungsweise Manipulierte zu sein, der andere der Verführer beziehungsweise Manipulator. Das schien sowohl theoretisch als auch empirisch ins Bild zu passen. Wolf Biermann sang in der zweiten Strophe seines Liedes »Drei Kugeln auf Rudi Dutschke«: »Die Kugel Nummer Eins kam aus Springers Zeitungswald.«[36] Mehr und mehr führende Intellektuelle – darunter auch ein konservativer Historiker wie Golo Mann – stellten sich damals, wie die »Erklärung der Vierzehn« und andere Wortmeldungen deutlich machten, hinter eine Reihe der vom SDS erhobenen Forderung nach einer Beschneidung der Pressekonzentration.

An dem objektiven Sachverhalt, dass die Springer-Zeitungen in

West-Berlin eine monopolartige Stellung innehatten und diese dazu nutzten, Linke, Studenten und andere Minderheiten zu diskreditieren und zu diffamieren, konnte kein Zweifel bestehen. Die Frage jedoch, ob sich der Attentäter tatsächlich durch Organe des Hauses Springer angestiftet gefühlt haben könnte, war nicht so einfach zu beantworten. Was den Demonstranten, die die Auslieferung der Springer-Zeitungen zu blockieren versuchten, unmittelbar evident zu sein schien, hat das Westberliner Schwurgericht im Falle des wegen Mordversuchs angeklagten Josef Bachmann zum Gegenstand seiner Befragungen gemacht.

Landgerichtsdirektor Heinz Brandt versuchte sich in einer der Verhandlungen ein Bild von den politischen Motiven des Attentäters zu machen. Dabei spielte die Frage nach seiner politischen Orientierung eine ebenso große Rolle wie die nach den Präferenzen seiner Zeitungslektüre:

»Richter:	Haben Sie einer Partei nahegestanden; sich ihr verbunden gefühlt? Wenn ja, welche war das?
Bachmann:	Das war die NPD.
Richter:	Haben sie das Programm dieser Partei gelesen?
Bachmann:	Nein, aber es stimmt nicht, wie man die NPD heute hinstellt. Man möchte sie zur Seite schaffen, weil sie die Schwesterpartei der NSDAP sein soll, die diese schrecklichen Taten gemacht hat.
Richter:	Woher haben Sie denn dieses politische Wissen?
Bachmann:	Aus Zeitungen.
Richter:	Aus welchen denn?
Bachmann:	Aus linken Blättern: Wahrheit, Neues Deutschland, Spiegel, Stern, Pardon.
Richter:	In den Akten sind Ausschnitte aus der Nationalzeitung und auch aus der Deutschen Soldatenzeitung. Einer mit der Überschrift: »Stoppt Dutschke!« Die Ausschnitte sind in Ihren Sachen gefunden worden. Haben Sie diese Zeitungen auch gelesen?

Bachmann: Ja, die habe ich ganz vergessen, die Nationalzeitung und die Deutschen Nachrichten.
Richter: Sind denn das auch linke Zeitungen?
Bachmann: Nein, rechte.
Richter: Das sind nun zum Teil Zeitungen, die nicht täglich erscheinen, und die nicht jedem regelmäßig zugänglich sind.
Bachmann: Nein, aber mir hat's gereicht, was ich da gelesen hab.
Richter: Haben Sie auch die Tageszeitungen verfolgt?
Bachmann: Naja, die Stadtzeitung, wo ich gerade war. Aber ich hab keine Springer-Zeitung gelesen, möchte ich nebenbei bemerken.«[37]

Es war in der Tat so, dass Bachmann bei seiner Reise mit dem Interzonenzug von München nach Berlin die *Deutsche Nationalzeitung* vom 22. März 1968 dabeihatte. Sie schien eine besondere Bedeutung für ihn zu haben, denn im Unterschied zu anderen Blättern hatte er Teile von ihr sorgfältig ausgeschnitten und in einem Pappumschlag aufbewahrt. Es war die Titelseite der Ausgabe Nr. 12 mit der Aufforderung: »Stoppt Dutschke jetzt! / Sonst gibt es Bürgerkrieg / Nazis jagen – Kommunisten hofieren?«[38] Unmittelbar darunter waren fünf Fotos abgebildet, die wie eine Serie aus einer Verbrecherkartei der Polizei wirkten. Für Bachmann hatten diese Aufnahmen auch einen ganz praktischen Zweck, sie dienten dazu, Dutschke zu identifizieren. Die Schlagzeile, die sich wie eine direkte Aufforderung zu einem Anschlag lesen ließ, war in dem chauvinistisch-rechtsradikalen Blatt alles andere als eine Ausnahme. Seit Wochen hatte sich dessen Redaktion auf Dutschke »eingeschossen«. Der SDS-Sprecher wurde als die größte Gefahr für Volk und Vaterland erklärt.

Insofern ist es sehr viel wahrscheinlicher, dass der Attentäter durch Gerhard Freys *Deutsche Nationalzeitung* beeinflusst worden ist als durch eines der Blätter aus dem Hause Axel Springers. Auch die Frage, die der *Stern* seinerzeit an den Psychoanalytiker Alexander Mitscherlich gerichtet hat, ob die Studenten nach dem Attentat nicht besser gegen die NPD hätten demonstrieren sollen, erscheint im Nachhinein als durchaus berechtigt.[39] Es war möglicherweise einer der gravierendsten Fehler der Protestierenden, ihre Empörung über das Attentat ausschließlich gegen den Springer Verlag und nicht gegen Gerhard Frey, den Herausgeber der *Deutschen Nationalzeitung* oder gegen den direkten politischen Gegner, die NPD, gerichtet zu haben.

Die Presseorgane

Im Zuge der Ereignisse hatten sich unter den Publikationsorganen die Konturen unterschiedlicher Lager herausgeschält. Einerseits vollzog sich eine Polarisierung andererseits eine Art Blockbildung. So gespalten die Reaktionen auf die studentischen Protestaktionen auch sein mochten, sie führten auf jeden Fall dazu, dass keines der wichtigen überregionalen Blätter in Indifferenz verharren konnte. Jedes einzelne Organ sah sich gezwungen, Position zu beziehen und zwar in einer Weise, die Mehrdeutigkeiten erschwerte.

Es bildeten sich drei unterschiedliche Lager: Das der aggressiven Angreifer, das der kritischen Verteidiger und das der mehr oder weniger bedingungslosen Unterstützer. An der Spitze der Angreifer stand zweifelsohne die *Bild*-Zeitung. Sie gab mit ihren rüden Verdrehungen und Beschimpfungen, die mitunter an antisemitische Stereotypen appellierten, den Ton an. Bedingungslose Diffamierung und Diskriminierung der Protestierenden war ihre Sache, ohne danach zu fragen, ob es auch rationale Gründe für den Protest geben könnte. Aus der ihr eigenen Optik einer Dauerskandalisierung gefährdeten die Rebellen letztlich den Status der »freien Stadt« West-Berlin. Indem sie sowohl den Antikommunismus als auch den Proamerikanismus in Frage stellten, rührten sie an die Symmetrie der Kalten-Kriegs-Ideologie. Das machte sie zur Zielscheibe jahrelanger Attacken, denen der Berliner Senat am 21. Februar 1968 mit einer Massenkundgebung noch ein zusätzliches Forum verschaffte, in dessen Anschluss es zu pogromartigen Szenen gegenüber tatsächlichen oder vermeintlichen Studenten kam.

Neben der *Bild*-Zeitung, der ihr in mancher Hinsicht ähnlichen, in West-Berlin erscheinenden *BZ*, der *Bild am Sonntag*, der *Welt*, der *Welt am Sonntag*, dem *Münchner Merkur*, dem *Rheinischen Merkur*, *Christ und Welt* gehörte noch die zwar distanzierter argumentierende, dennoch aber keineswegs weniger ablehnend eingestellte *Frankfurter Allgemeine Zeitung* zum Block der Angreifer.

Der andere Block, der der kritischen Verteidiger des studentischen Protests, stellte sich nur bedingt an dessen Seite. Sie sympathisierten in der Aufbruchszeit, insbesondere nach dem Tod Benno Ohnesorgs, als die opponierenden Studenten insgesamt als potentielle Opfer der Staatsmacht angesehen wurden, mit den von einem reformerischen Tenor akzentuierten Zielen. Jedoch begannen sie sich schon bald von den Formen, zunächst der der Provokation, dann der der Gewalt nicht prinzipiell entsagenden Aktion zu distanzieren. Zum Spektrum der liberalen beziehungsweise linksliberalen Organe zählten *Der Spiegel*, der *Stern*, *Die Zeit*, die *Süddeutsche Zeitung* und die *Frankfurter Rundschau*. Hinzu kamen mit dem 1962 gegründeten Satireblatt *Pardon*, auf dessen zweitem Cover bereits eine brennende *Bild*-Zeitung hochgehalten und die Frage »Krieg wegen Axel Springer?« aufgeworfen wird[40], das manche der phantasievollsten Aktionsformen bereits als Bildergeschichten vorwegnahm, und dem in seiner Ästhetik innovativen Jugendmagazin *Twen*,[41] das insbesondere die Experimente neuer Kultur- und Lebensformen zum Thema machte, zwei Organe, die den Protestierenden das Gefühl vermittelten, sie seien gefragt und lägen ohnehin im Trend einer sich rapide wandelnden Zeit.

Die bedingungslosen Unterstützer des Protests standen zwar nicht so sehr im Rampenlicht, spielten aber eine nicht zu unterschätzende Rolle. Es war ein halbes Dutzend an Organen, die kaum verdeckt als publizistischer Arm der SED-Propaganda in der Bundesrepublik fungierten. Dabei gehörte es durchaus zu ihrer Aufgabenstellung, sich nicht als prokommunistisch oder sozialistisch zu erkennen zu geben. Ihre jeweilige Redaktionspolitik machte nur Sinn im Rahmen eines breit angelegten Bündniskonzepts. Ihre Aufgabe bestand vornehmlich darin, unterschiedliche Strömungen und Fraktionen für politische Zielsetzungen zu gewinnen, deren Logik von der SED bestimmt war. Die meisten dieser Organe waren zunächst an Organisationen angebunden, die bereits in der ersten Hälfte der fünfziger Jahre gegründet worden waren: Die 1950 gegründete *Tat* war das Organ der *Vereinigung der Verfolgten des Naziregimes* (VVN), die 1953 gegründete *Deutsche Volkszeitung* das des *Bundes der Deutschen* (BdD), die 1954 gegründeten *Blätter für deutsche und internationale Politik* das des Deutschen Clubs 1954 und *Die Andere Zeitung* entstand 1955 aus einer Abspaltung der SPD.

Eine besondere Rolle spielte die 1955 vom Zentralrat der FDJ ins Leben gerufene *konkret*.[42] Die Geschichte der von Mitgliedern der illegalen KPD geführten Zeitschrift, die bereits Ende der fünfziger Jahre wegen ihrer SED-nahen Politik massiven Angriffen führender SPD-Politiker wie Herbert Wehner und Waldemar von Knoeringen ausgesetzt war[43], war turbulent und wechselhaft. Nachdem der Geldfluss aus Ost-Berlin längst versiegt war, mauserte sie sich zu einer Mischung aus Sexpostille und meinungsführendem APO-Organ.[44]

Einen anderen Sonderfall bildete der im Mai 1967 gegründete *Berliner Extra-Dienst*,[45] der einerseits der *Sozialistischen Einheitspartei Westberlins* (SEW) zuarbeitete und andererseits, wie inzwischen Mitarbeiter des Forschungsverbundes SED-Staat an der Freien Universität herausgefunden haben, als »eines der legalen Dächer des MfS« in West-Berlin operierte.[46] Der Chefredakteur des Blattes, das sich auf die Verbreitung von Informationen für die außerparlamentarische Bewegung konzentrierte, war Charly Guggomos, trug den Decknamen »Gustav« und arbeitete für die HVA von Markus Wolf.[47] Einer seiner wichtigsten Redakteure war der SDS-Funktionär Walter Barthel, Deckname »Kurt«.[48] Er spähte Treffen, Konferenzen sowie Kundgebungen aus und fertigte für seine Auftraggeber Porträts von Rudi Dutschke und anderen APO-Wortführern an. Die vom *Berliner Extra-Dienst* verbreiteten »Gegeninformationen« dienten vor allem dazu, die antiautoritären, als »sowjetfeindlich« eingeschätzten Strömungen in der APO abzuwürgen und die orthodoxen, die SED, die DDR und die UdSSR befürwortenden zu fördern.

Das Fernsehen

Das Medium Fernsehen war nicht nur mehrheitsfähig geworden, sondern setzte die Themen, dominierte den öffentlichen Blick und schuf eine Qualität der Emotionalisierung wie sie zuvor nur der Privatsphäre zu eigen war.[49] Auch wenn die These, dass die 68er-Bewegung »eine TV-Bewegung« gewesen sei[50], sicherlich überzogen ist, schließlich war die große Mehrzahl ihrer Aktivisten intellektuell über das Medium Buch sozialisiert worden, so trifft sie dennoch einen wichtigen Punkt: Ohne das Medium Fernsehen wäre sie in dieser Form gewiss nicht zustande gekommen. Die Studentenrevolte war ganz ohne Zweifel auch ein »telegenes Spektakel«. Die Selbstinszenierung der Revoltierenden kam dabei der Dramaturgie des Mediums weit entgegen: »Das fernsehspezifische Interesse am optisch Umsetzbaren und die Öffentlichkeitswirksamkeit der Protestformen gehen zumindest in der ersten Phase der Studentenrevolte eine geradezu symbiotische Beziehung ein.«[51] Diese Symbiose kam für Beobachter ebenso wie Insider überraschend. Schließlich war ein nicht unerheblicher Teil der Akteure bildungsbürgerlich sozialisiert, mit einer starken Präferenz für das Medium Buch und einer nicht minder ausgeprägten Distanz gegenüber dem als populistisch geltenden Massenmedium Fernsehen. Diese Haltung spiegelte sich insbesondere unter SDS-Mitgliedern in der nahezu ungebrochenen Identifikation mit einer Form der Ideologiekritik, die von Anfang an unter Verdacht stand, Ausdruck einer elitären Abwehrhaltung zu sein.

Die bedeutendsten Kulturkritiker des Fernsehens waren seinerzeit zwei deutsch-jüdische Emigranten, die in den vierziger Jahren in Kalifornien die Anfänge des neuen Massenmediums bereits erlebt hatten, und gleich nach dem Start des Deutschen Fernsehens mit fundamentalen Kritiken aufwarteten. Der eine, Theodor W. Adorno, war der vielleicht wichtigste akademische Lehrer der Protestierenden[52] und der andere, Günther Anders, einer ihrer bedeutendsten Sympathisanten aus der älteren Generation.[53]

Theodor W. Adorno hatte seine ablehnende Haltung in zwei Essays dargelegt, die 1953 in dem Fachorgan »Rundfunk und Fernsehen« erschienen. Sie waren beide das Ergebnis von Studien, die Adorno während seines letzten USA-Aufenthaltes ein Jahr zuvor im Rahmen der Hacker-Foundation durchgeführt hatte. In »Prolog zum Fernsehen« wird das neue Medium aus einer Perspektive analysiert, in der es als Vervollständigung des Systems der »Kulturindustrie« fungiert – es stopfe nun die »Lücke«, die der Privatexistenz bislang noch geblieben sei.[54] Indem das massenkulturelle Produkt ins Haus geliefert werde, schwinde die Distanz der Betrachter im wörtlichen wie im übertragenen Sinne. Die Kunst werde nun für den Konsumenten gemacht, sie sei zur Reklamefunktion geworden.

Sein zweiter Beitrag war die Auskoppelung aus einer umfassenderen Arbeit, in der 34 Fernsehspiele untersucht wurden und deren Ergebnisse wenig später unter dem Titel »How to look at Television« in einer amerikanischen Zeitschrift erschienen.[55] Die in »Fernsehen als Ideologie« ausgebreitete Kritik geht noch weiter, als sie sich explizit auf den Manipulationsbegriff bezieht und zu dem Ergebnis gelangt, dass der Zuschauer in seiner konformistischen Haltung bestärkt und auf diese Weise der Status quo der gesellschaftlichen Verhältnisse befestigt werde.[56] Der Betrachter würde ununterbrochen mit offenen und verborgenen Botschaften, sogenannten »messages«, bombardiert. Die Tatsache jedoch, dass alles bloß Ware, Reklame und Unterhaltung sei, schrecke die Kulturindustrie nicht. Sie habe daraus längst »ein Stück der eigenen Ideologie« gemacht. Fernsehen als Ideologie sei keine »Sache des bösen Willens«, nicht einmal Folge möglicher Inkompetenz seiner Macher, sondern werde »vom objektiven Ungeist erzwungen«.

Auch bei Günther Anders firmierte die Generalkritik am Fernsehen als Teil einer umfassenden Kulturkritik der modernen Welt, die er 1956 unter dem Titel »Die Antiquiertheit des Menschen« vorgelegt hatte.[57] Das Kapitel mit der Überschrift »Die Welt als Phantom und Matrize« versteht sich als Konkretisierung eines Gedankens, den er als »prometheische Scham« bezeichnet. Diese Scham resultiere, schreibt der Heidegger-Schüler,[58] aus dem Gefälle, das zwischen den vom Menschen geschaffenen Produkten, der gesamten Apparate- und Maschinenwelt, und seinen anthropologisch begrenzten Fähigkeiten existiere. Indem Prometheus auf triumphale Weise gesiegt habe, sei der Mensch in der Moderne zum »Hofzwerg seines eigenen Maschinenparks« geworden. In diesem Zusammenhang sieht er das Fernsehen als die vorläufige Krone dieser Fehlentwicklung an, der Schere zwischen Produzent und Produziertem, einer grundsätzlichen Asynchronität des Menschen mit der von ihm geschaffenen Produktewelt. Anders spricht bereits von einer »globalen Bilderflut«, einem »postliterarischen Analphabetentum« und der »Ikonomanie«, der kaum zu stillenden Sucht nach ständig neuen Bildern, die den Betrachter zum Voyeur machten. Fernseher sind für ihn »Verdummungsgeräte«, weil sie »grundsätzlich keine Zusammenhänge« mehr erkennen ließen, sondern »immer nur herausgerissene Weltfetzen«. Die auf dem Bildschirm zu betrachtenden Bilderwelten seien von einer paradoxen Grundstruktur geprägt, sie zeigten die Welt, indem sie sie gleichzeitig verhüllten.[59] In Paraphrasierung eines berühmten Ausspruchs von Karl Kraus formuliert er einen Satz, den er als Sinnspruch für das neue Medienzeitalter hält: »Im Anfang war die Sendung, für sie geschieht die Welt.«[60] Das Verhältnis zwischen Wirklichkeit und medialer Reproduktion habe sich vertauscht. Übertragungen, auch die von Demonstrationen, gewännen mitunter nur dadurch eine Bedeutung, indem sie von einem Sender ausgestrahlt würden.

Die Haltung, die aus einem solchen Generalverdikt gegenüber dem Fernsehen resultiert oder aber doch zumindest räsonierend gestützt wird, hat Martin Walser am Ende der fünfziger Jahre einmal zutreffend glossiert: »Meine Freunde haben keinen Fernsehapparat. Sie sind darauf ein bisschen stolz. Zumindest lassen sie mich fühlen, dass sie von mir alles andere erwartet hätten, als in meinem Wohnzimmer diesen Glanzkasten mit dem blöden Zyklopenauge anzutreffen. Zuweilen versuche ich, mich und meinen Fernsehapparat zu verteidigen, aber dann werden auch meine toleranten Freunde nervös, als mute ich damit unserer Freundschaft einfach zu viel zu.«[61] Diese Abwehrhaltung gegenüber dem als Glotze diskreditierten Gerät war in den sechziger Jahren auch unter linken Studenten so sehr verbreitet, dass sie zumindest in den als kulturkritisch geltenden Fächern der Philosophischen Fakultät repräsentativ gewesen sein dürfte.

Das alles änderte nichts am kometenhaften Aufstieg des Fernsehens. Neben der Etablierung der Nachrichtensendungen »Tagesschau« und »Heute« gewannen die Polit-Magazine der ARD immer mehr an Bedeutung. Insbesondere »Panorama«[62], aber auch »Monitor« und »Report« spielten in den sechziger Jahren eine herausragende Rolle.[63] Auch die Interviewsendungen von Günter Gaus, zunächst »Zur Person«[64], dann »Zu Protokoll«, trugen in ihrer spezifischen Konzentration auf eine Person des Zeitgeschehens nicht unerheblich dazu bei, das Fernsehen zum Forum politischer Fragestellungen zu machen, bei denen es nicht um vordergründige Selbstinszenierungen, sondern um die Ausleuchtung von Hintergründen ging.

Angesichts der Präsenz der Ereignisse und einiger ihrer Protagonisten im Fernsehen konnte es nicht ausbleiben, dass den Programmgestaltern von konservativer Seite der Vorwurf gemacht wurde, das für das Publikum dominante Medium zum Sprachrohr der außerparlamentarischen Bewegung zu machen.[65] Am stärksten hat diesen Vorwurf der evangelische Theologe Helmut Thielicke formuliert, der in Hamburg selbst mehrfach Zielscheibe studentischer Angriffe war: »Das optisch Attraktive drückt nicht nur bestimmte Vorgänge bildhaft aus, sondern es lässt die Ausnahme als Regel erscheinen, es gibt diesen Ausnahmen eine aufgeblasene Publizität und versorgt sie dadurch mit Reizstoffen, die sie noch weiter aufputschen [...] So kommt das Fernsehen dazu, nicht nur Geschichte – verzerrt! – zu berichten, sondern auch Geschichte zu machen. Es bildet die Verwirrung nicht nur optisch ab, sondern es erzeugt und intensiviert sie.«[66] In diesem Fall ging der Vorwurf sogar noch über die Rolle eines propagandistischen Lautsprechers und Multiplikators hinaus. In den Augen der Professoren für evangelische Theologie waren die Fernsehanstalten selbst zu Produzenten des Geschehens, also zu regelrechten Mitakteuren, geworden.

Es war klar, dass die Verantwortlichen einer öffentlich-rechtlichen

Anstalt wie der ARD derart massive Vorwürfe nicht würden auf sich sitzen lassen können. Der Programmdirektor des NDR-Fernsehens, Dietrich Schwarzkopf, stellte sich der Kritik und nahm dazu ausführlich in einem von der Wochenzeitung *Die Zeit* publizierten Beitrag Stellung.[67] Die Vorhaltungen konservativer Blätter wie der *Welt*, der *Frankfurter Allgemeinen Zeitung* und des *Münchner Merkur*, die sich auf das von dem Kölner Soziologen geprägte Schlagwort von der »parasitären Publizistik« berufen konnten, hielten jedoch weiter an und nahmen in der Konfrontation etwas von dem vorweg, was Ende der siebziger Jahre in dem Vorwurf gipfelte, einige ARD-Anstalten seien unter dem Einfluss der SPD zum »Rotfunk« mutiert.

Die Gegenöffentlichkeit

Auf einer studentischen Vollversammlung in der Aula der Frankfurter Universität hatte Max Horkheimer im Dezember 1952, zu einer Zeit, als er noch Rektor war, seine Vorstellung von einer Radikalisierung der in der verfassten Studentenschaft nicht ausgeschöpften demokratischen Potentiale skizziert. Von einer basisdemokratisch-plebiszitär orientierten Grundidee her argumentierend führte er aus: »Zur Zeit Rousseaus dachte man, Demokratie bestände darin, dass diejenigen, die ihre Regierung wählen, zusammenkommen und in Urversammlungen sich aussprechen, und ihre Vertreter dann zueinander schicken von den verschiedenen Orten aus, so dass die Regierung konstituiert wird. Davon ist man in der Massendemokratie abgekommen. Denn wie sollte man die Menschen zusammenbringen? Die meisten von ihnen haben mit denen, von denen sie regiert werden, noch nie ein Wort gesprochen oder sie von Angesicht zu Angesicht gesehen [...] Hier in der Universität während der Studentenzeit, die utopische Züge trägt, wäre so etwas möglich. Die studentische Vollversammlung könnte eine Urversammlung sein. Es könnte so sein, dass alle, die etwas zu sagen haben, sich zusammenfinden und die wählen, die sie vertreten sollen und die sie auch zur Rechenschaft ziehen können. Dies gilt zuerst für die Vertretung im AStA.«[68] Wiederholt betonte

Horkheimer dabei, dass es der spontanen und aktiven Mitwirkung der Studenten bedürfe, um ihren Einfluss geltend zu machen. Wenn von der studentischen Seite kein Druck erfolge, dann würden sich viele der als notwendig angesehenen Neuerungen nur langsam vollziehen.

Was Horkheimer den Studierenden vorgeschlagen hat, das wurde von keiner anderen Hochschulgruppe so ernst genommen wie dem SDS und ist schließlich Mitte der sechziger Jahre für die politisierten Studenten zu einer nicht mehr zu hinterfragenden Selbstverständlichkeit geworden: »Auf dem Schild der Studenten stand eine Forderung, die einst die bürgerliche Wissenschaft gegen den Feudalismus formuliert hatte: Öffentlichkeit und Diskussion. Diesem Prinzip von Öffentlichkeit ist die Studentenbewegung verpflichtet geblieben: ihr Organisationsprinzip ist das der großen Diskussion mit anschließender plebiszitärer Abstimmung.«[69] Es ging letztlich um die Einheit von Demokratie und Öffentlichkeit. Ohne eine funktionierende Öffentlichkeit, so die Überzeugung, konnte auch keine funktionsfähige Demokratie zu erwarten sein.

Deshalb war die außerparlamentarische Bewegung von nichts anderem so sehr geprägt, wie dem Versuch, Öffentlichkeitsformen zu erringen, durchzusetzen und dauerhaft zu etablieren.[70] Die Parole, die vor allen anderen zu hören war, lautete: »Öffentlichkeit schaffen!« Bevor irgendein politisches Ziel geäußert werden konnte, ging es zunächst einmal darum, sich des öffentlichen Raums zu versichern. Aus den geschlossenen Räumen ging es auf die Straßen, die Plätze und in die Innenstädte. Zielstrebig wurden Zentren der Urbanität anvisiert, wo die stärkste Publikumsfluktuation herrschte und der größte Resonanzboden für eine Protestaktion zu erwarten war.

Im Unterschied zu den Parteien und – mit Ausnahme der Gewerkschaften – den meisten anderen Großorganisationen wurde in der Studentenbewegung und der aus ihr hervorgegangenen APO die Demonstration zur maßgeblichen Form der politischen Willensartikulation.[71] Sie war nichts weniger als das Lebenselixier der 68er-Bewegung. Von ihrem jeweiligen Verlauf war abhängig, welche Resonanz Forderungen in den Medien und der Öffentlichkeit insgesamt hatten. Auch die damals aus den USA übernommenen Teach-ins waren integraler Bestandteil einer solchen Öffentlichkeitsstrategie.[72] Oft dienten sie dazu, vor Beginn einer Demonstration oder einer Kampagne, die Interessierten über Hintergründe zu informieren und zugleich die Möglichkeit anzubieten, sich kontrovers darüber auszutauschen.

Doch schon bald wurde klar, dass die situativ zu organisierenden Öffentlichkeitsformen mit ihrem nur schwer zu planenden, kaum zu kontrollierenden und letztlich naturwüchsigen Verlauf nicht ausreichen würden, um gegen die schier übermächtigen Massenmedien bestehen zu können. Der führende Kopf des Frankfurter SDS, Hans-Jürgen Krahl, gab deshalb auf einem Teach-in seinen Zuhörern zu bedenken: Die Bewegung müsse lernen »[…] ein Agitations- und Publikationswesen zu entfalten, etwa in der Form von Zeitungen für Betriebe, Zeitungen für bestimmte Schichten, produktive Angestellte, Zeitungen etwa in Stadtteilen, in denen versucht wird, eine Argumentation zu entfalten, die wirklich auf der einen Seite es versteht, theoretische Kategorien, wie die von Entfremdung und wie die von Herrschaft, wie sie heute aussieht, den Massen verständlich zu machen und das bedeutet, es mit ihren konkreten bestehenden Erfahrungsgehalten zu vermitteln.«[73] Der Publizist Karl-Heinz Stamm fasste später eine Untersuchung der 68er-Bewegung dahin zusammen, dass der »Kampf der APO ein Kampf um den Zugang zur Öffentlichkeit, ein Kampf um Kommunikationsmittel«[74] gewesen sei, ein Kampf, der im Grunde für jede politische Opposition »lebensnotwendig« wäre.

Durch die aufgeputschte und besonders zugespitzte Auseinandersetzung mit den Springer-Organen waren insbesondere in West-Berlin bereits frühzeitig Forderungen laut geworden, die Bahman Nirumand seinerzeit auf die Formel gebracht hatte: »Wir müssen eine Gegenöffentlichkeit herstellen, um unsere Ziele wirksam zu erläutern und diskutieren zu können, und dazu brauchen wir Gegen-Sender und Gegen-Zeitungen.«[75] Das waren Stichworte, die bereits auf dem

Kulminationspunkt der 68er-Bewegung die Qualität von Handlungsanweisungen besaßen.

Unmittelbar nach dem Dutschke-Attentat und in einem offenkundigen Zusammenhang mit den Angriffen der Protestierenden auf den Springer-Verlag unternahm eine aus dem Schriftsteller Hans Magnus Enzensberger, dem Kabarettisten Wolfgang Neuss und dem Komponisten Hans Werner Henze zusammengesetzte Delegation der außerparlamentarischen Bewegung einen medienpolitisch einzigartigen Vorstoß. Wegen des »Meinungsmonopols des Springer-Konzerns« verlangten sie vom Intendanten des Senders Freies Berlin (SFB) »1 Stunde Sendezeit für die APO«. Doch Franz Barsig, erteilte einer solchen Forderung eine klare Absage. Er könne sich zwar vorstellen für ein Sendeformat zu sorgen, in dem Vertreter der APO ihre Positionen »in Rede und Gegenrede« darstellen könnten, jedoch »keinerlei Sonderrechte«. Würde dem Verlangen der APO nachgegeben, dann müsse er sich zum Vorwurf machen lassen, wegen der Berücksichtigung von Partialinteressen die Autonomie der Programmgestaltung tendenziell abzutreten.[76] Damit war die Sache klar. Ein eigener Sendeplatz oder eine unmittelbare Beteiligung an der Programmgestaltung würde zumindest beim SFB nicht in Frage kommen.

Für kurze Zeit errangen die Gegensendungen größere Aufmerksamkeit, die spektakulären Auftritte von Piraten des Rundfunks und des Fernsehens. Als am 26. Februar 1969 das UKW-Programm des SFB in verschiedenen Westberliner Bezirken von revolutionären Parolen übertönt wurde, meldete sich mit »Radio Revolution« erstmals ein eigener Rundfunksender der APO zu Wort.[77] Dieser Schritt kam nicht überraschend. Schließlich machten niederländische Piratensender bereits seit mehreren Jahren vor, wie erfolgreich solche von in der Nordsee stationierten Schiffen operierende Sender sein konnten. Und im Dezember 1968 hatte mit »Radio Nordsee« der erste deutsche Piratensender mit der Ausstrahlung seines Programms begonnen. Der Sender, der sich von Bord des außerhalb der deutschen Hoheitsgewässer liegenden Schiffes Galaxy mit Popmusik vor allem an junge Hörer wandte, hatte eine Reichweite von etwa 1000 Kilometern. Sehr viel schwieriger war es, einen Piratensender mitten in einer Großstadt zu installieren. Wie die sofort ausschwärmenden Fahnder der Post in West-Berlin feststellten, musste der Störsender seinen Standort irgendwo auf dem Gelände der Technischen Universität haben. Es gelang ihnen jedoch nicht, ihn auszuheben. Sie fanden außerdem heraus, dass es zwei weitere mobile Schwarzsender geben müsse, die kreuz und quer durch die Stadt gefahren wurden, um Informationen zur Vorbereitung einer Großdemonstration gegen den damals bevorstehenden Besuch von US-Präsident Richard M. Nixon zu verbreiten. Ein weiteres Mal meldete sich »Radio Revolution« am 28. September 1969, dem Tag der Bundestagswahlen. Die Station unterbrach mehrmals die abends von der ARD ausgestrahlte Wahlsendung und verkündete Parolen wie »NPD und SPD tun einander gar nicht weh« und »Die SPD ist die beste CDU, die es je gab«. Eingerahmt war das Ganze von einem klassischen Musikstück, Sequenzen aus Georg Friedrich Händels »Hallelujah«. Einige Zuschauer zeigten sich von dem mit fundamentaloppositionellen Losungen garnierten Bildausfall irritiert und riefen verwundert bei der von APO-Gruppen als »Sender Franz Barsig« verhohnepiepelten Rundfunkanstalt an. Die eilends alarmierte Landespostdirektion leitete diesmal jedoch keine Fahndung ein. Lakonisch hieß es, ihr sei von »Störungen nichts bekannt« geworden.

Es dauerte fast ein Jahrzehnt bis an diese ersten Versuche, von den öffentlich-rechtlichen Anstalten unabhängige Rundfunksender zu installieren, wieder angeknüpft wurde. Ende der siebziger, Anfang der achtziger Jahre entstanden dann vor allem im Zuge der sich ausbreitenden Alternativ- und Ökologiebewegung sogenannte Freie Radios.[78] Neben den lokalen Alternativsendern »Radio Dreyeckland« und »Radio Grünes Fessenheim« machte vor allem das »Radio Freies Wendland« von sich reden, das 1980 vor und nach der Räumung des besetzten Geländes bei Gorleben zu hören war.

Zur selben Zeit breitete sich seitens der Akteure schon das aus, was als »Gegenpresse« bezeichnet werden konnte. Insbesondere im West-Berliner APO-Milieu schossen Zeitschriften aus dem Boden, die schon durch ihre bizarren Namen für Aufmerksamkeit, Ärger, Irritation und Faszination sorgten: Das *Oberbaumblatt*, *Charly Kaputt*, *Peng*, *Fizz*, *Linkeck*, *Agit 883*, *Hundert Blumen* usw. Mit ihnen setzte ein regelrechter Gründungsboom anfangs oppositioneller, dann gegenkultureller und später alternativ ausgerichteter Zeitungen und Zeitschriften ein, die sich Mitte der siebziger Jahre bundesweit ausbreiteten und sich in jeder größeren Stadt und selbst in einigen Provinzregionen zu etablieren vermochten.[79] Es entstand eine regelrechte Alternativpresse. Die Namen der Subkultur-Organe lauteten nun u.a.: *Wir Wollen Alles*, *Kölner Volksblatt*, *Pflasterstrand*, *Plärrer*, *Stadt-Zeitung*.[80]

Eine ganz besondere Rolle nahm dabei der 1973 in Frankfurt ins Leben gerufene *Informationsdienst für unterdrückte Nachrichten* (ID) ein. Er war ein Organ der undogmatischen Linken, das es sich zum Ziel gesetzt hatte, Gruppen, die über keine eigenen Publikationsmöglichkeiten verfügten, insbesondere Bürgerinitiativen, ein Forum zu bieten, in dem sie selbst über ihre Aktivitäten, Konflikte und Erfolge berichten konnten. Kein anderes Blatt spiegelt die Vielfalt und Komplexität der Mitte der siebziger Jahre existierenden Strömungen im Spannungsfeld zwischen Anti-AKW-, Alternativ-, Ökologie- und Frauenbewegung so polyphon wider wie der wöchentlich erschienene ID. Er wurde dann von einem Projekt abgelöst, das bereits 1968 auf der Agenda gestanden hatte.

Die Entstehung der *tageszeitung* (taz) war ursprünglich eine Art Wunschtraum der APO. Ihre 1978 erfolgte Gründung muss jedoch als unmittelbare Reaktion auf die Nachrichtensperre während der Schleyer-Entführung angesehen werden.[81] Mit ihr erfüllte sich zwar mit einer Verspätung von einem Jahrzehnt eines der Lieblingsprojekte der APO-Aktivisten, jedoch wäre es wohl ohne die als dramatische Gefährdung des demokratischen Gemeinwesens angesehene Informationsblockierung nicht zu diesem einerseits zwar mutigen, andererseits aber auch überaus schwierigen Schritt gekommen. Mit dem genossenschaftlich strukturierten, weit unterkapitalisierten Blatt, das anfangs wie kein anderes Forum fast aller in der Bundesrepublik existierenden Bewegungen war, wurde jedoch auch eine Dauerkrise installiert, wie die häufig aufgelegten Abo-Aktionen zeigten.

Die massenmedial produzierten Ikonen der APO

Die symbolische Aufladung von Szenen, Personen und Situationen spielte eine herausragende Rolle. Die Agierenden waren Teil einer medialen Fremd- wie einer informellen Selbstinszenierung. Das Bild, das etwa von Rudi Dutschke im *Spiegel* verbreitet wurde, war ebenso wie das der Kommunarden im *Stern* in einem erheblichen Maße ein Medienkonstrukt.[82] Wenn inzwischen nicht zu Unrecht so häufig von Mythen, Idolen und Ikonen die Rede ist,[83] dann stellt sich die Frage, was sie konstituiert und worin ihre Bedeutung gelegen haben könnte.

Die Kommune I war ganz unzweifelhaft die schlagzeilenträchtigste Gruppierung, die es in der APO-Zeit gegeben hat.[84] Mit ihrem »Puddingattentat« auf US-Vizepräsident Hubert Humphrey im April 1967 hatten sie nicht nur bewiesen, wie leicht es war, die Springer-Presse, die Polizei und die Ermittlungsbehörden zu narren, sondern auch wie medienwirksam sie das Mittel der Provokation einzusetzen wussten. Das Duo Fritz Teufel und Rainer Langhans als Angeklagte vor dem Moabiter Schwurgericht wurde in seiner massenmedial hervorgehobenen Rolle bald darauf von dem Paar Rainer Langhans und Uschi Obermaier abgelöst. Das schien insbesondere dem Vermarktungsinteresse der Boulevard- und Regenbogenpresse entgegenzukommen, die stärker an Sex und Erotik interessiert waren als an der sich erschöpfenden Dauerskandalisierung von Anarchie und Gesetzesbruch.

Gemessen an ihrem Talent zur Selbstinszenierung war es naheliegend, dass die Kommunarden auf keines der seinerzeit zur Verfügung stehenden Medien verzichten wollten. Ihr Wunsch war es, möglichst alle öffentlichen Reaktionen auf ihre zumeist provokativen Auftritte verfolgen, auswerten und aufbewahren zu können. Ohne Übertreibung kann davon gesprochen werden, dass sie dabei waren, sich eine Art mediales Spiegelkabinett aufzustellen. Die von Dieter Kunzelmann, dem unbestrittenen Kopf der Gruppe, selbst angelegten »Quellen der Kommuneforschung« zeigen, in welch akribischer Weise die Zeitungsdarstellungen ausgewertet worden sind.[85] Doch Zeitunglesen und Rundfunkhören reichte ihnen als Form der Selbstbespiegelung bei weitem nicht aus: »Ein Fernsehgerät war ihr dringendster Wunsch.«[86] Der *Spiegel*-Redakteur, der das festgehalten hat, bemerkte in koketter Ironie weiter: »Die Gesellschaft, der sie nicht ähnlich werden möchten, haben sie doch gerne vor sich im Bild.«[87] Das stimmte offenbar, verriet jedoch nur einen Teil einer Begebenheit, deren Schleier erst sehr viel später gelüftet wurde.

In einem Gespräch mit dem Journalisten Bernd Müllender schilderte Rainer Langhans 1994, wie die Kommunarden in den Besitz eines für sie ansonsten unbezahlbaren Fernsehempfängers kamen. Da sie zunächst kein Interesse daran hatten, dem genannten *Spiegel*-Redakteur ein Interview zu geben, kam dieser auf die Idee ihnen ein derartiges Gerät als Gastgeschenk zu offerieren, um sie doch noch als Gesprächspartner zu gewinnen. Nun konnten sie all das, was von ihnen an provozierenden Bildern gezeigt wurde, auch selbst verfolgen.[88] Der Bilderhunger war damit jedoch längst nicht gestillt. Einer der damals noch äußerst seltenen Großprojektoren wurde angeschafft, um die Sendungen gewissermaßen im Kinoformat genießen zu können.[89] In der darauffolgenden Kommune – vergaß Langhans nicht zu erwähnen – habe man sich nicht nur einen Farbfernseher, sondern sogar drei oder vier Flimmerkisten angeschafft, um die seinerzeit zu empfangenden Programme gleichzeitig verfolgen zu können.

Eine skeptische, kritische oder gar technikfeindliche Haltung gegenüber dem neuen Medium habe es, versichert Langhans, in der Kommune I nicht gegeben. Im Gegensatz zum SDS sei man technischen Innovationen gegenüber der Auffassung gewesen, dass man »die Tiger alle reiten« könne. Man habe sehr schnell gelernt, »wie man mit dem Fernsehmedium umzugehen« habe. So wie sie den Aufnahmeteams entgegengekommen seien, so hätten diese umgekehrt auch die eigenen Präferenzen berücksichtigt: »Wenn wir Aktionen gemacht haben. Da haben wir den Fernsehleuten schon Tipps gegeben. Je mehr Aufmerksamkeit, desto besser: Das Spiel des Spaßes, der Körper, der Aktionen, der Regeldurchbrechungen, Happenings auf dem Kudamm, die Go-ins, Fritzens Freilassung.«[90] Das sei alles nicht weiter schwierig gewesen, weil man »eben attraktiv« gewesen sei und im Grunde jeder Spaß daran gehabt hätte, sie sich im Fernsehen anschauen zu können. Das sei bereits damals »subversive Medienarbeit« gewesen. Mehr noch spricht allerdings dafür, dass das, was die Kommunarden als »Revolutionierung ihres Alltagslebens« begriffen, vieles von dem vorweggenommen hat, was in dem von der niederländischen Firma Endemol entwickelten Sendeformat »Big Brother« seit dem Frühjahr 2000 auch in einem privaten deutschen Fernsehkanal als Inszenierung von Intimität ein Massenpublikum gefunden hat.[91]

Rudi Dutschke, seit 1965 Mitglied im Berliner SDS, galt als der mit Abstand charismatischste Sprecher der Studentenrevolte. Seine im Grunde nur einige Monate andauernde Karriere als personifizierter Typus eines Rebellen trug zugleich Züge vom Aufstieg zu einem allgegenwärtigen Medienstar. Das Interview, das Günter Gaus mit Dutschke am 3. Dezember 1967 in der ARD-Reihe »Zu Protokoll« führte, galt seinerzeit als Sensation.[92] Es war die erste und vermutlich einzige Gelegenheit, dass sich ein Sprecher der APO ausführlich im Medium Fernsehen ausbreiten konnte. Dutschke wurde ein Sendeplatz eingeräumt, der sonst nur bundesdeutschen Spitzenpolitikern zuzustehen schien. Das geschah in einer Situation bundesweit gestiegener Aufmerksamkeit. Nach dem Mord an Ohnesorg am 2. Juni 1967 war der Funke von West-Berlin auf alle bundesdeutschen Universitätsstädte übergesprungen und die Campus-Revolte an der Freien Universität hatte sich in eine Studentenbewegung verwandelt. Dutschke war in kürzester Zeit zur Inkarnation dieser Revolte, der antiautoritären Bewegung, geworden. In West-Berlin hatten ihn die Massenmedien bereits Ende 1966 als eine ganz eigene Figur entdeckt: agitierend, theoretisierend, elektrisierend – mit einem Wort ein charismatischer Redner. Obwohl ihm sein Freund, Genosse und Konkurrent Bernd Rabehl frühzeitig vorwarf, er lasse sich als Star missbrauchen, trat Dutschke 1967/68 im Schnitt dreimal pro Woche in verschiedenen Städten als Hauptredner auf; er war in seinem aktionistischen Drang zum selbsternannten Reisekader geworden. Der SDS verfolgte diese Auftritte zwar mit wachsendem Misstrauen, war andererseits aber auch daran interessiert, dass auf diesem Wege seine eigenen Ziele propagiert wurden.

Es existierte eine wechselseitige Funktionalisierung: Die Indienstnahme der Rebellen durch die Medien, deren Indienstnahme durch die Rebellen und deren schrittweise Anverwandlung wiederum durch die Medien. Letztlich schienen dabei die Ikonen der Revolte dem System der medialen Verwertung unterworfen zu werden. Sie provozierten das politische, das ökonomische und das kulturelle System. Das machte sie für einen Teil der Medien eine Zeit lang außerordentlich interessant, ja begehrt, sie stellten das Funktionieren einer Welt in Frage, indem sie dafür ihre eigene Person ins Rampenlicht rückten. Durch diese Personalisierung jedoch wurden sie Teil einer Inszenierung, deren Kontrolle sich ihnen entzog. Sie liefen letztlich Gefahr, zwischen der medialen Welt und ihrem eigenen Milieu ins Stolpern zu geraten und eben jene öffentliche Rolle, die sie gerade dabei waren, zu finden, wieder einzubüßen. Aus Rebellen drohten mehr und mehr Stars zu werden, Pop-Stars des Protests, die umso rascher ihre mediale Präsenz verloren, je mehr sie ihre rebellische Rolle ablegten.

Ein ebenso paradoxer wie folgerichtiger Prozess, der kurz nach dem »Pariser Mai« beinahe auch seinen wohl schillerndsten Protagonisten »Dany le Rouge«, Daniel Cohn-Bendit, verschlungen hätte. Seinen Auftritt in der britischen Hauptstadt kommentierte die besonderer Sympathien sicher gänzlich unverdächtige *Welt* seinerzeit mit den Worten: »London, Metropole des europäischen Schaugeschäfts, hat die brillanteste 24-Stunden-Schau erlebt, die in den letzten Jahren von einem Alleinunterhalter dargeboten worden ist. Die ›Ein-Mann-Schau Daniel Cohn-Bendit‹ war ohne Zweifel die eindrucksvollste politische Burleske, die seit langem in England zu besichtigen war.«[93] Eine Reihe von Fehlschlägen, darunter ein gescheiterter Godard-

Film, in dem er eine Hauptrolle hätte spielen sollen[94], stellten sich kurz darauf ein. Die Pannen und Missgriffe zeigten, wie schwierig, fast unlösbar es für die Betreffenden war, eine Rolle zu finden, in der Person und mediale Figur in Einklang gebracht werden konnten.

Die Medienrevolte

Die 68er-Revolte war, wie Stefan Aust zu Recht betont hat, zugleich eine Medienrevolte: »Mit den Medien, gegen die Medien, vor den Medien.«[95] Es begann mit der »Suhrkamp-Revolte« (*Die Zeit*) in Frankfurt. Die Rebellion einiger Lektoren des Verlags, in dem mit der »edition suhrkamp« die intellektuell bedeutendste Reihe für die Studentenbewegung erschien, erreichte in der Nacht vom 14. auf den 15. Oktober 1968 ihren Höhepunkt. Um sich der in einem Entwurf für eine neue Verlagsverfassung formulierten Ansprüche zu erwehren, hatte Verlagschef Siegfried Unseld einige seiner wichtigsten Autoren zu einem Treffen eingeladen. Jürgen Habermas argumentierte, dass die Partizipationsideen von Lektoren in einem privatwirtschaftlich organisierten Verlag illusionär seien und in einem kapitalistischen System keinerlei Aussicht auf Verwirklichung besitzen würden. Während Martin Walser nur abfällig von einer »Feuilleton-Revolution« sprach, machte Hans Magnus Enzensberger immerhin deutlich, dass er mit dem Vorhaben der Lektoren aus gesellschaftspolitischen Gründen sympathisiere. Diese forderten, dass sich die Verlagsleitung künftig über alle wichtigen Entscheidungen wie Programmplanung, Werbung und Öffentlichkeitsarbeit mit dem Lektorat auszutauschen habe. Die Entscheidungen müssten auf einer gemeinsamen Mitarbeiterversammlung gefällt werden, die Mehrheitsbeschlüssen verpflichtet sei. Die Kontrahenten einigten sich schließlich auf eine Kompromisslösung, die die alte Machtstruktur im Grunde genommen beim Alten beließ. Insbesondere das Recht des Unternehmers Unseld nach »unabhängiger Entscheidung« blieb unbeschadet. Einer der Wortführer der Mitbestimmungsinitiative, der 47-jährige Cheflektor Walter Boehlich, verließ daraufhin den Suhrkamp Verlag.

Frankfurt war unzweifelhaft das theoretische Zentrum der 68er-Bewegung und West-Berlin, wo alles seinen Ursprung hatte, das politische. Angesichts der Turbulenzen um die Springer-Presse geriet jedoch beinahe aus dem Blick, dass die Medienstadt par excellence Hamburg war. Genau in dem Moment, als Günter Gaus am 1. April 1969 dort seinen Posten als neuer Chefredakteur beim *Spiegel* antrat, folgte die Kampfansage an das Magazin, das sich nach den Worten seines Herausgebers Rudolf Augstein als »Sturmgeschütz der Demokratie« bewährt hatte. Vor dem Verlagsgebäude wurde ein anonymes Flugblatt verteilt. Es stammte von sechs Redakteuren, die eine eigene Aktionsgruppe gebildet hatten und wandte sich an alle Kollegen. Es sei höchste Zeit, hieß es eingangs, »... auch in den publizistischen Massenmedien für eine demokratische Mitbestimmung der Produzenten zu kämpfen.«[96] Der *Spiegel* schreibe zwar über Mitbestimmung, verhindere jedoch zugleich, dass sie in den eigenen Redaktionsräumen praktiziert werde. Das »System ›Spiegel‹« sei ein »System der Gewalt«: »Gewalt an der objektiven Nachricht, die zum bloßen Konsumartikel entstellt wird – Gewalt gegen den einzelnen Journalisten, dem politische Erkenntnis und politisches Engagement systematisch ausgetrieben werden – Gewalt am geistigen Produkt journalistischer Arbeit, dessen Stellenwert sich nur noch nach seinem Unterhaltungsfaktor bemisst.«[97] Die »Spiegel«-Kollegen werden am Ende aufgefordert, sich »gegen Ausbeutung und Entmündigung« zu wehren, über die Möglichkeiten innerbetrieblicher Mitbestimmung zu diskutieren, Einfluß auf Betriebsrat und Gewerkschaft zu nehmen und eine »demokratische Mitbestimmung in der Redaktionskonferenz« zu verlangen.

Nachdem Augstein sich zunächst weigerte, über das anonyme Pamphlet überhaupt zu diskutieren, setzte eine innerbetriebliche Debatte ein, die dazu führte, dass am letzten Arbeitstag des Jahres, dem 30. Dezember 1969, eine Betriebsversammlung zusammenkam.[98] Augstein schlug nun zur Überraschung nicht weniger die Einrichtung einer »Mitarbeiter-KG« vor; sämtliche Mitarbeiter des *Spiegel*, keineswegs nur Redakteure, sollten am Gewinn des Magazins beteiligt werden. Nach langwierigen Streitigkeiten um die Verabschiedung eines Redaktionsstatutes, bei denen der spätere *konkret*-Chefredakteur Hermann L. Gremliza als Wortführer jener Flugblattschreiber auftrat, die zunächst »Aktionsgruppe kritischer Redakteure«, dann »Verein der Freunde der italienischen Oper« und schließlich »Arbeitskreis Redaktionsstatut« hieß, wurde im März 1971 die Bildung eines Redaktionsrates beschlossen, der zwar bei wichtigen Entscheidungen konsultiert werden musste, jedoch über keinerlei Vetorecht verfügte. Der Konflikt dauerte weiter an. Nachdem ein Anzeigenboykott der Industrie erfolgte und zum ersten Mal in der Geschichte des Magazins die Auflage gegenüber der eines Vorjahres sank, griff Augstein zu repressiven Mitteln und entließ mit Gremliza, Alexander von Hoffmann, Bodo Zeuner, Otto Köhler und Dieter Brumm die wichtigsten der oppositionellen Redakteure. Erst im November 1974 konnte dann das um eine substantielle Mitbestimmungsregelung bereinigte Reformmodell verwirklicht werden. Die Hälfte der *Spiegel*-Vermögensanteile gingen an die Mitarbeitergesellschaft über. Zwar dauerte es drei Jahre, bis ein *Spiegel*-Mitarbeiter als Gesellschafter aufgenommen werden konnte, dann aber wurde er am Unternehmen beteiligt. Der Lohn des mehr als fünf Jahre dauernden Kampfes bestand darin, dass die Verhinderung des Redaktionsstatuts mit einer Vermögensbeteiligung der Mitarbeiter kompensiert wurde. Nicht wenige von ihnen sehen darin gar eine Mitbestimmung durch die Hintertür.[99]

Ganz anders war der Kampf um Mitbestimmung beim *Stern* verlaufen. Nur kurze Zeit nachdem der Konflikt beim *Spiegel* begonnen hatte, konnte das Mitbestimmungsmodell des *Stern* bereits verabschiedet werden. Nach eineinhalbmonatigen Verhandlungen einigten sich die Verleger Gerd Bucerius und John Jahr am 12. Mai 1969 mit sieben Mitgliedern des Redaktionsbeirats auf ein neues Redaktionsstatut.[100] Zwar kam auch die Redaktion der Illustrierten nicht ganz ohne eine Bekenntnisformel aus, indem sie sich »zur freiheitlich-demokratischen Grundordnung und zu fortschrittlich-liberalen Grundsätzen« bekannte, im Gegensatz zu Springers vier journalistischen Grundsätzen hieß es hier aber, dass keiner der Redakteure dazu gezwungen werden dürfe, gegen seine Überzeugungen zu schreiben. Und wenn sich einer von ihnen weigere, dann dürfe ihm daraus kein Nachteil entstehen. Dem Redaktionsbeirat wurde gar eingeräumt, mit zwei Dritteln seiner Stimmen, die Berufung oder Abberufung eines Chefredakteurs zu verhindern. Das gleiche Vetorecht wurde auch für sämtliche Personalentscheidungen des Chefredakteurs festgeschrieben.

Im Unterschied zum Suhrkamp Verlag hatte die Medienrevolte bei *Stern* und *Spiegel* mehr als nur Spuren hinterlassen. Sie hat zwar die Macht nicht wirklich antasten können, jedoch in ganz unterschiedlicher Weise die Herrschafts- beziehungsweise Besitzstrukturen verändert.

Die Folgen

Es kann wohl kaum ein Zweifel daran existieren, dass die Beziehung zwischen der 68er-Bewegung und den Massenmedien für beide Seiten von elementarer Bedeutung war. Weder war die damalige außerparlamentarische Bewegung lediglich eines der üblichen gesellschaftspolitischen Themen, noch waren das Fernsehen, die Presse und der Rundfunk auf ihre klassischen Rollen von Berichterstattung und Kommentar beschränkt. Indem die Protestbewegung die Entflechtung von Pressekonzernen zu einer ihrer zentralen Zielsetzungen machte, rief sie nicht nur zum Kampf gegen eine sich ausweitende Medienmacht auf, sondern eröffnete zugleich eine Beziehungsdynamik, in deren Verlauf sich beide Seiten stark veränderten.

Innerhalb der 68er-Bewegung vollzog sich eine Entwicklung, die vom Protest gegen Bewusstseinsmanipulation und Pressekonzentration bis zur Organisierung eigener Gegenorgane reichte, der Entfaltung institutionalisierter Formen von Gegenöffentlichkeit. Aus dem Appell an die Öffentlichkeit, sie möge die Entwicklung der Presseverlage einer stärkeren Kontrolle unterziehen, wurde bald ein heftiger Kampf um die Kommunikationsmittel und aus der Niederlage in dieser Auseinandersetzung resultierte schließlich eine Vielzahl praktischer Schritte, die zur Schaffung alternativer Öffentlichkeitsorgane führten.

Im Medienbereich wurde in ganz unterschiedlicher Weise auf die Herausforderungen reagiert. Die Antworten reichten von Abwehr und Diffamierung auf der einen bis zu Adaption und Integration auf der anderen Seite. Nur Gleichgültigkeit und Ignoranz tauchten als Reaktionsformen nicht auf. Im Bereich der Presseorgane schälten sich rasch eigene Lager heraus, die bis zu einem gewissen Grad selbst Teil der politischen Polarisierung wurden. Schließlich sind einzelne Organe und Verlage, die die Ereignisse anfangs wohlwollend kommentierten, partiell mit den Forderungen der Rebellen sympathisierten und den intellektuellen Sprechern der APO mitunter sogar ein Forum boten, von der Revolte selbst ergriffen worden. Ihre Leitungsstrukturen wurden in Frage gestellt, mit dem Anspruch einer Demokratisierung konfrontiert und zum Teil auch dementsprechend verändert.

Wichtiger jedoch als die unmittelbar manifesten Folgen sind wahrscheinlich die langfristigen Veränderungen von Öffentlichkeit und Medien insgesamt gewesen. Indem einige der Medien die Rebellen und diese zum Teil wiederum die Medien funktionalisierten, durchdrangen sie sich graduell gegenseitig. Während es den Sprechern der 68er-Bewegung zunehmend gelang, ihre politischen Forderungen medial zu platzieren, waren sie als Protagonisten einem vom Fernsehen dominierten Formwechsel ausgesetzt, der sie insgeheim zu Pop-Stars des Protests machte. Die fragwürdigen Fähigkeiten der Emotionalisierung, Personalisierung und Selbstinszenierung, die heute zur heimlichen Qualifikation jedes Bundespolitikers zählen, haben damals ihren wohl stärksten Anstoß erhalten.

Ein anderes kommt hinzu: Mit ihrer Parole, dass das Private politisch und das Politische privat sei, hat die 68er-Bewegung dafür gesorgt, dass die Trennung dieser Sphären wenn auch nicht aufgehoben, so doch durchlässiger geworden ist. Über die Politisierung des Sexuellen wurde die Intimsphäre mehr und mehr zum Terrain öffentlicher

Selbstdeutungen. Dieser Vorstoß, der ohne eine Öffnung der Massenmedien undenkbar gewesen wäre, hat wie kaum ein anderer die Veränderung von Werten, Normen und Mentalitäten eingeleitet.

Eine der wesentlichsten Folgen der 68er-Bewegung für die Massenmedien besteht allerdings darin, dass Protestereignisse sehr viel selbstverständlicher Gegenstand öffentlicher Berichterstattung geworden sind. Die über die Adenauer-Ära hinaus vorhandene Tendenz, Demonstrationen grundsätzlich als »Politik der Straße« zu diskreditieren, ist danach einer weniger aufgeregten Einstellung gewichen. Auch über das Spektakuläre kann inzwischen unspektakulär berichtet werden. Der Protest als ein vitales Element des Politischen hat sich mit den 1968 ausgelösten Turbulenzen durchsetzen und seitdem dauerhaft etablieren können. Indem der Protest vieles von seiner ursprünglichen Anstößigkeit verlor, ist er zugleich zu einem integrativen Faktor der parlamentarischen Demokratie geworden.

Rudi Dutschke und die Wiedervereinigung

Nur einmal hat der Name Dutschke in der linken Öffentlichkeit Kritik, Protest und hier und da sogar Empörung ausgelöst. Das war am Ende der siebziger Jahre, als der ehemalige Wortführer der Studentenbewegung mit einer Reihe von Artikeln einen Vorstoß unternahm, um die Linke auf »die nationale Frage« aufmerksam zu machen. Mit Titeln wie »Die Deutschen und der Sozialismus« und »Wer hat Angst vor der Wiedervereinigung?« stieß er jedoch fast überall auf Ablehnung, bestenfalls auf Verwunderung und Kopfschütteln.

Rudi Dutschke, ein Apologet der Wiedervereinigung, ein Vertreter des oft beschworenen, jedoch ebenfalls in Misskredit geratenen »anderen Deutschland«, etwa ein linker Nationalist? Unmöglich. Das schien nicht zu einem Mann zu passen, der als Sozialist, als Kulturrevolutionär, als entschiedener Internationalist bekannt geworden war; einem Mann, der ein glühender Verfechter der Revolution in Lateinamerika war und der hierzulande der Solidarität mit den Befreiungsbewegungen der Dritten Welt überhaupt erst zum Durchbruch verholfen hatte.

Wiedervereinigung – dieses Dauerthema der Adenauer-Ära, das durch die Ostpolitik der SPD/FDP-Regierung viel von seiner Schärfe und Dramatik verloren zu haben schien, war immer noch eindeutig von Konservativen und Rechten besetzt. Und wenn es doch einige Stimmen gab, wie die solcher sich als Arbeiterparteien gerierender Sekten wie der KPD/AO[1] oder der KPD/ML[2] etwa, die seit Mitte der siebziger Jahre von links für die deutsche Einheit eintraten, dann wurden sie nur als skurrile Zeichen einiger Sekten aufgefasst. Und für Rudi Dutschke musste zumeist die Information, dass er in der DDR aufgewachsen war, dazu herhalten, eine Erklärung für eine solche Initiative geben zu können. Es waren also eher persönliche Gründe, die dafür entschuldigend ins Spiel gebracht wurden. Politisch hielt man die Forderung nach einer Wiedervereinigung unter linken Vorzeichen nicht nur für undurchsetzbar, sondern auch für nicht wünschenswert. Die deutsche Frage galt – wie es die SPD jedem Neugierigen in den achtziger Jahren beinahe widerwillig erklärte – als »geschlossen«.

Dutschkes Bekenntnisse zur Wiedervereinigung

Ein unmittelbar biographisches Schlüsselereignis hat sich für Dutschke zu Beginn des Jahres 1958 abgespielt. In der Aula der Luckenwalder Lenin-Oberschule versammeln sich die Klassen der Oberstufe, rund 150 Schüler, und das gesamte Lehrerkollegium. In einer Ansprache ermahnt der Schulleiter die künftigen Abiturienten, sich freiwillig für einen Dienst in der Nationalen Volksarmee (NVA) zu melden. Der einzige, der sich von seinem Jahrgang weigert, einen solchen Militärdienst zu absolvieren, ist Rudolf Dutschke. Von dem Schulleiter zu einer Stellungnahme gedrängt, hält der knapp 18-Jährige in besonnenem Tonfall und ohne jegliche Polemik eine viertelstündige Rede gegen Militarismus und Wiederbewaffnung.[3] Dem Aufsässigen wird über ein nach unten korrigiertes Abiturzeugnis der Weg zum Sportstudium in Leipzig blockiert; er muss sich stattdessen in einer Textilfabrik als Industriekaufmann ausbilden lassen.

Aufschlussreich ist, wie er seinen ersten politischen Auftritt in der Öffentlichkeit zehn Jahre später beschreibt. Nur wenige Tage vor dem Attentat erklärt er in einem im April 1968 für *stern TV* angefertigten Porträt: »Ich bekannte mich zur Wiedervereinigung, bekannte mich zum Sozialismus, aber nicht zu dem Sozialismus, wie er betrieben wurde, und sprach mich gegen den Eintritt in die Nationale Volksarmee aus. Ich war nicht bereit, in einer Armee zu dienen, die die Pflicht haben könnte, auf eine andere deutsche Armee zu schießen, in einer Bürgerkriegsarmee, und zwar in zwei deutschen Staaten, ohne wirkliche Selbständigkeit auf beiden Seiten, das lehnte ich ab.«[4] Die Begründung für seine Wehrdienstverweigerung ist bemerkenswert:

Nicht etwa weil Dutschke sich grundsätzlich gegen einen Militärdienst ausspricht, weigert er sich in die NVA zu gehen, sondern weil diese als Bürgerkriegsarmee missbraucht werden könnte, in der Deutsche auf Deutsche schießen müssten. 1958 hat sich kein Pazifist gegen das Militär aufgelehnt, sondern ein Patriot.

Als dann am frühen Morgen des 13. August 1961 mit dem Bau der Mauer begonnen wird, ist Dutschke über diesen von vielen für unmöglich gehaltenen Akt ebenso empört wie seine Mitschüler an der Askanischen Schule. Sie ziehen gemeinsam an die Sektorengrenze, um ihrer ohnmächtigen Wut Ausdruck zu verleihen. Angesichts des im demonstrativen Schutz der Volkspolizei hochgezogenen »antifaschistischen Schutzwalls« – so die offizielle Terminologie – kommt ihnen die Idee, eine Aktion gegen die Mauer durchzuführen. Was dann einen Tag später geschieht, beschreibt der Dutschke-Biograph Ulrich Chaussy: »Am 14. August abends ist es soweit. Im Schutz der hereinbrechenden Dunkelheit schleichen sie sich an einen Abschnitt der frisch errichteten Grenzmauer im Süden der Stadt heran. Unter dem Arm hat einer einen Stapel Flugblätter. Ein anderer hat ein Seil über der Schulter. Am Ende des Seils ist ein ankerförmiger Haken befestigt. Dann geht alles sehr schnell. Einer wirft das Seil über die Mauer, ein anderer die Flugblätter. Als der Anker sich nach ein paar bangen Momenten irgendwo an der Mauerkrone verhakt, packen sie das Seil und zerren aus Leibeskräften daran. Die Mauer soll einreißen, wenigstens an dieser einen Stelle, wenn sonst schon niemand etwas unternimmt. Die Mauer aber steht fest, wankt nicht, reißt nicht ein. Am Ende reißt das Seil, sie fallen auf den Hintern. Enttäuscht ziehen sie ab. Ihre Flugblätter drüben, jenseits der Mauer, werden die Volkspolizisten beim nächsten Kontrollgang einsammeln.«[5]

Diese Protestaktion ist im doppelten Sinne symbolisch: Zum einen zeigt sie die Entschlossenheit, mit der Dutschke einzugreifen bereit ist, wenn er einen politischen Willkürakt – den der Mauerbau als die größte organisierte Geiselnahme nach 1945 zweifelsohne darstellt – erlebt und sich keine Instanz finden will, die bereit ist, mehr als nur verbale Protestnoten auf den Weg zu geben. Zum anderen zeigt sie auch die Harmlosigkeit, ja Lächerlichkeit, mit der solche Aktivitäten zum Scheitern verurteilt sind.

An den beiden biographischen Einschnitten der Jahre 1958 und 1961 ist erkennbar, mit welch existentieller Schärfe die Überzeugung bei Dutschke ausgeprägt ist, dass es sich bei BRD und DDR um zwei Staaten *eines* Landes handelt und dass alle politischen und militärischen Schritte, bei denen dies nicht respektiert wird, zurückgewiesen werden müssen.

Dutschkes politische Biographie als dem charismatischen Sprecher von Studentenbewegung und APO bricht am Gründonnerstag 1968 abrupt ab. Schwerverletzt überlebt er das Attentat, das ihn für mehrere Jahre aus dem politischen Geschehen herauskatapultiert und an dessen Spätfolgen er sterben wird. Danach scheitert die Bewegung gegen die Einführung der Notstandsgesetzgebung. Die antiautoritäre Bewegung zerfällt. Im Oktober 1969 nimmt die sozialliberale Koalition ihre Arbeit auf. Vom Potential der außerparlamentarischen Opposition integriert die SPD, durch eine Amnestie für Demonstrationsstraftäter erleichtert, nicht wenig. In der Folge löst sich der SDS auf. Seine Kader, sofern sie nicht der neugegründeten *Deutschen Kommunistischen Partei* (DKP) beigetreten sind, zerfasern sich im Gründungsboom verschiedener ML-Sekten.

In seiner fragmentarischen Autobiographie »Aufrecht gehen« aus dem Jahre 1978 kritisiert Rudi Dutschke die Beschränktheit der verschiedenen SDS-Generationen in ihrer Kritik an der DDR und der Sowjetunion. Zur Generation seiner Vorgänger im oder im Umfeld des SDS – er nennt namentlich Jürgen Habermas, Oskar Negt, Jürgen Seifert und Klaus Meschkat – schreibt er: »Dem Separatisten Adenauer und der erneuten Rekapitalisierung und Restaurierung des Kapitalismus konnte und musste diese Generation des SDS auf der Grundlage ihrer und keiner anderen Lebens-und Geschichtserfahrung nur antworten mit den historisch so wichtigen Forderungen nach Demokratisierung in der BRD und Anerkennung der DDR, um den Frieden in Mitteleuropa zu sichern. Sich dabei in einem Dilemma zu befinden, die Kritik der Verhältnisse in der DDR und der Sowjetunion beschränkt durchführen zu müssen […], war unvermeidlich. Dieses Dilemma reproduzierte sich im SDS von Generation zu Generation, allerdings Wendungen und Verschiebungen in sich tragend.«[6] Und seine eigenen Überlegungen hintanstellend schreibt er, die durchaus sichtbaren Differenzen zwischen einigen DDR-Abhauern und den westlich geprägten SDS-Mitgliedern verwischend, im Sinne eines Resümees: »Zu der fundamentalen Frage der nationalen Geschichte und Identität, zur Rekonstruktion deutscher Klassenkampfgeschichte stießen wir noch nicht vor: der abstrakte und dennoch historisch noch unvermeidliche, tief moralisierende Internationalismus hatte zweifellos Elemente der Fremdbestimmung und der Sehnsucht nach einer echten Identität in sich.«[7]

Trotz seiner enormen Schwierigkeiten, das durch die Schussverletzung stark beeinträchtigte Sprachvermögen wieder auszubilden, hält Dutschke auch in der Zeit seiner Rekonvaleszenz an den für ihn maßgeblichen politischen Überzeugungen fest. Dazu gehört auch die Vorstellung einer Dialektik von Internationalismus und Nationalismus. Dies bezeugt eine Tagebuchnotiz vom 18. Mai 1969. »Die ›Nationale Frage‹«, heißt es darin, »das Problem der deutschen Wiedervereinigung als revolutionäres Kettenglied des Angriffs gegen Spätkapitalismus und Revisionismus muss endlich reflektiert werden, der Konterrevolution darf nicht der revolutionierende Boden der ›nationalen Befreiung‹ innerhalb eines globalen Sozialismus-Kontextes überlassen bleiben.«[8]

Nach einer lang währenden Genesungszeit, in der er sich sein Sprachvermögen nur langsam wiedererwerben kann und einer Odyssee über die Schweiz, Italien, England, Irland, wiederum England und Dänemark kommt Rudi Dutschke im Mai 1972 erstmals wieder nach West-Berlin. Zusammen mit einigen Freunden unternimmt er Rundreisen durch die Bundesrepublik, um wieder Kontakte zu Gruppen der unabhängigen Linken zu knüpfen. Im Juli trifft er mit Bundespräsident Gustav Heinemann und dessen Frau zu einem sechsstündigen Gespräch zusammen. Dutschke ist vor allem an Fragen interessiert, die so klingen, als wolle er den seit der Anti-NATO-Kampagne abgerissenen Faden wieder aufnehmen. Von dem ehemaligen Bundesinnenminister der CDU (1949/50) und Bundesjustizminister der SPD (1966–69) will er Details über dessen Erfahrungen mit dem Neutralitätskurs in der Deutschlandpolitik der fünfziger Jahre wissen. Heinemann hatte aus Protest gegen Adenauers Remilitarisierung dessen Kabinett verlassen, unter der doppelten Frontstellung – gegen Wiederbewaffnung und für Wiedervereinigung – zusammen mit Helene Wessel die *Gesamtdeutsche Volkspartei* (GVP) gegründet, diese nach einem Misserfolg bei den Bundestagswahlen 1957 aufgelöst und war dann mit vielen seiner ehemaligen Parteifreunde zur SPD übergewechselt. Während sich Heinemann nach Perspektiven einer neuen APO erkundigt, versucht Dutschke mehr über dessen Erfahrungen mit der außerparlamentarischen Bewegung in der Mitte der fünfziger Jahre herauszubekommen. Das Zusammentreffen ist von einer wechselseitigen Sympathie geprägt, die die beiden verhinderten Deutschlandpolitiker füreinander empfinden.

Zum 20. Jahrestag des Volksaufstands vom 17. Juni 1953 publiziert Dutschke seinen ersten Aufsatz nach Jahren. Er erscheint in der von früheren SDS-Freunden gegründeten Zeitschrift *Der lange Marsch*, deren Name bewusst auf Dutschkes wohl bekannteste Formulierung, seine Forderung, einen »Langen Marsch durch die Institutionen« zu führen, anknüpft. Der mit dem Pseudonym »R. Bald« unterzeichnete Text[9] trägt den für ihn bezeichnenden Titel »Denk ich an den deutschen Sozialismus und Kommunismus in der Nacht, so werd ich um den Schlaf gebracht – Hat das noch Sinn?«. Nach einer ausführlichen Schilderung seiner Erlebnisse am Tag des Volksaufstandes und einer scharfen Kritik an den rechten und linken Mythenbildungen, die sich um den 17. Juni ranken, greift er den zwischen BRD und DDR ausgehandelten und im Dezember 1972 ratifizierten Grundlagenvertrag an. Indem sich beide Staaten als souveräne Subjekte im Sinne des Völkerrechts gegenüberstünden, gäben sie »die geschichtliche Klassengemeinsamkeit der Kämpfe und Ziele der deutschen Arbeiter-Klasse« auf. Der DDR-Regierung macht er zum Vorwurf, mit der Unterzeichnung dieses Vertragswerks »die sozialistische Wiedervereinigung« zugunsten einer völkerrechtlichen Anerkennung durch die BRD preisgegeben zu haben. Dagegen reklamiert Dutschke in einer, gegenüber den sechziger Jahren schonungslos offenen und auch Missverständnisse von rechts durchaus in Kauf nehmenden Sprache: »Uns Sozialisten und Kommunisten, die aufrecht und nicht ökonomisch-ideologisch gekrümmt an die sozialistische Wiedervereinigung Deutschlands herangehen, muss klar werden, dass der ›europäische‹ Sozialismus/Kommunismus eine Abstraktion ist, die die konkrete nationale Besonderheit nicht berücksichtigt. Die Verquickung der Nationen im internationalen kapitalistischen Produktionsprozess, oder in den strukturell verschiedenen ›Systemen‹ hat nicht die geschichtliche nationale Substanz aufgehoben. Das gilt besonders für unser Land, für die sozialistische Wiedervereinigung zwischen Rhein und Oder-Neiße. Diese Aufgabe wird immer mehr eine der Arbeiterklasse in der DDR und der BRD.«[10] Die nationale Aufgabe, die hier an die Arbeiterklasse – als hätte diese nicht an Klassenkampf- und Revolutionserwartungen schon genug Last zu tragen – delegiert wird, ist, zumindest in der hier gewählten Formulierung, nicht ungefährlich. Dutschke lässt sich, vielleicht als Trotzreaktion auf die von SPD und SED propagierte und von ihm als Verrat empfundene Anerkennungspolitik, dazu hinreißen, von einer »geschichtlichen nationalen Substanz« zu fabulieren. Damit gibt er die von ihm ansonsten bemühte Denkfigur einer Dialektik zwischen Nationalismus und Internationalismus auf und macht sich selber zum Ideologen des Nationalen. Das organologische Substanzdenken ist immer ein unverwechselbares Kennzeichen der Rechten gewesen, die stets mit allen Mitteln versuchte, das gesellschaftlich Produzierte und insofern auch weiter Veränderbare auf einen wesenhaften Kern einer vermeintlich ersten Natur zurückzuführen.

Einen Schritt weiter geht Dutschke, indem er auf ein Pseudonym verzichtet und im November 1974 die Linke in der Zeitschrift *konkret* mit der provokativen Frage »Pro Patria Sozi?« konfrontiert. Er kritisiert darin die kurz zuvor in Kraft getretene Neufassung der DDR-Verfassung wegen der Eliminierung der Bezeichnung »deutsche

Nation«. Aus dem »Sozialistischen Staat deutscher Nation« sei ein nahezu geschichtsblinder »sozialistischer Staat« geworden. Während die SED in den sechziger Jahren noch unzweideutig an der Wiederherstellung der nationalen Einheit Deutschlands festhielt, habe sie »diese echte Erbschaft der deutschen Arbeiterklasse« nun liquidiert.

Gegen diesen Schritt führt Dutschke als Autoritäten Marx und Engels ins Feld, die den dialektischen Zusammenhang von national und international nie aus den Augen verloren hätten. Aus dem Kommunistischen Manifest zitiert er das Diktum: »Obgleich nicht dem Inhalt, ist der Form nach der Kampf des Proletariats gegen die Bourgeoisie zunächst ein nationaler.«[11] Gerade weil die nationalen Bourgeoisien in vielen Ländern unfähig gewesen seien, die nationale Frage zu lösen, hätten Marx und Engels erkannt, dass die Frage der Selbstbestimmung für die Fortentwicklung der Klassenkämpfe elementar sei. »Der Kampf um die nationale Unabhängigkeit«, so konstatiert Dutschke, »wird [...] zu einem elementaren Punkt des sozialistischen Kampfes. [...] Im Prozess des Erlernens des aufrechten Ganges in Richtung Freiheit mit Hilfe des politischen Klassenkampfes werden wir Sozialisten und Kommunisten es unvermeidlich lernen müssen, das Selbstbestimmungsrecht der ›deutschen Nation‹ sozialistisch zu konkretisieren.«[12] Obwohl es dieser Text nicht an Deutlichkeit vermissen lässt, so hat er dennoch keine Resonanz.

Sehr viel vorsichtiger geht Dutschke ein Jahr später vor. Als er im November 1975 in West-Berlin in einem engen Kreis aus zumeist ehemaligen SDS-Mitgliedern einen Versuch startet, die unabhängige und zersplitterte Linke in einer neuen Organisation zu sammeln, bringt er auch seine Überzeugung von der Notwendigkeit einer sozialistischen Wiedervereinigung ein. In einem vorbereitenden Thesenpapier für ein zweites Treffen in Hannover lässt er ein paar Hinweise auf die Bedeutung fallen, die »die nationale Frage« auch und gerade für »eine sozialistische Partei neuen Typs«[13] gewinnen solle. »Im Rahmen eines deutschen sozialistischen Übergangsprogramms«, heißt es in der achten These, »ist die soziale Frage nicht von der nationalen Frage zu separieren – und diese Dialektik hat an der Elbe nicht aufgehört.«[14] Und in These neun: »Die ›Großmächte‹ haben Deutschland gespalten und glaubten damit, in Mitteleuropa die ›Ruhe‹ herzustellen. Inzwischen beginnt mehr denn je die politisch-militärische Unruhe in der BRD und in der DDR zuzunehmen. Die ›Entspannung‹ wird mehr denn je mit zunehmender Militarisierung verquickt.«[15] Zudem vertritt er die Ansicht, dass durch einen Sieg der CDU/CSU bei den im Herbst bevorstehenden Bundestagswahlen »die Gefahr politisch-militärischer Konflikte in Mitteleuropa« zunehmen werde. Das Unternehmen erweist sich jedoch schon bald als Fehlschlag. Das zweite Treffen im Februar 1976 in Hannover findet mit 150 Teilnehmern zwar statt, Dutschke nimmt an ihm jedoch gar nicht teil und Peter Brückner erteilt in seinem insgeheimen Grundsatzreferat[16] allen Hoffnungen auf eine traditionelle Organisationsform eine radikale Absage. Von einer Bezugnahme auf die Opposition in der DDR und das Problem der Teilung Deutschlands ist in den Diskussionen ohnehin nicht die Rede.

Doch von Misserfolgen dieser Art lässt sich Dutschke keineswegs abschrecken. In einem undatierten Manuskript versucht er die von ihm unterstellte Dialektik von Nationalismus und Internationalismus bis in den Vormärz des 19. Jahrhunderts hinein zurückzuverfolgen. Seine These lautet, »… dass der Kampf um die nationale Selbständigkeit immer verbunden ist auch mit einem internationalen Kampf, mit dem Klassenkampf.«[17] Der Sozialdemokratie macht er zum Vorwurf, dass sie den Sieg des Chauvinismus 1914 dadurch mitverschuldet habe, dass sie in der Arbeiterklasse keinen Begriff von der Nation und ihrer internationalen Dimension entwickelt habe: »Keine Klarheit der Arbeiterklasse in der nationalen Frage – und die Arbeiterklasse geht in den angeblich ›nationalen‹ Krieg, ohne sich der ungeheuren Konsequenzen bewusst zu sein, die sich durch diesen Krieg ergeben mussten. Die Sozialdemokratie erwies sich als unfähig, das Problem als solches zu erkennen.«[18] Nach 1945 müsse man wegen der mangelnden sozioökonomischen Macht von einer »Zerschlagung der Nation« sprechen. Obwohl die deutsche Arbeiterklasse durch den Faschismus und die Spaltung des Landes gelitten habe, sei es ihre Aufgabe, ein nationales Klassenbewusstsein zu entwickeln und die Wiedervereinigung zu ermöglichen.

Wirkliches Aufsehen erregt eine Folge von Artikeln, die in der von Röhl mittlerweile herausgegebenen Zeitschrift *das da*, später *dasda/avanti*, erscheint. Den Auftakt macht ein im Juli 1977 unter dem Titel »Die Deutschen und der Sozialismus« publizierter Text, der weitgehend mit dem zuletzt genannten Kapitel aus seiner Autobiographie identisch ist. Dass Portugal mit der Bundesrepublik mehr zu tun haben könne als mit der DDR, diese für einen Nachkriegsgeborenen aus der Neuen Linken sicher nicht untypische Meinung, bildet den Einstieg für sein Mahnwort: »Die deutsche Misere ist bei einer solchen Denk- und Daseinsweise«, weist er mit sichtlicher Empörung diese Ansicht zurück, »in eine linke Misere umgeschlagen.«[19] Gegen das nahezu umfassende Desinteresse an den Verhältnissen in der DDR auf der einen und die zynisch-reaktionären Rechtfertigungen politischer Verfolgung durch die DKP auf der anderen Seite reklamiert er seine eigene Haltung: »Als ich wenige Tage vor dem Bau der Mauer die DDR verließ, war mir eins schon klar: Du gehst nicht ins ›Exil‹. Du gehst in einen anderen Staat, nicht aber in ein anderes Land.«[20] Mit dieser Einstellung kritisiert er den Mangel an historischer Kontinuität seitens der Linken. »Amerikanisierung« und »Russifizierung«, wie er es nennt, seien stets vorangeschritten, nicht aber die »Wiedergewinnung eines realen Geschichtsbewusstseins der Deutschen«. Das führe zwangsläufig zur Zerstörung der Dialektik von sozialer und nationaler Frage. »Die deutsche Misere ist eine linke Misere«, wiederholt er schon fast resignativ. »Es ist für mich ohne Zweifel: in der DDR ist alles real, bloß nicht der Sozialismus; in der BRD ist alles real, bloß nicht ›Freiheit, Gleichheit, Brüderlichkeit‹, bloß keine reale Demokratie.«[21] Beide Systeme steckten in einer Krise. Die Entspannungspolitik sei ambivalent. Sowohl im Osten als auch im Westen werde weiter aufgerüstet. Ob die Linke daraus einen Ausweg weisen könne, müsse eher fraglich bleiben.

Im April 1978 startet Dutschke mit dem Beginn einer dreiteiligen Artikelfolge eine neue Offensive. »Wer hat Angst vor der Wiedervereinigung?« fragt er, sich präventiv an seine Kritiker wendend, in provokativer Weise[22]. Und nach einigen Zwischenkommentaren[23] nimmt er im letzten Teil grundlegend zur »nationalen Frage«[24] Stellung. Seine Argumentation ergibt sich aus drei Thesen: 1. »Die beiden deutschen Fragmente … sind die Grundlage der Festigung des Status Quo der politisch-ökonomischen Machtzonen des kapitalistischen Imperialismus made in USA und des Imperialismus der allgemeinen Staatssklaverei Rußland.«[25]; 2. »Die Systeme in der BRD und in der DDR stecken beide in einer schweren Legitimations- und sozialökonomischen Krise. In beiden Staaten bricht der innere ideologische Halt allmählich zusammen. Das gemeinsame Ziel beider Seiten läuft darauf hinaus, die innere Opposition mit den verschiedensten Mitteln zu brechen.«[26]; 3. »Die große Schwäche der radikalen Opposition in der Mitte Europas scheint mir darin zu liegen, dass es weder theoretisch noch politisch-organisatorisch gelungen ist (teilweise nicht einmal versucht wurde), eine neue Kooperation und Kommunikation zwischen West- und Osteuropa herzustellen. Dass es nicht gelang, zwischen den beiden deutschen Fragment-Staaten ein oppositionelles Netz aufzubauen.«[27] Kurzum: Die Situation ist da, niemand aber nutzt sie. Nach Dutschkes Einschätzung ist die Krise in beiden deutschen Staaten, die wiederum die Grundpfeiler der beiden imperialistischen Machtblöcke USA und UdSSR abgeben, so weit fortgeschritten, dass die Notwendigkeit oppositionellen Handelns gegeben ist. Doch ein politisches Subjekt, das eine Brücke zwischen Ost und West hätte bilden können, existiert nicht. Es mangelt an einer theoretischen Konzeption, an einer politischen Organisation, ja an einer Infrastruktur, die dafür erst eine Voraussetzung biete. Der letzte Satz des Textes, ein Aufruf, die Umwandlung der Krise der Herrschenden in eine totale Krise der radikalen Opposition zu verhindern, zeigt, wie sehr sich in dieser Frage die Resignation in Dutschkes Einstellung inzwischen ausgebreitet hat.

Warnungen vor einem linken Nationalismus

Die Reaktion auf die Artikelfolge ist extrem unterschiedlich. Bereits an den Überschriften von zwei Stellungnahmen ist zu erkennen, wie weit sie auseinandergeht: »National ist revolutionär!«[28] und »Vorsicht, nationale Sozialisten!«[29]. Der Euphemismus stammt von einem der einflussreichsten Theoretiker der Neuen Rechten, von Henning Eichberg; der Warnruf von Arno Klönne, einem Mitbegründer des *Sozialistischen Büros* und Spezialisten für Fragen des Nationalismus und Rechtsradikalismus. Eichberg versucht die Studentenbewegung, der er unterstellt, sie habe auf neuartige Weise politische Probleme als Identitätsfragen angegangen, als Vorläuferin der nationalrevolutionären Bewegung in die radikale Rechte zu vereinnahmen. Anstatt eine »Ersatzidentität« in der Dritten Welt zu suchen, käme es nur darauf an, zu erkennen, dass die Identitätsfrage notwendig auf die nationale Frage hinauslaufe. Ebenso wie es revolutionär sei, wenn die Iren, Basken, Indianer und andere ethnische Minderheiten für ihre jeweilige Identität einträten, sei es revolutionär, wenn es die Deutschen, in West wie in Ost, für die ihrige täten. Dutschke habe dafür, für eine revolutionäre Lösung der nationalen Frage, so jedenfalls muss man den Beitrag verstehen, den Weg gewiesen. Klönne, der die letzten hundert Jahre deutscher Einheitsbemühungen Revue passieren lässt, warnt dagegen nachdrücklich vor einer Politisierung der nationalen Frage. Der Begriff des Nationalen sei »von rechts her besetzt«. Eine auf diese Fährte gelockte Linke könne nur zu einem Klima beitragen, von dem die Rechte profitiere. Eine Vereinigung von BRD und DDR unter nationalen Vorzeichen würde überdies zu einer Potenzierung der jeweils vorhandenen Nachteile führen.

Es ist nicht bekannt, wie Dutschke auf den rechten Vereinnahmungsversuch und die linke Zurückweisung reagiert hat. Bekannt ist aber, mit welchen Argumenten er ein Jahr später auf den von sozialdemokratischer Seite erhobenen Vorwurf des »Linksnationalismus« reagiert, der die Versöhnung mit den Ländern des Ostens aufs Spiel setzen würde. Er weist ihn mit Empörung als eine Variante des einst von Habermas gegen ihn erhobenen »Linksfaschismus«-Vorwurfs zurück[30]. Und auf den Einwand, er gefährde die Entspannungspolitik, repliziert er, dass Verträge und Regierungen nicht unbedingt auch die Völker repräsentierten. Gerade weil er für die Entspannung eintrete, müsse er die »Klassenkampfspannung« in beiden Systemen sehr ernst nehmen. Es könne nicht angehen, dass die Sozialdemokratie, bloß um eine außerparlamentarische Kritik von links an ihrer Außenpolitik fernzuhalten, sich diffamatorischer Vorhaltungen bediene.

Es gibt allerdings auch eine Stimme der Linken, die Dutschkes Vorstoß, mit geringen Abstrichen als kongenial begrüßt und wichtige Teilelemente seiner Argumentation unmittelbar übernommen hat. Sie stammt von dem ursprünglich trotzkistisch orientierten Historiker Peter Brandt und dessen Kollegen Herbert Ammon, die in der 1981 erscheinenden Anthologie »Die Linke und die nationale Frage« nicht nur Auszüge von Dutschkes Texten aufnehmen. Am Ende der umfänglichen Einleitung machen sie sich den zentralen Gedanken zu eigen, dass die deutsche Teilung gleichsam »als Dachträger des west-östlichen Gleichgewichts«[31] fungiere. In Anknüpfung an die Konföderationspläne der fünfziger Jahre schlagen sie einen Staatenbund vor, der die Kooperation in den wichtigsten Sektoren institutionalisieren solle. Die Linke beider deutscher Staaten fordern sie auf, ihre Angelegenheiten selbst in die Hand zu nehmen und für einen Rückzug aller ausländischen Truppen, ein Ausscheiden aus beiden Paktsystemen und die Umwandlung beider Armeen in rein defensive Territorialstreitkräfte einzutreten. Im Gegensatz zu Dutschkes Initiative klingen ihre Vorschläge, die ohne einen emotionalen Appell an die Arbeiterklasse auskommen, sehr viel pragmatischer und konkreter.[32]

Linker Nationalismus in Dutschkes politischer Biographie

An den Einzelstationen seiner politischen Biographie lässt sich eindeutig nachweisen, dass die Forderung nach Wiederherstellung der nationalen Einheit Deutschlands eine durchgängige Grundposition Rudi Dutschkes war. Allein seine vermutlich aus taktischen Gründen erfolgte Rücksichtnahme, für Texte zur nationalen Frage bis Mitte der siebziger Jahre ausschließlich Pseudonyme zu verwenden, hat den Blick darauf versperrt. Der Eindruck, der sich erst in seinen letzten Lebensjahren abzuzeichnen begann, dass der Wortführer der bundesdeutschen Studentenrebellion zugleich ein Verfechter der Wiedervereinigung von links sein könnte, ist also keineswegs irreführend oder falsch. Vielmehr ist das Bild, das Dutschke als einen puren Internationalisten zeigt, der sich neben der Opposition in seinem eigenen Land nur für den *Vietcong*, lateinamerikanische und andere Befreiungsbewegungen der Dritten Welt begeistern kann, stark korrekturbedürftig. Der Sachverhalt ist, auch wenn die von ihm verfochtenen Positionen zum Teil ziemlich schablonenhaft sind, doch sehr viel komplizierter.

Um Dutschkes Entwicklung und das sich in ihr durchhaltende nationale Grundmotiv zu verstehen, muss man sich die Ausgangslage zu Beginn der sechziger Jahre nach dem Mauerbau vergegenwärtigen. Wer zu dieser Zeit nicht nur abstrakt an der Notwendigkeit, sondern zugleich auch an der Aktualität der Revolution festhalten wollte, der musste, wenn er nicht Gefahr laufen wollte, als sektiererischer Spinner zu erscheinen, eine kühne gedankliche Konstruktion entwerfen, um seine Position noch in Einklang mit dem in der Gegenwart aufscheinenden Potential an Gesellschaftsveränderung bringen zu können. Gegenüber standen sich zwei scheinbar völlig widersprechende Gegenwartserfahrungen: Zum einen der fast vollständige Verlust an oppositionellen Kräften in beiden deutschen Staaten – in dem westlichen durch mehr Integration und in dem östlichen durch mehr Repression erzielt – und zum anderen die seit Jahren anhaltende, zum Teil durchaus erfolgreiche Offensive nationaler Befreiungsbewegungen in der Dritten Welt. Niemals zuvor und niemals danach haben so viele Kolonialländer ihre nationale Unabhängigkeit errungen wie zu Beginn der sechziger Jahre; Algerien und der Kongo sind nur die herausragendsten Beispiele dafür.

Mit der Spaltung Vietnams in einen nördlichen und einen südlichen Teil, die bekanntlich den jeweiligen Machtblöcken im Ost-West-Konflikt zuzurechnen waren, gab es überdies noch eine Parallele zur deutschen Situation. Wichtiger aber noch dürfte die Tatsache gewesen sein, dass die FNL, worin sie sich von den anderen nationalen Befreiungsbewegungen unterschied, für die Wiedervereinigung Vietnams kämpfte.

Der Internationalismus der Studentenbewegung bestand in aller Regel, was zumeist übersehen wird, darin, den nationalen Kampf eines Landes, das gleichzeitige Ringen um soziale Befreiung und nationale Unabhängigkeit, zu unterstützen. Die fast paradoxe Aufgabe internationaler Solidarität war es also, vor allem nationale Kämpfe zu stärken. Erreicht werden sollte die Beendigung von Fremdherrschaft. Diese Zielsetzungen ließen sich natürlich allesamt auch auf die Situation im geteilten Deutschland übersetzen. Die oft beschworene internationale Solidarität wies insofern ein hohes Maß an nationaler Suggestivität auf. Und wenn Rudi Dutschke – wie in seinem Aufsatz »Proletarischer Internationalismus und Imperialismus« etwa – mit Lenin- und Trotzki-Zitaten eine explizite Dialektik von Internationalismus und Nationalismus beschwor, dann war keineswegs klar, was dies politisch bedeuten sollte, wie das Übergreifen der an der Peripherie offen zutage tretenden revolutionären Prozesse auf die Metropolen konkret aussehen sollte. Klar war nur, dass sich damit auch eine politische Offensive zur Herauslösung der beiden deutschen Staaten aus ihren jeweiligen Militärblöcken und zur Überwindung der Teilung Deutschlands legitimieren ließ. Doch was hätte klar sein müssen, das wurde längst noch nicht gesehen.

Am spektakulärsten war vielleicht Dutschkes, seinerzeit freilich unbekannt gebliebene Idee, West-Berlin aus dem kapitalistischen System herauszubrechen, es unter internationaler Garantie in einen antiautoritären Freistaat umzuwandeln und damit »einen strategischen Transmissionsriemen für eine zukünftige Wiedervereinigung Deutschlands« zu gewinnen. Alles weist darauf hin, dass der Internationalismus für einige führende Köpfe im Westberliner SDS ein zeitweiliger Ausweg war, um eine doppelt blockierte Politik zur Wiederherstellung der nationalen Einheit Deutschlands wieder in Gang bringen zu können.

Wenn von Dutschke marxistische Klassiker mit der von ihm propagierten Dialektik von Sozialem und Nationalem, von Nationalem und Internationalem zitiert werden, dann wird deren Bedeutung nirgends inhaltlich ausgeführt. Die Zitate wirken wie Legitimationsformeln für ein Vorhaben, von dem der Zitierende vielleicht nur zu genau weiß, dass er es aus eigener Kraft kaum begründen könnte, ohne damit den Unwillen seiner Leser hervorzurufen. Die von ihm ja bereits frühzeitig geübte Kritik an der von der Sowjetunion verfolgten Politik der friedlichen Koexistenz wurde fortgeführt durch eine weitreichende Ablehnung der Entspannungspolitik. Dutschke, der natürlich nicht grundsätzlich gegen Entspannung war, griff vor allem die Prämissen an, die der neuen Ostpolitik zugrunde lagen. Seiner Ansicht nach konnte eine Entspannungspolitik nur dann erfolgreich sein, wenn sie die grundlegenden Wurzeln für den Spannungszustand beseitigte, anstatt ein die wirklichen Konfliktpotentiale bloß konservierendes Arrangement zu treffen. Weil er die Spaltung Deutschlands, die als Ergebnis von NS-Herrschaft und Zweitem Weltkrieg entscheidend für die Blockkonfrontation zwischen West und Ost war, völlig unangetastet sah, griff er die Verfechter einer für ihn nur vordergründigen Entspannungspolitik kompromisslos an. Er kritisierte die neue Ostpolitik der SPD/FDP-Regierung ebenso wie die DDR-Anerkennungspolitik der SED wegen der von beiden Seiten für höchst unterschiedliche Ziele preisgegebenen Wiedervereinigung. Der Kompromiss zwischen den sich im Kalten Krieg scheinbar unversöhnlich gegenüberstehenden Lagern war in seinen Augen ein fauler. Denn durch den Abschluss des Grundlagenvertrages und die auf der Basis des Status Quo erfolgenden Neuorganisierung würden die Spannungsherde keineswegs beseitigt. Es entfiele lediglich der zu Adenauers und Ulbrichts Zeiten geführte Nervenkrieg und es würden einige Erleichterungen im Besuchs- und Transit-Reiseverkehr sowie in begrenzten humanitären Fällen erzielt. Währenddessen ging die beiderseitige Aufrüstung nicht nur weiter, sondern verschärfte sich. Was den Anhängern des Bahr'schen Konzepts »Wandel durch Annäherung« paradox erscheinen musste, dass die Fortschritte in der

Entspannungspolitik mit einer schwindelerregenden Steigerung der Rüstungsspirale Hand in Hand gingen, das war für Dutschke nur zu konsequent. Solange die Spaltung Deutschlands nicht aufgehoben war, solange konnte es auch keine Entspannungspolitik geben, die ihren Namen wirklich verdiente.

Doch Dutschke war nicht in der Lage, seine Einsichten auch in zweckinstrumentelles politisches Handeln umzusetzen. Er war zwar immer noch Gallionsfigur einer in viele Winkel versprengten Neuen Linken, in praktischer Hinsicht war er, was er sicherlich nicht gesehen hat, viel zu isoliert, als dass er einen nachhaltig spürbaren Einfluss auf die sich unablässig wandelnde Szene links von der SPD hätte nehmen können. Sein Versuch, eine sozialistische Organisation aufzubauen, die weder sektiererisch noch opportunistisch war, scheiterte dementsprechend kläglich. Er versteckte sich jedoch nicht hinter dem Versagen und zog sich zurück, sondern strich den so gut wie vollständigen Mangel an einer radikalen Opposition, die einen Zusammenhang zwischen den linken Kräften in beiden deutschen Staaten stiften könnte, ungeschminkt heraus. Für ihn war »die deutsche Misere«, er formulierte das fast wie die Einsicht in ein unvermeidliches Scheitern, eine »linke Misere«.

Dutschkes Vision hat sich nicht erfüllt. Weder haben sich zwei deutsche Staaten, auch wenn nichts unversucht gelassen wurde, um diesen Eindruck zu erwecken, vereinigt, noch können die Voraussetzungen, unter denen dies geschehen ist, als sozial geschweige denn sozialistisch bezeichnet werden. Dutschke war ein zu entschiedener Antikapitalist, als dass er das Ergebnis eines solchen Prozesses, der nicht ohne hoffnungsvolle Momente begonnen hatte, hätte gutheißen können. Dutschke war aber auch aus einem solchen Holz geschnitzt, dass er jetzt nicht aufgegeben, sondern nun die Umwälzung der Gesellschaftsverhältnisse in *einem* Land gefordert hätte. Dass die deutsche Einheit in seinen Augen in einer verkehrten Form Gestalt angenommen hat, in einer kapitalistischen anstatt einer sozialistischen, hätte er wohl eher als Anstachelung denn als Resignation oder gar Kapitulation aufgenommen.

Eine kritische Bilanz

An Schlussfolgerungen aus seinen lange Zeit übersehenen nationalen Vorstößen sind vier Punkte festzuhalten:

Erstens war Dutschkes unablässiges Insistieren auf der deutschlandpolitischen Dimension jeglicher linker Politik zunächst einmal richtig. Es hat in der Tat eine lang anhaltende Verdrängung all jener Fragen und Probleme gegeben, die mit der Spaltung Deutschlands und der Existenz zweier deutscher Staaten zusammenhingen. Die falsche Unmittelbarkeit des Internationalismus ist in der Neuen Linken die Kehrseite dieser Ausblendung gewesen. Die internationale Solidaritätsarbeit war ein Substitut für eine Auseinandersetzung mit den Verhältnissen im eigenen Land, an die man sich wegen der offenliegenden Zusammenhänge mit der jüngsten deutschen Geschichte nicht zu rühren traute. Diese Reaktion, die Integrität ihrer Motive einmal außer Frage gestellt, ist zwar verständlich, dennoch aber bloß reflexhaft. Sie geht einer gesellschaftlichen Auseinandersetzung mit den Folgen deutscher Geschichte, ganz entgegengesetzt, aus dem Wege und verlagert ihre Anstrengungen auf eine Ebene, die weitgehend folgenlos bleiben musste. Es gehört zur Tragik von Dutschkes politischem Wirken, dass er diesen Substitutionalismus, der ja ursprünglich nur ein Umweg in der Auseinandersetzung mit dem eigenen Land hätte sein sollen, mit ermöglicht hat. Eine Dialektik, für die das dem 19. Jahrhundert entlehnte Kategorienpaar Nationalismus – Internationalismus ohnehin unbrauchbar gewesen wäre, fand nur im Kopf statt.

Zweitens war Dutschkes unnachgiebige Kritik an der zu kurz greifenden und letztlich, aufgrund ihrer und in dieser Form nicht zu stoppenden Negativdynamik, in ihr Gegenteil umzuschlagen drohenden Entspannungspolitik richtig. Der Nachrüstungsbeschluss war, was lange Zeit niemand sehen wollte, das Dementi der neuen Ostpolitik. Der Preis des Pragmatismus in den zwischenstaatlichen Beziehungen lag jedoch nicht nur in einer immer unkontrollierbarer werdenden Rüstungsspirale, sondern auch im weitgehenden Verzicht auf eine Gesellschaftskritik *in* den staatssozialistischen Ländern. Während die radikale Linke, von ein paar trotzkistischen Grüppchen einmal abgesehen, einfach die Augen gegenüber der repressiven Verfestigung der Verhältnisse in Polen, der ČSSR und der DDR etwa verschloss, versteifte sich die Sozialdemokratie in dem Glauben, die Früchte ihrer Entspannungspolitik nicht zu gefährden, darauf, keine anderen Beziehungen als zu den allein staatlich legitimierten Organisationen zu pflegen. So wie sie sich weigerte, Repräsentanten von Solidarność etwa als bloße Gesprächspartner zu akzeptieren, so schuf sie mit der Verabschiedung eines gemeinsamen Papieres mit der SED ein seltenes Dokument politischer Desorientierung. Durch Berührungsangst und Staatsfixierung ist keine Auseinandersetzung mit der sozialen, ökonomischen und ökologischen Realität in der DDR zustandegekommen. So ist bereits im Vorfeld jenes Prozesses, der mit der Fluchtwelle des Sommers 1989 einsetzte, das Terrain preisgegeben worden, dessen Verlust man nun, mit den Resultaten konfrontiert, so einmütig bejammert.

Drittens war Dutschkes Versuch einer Reaktualisierung der nationalen Frage jedoch gefährlich. Er hat sich nicht nur ohnehin nicht gescheut, die schier bodenlosen Probleme der Deutschen mit dem Terminus Nation fassen zu wollen, sondern er hat diese zudem auch noch als ein Ursprüngliches, als etwas Substantielles gedacht. Beides aber hätte er sich verbieten sollen. Die Semantik eines solchen Begriffs ist nicht von seiner Geschichte unabhängig. Dutschke hat sich im Zusammenhang seiner Initiativen nicht mit Problemen belastet, deren ungebrochene Aktualität wir nun schon seit Jahren mit der Affinität des Nationalen mit Antisemitismus, Ausländerfeindlichkeit, Fremdenhass und dergleichen mehr erleben. Im Kontext seiner Artikel hat er sich mit keinem Wort zu diesen naheliegenden Implikationen und unabschätzbaren Gefahren geäußert. Diese Blindheit ist umso erstaunlicher, als sich ja durchaus prominente Beispiele einer Dutschke-Rezeption von rechts, unter nationalrevolutionären Vorzeichen, anführen lassen.

Viertens war Dutschkes Versuch einer Reaktualisierung von Traditionen, die er einer deutschen Arbeiterklasse zurechnete, illusionär.

Sein Unvermögen, die veränderte gesellschaftliche Situation in der Bundesrepublik wie in der DDR wahrzunehmen, zeigt sich in keinem Punkt durchschlagender. Die Wiederbelebung des proletarischen Kampfes in Ost wie in West war wohl der Fluchtpunkt all seiner Anstrengungen und zugleich das unbeabsichtigte Eingeständnis seines zentralen politischen Scheiterns. Mit den klappernden Kategorienschemata des orthodoxen Marxismus – so wie ihn der junge Lukács noch zu Beginn der zwanziger Jahre verstanden hatte – ließ sich die gesellschaftliche Wirklichkeit nicht mehr zukunftweisend politisch begreifen. Seine Mythologisierung der Arbeiterklasse als dem einzig möglichen historischen Subjekt, ein Irrglaube, der pseudowissenschaftlich kaschiert nur zu oft in politische Sackgassen geführt hat, schreckte nicht einmal davor zurück, durch den angeblich historischen Nachweis, dass die nationalen Kämpfe der Arbeiterklasse immer auch internationale Kämpfe gewesen seien, eine Geschichtsklitterung vorzunehmen. Dieses idealisierende Bild, das die Arbeiterklasse als den historischen Garanten der Revolution zeigt und ihren Anteil am Zustandekommen des NS-Regimes verharmlost oder unterschlägt, ist ebenfalls nicht ungefährlich.

Kurzum, so wichtig es auch wäre, in der Auseinandersetzung mit Dutschkes politischer Biographie eine Klärung des überaus defizitären Fragekomplexes – die Linke im eigenen Land – voranzutreiben, so irreführend wäre die Hoffnung, sich unmittelbar auf die von dem Wortführer der Studentenrebellion ausgeteilten Denkzettel zu berufen.

Was die Kommune-Bewegung war

Wer von »Kommunen« spricht, der führt im Grunde genommen noch immer einen Kampfbegriff im Munde. Auch wenn nach Jahrzehnten des öffentlichen Streits vieles davon in Klischees erstickt zu sein scheint, so haftet ihm noch immer der Ruch des Tabubruchs an. Davon kann nicht einfach abstrahiert werden. Gefragt werden darf jedoch, was Kommunen – jenseits ihrer Bedeutung als lokaler Gebietskörperschaft – idealtypisch betrachtet eigentlich ausmacht?

Kommunen sind zunächst einmal nichts anderes als Vergemeinschaftungsformen, die in der Regel bestrebt sind, sich zum Modell einer allgemeinen Form der Vergesellschaftung zu machen. Ihre Mitglieder, die – von Ausnahmen einmal abgesehen – untereinander keine verwandtschaftlichen Beziehungen unterhalten, bilden ein Kollektiv, eine Lebensgemeinschaft, die Arbeits- und Alltagsleben möglichst organisch miteinander verbindet. Auch wenn es unbestreitbar zahlreiche graduelle Unterschiede gibt, so orientieren sie sich doch an drei großen Zielsetzungen: Unter der Voraussetzung sozialer Gleichheit und häufiger auch eines gemeinschaftlichen Eigentums der Praktizierung einer gemeinsamen Ökonomie, einer Entscheidungsfindung nach dem Konsensprinzip und dem Bestreben, die Keimzelle für eine bessere Gesellschaft zu sein – eine egalitäre, eine basisdemokratische, eine gewaltfreie und eine, die nicht auf der Ausbeutung der Natur basiert, sondern einen Einklang mit ihr anstrebt, also eine ökologische.

Die historischen Wurzeln von Kommunen reichen bis ins frühe Mittelalter zurück, für manche sogar bis ins frühe Christentum. Besonders wirkungsreich wurden ihre Vorläufer allerdings erst im 19. Jahrhundert, mit Siedlergemeinschaften wie etwa den Amish oder den Mennoniten in den Vereinigten Staaten, anarchistischen Kleingruppen im zaristischen Russland und natürlich der Pariser Kommune, die sich nach dem verlorengegangenen deutsch-französischen Krieg im Frühling 1871 mit aller Macht gegen die Zentralregierung zu stellen versuchte und von denen nicht weniger als 30 000 in einem grauenerregenden Blutbad exekutiert wurden. Von diesen »Tagen der Kommune«, denen Brecht bekanntlich eines seiner Lehrstücke gewidmet hat, hallt immer noch etwas nach, wenn von Kommunen die Rede ist. In dem Ausdruck schwingt bis heute eine Mischung aus Anerkennung für den Wagemut, Faszination, Trauer und Empörung mit. »La Commune de Paris« – frankophon ausgesprochen ist das Wort deshalb von einem melancholischen Unterton bestimmt. Wenn heute jedoch danach gefragt wird, was die Kommune-Bewegung gewesen sei, dann ist jedem klar, dass es nur um jene Kommunen gehen kann, die sich im Zuge der 68er-Bewegung ausgebildet und in der Folge verbreitet haben.

Das Projekt revolutionärer Kommunen in den Metropolen

Im Januar 1968 hatte die Redaktion des *Kursbuches* unter dem Titel »Ein Gedanke für die Zukunft« einen Preis für die beste »konkrete Utopie« ausgeschrieben.[1] Von den insgesamt 72 eingesandten Manuskripten erhielt ein von Géza Kirchknopf verfasster Entwurf die Prämie in Höhe von tausend DM. »Vom elastischen Familienverband zur Kommune« lautete die Überschrift seines in der Ausgabe vom August 1968 publizierten Textes:

»Die Utopie ist nicht das Fernziel, sondern der Anfang des Programms. Die politischen Voraussetzungen sind heute schon in der Industriegesellschaft vorhanden, gleichgültig, ob es sich dabei um [eine] sozialistische oder kapitalistische Gesellschaftsform handelt. Die wichtigste Voraussetzung ist die Einsicht in die Notwendigkeit dieser Veränderung.«[2]

Ihr Beginn hänge mit dem Grad der Bewusstwerdung einzelner Gruppen zusammen. Es dürfte alles andere als Zufall gewesen sein, dass eine Projektidee prämiert wurde, bei der es darum ging, »die kleinste Zelle der Gesellschaft« zu verändern und den herkömmlichen Familienverband schrittweise durch ein Netz von Kommunen zu ersetzen. Das erste und zugleich wichtigste Vergesellschaftungsmodell erschien so, als sei es kreiert worden, um Adornos Diktum aus der »Minima moralia« zu widerlegen, dass es »kein richtiges Leben im falschen« geben könne,[3] nicht um es strikt zu bestreiten, sondern um es durch Veränderung praktisch zu widerlegen. Wenn es schon im Ganzen betrachtet, »kein richtiges Leben im falschen« geben könne, wie dieser Schlüsselsatz lautete, dann müsse zumindest im Kleinen damit begonnen werden, ein »richtiges« oder – wie es Peter Brückner einmal formuliert hatte – ein »richtigeres Leben« einzurichten und auf das Ganze so einzuwirken, dass es Stück für Stück vom falschen ins richtige Leben verwandelt würde. Um die alte Gesellschaft zu überwinden, müsse sie zuerst in ihrer Grundzelle, der als repressiv-neurotischen Zwangsverband angesehenen Familie, angegriffen werden. Denn hier werde der autoritäre Charakter ausgebrütet, der den Faschismus soziopsychisch überhaupt erst habe ermöglichen können. Der autoritäre Charakter war ja Adorno zufolge dadurch geprägt, dass er kein autonomes Ich auszubilden vermochte. Dieser Mangel, eine strukturell verankerte Ich-Schwäche, sei das Resultat einer rigiden, unterwürfigen und anal orientierten Erziehung. Der verdrängte Hass gegen die Eltern würde projektiv gegen Minderheiten und Fremdgruppen gelenkt. Die Peinigungsrituale durch die Elternautorität würden in Aggressionsformen gegen Schwache umgewandelt. Daraus resultiere auch die Anfälligkeit für gewaltverherrlichende Führerprogramme.

Um diesen »Repressionszusammenhang bürgerliche Kleinfamilie« aufzubrechen, entwickelten ehemalige Mitglieder der *Subversiven Aktion* im Juli 1966 am Kochelsee das »Projekt revolutionärer Kommunen«. Bei dem Treffen an dem in den Voralpen gelegenen See, an dem von Dutschke bis Rabehl wichtige Schlüsselfiguren der späteren antiautoritären Revolte teilnahmen, erwies sich Dieter Kunzelmann als der stärkste Betreiber des Kommune-Projekts. Er orientierte sich dabei am Modell der chinesischen Volkskommunen. Ihn hatte beeindruckt, dass Mao Tse-tung Ende der fünfziger Jahre mit seiner Kampagne »Großer Sprung nach vorn« versucht hatte, die traditionelle chinesische Familie aufzulösen und sie durch eine neue Kollektivform zu ersetzen. Der Fotograf Li Zhensheng hat den Verlauf dieses Großexperiments unter den Bedingungen einer Einparteienherrschaft genau beschrieben:

»Die Einrichtung der Volkskommunen stellt eines der radikalsten sozialen Experimente der jüngeren Geschichte dar. Mit dem gigantischen Programm, 600 Millionen Einwohner des Landes in mehr als 20 000 autonomen Arbeitslagern zu organisieren, versuchte man Chinas traditionelle Familienstruktur durch eine militaristische Organisation zu ersetzen, in der die Mitglieder gemeinsam arbeiteten und in den Kantinen der Kommunen die Mahlzeiten einnahmen, der Einzelne seinen Egoismus dem Wohl des Kollektivs unterordnete. Mit der Zeit wurde die Macht in den Kommunen auf kleine, mehrere Dörfer umfassende Einheiten, die sogenannten Produktionsbrigaden, verteilt. Diese Brigaden, deren Führung aus einer Auswahl handverlesener Parteimitglieder bestand, wurden die bestimmende Kraft der Menschen, da sie die Arbeitszuteilung und Pflichten in der Miliz kontrollierten.«[4]

Im Grunde hatte Mao aber nichts anderes beabsichtigt, als in der Konkurrenz mit der Sowjetunion den Sieg davonzutragen. Das chinesische Modell des Kommunismus sollte sich gegenüber dem sowjetischen als erfolgreicher erweisen. Um dies zu erreichen, war ihm jedes Mittel recht. Durch eine neue Kollektivität sollte die wirtschaftliche Produktivität nachhaltig gesteigert werden. Doch das Resultat war eine Hungerkatastrophe gigantischen Ausmaßes. Der beispiellose Kraftakt, die Gesellschaft eines riesigen Landes mit einem Schlag umstrukturieren zu wollen, hatte sich 1966 schon längst als Fehlschlag erwiesen. Auf das Kommune-Modell im fernab liegenden China zurückzugreifen, war das Ergebnis einer ideologischen Verblendung und zudem eine merkwürdige Ungleichzeitigkeit.

Die Kommunen stellten in den Augen der *Subversiven* den Prototyp für einen gelebten Kommunismus dar. Während der revolutionäre Impuls der Oktoberrevolution in der Sowjetunion in einem Mega-Staat erstarrt war, schien es in China nun ein Vorbild für eine erneute Verlebendigung zu geben. Durch die Massenmobilisierungen junger Leute im Zuge der Kulturrevolution wurde der Eindruck erweckt, als sei so etwas wie ein nicht-staatlicher Kommunismus möglich. Dass es sich dabei um eine Chimäre handelte, schien niemand geahnt zu haben. Zu verlockend war offenbar, wie ein derartig riesiges Reich auf einen Schlag egalisiert wurde.

Beim Treffen am Kochelsee wurde auf alle Beteiligten ein enormer psychischer Druck ausgeübt, sich an der Gründung eigener Kommunen zu beteiligen. Um dieser Art kollektiver Nötigung zu entgehen, ging einer der Beteiligten soweit, nach Mittelamerika zu fahren und sich dort einer Guerillaorganisation anzuschließen. Rabehl schilderte später, worin der Appell bestanden hat.

»Kunzelmann sagte: Ihr müsst Euch entwurzeln!

Die erste Form der Entwurzelung ist: Weg mit Euren Stipendien! Weg mit Eurer Sicherheit! Gebt das Studium auf! Riskiert Eure Persönlichkeit!

Und die zweite Entwurzelung heißt: Raus aus Euren Zweierbeziehungen! Sucht nicht Eure Sicherheit und Euren Besitzanspruch bei dem anderen! Seid eine offene Persönlichkeit! Der Mensch besteht aus einer Vielzahl von Menschen, und in einer Zweierbeziehung findet permanent eine bespiegelte Selbstliebe statt. Die muss zerstört werden!«[5]

Kunzelmann propagierte demnach nichts weniger als die Destruktion aller konventionellen Sozialbeziehungen. Sein Programm der Entwurzelung gefiel sich als Aufruf zur persönlichen Selbstbefreiung. In Wirklichkeit jedoch war es die Propagierung einer radikalen Entbürgerlichung, die radikale Abkehr von der Welt der bürgerlichen Kleinfamilie. Die Kehrseite bestand darin, dass – wie sich später noch auf drastische Weise zeigen sollte – die aus ihrem sozialen Netz isolierten und von all ihren Sicherheitsbedürfnissen abgelösten Einzelnen zugleich die geeignetsten Objekte einer neuen Unfreiheit werden konnten, Objekte von Manipulation, Domestizierung und Gehirnwäsche durch einen selbsternannten Gruppen-Guru.

Wie weit der Bogen mit diesem zentralen Projekt gespannt wurde, das lässt sich exemplarisch an den von Kunzelmann unter dem Eindruck der chinesischen Kulturrevolution wenige Monate später verfassten »Notizen zur Gründung revolutionärer Kommunen in den Metropolen« ablesen. In ihnen wurde die »Mikrozelle Kommune« in den globalen Zusammenhang einer antiimperialistischen, die Länder der Dritten Welt einbeziehenden Strategie gestellt. Das Ziel bestand in nichts weniger, als einen neuen Menschen zu schaffen, den »Menschen des 21. Jahrhunderts«, von dem Che Guevara in einer Mischung aus heilsgeschichtlicher Erwartung und apokalyptischer Vision bereits geschwärmt hatte. Und das Zauberwort hieß »Praxis«, »Praxis jetzt«; jedoch nicht Praxis in einem üblichen politischen Sinne. »Praxis« sei nur dann in einem revolutionären Sinne richtungweisend, wenn sie in einer neuen Kollektivität entfaltet würde, der Durchdringung von politischer Aktion und Alltagsleben.

Schließlich seien alle bisherigen Gruppenexperimente daran gescheitert, hieß es, dass nach einer Aktion jeder der daran Beteiligten »in das Treibhaus seiner bürgerlichen Individualexistenz« zurückgekehrt sei. Um das zu vermeiden, sei nun eine Kollektivform nötig, die zwei Momente miteinander verzahne: »... das objektive Moment der gemeinsam zu leistenden Praxis und das subjektive Moment der Vermittlung der Individuen innerhalb der Kommune.«[6] Beides sei auf das engste miteinander verzahnt, ohne die Einlösung des einen bleibe auch das andere uneingelöst:

»Die Kommune ist nur dann fähig, systemsprengende Praxis nach außen zu initiieren, wenn innerhalb der Kommune effektiv die Individuen sich verändert haben, und diese können sich nur verändern, wenn sie jene machen; Praxis nach außen ohne experimentelle Vorwegnahme dessen, was Menschen in emanzipierter Gesellschaft beinhalten könnte, wird zum Aktivismus als Normerfüllung.«[7]

Damit war eine Grenzlinie zu den Praxisvorstellungen innerhalb der bürgerlichen Gesellschaft ebenso wie denen in den kommunistischen Staaten sowjetischen Typs gezogen. Die Grundlage für einen derartigen subjektiv wie objektiv begründeten Aktivismus sollte mit der »Destruierung der Privatsphäre« geschaffen werden. Verdinglichung, Entfremdung, Rituale und die üblichen Alltagsgewohnheiten sollten beseitigt werden. Erst indem die letzte Zufluchtsstätte einer als spießerhaft betrachteten Privatheit ausgeräumt wäre, könnten die »bürgerlichen Abhängigkeitsverhältnisse«, wie sie in der Form der Ehe mit ihrem Besitzanspruch auf Mann, Frau und Kind sanktioniert seien, aufgehoben werden. »Revolutionäre Kommune und subversive Aktion«, wie die formelhafte Kombination nun lautete, könnten nur dann »geschichtsträchtig« werden, wenn eine »neue Qualität in der Vermittlung der Individuen zueinander« sichtbar würde.

Und für dieses größenwahnsinnig anmutende Unterfangen, das Subjektivität und Objektivität, Alltag und Aktion sowie die Mikro- mit der Makropolitik eines weltumspannenden Revolutionsprojekts miteinander verzahnen sollte, wurde ein positiv besetzter Gewaltbegriff in Anspruch genommen. Sich auf jenes Plädoyer berufend, mit dem Herbert Marcuse im Kontext der amerikanischen Bürgerrechtsbewegung »für unterdrückte und überwältigte Minderheiten ein ›Naturrecht‹ auf Widerstand« beansprucht hatte, dehnte Kunzelmann diesen Gedanken »bis zum Umsturz« aus. Nur durch derartige außergesetzliche Aktionsformen, betonte er am Ende seines Traktats über die Schaffung revolutionärer Kommunen, könne man Guevaras Forderung nach Schaffung eines neuen, dem nächsten Jahrhundert entsprechenden Menschen gerecht werden. Die Kommune als Keimzelle des neuen Menschen und die Gewalt als dessen Geburtshelferin – das sollte das Programm einer künftigen Revolution sein.

Jedes neue Mitglied der *Kommune I* musste eine Art Initiationsritus über sich ergehen lassen. Es war eine Befragung zur persönlichen Biographie, mit der jeder Neuling einerseits auf Herz und Nieren überprüft wurde und andererseits die Möglichkeit hatte, sein altes Leben hinter sich zu lassen. Langhans, der wegen einer Freundin, die ihn zuvor verlassen hatte, zur Kommune gestoßen war, erinnerte sich später, dass sich Kunzelmann bei seiner Befragung als ein besonders »scharfer Hund« hervorgetan hatte. Die kollektiven Selbstinspektionen trugen Züge gruppentherapeutischer Sitzungen, in denen sich die Einzelnen psychisch entblößen mussten, um als Akteure an dem Experiment, wie in einem Mikrokosmos die gesellschaftliche Kernzelle neu zu kreieren, teilhaben zu können. Und wie bei Gruppenanalysen üblich wurde der Verlauf der einzelnen Sitzungen in allen Einzelheiten protokolliert und ein Bericht nach dem anderen fein säuberlich in einem Schnellhefter abgelegt.

Und das Kommune-Projekt wurde nichts weniger als *die* Keimzelle der antiautoritären Bewegung. Was dann mit Kinderläden, mit Freien Schulen u.a.m. an Einrichtungen der antiautoritären Erziehung ausprobiert wurde, das strahlte von dieser Idee einer psychosozialen Umwälzung des elementarsten Lebenszusammenhanges aus. Die antiautoritäre Haltung sollte sich gegen die Keimzellen des autoritären Charakters in den Institutionen richten. Der viel beschworene antifaschistische Kampf wurde libidinös umdefiniert – das Subpolitische sollte zum Politikum werden. Rasch gab es neben der K I die K 2, die K 3 und viele andere mehr.

Die Nach-68er-Kommunen

Die 68er-Bewegung, die bereits im Mai 1968 im Zuge der Antinotstandsbewegung ihren Zenit überschritten hatte, war im Herbst 1969 bereits im Verfall begriffen. Mit der Bildung der sozialliberalen Koalition wurde ihr sozusagen der Wind aus den Segeln genommen. Heute weiß man, dass die meisten der Aktivisten Mitglieder der *Jungsozialisten* wurden und sich insofern entschieden hatten, anstatt auf Systemwechsel zu setzen, einen reformerischen Weg zu beschreiten.

Auf zwei Jahre der *Ver*mischung, in denen sich die unterschiedlichsten linken Gruppierungen zu lokalen, regionalen und überregionalen Bündnissen zusammengeschlossen hatten, folgte – wie das Peter Brückner einmal formuliert hatte – ein rapider Prozess der *Ent*mischung. Die linke Protestbewegung zerlegte sich nur innerhalb weniger Monate in ihre Einzelteile. Die Resultate dieses folgenschweren Prozesses hätten kaum unterschiedlicher sein können. Es bildeten sich ganz verschiedene soziale Aggregationen: Es formten sich politische Sekten, es entstanden subkulturelle Milieus und es schälten sich mit einer gewissen Verzögerung die Fermente neuer Bewegungen heraus, der Frauen-, der Öko- und insbesondere der Anti-AKW-Bewegung, die allerdings erst einige Jahre später tonangebend werden sollten.

Der Impuls, die Gesellschaft in ihren sozialen Mikroorganismen zu verändern, kam nun mit einer gewissen Zeitverzögerung überhaupt erst zum Tragen. Kommunen und Wohngemeinschaften wurden zu dieser Zeit in allen Universitätsstädten gegründet, griffen auch auf andere Städte über und breiteten sich schließlich in manchen Regionen sogar bis in die Provinz hinein aus. Nach und nach bildeten sich – häufig nach kalifornischem Vorbild – Landkommunen.

Für diesen Weg gab es mit dem Film *Easy Rider*, dessen Premiere in der Bundesrepublik im Dezember 1969 stattfand und der den Grundstein für das gelegt hat, was künftig als »New Hollywood« bezeichnet wurde, ein prominentes Beispiel. Darin ist zu sehen, wie nach dem Scheitern der Hippie-Bewegung in San Franciscos Haight-Ashbury nicht wenige ihrer Aktivisten die Konsequenz zogen, aufs Land zu gehen und Kommunen aufzubauen. Der Biker-Trip von Dennis Hopper, Peter Fonda und Jack Nicholson führt von Los Angeles nach New Orleans. Zu den Kernszenen des Films gehört der Besuch bei einer Landkommune samt ausgiebigem Drogengenuss – die Parole »Morgens ein Joint und der Tag ist Dein Freund« stammt übrigens daher – und einem idyllischen Bad in heißen Quellen.

Insbesondere die Sequenz, als »Captain America«, dargestellt von Peter Fonda, zu Beginn des Films am Rande der Wüste seine Armbanduhr abstreift und voller Verachtung in den Sand schleudert, besaß Vorbildcharakter. Aus Berlin etwa ist bekannt, dass nach vielen Vorstellungen Dutzende jugendlicher Zuschauer es Fonda gleichtaten und ihre Armbanduhren beim Verlassen der Kinos wie in einem provokativen Akt der Verachtung straften und ebenfalls wegwarfen. Dieses Moment des Aufbegehrens gegen das durch die Arbeitszeit normierte Zeitgefühl spielte insgesamt eine große Rolle. Mit einer Kommune trat man jedenfalls aus diesem Diktat in gleich zweierlei Hinsicht aus: aus dem Alltagstrott ebenso wie den ritualisierten Zeitabläufen im Berufsleben.

Wie sich die Einflüsse zu Beginn der siebziger Jahre tatsächlich abgespielt haben, die immer mehr junge Leute dazu gebracht haben, die ihnen vorgezeichneten Bahnen zu verlassen und sich auf das Experiment einer grundlegend neuartigen Form des Zusammenlebens einzulassen, wäre eine eigene Untersuchung wert. Jedenfalls wurden in dieser Zeit auf dem Land Hunderte von Kommune-Projekten gegründet. So etwa 1971 im Allgäu, genauer der Kleinstadt Isny, der Finkhof, aus dem die gleichnamige, heute noch existierende Schäfereigenossenschaft hervorgegangen ist, und 1973 von dem Wiener Aktionisten Otto Muehl im Burgenland die Kommune Friedrichshof, die schon bald als *Aktionsanalytische Organisation* (AAO) oder einfach als »AA-Kommune« in die Schlagzeilen geriet.

Unter deren Mitgliedern hatte Muehl sogenannte Aktionsanalysen durchgeführt. Seine Grundorientierung bestand in der einst von Jean-Jacques Rousseau propagierten Parole »Zurück zur Natur«, verstanden als die Praktizierung einer möglichst »freien Liebe«. Das führte zu Anleihen bei den sexualpolitischen Theorien Wilhelm Reichs. Dessen Lehren wurden mit der Gestalttherapie von Fritz Perls, der Urschreitherapie Arthur Janovs und Alexander Lowens Bioenergetischer Analyse kombiniert. Da die Ursache gesellschaftlicher Unterdrückung allein in der bürgerlichen Kleinfamilie gesehen wurde, bestand das Ziel darin, die »Charakterpanzerung« der einzelnen durch ihre Sozialisation deformierten Mitglieder aufzubrechen. In Psychodramen wurden sie aufgefordert, mit ihren Scham-, Angst- und Ekelgefühlen zu brechen, um eine Art »Wiedergeburt« zu erleben und auf diese Weise eine höhere Bewusstseinsstufe, das »AA-Bewusstsein«, zu erlangen. Zweierbeziehungen galten als »krankhafte Auswüchse der Kleinfamiliengesellschaft« und wurden deshalb strikt abgelehnt. Eines der gruppendynamischen Hauptziele bestand darin, den »Beziehungssumpf und -schleim« auszutrocknen. Alle Mitglieder waren zu einem einheitlichen Outfit verpflichtet: einem Kurzhaarschnitt und gestreiften Latzhosen. Schon von ihrem Äußeren waren sie leicht als Angehörige einer Sekte zu identifizieren.

Die AAO verfolgte im Übrigen ein sozioökonomisches Autarkiemodell. Ihre Prinzipien, die sie in zwölf Geboten kanonisiert hatte, lauteten daher: Auflösung der Zweierbeziehungen, Praktizierung einer gemeinsamen Sexualität, Lösung neugeborener Kinder von jeglicher Elternbande, Gemeinschaftserziehung, Arbeitspflicht in eigenen Wirtschaftsbetrieben, Abschaffung des Privateigentums und seine Ersetzung durch ein Gemeinschaftsvermögen.

Als die AAO mit dem Friedrichshof ein halb verfallenes Gut erwarb, es renovierte und mit der nötigen technischen Infrastruktur ausstattete, erlebte sie ihren wohl stärksten Zulauf. Auf dem ehemaligen Landgut des Erzherzogs Friedrich fanden insgesamt 240 Mitglieder nicht nur eine Unterkunft. Werkstätten, Cafés und Läden wurden eingerichtet, eine Schule aufgebaut, Landwirtschaft, Obst- und Gemüseanbau betrieben. Von außen betrachtet erschien der Friedrichshof vielen als ein Musterbetrieb. Trotzdem funktionierte er auch nach wirtschaftlichen Kriterien nicht. Die dort verrichteten Arbeiten waren nicht profitabel genug, um alle Mitglieder ernähren zu können. Das Landgut erwies sich auf Dauer als ein Zuschussunternehmen.

Dennoch wurden im Laufe der nächsten Jahre Ableger in zahlreichen anderen europäischen Großstädten gegründet. Nach Wien entstanden derartige Kommunen mit bis zu vierzig Mitgliedern nun auch in Genf, Paris, Hamburg, München, Nürnberg, West-Berlin und sogar in Oslo. Die Idee, sich immer weiter auszubreiten und die Gesellschaft wie nach dem Schneeballprinzip zu verändern, schien eine Zeit lang zu funktionieren.

Aufgrund der mangelnden Rentabilität der meisten ihrer Teilbetriebe geriet die Zentralkommune jedoch in immer größere Turbulenzen. Als dann einige deutsche Mitglieder mit Warentermingeschäften eine profitable Nebenerwerbsmöglichkeit entdeckt hatten und einen größeren Einfluss auf Entscheidungsprozeduren forderten, wurde mit dem Gemeinschaftseigentum ein Grundprinzip der AAO aufgegeben. Dieser Schritt, der von vielen als Bruch mit einer ihrer grundlegendsten Überzeugungen empfunden wurde, läutete den Niedergang des Kollektivexperiments ein.

Der Tunix-Kongress und das *Netzwerk Selbsthilfe*

Eine der größten Zäsuren in der Geschichte der bundesdeutschen Linken spielte sich im Herbst 1977 ab. Während der 44 Tage anhaltenden Schleyer-Entführung durch die RAF, die am 18. Oktober 1977 mit der Ermordung des Arbeitgeberpräsidenten endete, hatte es keinerlei Demonstrationen, Kundgebungen oder ähnliches gegeben. Die radikale Linke, die eine große, schließlich aber ausgebliebene Verhaftungswelle befürchtete, war in dieser Zeit so gut wie verstummt. Es dauerte Monate bis sie sich soweit erholt hatte, eine große Veranstaltung durchzuführen – den von 15 000 Leuten im Januar 1978 besuchten Tunix-Kongress in West-Berlin.

»Tunix« war eine simplifizierte Utopie und hieß zunächst einmal nichts anderes, als fortzugehen und nichts mehr tun zu wollen. Das zentrale Motto lautete: »Wir hauen alle ab! … zum Strand von Tunix.« Insgesamt war es eine Absage an den Linksradikalismus, an den dogmatischen ebenso wie den undogmatischen. Danach sprossen alternative Projekte wie Pilze aus dem Boden – Läden, Werkstätten, Druckereien, Kinos, Cafés, Restaurants und Gegeninstitutionen aller Art. Eines der Resultate war die Gründung der damals noch als »alternativ« bezeichneten *tageszeitung*. Aus den Ansätzen zu einer Kommune-Bewegung und dem Scheitern der radikalen Linken war schließlich eine Alternativbewegung geworden.

Und in diesem Zusammenhang veränderten sich auch die Kommunen, in ihrer Form wie in ihrem Stellenwert. Der Gedanke der Autarkie spielte eine ebenso große Rolle wie der der Vernetzung. Stärker als in den Jahren zuvor wurde der Anspruch verfolgt, ökonomisch selbständig zu werden. Und um das zu erreichen war es erforderlich, sich mit anderen Einrichtungen nicht nur auszutauschen, sondern sich regelrecht zu vernetzen.

Das im November 1978 in West-Berlin gegründete *Netzwerk Selbsthilfe* passte genau in diesen Zusammenhang. Ursprünglich hätte es dazu dienen sollen, vom Berufsverbot betroffene Lehrer finanziell zu unterstützen. Doch schon bald verwandelte es sich zu einem Förderungsfonds für alternative Projekte. Nicht mehr politische Ziele standen im Vordergrund, sondern die elementare finanzielle Unterstützung bei der Gründung von Betrieben und kulturellen Initiativen. Im Kern ging es um Formen der Anschubfinanzierung. So wurde mit den Mitteln des *Netzwerk Selbsthilfe* etwa der erste Redaktionscomputer der *taz* oder der Aufbau des Kulturzentrums Ufa-Fabrik finanziert. Das *Netzwerk Selbsthilfe* verfolgte so die Aufgabe, den Mangel an Gründungskapital vorübergehend zu kompensieren. Ob und inwieweit auch Landkommunen davon profitiert haben, ist nicht auszumachen.

Ein Resümee

Der Titel »Was die Kommune-Bewegung war« klingt nicht nur nach einer Frage, sondern ganz danach, als ginge es dabei um ein reines Phänomen der Vergangenheit und vor allem um eine Art Bilanz. Diese erscheint allerdings aus zwei Gründen schwierig und kaum durchführbar zu sein. Zum einen, weil nicht geklärt ist, welche Kriterien erfüllt sein müssen, um von einer »sozialen Bewegung« sprechen zu können und zum anderen, weil es wohl kaum jemanden gibt, der aufgrund der Vielzahl an Bewegungen und Kollektivierungsprojekten, historisch wie gegenwartsbezogen zugleich, einen fundierten Überblick geben könnte. Möglich erscheint es allerdings, die 1967 begonnene Verlaufsgeschichte der Kommunen in der alten Bundesrepublik in mehrere Phasen zu unterteilen:

Erstens: Am Anfang, in den Jahren 1967 bis 1969, stand eine experimentelle Phase, die ihrer damit verbundenen Tabubrüche wegen auch die entsprechenden medialen Multiplikatoren fand. In der *Kommune I* war es darum gegangen, an die Stelle der Kleinfamilie eine neue Kernzelle der Gesellschaft zu setzen und die an diesem Versuch Beteiligten entsprechend umzudisponieren. Erklärtes Ziel war schließlich die Schaffung eines »neuen Menschen«. Doch die Kommunarden waren ihrer eigenen Überzeugung nach noch von der »alten Welt« geprägt. Da niemand sicher sein konnte, dass deren verinnerlichten und deshalb unbewusst gespeicherten Werte in der Psyche der Einzelnen nicht doch noch weiter fortexistieren und so die Zielsetzungen einer neuen Kollektivität insgeheim untergraben würden, konnte es einen wirklichen Neuanfang nur mit der nächsten Generation geben. Sie schien von den Einstellungen des autoritären Charakters noch ganz unvorbelastet zu sein und deshalb die beste Voraussetzung zum Aufbau einer neuen Gemeinschaft zu bieten. Insofern war es ganz logisch, dass aus den Kommunen heraus die ersten Kinderläden gegründet wurden, die das Experiment ergänzten und zugleich auf eine andere zusätzliche Ebene verlagerten.

Zweitens: Was zu Beginn der siebziger Jahre folgte, war im Grunde eine Art Doppelbewegung: Einerseits wurde die Kommune als Sozialform für Hunderttausende junger Leute zum Vorbild und breitete sich in der Form von Wohngemeinschaften dementsprechend aus. Allerdings war die Kommune-Idee, von wenigen Ausnahmen einmal abgesehen, nun ihrer radikalen Spitzen beraubt. Weder sollte nach innen die psychosoziale Neuformierung noch nach außen die Revolutionierung der Gesellschaft durch provokative Akte vorangetrieben werden. Andererseits verlagerte sich der Schwerpunkt von der Stadt aufs Land. Immer mehr entschieden sich dazu – ähnlich wie sich das in Kalifornien bereits vollzogen hatte –, die Städte zu verlassen und sich auf dem Land niederzulassen.

Drittens: Dann schob sich nach dem »Deutschen Herbst« der Aspekt der wirtschaftlichen Selbstreproduktion weiter in den Vordergrund. Der Begriff der alternativen Ökonomie geriet ins Zentrum der damaligen Debatten. Doch die Alternativbewegung war sehr viel mehr als nur der Versuch, sich auf eigene Beine stellen und auch finanziell Unabhängigkeit erringen zu können. Mindestens ebenso stark ging es dabei um die Ökologie, die Suche nach einem neuen Verhältnis zur Natur. Handwerk, Landwirtschaft und Viehzucht sollten ohne die in der Marktwirtschaft angelegten, ausbeuterischen Implikationen betrieben werden.

Diese drei Phasen vor Augen ist heute nicht mehr von einer Kommune-Bewegung als solcher zu sprechen, sondern auf die Gegenwart bezogen eher von alternativen Projekten, die gewiss ihre eigene Ausstrahlung besitzen, aber insgesamt sehr viel pragmatischer orientiert sind und sich von der Idee, ein Modell vorleben und auf diesem Wege die Gesellschaft umkrempeln zu wollen, weitgehend verabschiedet haben. Im globalisierten Zeitalter einer entfesselten Ökonomie stellen sie am ehesten Nischen dar. Nicht mehr und nicht weniger.

Anhang

Anmerkungen

Einleitung

1 Helmut Müller-Enbergs/Cornelia Jabs, Der 2. Juni 1967 und die Staatssicherheit, *Deutschland Archiv*, 42. Jg., Mai 2009, Heft 3, S. 395–400.

2 Notizen zu einer Chronologie der Studentenbewegung, in: Peter Mosler, Was wir wollten, was wir wurden – Studentenrevolte zehn Jahre danach, Reinbek 1977, S. 249–295.

3 Vgl. etwa den Nachruf eines der ehemals schärfsten Dutschke-Kritiker: Jürgen Habermas, Ein wahrhaftiger Sozialist. Zum Tode von Rudi Dutschke, *Die Zeit* vom 4. Januar 1980, 35. Jg., Nr. 2, S. 7. Außerdem einen Sammelband mit Nachrufen: Peter Bernhardi (Hg.), Rudi Dutschke, Frankfurt am Main 1987.

4 Dutschke selbst hatte dazu ganz unmissverständlich festgehalten: »Ich schätze jeden pazifistisch orientierten Demokraten oder Sozialisten – ich bin es nicht.« Rudi Dutschke, Aufrecht gehen. Eine fragmentarische Autobiographie, hrsg. von Ulf Wolter, West-Berlin 1981, S. 167.

5 Fritz Teufel, Rudi, der Kampf geht weiter!, *die tageszeitung* vom 15. Januar 1980.

6 Ursprünglich war es offenbar zum Abdruck in der SDS-Zeitschrift *neue kritik* vorgesehen. In einem Brief vom 2. Oktober 1967 wird Dutschke von dem Redaktionsmitglied Meino Büning jedenfalls aufgefordert, die wegen der schlechten Tonbandaufnahme verbliebenen Lücken zu ergänzen und den gesamten Text noch einmal zu überarbeiten. (Brief von Meino Büning an Rudi Dutschke vom 2. Oktober 1967, HIS-Archiv, RUD 159, 01) Dazu ist es aber offenbar nicht gekommen. Mit der Mainzer Studentenzeitung *nobis* hat sich, wie aus einem weiteren an Dutschke gerichteten Brief hervorgeht, noch eine weitere Redaktion vergeblich um einen Abdruck des Organisationsreferats bemüht. (Brief von Jochen Harms an Rudi Dutschke vom 23. Oktober 1967, HIS-Archiv, RUD 159, 01)

7 So in der Zeitschrift *facit*, Heft 12/1968, S. 3; vgl. Gerhard Bauß, Die Studentenbewegung der sechziger Jahre in der Bundesrepublik und Westberlin. Handbuch, Köln 1977, S. 323.

8 Rudi Dutschke/Hans-Jürgen Krahl, Organisationsreferat, *diskus – Frankfurter Studentenzeitung*, 30. Jg., Nr. 1/2, Februar 1980, S. 6–9.

9 Vgl. Siegward Lönnendonker (Hg.), Linksintellektueller Aufbruch zwischen »Kulturrevolution« und »kultureller Zerstörung« – Der Sozialistische Deutsche Studentenbund (SDS) in der Nachkriegsgeschichte

(1946–1969). Dokumentation eines Symposiums, Opladen/Wiesbaden 1998.

10 Dutschke/Krahl, Organisationsreferat, S. 8.

11 Wolfgang Kraushaar, Autoritärer Staat und antiautoritäre Bewegung – Zum Organisationsreferat von Rudi Dutschke und Hans-Jürgen Krahl, *1999 – Zeitschrift für Sozialgeschichte des 20. und 21. Jahrhunderts*, 2. Jg., Heft 3/1987, S. 76–104.

12 R.S. [d.i. Rudi Dutschke], Zum Verhältnis von Organisation und Emanzipationsbewegung, *Oberbaumblatt* vom 12. Juni 1967, Nr. 5, S. 4–6.

13 Horst Mahler / Günter Maschke / Reinhold Oberlercher, Kanonische Erklärung zur Bewegung von 1968, *Junge Freiheit* vom 5. März 1999, 14. Jg., Nr. 10, S. 7.

14 Nationalisten waren wir nie! Ehemalige 68er SDS-Mitglieder distanzieren sich von Mahler und Rabehl, SDS-Website: https://www.isioma.net/sds00199.html [Abgerufen am 20. Dezember 2017]; http://www.partisan.net vgl. »Wir waren nie Nationalisten«, *Junge Welt* vom 15. Februar 1999.

15 Dieter Kunzelmann, Leisten Sie keinen Widerstand! Bilder aus meinem Leben, Berlin 1998, S. 128f.

16 Wolfgang Kraushaar, Die Bombe im Jüdischen Gemeindehaus, Hamburg 2005.

Die romantische Revolte

1 Brief an Theodor W. Adorno vom 15. Mai 1968, in: Theodor W. Adorno und Elisabeth Lenk, Briefwechsel 1962–1969, hrsg. von Elisabeth Lenk, München 2001, S. 144f.

2 Ebenda, S. 145f.

3 Marx hatte für die »Natur-Idolatrie« der Frühsozialisten nur Hohn und Spott übrig. Zusammen mit Engels hatte er 1845 geschrieben: »Der wahre Sozialist geht von dem Gedanken aus, dass der Zwiespalt von Leben und Glück aufhören müsse. Um für diesen Satz einen Beweis zu finden, nimmt er die Natur zu Hülfe und unterstellt, dass in ihr dieser Zwiespalt nicht existiere, und hieraus schließt er, dass, da der Mensch ebenfalls ein Naturkörper sei und die allgemeinen Eigenschaften des Körpers besitze, für ihn dieser Zwiespalt ebenfalls nicht existieren dürfe.« Karl Marx / Friedrich Engels, Die deutsche Ideologie, in: Karl Marx / Friedrich Engels, Werke, Bd. 3, hrsg. vom Institut für Marxismus-Leninismus beim ZK der SED, Ost-Berlin 1969, S. 460.

4 Jean-Jacques Rousseau, Emile oder über die Erziehung, hrsg. von Martin Rang, Stuttgart 1970, S. 107.

5 Bernhard Bueb, Lob der Disziplin. Eine Streitschrift, Berlin 2006.

6 Zeit-Geschichte, Nr. 1, 2007, Erziehung und Revolte: Was bleibt von 1968? Der ehemalige Kinderladen-Aktivist Daniel Cohn-Bendit im Gespräch mit »Lob der Disziplin«-Autor Bernhard Bueb, S. 34.

7 Johannes Agnoli / Peter Brückner, Transformation der Demokratie, Frankfurt am Main 1968, S. 70.

8 Jean-Jacques Rousseau, An die Republik zu Genf, [Widmung zu der] Abhandlung über den Ursprung und die Grundlagen der Ungleichheit unter den Menschen, in: ders., Sozialphilosophische und Politische Schriften, München 1981, S. 42.

9 Für Agnoli ist Pluralismus eine Fiktion und der Gegenbegriff zu dem des Antagonismus. So behauptet er, dass die »Transformation des Verfassungsstaates« die »Reduktion des Antagonismus auf den Pluralismus« widerspiegele. Agnoli, Transformation, S. 24. Während es bei der Austragung von Differenzen beim Pluralismus um Konsens, im Zweifelsfall um die Herstellung von Kompromissen geht und damit garantiert ist, dass dessen Rahmenbedingung, der Rechtsstaat, nicht angetastet wird, so geht es beim Antagonismus um das Gegenteil einer einvernehmlichen Lösung: um die Auflösung des Widerspruchs im offenen Konflikt, letztlich um die Austragung eines Kampfes.

10 »Die Parteien trennen sich von der eigenen, aktuellen gesellschaftlichen Basis und werden zu staatspolitischen Vereinigungen.« Agnoli, Transformation der Demokratie, S. 33.

11 Zu den möglichen totalitären Implikationen des Rousseauschen Demokratiemodells vgl. Jacob Leib Talmon, Die Ursprünge der totalitären Demokratie, Köln/Opladen 1961.

12 Marion Gräfin Dönhoff, Die Rebellion der Romantiker, *Die Zeit* vom 5. Januar 1968, 23. Jg., Nr. 1, S. 1.

13 Vgl. Werner Helwig, Die Blaue Blume des Wandervogels. Vom Aufstieg, Glanz und Sinn einer Jugendbewegung, Gütersloh 1960. Dort findet sich auch der Text des Wandervogel-Liedes »Wir wollen zu Land ausfahren«. Darin heißt es: »Es blühet im Walde tief drinnen die blaue Blume fein, die Blume zu gewinnen, ziehn wir in die Welt hinein. Es rauschen die Bäume, es murmelt der Fluß, und wer die blaue Blume finden will, der muß ein Wandervogel sein.«

14 Carl Schmitt, Politische Romantik, Berlin 1919, S. 222.

15 Walter Benjamin, Traumkitsch, in: ders., Gesammelte Schriften, Bd. II.2, hrsg. von Rolf Tiedemann und Hermann Schweppenhäuser, Frankfurt am Main 1977, S. 620.

16 Vgl. Lothar Voigt, Aktivismus und moralischer Rigorismus. Die politische Romantik der 68er Studentenbewegung, Wiesbaden 1991.

17 Die Literatur zu dem genannten Zusammenhang zwischen 68er-Bewegung und Romantik ist bislang eher spärlich. Affirmativ: Richard Faber, Novalis: Die Phantasie an die Macht, Stuttgart 1970; kritisch dagegen: Lothar Voigt, Aktivismus und moralischer Rigorismus. Die politische Romantik der 68er Studentenbewegung, Wiesbaden 1991; vgl. außerdem: Simon Kießling, Die antiautoritäre Revolte der 68er. Postindustrielle Konsumgesellschaft und säkulare Religionsgeschichte der Moderne, Köln/Weimar/Wien 2006.

18 Vgl. Rüdiger Safranski, Romantik. Eine deutsche Affäre, München 2007.

19 Das Symbol stammt aus dem Romanfragment »Heinrich von Ofterdingen«. An einer Stelle heißt es dort: »… die blaue Blume sehn' ich mich zu erblicken. Sie liegt mir unaufhörlich im Sinn, und ich kann nichts anders dichten und denken. So ist mir noch nie zu Muthe gewesen: es ist, als hätt' ich vorhin geträumt, oder ich wäre in eine andere Welt hinübergeschlummert; denn in der Welt, in der ich sonst lebte, wer hätte da sich um Blumen bekümmert, und gar von einer so seltsamen Leidenschaft für eine Blume hab' ich damals nie gehört.« Novalis, Schriften. Die Werke Friedrich von Hardenbergs, hrsg. von Paul Kluckhohn und Richard Samuel, Bd. I, 3., nach den Handschriften ergänzte, erw. und verb. Auflage, Stuttgart 1977, S. 195.

20 Walter Benjamin, Deutsche Menschen, Frankfurt am Main 1967.

21 Novalis, Heinrich von Ofterdingen, ebenda, S. 318.

22 Novalis, Schriften. Die Werke von Friedrich von Hardenbergs, hrsg. Von Paul Kluckhohn und Richard Samuel, Bd. II, Darmstadt 1968, S. 545.

23 Richard Faber, Frühromantik, Surrealismus und Studentenrevolte oder die Frage nach dem Anarchismus, in: Gisela Dischner/Richard Faber (Hg.), Romantische Utopie – Utopische Romantik, Hildesheim 1979, S. 339.

24 Novalis, Schriften, Bd. II, hrsg. von Jacob Minor, Jena 1923, S. 375.

25 Herbert Marcuse, Triebstruktur und Gesellschaft. Ein philosophischer Beitrag zu Sigmund Freud, Frankfurt am Main 1967, S. 159.

26 Jörg Bopp, Geliebt und doch gehaßt. Über den Umgang der Studentenbewegung mit Theorie, in: *Kursbuch*, 30. Jg., Dezember 1984, Nr. 78, S. 126.

27 Herbert Marcuse, Das Ende der Utopie. Herbert Marcuse diskutiert mit Studenten und Professoren Westberlins an der Freien Universität Berlin über die Möglichkeiten und Chancen einer politischen Opposition in den Metropolen in Zusammenhang mit den Befreiungsbewegungen in den Ländern der Dritten Welt, hrsg. von Horst Kurnitzky und Hansmartin Kuhn, West-Berlin 1967.

28 Paul Sering (d.i. Richard Löwenthal), Jenseits des Kapitalismus. Ein Beitrag zur sozialistischen Neuorientierung, Lauf bei Nürnberg 1947; Neuausgabe: West-Berlin/Bonn-Bad Godesberg 1977.

29 Richard Löwenthal, Romantischer Rückfall, Stuttgart 1970, S. 8f.

30 Rudi Dutschke/Hans-Jürgen Krahl, Organisationsreferat, *diskus – Frankfurter Studentenzeitung*, 30. Jg., Nr. 1/2, Februar 1980, S. 6–9.

31 Carl Schmitt, Politische Romantik, Dritte Auflage, West-Berlin 1968, S. 226.

32 Vgl. Kai Sichtermann / Jens Johler / Christian Stahl, Keine Macht für Niemand. Die Geschichte der »TON STEINE SCHERBEN«, Berlin 2000.

1. Anfänge

Die Entdeckung der Dritten Welt

1 Schweigedemonstration!, Dokument 358, in: Siegward Lönnendonker / Tilman Fichter (Hg.), Freie Universität Berlin 1948–1973. Hochschule im Umbruch, Teil IV – 1964–1967. Die Krise, West-Berlin 1975, S. 175.

2 Die 1940 in Windhoek geborene Studentin ist die Tochter von Otto Schimming, dem ersten in Namibia tätigen schwarzen Lehrer. Sie hat 1962, durch ein Stipendium unterstützt, begonnen, an der Freien Universität Berlin Politikwissenschaft und Afrikanistik zu studieren. Sie macht sich später, nachdem sie einen westindischen Wirtschaftsingenieur geheiratet und Schimming-Chase heißt, einen Namen als namibische Politikerin, Diplomatin und Bürgerrechtlerin.

3 Zur Anschlag-Gruppe gehörten neben Dutschke auch Rodolphe Gasché, Herbert Nagel und Bernd Rabehl.

4 Gemeint ist vermutlich Horst Kurnitzky.

5 Gemeint ist vermutlich Götz Schmidt.

6 Gemeint ist hier vor allem eine ca. 80 Studenten umfassende Gruppe von Schwarzafrikanern, zumeist Kongolesen, die zum großen Teil von der Lumumba-Universität in Moskau kommt und von Ost-Berlin aus mit der S-Bahn zur Demonstration angereist ist. Sie ist gut organisiert, tritt sehr diszipliniert auf und bildet zusammen mit den Mitgliedern der *Anschlag-Gruppe* den harten Kern der Demonstranten. Niemand von ihnen spricht Deutsch; die Unterhaltungen mit den anderen Aktivisten finden entweder auf Französisch oder auf Englisch statt. Ihr alleiniges Motiv soll die Empörung über Lumumbas Ermordung sein. (Mündliche Auskunft von Dr. Tilman Fichter, 26. April 2017.)

7 Gemeint ist das Otto-Suhr-Institut für Politikwissenschaften an der Freien Universität Berlin.

8 Gemeint ist Tilman Fichter.

9 Rudi Dutschke, Jeder hat sein Leben ganz zu leben. Die Tagebücher 1963–1979, hrsg. von Gretchen Dutschke, Köln 2003, S. 22–25.

10 Rudi Dutschke, Vom Antisemitismus zum Antikommunismus, in: Uwe Bergmann / Rudi Dutschke / Wolfgang Lefèvre / Bernd Rabehl, Rebellion der Studenten oder Die neue Opposition, Reinbek 1968, S. 58–85; hier: S. 63.

11 Ebenda.

12 In der Darstellung der Vorgänge und Hintergründe, die zur Ermordung des ersten Ministerpräsidenten der Republik Kongo geführt haben, folge ich: Thomas Giefer, Mord im Kolonialstil. Patrice Lumumba, eine afrikanische Tragödie, in Heribert Blondiau (Hg.), Tod auf Bestellung. Politischer Mord im 20. Jahrhundert, München 2000, S. 143–173.

13 Vgl. Ebenda, S. 172.

14 Vgl. Ludo de Witte, Regierungsauftrag Mord. Der Tod Lumumbas und die Kongo-Krise, Leipzig 2001.

15 Dokument 1, Ludo de Witte, Regierungsauftrag Mord, ebenda, S. 261.

16 Alfred Sauvy, Trois mondes, une planète, *L'Observateur* vom 14. August 1952.

17 Emmanuel Joseph Sieyès, Was ist der Dritte Stand?, in: ders., Politische Schriften 1788–1790, hrsg. von Eberhard Schmitt und Rolf Reichardt, Darmstadt / Neuwied 1975, S. 117.

18 Vgl. Dorothee Weitbrecht, Aufbruch in die Dritte Welt. Der Internationalismus der Studentenbewegung von 1968 in der Bundesrepublik Deutschland, Göttingen 2012; Christoph Kalter, Die Entdeckung der Dritten Welt. Dekolonisierung und neue radikale Linke in Frankreich, Frankfurt / New York 2011.

19 Einer Umfrage zufolge hätte 1968

jedes zweite SDS-Mitglied lieber auf Kuba als in der Bundesrepublik gelebt. Das »Klima« sei, erklärt der Vorsitzende des SDS Hannover, Alfred Krovoza, dort »im doppelten Sinne« besser. *Der Spiegel* vom 25. März 1968, 22. Jg., Nr. 13, S. 52.

20 Traum im Campo, *Der Spiegel* vom 25. März 1968, 22. Jg., Nr. 13, S. 52.

21 Dazu zählen mit dem Münchner Erich von Derschatta der Inhaber des Trikont-Verlages, dem Erlanger Arnhelm Neusüß ein Hochschulassistent und mit Jürgen Treulieb der stellvertretende AStA-Vorsitzende der Freien Universität Berlin. Vgl. Arbeitslager statt Ferienvergnügen, *Die Welt* vom 18. November 1968.

22 Kleine Anfrage der Abgeordneten Prochazka, Gierenstein, Dr. Hudak, Rainer, Schlager, Ziegler und Genossen vom 23. Oktober 1968, in: Verhandlungen des Deutschen Bundestages, 5. Wahlperiode, Anlagen zu den stenographischen Berichten, Band 124. Drucksachen V/3341 bis V/3500, Bonn 1968, Drucksache V/3405 S. 1.

23 Kleine Anfrage der Abgeordneten Prochazka, Gierenstein, Dr. Hudak, Rainer, Schlager, Ziegler und Genossen vom 23. Oktober 1968, in: Verhandlungen des Deutschen Bundestages, 5. Wahlperiode, Anlagen zu den stenographischen Berichten, Band 124. Drucksachen V/3341 bis V/3500, Bonn 1968, Drucksache V/3405 S. 1.

24 Vgl. Simon Reuter, Im Schatten von Tet. Die Vietnam-Mission der Medizinischen Fakultät Freiburg (1961–1968), Frankfurt am Main 2011; Gerhard M. Kirk, Vergessene Geschichte: Das tragische Ende der Vietnam-Mission der Medizinischen Fakultät, *Badische Zeitung* vom 9. September 2011.

25 Kleine Anfrage der Abgeordneten Prochazka, Gierenstein, Dr. Hudak, Rainer, Schlager, Ziegler und Genossen vom 23. Oktober 1968, in: Verhandlungen des Deutschen Bundestages, 5. Wahlperiode, Anlagen zu den stenographischen Berichten, Band 124. Drucksachen V/3341 bis V/3500, Bonn 1968, Drucksache V/3405 S. 1.

26 Brief Hannah Arendts vom 25. November 1967 an Hans-Jürgen Benedict, *Mittelweg 36*, 17. Jg., Heft 1/2008, 2–8.

27 Vgl. Wolfgang Kraushaar, Hannah Arendt und die Studentenbewegung. Anmerkungen zum Briefwechsel zwischen Hans-Jürgen Benedict und Hannah Arendt, *Mittelweg 36*, 17. Jg., Heft 1/2008, 9–11.

Der 3. Juni 1967

1 Vgl. Knut Nevermann, der 2. Juni 1967. Studenten zwischen Notstand und Demokratie. Dokumente zu den Ereignissen anläßlich des Schah-Besuchs. Herausgegeben vom Verband Deutscher Studentenschaften (vds), Köln 1967; Uwe Soukup, Wie starb Benno Ohnesorg? Der 2. Juni 1967, Berlin 2007; ders., Der 2. Juni 1967. Ein Schuss, der die Republik veränderte, Berlin 2017; Harald Möller, Der Schahbesuch 1967 und »politische Theorie«. Was geschah am 1. und 2. Juni 1967 in Berlin und wie lässt es sich erklären? 19 Theorien und »Erklärungsansätze«, Berlin 2014; ders., Der Schahbesuch 1967. Ein Dokumentenband zum Verhältnis von politischer

Theorie und Realität, Berlin 2015; ders., Der Schahbesuch 1967. Ein zweiter Dokumentenband zu exogenen und endogenen Dimensionen, Berlin 2016; ders., Der Schahbesuch 1967. Ein Film, Rüstungsprozesse und ein Infrastrukturprojekt sowie ein Mann im Hintergrund, Berlin 2017; Eckard Michels, Schahbesuch 1967. Fanal für die Studentenbewegung, Berlin 2017.

2 Helmut Müller-Enbergs / Cornelia Jabs, Der 2. Juni 1967 und die Staatssicherheit, in: *Deutschland Archiv. Zeitschrift für das vereinigte Deutschland*, 42. Jg., Heft 3/2009, S. 395–400.

3 Vgl. Armin Fuhrer, Wer erschoss Benno Ohnesorg? Der Fall Kurras und die Stasi, Berlin 2009; Sven Felix Kellerhoff, Die Stasi und der Westen. Der Kurras-Komplex, Hamburg 2010;Marc Tschernitschek, Der Todesschütze Benno Ohnesorgs: Karl-Heinz Kurras, die Westberliner Polizei und die Stasi, Marburg 2013.

4 Vgl. Hans-Ulrich Kesten, Der »schwarze Freitag« in Berlin, *Stuttgarter Zeitung* vom 6. Juni 1967.

5 Vgl. Michels, Schahbesuch 1967, S. 176.

6 Rudi Dutschke, Jeder hat sein Leben ganz zu leben. Die Tagebücher 1963–1979, hrsg. von Gretchen Dutschke, Köln 2003, S. 39.

7 Bei dem Schüler soll es sich um den 18-jährigen Gymnasiasten Fred Kaltmann gehandelt haben. Vgl. Michels, Schahbesuch 1967, S. 212f.

8 Erklärung des Regierenden Bürgermeisters Heinrich Albertz vom 3. Juni 1967, in: Nevermann, der 2. Juni 1967, S. 141.

9 Presseerklärung des Allgemeinen Studentenausschusses der Freien Universität Berlin, Dokument 723, in: Siegward Lönnendonker / Tilman Fichter / Jochen Staadt (Hg.), Freie Universität Berlin 1948–1973. Hochschule im Umbruch, Teil V: Gewalt und Gegengewalt (1967–1969), West-Berlin 1983, S. 177.

10 Zu den Reaktionen in der Berliner Tagespresse vgl. die Übersicht in: Kellerhoff, Die Stasi und der Westen, S. 50–58.

11 *Bild* Zeitung vom 3. Juni 1967.

12 Das ist Terror!, *BZ* vom 3. Juni 1967.

13 Dort heißt es allerdings, dass Ohnesorg »an den Folgen eines Schädelbruchs« gestorben sei. Blutige Straßenschlacht vor der Deutschen Oper, *Berliner Morgenpost* vom 3. Juni 1967.

14 Dr. Jürgen Treulieb am 25. April 2017 im Gespräch mit dem Verfasser.

15 Ebenda.

16 Ebenda.

17 Siegward Lönnendonker / Tilman Fichter / Jochen Staadt (Hg.), Freie Universität Berlin 1948–1973. Hochschule im Umbruch, Teil V: Gewalt und Gegengewalt (1967–1969), West-Berlin 1983, S. 11.

18 Mit diesen Worten schildert das jedenfalls der damalige Chef der Senatskanzlei in seinen Erinnerungen: Horst Grabert, Wehe wenn du anders bist. Ein politischer Lebensweg für Deutschland, Dößel 2003, S. 127.

19 Ebenda, S. 128.

20 Vgl. Soukup, Der 2. Juni 1967, S. 118f.

21 *Der Tagesspiegel* vom 4. Juni 1967.

22 Attentats-Versuch in Berlin / Ferngesteuerter VW sollte Schah-Auto rammen, *Bild am Sonntag* vom 4. Juni 1967.

23 Mein ›Geisterauto‹ sollte den

Schah blamieren …, *Bild*-Zeitung vom 5. Juni 1967.

24 Ebenda.

25 Ebenda.

26 Ebenda.

27 Vgl. Abschlussbericht über den Verlauf des Einsatzes der Abteilung I aus Anlass des Besuches des Iranischen Kaiserpaares am 1, 2 und 3. Juni 1967 unter Berücksichtigung des Schreibens des Senators für Inneres III B 3/0321/4431 vom 16. Juni 1967, Landesarchiv Berlin B Rep. 001/598; Der Bastler des Geisterautos festgenommen, *Süddeutsche Zeitung* vom 9. Juni 1967.

28 Rudolf U., KOM, KD A I, Dienstliche Äußerung zum Schah-Besuch vom 2. zum 3. Juni 1967, Berlin, den 28. Juni 1967, in: Landesarchiv Berlin, B Rep. 001, Nr. 598; abgedruckt in: Möller, Der Schahbesuch 1967. Ein Dokumentenband zum Verhältnis von politischer Theorie und Realität, S. 195f.

29 Vgl. Gholam Reza Afkhami, The life and times of the Shah, Berkeley 2009; Gérard de Villiers, Der Schah. Der unaufhaltsame Aufstieg des Mohammed Reza Pahlevi, Wien / Düsseldorf 1975.

30 Vgl. Stephen Kinzer, Im Dienste des Schah. CIA, MI6 und die Wurzeln des Terrors im Nahen Osten, Weinheim 2009.

31 Vgl. Michels, Schahbesuch 1967, S. 122.

32 Ebenda, S. 125f.; Harald Irnberger, Savak oder Der Folterfreund des Westens, Reinbek 1977, S. 77–82.

33 Angesichts der merkwürdigen Rolle des iranischen Geheimdienstes begann man sich in der Presse nun auch an einige unaufgeklärte Fälle zu erinnern, in denen iranische Studenten plötzlich spurlos verschwunden und die mit ihm in der Folge in Verbindung gebracht worden waren: »Im Januar 1966 forderte die SPD eine parlamentarische Untersuchung über die SAVAK. Anlass war damals das plötzliche Verschwinden von drei iranischen Studenten aus der Bundesrepublik. Sie standen in Opposition zum Schah. Halb verkohlt fand man einen Vermissten später in Brüssel.« *Münchner Abendzeitung* vom 23. Mai 1967.

34 Zunächst war in der Presse noch gefragt worden: War der Geheimdienst des Schahs beteiligt? Hauptzeuge im Prozess gegen den Perser Razavi vernommen, *Die Welt* vom 8. Mai 1968.

35 Ebenda, S. 126.

36 Vgl. st./ho., Ein deutscher Ausnahmezustand. Der Schah kam, sah – und die Polizei schlug zu, *Die Zeit* vom 9. Juni 1967.

37 Ebenda.

38 Ebenda.

39 Ebenda.

40 Ebenda.

41 Ebenda.

42 Ebenda.

43 Demonstrationen gegen den Schah. In München Sprechchöre und Transparente / Heute nach Berlin, *Frankfurter Allgemeine Zeitung* vom 1. Juni 1967.

44 Siegward Lönnendonker / Tilman Fichter (Hg.), Freie Universität Berlin 1948–1973. Hochschule im Umbruch, Teil IV: Die Krise (1964–1967), West-Berlin 1975, S. 167.

45 Ebenda, S. 169.

46 Peter Wensierski, Benno Ohnesorg / Manipilation auf dem OP-Tisch, *Spiegel Online* vom 25. Januar 2012.

47 Vgl. dessen Dissertation »Zur Chirurgie der extrahepatischen Gallenwege. Erfahrungen bei 1471 Gallenoperationen«, mit der er am 26. August 1968 an der Medizinischen Fakultät der Freien Universität Berlin promoviert wurde.

48 Über dessen Verbindungen zum Schah-Regime vgl. Houchang Nahavandi / Yves Bomati, Mohammad Réza Pahlavi, le dernier shah, 1919–1980, Paris 2013.

49 Wensierski, Benno Ohnesorg / Manipulation auf dem OP-Tisch, ebenda.

50 Ebenda.

51 Zitiert nach der Dokumentation: Siegward Lönnendonker / Tilman Fichter (Hg.), Freie Universität Berlin 1948–1973. Hochschule im Umbruch, Teil IV: Die Krise (1964–1967), West-Berlin 1975, S. 168.

52 Ebenda.

53 Ebenda.

54 Bahman Nirumand, Persien, Modell eines Entwicklungslandes oder Die Diktatur der freien Welt, Reinbek 1967.

55 Hans Magnus Enzensberger, Unsere weißen Hände. Eine Nacherinnerung, ebenda, S. 149–154.

56 Bahman Nirumand, Leben mit den Deutschen. Briefe an Leila, Reinbek 1989, S. 112–114. Nirumand bezeichnet den Transport eines solchen Sprengsatzes als »eine politische Dummheit«, der bei seiner Aufdeckung für Dutschke und ihn selbst verheerende Auswirkungen hätte haben können. (Gespräch mit Dr. Nirumand am 3. November 2017 in Berlin.)

57 Bahman Nirumand, Weit entfernt von dem Ort, an dem ich sein müsste. Autobiographie, Reinbek 2011, S. 132.

58 Ebenda.

59 Peter Schneider, Rebellion und Wahn. Main 68. Eine autobiographische Erzählung, Köln 2008, S. 168f.

60 Rudi Dutschke, Die Widersprüche des Spätkapitalismus, die antiautoritären Studenten und ihr Verhältnis zur Dritten Welt, in: Uwe Bergmann / Rudi Dutschke / Wolfgang Lefèvre / Bernd Rabehl, Rebellion der Studenten oder Die Neue Opposition, Reinbek 1968, S. 33–93, hier: S. 80.

61 Rudi Dutschke, Ein Pamphlet, in: Briefe an Rudi D., hrsg. von Stefan Reisner, Frankfurt am Main 1968, S. I–XII, hier: S. IX/X.

62 Rudi Dutschke, »Es kracht an allen Ecken und Enden«. Brief für die Herren der anderen Seite, *Der Spiegel* vom 9. Dezember 1968, 22. Jg., Nr. 50, S. 185.

63 Abschlussbericht über den Verlauf des Einsatzes der Abteilung I aus Anlass des Besuches des Iranischen Kaiserpaares am 1, 2 und 3. Juni 1967 unter Berücksichtigung des Schreibens des Senators für Inneres III B 3/0321/4431 vom 16. Juni 1967, Landesarchiv Berlin B Rep. 001/598.

64 Möller, Der Schahbesuch 1967. Ein Dokumentenband zum Verhältnis von politischer Theorie und Realität, S. 200.

Der 5. bis 10. Juni 1967

1 Vgl. Initiative Sozialistisches Forum, Ulrike Meinhof, Stalin und die Juden. Die (Neue) Linke als Trauerspiel, in: dies., Das Ende des Sozialismus, die Zukunft der Revolution. Analysen und Polemiken, Freiburg 1990, S. 119–166; Margit Reiter, »Ehrbarer Antisemitismus« – »Hilfloser Antifaschismus«? Antizionismus und Palästina-Solidarität der Neuen Linken der BRD im Schatten der NS-Vergangenheit, Magisterarbeit, Universität Wien, 1991; Martin W. Kloke, Israel und die deutsche Linke. Zur Geschichte eines schwierigen Verhältnisses, 2. erweiterte und aktualisierte Auflage, Frankfurt am Main 1994; hier insbesondere das Kapitel »Der Junikrieg von 1967 als Auslöser einer partiellen antizionistischen Wende« (S. 106–132).

2 Aus der Fülle an Literatur seien hier nur die folgenden Titel erwähnt: Jeremy Bowen, Six Days. How the 1967 war shaped the middle east, London 2003; Michael Oren, Six Days of War: June 1967 and the Making of the Modern Middle East, New York 2002; Tom Segev, 1967 – Israels Zweite Geburt, München 2007; William Stevenson, Werft sie ins Meer. Der Krieg der 100 Stunden. Israels Kampf um seine Existenz, München 1967; Ernst Trost, David und Goliath. Die Schlacht um Israel 1967, Wien 1967.

3 So hatte der spätere syrische Staatspräsident und damalige Verteidigungsminister Hafiz a-Assad am 20. Mai 1967 davon gesprochen, dass seine Streitkräfte dazu bereit seien, gegen Israel einen »Vernichtungskrieg« zu führen, der syrische Präsident Nureddin Mustafa al-Atassi zwei Tage darauf erklärt, man wolle »einen totalen Krieg ohne Einschränkungen« führen, »der die zionistische Basis zerstören« werde, und Nasser fünf Tage später angekündigt, dass das Ziel Ägyptens in der »Vernichtung Israels« liege.

4 Detlev Claussen, Im Haus des Henkers, in: Dietrich Wetzel (Hg.), Die Verlängerung von Geschichte. Deutsche, Juden und der Palästinakonflikt, Frankfurt am Main 1983, S. 113–125; hier: S. 115. Claussen zieht aus der Episode die Schlussfolgerung: »Der Junikrieg passte nicht in unser Weltbild.« Bei dem von ihm erwähnten stellvertretenden SDS-Bundesvorsitzenden dürfte es sich um Peter Gäng gehandelt haben, der ein Jahr zuvor zusammen mit Jürgen Horlemann in der edition suhrkamp eine vielbeachtete Studie zur Vorgeschichte und sukzessiven Eskalation des Vietnamkonflikts publiziert hatte: Vietnam. Genesis eines Konflikts. Frankfurt am Main 1965.

5 Ulrike Meinhof, Drei Freunde Israels, *konkret*, Jg., Nr. 7, Juli 1967, S. 2; wiederabgedruckt in: dies., Die Würde des Menschen ist unantastbar. Aufsätze und Polemiken, West-Berlin 1980, S. 100f.

6 Horst Kurnitzky / Hansmartin Kuhn (Hrg.), Das Ende der Utopie. Herbert Marcuse diskutiert mit Studenten und Professoren Westberlins an der Freien Universität Berlin über die Möglichkeiten und Chancen einer politischen Opposition in den Metropolen in Zusammenhang mit den Befreiungsbewegungen in den Ländern der Dritten Welt, West-Berlin 1967, S. 139.

7 Zitiert nach: Berthold Simonsohn, Der Nahost-Konflikt und die Verwirrung der Linken, *DISkussion*, Nr. 23, Oktober 1967, S. 9.

8 Der polnisch-israelische Historiker Simcha Flapa hat in seiner Auseinandersetzung mit dem Trotzki-Biographen Isaac Deutscher die verheerende Rolle dieser Kategorie besonders hervorgehoben: »Was heute Israel wie ein Fluch heimsucht, ist der Mythos und das Image des ›imperialistischen Agenten‹. […] Der Anti-Zionismus ist der ›Anti-Imperialismus von Idioten‹ geworden.« Simcha Flapan, 5. Juni 1967 – Der arabisch-israelische Krieg (Eine Antwort an Isaac Deutscher), Frankfurt am Main 1969, S. 35.

9 Berthold Simonsohn, Der Nahost-Konflikt und die Verwirrung der Linken, ebenda, S. 35.

10 Ebenda, S. 12.

11 Nach Darstellung des früheren Berliner SDS-Landesvorsitzenden Dr. Tilman Fichter war es vor allem Rudi Dutschke, der seinen ganzen Einfluss hatte geltend machen müssen, um eine Verabschiedung zu verhindern. Gespräch mit dem Verfasser am 12. August 2005.

12 »Der Konflikt im Nahen Osten«, in: Bundesvorstand des Sozialistischen Deutschen Studentenbundes (Hg.), Die XXII. ordentliche Delegiertenkonferenz des SDS (Resolutionen und Beschlüsse), Frankfurt/Main o. J. [1967], S. 48–54; hier S. 48.

13 Ebenda, S. 49.

14 Ebenda, S. 53.

15 Zu nennen wäre hier insbesondere ihre Rolle im Zusammenhang mit der 1952 von Erich Lüth und Rudolf Küstermaier gestarteten Wiedergutmachungsinitiative »Friede mit Israel«. Die pro-israelische Haltung hatte sich zudem in zahlreichen Kontakten, insbesondere in der Beteiligung an Besuchsdelegationen und Kibbuz-Aufenthalten niedergeschlagen und war zum Teil auch in Israel selbst jahrelang als Vorreiter für eine in Westdeutschland eingeschlagene Politik der Aussöhnung verstanden worden.

16 Gemeinsame Erklärung von 20 Vertretern der deutschen Linken zum Nahostkonflikt, *Neue Deutsche Hefte* Nr. 117, 5. Jg., H. 1, 1968, S. 103–120.

17 *Frankfurter Rundschau* vom 11. Juni 1969.

18 Siehe Presseerklärung des Bundesvorstandes des SDS vom 12. Juni 1969, aus: Archivalische Sammlung Wolfgang Kraushaar, Akte Universität Frankfurt Sommersemester 1969.

19 Presseerklärung des Allgemeinen Studentenausschusses, des SDS, der ISRACA und der GUPS, Frankfurt; aus: Archivalische Sammlung Wolfgang Kraushaar, Akte Universität Frankfurt Sommersemester 1969.

20 In den Monaten darauf wurden auch weitere Vortragsveranstaltungen mit Ben-Nathan in Hamburg, Erlangen, West-Berlin, Köln und München von SDS-Mitgliedern und palästinensischen Studenten gesprengt bzw. zu stören versucht.

21 Zu ihnen zählte auch der hier bereits erwähnte Frankfurter SDS-Aktivist Detlev Claussen, der zum engsten Umfeld des Adorno-Schülers und damals führenden SDS-Theoretikers Hans-Jürgen Krahl zählte und sich später als Verfasser verschiedener Antisemitismus-Studien einen Namen gemacht hat. Vgl. seine Studie:

Grenzen der Aufklärung. Zur gesellschaftlichen Geschichte des modernen Antisemitismus, Frankfurt am Main 1987; und als Herausgeber: Vom Judenhass zum Antisemitismus. Materialien einer verleugneten Geschichte, Darmstadt 1987.

22 Vgl. Wolfgang Kraushaar, Die Bombe im Jüdischen Gemeindehaus, Hamburg 2005.

23 Wegen eines in einer Broschüre abgebildeten Fotos, in dem ein getöteter junger Palästinenser angeblich als »Esel« verhöhnt worden war, hatte Albert Fichter 1967 seinen Kibbuz-Aufenthalt abgebrochen und sich seitdem als Antizionist verstanden. So jedenfalls seine nachträgliche Darstellung in: Kraushaar, Die Bombe im Jüdischen Gemeindehaus, ebenda, S. 257.

24 Vgl. Wolfgang Kraushaar, »Wann beginnt bei Euch der Kampf gegen die heilige Kuh Israel?« München 1970: über die antisemitischen Wurzeln des deutschen Terrorismus, Reinbek 2013.

25 Vgl. Wolfgang Kraushaar, Abspaltung und Radikalisierung. Zum Verhältnis von Antizionismus und Antisemitismus in der militanten Linken der Bundesrepublik, in: Matthias Brosch/Michael Elm/Norman Geißler/Brigitta Elisa Simbürger/Oliver von Wrochem (Hg.), Exklusive Solidarität. Linker Antisemitismus in Deutschland, Berlin 2006, S. 325–346.

2. Vergangenheiten

Hitlers Kinder?

1 Erwin K. Scheuch (Hg.), Die Wiedertäufer der Wohlstandsgesellschaft. Eine kritische Untersuchung der »Neuen Linken« und ihrer Dogmen, Köln 1968.

2 Otto-Ernst Schüddekopf, Linke Leute von rechts. Die nationalrevolutionären Minderheiten und der Kommunismus in der Weimarer Republik, Stuttgart 1960.

3 Es folgten weitere ähnliche Titel wie der mit einem Vorwort des späteren Bundeskanzlers Helmut Schmidt versehene Sammelband: Kurt Sontheimer u. a., Der Überdruss an der Demokratie. Neue Linke und alte Rechte – Unterschiede und Gemeinsamkeiten, Köln 1970.

4 Giselher Schmidt, Hitlers und Maos Söhne. NPD und Neue Linke, Frankfurt am Main 1969.

5 Jillian Becker, Hitler's Children. The Story of the Baader-Meinhof Gang, New York 1977.

6 Jillian Becker, Hitlers Kinder? Der Baader-Meinhof-Terrorismus, Frankfurt am Main 1978.

7 Martin Greiffenhagen, Hitlers Kinder? – Gewiss nicht, *Der Spiegel* vom 31. Oktober 1977, S. 55.

8 Jillian Becker, Hitlers Kinder? Ebenda, S. 50.

9 Ebenda, S. 35.

10 Gespräch des Autors mit Dr. Tilman Fichter, 15. Juli 2004.

11 So etwa in Stefan Austs mehrfach wieder aufgelegten und inzwischen verfilmten Bestseller: Der Baader Meinhof Komplex, Hamburg 1985; erweiterte und aktualisierte Neuauflagen: München 1997 und Hamburg 2008.

12 Vgl. Martin W. Kloke, Israel und die deutsche Linke. Zur Geschichte eines schwierigen Verhältnisses, Frankfurt am Main 1990; 2. erweiterte und aktualisierte Auflage, Frankfurt am Main 1994.

13 In Abwandlung des satirisch gemeinten Kurt-Tucholsky-Wortes »Küsst die Faschisten, wo ihr sie trefft!« hatte der Hamburger Kommunist Heinz Neumann im Zentralorgan der KPD *Die Rote Fahne* vom 5. November 1929 zum Angriff auf die Faschisten aufgerufen.

14 Vgl. Wolfgang Kraushaar, Die Bombe im Jüdischen Gemeindehaus, Hamburg 2005.

15 Als erster hatte mit Michael »Bommi« Baumann ein ehemaliger Aktivist der terroristischen *Bewegung 2. Juni* ausführlich darüber geschrieben. »Es gab eine Bombe im jüdischen Gemeindehaus,« hatte Baumann in seinen 1975 erschienenen Erinnerungen in schnoddrigem Ton erklärt, »sinnigerweise am Jahrestag der Reichskristallnacht wurde die Bombe gefunden, war nicht losgegangen. Eigentlich sind alle dran ausgeflippt [...] Aber für die Presse war das natürlich ein gefundenes Fressen, weil es eben dummerweise auch noch die Reichskristallnacht war, dass wieder Deutsche in der jüdischen Synagoge eine Bombe deponieren, das war nicht mehr zu vermitteln.« Michael Baumann, Wie alles anfing, München 1975, S. 69.

16 Jens Jessen, Hitlers Kinder?, *Die Zeit* vom 17. Mai 2007.

17 Aly hatte sich mit den folgenden Publikationen einen Namen als ebenso unorthodoxer wie umstrittener NS-Forscher gemacht: Zusammen mit Susanne Heim: Vordenker der Vernichtung. Auschwitz und die deutschen Pläne für eine neue europäische Ordnung, Frankfurt am Main 1991; zusammen mit Susanne Heim: Das Zentrale Staatsarchiv in Moskau (»Sonderarchiv«). Rekonstruktion und Bestandsverzeichnis verschollen geglaubten Schriftguts aus der NS-Zeit, Düsseldorf 1992; »Endlösung«. Völkerverschiebung und der Mord an den europäischen Juden, Frankfurt am Main 1995; Macht, Geist, Wahn. Kontinuitäten deutschen Denkens, Frankfurt am Main 1997; Rasse und Klasse. Nachforschungen zum deutschen Wesen, Frankfurt am Main 2003; zusammen mit Christian Gerlach: Das letzte Kapitel. Der Mord an den ungarischen Juden, München 2004; Im Tunnel. Das kurze Leben der Marion Samuel 1931–1943, Frankfurt am Main 2004; Hitlers Volksstaat. Raub, Rassenkrieg und nationaler Sozialismus, Frankfurt am Main 2005; als Herausgeber: Volkes Stimme. Skepsis und Führervertrauen im Nationalsozialismus, Frankfurt am Main 2006; zusammen mit Michael Sontheimer: Fromms – Wie der jüdische Kondomfabrikant Julius F. unter die deutschen Räuber fiel, Frankfurt am Main 2007.

18 Götz Aly, Unser Kampf. 1968 – ein irritierter Blick zurück, Frankfurt am Main 2008.

19 Dies ist eine leicht überprüfbare unzutreffende Behauptung. So haben sich etwa Bernd Rabehl (in: Feindblick. Der SDS im Fadenkreuz des »Kalten Krieges«, Berlin 2000) und Gerd Koenen (in: Das rote Jahrzehnt. Unsere kleine deutsche Kulturrevolution. 1967–1977, Köln 2001) bereits lange vor Aly in ihren

Darstellungen zur 68er-Bewegung auf Dokumente des Verfassungsschutzes gestützt.

20 »Ich sage nur: Wehler lesen! Da wimmelt es nur so von Fehlern! Der Kollege Wehler macht sich in den Archiven nicht die Finger schmutzig!«, in: »Der Streit-Historiker«, *Die Zeit* vom 19. Mai 2005.

21 Dieser Schnitzer empörte einen Publizisten derartig, dass er darüber einen ganzen Artikel verfasste: Uwe Soukup, Für Überraschungen gut, *die tageszeitung* vom 18. April 2008.

22 Werner Renz, Aly hat sich nicht kundig gemacht, *Frankfurter Rundschau* vom 15. Mai 2008. Aly hatte forsch behauptet, dass just 1968 »mehr NS-Prozesse geführt« worden seien als in jedem anderen Jahr. (151) Doch auch das entsprach nicht den Tatsachen. Die meisten NS-Prozesse hatten in den Jahren 1963 bis 1966, also parallel zum großen, vom hessischen Generalstaatsanwalt Fritz Bauer in Gang gebrachten Frankfurter Auschwitz-Prozess, stattgefunden.

23 Dieses Missgeschick führte dazu, dass der S. Fischer Verlag in den Band einen Errata-Zettel einfügen ließ, in dem sich der Autor gegenüber den Herausgebern der FU-Dokumentation explizit entschuldigte.

24 Vgl. Matthias Thieme, 68, ungenau, *Frankfurter Rundschau* vom 6. Mai 2008. Der für Alys Publikation verantwortliche und von dem Journalisten auf die ungewöhnliche Fehlerfülle angesprochene Lektor Walter Pehle erklärte voller Larmoyanz, dass es bei Büchern immer wieder Fehler gebe und man schließlich nicht jedes Detail überprüfen könne.

25 So findet sich keinerlei Hinweis auf die einflussreiche Verwendung des Generationenbegriffs durch den Begründer der Zivilisationstheorie: Norbert Elias, Der bundesdeutsche Terrorismus – Ausdruck eines sozialen Generationskonflikts, in: ders., Studien über die Deutschen. Machtkämpfe und Habitusentwicklung im 19. und 20. Jahrhundert, hrsg. von Michael Schröter, Frankfurt am Main 1990, S. 300–389.

26 Als eine Art Präludium hatte Aly kurz vor Erscheinen seines Buches am 75. Jahrestag der nationalsozialistischen Machtergreifung in der Presse einen Artikel platziert, in dem er eine verschärfte Fassung seines vorletzten, programmatisch anmutenden Kapitels »Dreiunddreißiger und Achtundsechziger« präsentierte: Götz Aly, Die Väter der 68er. Vor 75 Jahren kam Hitlers Generationenprojekt an die Macht: die 33er, *Frankfurter Rundschau* vom 30. Januar 2008.

27 Peter Grottian / Wolf-Dieter Narr / Roland Roth, »Die Parallelisierung von 1933 und 1968 – Ein Binsenirrtum!« Eine Erwiderung auf Götz Alys Essay »Die Väter der 68er«, *Frankfurter Rundschau* vom 9. Februar 2008.

28 Klaus Behnken, Blöde Lämmer, schwarze Schafe, *Jungle World* vom 6. März 2008, S. 10–14; Clemens Heni, 1968=1933? Götz Alys Totalitarismusfiktion, *Blätter für deutsche und internationale Politik*, 53. Jg., Heft 4/2008, S. 47–58; Rüdiger Hentschel, Totalitäre Linke, antitotalitäre Linke, *Ästhetik & Kommunikation*, 39. Jg., Heft 140/141, S. 135–145.

29 Vgl. Wolfgang Kraushaar, Achtundsechzig – Eine Bilanz, Berlin 2008.

Das Gespenst von einem »neuen 33«

1 Helmut Schauer, Eröffnung des Kongresses, in: Bundesvorstand des Sozialistischen Deutschen Studentenbundes (Hg.), Demokratie vor dem Notstand – Protokoll des Bonner Kongresses gegen die Notstandsgesetze am 30. Mai 1965, Sonderheft der Zeitschrift *neue kritik*, Frankfurt am Main 1965, S. 5.

2 Werner Maihofer, Die Demokratie vor dem Notstand, ebenda, S. 11.

3 Diese Zeit lässt uns keine Zeit mehr. Rede von Professor Ernst Bloch, *Deutsche Volkszeitung* vom 11. November 1966, 14. Jg., Nr. 46, S. 11.

4 Ebenda.

5 *Der Spiegel* vom 10. Juni 1968, 22. Jg., Nr. 24, S. 34.

6 Hans-Jürgen Krahl, Römerbergrede, in: ders., Konstitution und Klassenkampf, Frankfurt am Main 1971, S. 151.

7 Wilhelm Hennis, Haben wir ein faules Parlament? Wünsche an den neuen Bundestag – Die Reform ist unausweichlich, *Die Zeit* vom 22. Oktober 1965, S. 7.

8 Carl Schmitt, Die geistesgeschichtliche Lage des heutigen Parlamentarismus, München / Leipzig 1923.

9 Michael Schneider, Demokratie in Gefahr? Der Konflikt um die Notstandsgesetze: Sozialdemokratie, Gewerkschaften und intellektueller Protest (1958–1968), Bonn 1986, S. 273.

10 Ulrike Marie Meinhof, Der dritte Entwurf, *konkret*, April 1967, Nr. 4, S. 2.

11 Hans-Jürgen Krahl, Zur Geschichtsphilosophie des autoritären Staates, in: ders, Konstitution und Klassenkampf, ebenda, S. 234.

Agnoli, die APO und der konstitutive Illiberalismus seiner Parlamentarismuskritik

1 Vgl. Wilfried Gottschalch, Parlamentarismus und Rätedemokratie. Mit einem Lesebuch, West-Berlin 1968. Dieser Teil der Auseinandersetzung, der sich aus der seinerzeit populären Vorstellung speiste, dass die gesellschaftliche »Basis« die Macht übernehmen müsse, wird an dieser Stelle jedoch nicht weiter verfolgt.

2 Ernst Fraenkel, Ursprung und politische Bedeutung der Parlamentsverdrossenheit, in: *Der Politologe*, 8. Jg., 1967, Heft 2, S. 17–25.

3 Carl Schmitt, Die geistesgeschichtliche Lage des heutigen Parlamentarismus, München/Leipzig 1923.

4 Johannes Agnoli / Peter Brückner, Die Transformation der Demokratie, West-Berlin 1967; hier zitiert nach der identischen Ausgabe Frankfurt am Main 1968. Da Brückner nicht Co-Autor war und mit seinem unter dem Titel »Die Transformation des demokratischen Bewußtseins« (S. 89–191) publizierten Teil in der Rezeption so gut wie keine Rolle gespielt hat, bleibt seine psychologisch verfahrende Argumentation in diesem Zusammenhang unberücksichtigt.

5 Vgl. in diesem Zusammenhang die Aufnahme einer Zusammenfassung seines Buches in einem repräsentativen Reader: Johannes Agnoli, Thesen zur Transformation der Demokratie und zur außerparlamentarischen Opposition, in: Ulrich Matz (Hg.), Grundprobleme der Demokratie, Darmstadt 1973, S. 461–471.

6 »Mit dem parlamentarischen Mechanismus ist für die Demokratie in Deutschland nichts mehr anzufangen, er ist bereits zu gründlich umfunktioniert worden. Wer heute noch etwas für die Demokratie auszurichten versucht, indem er in eine der etablierten Parteien geht, läuft in eine Falle; und für die Aussichtslosigkeit neuer Parteigründungen ist gesorgt. Die Wiederherstellung eines demokratischen Lebens muß heute bereits einen Weg am Parlament vorbei suchen und außerparlamentarische Organe finden. Überspitzt gesagt: Die Sache der Demokratie ist heute bereits wieder, kaum weniger als 1848 und 1918, eine revolutionäre Sache.« Sebastian Haffners Monatslektüre, *konkret*, Nr. 3, März 1968, S. 38.

7 »Selten wurde kritische, auf politische Emanzipation hinwirkende Theorie der Demokratie in den vergangenen Jahren in vergleichbarer Differenziertheit vorgetragen.« Dieter Senghaas, Subtiler Jargon, *Die Zeit* vom 24. Mai 1968, 23. Jg., Nr. 21, S. 11.

8 »Wenn es ein Buch gegeben hat, das man als Bibel der außerparlamentarischen Opposition (APO) bezeichnen kann, dann war es ›der Agnoli‹, das heißt das Buch mit dem Titel ›Die Transformation der Demokratie‹, das 1967 erstmals erschienen ist.« Rudolf Walther, Vom Bewunderer Mussolinis zum Wortführer der APO, *Die Zeit* vom 31. Dezember 2004. Der Verfasser selbst ging derartigen Etikettierungen gegenüber zumeist auf Distanz und bezeichnete sie einmal ironisierend als »Mysterium besonderer Art«.

9 »Die ursprüngliche Fassung traf das Richtigere, hätte vielleicht auch interessierte Fehldeutungen verhindert, aber dem schmalen Bändchen weit weniger Erfolg beschert.« Johannes Agnoli, Zwanzig Jahre danach. Kommemorativabhandlung zur »Transformation der Demokratie«, *Probleme des Klassenkampfs. Zeitschrift für politische Ökonomie und sozialistische Politik*, 16. Jg., Nr. 62, März 1986, S. 7–40; hier S. 12.

10 »[…] dieser Titel ›Transformation der Demokratie‹ stammt gar nicht von mir, denn ich rede eigentlich nicht gerne von Demokratie im Zusammenhang mit dem bürgerlichen Verfassungsstaat, sondern eben vom parlamentarischen, jedenfalls bürgerlichen Verfassungsstaat.« Verfassungskritik der Außerparlamentarischen Opposition; Teilnehmer: Johannes Agnoli und Ulrich K. Preuß; Diskussionsleitung: Werner Süß. www.infopartisan.net/archive/1968/29707.html [Abgerufen am 17. November 2006]

11 »Die Parteien trennen sich von der eigenen, aktuellen oder potentiellen gesellschaftlichen Basis und werden zu staatspolitischen Vereinigungen.« Agnoli, Transformation, S. 33.

12 Der von Agnoli vorgegebenen Richtung folgten in den 1970er Jahren zahlreiche Politikwissenschaftler und sprachen von der zunehmenden Gefahr, dass in der Bundesrepublik aus dem politischen System ein »Einparteienstaat« werden könne. Vgl. Wolf-Dieter Narr (Hg.), Auf dem Weg zum Einparteienstaat, mit Beiträgen von Johannes Agnoli, Hermann Kaste/

Joachim Raschke, Alf Mintzel, Hermann Scheer, Theo Schiller, Hans See und Jürgen Seifert, Opladen 1977.

13 Agnoli, Transformation, S. 68.

14 Johannes Agnoli, Thesen zur Transformation der Demokratie und zur außerparlamentarischen Opposition, *Neue Kritik*, 9. Jg., 1968, Nr. 47, S. 24–33.

15 »Die Bundesrepublik Deutschland ist kein faschistischer Staat, aber die Kerntendenz der Abwehr gegen Emanzipation in der Bundesrepublik, im bürgerlichen Staat, ist faschistisch. D.h. konkreter formuliert und auch historischer: Der Umschlag in den offenen Faschismus ist dem bürgerlichen Staat immanent.« Johannes Agnoli, Autoritärer Staat und Faschismus, in: Detlev Claussen / Regine Dermitzel (Hg.), Universität und Widerstand. Versuch einer politischen Universität in Frankfurt, Frankfurt am Main 1968, S. 57.

16 Bereits in der an seine Genfer Mitbürger gerichteten Widmung seines 1755 verfaßten »Discours sur L'Inégalitè« hatte Rousseau das Modell seiner Demokratievorstellung skizziert: »Ich hätte mir gewünscht, in einem Land geboren zu sein, in dem der Souverän und das Volk einerlei Interesse haben, damit alle Bewegungen der Maschinerie [gemeint ist hier der Staatsapparat, W.K.] auf die allgemeine Gültigkeit abzielen. Dieses kann nirgends anders sein, als wo der Souverän und das Volk in einer einzigen Person vereinigt sind. Folglich würde ich nur wünschen, unter einer mit Weisheit gemäßigten demokratischen Regierung geboren zu sein.« Jean-Jacques Rousseau, An die Republik zu Genf, [Widmung zu der] Abhandlung über den Ursprung und die Grundlagen der Ungleichheit unter den Menschen, in: ders., Sozialphilosophische und Politische Schriften, München 1981, S. 42.

17 »… das Identitätsverhältnis zwischen Regierten und Regierenden, das dem demokratischen Gedanken zugrundeliegt …« Agnoli, Transformation, S. 70.

18 Für Agnoli ist Pluralismus eine Fiktion und der Gegenbegriff zu dem des Antagonismus. So behauptet er, dass die »Transformation des Verfassungsstaates« die »Reduktion des Antagonismus auf den Pluralismus« widerspiegele. Agnoli, Transformation, S. 24. Während es bei der Austragung von Differenzen beim Pluralismus um Konsens, im Zweifelsfall um die Herstellung von Kompromissen geht und damit garantiert ist, dass dessen Rahmenbedingungen, der Rechtsstaat, nicht angetastet wird, so geht es beim Antagonismus um das Gegenteil einer einvernehmlichen Lösung, eine Auflösung des Widerspruchs im offenen Konflikt, letztlich um die Austragung eines Kampfes.

19 »Die Parteien trennen sich von der eigenen, aktuellen gesellschaftlichen Basis und werden zu staatspolitischen Vereinigungen.« Agnoli, Transformation, S. 33.

20 Zu den totalitären Implikationen des Rousseauschen Demokratiemodells vgl. nach wie vor die Maßstäbe setzende Studie: Jacob Leib Talmon, Die Ursprünge der totalitären Demokratie, Köln/Opladen 1961.

21 »Nur Fundamentalopposition ist daran interessiert, politische und gesellschaftliche Mißstände schonungslos aufzudecken.« Agnoli, Transformation, S. 81.

22 »Es kann aber im Verlauf bestimmter politischer Prozesse zu einem Umschlag der außerparlamentarischen Opposition in einen offenen, antiparlamentarischen Kampf kommen […] sofern Parlamente trotz demokratischer Wahlakte, aus denen sie hervorgehen, antidemokratisch funktionieren, muss der Kampf für die Demokratie in antiparlamentarischer Praxis geführt werden.« Agnoli, Thesen, S. 31.

23 Vgl. Peter Hübner, Herrschende Klasse und Elite. Eine Strukturanalyse der Gesellschaftstheorien Moscas und Paretos, West-Berlin 1967.

24 »In allen Gesellschaftsordnungen, von den primitivsten im Aufgang der Zivilisation bis zu den vorgeschrittensten und mächtigsten, gibt es zwei Klassen, eine, die herrscht, und eine, die beherrscht wird. Die erste ist immer die weniger zahlreiche, sie versieht alle politischen Funktionen, monopolisiert die Macht und genießt deren Vorteile, während die zweite, zahlreichere Klasse von der ersten befehligt und geleitet wird. Diese Leitung ist mehr oder weniger gesetzlich, mehr oder weniger willkürlich oder gewaltsame und dient dazu, den Herrschenden den Lebensunterhalt und die Mittel der Staatsführung zu liefern.« Gaetano Mosca, Die herrschende Klasse. Grundlagen der politischen Wissenschaft, Bern 1950, S. 53.

25 »Jede politische Klasse […] sucht ihre Macht durch ein abstraktes Prinzip zu rechtfertigen, durch eine Formel, die wir politische Formel nennen werden: Wenn man sagt, dass die Autorität aller Träger eines Staatsamtes vom Souverän stamme, der sie seinerseits wiederum von Gott herleite, dann gebraucht man eine politische Formel; der Glaube, alle Macht beruhe auf dem Willen des Volkes, ist eine weitere politische Formel.« Gaetano Mosca, Sulla teorica dei governi e sul governo parlamentare, Turin 1925, S. 36.

26 Vgl. Vilfredo Paretos System der allgemeinen Soziologie, hrsg. von Gottfried Eisermann, Stuttgart 1962, § 2034, S. 150.

27 Agnoli, Thesen, S. 25.

28 »Ein Regime, bei dem das ›Volk‹ seinen ›Willen‹ ausdrückt – vorausgesetzt, aber nicht eingeräumt, es habe einen –, ohne ›politische Maschine‹, Intrigen und Cliquen existiert allein als frommer Wunsch von Theoretikern.« Vilfredo Paretos System, ebenda, § 2259, S. 196.

29 Johannes Agnoli, Autoritärer Staat und Faschismus, ebenda, S. 48.

30 Darauf ist bereits 1974 im Rahmen einer Gehlen-Festschrift hingewiesen worden. Vgl. Piet Tommissen, Vilfredo Pareto und der italienische Faschismus, in: Ernst Forsthoff/ Reinhard Hörstel (Hg.), Standorte im Zeitstrom. Festschrift für Arnold Gehlen zum 70. Geburtstag am 29. Januar 1974, Frankfurt am Main 1974, S. 365–391, hier S. 366.

31 Vilfredo Pareto, Trasformazione della democrazia, Milano 1921.

32 Bereits 1929 gelangte ein Autor, der sich mit der Beziehung zwischen Pareto und Mussolini beschäftigt hat, zu dem Ergebnis: »Jedenfalls findet man in Mussolinis praktischer Politik vieles, was Pareto gedacht, gesagt und geschrieben hatte, so dass man unbedingt von einer Beeinflussung und Vertiefung sprechen kann, ja Robert Michels nennt den Einfluß sogar einen

›gewaltigen‹.« M. von Binzer, Die Führungsauslese im Faschismus, Langensalza 1929, S. 7.

33 Margherita G. Sarfatti, Mussolini. Lebensgeschichte nach autobiographischen Unterlagen, Leipzig 1927, S. 73.

34 So hatte Mussolini auf einer Großkundgebung im Teatro Constanzi am 23. März 1924 Pareto in Rom als »uno dei miei maestri, il più illustre« bezeichnet und sich im Herbst des gleichen Jahres auf einer Tagung der italienischen Volkswirtschaftslehrer noch einmal ausdrücklich auf ihn berufen. Vgl. Benito Mussolini, Opere omnia, Bd. 20, hrsg. von Edvardo und Duilio Susmel, Florenz 1956, S. 212.

35 Renzo de Felice, Mussolini il fascista, I. La conquista del potere: 1921–1925, Turin 1966, S. 306.

36 In Wirklichkeit handelte es sich beim »Marsch auf Rom«, um eine nachträgliche Inszenierung. Die Schwarzhemden rückten erst in Rom ein, nachdem Mussolini zuvor bereits ein Kabinett gebildet hatte und somit an die Spitze der Staatsmacht gelangt war. Vgl. Angelo Tasca, Glauben gehorchen kämpfen. Aufstieg des Faschismus, Wien/Frankfurt/Zürich 1969, S. 355.

37 Carl Schmitt, Die geistesgeschichtliche Lage des heutigen Parlamentarismus, Berlin 1923. In einer der detailliertesten Untersuchungen über die ideengeschichtlichen Einflüsse des Staatstheoretikers auf die Bundesrepublik heißt es, dass »Die Transformation der Demokratie« »einer der Schlüsseltexte für die ›linke‹ Carl-Schmitt-Rezeption« gewesen sei. Dirk van Laak, Gespräche in der Sicherheit des Schweigens. Carl Schmitt in der politischen Geistesgeschichte der frühen Bundesrepublik, Berlin 1993, S. 290, Fn. 259.

38 Vgl. dazu insbesondere die Aufsatzsammlung: Johannes Agnoli, Überlegungen zum bürgerlichen Staat, West-Berlin 1975, mit den Beiträgen »Der Staat des Kapitals« (S. 21–90), »Klasse und Staat in Deutschland« (S. 60–111) sowie »Revolutionäre Strategie und Parlamentarismus« (S. 112–139).

39 Das Veranstaltungsprotokoll erschien erst mit einer Verzögerung von mehr als einem Dutzend Jahren: Siegward Lönnendonker (Hg.), Linksintellektueller Aufbruch zwischen ›Kulturrevolution‹ und ›kultureller Zerstörung‹. Der Sozialistische Deutsche Studentenbund in der Nachkriegsgeschichte 1946–1969. Dokumentation eines Symposiums, Opladen/Wiesbaden 1998.

40 Vgl. das außerordentlich starke Presseecho an der Veranstaltung: Klaus Hartung, Die Rückkehr des SDS. Erstes SDS-Symposium an der Freien Universität Berlin. Zwischen Erinnerung und Selbstkritik, in: *die tageszeitung* vom 29. Juni 1985; Johannes Wendt, Zwischen Selbstprüfung und witzigen Anekdoten. Die SDS-Veteranen besinnen sich auf ihre Geschichte, in: *Frankfurter Rundschau* vom 16. Juli 1985; Jürgen Busche, Unsere Anführer haben uns nicht erklärt, warum wir diese Form der Bewegung wollten. Ehemalige SDS-Mitglieder diskutieren in Berlin über die APO von 1968, in: *Frankfurter Allgemeine Zeitung* vom 29. Juni 1985; Uwe Schlicht, Der Weg in die Gewalt. 17 Jahre danach: Das Jahr 1968 und die Außerparlamentarische Opposition. Treffen ehemaliger SDS-Mitglieder, in: *Der Tagesspiegel* vom

29. Juni 1985; Dieter Stäcker, Unter den Talaren Muff von 17 Jahren? In: *Deutsches Allgemeines Sonntagsblatt* vom 7. Juli 1985.

41 Die erweiterte Fassung erschien später unter dem Titel: Autoritärer Staat und antiautoritäre Bewegung. Zum Organisationsreferat von Rudi Dutschke und Hans-Jürgen Krahl, *1999 – Zeitschrift für Sozialgeschichte des 20. und 21. Jahrhunderts*, 2. Jg., Heft 3/1987, S. 76–104.

42 Lönnendonker (Hg.), Linksintellektueller Aufbruch, S. 295f.

43 Ebenda, S. 292. Zu Parallelen und Differenzen zwischen der Parlamentarismuskritik Carl Schmitts und Johannes Agnolis vgl. Kurt Lenk, Wie demokratisch ist der Parlamentarismus, 2. verbesserte Auflage, Stuttgart/Berlin/Köln/Mainz 1974, S. 44–62.

44 »Agnoli wird sich noch äußern müssen.« *Frankfurter Rundschau* vom 4. Juli 1985.

45 Bei einer Kommemoration kann es sich bekanntlich um eine Erinnerung, eine Gedächtnisfeier wie bei Allerseelen, aber auch um eine Fürbitte in einer Messe handeln. Vermutlich hatte der Katholik selbstironisch Letzteres im Sinn: Johannes Agnoli, Zwanzig Jahre. Kommemorativabhandlung zur »Transformation der Demokratie«, *Probleme des Klassenkampfs. Zeitschrift für politische Ökonomie und sozialistische Politik*, 16. Jg., Nr. 62, März 1986, S. 7–40.

46 »Da der Missetäter fehlte, konnte umso freizügiger über seine Person hergezogen werden.« Ebenda, S. 10.

47 Uwe Bergmann (Red.), Bedingungen und Organisation des Widerstandes. Der Kongreß in Hannover, West-Berlin 1967, S. 101.

48 Vgl. dazu einen Sammelband, in dem neben den beiden Mentoren Wolfgang Abendroth und Peter Brückner die führenden Theoretiker des SDS ihre Gegenpositionen formulieren: Die Linke antwortet Jürgen Habermas, Frankfurt am Main 1968.

49 Ebenda, S. 178.

50 Lönnendonker (Hg.), Linksintellektueller Aufbruch, S. 300.

51 »Irgendwann muss Kraushaar gehört oder gelesen haben, dass ich im hohen Alter von 17 Jahren Linksfaschist gewesen oder – wie Krippendorf freundlicherweise in der TAZ schrieb – ein ›revolutionärer Faschist‹.« Agnoli, Zwanzig Jahre, S. 15.

52 Den Anstoß dazu hatte im Übrigen der Erziehungswissenschaftler und Publizist Micha Brumlik nach einer Diskussion über die Transformation von Protestbewegungen in Parteien gegeben. Erst nach dem Berliner Symposium erhielt der Verfasser durch den Frankfurter Politikwissenschaftler Iring Fetscher, der an der Universität Tübingen Assistent von Agnolis späterem Doktorvater Eduard Spranger und knapp drei Jahrzehnte später an der Universität Frankfurt der Doktorvater des Verfassers war, einen Hinweis auf Agnolis politische Vergangenheit.

53 So hieß es über seinen politischen Werdegang noch in der 1985 verbreiteten Ausgabe des Munzinger-Archivs fälschlicherweise, dass Agnoli »aus dem italienischen Linkssozialismus hervorgegangen« sei. Da die dort gemachten Angaben – bis zur Möglichkeit, auf diesem Weg auch die Privatadresse bekannt geben zu können – in der Regel von dem jeweils Porträtierten überprüft werden, darf die Vermutung gehegt werden, dass

Agnoli an einer Verbreitung seiner faschistischen Vergangenheit nicht gelegen war.

54 Barbara Görres Agnoli, Johannes Agnoli. Eine biographische Skizze, Hamburg 2004.

55 Vgl. Karin Priester, Der italienische Faschismus. Ökonomische und ideologische Grundlagen, Köln 1972, S. 308–316.

56 In der Biographie seiner Witwe heißt es dazu: »Nach bestandener Abiturprüfung meldete Agnoli sich bei der Waffen-SS, die für ausländische Kriegsfreiwillige zuständig war. Aufgrund eines Abkommens zwischen der SS und der Wehrmacht, Freiwillige, die für das Gebirgsjäger-Regiment geeignet waren, diesem zuzuteilen, kam er zu den Gebirgsjägern.« Görres Agnoli, Agnoli, S. 30. Inzwischen ist die Verfasserin dem Eindruck entgegengetreten, dass ihr späterer Mann mit diesem Schritt auch vorübergehend Mitglied der Waffen-SS gewesen sei. In einem von ihr verfassten Leserbrief heißt es dazu: »Die Behauptung, Agnoli habe sich freiwillig zur Waffen-SS gemeldet, ist falsch. Agnoli hat sich 1943 bei der Waffen-SS zur deutschen Wehrmacht gemeldet. Der ›Umweg‹ war vorgeschrieben.« Barbara Görres Agnoli, Bei der SS zur Wehrmacht gemeldet, *Frankfurter Allgemeine Zeitung* vom 17. Januar 2007.

57 Dazu heißt es in offensichtlich entlastender Absicht, er sei lediglich Kompaniemelder gewesen und habe »auf den Feind nicht schießen dürfen«. Ebenda, S. 32.

58 Die Tatsache, dass der konstitutive Anti-Pluralist Agnoli durch den wichtigsten Theoretiker des Pluralismus in der bundesdeutschen Politikwissenschaft gefördert wurde, ist ein offenkundiges Paradox und erscheint immer noch erklärungsbedürftig zu sein.

59 Ein Bielefelder Soziologe berichtet inzwischen, was er 1958 auf einer Tagung in Vlotho mit dem dort als Referenten auftretenden Agnoli erlebt hat: »Beim abendlichen Rotwein hat er mit uns Achtzehnjährigen nicht nur Kampflieder der Roten im Spanischen Bürgerkrieg eingeübt, sondern auch sehr freimütig über die Ambivalenzen seiner Südtiroler Herkunft, seine Aktivitäten in faschistischen Organisationen und seine immer noch nicht ganz erloschenen Sympathien für Mussolinis radikalfaschistische Repubblica Sociale Italiana erzählt.« Jürgen Frese, Agnolis Botschaft, in: *Frankfurter Allgemeine Zeitung* vom 12. Dezember 2006.

60 »Agnoli war gegen das Gewaltmonopol des Staats. Gewalt sei, wenn überhaupt, dann auf beiden Seiten gerechtfertigt.« Görres Agnoli, ebenda, S. 76.

61 Dies schloss jedoch nicht aus, dass er im Sinne einer »Ausweitung des Dissenses« in West-Berlin die zu den Grünen zählende *Alternative Liste* wählte. Vgl. Zwischen Bewegung und Institution. Ein Gespräch mit Johannes Agnoli, in: Wolfgang Kraushaar (Hg.), Was sollen die Grünen im Parlament?, Frankfurt am Main 1983, S. 120–138, hier S. 138.

62 Agnoli selbst soll Autobiographien grundsätzlich verachtet und Fragen nach seinem eigenen Lebenslauf immer nur spöttisch mit der Bemerkung abgewehrt haben: »Meine Biographie beginnt mit meiner Geburt.« Vgl. Görres Agnoli, ebenda, S. 10.

63 Johannes Agnoli: »Die Europa-Wahlen sind Scheinwahlen«, *Jungle World* vom 9. Juni 1999.

64 Ebenda.

65 »Johannes Agnoli – ein besonderer Mensch, wenn es denn einen solchen gegeben hat und gibt. Gerade darum kann er geradezu allgemein als Vorbild des Abweichens um aller menschlichen Vernunft willen wach gehalten werden.« Wolf-Dieter Narr, Nachruf auf Johannes Agnoli, *Graswurzelrevolution* Nr. 281, Sommer 2003.

Vom tendenziellen Verschwinden der Antisemitismuskritik

1 Götz Aly, Unser Kampf: 1968 – ein irritierter Blick zurück, Frankfurt am Main 2008.

2 Wolfgang Kraushaar, Hitlers Kinder? Die 68er-Bewegung im Schatten der NS-Vergangenheit. Zur Analogiekonstruktion des NS-Historikers Götz Aly, in diesem Band S. 115–134.

3 Vgl. Stephan Alexander Glienke, Die Ausstellung »Ungesühnte Nazijustiz« (1959–1962). Zur Geschichte der Aufarbeitung nationalsozialistischer Justizverbrechen, Baden-Baden 2008.

4 Otto Büsch/Peter Furth, Rechtsradikalismus im Nachkriegsdeutschland – Studien über die »Sozialistische Reichspartei«, West-Berlin/Frankfurt 1957.

5 Wolfgang Fritz Haug, Zum Tode von Margherita von Brentano, *Das Argument*, 37. Jg., 1995, Heft 209, S. 174 f.

6 Institut für Sozialforschung (Hg.), Gruppenexperiment – Ein Studienbericht, Frankfurt/Main 1955.

7 Die Überwindung des Antisemitismus mit Beiträgen von Dietrich Goldschmidt, Hanno Kremer und Gerhard Schönberner, *Das Argument*, 2. Jg., Mai/Juni 1960, Heft 16. Im Anhang des Heftes sind auch die Presseverlautbarung und die Beschlüsse der Tagung »Überwindung des Antisemitismus« abgedruckt.

8 Hanno Kremer, Zur Psychologie des Antisemitismus, *Das Argument*, 2. Jg., Mai/Juni 1960, Heft 16, S. 9.

9 Ebenda, S. 10.

10 Walter Benjamin, Theorien des deutschen Faschismus, *Das Argument*, 6. Jg., Oktober 1964, S. 129–137.

11 Wolfgang Fritz Haug, Faschismus-Theorie in antifaschistischer Perspektive, in: *Das Argument*, 16. Jg., November 1974, Heft 87, S. 537–542. Vgl. auch im selben Heft: Reinhard Opitz, Über die Entstehung und Verhinderung von Faschismus, ebenda, S. 543–603; Friedrich Tomberg, Konservative Wegbereitung des Faschismus, ebenda, S. 604–633; Wolfgang Abendroth, Zur Rolle des Antikommunismus heute, ebenda, S. 634–645.

12 Richard J.B. Bosworth, The Italian dictatorship. Problems and perspectives in the interpretation of Mussolini and Fascism, London 1998.

13 Theodor W. Adorno, Zur Bekämpfung des Antisemitismus heute, *Das Argument*, 6. Jg., Mai 1964, Heft 29, S. 88–104.

14 Margherita von Brentano, Zur Analyse des faschistischen Antisemitismus, in: *Diskussion*, H. 14–17 (1964–1965), abgedruckt in: dies., Akademische Schriften, hrsg. von Peter McLaughlin, Göttingen 2010, S. 165–218.

15 Manfred Müller, Zum Auschwitz-Prozeß, in: *Diskus – Frankfurter Studentenzeitung*, 12. Jg., Nr. 10, Dezember 1963, S. 1 und 4.
16 Vgl. Wolfgang Kraushaar, Die Furcht vor einem »neuen 33«. Protest gegen die Notstandsgesetzgebung, in: Dominik Geppert / Jens Hacke (Hg.), Streit um den Staat. Intellektuelle Debatten in der Bundesrepublik 1960–1980, Göttingen 2008, S. 135–150.
17 Rudi Dutschke, Die Widersprüche des Spätkapitalismus, die antiautoritären Studenten und ihr Verhältnis zur Dritten Welt, in: Uwe Bergmann u.a., Rebellion der Studenten oder Die neue Opposition, Reinbek 1968, S. 33–93, hier S. 58.
18 Rudi Dutschke, Aufrecht gehen. Eine fragmentarische Autobiographie, hrsg. von Ulf Wolter, West-Berlin 1981, S. 33f.
19 So jedenfalls der Historiker und ehemalige Landesvorsitzende des Berliner SDS, Dr. Tilman Fichter, in seinen Erinnerungen.
20 *Pardon*, 6. Jg., Nr. 8, August 1967, S. 51.
21 Theodor W. Adorno, Brief an Günter Grass, 4. November 1968, in: Wolfgang Kraushaar (Hg.), Frankfurter Schule und Studentenbewegung. Von der Flaschenpost zum Molotow-Cocktail, 1946–1995, Bd. 2: Dokumente, Hamburg 1998, S. 473.
22 Theodor W. Adorno, Brief an Herbert Marcuse, 19. Juni 1969, in: Wolfgang Kraushaar (Hg.), Frankfurter Schule und Studentenbewegung, S. 652.
23 Ebenda, S. 652.
24 Zitiert nach: Hans-Joachim Noack, Ferienlager bei El Fatah. Der Sozialistische Deutsche Studentenbund auf Erkundungsfahrt bei den arabischen Guerillas, *Die Zeit* vom 15. August 1969, 24. Jg., Nr. 33, S. 7.
25 Hans-Jürgen Krahl, Thesen zum allgemeinen Verhältnis von wissenschaftlicher Intelligenz und proletarischem Klassenbewusstsein, in: ders., Konstitution und Klassenkampf. Zur historischen Dialektik von bürgerlicher Emanzipation und proletarischer Revolution. Schriften, Reden und Entwürfe aus den Jahren 1966–1970, Frankfurt am Main 1971, S. 343
26 Hannah Arendt, Social Science Techniques and the Study of Concentration Camps, in: Jewish Social Studies, 12/1, S. 49–64, New York 1950, dt.: Die vollendete Sinnlosigkeit, in: dies., Nach Auschwitz. Essays und Kommentare 1, West-Berlin 1989, S. 7–30.
27 *Agit 883* vom 12. September 1969, 1. Jg., Nr. 31, S. 3.
28 Flugblattsammlung APO im Stadt-Archiv Kiel.
29 Vgl. Wolfgang Kraushaar, Die Bombe im Jüdischen Gemeindehaus, Hamburg 2005.
30 Max Horkheimer, Die Juden und Europa, in: ders., Gesammelte Schriften Bd. 4: Schriften 1936–1941, hrsg. von Alfred Schmidt, Frankfurt 1988, S. 308f.

3. Kritiken

Die Ordinarienuniversität im Zeichen der Gesellschaftskritik von 1968

1 Vgl. Wolfgang Kraushaar, Symbolzertrümmerung. Der Angriff der Studentenbewegung auf die Insignien universitärer Macht, *hochschule ost – leipziger Beiträge zu hochschule & wissenschaft*, hrsg. von Peer Pasternack, 8. Jg., Nr. 3–4/1999, S. 47ff.

2 *Die Tat* vom 25. November 1967, 18. Jg., Nr. 47, S. 9.

3 Vgl. Hans-Werner Prahl, Sozialgeschichte des Hochschulwesens, München 1978, S. 10.

4 Vgl. Wilhelm Weischedel (Hg.), Idee und Wirklichkeit einer Universität. Dokumente zur Geschichte der Friedrich-Wilhelm-Universität zu Berlin, West-Berlin 1960.

5 Friedrich Adolph Wilhelm Diesterweg, Über das Verderben auf den deutschen Universitäten, Essen 1836.

6 »Das ist der erste fundamentale Widerspruch in unserer Universität von heute: dass sie de facto unter dem Druck der Verhältnisse gar nicht mehr ›universitas‹ ist, sondern eine Summe von Fachschulen – dass sie gleichwohl aber nicht Fachschule sein will, sondern Erziehungsstätte für Forscher durch Forscher.« Max Scheler, Universität und Volkshochschule, in: ders., Die Wissensformen und die Gesellschaft, hrsg. von Maria Scheler, Bern/München 1960, S. 391.

7 Vgl. Jürgen Habermas, Das chronische Leiden der Hochschulreform, in: ders., Protestbewegung und Hochschulreform, Frankfurt/Main 1969, S. 51–82.

8 Unter demselben Titel in Buchform erschienen: Georg Picht, Die deutsche Bildungskatastrophe, Olten/Freiburg 1964.

9 Carl Heinrich Becker, Gedanken zur Hochschulreform, Leipzig 1919.

10 Rolf Neuhaus (Red.), Dokumente zur Hochschulreform, 1945–1959, Wiesbaden 1961.

11 Hermann Heimpel, Probleme und Problematik der Hochschulreform, Göttingen 1956, S. 7.

12 »Womöglich ist die Hochschule in ihrer Unüberschaulichkeit und Unpersönlichkeit, in ihrer strengen und differenzierten Autoritätsstruktur, in ihrem Leistungs- und Konkurrenzdruck bei vielfach undurchschaubarer Irrationalität der Bewertungsmaßstäbe usf. irgendwie selbst ›krank‹, dann könnte die psychische Störung bei manchen Studenten … eine ganz ›gesunde‹ Reaktion darstellen.« Dietrich Goldschmidt, in: Horst-Ulfert Ziolko (Hg.), Psychische Störungen bei Studenten, Stuttgart 1969, S. 52.

13 Vgl. Eduard Spranger, Wilhelm von Humboldt und die Reform des Bildungswesens, Berlin 1910, S. 25.

14 Condorcet, Bericht und Entwurf einer Verordnung über die allgemeine Organisation des öffentlichen Unterrichtswesens, Weinheim 1966, S. 20.

15 Keith Michael Baker, Condorcet, in: François Furet / Mona Ozouf (Hg.), Kritisches Wörterbuch der Französischen Revolution, Bd. 1, Frankfurt / Main 1996, S. 391.

16 Condorcet, Entwurf einer historischen Darstellung der Fortschritte des menschlichen Geistes, hrsg. von

Wilhelm Alff, Frankfurt / Main 1963, S. 387f.

17 Wilhelm von Humboldt, Über die innere und äußere Organisation der höheren wissenschaftlichen Anstalten in Berlin, in: ders., Werke Bd. IV, Schriften zur Politik und zum Bildungswesen, hrsg. von Andreas Flitner und Klaus Giel, Darmstadt 1969, S. 257.

18 Wilhelm von Humboldt, Der Königsberger und der Litauische Schulplan, in: ders., Werke Bd. IV, a.a.O., S. 170.

19 Vgl. Clemens Menze, Die Bildungsreform Wilhelm von Humboldts, Hannover 1975.

20 »Humboldt ist eine Sphinx, welche jeden Betrachter anders ansieht, und welche jeder Betrachter anders ansieht.« Friedrich Meinecke, zit. nach: Siegfried August Kaehler, Wilhelm von Humboldt und der Staat, München/Berlin 1927, S. 577.

21 Sozialistischer Deutscher Studentenbund (SDS), Die Hochschule in der modernen Gesellschaft – Denkschrift des Sozialistischen Deutschen Studentenbundes zu einem hochschulpolitischen Programm (1953), in: Rolf Neuhaus (Red.), Dokumente zur Hochschulreform 1949–1959, Wiesbaden 1961, S. 611–621.

22 SDS-Hochschuldenkschrift, Nachdruck der zweiten Auflage von 1965, Frankfurt / Main 1972, S. 1.

23 Ebenda, S. 2f.

24 Ebenda, S. 20.

25 Ebenda, S. 23.

26 Vgl. dazu auch die aus der SDS-Hochschuldenkschrift hervorgegangene Monographie: Wolfgang Nitsch / Uta Gerhardt / Claus Offe / Ulrich K. Preuß, Hochschule in der Demokratie. Kritische Beiträge zur Erbschaft und Reform der deutschen Universität, Neuwied / West-Berlin 1965.

27 SDS-Hochschuldenkschrift, Nachdruck der zweiten Auflage von 1965, Frankfurt / Main 1972, S. 93.

28 Peter R. Hofstätter, Bewältigte Vergangenheit? *Die Zeit* vom 14. Juni 1963.

29 »Der Fall Hofstätter«. Dokumentation des Liberalen Studentenbundes, Hamburg 1963.

30 Vgl. die von Rolf Seeliger hrsg. Dokumentarreihe: Braune Universität. Deutsche Hochschullehrer gestern und heute, Bd. I–VI, München 1964–68. Außerdem: Peter Müller, Die braune Universität, in: Diskussion – Zeitschrift für Probleme der Gesellschaft und der deutsch-israelischen Beziehungen, Teil I–III, 7. u. 8. Jg., 1966/67, Nr. 19–21.

31 Nationalsozialismus. Eine Vortragsreihe der Universität Tübingen mit einem Nachwort von Hermann Diem, Tübingen 1965; vgl. außerdem: Die deutsche Universität im Dritten Reich. Eine Vortragsreihe der Universität München, München 1966.

32 Wolfgang Fritz Haug, Der hilflose Antifaschismus, Frankfurt/Main 1967.

33 »Organisieren wir den Ungehorsam gegen die Nazi-Generation«, in: Deutsches Literaturarchiv, Protest! Literatur um 1968, Marbach 1998, S. 43f.

34 Das Marburger Manifest vom 17. April 1968, *Der Tagesspiegel* vom 12. Juli 1968, S. 9.

35 Vgl. Hansgert Preisert / Gerhild Framheim, Das Hochschulsystem in der Bundesrepublik Deutschland. Funktionsweise und Leistungsfähigkeit, Stuttgart 1980, S. 116–124.

36 Vgl. Hans Ulrich Gumbrecht, Der geblendete Igel – Zurück in die Zukunft: Die Humboldt-Renaissance an amerikanischen Hochschulen, *Frankfurter Rundschau* vom 12. September 2001.

37 Vgl. Wolfgang Kraushaar, 1968 als Mythos, Chiffre und Zäsur, Hamburg 1998.

Vexierbild eines Mentors

1 Peter Schneider: Bildnis eines melancholischen Entdeckers, in: Rainer Wieland (Hg.): *Der Zorn altert, die Ironie ist unsterblich.* Über Hans Magnus Enzensberger, Frankfurt am Main 1999, S. 137–145; hier: S. 141.

2 Ulrich Enzensberger: *Die Jahre der Kommune I.* Berlin 1967–1969, Köln 2004, S. 190–196. Seiner Darstellung nach soll der Verfassungsschutzagent Urbach der eigentliche Urheber der Aktion gewesen sein.

3 Hans Magnus Enzensberger, Tumult, Berlin 2014, S. 130f.

4 Auf den als »Pressemitteilung« bezeichneten Flugblättern hieß es: »Ihr wollt heute Paul Löbe durch den Schornstein feiern. Euch wird ein großes Fest beschert, ein großes, ernstes, wo einer vom Staat begraben wird. Wir nehmen die Feste, wie sie fallen, wir nehmen uns dies Fest mit den Ehrenmännern in Uniformen, den Leuten mit den reinen Westen, den aus Film und Fernsehen bekannten Darstellern von Charakterrollen und wir machen mit, denn wir wollen auch etwas feiern! Wir wollen ein paar smarte Leichen verscharren, die langsam schon zum Himmel stinken – Da sind sie: Albertz, Büsch, Duensing, Kuntze, Dehnicke, Hoppe. Wir müssen uns beeilen. Seit dem 2. Juni stinken sie – und der Fritz sitzt und frisst und frisst sie von innen auf. Bald stehen nur noch ihre Fassaden und die fallen leicht zusammen. Unser Sarg passt dann nicht mehr – er ist zu groß für die fünf. Da passen dann Senat und Justiz zusammen rein. Den verscharrt der Fritz alleine.« Quellen zur Kommuneforschung, Archiv des Hamburger Instituts für Sozialforschung, S. 64.

5 Enzensberger, Tumult, ebenda, S. 131.

6 »VEXIERBILD, n., bild mit einem in der zeichnung verborgenen betrug, scherz.« Jacob und Wilhelm Grimm, Deutsches Wörterbuch, Leipzig 1854, Bd. 26, Spalte 38.

7 Hans Magnus Enzensberger, zitiert nach: Gilles Anquetil, François Armanet, Les débats de l'Obs. Le plaisir de dire non, *Le Nouvel Observateur* vom 20. September 2007.

8 Ganz ähnlich äußerte sich Enzensberger vor einem Jahr in einem Interview: »Ich war«, erklärte er Stephan Schlak, nicht ohne ein relativierendes »glaube ich« einzufügen, »eher eine Hintergrundsfigur, bin nie Mitglied einer Organisation, einer Gruppe oder einer Partei gewesen. Eine öffentliche Rolle habe ich höchstens als Herausgeber des *Kursbuchs* gespielt.« das wahre ausland ist die vergangenheit. Ein gespräch mit hans magnus enzensberger, *das magazin der kulturstiftung des bundes*, frühjahr 2008, S. 9.

9 *Süddeutsche Zeitung* vom 26. September 2007.

10 Hans Magnus Enzensberger: Berliner Gemeinplätze, *Kursbuch* 11, 4. Jg., Januar 1968, S. 151–169 und *Kursbuch* 13, 4. Jg., Juni 1968, S. 190–197.

11 Die tonangebenden Stichworte lauteten: »Der nicht erklärte Notstand« (Nr. 12), »Tod der Literatur« (Nr. 15), »Kulturrevolution« (Nr. 16), »Kritik des Anarchismus« (Nr. 19), »Baukasten zu einer Theorie der Medien« (Nr. 20), »Das Elend mit der Psyche« (Nr. 28/29), »Revolutions-Tourismus« (Nr. 30) und »Kritik der politischen Ökologie« (Nr. 33).

12 Hans Magnus Enzensberger: Einige Vorschläge zur Methode des Kampfes gegen die atomare Aufrüstung, *Blätter für deutsche und internationale Politik*, 3. Jg., 1958, Heft 4, S. 410–414, hier: S. 414.

13 Die in absichtlicher Parallele zu der Rede von den »68ern« benutzte Bezeichnung stammt von dem Politikwissenschaftler Jürgen Seifert (1928–2005), der in der Kampagne »Kampf dem Atomtod« selbst zu den studentischen Akteuren zählte.

14 Im November des Vorjahres hatte der aus der situationistisch inspirierten *Gruppe Spur* über die *Subversive Aktion* zum SDS gestoßene Kunzelmann eine Art Manifest der Kommune-Idee geschrieben. In seinen »Notizen zur Gründung revolutionärer Kommunen in den Metropolen« heißt es: »Unsere Praxisvorstellungen können im Moment nur als diffus bezeichnet werden. Sind die divergierenden Konzeptionen durch konzentrierte Praxis aufgehoben, bleibt nicht ausgeschlossen, dass dies eine falsche war. Soll dieser Prozess nicht in Frustration versanden – und die Kommune ist nicht der konkrete Versuch, ob Praxis möglich ist, sondern wir machen die Kommune, um Praxis jetzt zu machen: Praxis als Methode zur Erkenntnis der Wirklichkeit – ist unser Entwicklungsprozess bei Beginn des Zusammenlebens von ausschlaggebender Bedeutung, um den Experimentalcharakter gemeinsamer Praxis durchstehen zu können. Wenn wir die Aufhebung unserer bürgerlicher Individualitäten nur erhoffen durch den mit bestimmter Praxis stattfindenden Prozess des Kampfes, besser dessen Anfangsstadium zwischen revolutionären Kommunen und repressiver Gesellschaft, könnten wir erneut unser Dasein dem weltgeschichtlichen Prozess anheimdelegieren, vergessen erneut unsere Ausgangsbasis: die Leidenschaft der an sich selbst Interessierten.« Am Ende des im Gestus eines Bekenntnisses verfassten Textes greift Kunzelmann Marcuses kurz zuvor in dessen Aufsatz »Repressive Toleranz« vertretene Ansicht auf, dass es ein »Naturrecht auf Widerstand« für unterdrückte Minderheiten gebe und erweitert diese Position bis zu einer Praxis, die »bis zum Umsturz geht«.

15 In der Notiz vom 19. März 1967 heißt es: »Ulrich fährt nach Nürnberg, um rauszukriegen, ob das Problem mit seiner Mutter eines ist.« Fritz-Protokolle I, KI. Texte aus der Kommune-Vorgeschichte, 19–23, hier: 20, *Archiv des Hamburger Instituts für Sozialforschung*.

16 Hans Magnus Enzensberger: Warum ich Amerika verlasse, *Die Zeit* vom 1. März 1968, 23. Jg., Nr. 9, S. 16.

17 Hans Magnus Enzensberger: Eine

neue Phase des Kampfes, *konkret*, Mai 1968, S. 11.

18 Der entscheidende Passus in Barsigs Erklärung lautet: »Wir können die außerparlamentarische Opposition aber nicht privilegiert behandeln, denn unsere Satzung legt fest, dass der Sender Freies Berlin nicht Werkzeug einer Gruppe sein darf. Die außerparlamentarische Opposition ist eine Gruppe unter anderen, und sie muss deshalb bereit sein, einzusehen, dass ihr nicht Sonderrechte eingeräumt werden können [...] Über die Forderung der außerparlamentarischen Opposition im konkreten, nämlich pro Tag eine Stunde Sendezeit in eigener redaktioneller Verantwortung, haben wir uns nicht einigen können. Ich konnte dieser Forderung nicht zustimmen, denn sie würde die Programmverantwortung aushöhlen, und sie müsste zwangsläufig dazu führen, dass jeder anderen Gruppe ein gleiches Recht eingeräumt wird. Das wäre das Ende eines Programms, das schließlich für die Hörer und Zuschauer und nicht für einzelne Gruppen gemacht wird.« Außerparlamentarische Opposition fordert eine Stunde Sendezeit – eine Erklärung des neuen SFB-Intendanten Franz Barsig, *Fernsehinformationen*, 19. Jg., 1968, Nr. 11, S. 216.

19 Hans Magnus Enzensber: Notstand. Rede in Frankfurt, in: *Tintenfisch*, 2. Jahrbuch für Literatur, hrsg. von Michael Krüger und Klaus Wagenbach, West-Berlin 1969, S. 20. Die radikale Forderung war in ein berühmtes Zitat gepackt. Denn kein Geringerer als Heinrich Heine hatte bereits 1832 von den »französischen Zuständen« geschrieben. Unter diesem Titel erschien ein Buch mit seinen in der Augsburger »Allgemeinen Zeitung« publizierten Artikeln, das in Preußen verboten wurde. Vgl. Heinrich Heine: Französische Zustände, in: ders.: *Werke*, 3. Band, Schriften über Frankreich, hrsg. von Eberhard Galley, Frankfurt am Main 1968, S. 60–237.

20 Siehe: *Der Spiegel* vom 10. Juni 1968, 22. Jg., Nr. 24, S. 30–34.

21 Jürgen Habermas: Die Scheinrevolution und ihre Kinder – Sechs Thesen über Taktik, Ziele und Situationsanalysen der oppositionellen Jugend, *Frankfurter Rundschau* vom 5. Juni 1968.

22 Habermas hat einem Autor auf eine briefliche Anfrage hin die Bezugnahme auf Enzensberger später bestätigt. Hans Matthias Kepplinger: Rechte Leute von links. Gewaltkult und Innerlichkeit, Olten, 1970, S. 306.

23 Hans-Jürgen Krahl: Antwort auf Jürgen Habermas, in: ders., Konstitution und Klassenkampf, Frankfurt/Main 1971, S. 242–245.

24 Wolfgang Kraushaar, Der Aufschrei der Jugend, *Der Spiegel* vom 29. März 1999, S. 172–188.

25 Hans Magnus Enzensberger: Erinnerungen an einen Tumult – Zu einem Tagebuch aus dem Jahre 1968, *Text und Kritik*, hrsg. von Heinz Ludwig Arnold, Heft 49, Hans Magnus Enzensberger, Zweite, erweiterte Auflage, März 1985, S. 6–8.

26 »... ich muß gestehen, dass mir diese ewigen 68er-Jubiläen längst zum Hals heraushängen. Von der Seite der Beteiligten hat das etwas Veteranenhaftes. Mit nostalgischen Erinnerungen kann ich nicht aufwarten [...] Auf der anderen Seite versuchen manche Leute, mit der Dämonisierung des Geschehens zu punkten. Das ist ebenfalls eine müde Sache, von der ich mir keine neuen Erkenntnisse verspreche.« das wahre ausland ist die vergangenheit. Ein gespräch mit hans magnus enzensberger, *das magazin der kulturstiftung des bundes*, frühjahr 2008, S. 9.

27 »Eine allgemeine Physiognomie dieses Jahrganges zu zeichnen, halte ich für sehr problematisch. Es sind doch immer nur ganz wenige, die da als Testpersonen herbeizitiert werden. Von den andern ist nicht die Rede, und diese andern sind die Mehrheit. Überhaupt wird der Begriff der Generation überstrapaziert. Das Geburtsjahr allein sagt nicht viel über einen Lebenslauf aus. Das einzige, was eine demographische Kohorte verbindet, sind die historischen Erfahrungen, die sie gemacht haben.« Ebenda, S. 9.

28 Alfred Andersch hatte bereits 1958 in einer Mischung aus Bewunderung und Skepsis geschrieben: »Endlich, endlich ist unter uns der zornige junge Mann erschienen, der junge Mann, der seine Worte nicht auf die Waagschale legt, es sei denn auf die der poetischen Qualität [...] Eine Begabung wie diejenige Enzensbergers wird immer gefährdet sein. Was wird mit ihm geschehen, wenn der Zorn einmal nachlässt, wenn nicht mehr Empörung die leichte Hand regiert? Gleichviel, – mit diesen 18 Gedichten hat er einer Generation Sprache verliehen, die, sprachlos vor Zorn, unter uns lebt.« Alfred Andersch: 1 (in Worten: ein) zorniger junger Mann, *Frankfurter Hefte*, 13. Jg., 1958/2, S. 145.

29 Hans Magnus Enzensberger: Ihr ödet uns an! Kein Diskussionsbeitrag, *Frankfurter Allgemeine Zeitung* vom 25. Januar 2001.

30 Vgl. aus Peter Schneiders Publikationen: *Ansprachen*, West-Berlin 1970; *Lenz*, West-Berlin 1973; Schon bist du ein Verfassungsfeind, West-Berlin 1975; Atempause, Reinbek 1977; Rebellion und Wahn, Köln 2008.

31 Vgl. aus der Reihe seiner Publikationen: Wenn wir, bei Rot, West-Berlin 1969; Unsere Siemens-Welt, West-Berlin 1972; Mogadischu Fensterplatz, Reinbek 1987; Himmelfahrt eines Staatsfeindes, Reinbek 1992; Amerikahaus und der Tanz um die Frauen, Reinbek 1997.

32 Vgl. aus der Reihe seiner Publikationen: Heißer Sommer, Gütersloh 1974; Rot, Köln 2001; Der Freund und der Fremde, Köln 2005.

33 Hans Magnus Enzensberger, Zickzack. Aufsätze, Frankfurt am Main 1997; ders., ZigZag. The Politics of Culture and ViceVersa, New York 1998.

34 Hans Magnus Enzensberger, My Fifty-year Effort to Discover America. A Hapless German's Tale, in: ders.: ZigZag.

35 Hans Magnus Enzensberger, Wie ich fünfzig Jahre lang versuchte, Amerika zu entdecken, in: Wieland (Hg.), Der Zorn altert, die Ironie ist unsterblich, ebenda, S. 104 f.

36 Ebenda, S. 105.

37 Ebenda, S. 106.

38 Hans Magnus Enzensberger, Das Ende der Konsequenz, in: ders.: *Politische Brosamen*, Frankfurt am Main 1982, S. 7–30.

39 Ebenda, S. 11.

40 Ebenda, S. 19.

41 Ebenda, S. 21.

42 Vgl. Jørgen Bonde Jensen, Die Figur des Übergangs. Enzensberger und der Essay, in: Wieland (Hg.), Der

Zorn altert, die Ironie ist unsterblich, ebenda, S. 187–203.

43 Hans Magnus Enzensberger, Zickzack. Aufsätze, Frankfurt am Main 1997.

44 Hans Magnus Enzensberger, Die Helden des Rückzugs. Brouillon zu einer politischen Moral der Entmachtung, in: ders.: Zickzack, ebenda, S. 55–63.

45 Hans Magnus Enzensberger, Das Ende der Konsequenz, ebenda, S. 22–24.

46 Exemplarisch: Wolf Lepenies, Der Zorn altert, die Ironie ist unsterblich. Laudatio auf Hans Magnus Enzensberger, in: Wieland (Hg.), Der Zorn altert, die Ironie ist unsterblich, ebenda, S. 23–32.

47 Florian Illies, Der Schreibtisch von Hans Magnus Enzensberger, *Zeit-Literatur*, Nr. 12, März 2009, S. 94.

48 Alfred Andersch: 1 (in Worten: ein) zorniger junger Mann, *Frankfurter Hefte*, 13. Jg., 1958/2, S. 143–145.

49 Reinhart Koselleck: Einleitung, in: Otto Brunner / Werner Conze / Reinhart Koselleck (Hg.), Geschichtliche Grundbegriffe. Historisches Lexikon zur politisch-sozialen Sprache in Deutschland, Bd. 1, A-D, Stuttgart 1972, S. XIII–XXVII; ders., Begriffsgeschichte und Sozialgeschichte, in: ders.: Vergangene Zukunft. Zur Semantik geschichtlicher Zeiten, Frankfurt am Main 1992, S. 107–129.

50 Hans Magnus Enzensberger, verteidigung der wölfe, Frankfurt am Main 1957; ders., landessprache, Frankfurt am Main 1960; ders., blindenschrift, Frankfurt am Main 1964.

51 Vgl. Fn. 7.

52 Lepenies hatte 1998 anlässlich der Verleihung des Heinrich-Heine-Preises in seiner Laudatio auf Enzensberger erklärt: »Denn dies hat Enzensberger mit Beckenbauer gemeinsam: auch wenn er einmal ein Selbsttor schießen sollte – in die Geschichte wird er unweigerlich als genialer Rückpass eingehen. Franz der Große gibt mir das Stichwort, um mit einem Wort deutlich zu machen, was Hans Magnus für die Geistesgeschichte der Bundesrepublik bedeutet: er ist der Libero der intellektuellen Welt. Wir verfügen im geistigen Deutschland, die Namen sind bekannt, über beeindruckende Ausputzer und intelligente Flügelflitzer, kühne Flankenschläger und biedere Stopper, bedächtige Aufbauspieler und ehrgeizige Ersatzleute, und im rechten Mittelfeld herrscht schon wieder das übliche Gedränge. Aber wir haben nur einen Libero. Hans Magnus Enzensberger. *Der* Libero. Der Nationaldichter, der nach Belieben den Raum deckt oder den Gegner, der hinten dichtmacht und dabei zugleich nach vorne marschiert. Der Libero. Philosophisch gesprochen: der freie Mann.« Wolf Lepenies, Der Zorn altert, die Ironie ist unsterblich. Laudatio auf Hans Magnus Enzensberger, in: Wieland (Hg.), Der Zorn altert, die Ironie ist unsterblich, ebenda, S. 25.

4. Die Revolte ...

»Phantasie an die Macht«

1 *Die Zeit* vom 13. Dezember 1968, 23. Jg., Nr. 50, S. 16.

2 Peter Schneider, Die Phantasie im Spätkapitalismus und die Kulturrevolution, *Kursbuch* 16, März 1969, S. 1–37; hier S. 27.

3 Karel Teige, Neue proletarische Kunst, in: ders., Liquidierung der ›Kunst‹. Analysen, Manifeste, Frankfurt am Main 1968, S. 7.

4 Eduard Beaucamp, Die Rebellen-Parade. Der Mai 68 und die Künstler, *Frankfurter Allgemeine Zeitung* vom 2. Mai 1968.

5 Susan Sontag, Happenings: Die Kunst des radikalen Nebeneinanders, in: dies., Kunst und Antikunst. 24 literarische Analysen, Reinbek 1968, S. 258–268.

6 Aktionen. Happenings und Demonstrationen seit 1965. Eine Dokumentation, visualisiert und herausgegeben von Wolf Vostell, Reinbek 1970, o.S.

7 Zitiert nach: Gisela Stelly, Go-In, Love-In usw. – Verschlungen sind die Wege des Happenings, *Die Zeit* vom 3. November 1967.

8 Jürgen Becker / Wolf Vostell (Hg.), Happenings, Fluxus, Pop Art, Nouveau Réalisme, Reinbek 1965.

9 George Macunias, U.S. Surpasses all Nazi Genocide Records!, in: Jon Hendricks (Hg.), Fluxus etc. – The Gilbert and Lila Silverman Collection, Katalog des Cranbook Academy of Art Museums, Bloomfield Hills/Michigan 1981, S. 390.

10 Gustav Metzger, ›Kunststreik‹ 1977–1980, in: Gustav Metzger, Manifeste, Schriften, Konzepte, a.a.O., 44f.

11 Jonathon Green, Days in the Life. Voices from the English Underground 1961–1971, London 1988.

12 Aad de Jongh, Provo. Een Jaar Provo-Activiteiten, Rotterdam 1966.

13 Vgl. Thomas Crow, Die Kunst der sechziger Jahre. Von der Pop-Art zu Yves Klein und Joseph Beuys, Köln 1997, S. 34f.

14 Vgl. Gene Anthony, Sommer der Liebe. Haight-Ashbury in seiner großen Zeit, Linden 1982; Charles Perry, The Haight-Ashbury. A History, New York 1985; Jonathon Green, All Dressed Up. The Sixties and the Counterculture, London 1998.

15 Vgl. James Henke (Hg.), I want to take you higher. The Psychedelic Era 1965–1969, San Francisco 1997.

16 Zur Geschichte dieser Strömung vgl. Steven Watson, Die Beat Generation. Visionäre, Rebellen und Hipsters, 1944–1960, Andrä-Wördern 1997.

17 Allen Ginsberg, HOWL and Other Poems, San Francisco 1956; dt. Fassung: Allen Ginsberg, Das Geheul und andere Gedichte, Einführung von William Carlos Williams, Nachwort von Walter Höllerer, Übersetzung von Carl Weissner, Wiesbaden 1979.

18 Jack Kerouac, On The Road. A Novel, London 1958; dt. Fassung: Jack Kerouac, Unterwegs. On the Road, Hamburg 1959.

19 John Clellon Holmes, This is the Beat Generation, *Times Sunday Magazine* vom 16. November 1952.

20 Vgl. Lawrence Lipton, Die heiligen Barbaren, Düsseldorf 1960, S. 305.

21 Charles Perry, The Haight-Ashbury. A History, New York 1985, S. 6.

22 Zur Geschichte des Situationismus vor allem: Roberto Ohrt, Phantom Avantgarde – Eine Geschichte der Situationistischen Internationale und der modernen Kunst, Hamburg 1990.

23 Avantgarde ist unerwünscht!, Frank Böckelmann / Herbert Nagel (Hg.), Subversive Aktion – Der Sinn der Organisation ist Ihr Scheitern, Frankfurt am Main 1976, S. 47.

24 »Die europäische Kultur,« heißt es an entscheidender Stelle, »ist ein krankes, altes, schwangeres Weib, das sterben wird. Sollen wir den absolut aussichtslosen Versuch unternehmen, die Mutter zu retten – oder soll das Kind leben? – Die Restaurativen wollen noch die Mutter retten – und töten damit auch das Kind. Die Avantgarde hat sich entschieden: die Mutter muß sterben, damit das Kind leben kann!« Avantgarde ist unerwünscht! (Flugblatt der Situationistischen Internationale), in: Böckelmann / Nagel (Hg.), Subversive Aktion, ebenda.

25 Ebenda.

26 Vgl. Jörg Lau, Hans Magnus Enzensberger, Berlin 1999.

27 Hans Magnus Enzensberger, Die Aporien der Avantgarde, in: ders., Einzelheiten, Frankfurt am Main 1962, S. 301.

28 Botschaft an die Lämmer des Herrn zum Katholikentag, in: Böckelmann / Nagel (Hg.), Subversive Aktion, ebenda, S. 213.

29 »Was die Kommunarden nicht ahnen konnten: Der amerikanische Geheimdienst hatte die Telefone des Ateliers und der Wohnung von Uwe Johnson – in denen sich die Kommunarden breit gemacht hatten – angezapft, im festen Glauben, mit Johnsons Ehefrau Elisabeth eine tschechische Agentin ausgemacht zu haben. Das so erworbene Wissen wurde eilfertig, aber offensichtlich mit gewissen Übertreibungen, dem Berliner Staatsschutz kundgetan.« Marco Carini, Fritz Teufel. Wenn's der Wahrheitsfindung dient, Hamburg 2003, S. 38.

30 *Bild*-Zeitung vom 6. April 1967. Andere Tageszeitungen standen den ungeprüft skandalisierenden Schlagzeilen keineswegs nach. So lauteten die Schlagzeilen der *Nürnberger Nachrichten* »Humphrey sollte ermordet werden« und die des *Düsseldorfer Mittag* »Berlin: Humphrey sollte ermordet werden«. Den Vogel schoss allerdings der in West-Berlin erscheinende *Abend* mit der Titelzeile ab: »Maos Botschaft in Ost-Berlin liefert die Bomben gegen Vizepräsident Humphrey«.

31 Die deutsche Übersetzung des Interviews erscheint kurz darauf mit der abwertenden Vorbemerkung, dass Cohn-Bendit seine Rolle »seinem demagogischen Temperament« sowie »seinem Urtalent zur Provokation« zu verdanken habe, in einer Hamburger Wochenzeitung: Jean-Paul Sartre – Ein Gespräch mit Daniel Cohn-Bendit: Die Phantasie an die Macht, in: *Die Zeit* vom 31. Mai 1968, 23. Jg., Nr. 22, S. 3.

32 Wolf Vostell, Aktionen, Happenings und Demonstrationen seit 1965. Eine Dokumentation, Reinbek 1970, S. 217.

33 Walter Benjamin, Das Kunstwerk im Zeitalter seiner technischen Reproduzierbarkeit, Frankfurt am Main 1963, S. 51.

1 Vgl. Horst Kurnitzky / Hansmartin Kuhn (Hrg.), Das Ende der Utopie. Herbert Marcuse diskutiert mit Studenten und Professoren Westberlins an der Freien Universität Berlin über die Möglichkeiten und Chancen einer politischen Opposition in den Metropolen in Zusammenhang mit den Befreiungsbewegungen in den Ländern der Dritten Welt, West-Berlin 1967.

2 So stellt etwa der Erziehungswissenschaftler Klaus Ahlheim, der damals an der Universität Mainz Theologie studiert und sich als SDS-Mitglied ebenfalls an vielen Protestaktionen beteiligt hatte, in seinen Erinnerungen apodiktisch fest, dass die vom Autor vor einem Jahrzehnt erhobene Behauptung, dass es sich bei der Gewalt um »das insgeheime Magnetfeld der 68er-Bewegung« gehandelt habe, »grundfalsch« gewesen sei. Klaus Ahlheim, Kriegsgeburt. Ein autobiografisches Fragment, Hannover 2015, S. 54.

3 Doch sich bloß auf ihr Erinnerungsvermögen berufende ehemalige Aktivisten – den Autor dieser Zeilen keineswegs ausgenommen – stellen nicht ohne Weiteres zugleich Historiker in eigener und darüber hinausgehender Sache dar. Ihr Gedächtnis bildet immer nur lokal und zeitlich begrenzte Ausschnitte ab, die als individuelle Memorabilien nicht einfach als Basis für verallgemeinerungsfähige Darstellungen historischer Sachverhalte hochgerechnet werden können.

4 So etwa ein Berliner Politikwissenschaftler und einstiger 68er-Aktivist. Vgl. Hajo Funke, Das Otto-Suhr-Institut und der Schatten der Geschichte. Eine andere Geschichte; ders., Antiautoritär. 50 Jahre Studentenbewegung: die politisch-kulturellen Umbrüche. Eine Flugschrift, Hamburg 2017.

5 Wie nahe man schon in der Nacht nach dem Mordanschlag einer eigenen Anschlagspraxis gekommen war, wurde erst Jahre später durch das Bekenntnis eines der damaligen Aktivisten deutlich. Michael »Bommi« Baumann, der sich ebenfalls am Sturm auf das Springer-Hochhaus beteiligt hatte, schilderte 1975, wie er zusammen mit dem Kommunarden Fritz Teufel und einem Mann namens Peter Urbach, der 1971 als Agent Provocateur des Berliner Landesamtes für Verfassungsschutz enttarnt wurde, in einem VW mit einer Kiste Molotow-Cocktails durch die Stadt gefahren war, um noch andere geeignete Gebäude ausfindig zu machen: »Wir wollten noch rausfahren nach Schwanenwerder, wo der Springer so'ne Villa hat, die wollten wir auch noch anstecken, aber dann wusste wieder keiner genau, wo das ist. Jetzt waren Terrorprobleme sehr aktuell.« Michael »Bommi« Baumann, Wie alles anfing, München 1975, S. 42.

6 Peter Schneider, Wir haben Fehler gemacht, in: ders., Ansprachen: Reden – Notizen – Gedichte, West-Berlin 1970, S. 12–14.

7 Ulrike Meinhof, Vom Protest zum Widerstand, *konkret* vom Mai 1968, S. 5.

8 Sibylle Plogstedt (Red.), Der Kampf des vietnamesischen Volkes und die Globalstrategie des Imperialismus – Internationaler Vietnam-Kongress 17./18. Februar 1968, West-Berlin 1968, S. 139.

9 Ebenda, S. 140.

10 Ulrike Meinhof, Vom Protest zum Widerstand, ebenda.

11 Herbert Marcuse, Repressive Toleranz, in: Robert Paul Wolff / Barrington Moore / Herbert Marcuse, Kritik der reinen Toleranz, Frankfurt am Main 1965, S. 127f.

12 Absatz 4 von Artikel 20 des GG lautet: »Gegen jeden, der es unternimmt, diese Ordnung zu beseitigen, haben alle Deutschen das Recht zum Widerstand, wenn andere Abhilfe nicht möglich ist.«

13 Das Widerstandsrecht war im Mai 1968 eigentlich nur deshalb eingeführt worden, um eine Art Reserve für die durch die Notstandsgesetzgebung gleichzeitig erlaubten verfassungsrechtlichen Beschränkungen im Notstandsfall einzuräumen.

14 Vgl. Michael »Bommi« Baumann, Wie alles anfing, München 1975, S. 47.

15 Im Zusammenhang mit zwei Todesopfern, die es in München bei Protesten gegen das Dutschke-Attentat gegeben hatte, erklärte Mahler am 17. April 1968 auf einer Veranstaltung im Auditorium Maximum der Technischen Universität in West-Berlin: »Wir mussten von vornherein mit solchen Unfällen rechnen. Es hat keinen Sinn mit menschlichen Argumenten zu kommen. […] Das ist genauso wie wenn ich mich an das Steuer eines Autos setze und damit rechnen muss, dass ein Reifen platzt.« »Wir hauen auf den Putz«, *Der Spiegel* vom 13. Mai 1968, 22. Jg., Nr. 20, S. 42.

16 Der Begriff wurde von dem deutschen Nationalökonomen Moritz Julius Bonn geprägt. »All over the world a period of countercolonization began, and decolonization is rapidly proceeding.« Moritz Julius Bonn, Economics and politics, Boston 1932. Vgl. Wolfgang Reinhard, Geschichte der europäischen Expansion, Bd. 3, Stuttgart 1988, S. 187.

17 Jean-Paul Sartre, Vorwort, in: Frantz Fanon, Die Verdammten dieser Erde, Frankfurt am Main 1966.

18 Ebenda, S. 18.

19 Vgl. dazu Rudi Dutschkes gemeinsam mit T. Käsemann und R. Schöller verfasstes Vorwort zu: Régis Debray/Fidel Castro/Gisela Mandel/K.S. Karol, Der Lange Marsch. Wege der Revolution in Lateinamerika, München 1968, S. 7–24.

20 Verstärkt wurden von SDS-Mitgliedern Anstrengungen unternommen, aktuelle Analysen des Kolonialismus und Imperialismus ins Deutsche zu übersetzen: Pierre Jalée, Die Ausbeutung der Dritten Welt, Frankfurt/Main 1968; Pierre Jalée, Die Dritte Welt in der Weltwirtschaft, Frankfurt am Main 1969; Harry Magdoff, Das Zeitalter des Imperialismus, Frankfurt am Main 1969; André Gunder Frank, Kapitalismus und Unterentwicklung in Lateinamerika, Frankfurt am Main 1969.

21 Zu dessen Geschichte vgl.: Klaus Körner, Der Trikont Verlag und das »Archiv 451«, *Aus dem Antiquariat. Zeitschrift für Antiquare und Büchersammler* vom 9. April 2004, 101ff.; Christof Meueler / Franz Dobler, Die Trikont-Story. Musik, Krawall und andere schöne Künste, München 2017.

22 Ernesto ›Che‹ Guevara, Bolivianisches Tagebuch, München 1968.

23 Jürgen Horlemann/Peter Gäng, Vietnam – Analyse eines Exempels, Frankfurt/Main 1966; Peter Gäng/Reimut Reiche, Modelle der kolonialen Revolution Frankfurt/Main 1967; Jürgen Horlemann, Modelle der kolonialen Konterrevolution Frankfurt/Main 1968.

24 Eckhard Siepmann, Vietnam – Der große Katalysator, in: ders. (Red.), Che, Schah, Shit: Die sechziger Jahre zwischen Cocktail und Molotow, West-Berlin 1984, S. 125.

25 Eine solche Feststellung wird bei Dutschkes ehemaligen Kampfgefährten und Anhängern vermutlich auch weiterhin auf Ablehnung stoßen. Wer in ihm einseitig nur das Opfer eines Mordanschlags und nicht zugleich auch den Wegbereiter von Gewaltaktionen sieht, der wird Schwierigkeiten haben, die hier benannten und belegten Sachverhalte entsprechend zur Kenntnis zu nehmen. Wenn etwa ein enger Freund und Weggefährte wie der Soziologe Klaus Meschkat meint im Zusammenhang mit einer anderen Publikation des Autors davon sprechen zu müssen, dass es sich um einen Irr- und Abweg handle, Dutschke »in die unmittelbare Nähe der RAF« zu rücken, dann bedient er sich in Wirklichkeit eines nominalistischen Tricks. Denn dieser war – woran auch sein missverständlicher Ausruf »Holger, der Kampf geht weiter!« am offenen Grab des in einem Hungerstreik zu Tode gekommenen RAF-Mitglieds Holger Meins nichts ändert – nie ein Befürworter oder gar Unterstützer der linksterroristischen RAF, die er insbesondere für die unabhängige Linke für verhängnisvoll hielt. Allerdings war Dutschke zumindest von 1966 bis 1970 ganz zweifelsohne ein Befürworter des Guerillakampfes, bei dem er nicht einmal ausschließen wollte, dass ein solcher unter den spezifischen Bedingungen einer Industriegesellschaft auch in der Bundesrepublik eröffnet werden müsse. Auch ihm ging es zeitweilig um eine Form der Stadtguerilla, allerdings nicht in einer Form wie sie mit der RAF Gestalt angenommen hatte. Wer Zweifel an einer solchen Überlegung hat, sollte einmal darüber nachdenken, warum mit Horst Mahler gerade jene Zentralfigur im Gründungsakt der RAF im September 1969 nach London geflogen war, um Dutschke – wenn auch vergeblich – für den Aufbau der zu diesem Zeitpunkt noch namenlosen Untergrundgruppierung zu gewinnen. Vgl. Klaus Meschkat, Vorwort, in: Tilman P. Fichter / Siegward Lönnendonker, Geschichte des SDS. Der Sozialistische Deutsche Studentenbund 1946–1970, Bielefeld 2018, S. 9.

26 Zu weiteren Einzelheiten und Hintergründen vgl.: Wolfgang Kraushaar, Rudi Dutschke und der bewaffnete Kampf, in: Wolfgang Kraushaar / Karin Wieland / Jan Philipp Reemtsma, Rudi Dutschke, Andreas Baader und die RAF, Hamburg 2005, S. 13–50.

27 Vgl. Rudi Dutschke, Notizen, Mappe 3, Fokustheorie i. d. 3. Welt und ihre Neubestimmung in den Metropolen, Blatt 1–3, undatiert, K 21/48, Archiv des Hamburger Instituts für Sozialforschung, RUD 240, 04.

28 Rudi Dutschke/Hans-Jürgen Krahl, Organisationsreferat, *diskus – Frankfurter Studentenzeitung*, 30. Jg., Nr. 1/2, Februar 1980, S. 8.

29 Carl Schmitt, Theorie des Partisanen. Zwischenbemerkung zum Begriff des Politischen, West-Berlin 1963.

30 Meino Büning, Im Dickicht der

Städte. Die 22. Delegiertenkonferenz des SDS, in: *Bulletin des Fränkischen Kreises*, 13. Jg., Nr. 102, Oktober 1967, S. 33.

31 Das von Wolfgang Venohr gedrehte »Portrait Rudi Dutschke« ist wegen des Attentats am 19. April 1968 vorzeitig im WDR ausgestrahlt worden.

32 Gretchen Dutschke, Wir hatten ein barbarisches, schönes Leben. Rudi Dutschke. Eine Biographie, Köln 1996, S. 179f.

33 Interview mit Rudi Dutschke von Valerio Riva und Claudio Pozzoli, 1978, zit. n. Ulrich Chaussy, Die drei Leben des Rudi Dutschke, Berlin 1993, S. 214f.

34 Bahman Nirumand, Leben mit den Deutschen. Briefe an Leila, Reinbek 1989, S. 112–114.

35 Gespräch des Verfassers mit Dr. Bahman Nirumand am 3. November 2017 in Berlin.

Wie subversiv war der Sound der Sixties?

1 Vgl. Wolfgang Rumpf, Break on through to the other Side? Erkundungen zum Sound von 1968, in: Lieder / Songs als Medien des Erinnerns, hrsg. von Tobias Widmaier und Michael Fischer, Münster 2014, S. 207–226.

2 Zum Folgenden vgl. Wolfgang Kraushaar, Time Is On My Side – Die Beat-Ära, in: Willi Bucher/Klaus Pohl (Hg.), Schock und Schöpfung – Jugendästhetik im 20. Jahrhundert, Darmstadt/Neuwied 1986, S. 214–223.

3 Vgl. Jürgen Seuss / Gerold Dommermuth / Hans Maier, Beat in Liverpool, Frankfurt am Main 1965.

4 So hieß es jedenfalls auf einem Plakat, mit dem zur Eröffnung des Star-Clubs eingeladen wurde. Dieter Beckmann / Klaus Martens, Star-Club, Reinbek 1980.

5 Matthias Walden, »No Satisfaction!« Die Rolling Stones in der Berliner Waldbühne, *Der Monat*, 17. Jg., Oktober 1965, Heft 206, S. 78–88.

6 Dieter Beckmann / Klaus Martens, Star-Club, Reinbek 1980.

7 Als der New Yorker Star-Dirigent Leonard Bernstein, der wie kaum ein anderer dazu in der Lage war, die tiefen Gräben zwischen der klassischen und der Unterhaltungsmusik zu überwinden, in einem Interview nach der Rolle der Tonalität in der modernen Musik befragt wurde, gab er, sich der Provokation seiner Worte durchaus bewusst, zur Antwort: »Aber wissen Sie, welche moderne Musik in letzter Zeit den tiefsten Eindruck auf mich machte? Die Beatles-Schallplatte ›Revolver‹.« »Die Beatles beeindrucken mich«, SPIEGEL-Interview mit Leonard Bernstein, *Der Spiegel* vom 6. Februar 1967, 21. Jg., Nr. 7, S. 91.

8 Frank Böckelmann, Im Rhythmus unserer Zeit, *Anschlag*, 1. Jg., Heft 1, wiederabgedruckt in: Frank Böckelmann / Herbert Nagel (Hg.), Subversive Aktion – Der Sinn der Organisation ist ihr Scheitern, Frankfurt am Main 1976, S. 181–184, hier: S. 181.

9 J. Peters, Scheiß-Beatles. Die Beatles proben den Abstieg, *konkret* vom 16. Dezember 1968.

10 Vgl. Tariq Ali, Street Fighting Years, Köln 1998, S. 201.

11 Im Gegensatz dazu soll ihr Manager Brian Epstein die *Beatles* bei ihren US-Tourneen gewarnt haben, auf einer ihrer vielen Pressekonferenzen das Thema Vietnam überhaupt in den Mund zu nehmen. So äußerte sich jedenfalls John Lennon. Vgl. Barry Miles (Hg.), Die Beatles – wie sie sich selbst sehen, Bergisch-Gladbach 1978, S. 199.

12 Vgl. Michael Rauhut, Beat in der Grauzone. DDR-Rock 1964 bis 1972 – Politik und Alltag, Berlin 1993.

13 Zur Rolle der Folkmusik in der amerikanischen Bürgerrechts- und Studentenbewegung vgl. Klaus Staib, Rockmusik und die 68er-Bewegung. Eine historisch-musikwissenschaftliche Analyse, Hamburg 2009.

14 Zitiert nach: Arno Frank, Folk-Legende Woody Guthrie. Der Kämpfer mit der Gitarre, *Spiegel-Online* vom 13.Juli 2012.

15 Wie sehr diese alternative Nationalhymne bis in die Gegenwart hinein kulturell verankert ist, lässt sich auch daran erkennen, dass Lady Gaga ihn im Februar 2017 während der Halbzeitpause des Super Bowl zu Beginn ihrer Show aufgegriffen und intoniert hat.

16 Mitte der siebziger Jahre beendete Bob Dylan seine »Rolling Thunder Review« regelmäßig mit »This Land is Your Land« als letztem Lied des Abends, als hätte er damit Guthrie nochmals eine Referenz erweisen wollen.

17 Vgl. Harry Belafonte, My Song: Die Autobiographie, Köln 2012.

18 Vgl. Wolfgang Kraushaar, Aus der Protest-Chronik: 12. Mai 1963, New York, *Mittelweg 36*, 26. Jg., Heft 1, Februar / März 2017, S. 98–105.

19 Das diesem Cover zugrundeliegende Foto taucht später auch auf dem Einband von Rotolos Autobiographie auf: Suze Rotolo, Als sich die Zeiten zu ändern begannen. Erinnerungen an Greenwich Village in den Sechzigern, Berlin 2010.

20 Auszug aus der Eröffnungsrede von Diethart Kerbs, in: Bericht über das erste internationale Chanson- und Folklore-Festival zu Pfingsten auf Burg Waldeck im Hunsrück. Archiv der Arbeitsgemeinschaft Burg Waldeck.

21 Rolf-Ulrich Kaiser, Das Song-Buch, Ahrensburg / Paris 1967.

22 Vgl. vor allem: Timothy Leary, Politik der Ekstase, Hamburg 1970.

23 Rolf-Ulrich Kaiser, Protestfibel. Formen einer neuen Kultur, Bern / München / Wien: 1968; ders., Zapzapzappa – das buch der mothers of invention. Kinder der Geburtstagspresse, Köln 1968; ders., Fuck the Fugs – das buch der fugs. Kinder, Köln 1969; ders., B. ist doch ein Scheisser. Das beste aus der deutschen untergrundpresse, Köln 1969; ders., Das Buch der neuen Pop-Musik, Düsseldorf / Wien 1969; ders., Underground? Pop? Nein! Gegenkultur! Eine Buchcollage, Köln / West-Berlin 1969.

24 Da sich die Band nach den Verkehrsbetrieben ihrer Stadt benannt hatte, kam es zu Rechtsstreitigkeiten, in deren Folge sie gezwungen war, sich in *Chicago* umzubenennen.

25 Ein ehemaliger Aktivist des amerikanischen SDS hat die Parole später als Titel für ein Buch über die Rolle der Massenmedien im Kontext der Neuen Linken verwendet: Todd Gitlin, Whole Worls Is Watching: Mass Media in the Making and Unmaking of the New Left, Berkeley 1980.

26 Bemerkenswerter Weise griff eine 1967 in New York gegründete

Jazzrock-Formation Churchills ernüchternden Ausspruch auf und benannte sich schlicht als *Blood, Sweat & Tears*.

27 Hannes Waschk, »Burn, baby burn …«, *Politikon*, 17. Jg., Juni 1979, Nr. 63, S. 13.

28 In den USA gibt es »Easy Rider«, in Großbritannien »If« und in Frankreich Godard-Filme wie etwa »La Chinoise«, in der Bundesrepublik jedoch hat sich außerhalb des dokumentarischen Genres offenbar sonst niemand an den ebenso elektrisierenden wie polarisierenden Stoff herangewagt.

29 Zadek schreibt später in seinen Erinnerungen, der »Bremer Stil« sei eine »Mischung aus Pop, einer kühlen, ein bisschen an Brecht erinnernden Art von Schauspielführung« und »ironisch« gewesen. Peter Zadek, My Way. Eine Autobiographie. 126–1969, Köln 1998, S. 360.

30 Vgl. Elmar Kraushaar, Freddy Quinn – Ein unwahrscheinliches Leben, Zürich 2011, S. 170–173.

31 Das muss auch Quinn gemerkt haben. Als er von Zadek gebeten wurde, seinen Song noch einmal für den Film einzuspielen, hatte er abgelehnt. Um auf »Wir« nun nicht verzichten zu müssen, war der Regisseur auf die Idee gekommen, eine Cover-Version zu verwenden.

32 Michael Leigh, The Velvet Underground, New York 1963. Eine fünf Jahre später in Großbritannien erscheinende Ausgabe trägt den Titel »Bizarre Sex Undergound«.

33 Das Cover mit der in einem Siebdruckverfahren hergestellten Abbildung einer Banane wurde nur in einer limitierten Auflage produziert. Das Gimmick der ablösbaren Schale und damit der eigentliche Clou des Ganzen ist bei allen späteren Auflagen durch die bloße Reproduktion des Bildes verloren gegangen.

34 So landet es beispielsweise in der von der renommierten Zeitschrift *Rolling Stone* 2012 veröffentlichten Liste der »500 besten Alben aller Zeiten« auf Rang 13 und in der im Jahr darauf in demselben Magazin publizierten »Liste der 100 besten Debütalben« auf Rang 5.

35 Karl Bruckmaier, Velvet Underground, in: Peter Kemper (Hg.), Rock-Klassiker, Bd. 3, Stuttgart 2003, S. 1401–1414; hier: S. 1406.

5. … und einige Probleme

»Unsere Aufgabe die Herbeiführung des wirklichen Ausnahmezustands«

1 Seine ersten Eindrücke schilderte er in einer Zeitschrift: »Der Intellektuelle, der nach langen Jahren der Emigration Deutschland wiedersieht, ist zunächst von dem geistigen Klima überrascht. Draußen hat sich die Vorstellung gebildet, als hätte das barbarische Hitler-Regime Barbarei hinterlassen […] Man setzt Stumpfheit, Unbildung, zynisches Misstrauen gegen jegliches Geistige voraus […] Davon kann aber keine Rede sein. Die Beziehung zu geistigen Dingen, im allerweitesten Sinne verstanden, ist stark. Mir will sie größer erscheinen als in den Jahren vor der nationalsozialistischen Machtergreifung.« Theodor W. Adorno, Auferstehung der Kultur in Deutschland?, *Frankfurter Hefte*, 5. Jg., Mai 1950, Heft 5, S. 469–477, hier: S. 469 f.

2 »Als gestern Abend die Resolutionen eingebracht und ohne Stimmenthaltung angenommen wurden, die sich auf das im Dritten Reich geschehene Unrecht beziehen und den Willen der Studenten unserer Universität bekunden, durch die Tat etwas zur Versöhnung beizutragen, war ich, wie Sie verstehen werden, viel zu bewegt, als dass ich selbst nochmals hätte sprechen können. Aber es ist mir ein tiefes Bedürfnis, Ihnen noch ganz persönlich für die Erfahrung dieses Abends zu danken … Wenn Sie jetzt als erste studentische Gruppe in Deutschland ganz und gar aus eigenem Antrieb etwas zur Heilung der Wunde beitragen wollen, die durch den Rassenwahn entstanden ist, dann helfen Sie nicht bloß in einer wichtigen Frage des deutschen Lebens, sondern Sie ehren auch die Angehörigen unserer Universität, Juden und Nichtjuden, die gegen die blutige Dummheit aufgestanden sind. Ihre Resolutionen sind ein Symbol dafür, dass der spezifische Geist der Frankfurter Universität, der identisch ist mit dem Besten der deutschen akademischen Tradition überhaupt, ungebrochen fortdauert.« Zitiert nach: Heribert Adam, Studentenschaft und Hochschule – Möglichkeiten und Grenzen studentischer Politik, Frankfurt/Main 1965, S. 85 f.

3 Derjenige, der diese Kompetenzen hätte einbringen können, war der Rechts- und Politikwissenschaftler Franz Neumann, der 1942 mit seinem »Behemoth« eine bahnbrechende Strukturanalyse des Nationalsozialismus vorgelegt hatte. Während er als Analytiker eine führende Rolle im amerikanischen Geheimdienst OSS spielte, hatten sich seine Wege von Horkheimer und Adorno getrennt. Nach seiner Rückkehr baute er in West-Berlin das Institut für Politische Wissenschaft mit auf. Im September 1954 war er bei einem Verkehrsunfall in der Schweiz ums Leben gekommen.

4 Theodor W. Adorno, Negative Dialektik, in: ders., Gesammelte Schriften, Bd. 6, Frankfurt am Main 1973, S. 15.

5 »Die Philosophen haben die Welt nur verschieden *interpretiert*, es kömmt drauf an, sie zu *verändern*.« Karl Marx, Thesen über Feuerbach, in: Karl Marx / Friedrich Engels, Werke Bd. 3, Berlin 1969, S. 5–7, hier: S. 7.

6 Walter Benjamin, Über den Begriff der Geschichte, in: ders., Gesammelte Schriften, Bd. I.2, hrsg. von Rolf Tiedemann und Hermann Schweppenhäuser, Frankfurt am Main 1974, S. 703.

7 Walter Benjamin, Brief an Gretel Adorno, o.D. [April 1940], in: ders., Gesammelte Schriften, Bd. I.3, hrsg. von Rolf Tiedemann und Hermann Schweppenhäuser, Frankfurt am Main 1974, S. 1226.

8 Walter Benjamin, Das Kunstwerk im Zeitalter seiner technischen Reproduzierbarkeit, in: ders, Gesammelte Schriften, Bd. I.2, hrsg. von Rolf Tiedemann und Hermann Schweppenhäuser, Frankfurt am Main 1974, S. 502.

9 Ebenda, S. 503.

10 Karl Heinz Bohrer, Sechs Szenen Achtundsechzig, *Merkur*, 62. Jg,

Heft 4, Mai 2008, S. 410–424, hier: S. 416.

11 Walter Benjamin, Zur Kritik der Gewalt, in: ders., Zur Kritik der Gewalt und andere Aufsätze, Frankfurt am Main 1965, S. 29–65.

12 Walter Benjamin, Das Kunstwerk im Zeitalter seiner technischen Reproduzierbarkeit. Drei Studien zur Kunstsoziologie, Frankfurt am Main 1963.

13 Walter Benjamin, Der Autor als Produzent, in: ders., Gesammelte Schriften, Bd. II.2, hrsg von Rolf Tiedemann und Hermann Schweppenhäuser, Frankfurt am Main 1977, S. 683–701.

14 Ebenda, S. 701.

15 Helmut Salzinger, Swinging Benjamin, Frankfurt am Main 1973, S. 27.

16 Carl Schmitt, Politische Theologie. Vier Kapitel zur Lehre von der Souveränität, München / Leipzig 1922.

17 Walter Benjamin, Ursprung des deutschen Trauerspiels, in: ders., Gesammelte Schriften, Bd. I.1, hrsg. von Rolf Tiedemann und Hermann Schweppenhäuser, Frankfurt am Main 1974, S. 203–430, hier: S. 245–248.

18 Helmut Salzinger, Walter Benjamin – Theologe der Revolution, in: *Kürbiskern – Zeitschrift für Literatur und Kritik*, Heft 4/1968, S. 629–647, hier: S. 647.

19 Walter Benjamin, Über den Begriff der Geschichte, in: ders. Gesammelte Schriften, Bd. II.2, hrsg. von Rolf Tiedemann und Hermann Schweppenhäuser, Frankfurt am Main 1974, S. 693–704, hier: S. 697.

20 Die Formulierung stammt von dem Totalitarismustheoretiker Waldemar Gurian.

21 Carl Schmitt, Politische Theologie. Vier Kapitel zur Lehre von der Souveränität, Berlin 2004, S. 13.

22 Unter Berufung auf Artikel 48 Abs. 2 der Reichsverfassung wurden »zur Abwehr kommunistischer staatsgefährdender Gewaltakte« sechs Paragraphen verordnet. Der erste lautete: »Die Artikel 114, 115, 117, 118, 123, 124 und 153 der Verfassung des Deutschen Reichs werden bis auf weiteres außer Kraft gesetzt. Es sind daher Beschränkungen der persönlichen Freiheit, des Rechts der freien Meinungsäußerung, einschließlich der Pressefreiheit, des Vereins- und Versammlungsrechts, Eingriffe in das Brief-, Post-, Telegraphen- und Fernsprechgeheimnis, Anordnungen von Haussuchungen und von Beschlagnahmen sowie Beschränkungen des Eigentums auch außerhalb der sonst hierfür bestimmten gesetzlichen Grenzen zulässig.«

23 Für Fraenkel nahm die Reichstagsbrandverordnung eine entscheidende Rolle bei der Machtergreifung der Nazis ein. Sein 1940 publiziertes Buch »Der Doppelstaat«, mit dem er die NS-Diktatur als einen an politischen Zweckmäßigkeitsüberlegungen ausgerichteten Maßnahmestaat charakterisierte, die sich von einem Normenstaat unterschied, der sich an Recht und Gesetz orientiert, beginnt mit den beiden Sätzen: »Die Verfassung des Dritten Reiches ist der Belagerungszustand. Seine Verfassungsurkunde ist die Notverordnung zum Schutz von Volk und Staat vom 28. Februar 1933.« Ernst Fraenkel, Der Doppelstaat, in: ders., Gesammelte Schriften, B. 2. Nationalsozialismus und Widerstand, hrsg. von Alexander von

Brünneck, Baden-Baden 1999, S. 33–266, hier: S. 55.

24 Hans-Jürgen Krahl, Zur Geschichtsphilosophie des autoritären Staates, in: ders., Konstitution und Klassenkampf, Frankfurt am Main 1971, S. 234.

25 Schließlich gehörte Adorno selbst zu den Notstandsgegnern und hatte zusammen mit Iring Fetscher, Ludwig von Friedeburg, Jürgen Habermas und Alexander Mitscherlich noch am 20. Mai 1968 den Versuch unternommen, die IG Metall für ein Aktionsbündnis mit der APO zu gewinnen.

26 Bereits 1971 hatte sie im Namen der RAF die seinerzeit verbreiteten Zweifel mit der Feststellung aus dem Weg zu räumen versucht: »Die Rote Armee Fraktion leugnet im Unterschied zu den proletarischen Organisationen der Neuen Linken, ihre Vorgeschichte als Geschichte der Studentenbewegung nicht, die den Marxismus-Leninismus als Waffe im Klassenkampf rekonstruiert und den internationalen Kontext für den revolutionären Kampf in den Metropolen hergestellt hat.« Das Konzept Stadtguerilla, in: ID-Verlag (Hg.), Rote Armee Fraktion. Texte und Materialien zur Geschichte der RAF, Berlin 1997, S. 36.

27 Dieser Paragraph besaß Schlüsselcharakter für die gesamte Periode des nicht verkündeten, aber praktizierten Ausnahmezustandes. Vgl. Wolfgang Kraushaar, Der nichterklärte Ausnahmezustand, in: ders. (Hg.), Die RAF und der linke Terrorismus, Bd. II, Hamburg 2006, S. 1011–1025.

28 »Der angeblich überverfassungsgesetzliche Staatsnotstand als Schein der Rechtfertigung ist nur ein Tarnwort für Verfassungsbruch.« Adolf Arndt, Der Rechtsstaat und sein polizeilicher Verfassungsschutz, in: *Neue Juristische Wochenschrift* vom 18. Mai 1961, 14. Jg., Heft 20, S. 897–944, hier: S. 900.

29 Vgl. Heribert Ostendorf, § 34 StGB – der neue Notstandsartikel des Grundgesetzes, in: *Recht und Politik*, 14. Jg., 1978, S. 137–140.

30 Ernst Wolfgang Böckenförde, Der verdrängte Ausnahmezustand. Zum Handeln der Staatsgewalt in außergewöhnlichen Lagen, in: *Neue Juristische Wochenschrift*, 31. Jg., Heft 38, September 1978, S. 1881–1889, hier: S. 1883.

31 Presse- und Informationsamt der Bundesregierung (Hg.), Dokumentation zu den Ereignissen und Entscheidungen im Zusammenhang mit der Entführung von Hanns-Martin Schleyer und der Lufthansa-Maschine »Landshut«, Bonn 1977, S. 28.

32 Verhandlungen des Deutschen Bundestags, Stenographische Berichte, 8. Wahlperiode, Bd. 102, Bonn 1977, S. 7770.

33 »Leistung liegt im Deutschen drin« – Interview mit Bundeskanzler Helmut Schmidt, in: *Der Spiegel* vom 15. Januar 1979, 33. Jg., Nr. 3, S. 42.

34 texte der raf, Malmö 1977, S. 177–207.

35 erklärung zur sache (13./14. Januar 1976), Archiv des Hamburger Instituts für Sozialforschung.

36 Irving Wohlfarth, Entsetzen. Walter Benjamin und die RAF, in: Wolfgang Kraushaar, Die RAF und der linke Terrorismus, Bd. 1, Hamburg 2006, S. 280–314, hier: S. 288.

37 Diese Kritik wurde in Bezug auf die Adaption der These vom »Ausnahmezustand als Regel« erstmals von einem Übersetzer vorgebracht: Rainer Rochlitz, Le désenchantement de l'art. La philosophie de Walter Benjamin, Paris 1992, S. 271.

38 Max Horkheimer, Die Juden und Europa, in: ders., Gesammelte Schriften Bd. 4: Schriften 1936–1941, hrsg. von Alfred Schmidt, Frankfurt 1988, S. 308f.

39 Hans Magnus Enzensberger, Bewusstseins-Industrie, in: ders., Einzelheiten, Frankfurt am Main 1962, S. 7–15.

40 Vgl. Wolfgang Kraushaar, Auschwitz ante. Walter Benjamins Vernunftkritik als eine Subtheorie der Erfahrung, in: Dan Diner (Hg.), Zivilisationsbruch – Denken nach Auschwitz, Frankfurt/Main 1988, S. 201–241.

41 Das Unternehmen ist auf vier Teile projektiert: I. Homo sacer. Die souveräne Macht und das nackte Leben, Frankfurt am Main 2002; II/1. Ausnahmezustand, Frankfurt am Main 2004; II/2. Herrschaft und Herrlichkeit. Zur theologischen Genealogie von Ökonomie und Regierung, Berlin 2010; II/3. Das Sakrament der Sprache. Eine Archäologie des Eides, Berlin 2010; III: Was von Auschwitz bleibt. Das Archiv und der Zeuge, Frankfurt am Main 2003. Ein geplanter IV. Band mit dem Titel »Lebensform und Gebrauch« ist bislang nur in italienischer Sprache erschienen: Altissima povertà. Regole monastiche e forma di vita, Vicenza 2011.

42 Giorgio Agamben, Ausnahmezustand, Frankfurt am Main 2004, S. 33.

43 Ebenda, S. 102.

44 »Patriot« steht für »Provide Appropriate Tools Required to Intercept and Obstruct Terrorism«, also für die Schaffung geeigneter Mittel zur Bekämpfung des Terrorismus.

Cohn-Bendit, die 68er und die Grünen

1 Zitiert nach: Bischof Mixa gibt sexueller Revolution die Mitschuld, *Die Welt* vom 16. Februar 2010.

2 »Rückblickend fragen wir, wie es dazu kommen konnte, dass Dr. Walter Mixa trotz der Warnungen vieler Verantwortungsträger Bischof von Augsburg und zuvor schon Bischof von Eichstätt geworden ist. Wir fragen auch, welche systemimmanenten Faktoren dazu beigetragen haben, dass er sein Amt in einer Weise wahrnehmen konnte, die nun viele Wunden und eine tiefe Spaltung im Bistum hinterlässt. [...] Personalentscheidungen aus der Amtszeit von Bischof Dr. Mixa müssen hinterfragt und gegebenenfalls korrigiert werden.« Pfingsterklärung.de.

3 Zur Einordnung der Kontroverse vgl. das Votum einer Psychoanalytikerin: Sophinette Becker, Pädophilie zwischen Dämonisierung und Verharmlosung, *Werkblatt – Zeitschrift für Psychoanalyse und Gesellschaftskritik*, Heft 1/1997, S. 5–21.

4 Kommune 2, Versuch der Revolutionierung des bürgerlichen Individuums. Kollektives Leben mit politischer Arbeit verbinden!, West-Berlin 1969.

5 Kommune 2 (Christel Bookhagen, Eike Hemmer, Jan Raspe, Eberhard Schulz), Kindererziehung in der

Kommune, in: *Kursbuch*, 5. Jg., Nr. 17, Juni 1969, S. 149.

6 Berliner Kinderläden. Antiautoritäre Erziehung und sozialistischer Kampf, hrsg. von Katia Sadoun, Valeria Schmidt, Eberhard Schultz, Köln 1970, S. 9 und S. 103.

7 Wilhelm Reich, Der Einbruch der Sexualmoral, Kopenhagen 1935, S. 6.

8 Anna Freud in Zusammenarbeit mit Sophie Dann, Gemeinschaftsleben im frühen Kindesalter (1951), in: Die Schriften der Anna Freud, Bd. IV, 1945–1956, Indikationsstellung in der Kinderanalyse und andere Schriften, München 1980, S. 1161–1228.

9 Ebenda, S. 1171.

10 Anleitungen für eine revolutionäre Erziehung Nr. 5: Kinder im Kollektiv, September 1969, S. 33–75, hier S. 53.

11 Ebenda, S. 89.

12 Helmut Schelsky, Soziologie der Sexualität. Über die Beziehungen zwischen Geschlecht, Moral und Gesellschaft, Hamburg 1955, S. 11.

13 Wilhelm Reich, Massenpsychologie des Faschismus, Kopenhagen 1933 (Raubdruck 1965).

14 Wilhelm Reich, Die sexuelle Revolution, Frankfurt am Main 1966.

15 Sex in Deutschland. Die gefallene Natur, in: *Der Spiegel* vom 2. Mai 1966, 20. Jg., Nr. 19, S. 50–69.

16 Götz von Olenhusen/Christa Gnirß (Hg.), Handbuch der Raubdrucke 2. Theorie und Klassenkampf, sozialisierte Drucke und proletarische Reprints. Eine Bibliographie, Pullach bei München 1973, S. 17f.

17 Wilhelm Reich, Die Funktion des Orgasmus. Zur Psychopathologie und Soziologie des Geschlechtslebens, Leipzig 1927.

18 Wilhelm Reich, Die Entdeckung des Orgons, Bd. 1: Die Funktion des Orgasmus. Sexualökonomische Grundprobleme der biologischen Energie, Köln 1969, S. 31f.

19 Wilhelm Reich, Charakteranalyse, Frankfurt am Main 1970, S. 447.

20 Ebenda, S. 345f.

21 Helmut Dahmer, Libido und Gesellschaft. Studien über Freud und die Freudsche Linke, Frankfurt am Main 1973, S. 416.

22 Daniel Cohn-Bendit, Der große Basar, Gespräche mit Michel Lévy, Jean-Marc Salmon und Maren Sell, München 1975, S. 143.

23 Zitiert nach: Christian Füller, Der Tabubrecher. Cohn-Bendit und Kindesmissbrauch, *die tageszeitung* vom 19. April 2013.

24 Diese exkulpierende Erklärung nahmen ihm nicht alle ab. So erklärte etwa ein Mitbegründer der Grünen in einem Interview später: »Ich glaube Cohn-Bendit kein Wort, wenn er seine Äußerungen zum Sex mit Kindern heute als Provokation, als reine Theorie hinstellt.« »Die hätte man viel früher rausschmeißen müssen« – Grünen-Mitbegründer Eckhard Stratmann über den Einfluss pädophiler Gruppen in den 80er Jahren, *Die Welt* vom 24. Juli 2013.

25 Zu den historischen Hintergründen und Einzelheiten vgl. Franz Walter / Stephan Klecha / Alexander Hensel (Hg.), Die Grünen und die Pädosexualität: eine bundesdeutsche Geschichte, Göttingen 2015.

26 Vgl. dessen Autobiographie: Peter Schult, Besuche in Sackgassen – Aufzeichnungen eines homosexuellen Anarchisten. Autobiographie, München 1978. Außerdem: Florian Mildenberger, Beispiel Peter Schult. Pädophilie im öffentlichen Diskurs, Hamburg 2006.

27 [Ohne Autor], Die Linke und die Männersexualität. Am Fall Peter Schult, *Pflasterstrand* vom 16. Februar 1977, 3. Jg., Nr. 4, S. 18–20.

28 [Ohne Autor], vom teach-in über die linke und die männersexualität, *Pflasterstrand* vom 2. Februar 1977, 3. Jg., Nr. 3, S. 22.

29 Peter Schult, Für eine sexuelle Revolution – Wider die linken Spießer, *Autonomie. Materialien gegen die Fabrikgesellschaft*, 3. Jg., Nr. 5, S. 86–96.

30 Alice Schwarzer, Emanzipiert Pädophilie?, *Emma*, 1. April 1980, 4. Jg., Nr. 4, S. 5.

31 Günter Amendt, Sexfront, Frankfurt am Main 1970. In nur drei Jahren hatte der März Verlag 150 000 Exemplare des Titels verkauft. Im Platten- und Buchversand Zweitausendeins kam noch einmal die gleiche Anzahl hinzu und in der vom Rowohlt Verlag vertriebenen Taschenbuchausgabe weitere 100 000 Exemplare. Obwohl der Bestseller immer wieder scharfe Kritik von konservativer Seite hervorgerufen hatte, darunter den Vorwurf, dass eines der in dem Band abgedruckten Fotos »kinderpornografisch« sei, lehnte die Bundesprüfstelle für jugendgefährdende Schriften eine mehrfach beantragte Indizierung immer wieder zurück.

32 Wie frei macht Pädophilie? Alice Schwarzer im Gespräch mit Günter Amendt, *Emma*, 1. April 1980, 4. Jg., Nr. 4, S. 26–31.

33 Die von der Indianerkommune vertretenen Forderungen wurden in einer Zeitung der Schwulenbewegung publiziert: *Rosa Flieder*, Juli 1981, Nr. 21/22, S. 19.

34 Auf einer Landesdelegiertenkonferenz der nordrhein-westfälischen Grünen in Lüdenscheid. Zum Kontext dieses Vorstoßes vgl.: Franz Walter, Grüne Pädophiliedebatte im Schatten des Liberalismus, in: ders., Rebellen, Propheten und Tabubrecher. Politische Aufbrüche und Ernüchterungen im 20. und 21. Jahrhundert, Göttingen 2017, S. 159–170.

35 Vgl. Torso von SchwuP, *Der Spiegel* vom 25. März 1985, 39. Jg., Nr. 13, S. 47–50.

36 Zitiert nach: Sabine Stamer, Cohn-Bendit. Die Biographie, Hamburg / Wien 2001, S. 135. Eine später von der *Frankfurter Allgemeinen Sonntagszeitung* unter dem Titel »Mutter korrigiert ihre Entlastung Cohn-Bendits« verbreitete Relativierung wird am 23. April 2013 von der betreffenden Dorothea Vogel in einem Leserbrief an die *Frankfurter Allgemeinen Zeitung* mit der Erläuterung korrigiert: »Ich fühle mich davon diffamiert, als ›Pseudoentlasterin‹ dargestellt zu werden. Ich konnte mir sehr wohl ein Bild über Dany als Bezugperson und seinen Umgang mit Kindern machen, da er in der Krabbelstube der Freien Schule als Bezugsperson arbeitete, in der mein Sohn war. Darauf hat sich der Brief, den ich mit anderen Eltern im Jahre 2001 verfasst hatte, bezogen. Dass der Brief auch von Eltern mitverfasst und mitunterzeichnet war, die ihre Kinder in der fraglichen Zeit in der Uni-Kita hatten, auf die sich der Text Dany Cohn-Bendits bezieht, nämlich in den 70er Jahren, geht aus dem Brief eindeutig hervor. Dieser Teil des Briefes ist offenbar absichtsvoll weggelassen worden, weil sonst die headline der Vorabmeldung ›Mutter korrigiert ihre Entlastung Cohn-Bendits‹ nicht möglich gewesen wäre. Alle hatten die Erfahrung und Überzeugung, dass Dany niemals die Grenzen unserer Kinder überschritten hat. Deshalb haben wir den Brief verfasst. Und darum geht es doch wohl und nicht darum, wie gründlich einzelne Eltern das Buch ›Der Großen Basar‹ gelesen haben. Nach wie vor sind diese Eltern mit mir der festen Überzeugung, dass Dany Cohn-Bendit immer einen reflektierten und verantwortungsbewussten Umgang mit den Kindern hatte, die ihm anvertraut waren.«

37 Zitiert nach: Voßkuhle sagt Festrede für Cohn-Bendit ab, *Süddeutsche Zeitung* vom 14. März 2013.

38 Ebenda.

39 Vgl. Christian Füller, Dany im Kinderladen, *Frankfurter Allgemeine Zeitung* vom 28. Mai 2013.

40 Wie nachhaltig das Echo des um die Verleihung des Theodor-Heuss-Preises entbrandeten Meinungsstreits war, lässt sich auch daran erkennen, dass noch Monate danach die Erklärung eines der Väter eines der im Kinderladen der Frankfurter Universität betreuten Mädchens in einer überregionalen Tageszeitung veröffentlicht wurde. Dort hieß es: »Als der Missbrauchsverdacht gegen Cohn-Bendit aufkam, habe ich etliche Gespräche über die damalige Zeit mit unserer ehemaligen Kindergärtnerin und den Gründungseltern geführt mit dem Ergebnis, dass an den Pädophilie-Vorwürfen gegen ihn nicht das Geringste dran ist.« Dr. Rolf Seubert, Pädophilie war in Frankfurt kein Thema, *Frankfurter Allgemeine Zeitung* vom 4. Oktober 2013.

41 Zitiert nach: Theodor-Heuss-Preis: Schmährufe für Cohn-Bendit, *Augsburger Allgemeine* vom 21. April 2013.

6. Das Echo

1968 und die Massenmedien

1 Vgl. Todd Gitlin, The Whole World is Watching – Mass Media in the Making and Unmaking of the New Left, Berkeley etc. 1980.

2 Robert Giles / Robert W. Snyder (Hg.), 1968: year of media decision, New Brunswick 1999.

3 Vgl. das Sonderheft der *Kölner Zeitschrift für Soziologie und Sozialpsychologie*: Friedhelm Neidhardt (Hg.), Öffentlichkeit, öffentliche Meinung, soziale Bewegungen, Opladen 1994, in dem unter öffentlichkeitstheoretischen Gesichtspunkten auch die Rolle von Massenmedien bei der Mobilisierung sozialer Bewegungen untersucht worden sind.

4 Eine erste Bestandsaufnahme liefert: Bernd Sösemann, Die 68er-Bewegung und die Massenmedien, in: Jürgen Wilke (Hg.), Mediengeschichte der Bundesrepublik Deutschland, Köln etc. 1999, S. 672–697. Außerdem spielte das Thema auf einer Tagung des Westfälischen Instituts für Regionalgeschichte Münster im Februar 2000 zum Thema »›Naturtrüb‹: Die 60er Jahre zwischen Planung und Protest«

eine Rolle. Dort referierte Christina von Hodenberg über die Rolle einer »außerparlamentarischen Öffentlichkeit« im Kontext eines tief gestörten Verhältnisses zwischen Massenmedien und politischem System.

5 Fachbereiche Dokumentation und Archive des Hessischen Rundfunks, des Süddeutschen Rundfunks und des Südwestfunks (Hg.), Studentenbewegung – Außerparlamentarische Opposition (APO) 1966–1970. Bild- und Tonträgerverzeichnisse der ARD-Archive; Presseauswertung. Bd. 1: Hörfunkbeiträge / bearb. v. Georg Polster; Bd. 2: Fernsehbeiträge / bearb. v. Dieter Bottenberg; Bd. 3: Presseauswertung / bearb. v. Ulrich Booms; Bd. 4: Chronologie / bearb. v. Ulrich Booms. Frankfurt/Main etc. 1987. So verdienstvoll die Dokumentation auch ist – sie vernachlässigt die Printmedien zu sehr gegenüber Hörfunk und Fernsehen. Die Beiträge in Zeitungen, Zeitschriften, Magazinen und Illustrierten sind nur in wenigen Fällen faksimiliert, jedoch nicht systematisch registriert. Außerdem weist die Chronologie zahlreiche Lücken und Fehler auf.

6 »Viele Presseorgane und erhebliche Teile der Öffentlichkeit insgesamt hielten sich in den fünfziger Jahren an die staatlichen Feinderklärungen und ließen sich von ihren Vorgaben in der Berichterstattung beeinflussen. Beispiele für eine tendenziöse Darstellung, die Verzerrung, demagogische Ausrichtung, ja offenkundige Verdrehung von Tatsachen bis zu Lüge und Denunziation lassen sich sowohl in ost- wie in westdeutschen Blättern nachweisen. Die Medien, die auf der einen Seite propagandistisches Instrument eines diktatorischen Regimes waren, blieben auch dort, wo sie euphemistisch als Teil einer vierten Gewalt gerühmt wurden, nicht von manipulativen Eingriffen frei. Mit dem entsprechenden zeitlichen Abstand erschienen nicht wenige Nachrichten aus der Tagespresse der fünfziger Jahre wie durch einen Zerrspiegel des Kalten Krieges entstellt.« Wolfgang Kraushaar, Die Protest-Chronik 1949–1959, Eine illustrierte Geschichte von Bewegung, Widerstand und Utopie, Bd. 1: 1949–1952, Hamburg 1996, Einleitung, S. 15f.

7 So schrieb Max Horkheimer 1942 über den autoritären Staat, »[…] dass die Isolierung der Individuen voneinander mit allen Verkehrsmitteln, mit Zeitung, Kino, Radio, systematisch betrieben werden muß, gehört zum Katechismus der autoritären Regierungskunst.« Max Horkheimer, Autoritärer Staat, in: ders., Gesellschaft im Übergang – Aufsätze, Reden und Vorträge 1942–1970, hrsg. von Werner Brede, S. 20.

8 Max Horkheimer / Theodor W. Adorno, Kulturindustrie – Aufklärung als Massenbetrug, in: dies., Dialektik der Aufklärung – Philosophische Fragmente, Frankfurt/Main 1981, S. 141–191; zum Begriff der Manipulation insbesondere: S. 142.

9 Als Enzensberger im November 1964 seine Poetik-Dozentur an der Frankfurter Universität antrat, hielt Adorno die Einführung in die erste Vorlesung zum Thema »Spielen Schriftsteller eine Rolle?« Vgl. Wolfgang Kraushaar (Hg.), Frankfurter Schule und Studentenbewegung – Von der Flaschenpost zum Molotow-Cocktail 1946–1995, Bd. 1: Chronik, Hamburg 1998, S. 214.

10 Hans Magnus Enzensberger, Bewusstseins-Industrie, in: ders., Einzelheiten, Frankfurt / Main 1962, S. 7–15.

11 Hans Magnus Enzensberger, Journalismus als Eiertanz – Beschreibung einer Allgemeinen Zeitung für Deutschland, in: ders., S. 16–61.

12 Hans Magnus Enzensberger, Die Sprache des »Spiegel«, in: ders., S. 62–87.

13 Hans Magnus Enzensberger, Scherbenwelt – Die Anatomie einer Wochenschau, in: ders., S. 88–109.

14 Hans Magnus Enzensberger, Bildung als Konsumgut – Analyse der Taschenbuch-Produktion, in: ders., S. 110–136.

15 Hans Magnus Enzensberger, Das Plebiszit der Verbraucher – Rezension eines Katalogs, in: ders., S. 137–146.

16 Vgl. dazu auch: Jörg Lau, Hans Magnus Enzensberger – Ein öffentliches Leben, Berlin 1999, S. 69–97.

17 Wie wichtig die Habermas-Studie seinerzeit war, beleuchtet Oskar Negt ein Jahrzehnt später in einem Kommentar: »Für alle Versuche der Protestbewegung, die antiautoritären, wesentlich noch auf individuelle Emanzipation abgestellten Inhalte der kritischen Theorie in kollektiven Formen der Gegenöffentlichkeit auf ihre politischen Konsequenzen zu bringen, war das 1962 erschienene Buch von Jürgen Habermas ›Strukturwandel der Öffentlichkeit‹; es markiert theoretisch wie praktisch einen Wendepunkt der Linken in der Auseinandersetzung mit den Massenmedien: indem es die mit Kulturkritik aufs engste verflochtenen medientheoretischen Ansätze der Frankfurter Schule in den kategorialen Zusammenhang einer empirischen Gesellschaftsanalyse einbezog, wurde es zum praktisch politischen Impuls für die später von den Protestbewegungen formulierte Strategie der Herstellung von Öffentlichkeit.« Oskar Negt, Massenmedien: Herrschaftsmittel oder Instrument der Befreiung? In: Dieter Prokop (Hg.), Kritische Kommunikationsforschung – Aufsätze aus der Zeitschrift für Sozialforschung, München 1973, S. VIII.

18 Vgl. zum Ablauf der Affäre die Chronologie in: Alfred Grosser / Jürgen Seifert, Die Spiegel-Affäre I – Die Staatsmacht und ihre Kontrolle, Olten 1966, S. 235–299; vgl. zur Analyse: Jürgen Seifert, Die Spiegel-Affäre als Staatskrise, in: Grosser / Seifert, S. 37–231; David Schoenbaum, Ein Abgrund von Landesverrat – Die Affäre um den »Spiegel«, Wien etc. 1968; vgl. zur öffentlichen Auseinandersetzung: Thomas Ellwein / Manfred Liebel / Inge Negt, Die Spiegel-Affäre II – Die Reaktion der Öffentlichkeit, Olten 1966; vgl. außerdem die Nachbetrachtung: Joachim Schoeps (Hg.), Die Spiegel-Affäre des Franz Josef Strauß, Reinbek 1983. Auffällig ist, dass mit Jürgen Seifert und Manfred Liebel ehemalige SDS-Bundesvorstandsmitglieder an der historischen Aufarbeitung der Affäre beteiligt waren.

19 Nicht unwichtig für diesen Zusammenhang dürfte auch die begründete Annahme gewesen sein, dass damals nahezu jeder zweite Student »Spiegel«-Leser gewesen sein soll. Jedenfalls geht Rudolf Augstein in einem 1964 geführten Interview davon aus, dass unter den Studenten 40 % »regelmäßige Leser« seien. Roland H. Wiegenstein / Fritz J. Raddatz (Hg.), Interview mit der Presse – 12 internationale Zeitungen stellen sich vor, Reinbek 1964, S. 47.

20 Vgl. die auch heute noch maßgebliche Studie: Hans Dieter Müller, Der Springer-Konzern – Eine kritische Studie, München 1968; darin findet sich auf S. 332–372 auch eine von Jürgen Lütge zusammengestellte Dokumentation mit Textbeispielen aus der »Bild«-Zeitung. Vgl. außerdem die politisch symptomatische Aufsatzsammlung: Bernd Jansen / Arno Klönne (Hg.), Imperium Springer – Macht & Manipulation, Köln 1968.

21 Vgl. vor allem die Broschüre: Republikanischer Club e.V. (Hg.), Springer enteignen? Materialien zur Diskussion – Presse-Arbeitskreis des Republikanischen Clubs e.V. Westberlin, West-Berlin 1967.

22 Ulrike Meinhof, Enteignet Springer! *konkret*, 13. Jg., Nr. 9, September 1967, S. 2. Bemerkenswert an der Kolumne war, dass sich Meinhofs Kritik vor allem gegen den *Spiegel*-Herausgeber Rudolf Augstein richtete, dem sie vorwarf, dass er einen »platonischen Demokratiebegriff« habe, der besser zum Hause Springer passe.

23 Die wesentlichen Passagen in dem sechs Punkte umfassenden Aktionsprogramm lauten:

»1. Der SDS wird gemeinsam mit allen Kräften der anti-autoritären und antikapitalistischen Opposition eine lang andauernde Kampagne zur Entlarvung und Zerschlagung des Springer-Konzerns führen. 2. Diese Kampagne wird das Grundrecht auf Freiheit der Information und Meinungsäußerung demonstrativ über das private Interesse des Springer-Konzerns stellen. Sie wird den realdemokratischen Widerstand gegen das Manipulationswesen organisieren. 3. Im Rahmen der Kampagne wird der SDS in den Zentren des Springer-Konzerns in West-Berlin und der BRD eine koordinierte Aktion zur Durchbrechung der Manipulation und zur demonstrativen Verhinderung der Auslieferung unternehmen. [...] 5. Der SDS wirkt auf die Bildung einer praktisch-kritischen Öffentlichkeit hin. Er fordert deshalb: a) Offenlegung aller Besitzverhältnisse und Verflechtungen wirtschaftlicher und politischer Art im gesamten Pressewesen. b) Wissenschaftliche Analyse und allgemeine Aufklärung über die systematische Vernichtung gesellschaftlichen Reichtums durch Konsumterror, geplanten Verschleiß und Aufbau unproduktiver funktionaler Anpassungsindustrien. c) Untersuchung der arbeitsrechtlichen, wirtschaftlichen und politischen Lage der Journalisten im Hinblick auf ihre geistige und publizistische Unabhängigkeit.« Sozialistischer Deutscher Studentenbund, »Resolution zum Kampf gegen Manipulation und für die Demokratisierung der Öffentlichkeit« der 22. ordentlichen Delegiertenkonferenz des SDS, *Neue Kritik*, 8. Jg., 1967, Nr. 44, S. 33.

24 Springer erklärte: »Ich stelle fest: Die Parole von der Enteignung stammt von drüben [...] Ganz plötzlich ist diese große, große Hetzkampagne da! [...] da muss ja wohl jemand dran gedreht haben ...« *Der Spiegel* vom 30. Oktober 1967, 21. Jg., Nr. 45, S. 34.

25 Verlagshaus Axel Springer (Hg.), Die These von der »Enteignung des Springer-Verlages« – Ihr Ursprung und ihre Verbreitung, zit. nach: Henno Lohmeyer, Springer – Ein deutsches Imperium, Berlin 1992, S. 327.

26 Franz Knipping, Jeder vierte zahlt an Axel Cäsar – Das Abenteuer des Hauses Springer, Ost-Berlin 1963. Der Anhang mit Angaben zur Verlagsstruktur, allen Publikationsorganen mitsamt den Angaben zur jeweils gedruckten und verkauften Auflagenhöhe findet sich auf S. 225 bis 227.

27 Klaus Wilczynski, Methoden der politischen Hetze und der Verdummung des Leserpublikums mit den Mitteln der Bildjournalistik in der imperialistischen Massenpresse, dargestellt an Beispielen der »Bild«-Zeitung 1958/59, unveröffentlichte Diplomarbeit, Leipzig 1960, zit. nach: Knipping, S. 53.

28 Knipping, S. 52f.

29 Mit »5-B-Journalismus« ist ein Kombinationseffekt gemeint von: »Blut – das stillt den Nervenkitzel; Busen – das hebt den Verkauf; Baby – das lieben die jungen Mütter und Väter; Biest – das sichert das Wohlwollen der Tierfreunde; Beten – das erfreut den Klerus, den Kanzler und die alleinseligmachende Staatspartei.« Knipping, S. 48.

30 Knipping, S. 54.

31 Der Weg zum künftigen Vaterland der Deutschen – Festansprache des Genossen Walter Ulbricht in der Berliner Dynamo-Sporthalle am 21. April, *Neues Deutschland* vom 22. April 1966, S. 5.

32 Vgl. Michael Jürgs, Der Fall Axel Springer – Eine deutsche Biographie, München 1995, S. 255.

33 Die Erklärung der Vierzehn, *Die Zeit* vom 19. April 1968, 23. Jg., Nr. 16, S. 5.

34 *Kölner Stadt-Anzeiger* vom 19. April 1968.

35 »Dieser Staat ist wert, verteidigt zu werden« Eine Antwort des Verlegers Axel Springer, *Die Welt* vom 14. Mai 1968.

36 Wolf Biermann, Drei Kugeln auf Rudi Dutschke, in: ders., Alle Lieder, Frankfurt/Main 1992, S. 210.

37 Nach dem stenographischen Wortprotokoll der Gerichtsreporter Hans-Joachim und Margarete Frohner, zit. nach: Ulrich Chaussy, Die drei Leben des Rudi Dutschke – Eine Biographie, Darmstadt/Neuwied 1983, S. 285f.

38 *Deutsche National-Zeitung und Soldaten-Zeitung* vom 22. März 1968, 18. Jg., Nr. 12, S. 1. Die Titelseiten anderer Ausgaben waren im gleichen Tenor mit Schlagzeilen versehen wie: »Brecht Dutschkes Terror! Stoppt die roten Banditen!« (16. Februar 1968), »Rudi Dutschke – die Revolution frisst ihre Kinder – Rettet Deutschland vor dem Terror!« (19. April 1968) und »Hitler oder Dutschke – wer bedroht unseren Staat? Rettet unser Volk vor roten Revolutionären!« (10. Mai 1968).

39 Die Frage des *Stern*-Redakteurs, die von einer Leserin aus München aufgeworfen worden war, lautete: »Der Attentäter war ein Rechtsradikaler. Warum haben sich die Studenten nicht gegen die NPD gewandt?« *Stern* vom 6. Mai 1968, 20. Jg., Nr. 18, S. 110.

40 *Pardon*, 1. Jg., Nr. 2, Oktober 1962, Titelblatt.

41 Vgl. *Michael Koetzle* (Hg.), Twen: Revision einer Legende, München 1995.

42 Vgl. den Bericht über den ausbleibenden Geldsegen, was dazu führte, dass im Juli 1964 kein Heft erscheinen konnte: *Der Spiegel* vom 5. August 1964, 18. Jg., Nr. 32, S. 34. Dort wurde ultimativ erklärt: »Wir sind keine Kommunisten. Wir wollen auch keine werden. Wir werben auch für keine kommunistischen Ziele, und unsere Zeitungen werden drüben beschlagnahmt.« Das Gegenteil war richtig. Zahlreiche Artikel von *konkret* sind vom SED-Zentralorgan *Neues Deutschland* und anderen DDR-Zeitungen nachgedruckt worden.

43 Vgl. Willy Albrecht, Der Sozialistische Deutsche Studentenbund (SDS) – Vom parteikonformen Studentenverband zum Repräsentanten der Neuen Linken, Bonn 1994, S. 346.

44 Vgl. vor allem die Erinnerungen des damaligen Chefredakteurs: Klaus Rainer Röhl, Fünf Finger sind keine Faust, Köln 1974; außerdem das seinerzeit charakteristische Porträt: Christa Rotzoll, Konkret – Herrenmagazin oder Fachblatt für Umsturz, *Der Monat*, 21. Jg., 1969, Nr. 245, S. 100–102.

45 Vgl. die Darstellung der damals erkennbaren Gründungsgeschichte: *Der Spiegel* vom 22. Mai 1967, 21. Jg., Nr. 22, S. 46; außerdem: Michael Meissner, »Unsere Organisation sind unsere Leser« – Berliner Extra-Dienst: Beschreibung einer Ausnahme, *Medium*, 7. Jg., 1977, Nr. 4, S. 4–8.

46 Vgl. Jochen Staadt, Im Umkreis der Antiautoritären hatte die Stasi keinen Agenten – Aus den DDR-Unterlagen über Infiltrationsmaßnahmen von SED, FDJ und MfS an der Freien Universität Berlin, in: *Frankfurter Rundschau* vom 30. März 1995.

47 Vgl. Peter-Ferdinand Koch, Die feindlichen Brüder – DDR contra BRD – Eine Bilanz nach 50 Jahren Bruderkrieg, Bern etc. 1994, S. 209.

48 Vgl. zur Rolle Barthels: Hubertus Knabe, Die unterwanderte Republik – Stasi im Westen, Berlin 1999, S. 191–197; außerdem auch die Studie des ehemaligen SDS-Funktionärs Bernd Rabehl, Feindblick – Der SDS im Fadenkreuz des »Kalten Krieges«, Berlin 2000, S. 19–21.

49 Vgl. Knut Hickethier, Geschichte des deutschen Fernsehens, Stuttgart / Weimar 1998.

50 Die Hypothese stammt von dem Philosophen Uwe C. Steiner: »Man wollte überall dabei sein, konnte darum aber nirgends ankommen. Aus der sicheren Entfernung von heute kann man darum feststellen, dass der blinde Fleck der 68er das Medium war, ohne das es die Bewegung nicht gegeben hätte, weil es mit Hilfe der Trennung von realem und symbolischen Raum die realitätsschaffende Fiktion von der Einheit der Bewegung überhaupt erst ermöglicht hatte: das Fernsehen. Die 68er-Bewegung war eine TV-Bewegung.«Uwe C. Steiner, »68–89« Literarische und mediale Wendungen der Wende, in: Jochen Hörisch (Hg.), Mediengenerationen, Frankfurt/Main 1997, S. 30

51 Karl-Heinz Stamm, Alternative Öffentlichkeit – Die Erfahrungsproduktion neuer sozialer Bewegungen, Frankfurt/Main etc. 1988, S. 35.

52 Vgl. Wolfgang Kraushaar (Hg.), Frankfurter Schule und Studentenbewegung – Von der Flaschenpost zum Molotow-Cocktail, Bd. I–III, Hamburg 1998.

53 Der in Wien lebende Anders war seit 1957 ein Aktivist der Anti-Atomtod-Bewegung, trat häufig als Redner bei Protestkundgebungen auf und publizierte regelmäßig in der Westberliner Zeitschrift *Das Argument*, einem der wichtigsten Organe der Studentenbewegung.

54 Theodor W. Adorno, Prolog zum Fernsehen, in: ders., Eingriffe – Neun kritische Modelle, Frankfurt/Main 1963, S. 69.

55 Theodor W. Adorno, How to look at Television, *The Quarterly of Film Radio and Television*, 8. Jg., Frühjahr 1954, S. 214ff.

56 Theodor W. Adorno, Fernsehen als Ideologie, in: ders., Eingriffe – Neun kritische Modelle, ebenda, S. 83.

57 Günther Anders, Die Antiquiertheit des Menschen – Über die Seele im Zeitalter der zweiten industriellen Revolution, München 1956.

58 Ebenso wie Herbert Marcuse ist Günther Anders maßgeblich von Heideggers Technikkritik, der Rede von einer »Herrschaft des Gestells«, beeinflusst. Vgl. Martin Heidegger, Die Frage nach der Technik, in: ders., Vorträge und Aufsätze, Teil I, Pfullingen 1954, S. 5–36, sowie: ders., Die Technik und die Kehre, Pfullingen 1962.

59 Ebenda, S. 4.

60 Ebenda, S. 191.

61 Martin Walser, Stichworte zu einem Plädoyer, *Magnum*, Jg., 1959, Nr. 23, S. 60.

62 Gerhard Lampe / Heidemarie Schumacher, Das »Panorama« der 60er Jahre – Zur Geschichte des ersten politischen Fernsehmagazins der BRD, Berlin 1991.

63 Zum Streit um die politische Ausrichtung der Fernseh-Magazine vgl. Hickethier, S. 268–271.

64 Vgl. die Dokumentation der im Nachhinein berühmt gewordenen ZDF-Fernsehreihe, in der 1963/64 neben führenden bundesdeutschen Politikern wie Willy Brandt, Ludwig Erhard, Franz Josef Strauß und Herbert Wehner auch Hannah Arendt interviewt worden ist: Günter Gaus, Zur Person – Porträts in Frage und Antwort, München 1964.

65 Vgl. in diesem Zusammenhang auch die Kontroverse: Spielregeln für die APO? Ein Gespräch zwischen Günter Gaus, Programmdirektor des Südwestfunks, und E. Richter, Republikanischer Club in Freiburg, in: Wolfgang Böhme (Hg.), Die politischen Wirkungen von Funk und Fernsehen – Wie gefährlich sind die sogenannten Massenmedien wirklich? Stuttgart 1970.

66 Helmut Thielicke, Kulturkritik der studentischen Rebellion, Tübingen 1969, S. 96. Auf ähnlich pauschale Weise kritisierte der Theologe auch die Zeitungen und Zeitschriften: »Die Presse hat mit ihrer einseitigen, schiefen und schwankenden Berichterstattung eine nicht geringe Mitschuld an den pathologischen Fehlentwicklungen [...] Die unbeherrschte Gier nach Sensation ließ sie die skandalösen Vorfälle breit auskosten und stimulierte die jugendlichen Rabauken selbst dann, wenn in milden, temperierten Untertönen Kritik mitschwingen mochte.« Ebenda, S. 112f.

67 Dietrich Schwarzkopf, Fernsehen in der Schusslinie – Das Verteidigungsplädoyer eines Verantwortlichen, *Die Zeit* vom 1. März 1968, 23. Jg., Nr. 9, S. 7. Vgl. außerdem: Rundfunk und Fernsehen in den Händen von »Verschleierern, Fälschern und Lügnern« – Verdächtigungen, für die der Beweis erbracht werden müsste, *Fernsehinformationen*, 19. Jg., 1968, Nr. 6, S. 104f.

68 Zit. nach: Studentendemokratie gegen Studentenparlament, *Diskus – Frankfurter Studentenzeitung*, 2. Jg., Nr. 10, Dezember 1952, S. 2.

69 Detlev Claussen, Einleitung, zu: ders. Regine Dermitzel (Hg.), Universität und Widerstand. Versuch einer Politischen Universität in Frankfurt, Frankfurt am Main 1968, S. 7.

70 Vgl. dazu einen grundlegenden Text, der aus einer Vorlesung mit dem Titel »Protest als publizistische Form« an der Freien Universität in West-Berlin hervorgegangen ist: Harry Pross, Protest – Versuch über das Verhältnis von Form und Prinzip, Neuwied / West-Berlin 1971.

71 Pross, S. 76–82.

72 »Die Konzeption des Teach-Ins gründet auf der liberalen Idee der öffentlichen Diskussion mit Andersdenkenden, in der man durch bessere Information, rationale Argumentation und publizistische Enthüllungen aufklären und überzeugen will. Die direkte Aktion in der Form des Teach-ins setzt an bei der konkreten Erfahrung einer theoretischen Unrichtigkeit oder eines praktischen Unrechts. Durch sachliche Kontroverse um die Analyse der Fakten versucht sie, die inneren Widersprüche in der Argumentation des Gegners aufzudecken und die Irrationalität seiner Logik nachzuweisen. Die Idee des Teach-ins setzt voraus, dass die Bereitschaft, mit dem Gegner zu diskutieren, keineswegs zur Aufgabe dezidierter Ansichten oder zu Kompromissen führen muß, sondern dass im Gegenteil das Argument in der Auseinandersetzung geschärft wird. Die Teach-ins waren eine Form der Opposition, in der Wissenschaftler und Intellektuelle sich demonstrativ auf die Seite der protestierenden Studenten stellten.« Susanne Kleemann, Ursachen und Formen der amerikanischen Studentenopposition, Frankfurt/Main 1971, S. 98.

73 Hans-Jürgen Krahl, Rede auf einem Teach-in zur Wahl des Studentenparlaments im WS 1969/70, in: ders., Konstitution und Klassenkampf – Zur historischen Dialektik von bürgerlicher Emanzipation und proletarischer Revolution – Schriften, Reden und Entwürfe aus den Jahren 1966–1970, Frankfurt/Main 1971, S. 321 f.

74 Stamm, S. 22.

75 Bahman Nirumand, Die Avantgarde der Studenten im internationalen Klassenkampf, *Kursbuch*, 4. Jg., Nr. 13, Juni 1968, S. 41.

76 Der entscheidende Passus in Barsigs Erklärung lautet: »Wir können die außerparlamentarische Opposition aber nicht privilegiert behandeln, denn unsere Satzung legt fest, dass der Sender Freies Berlin nicht Werkzeug einer Gruppe sein darf. Die außerparlamentarische Opposition ist eine Gruppe unter anderen, und sie muss deshalb bereit sein, einzusehen, dass ihr nicht Sonderrechte eingeräumt werden können [...] Über die Forderung der außerparlamentarischen Opposition im konkreten, nämlich pro Tag eine Stunde Sendezeit in eigener redaktioneller Verantwortung, haben wir uns nicht einigen können. Ich konnte dieser Forderung nicht zustimmen, denn sie würde die Programmverantwortung aushöhlen, und sie müsste zwangsläufig dazu führen, dass jeder anderen Gruppe ein gleiches Recht eingeräumt wird. Das wäre das Ende eines Programms, das schließlich für die Hörer und Zuschauer und nicht für einzelne Gruppen gemacht wird.« Außerparlamentarische Opposition fordert eine Stunde Sendezeit – eine Erklärung des neuen SFB-Intendanten Franz Barsig, *Fernsehinformationen*, 19. Jg., 1968, Nr. 11, S. 216.

77 Vgl. Christa-Helga Baehring, Nachrichten mit revolutionären Parolen – Amateurfunker der APO stören das Programm des Senders Freies Berlin, *Süddeutsche Zeitung* vom 28. Februar 1969.

78 Vgl. Claude Collin, Hört die anderen Wellen – Radio Verte Fessenheim, Radio SOS Emploi Longwy und die anderen, West-Berlin 1980; Christoph Busch (Hg.), Was Sie schon immer über Freie Radios wissen wollten, aber nie zu fragen wagten! Münster 1981; Network Medien-Cooperative / Freundeskreis Freie Radios Münster, Frequenzbesetzer – Arbeitsbuch für ein anderes Radio, Reinbek 1983.

79 Jürgen Klein, Zeitungen, Zeitschriften, Materialien, Einzelpublikationen der westdeutschen Linken seit der APO-Bewegung: Versuch einer knapp kommentierten Bibliographie, Hamburg-Bergedorf 1976.

80 Vgl. Benno Käsmayr, Die sogenannte Alternativpresse – Ein Beispiel für Gegenöffentlichkeit in der BRD und im deutschsprachigen Ausland seit 1968, Gersthofen 1974; Günther Emig / Peter Engel / Christoph Schubert (Hg.), Die Alternativpresse – Kontroversen, Polemiken, Dokumente, Ellwangen 1980; Hadayatullah Hübsch, Alternative Öffentlichkeit – Freiräume der Information und Kommunikation, Frankfurt/Main 1980; Franz Brüseke / Hans-Martin Große-Oetringhaus, Blätter von unten – Alternativzeitungen in der Bundesrepublik, Offenbach 1981.

81 Vgl. Wolfgang Kraushaar, Der Kanzler und seine Krisenstäbe – Der nicht erklärte Ausnahmezustand während der Schleyer-Entführung, in: Georg M. Hafner/Edmund Jacoby (Hg.), Die Skandale der Republik, Frankfurt/Main 1989, S. 152–171.

82 Dieses Urteil teilt die Literaturwissenschaftlerin Inge Münz-Koenen: Dies., Bilderflut und Lesewut – Die imaginären Welten der Achtundsechziger, in: Rainer Rosenberg / Inge Münz-Koenen / Petra Boden (Hg.), Der Geist der Unruhe – 1968 im Vergleich: Wissenschaft – Literatur – Medien, Berlin 2000, S. 86.

83 Vgl. etwa: Robert Frank, 1968 – ein Mythos? Fragen an die Vorstellung und die Erinnerung, in: Ingrid Gilcher-Holtey (Hg.), 1968 – Vom Ereignis zum Gegenstand der Geschichtswissenschaft, ebenda, S. 301–307.

84 Vgl. dazu vor allem die Erinnerungen des konzeptionellen Kopfes der Kommune I: Dieter Kunzelmann, Leisten Sie keinen Widerstand! Bilder aus meinem Leben, Berlin 1998.

85 Kommune I (Hg.), Quellen zur Kommuneforschung, West-Berlin 1967.

86 Peter Brügge, »Lieber Fritz! Wem soll das nützen?« *Der Spiegel* vom 24. Juli 1967, 21. Jg., Nr. 31, S. 38.

87 Ebenda, S. 39.

88 Auf die Frage, was sie sich im Fernsehen angeschaut hätten, antwortet Langhans: »Alle Aktionen von uns, das ganze Zeug, um da Rückmeldung zu bekommen. So wie wir morgens auch Bild-Zeitung gelesen haben.« »Wer einmal vor die Glotze rennt ...« Ex-Kommunarde Rainer Langhans über das Fernsehen in der Kommune I, in: Bernd Müllender / Achim Nöllenheidt (Hg.), Am Fuß der blauen Berge – Die Flimmerkiste in den 60er Jahren, Essen 1994, S. 240.

89 Langhans schildert den Einbruch des Fernsehers in das Alltagsleben der Kommunarden weiter: »Bald danach haben wir uns eine ganz einmalige Geschichte angeschafft. So einen Großprojektor, ich glaube von Grundig. Das war wie eine große Kommode, die hast du dann aufgeklappt und hattest das Bild auf einem riesengroßen Schirm, so leinwandmäßig. Das war einzigartig.« Ebenda, S. 240.

90 Ebenda, S. 242f.

91 Vgl. Lothar Mikos u.a., Im Auge der Kamera – Das Fernsehereignis Big Brother, Berlin 2000; Thomas Bohrmann, Big Brother – Medienethische Überlegungen zu den Grenzen der Unterhaltung, *Aus Politik und Zeitgeschichte* vom 6. Oktober 2000, B 41–42, S. 3–10.

92 Rudi Dutschke, Zu Protokoll – Ein Fernsehinterview von Günter Gaus, Frankfurt/Main 1968. In Auszügen wiederabgedruckt in: Süddeutsche Zeitung vom 27. Januar 2001. Im Vorspann der Sendung stellt Gaus seinen Interviewpartner mit den Worten vor, er sei »der bekannteste Wortführer jener radikalen Studenten, die nicht nur Westdeutschlands Hochschulen reformieren wollen, sondern unsere ganze Gesellschaft umstülpen möchten.« Dutschke, S. 3.

93 Fritz Wirth, Die brillante Ein-Mann-Schau des »roten Dany«, *Die Welt* vom 14. Juni 1968.

94 Der im Sommer 1969 in der Nähe von Rom gedrehte Film hieß »Le vent d'Est«. Vgl. François Albera u.a., Jean-Luc Godard, München / Wien 1979, S. 180–184.

95 Insbesondere Verlage und Organe, die für das Selbstverständnis der 68er-Bewegung von großer Bedeutung waren, wurden deshalb – wie etwa der *Spiegel* oder der Suhrkamp Verlag – 1968/69 von Mitbestimmungsforderungen erschüttert, die entweder zu Abspaltungen, Kündigungen oder zu veränderten Leitungsmodellen führten. »Die Revolte der 68er und ihrer terroristischen Nachfahren von RAF & Co. war in wesentlichen Aspekten eine Medienrevolte: mit den Medien, gegen die Medien, vor den Medien.« Stefan Aust, 1968 und die Medien, in: Edmund Jacoby / Georg M. Hafner (Hg.), 1968 – Bilderbuch einer Revolte, Frankfurt/Main 1993, S. 81–96.

96 Zit. nach: Bodo Zeuner, Veto gegen Augstein – Der Kampf in der »Spiegel«-Redaktion um Mitbestimmung, Hamburg 1972, S. 181.

97 Ebenda, S. 181

98 Zum historischen Ablauf vgl. auch: Hans-Jürgen Jakobs / Uwe Müller, Augstein, Springer & Co. – Deutsche Mediendynastien, Zürich / Wiesbaden 1990, S. 31–39.

99 In diesem Sinne hat sich jedenfalls der ehemalige Chefredakteur Werner Funk 1989 in einem Interview geäußert: »Augstein hat nie realisiert, dass er mit der Weggabe der Hälfte des Unternehmens auch die Mitbestimmung gewährt hat.« Jakobs / Müller, S. 35f.

100 Vgl. den genauen Wortlaut: Redaktionsstatut beim »Stern«, *Frankfurter Rundschau* vom 20. Mai 1969.

Rudi Dutschke und die Wiedervereinigung

1 Die 1970 in West-Berlin gegründete und 1980 wieder aufgelöste, maoistisch geprägte *Kommunistische Partei Deutschlands / Aufbauorganisation* (KPD/AO) war in ihrem Kern ein Folgeprojekt der 68er-Bewegung.

2 Die am 50. Jahrestag der Gründung der KPD am 31. Dezember 1968 von dem Altkommunisten Ernst Aust ins Leben gerufene *Kommunistische Partei Deutschlands/Marxisten-Leninisten* (KPD/ML) orientierte sich ebenfalls am Maoismus.

3 Vgl. die Darstellung des Vorfalls in: Rudi Dutschke, Aufrecht gehen – Eine fragmentarische Autobiographie, West-Berlin 1981, S. 35f. und in: Jürgen Miermeister, Rudi Dutschke, Reinbek 1986, S. 18f.

4 Aus einem Interview mit Rudi Dutschke in dem von Wolfgang Venohr angefertigten Fernsehfilm »Porträt Rudi Dutschke«. Der rechtskonservative Venohr, lange Jahre Chefredakteur von *STERN TV* und *Lübbe TV*, hat 1982 den Sammelband »Die deutsche Einheit kommt bestimmt« (Bergisch-Gladbach) herausgegeben.

5 Ulrich Chaussy, Die drei Leben des Rudi Dutschke, Darmstadt-Neuwied 1983, S. 30f.

6 Rudi Dutschke, Aufrecht gehen, West-Berlin 1981, S. 89f.

7 Ebenda, S. 91.

8 Rudi Dutschke, Jeder hat sein Leben ganz zu leben. Die Tagebücher 1963–1979, hrsg. von Gretchen Dutschke, Köln 2003, 18. Mai 1969 / London, S. 85.

9 Nach Auskunft seiner Frau Gretchen Klotz-Dutschke bedeutet es wörtlich genommen, dass Rudi bald wieder zurück sei, Dutschke damit also eine verschlüsselte Ankündigung für seine vollständige Rückkehr auf die politische Bühne habe geben wollen.

10 R. Bald (d.i. Rudi Dutschke), Denk ich an den deutschen Sozialismus und Kommunismus in der Nacht, so werd ich um den Schlaf gebracht – Hat das noch Sinn?, *Langer Marsch* Nr.3, Jg.2, Juli 1973, S. 8.

11 Karl Marx / Friedrich Engels, Manifest der Kommunistischen Partei, MEW 4, Berlin (-Ost) 1969, S. 473.

12 Rudi Dutschke, Pro Patria Sozi?, *konkret*, Nr.2, November 1974, S. 30.

13 Mit dieser Bezeichnung wird übrigens entweder in Unwissenheit, was nur schwer vorstellbar ist, oder aber ohne erkennbare Skrupel an eine von der SED bereits 1949 aus propagandistischen Gründen eingeführte Formel angeknüpft.

14 Rudi Dutschke, Thesen für die Diskussion über eine geschichtlich angemessene sozialistische Organisation, in: Neuorientierung, Neuorganisierung – Zur zweiten Organisationsdebatte in der BRD, Frankfurt 1976, S. 106.

15 Ebenda, S. 106.

16 Peter Brückner, Die Partikularität des Weltgeistes – Ein Beitrag zur Gefährdung des Weltgeistes, *Schwarze Protokolle* Nr.13, April 1976, S. 45–48.

17 Rudi Dutschke, (Ms., ohne Titel, ohne Jg.), S. 2; aus: Nachlass im Besitz von Gretchen Klotz-Dutschke.

18 Ebenda, S. 3.

19 Rudi Dutschke, Die Deutschen und der Sozialismus, *das da*, Nr.7, Juli 1977, S. 2.

20 Ebenda, S. 2.

21 Ebenda, S. 2.

22 Rudi Dutschke, Wer hat Angst vor der Wiedervereinigung?, *das da / avanti*, Nr.4, April 1978, S. 22–23.

23 Rudi Dutschke, Breschnew, das DDR-«Manifest« und die »deutsche Frage«, *das da / avanti* Nr.6, Juni 1978, S. 14–15.

24 Rudi Dutschke, Zur nationalen Frage, *das da / avanti* Nr.10, Oktober 1978, S. 21–23.

25 Ebenda, S. 22.

26 Ebenda, S. 23.

27 Ebenda, S. 23.

28 Henning Eichberg, National ist revolutionär! – Was Rudi Dutschkes Thesen zur »Nationalen Frage« für die Linken (sic!) bedeuten, *das da / avanti* Nr. 11, November 1978, S. 16–17.

29 Arno Klönne, Vorsicht, nationale Sozialisten! – Antwort auf Rudi Dutschkes Thesen zur »Nationalen Frage«, *das da / avanti* Nr. 11, November 1978, S. 20–22.

30 Leserbrief von Rudi Dutschke an den sozialdemokratischen *Vorwärts* vom 30. August 1979 (Handschriftliches Original aus dem Nachlass; im Besitz von Gretchen Klotz-Dutschke).

31 Peter Brandt / Herbert Ammon, Die Linke und die nationale Frage – Dokumente zur deutschen Einheit seit 1945, Reinbek 1981, S. 56.

32 Vgl. dazu auch: Peter Brandt / Herbert Ammon, Patriotismus von links, in: Wolfgang Venohr, Die deutsche Einheit kommt bestimmt, Bergisch-Gladbach 1982, S. 118–159. Darin wird in einem eigenen Kapitel das Verhältnis von »Internationalismus und Deutscher Frage« im SDS untersucht und eine Porträtskizze Rudi Dutschkes unter diesem Aspekt vorgestellt.

Was die Kommune-Bewegung war

1 Ein Gedanke für die Zukunft, in: *Kursbuch*, 4. Jg., Nr. 11, Januar 1968, S. 170f.

2 Géza Kirchknopf, Vom elastischen Familienverband zur Kommune, in: *Kursbuch*, 4. Jg., Nr. 14, August 1968, S. 110f.

3 Theodor W. Adorno, Minima moralia. Reflexionen aus dem beschädigten Leben, Gesammelte Schriften Bd. 4, Frankfurt am Main 1980, S. 43.

4 Li Zhensheng, Roter Nachrichtensoldat. Ein chinesischer Fotograf in den Wirren der Kulturrevolution, hrsg. von Robert Pledge, Berlin 2003, S. 37.

5 Zitiert nach: Ulrich Chaussy, Die drei Leben des Rudi Dutschke. Eine Biographie, Darmstadt / Neuwied 1983, S. 137.

6 Dieter Kunzelmann, Notizen zur Gründung revolutionärer Kommunen in den Metropolen, in: Frank Böckelmann / Herbert Nagel (Hg.), Subversive Aktion. Der Sinn der Organisation ist ihr Scheitern, Frankfurt / Main 1976, S. 143/144, hier S. 143.

7 Ebenda, S. 143.

Drucknachweise

Der 3. Juni 1967: Der Tag DANACH, *Welt am Sonntag* vom 28. Mai 2017.

Der 5.–10. Juni 1967. Der Sechstagekrieg: Vom Philosemitismus zum Antisemitismus. Der Sechs-Tage-Krieg als Vehikel für eine 180-Grad-Wendung, *Münchner Beiträge zur Jüdischen Geschichte und Kultur*, 11. Jg., Heft 1/2017, S. 28–44.

Hitlers Kinder? Hitler's Children? The German 1968 Movement in the Shadow of the Nazi Past, in: Ingo Cornils / Sarah Waters (Eds.), Memories of 1968. International Perspectives, Bern 2010, S. 79–101.

Das Gespenst von einem neuen »33«. Protest gegen die Notstandsgesetzgebung, in: Dominik Geppert / Jens Hacke (Hg.), Streit um den Staat. Intellektuelle Debatten in der Bundesrepublik 1960–1980, Göttingen 2008, S. 135–150.

Agnoli, die APO und der konstitutive Illiberalismus seiner Parlamentarismuskritik, in: *Zeitschrift für Parlamentsfragen*, 38. Jg., Heft 1/2007, S. 160–179.

Vexierbild eines Mentors. Hans Magnus Enzensberger im Jahre 1968, in: Dirk von Petersdorff (Hg.), Hans Magnus Enzensberger und die Ideengeschichte der Bundesrepublik, Heidelberg 2010, S. 45–63.

»Unsere Aufgabe die Herbeiführung des wirklichen Ausnahmezustandes«. Walter Benjamin, die Studentenbewegung und der große Katzenjammer, in: Rüdiger Schmidt-Grépály / Jan Urbich / Claudia Wirsing (Hg.), Der Ausnahmezustand als Regel. Eine Bilanz der Kritischen Theorie, Weimar 2013, S. 114–135.

1968 und die Massenmedien, *Archiv für Sozialgeschichte*, Bd. 41, 2001, S. 317–347.

Rudi Dutschke und die Wiedervereinigung – Zur heimlichen Dialektik von Internationalismus und Nationalismus, *Mittelweg 36*, 1. Jg., Nr. 2, Juni/Juli 1992, S. 12–48.